Nossrat Peseschkian

Psychosomatik und positive Psychotherapie

Transkultureller und interdisziplinärer Ansatz
am Beispiel von 40 Krankheitsbildern

Unter Mitarbeit von Hans Deidenbach

Springer-Verlag
Berlin Heidelberg New York
London Paris Tokyo
Hong Kong Barcelona
Budapest

Dr. med. Nossrat Peseschkian
Dipl.-Psych. Hans Deidenbach
An den Quellen 1
W-6200 Wiesbaden

ISBN 3-540-53956-5 Springer-Verlag Berlin Heidelberg New York

Satz: Reproduktionsfertige Vorlagen vom Autor
Druck und Bindearbeiten: Weihert-Druck, Darmstadt
19/3140/543210 – Gedruckt auf säurefreiem Papier

Wenn jemand Gesundheit sucht, frage ihn erst,

ob er auch bereit ist,

zukünftig alle Ursachen seiner Krankheit zu meiden —

erst dann darfst du ihm helfen.

Sokrates

Vorwort

In den letzten Jahren sind verschiedene Bücher über psychosomatische Medizin erschienen, die dem überwiegend somatisch aus- und weitergebildeten Arzt ein patientenbezogenes Arbeiten erleichtern sollen. Auf einzelne Diagnosen bezogen bleiben trotzdem viele Fragen offen, die täglich v. a. den niedergelassenen Arzt beschäftigen: Wie erhebe ich eine situationsbezogene Anamnese bei Patienten mit Adipositas, Haarausfall, funktionellen Herzbeschwerden, bei Kindern mit Verhaltensauffälligkeiten, bei Schlafstörungen, sexuellen Funktionsstörungen und der Unfähigkeit zur sinnvollen Streßbewältigung? Wie gestalte ich eine angemessene Diagnostik bei diesen Störungen und welche Schwerpunkte hat die Gesundheitsberatung zu berücksichtigen?

Diese Fragen beantwortet aufgrund langjähriger Erfahrungen mit Patienten der Begründer der positiven Psychotherapie und Autor verschiedener Bücher, Dr. med. Nossrat Peseschkian, Arzt für Neurologie und Psychiatrie/ Psychotherapie, der seit 1977 als Dozent an der Akademie für ärztliche Fort- und Weiterbildung der Landesärztekammer Hessen tätig ist. Seit 1990 ist der Wiesbadener Weiterbildungskreis für Psychotherapie und Familientherapie (WIPF), den er mit anderen Dozenten gebildet hat, von der Landesärztekammer Hessen bis zum Zusatztitel anerkannt. Positive Psychotherapie und Familientherapie, tiefenpsychologisch fundiert und analytisch orientiert, stellen eine Metatheorie für die Zusammenarbeit verschiedener Fachdisziplinen zur Verfügung und sind auch als Zweitverfahren anerkannt.

Durch seine transkulturellen Untersuchungen stellt der Autor in einem Faktorenmodell nicht die Krankheit, sondern die Gesundheit in den Mittelpunkt der Betrachtungen. Es geht ihm dabei natürlich auch um die Auseinandersetzung mit der Krankheit, ihre Integration in den "gesunden Alltag" und die Entwicklung individueller Bewältigungsmöglichkeiten bzw. Lebensgestaltung.

Psychosomatische Aspekte für Gesundheit und Krankheit werden dem Leser modellhaft aus der Sicht positiver Psychotherapie vermittelt. Am Beispiel von 39 Gesundheitsstörungen und Krankheitsbildern, die klar gegliedert und systematisch dargestellt sind, wird der Arzt in die praktische Arbeit mit dem Kranken eingeführt. Fragebögen zu den vier Formen der Konfliktverarbeitung berücksichtigen die wesentlichen Anteile der Konfliktdynamik. Für immer mehr niedergelassene Ärzte und Psychotherapeuten bietet sich das vom

Autor erarbeitete Vorgehen wegen seiner umfassenden Anwendbarkeit und guten Verständlichkeit auch unter zeitlicher Begrenzung im Praxisalltag an. Da das Selbsthilfepotential des Patienten therapeutisch genutzt wird, stellt das Buch eine wichtige Ergänzung zur überwiegend somatisch-kurativ orientierten Medizin dar.

Frankfurt am Main, Dezember 1990   Prof. Dr. med. Klaus Jork

Inhaltsverzeichnis

II KRANKHEITSBILDER

III   ANHANG

I. Theoretischer Teil

1 Einstieg in die positive Psychotherapie in der psychosomatischen Medizin

"Wer allein arbeitet, addiert.
Wer mit anderen zusammenarbeitet, multipliziert."
(Orientalische Weisheit)

Einleitung

Bei meinen transkulturellen Untersuchungen konnte ich feststellen, daß in vielen orientalischen Kulturen der Arzt so lange honoriert wurde, wie sein "Patient" gesund war. Nach diesem alten orientalischen Versorgungssystem war der Arzt nicht primär für die Krankheit, sondern für die Erhaltung der Gesundheit zuständig. Diese Beobachtungen und Überlegungen regten mich an, ein Modell zu entwickeln, das versuchsweise nicht die Krankheit, sondern die Gesundheit in den Mittelpunkt stellt.

Therapie und Menschenbild

Die Zeiten ändern sich,
und wir ändern uns mit ihnen.

Die Prinzipien der Behandlung somatischer und psychischer Krankheiten waren von jeher von den Vorstellungen des Menschenbildes abhängig, das in dem entsprechenden Zeitalter Gültigkeit besaß. Die von der Entwicklung des Abendlandes geprägte moderne Medizin ist eine Medizin der Krankheit: erforscht werden die Entwicklungsbedingungen, Gesetzmäßigkeiten und Interventionsmöglichkeiten bei Krankheiten. Diese werden oft abstrakt, d. h. losgelöst vom betroffenen Menschen, vom Kranken, gesehen.

Die Verteilung der Krankheit hat sich gewandelt. Was früher Pest, Cholera und Pocken waren, sind heute, in unserem Kulturkreis, Herz, Gefäß- und Bronchialerkrankungen, Depressionen, Ängste, innere Unruhe und Ratlosigkeit. Vor dem Hintergrund der Medizingeschichte ist dies verständlich: nach den großartigen Erfolgen der Naturwissenschaft gegenüber den Infektionskrankheiten in der inneren Medizin und in der Chirurgie entwickelte man eine Vorstellung, die man so beschreiben kann: Der Mensch ist eine Maschine und muß repariert werden, indem sie geölt wird, schadhafte Teile entfernt und Ersatzteile eingebaut werden. Der Bereich des Psychischen wurde allenfalls randständig behandelt. Heute kommen wir aber nicht mehr an der Feststellung vorbei, daß etwa 60−80 % aller Erkrankungen psychisch bedingt oder zumindest mitbedingt sind. Kopfschmerzen, Magen-Darm-Beschwerden, Schlafstörungen, rheumatische Erkrankungen, Schmerzen, Asthma, Herzbeschwerden, Sexualstörungen, Ängste, Depressionen, Zwänge usw. werden heute immer mehr unter dem Gesichtspunkt des Erlebens, der Erlebnisverarbeitung und psychischer und psychosozialer Konflikte gesehen.

Der Wandel hin zu prophylaktischem, vorbeugendem Denken ist jedoch nicht allein Verdienst von Medizin und Psychologie, sondern auch der Institutionen, die Krankheiten und Krankheitsfolgen "verwalten" müssen: Krankenhäuser, Versicherungen, politische und religiöse Institutionen. Damit wird deutlich, daß die Krankheit nicht mehr Privatsache und die Beschäftigung mit ihr nicht mehr nur die Angelegenheit hochspezialisierter Wissenschaftler oder gesundheitspolitisch Verantwortlicher ist. Betroffen ist jeder von uns, direkt oder indirekt. Wir können in allen Fällen seelischer und körperlich-seelischer Auffälligkeiten derartige Zusammenhänge finden, wenn wir mehr als nur die einlinige Krankengeschichte des Symptomträgers sehen. Es stellt sich die Frage: Wer ist krank und wer soll behandelt werden, der Mensch, der sich als Patient anbietet, seine Familie, seine Partner, seine Vorgesetzten und Berufskollegen, die Gesellschaft und ihre Einrichtungen, die Politiker, die ihn in seinen gesellschaftlichen Belangen vertreten wollen, oder diejenigen, die sich ihm als Therapeuten anbieten? Damit wird auch ein Fragezeichen hinter den üblichen Umgang mit psychisch Kranken gesetzt. Einrichtungen der psychiatrischen Versorgung werden hinterfragt. Es geht nicht mehr allein darum, daß auf eine bestimmte Krankheit eine bestimmte Behandlung erfolgen müsse, beispielsweise die Einweisung in eine psychiatrische Klinik. Wir legen den Schwerpunkt vielmehr auf die Frage, welche Bedeutung für den Patienten und seine Familie eine bestimmte Maßnahme hat und wie sie sich auf den Verlauf der Krankheit auswirkt (vgl. Peseschkian 1980, S. 43).

Psychotherapie statt Psychopathologie

Die derzeitige Situation in der psychosomatischen Medizin und in der Psychotherapie erfordert die Entwicklung von Verfahren, die ebenso ökonomisch wie effizient sind. Außer den technischen Fragen der therapeutischen Prozedur wird dabei die inhaltliche Frage wichtig, nach welchen Kriterien der bestehende Konflikt beschrieben und durchgearbeitet wird.

Ziel ist es, daß neben der Psychoanalyse als Standardmethode der Psychotherapie mit ihrer "großen Ausbildung" ein kürzerer Weg der Fort- und Weiterbildung gefunden wird, der durch konfliktzentrierte Methoden einen Zugang zur psychischen Dimension des Krankseins bietet. Dieser "kürzere Weg" muß nicht nur mit der Psychoanalyse, sondern auch mit anderen psychotherapeutischen Verfahren kompatibel sein; nur so kann er einen Beitrag zu den Einheitsbeziehungen innerhalb der Psychotherapie leisten. Er setzt voraus,

4

daß Kollegen verschiedener Fachrichtungen bereit sind, andere Denkmodelle einzubeziehen. Diese geben dem Krankheitsbegriff unterschiedliche Bedeutung und legen alternative Behandlungsstrategien nahe. Dabei ist es zunächst sekundär, ob die Krankheit psychisch, psychosomatisch, psychotisch oder somatisch ist. Die positive Psychotherapie als "beachtenswerte Synthese von psychodynamischen und verhaltenstherapeutischen Elementen" (Benedetti 1983a) erfüllt diese Voraussetzungen.

Psychotherapie und Psychosomatik, wie sie sich im Anschluß an die großen Entdeckungen Freuds entwickelten, haben es gelernt zu problematisieren, d. h. Probleme in den Vordergrund zu rücken, Konflikte aufzuarbeiten, bislang verdrängte oder verleugnete Aggressionen zu beleben, sie dem Bewußtsein zugänglich zu machen und Unterschiede zu betonen. Dies geschieht im Sinne des klassischen Zitats von Freud: "Erst wenn man das Krankhafte studiert, lernt man das Normale verstehen." So wichtig dieser Ansatz für das Verständnis von Konflikten ist, so sehr trägt er zur Verunsicherung, Beängstigung und Regression derer bei, die sich von ihm Hilfe versprechen. Potentiell geht ihr gesamtes Selbstbild in Konflikten und konflikthaften Besetzungen auf.

Die positive Psychotherapie und Familientherapie in der psychosomatischen Medizin stellt das klassische Vorgehen in einem wesentlichen Punkt auf den Kopf — oder besser gesagt, zurück auf die Füße. Bevor die konfliktbesetzten Unterschiede beispielsweise innerhalb einer Familie therapeutisch differenziert werden, stellen sich die Fragen:

Was hält die Familie bei allen diesen Schwierigkeiten noch zusammen? Welche Gemeinsamkeiten verbinden die einzelnen Familienmitglieder noch? Welche Bedeutung hat das Symptom für die Aufrechterhaltung des familiären Gleichgewichts und die Stabilisierung der psychischen Ökonomie? Über welche Möglichkeiten, Strategien und Stile der Konfliktbewältigung und -verarbeitung verfügen die Mitglieder einer Gruppe und die Gruppe selbst?

Das bedeutet, daß wir nicht bei der Beschreibung pathologischer, d. h. gestörter oder krankhafter Zustände stehenbleiben können. Anstelle einer Psycho*pathologie* des Alltagslebens, wie sie Freud schrieb, erhebt sich aufgrund des bestehenden Bedürfnisses und der derzeitigen Entwicklung der Psychotherapie für uns die Aufgabe, eine Psycho*therapie* des Alltagslebens darzustellen. Dabei können wir uns nicht auf die Erscheinungsformen des Unbewußten beschränken, sondern gehen vorrangig von den zwischenmenschlichen Beziehungen und den dem Menschen innewohnenden Fähigkeiten aus.

Diese Vorüberlegungen bedeuten für mein Konzept "Positive Psychotherapie in der psychosomatischen Medizin", daß es sich nicht nur auf ätiologische oder pathologische Modellvorstellungen beschränken kann. Es bezieht zusätzlich die Wechselwirkung der Lebensbereiche eines Patienten mit ein. Dies geschieht nicht nur aus theoretischen Gründen eines ganzheitlichen Ansatzes, sondern auch mit der weiterführenden Frage, *woher sich Ressourcen erschließen lassen, welche uns helfen, sich mit der Krankheit auseinanderzusetzen,*

5

sie zu überstehen, mit ihr zu leben und darüber hinaus durch die Entwicklung bislang unbekannter Fähigkeiten und unerkannter Möglichkeiten einen ganz persönlichen Sinn in dieser Krankheit zu finden.

Für wen ist das Buch geeignet?

Mein Ansatz besteht aus zwei Teilen, von denen der eine die Kriterien der wissenschaftlichen Arbeit erfüllt und überprüfbare Daten referiert. Der andere Teil hat die betroffenen Patienten und ihre Familien als Zielgruppe und deren Selbsthilfe als integralen Bestandteil der Psychotherapie zum Ziel.

Während meine bisherigen Bücher *Psychotherapie des Alltagsleben, Der Kaufmann und der Papagei, Positive Psychotherapie, Positive Familientherapie, Auf der Suche nach Sinn, 33 und eine Form der Partnerschaft,* alle erschienen als Fischer-Taschenbücher, mehr die Probleme der Erziehung, der Selbsthilfe und der Psychotherapie in den Vordergrund rückten, geht das vorliegende Buch vorrangig auf psychosomatische Fragestellungen ein. Es werden Grundmodelle einer psychotherapeutischen Behandlung bei psychosomatischen Störungen dargestellt.

Ein wesentliches Anliegen dieses Buches ist es, die Wege der positiven Psychotherapie und ihre Anregungen für die psychosomatische Medizin und Psychohygiene systematisch und zusammenfassend darzustellen, und zwar so, daß sie für Fachleute verschiedener Richtungen informativ und praxisbezogen sind. Dieses Buch eignet sich für alle, die in irgendeiner Weise am Gesundheitswesen beteiligt sind: Ärzte, Psychiater, Psychotherapeuten, Familientherapeuten, Psychologen und Pädagogen. Darüber hinaus richtet sich das Buch an die davon Betroffenen: Lehrer, Juristen, Führungskräfte in Verwaltung und Wirtschaft, Sozialarbeiter, Heimerzieher und alle diejenigen, die vor den Problemen der zwischenmenschlichen Beziehungen nicht die Augen verschließen und bereit sind, Anregungen und Orientierungshilfen zu nützen.

Leitfaden für den Leser

In den folgenden Kapiteln des Buches wird versucht, die Grundlagen zu erarbeiten, mit denen sich die positive Psychotherapie in ihrer besonderen Weise den Fragen der psychosomatischen Medizin nähert. Die positive Psychotherapie besitzt eine eigenständige Theorie, aus der die Anwendungsmöglichkeiten anderer Verfahren abgeleitet werden.

Teil II des Buches beschäftigt sich mit einer Auswahl von 39 Störungen und Krankheitsbildern. Jedes Kapitel ist, um die Übersichtlichkeit zu erleichtern, in ähnlicher Weise in 10 Abschnitte gegliedert:

1) Die positive Deutung der Krankheit

"Positiv" (lat. positium: das Vorgegebene und das Tatsächliche) bedeutet hier, vom Tatsächlichen auszugehen. Die positive Deutung setzt gewissermaßen das Wissen um die Leiden und Nöte, Schmerzen, Sorgen und Trauer bei einer Krankheit voraus und konfrontiert mit einer weniger bekannten, für das Verständnis und den praktischen Umgang mit dem Leiden um so wichtigeren Seite der Krankheit: mit ihrer Funktion, ihrem Sinn und damit ihren positiven Aspekten. So läßt sich beispielsweise Anorexia nervosa interpretieren als "die Fähigkeit, mit wenig Mitteln auszukommen und am Hunger der Welt teilzuhaben" (vgl. II./Kap. 1). Ähnlich lassen sich alle Krankheitsbilder und Symptome umdeuten.

2) Definition

In diesem Abschnitt soll in kurzer, jedoch übersichtlicher und allgemeinverständlicher Weise das Krankheitsbild beschrieben werden.

3) Symptomatik

Der Abschnitt "Symptomatik" stellt die Erscheinungsformen und Symptome dar.

4) Transkultureller Aspekt und Epidemiologie

Der für die positive Psychotherapie zentrale transkulturelle Ansatz beschreibt die jeweilige Relativität des Krankheitsbegriffes, seine Abhängigkeit von dem zugehörigen kulturellen Bezugsrahmen. Transkulturelle Konzepte, aus denen die Dynamik der Konfliktentstehung besonders deutlich abzulesen ist, sind für den Leser zugleich eine Anregung, mit alternativen Denkmodellen zu experimentieren (vgl. Peseschkian 1983, S. 115–138). Bei manchen (neueren) Krankheitsbildern müssen wir uns auf Angaben über ihre Häufigkeit beschränken.

Die Daten für "Deutschland" beziehen sich stets auf das Gebiet der BRD ohne die ehemalige DDR.

5) Literaturvergleich

Hier wird der Ansatz der positiven Psychotherapie auf dem Hintergrund neuerer Entwicklungen der speziellen Psychosomatik und Psychotherapie erörtert. So entsteht einerseits ein aktueller Überblick über derzeit herrschende Richtungen und Denkmodelle, zum anderen werden Möglichkeiten zu einer konstruktiven Zusammenarbeit aufgezeigt. Ein umfassendes Literaturverzeichnis am Ende des Buches ermöglicht dem Leser neben der Kontrolle zitierter Titel eine Vertiefung durch Quellenstudium.

6) Sprachbilder und Volksweisheiten

Um den Bedeutungszusammenhang eines Krankheitsbegriffes vor Augen zu führen, folgt ein Abschnitt darüber, wie sich Gesundheit und Krankheit in Sprachbildern und Volksweisheiten widerspiegeln.

7) Geschichten

In meiner Praxis, in Seminaren und Vorträgen konnte ich immer wieder die Feststellung machen, daß gerade Parabeln und orientalische Geschichten den Zuhörern oder Patienten entgegenkamen. Parabeln sind für mich Bilder in Sprache. Als solche unterstützen sie Verständnis und haben zentralen didaktischen Wert. Viele Menschen fühlen sich überfordert, wenn sie abstrakt mit psychotherapeutischen Inhalten konfrontiert werden. Da die Psychotherapie sich nicht nur im Feld der Fachleute abspielt, sondern eine Brücke zu den Nicht-Fachleuten darstellt, besteht für sie in besonderem Maß das Gebot, verständlich zu sein. Diese Erkenntnis führte mich dazu, das bildhafte Denken, Geschichten und Fabeln als Verständigungshilfen in den therapeutischen Prozeß einzubeziehen.

8) Selbsthilfeanteil (Psychopathophysiologie)

Dieser Abschnitt steht in der positiven Psychotherapie jeweils am Anfang therapeutischer Überlegungen, da der Patient nicht nur der unter Krankheit Leidende und der einer Therapie Ausgesetzte, sondern die im Umgang mit der Krankheit eigentliche zentrale Figur ist. Diese Tatsache setzt voraus, daß der Patient und seine Angehörigen in geeigneter Weise über die Krankheit informiert werden, und zwar so, daß diese nicht als unabänderliches Schicksal, als therapeutische Sackgasse erscheint, sondern daß die Art der Krankheitsbeschreibung Optionen für individuelle Auswege und Perspektiven offen läßt.

Der Selbsthilfeanteil ist so abgefaßt, daß der Therapeut in einer für den Patienten und seine Angehörigen verständlichen Sprache Erklärungen und Anregungen geben kann. Dabei werden 4 Elemente unter psychopathophysiologischem Gesichtspunkt berücksichtigt:
a) Beschwerden und Physiologie,
b) Aktualkonflikt: 4 Formen der Konfliktverarbeitung — psychosoziale Belastungssituation,
c) Grundkonflikt: 4 Formen der Vorbilddimensionen — Bedingungen der Frühgenese,
d) Aktual- und Grundkonzepte: innere Konfliktdynamik.

8

So gesehen besteht ein enger Zusammenhang zwischen den beklagten Beschwerden, der psychosozialen Belastungssituation, den Bedingungen der Frühgenese und der inneren Konfliktdynamik.

9) Therapeutischer Anteil

Hier liegt der Akzent auf dem Denken und Handeln des Therapeuten; es beinhaltet das positive und das inhaltliche Vorgehen, die in eine fünfstufige Behandlungsstrategie einmünden. Sie soll dem Therapeuten helfen, im Bereich der psychosomatischen Medizin aus dem versachlichenden und instrumentellen Mißverständnis von Krankheit Zugang zu denkbaren Lösungsmöglichkeiten und Alternativen zu finden. Als weitere Motivation liegt die Notwendigkeit zugrunde, die Strategie einer konfliktzentrierten Psychotherapie zu entwerfen, die möglichst ökonomisch und wirksam ist. Sie gliedert sich in die Stufen der Beobachtung/Distanzierung, Inventarisierung, situativen Ermutigung, Verbalisierung und Zielerweiterung. Die "5 Stufen" sind ein Rahmenmodell dafür, wie auch verschiedene psychotherapeutische Richtungen miteinander arbeiten können: psychoanalytische, tiefenpsychologische, verhaltenstherapeutische, gruppentherapeutische, hypnotherapeutische, medikamentöse und physiotherapeutische Behandlungsformen werden dabei herangezogen.

Für den Therapeuten ist das fünfstufige Rahmenmodell eine Leitlinie, die ihm hilft, die Therapie zu strukturieren. Es ist eine Plattform, von der aus er den Behandlungsverlauf beobachten, und eine Orientierungshilfe, an der er seine eigenen therapeutischen Ansprüche korrigieren kann. Er kann sich damit innerhalb der ihm fremden Welt der Patienten und der Patientenfamilie bewegen, ohne sich in ihr zu verlaufen.

Ein **Fallbeispiel** demonstriert jeweils exemplarisch die Strategie. An ihm wird auch deutlich, daß je nach individuellem Bedürfnis des Patienten und seiner Familie und nach Ausbildung und Erfahrung des Therapeuten verschiedene therapeutische Verfahren zur Anwendung kommen können. Hier kann der Therapeut auch andere Fachleute oder Mitarbeiter einbeziehen. In meiner Praxis führe ich tiefenpsychologisch fundierte und analytische Einzel- und Gruppenbehandlungen durch. Andere Maßnahmen wie Entspannungsmethoden oder verhaltenstherapeutische Strategien werden durch meine Mitarbeiter oder andere Fachkollegen je nach Bedürfnis des Patienten eingesetzt.

Um den Lesern praktische Anregungen zu geben, werden einige Fallbeispiele (in II./Kap. 1: Anorexia nervosa und Bulimie, 4: Angst und Depression, 5: Asthma bronchiale und nervöses Atmungssyndrom, 9: Diabetes mellitus, 17: Herzphobie und funktionelle Herzrhythmusstörungen, 26: rheumatoide Arthritis und Weichteilrheumatismus ...) ausführlich dargestellt. Die übrigen Fallbeispiele sind in Kurzform nach den gleichen Kriterien aufgebaut, so daß es dem Leser leicht fällt, Behandlungsstrategien zu den entsprechenden

Krankheitsbildern zu entwickeln. Ein Krankheitsbild wird in Teil I (Krisenintervention, S. 109–113), die übrigen 39 in Teil II (S. 117–459 von Anorexia nervosa bis Zahnheilkunde beschrieben).

Das Buch ist so geschrieben, daß es in die ärztliche Fort- und Weiterbildung einbezogen werden kann. Weiterhin kann es im Rahmen einer psychologischen und psychagogischen Praxis sowie im Zusammenhang mit Beratungsproblemen mit Patienten eingesetzt werden.

10) Fragebogen

Diese Zusammenstellung wichtiger Fragen regt den Therapeuten an, orientiert am Modell der 4 Formen der Konfliktverarbeitung dem Patienten ein ganzheitliches Verständnis des beschriebenen Krankheitsbildes zu vermitteln. Damit werden neue Möglichkeiten erschlossen, die Selbsthilfekapazitäten von Menschen freizusetzen, so daß der Therapeut in vieler Hinsicht "menschlicher" auf den Patienten und seine Familie eingehen kann. Vielleicht ergeben sich daraus neue Perspektiven dafür, wie Menschen mit sich selbst und ihren Mitmenschen umgehen. Der Fragebogen dient dem Therapeuten auch zur Dokumentation seiner Leistungen, die eigenständig oder in Kombination mit der Therapie abgerechnet werden können (vgl. Peseschkian u. Deidenbach 1988). Die diagnostischen Leitfragen sollten systematisch "bearbeitet" werden. Die Antworten können ggf. statistisch ausgewertet werden; Hauptzweck ist jedoch die Verbesserung der therapeutischen Voraussetzungen.

Wie zukunftsträchtig ist die positive Psychotherapie?

Seit meinem ersten Buch *Schatten auf der Sonnenuhr: Erziehung – Selbsthilfe – Psychotherapie* (später: *Psychotherapie des Alltagslebens*, 1974) haben sich die dort skizzierten Überlegungen zu einem systematischen und praktikablen psychotherapeutischen und familientherapeutischen System entwickelt und als Methode bewährt. Der vorliegende Ansatz wurde auf 50 nationalen und internationalen Kongressen referiert und durch 18 Lehraufträge überprüft (USA, Finnland, Ungarn, Indien, Kanada, Australien, Iran, Brasilien, Sowjetunion, China usw.). Seit 1969 habe ich die Zulassung der Kassenärztlichen Vereinigung und der Landesärztekammer Hessen zur Durchführung tiefenpsychologisch fundierter und analytischer Psychotherapie. Seit 1976 bin ich als Dozent an der Akademie für Ärztliche Fort- und Weiterbildung der Landesärztekammer Hessen in der Weiterbildung für Psychotherapie und Psychosomatik tätig.

Seit September 1990 ist das Modell "Positive Psychotherapie und positive Familientherapie" von der Landesärztekammer Hessen offiziell als eine Methode innerhalb der Psychotherapie (sog. Zweitverfahren) anerkannt. Ein "Wiesbadener Weiterbildungskreis für Psychotherapie und Familientherapie

— WIPF", der für die gesamte Weiterbildung bis zum Zusatztitel "Psychotherapie" zugelassen ist, wurde eingerichtet. Außer mir arbeiten in diesem Weiterbildungskreis folgende Dozenten mit:

Prof. Dr. med. S. Goeppert, Freiburg i. Br.: Medizinische Psychologie, Analytische Selbsterfahrungsgruppe; Prof. Dr. med. R. Battegay, Basel: Analytische Gruppenpsychotherapie und Selbsterfahrung; Prof. Dr. sc. med. H. Schulze, Berlin: Neurologie und Psychiatrie, Medizinische Psychologie; Dr. med. C. Gärtner-Huth, Eltville: Neurologie, Psychiatrie, Psychotherapie; Dr. med. F. Killing, Darmstadt: Innere Medizin, Psychotherapie, Psychosomatik; Dr. med. G. Gerhardt, Mainz: Allgemeinmedizin, Balint-Gruppe; Dr. med. A. Aziz, Aachen: Psychotherapie, Balintgruppenleiter; Dr. med. H. Orth, Steinbach: Innere Medizin, Psychosomatik; Dr. med. Dipl-Psych. D. Schön, Regensburg: Neurologie und Psychiatrie, Psychotherapie; Dr. phil. Dipl.-Psych. R. Bohrer, Wiesbaden: Verhaltenstherapie, Klinische Psychologie; Dipl.-Psych. H. Deidenbach, Wiesbaden: Verhaltenstherapie, Hypnose, Entspannungsmethoden.

Kritik und Zusammenarbeit

Die traditionelle Medizin und Psychotherapie sind durch drei Kriterien beschreibbar: a) das psychopathologische Vorgehen mit dem Ziel, Krankheiten, Störungen und Konflikte zu beseitigen, b) eine Vielfalt von Methoden, die oft nebeneinander bestehen, c) die passive Haltung von Patienten. Die positive Psychotherapie mit ihren drei Ansätzen: positives Vorgehen als Antwort auf Psychopathologie, das inhaltliche Vorgehen als Mediator für die Zusammenarbeit verschiedener Fachdisziplinen, die fünfstufige Selbsthilfe und Therapie zur Aktivierung des Patienten, versucht das traditionelle Vorgehen zu erweitern. Bei der Selbsthilfe geht es um den Umgang mit konkreten Problemsituationen:

— Wie gehe ich mit meinem depressiven oder schizophrenen Partner um?
— Wie verhalte ich mich gegenüber meinem ängstlichen Kind?
— Wie verhalte ich mich gegenüber meinem ungerechten Chef? etc.

In meinem Buch *Positive Psychotherapie* (Peseschkian 1977a, S. 375−400) habe ich verschiedene therapeutische Ansätze (Psychoanalyse, Verhaltenstherapie, Individualpsychologie, analytische Psychologie, Logotherapie, Gesprächstherapie, Gestalttherapie usw.), ihre Übersetzungsmöglichkeiten und Wege zur Zusammenarbeit zwischen verschiedenen Fachrichtungen dargestellt.

Bei der Entwicklung meiner Arbeit seit 1969 gab es von verschiedenen Kollegen immer wieder Anregungen, Fragen und Kritik. Sie bezogen sich v. a. auf drei Aspekte:

1) inwieweit das Modell eklektizistisch sei und ob man verschiedene Modelle miteinander verbinden dürfe;

2) inwieweit die von mir praktizierte konfliktzentrierte Kurztherapie zu einer Umstrukturierung der Persönlichkeit führe;

3) ob sich das inhaltliche Vorgehen tiefenpsychologisch erklären lasse.

Zu 1): Eine Vielzahl der heute angebotenen therapeutischen Methoden stehen teilweise zusammenhanglos neben- und gegeneinander, und eine Kommunikation ist nicht möglich. Diese Situation ist nur dann zu überwinden, wenn eine Metatheorie den einzelnen Verfahren und theoretischen Ansätzen den entsprechenden Stellenwert zubilligt.

Eine solche Metatheorie versuchte ich mit der positiven Psychotherapie zu begründen. Die Vielfalt der darin erscheinenden Methoden kann bei manchen Kollegen den Anschein eines Eklektizismus erwecken. Allerdings ist dieser Eklektizismus systematischer Art und keine bloße Aneinanderreihung von Verfahren. Es wird genau festgelegt, warum und wann in der Psychotherapie welche Methode angewendet werden kann. Der scheinbare Eklektizismus ist somit Antwort auf die Vielfalt der Störungen und individuellen Verarbeitungsmöglichkeiten, die jeweils ihr besonderes Heilmittel brauchen. Ignoriert man diesen Sachverhalt, so hat das zur Folge, daß einzelne Krankheitsbilder und Patientengruppen, die durch engere Theorien nicht abgedeckt werden, von der psychotherapeutischen Versorgung ausgeschlossen werden. Gerade dies macht ein komplexes Vorgehen unter Berücksichtigung der verschiedenen Therapieformen mit ihren unterschiedlichen Indikationsstellungen notwendig. Damit treffen wir eine zeitgemäße Tendenz, nämlich das Streben nach interdisziplinären Brücken und Kommunikationsmöglichkeiten zwischen den Schulen (Zusammenarbeit zwischen Physik und Medizin, Psychologie und Gesellschaftswissenschaften, gemeinsame Anwendung von Gruppentherapie und Einzeltherapie).

Die Vielfalt unserer Problematik erfordert eine Methodenvielfalt, die alle diese Probleme berücksichtigen kann. Die Kulturpsychologie hat nachgewiesen, daß es überall dort, wo man die Zeitdimension nicht berücksichtigt, zu Fixierungen und unangemessenen Versuchen der Realitätsbewältigung kommt — in Politik, Wissenschaft und Religion. Obwohl beispielsweise die Wissenschaft gemeinhin zu neuen Erkenntnissen führt, finden wir gerade hier nicht selten dogmatische Fixierungen, die sich gegen neue, zeitgemäße Erkenntnisse wenden. Auch in der Psychosomatik und Psychotherapie ist der Methodenstreit uralt. Einige geschichtliche Begebenheiten habe ich bereits in meinem Buch *Auf der Suche nach Sinn* (Peseschkian 1983, S. 82—88) beschrieben.

Der Vorwurf des "Eklektizismus" bekommt unter dem transkulturellen Gesichtspunkt eine andere Bedeutung. So erklärt Prof. A. Leontjew, Department of Psychology in Moskau, in seinem letzten Interview (Sintschenko 1989, S. 76—90): "In den USA erschien die Arbeit eines sowjetischen Psychologen, und in der redaktionellen Einleitung dazu standen ein paar liebenswürdige Worte über den Verfasser und unter anderem, daß er bei der Darlegung des Materials 'äußerst eklektisch' vorgehe. Alexander Lurija und ich mußten den gekränkten Autor trösten und ihn überzeugen, daß die Herausgeber ihn auf ihre Art hatten loben wollen, da in ihrem Munde 'Eklektizismus' gleichbedeutend sei mit 'Weite des Gesichtskreises' und der Fähigkeit, gleichzeitig verschiedene Lehren zu akzeptieren, und daß ihre Anmerkung folglich als ein Kompliment für den Kollegen gemeint war."

Zu 2): Mein Ziel ist eine Synthese von Konfliktdynamik, wie sie in Psychoanalyse und Tiefenpsychologie verstanden wird, mit verhaltenstherapeutischen Methoden. Das inhaltliche Vorgehen reduziert Sprachbarrieren und erhöht das Selbsthilfepotential des Patienten. Prof. Langen in Mainz, der mich in meiner Arbeitsweise sehr ermutigt hatte, hat sehr viel zur Entwicklung von Kurzzeittherapien beigetragen. Seit 1988 werden Kurztherapien sogar von den Krankenkassen honoriert. Die Versorgung der Patienten erfordert heutzutage, daß Kollegen aus verschiedenen Fachbereichen sich mit kurztherapeutischen Verfahren anfreunden. Im Laufe der Jahre konnte ich oft beobachten, daß von Kollegen durchgeführte Therapien selbst bei mehreren hundert Sitzungen nicht zum Erfolg geführt haben.

Die Konfliktinhalte geben die Topographie eines Konfliktes wieder. Dieser Konflikt hat Anteile, die sich in der Persönlichkeit des einzelnen abspielen und Anteile, die sich in den zwischenmenschlichen Kontakten vollziehen. Beide stehen miteinander in Korrespondenz und sind verschiedene Aspekte, unter denen ein Konflikt beschrieben werden kann.

Wir versuchten, ähnlich wie die Anatomie die Topographie des menschlichen Körpers liefert, psychologisch und soziologisch markante Punkte des menschlichen Lebens und Erlebens aufzuzeigen. Nun geht es darum, wie diese psychischen Instanzen miteinander in Beziehung treten, in welchen seelischen und zwischenmenschlichen Spielregeln sie ausgetragen werden und welche Dynamik sie entwickeln. Dabei können wir vier Ansatzpunkte unterscheiden:

a) Die Psychodynamik im engeren Sinne, d. h. die Organisation der Konfliktabläufe innerhalb der Persönlichkeit.

b) Die Soziodynamik, d. h. die wechselseitigen Prozesse, in die sich die beteiligten Persönlichkeiten einbringen.

c) Die Soziogenese, d. h. die Entwicklung der Gruppentradition, die in Wechselwirkung mit den Impulsen ihrer Gruppenmitglieder stehen.

d) Die Psychogenese, d. h. die individuellen Entwicklungsbedingungen, die zu bestimmten Konfliktinhalten und Persönlichkeitsstrukturen führen.

Zu 3): Seit 1969 führe ich tiefenpsychologisch fundierte und analytische Psychotherapie durch. Mehrere hundert Gutachten wurden erstellt. Außer einigen Anfragen durch Gutachter gab es bis auf einen Fall nie ernsthafte Probleme. In diesem Fall wurde ein Obergutachter einbezogen, der in seiner Stellungnahme u. a. folgendes schreibt: "Ich habe die Überzeugung gewonnen, daß die von ihm [Dr. Peseschkian] angewandte Psychotherapie-Form die Kriterien der tiefenpsychologisch fundierten Psychotherapie entsprechend B.I.1.1.1 der Psychotherapie-Richtlinien erfüllt ... und die Voraussetzungen für eine erfolgversprechende Anwendung einer aufdeckenden Psychotherapieform gegeben sind ..." So hoffe ich, daß dieses Buch die Möglichkeiten und Chancen erweitert, sich gegenseitig kennenzulernen und zusammen statt gegeneinander zu arbeiten. Frau Prof. Dr. Marga Rothe (Heidelberg 1989) schreibt über die positive Psychotherapie: "Auf einen kurzen Nenner gebracht, ist es das Fazit Ihrer Kurzzeittherapie, den Blick nach rückwärts (die Analyse) nur so weit wie nötig zuzulassen, und den Blick nach vorwärts so breit wie möglich zu gestalten ..."

Danksagung

Kollegen und Patienten danke ich für Erkenntnisse, die sie mir im Verlaufe meiner psychotherapeutischen und psychosomatischen Tätigkeit vermittelt haben. Die Falldarstellungen entstammen meiner psychotherapeutischen Arbeit in Einzel-, Familien- und Gruppenpsychotherapie. Natürlich wurden Namen und Daten verändert, um die Anonymität zu wahren. Im Sinne der Originalität wurden mündliche und schriftliche Berichte meist wörtlich wiedergegeben. Die Falldarstellungen sind nicht Selbstzweck, sie dienen vielmehr einem besseren Verständnis von Theorie und Praxis der positiven Psychotherapie in der psychosomatischen Medizin.

Eine ermutigende Anregung war für mich die Reaktion von Fachleuten und Lesern auf meine Veröffentlichungen. Im Sinne interdisziplinärer Zusammenarbeit habe ich einzelne Artikel dieses Buches vorab an Kollegen verschiedener Fachrichtungen geschickt, die mir aus ihrem Fachwissen und Erfahrungsschatz wertvolle Anregungen gaben: Prof. Dr. med. K. Jork (Frankfurt), Dr. med. H. Orth (Steinbach), Prof. Dr. med. H. Schulze (Berlin), Dr. med. F. Killing (Darmstadt), Prof. Dr. med. R. Battegay (Basel), Frau Prof. Dr. M. Rothe (Heidelberg), Prof. Dr. med. J. Eichler (Wiesbaden), Herr W. Köhler (Frankfurt), den ungarischen Kollegen Dr. med. B. Buda, Prof. Dr. med. J. Füredi, Prof. Dr. med. K. Ozsváth, Prof. Dr. med. J. Szilárd, Dr. G. Takách und Prof. Dr. med. P. Molnar, Prof. Dr. med. S. Li (Peking), Dr. med. M. Nieuwenhuizen (Columbia, MO, USA), Dr. D. Leontjev (Moskau), Dr. P. Bos (CSFR).

Meinem Mitarbeiter, Herrn Dipl.-Psych. und Verhaltenstherapeuten H. Deidenbach (Wiesbaden), bin ich für seine kritischen Anregungen und die damit verbundenen wertvollen Anstöße dankbar, nicht nur für die vorbereitende Arbeit an dem Manuskript des Buches, sondern auch für die Hilfe, die

14

er mir in unserer Zusammenarbeit war. Frau Dr. R. Bohrer, Dipl.-Psych. und Verhaltenstherapeutin (Wiesbaden) danke ich für ihre sorgfältige Zusammenstellung von Sprachbildern, Literaturangaben und inhaltlichen Aspekten zur Selbsthilfe. Mein Kollege Dr. med. D. Schön (Regensburg) gab mir öfters wertvolle Anregungen. Meiner Mitarbeiterin Frau D. U. Krebs (Wiesbaden) danke ich für ihre sorgfältige Hilfe und vielfältige Unterstützung bei der Eingabe des Textes in den Computer und für die endgültige Gestaltung des Textes. Mein besonderer Dank gilt dem Springer-Verlag Heidelberg: Frau M. Michels und den Herren Prof. Dr. med. T. Graf-Baumann, F. Wolter, H. Matthies und L. Picht.

Meine Frau Manije, Familientherapeutin, und meine Söhne Hamid und Nawid, die als Ärzte in Neurologie, Psychiatrie sowie Kinder- und Jugendpsychiatrie tätig sind, haben mich selbst und meine Arbeit an diesem Buch in vielfältiger Weise unterstützt.

Wiesbaden, Januar 1991   Dr. Nossrat Peseschkian

2 Psychosomatik in Orient und Okzident

Wer sich selbst und andre kennt,
wird auch hier erkennen:
Orient und Okzident
sind nicht mehr zu trennen.
(Goethe)

Eine Geschichte auf den Weg: "Leichte Heilung"

Der Neffe des Herrschers Ghabus-Woschmgir war schwer erkrankt. Alle Ärzte des Landes hatten bereits die Hoffnung aufgegeben. Die Medikamente zeigten keine Wirkung. Da die Ärzte nicht weiterkamen, war der Herrscher damit einverstanden, daß Avicena, damals ein junger Mann von 16 Jahren, die Behandlung übernahm. Als Avicena den Palast betrat, staunten alle über seinen Mut, dem Kranken helfen zu wollen, wo doch alle gelehrten Hakim des Landes ihre Ratlosigkeit eingestehen mußten. Avicena sah den Kranken, einen mageren, blassen jungen Mann, auf dem Lager hingestreckt. Auf Fragen gab der Kranke keine Antwort, und die Verwandten berichteten, daß er schon seit einiger Zeit kein Wort mehr spreche. Avicena griff nach dem Puls des Kranken und hielt dessen Hand längere Zeit fest. Schließlich hob er bedächtig den Kopf und sagte: "Dieser junge Mann muß anders behandelt werden. Dazu brauche ich jemanden, der in dieser Stadt zu Hause ist, alle Straßen und Gassen kennt, alle Häuser und alle Menschen, die in ihnen wohnen." Alle wunderten sich und fragten: "Was hat die Heilung des Kranken mit den Gassen unserer Stadt zu tun?" Trotz ihrer Zweifel gehorchten sie Avicenas Befehl und ließen einen Mann kommen, von dem es hieß, er kenne die Stadt wie seine eigenen Taschen. Ihn bat Avicena: "Nenne mir alle Viertel der Stadt." Dabei griff er nach dem Puls des Patienten. Als ein bestimmtes Viertel genannt wurde, fühlte Avicena, daß sich der Puls plötzlich beschleunigte. Daraufhin ließ er alle Straßen des Viertels nennen, bis bei einem Straßennamen der Puls des Kranken erneut aufgeregt zu pochen begann. Jetzt verlangte Avicena, daß alle Gassen dieser Straße genannt würden. Der Kundige nannte die Gassen, eine nach der anderen, als plötzlich der Name einer kleinen, wenig bekannten Gasse die Erregung des Kranken sprungartig steigerte. Zufrieden befahl Avicena: "Holt mir einen Mann, der alle Häuser dieser Gasse samt ihren Bewohnern nennen kann." Ihn wies Avicena an, alle Häuser dieser Gasse aufzuzählen, und der Pulsschlag des Kranken verriet, welches das richtige war. Als der Helfer zu den Namen der

Hausbewohner kam, nannte er auch den Namen eines Mädchens. Mit einem Schlag begann der Puls des Kranken zu rasen. Avicena bemerkte: "Sehr gut, alles ist klar. Ich kenne jetzt die Krankheit des jungen Mannes, und die Krankheit ist leicht zu heilen." Er stand auf und sprach zu den Anwesenden, die ihn staunend anstarrten: "Dieser junge Mann leidet unter der 'Liebeskrankheit'. Seine Beschwerden des Leibes haben darin ihre Wurzel. Er ist verliebt in das Mädchen, dessen Namen ihr hörtet. Geht, holt das Mädchen, und werbt es als Braut." Der Patient, der mit größter Aufmerksamkeit und Erregung den Worten Avicenas gefolgt war, wurde rot bis über beide Ohren und versteckte sich verschämt unter der Bettdecke.

Der Herrscher machte das Mädchen zur Braut seines Neffen, der von dieser Stunde an genas. (Nach Mowlana, persischer Dichter, 1248–1317 n. Chr.; aus Peseschkian 1977a, S. 233 f.).

Abb. 1. Leichte Heilung (aus Peseschkian 1977b, S. 232)

Avicena legte die Suche nach den Ursachen der Schwermut des königlichen Prinzen recht unkonventionell und weiträumig aus. Er ließ sich durch das Symptom in seinem Nachdenken über dessen Ursachen nicht "festlegen", sondern begann damit, Stadtbezirke und Straße auf ihre psychosomatisch-funktionelle Bedeutung zu überprüfen. Trotzdem blieb Avicena dem Denkmodell

18

seiner Zeit verhaftet: außer unglücklicher Liebe hätte man damals kaum etwas anderes als Ursachen der Schwermut angenommen.

Hätte sich der Prinz über die sozialen Ungerechtigkeiten seines Landes, seine Unfähigkeit, den ihm gestellten Aufgaben zu genügen oder über die Gewißheit der Sinnlosigkeit seines Lebensplanes Gedanken gemacht und gegrämt, wäre Avicena mit seiner Untersuchungsmethode nicht fündig geworden. Er hätte dann die falsche Sonde verwendet bzw. an einer falschen Stelle gebohrt.

Seit den volkspsychotherapeutischen Verfahren des alten Orients hat sich in der Psychotherapie vieles gewandelt. Der Umgang mit seelischen Problemen und gestörtem Verhalten ist zunehmend systematisiert und in einen wissenschaftlichen Zusammenhang gestellt worden. Die Funktionen des Lernens wurden differenziert, die Dynamik der Persönlichkeit und die Einbettung in den sozialen Zusammenhang aufgedeckt.

Die – wenngleich unsystematischen – Kenntnisse der psychosomatischen Medizin sind nicht die einzige Vorwegnahme der Moderne, welche die altorientalischen Geschichten erkennen lassen. Sie deuten im Ansatz Therapieverfahren an, die erst in der Neuzeit Gestalt und wissenschaftliche Systematik gewonnen haben.

Beeindruckend in Avicenas therapeutischem Vorgehen ist sein diskursiver Ansatz. Er redete nicht dem Patienten zu, er solle etwas sagen, gab ihm auch kein Mittel, das ihn kräftigen sollte, sondern ging mit ihm alle Möglichkeiten, sprich alle Straßen der Stadt, durch: er kreiste den "Krankheitsauslöser" ein. Daß als Auslöser der Krankheit des jungen Adligen eine enttäuschte Liebe entdeckt wurde, ist weniger ein Charakteristikum psychosomatischer Erkrankungen als ein Zeichen der Vorliebe der alten orientalischen Welt für dieses Thema, so ähnlich wie in unserer heutigen Zeit der Streß, was immer man darunter verstehen mag, als seelische Ursache körperlicher Erkrankungen favorisiert wird.

Was hingegen damals wie heute anzutreffen ist, ist ein skeptisches Mißtrauen gegenüber unkonventionellen Methoden. Die Handlungslogik der konventionellen Therapie ist denn auch so einfach: Schmerz z. B. muß "beseitigt" werden. Können die Ursachen des Schmerzes nicht kausal angegangen werden, dann wird eben das Symptom kuriert, und damit endet die Handlungskette. Die Frage danach, welche Bedeutung diese Schmerzen haben, auf welche Störungen sie im körperlich-seelischen Organismus hinweisen, welche Möglichkeiten sie für die Zukunft andeuten und welche Chancen sie eröffnen, bleibt zumeist unbeachtet. Es ist so, als würde das Symptom, das Krankheitszeichen, mit einem hellen Scheinwerfer angestrahlt. Nur das Symptom wird als Figur sichtbar, sein Hintergrund verschwindet im Dunkel der Nacht. Das Symptom übt damit eine ungeahnte Faszination aus, während die verbleibenden Fähigkeiten, das Umfeld des Symptoms, unsichtbar bleiben wie Ameisen auf einem schwarzen Stein. Von hierher mag die Unsicherheit rühren, die uns befällt, wenn wir uns aus dem Licht des Krankheitssymptoms herausbegeben und uns mit zunächst unbekannten oder schwer erkennbaren Fähigkeiten beschäftigen.

So wie Avicena einen Ortskundigen brauchte, der den Plan der Stadt, ihrer Viertel und Straßen, der Häuser und Menschen, die in ihnen wohnen, im Kopf hatte, benötigen wir einen Plan, der uns hilft, neben der tatsächlich, also positiv vorhandenen Symptomatik, auch die tatsächlichen, also positiv vorhandenen Fähigkeiten zu erkennen. Aus diesen Fähigkeiten lassen sich neue Lösungsmöglichkeiten ableiten, die entweder helfen, die Krankheitsursachen zu beseitigen, oder — sollte das nicht möglich sein — besser mit der Krankheit zu leben bzw. die mit der Therapie verbundenen Unannehmlichkeiten besser zu ertragen.

Diese Art zu denken ist kein Widerspruch zum traditionellen, der Wissenschaft verpflichteten medizinischen Denken, sondern seine Ergänzung. Diese Ergänzung mit dem Ziel einer Ganzheitsdiagnose wird um so wichtiger, als sich die Medizin immer weiter spezialisiert, immer differenziertere Aspekte des Menschen betrachtet und dabei fast notgedrungen ihn selbst aus dem Auge verliert.

Dieser Entwicklung zu mißtrauen und dem "universalen" Hausarzt früherer Zeiten nachzutrauern, ist wohl kaum mehr als Nostalgie. Denn der Fortschritt der Medizin, der Zugewinn an technischen und pharmazeutischen Möglichkeiten bedeutet einen Zugewinn an Sicherheit und Chancen für den Patienten. Die Intensität, mit der man sich mit einem Spezialgebiet beschäftigt und darin seine Kompetenz wahrt, kann jedoch zugleich bedeuten, daß andere wichtige Faktoren, die zur Ätiologie oder Ausgestaltung der Erkrankung führten, aber auch wichtige Faktoren, die zur Gesundung beitragen können, außer acht gelassen werden. Ein Beispiel aus der Praxis:

Eine 32jährige Patientin litt unter Angstzuständen, Magenbeschwerden, Kopfschmerzen, innerer Unruhe und Schulter-Arm-Beschwerden. Die Behandlung begann zunächst als symptomatische Behandlung der Magenbeschwerden beim Internisten. In einer vorübergehenden Episode wurden die Schulter-Arm-Beschwerden beim Orthopäden durch Kurzwellen behandelt. Die Depressionen und Ängste wurden von einem Psychiater mit Hilfe von beruhigenden und antidepressiven Medikamenten angegangen. Die Kopfschmerzen trieben die Patientin wieder zu einem Neurologen, der eine Trigeminusneuralgie feststellte. Mit dieser Diagnose gab sich die Patientin 2 Jahre lang zufrieden, bis sie schließlich von ihrem Internisten in die Psychotherapie überwiesen wurde. Hier stellte sich heraus, daß alle Symptome auf einen seelischen Konflikt zurückgingen, der somatisch Gestalt gewonnen hatte.

Diesem Konflikt entsprachen folgende äußere Ereignisse: Tod des geliebten Bruders, Eheprobleme und Verlust ihres Berufes. Die Patientin verdrängte diesen Konflikt, reagierte durch ihre Symptome; sie fand in dieser Reaktion Unterstützung bei ihren behandelnden Ärzten. Erst der psychotherapeutisch interessierte Internist sah das

Symptomangebot der Patientin und leitete eine ursächliche und erfolgreiche Behandlung der Erkrankung ein.

Fazit: Ziel dieser Arbeit über die psychosomatische Medizin in der positiven Psychotherapie ist es, ein Modell zu erarbeiten, das als orientierende und strukturierende Hilfe dabei dienen soll, eine Gesamtdiagnose für einen Patienten zu finden, d. h. eine Diagnose, die sowohl das Symptom und seine Ursachen erfaßt als auch die mittelbaren Ursachen, die sich aus Lebenssituation, Umwelt, Familie, Subkultur und Kultur ergeben. Darüber hinaus muß dieses Modell die gesunden Anteile aufzeigen können, aus denen die Ressourcen für eine Heilung bzw. die Fähigkeiten und Energien für das Umgehen mit der Krankheit und der veränderten Lebenssituation hervorgehen.

Das Modell der positiven Psychotherapie in der Psychosomatik beschränkt sich nicht auf psychosomatische Erkrankungen im engeren Sinn, also auf solche Erkrankungen, bei denen eine primäre Reaktion des Körpers auf ein konflikthaftes Erleben vorliegt, aus der sich dann ein organpathologischer Befund ergibt. Es umfaßt darüber hinaus alle körperlichen und psychischen Erkrankungen und kann somit als Orientierungshilfe, diagnostisches Werkzeug und therapeutisches Verfahren in allen medizinischen Fachdisziplinen Anwendung finden. Dieser Anspruch mag sich zunächst vermessen anhören; er wird jedoch verständlich, wenn wir uns vor Augen führen, daß wir bei einer wie auch immer gearteten Krankheit letztlich den ganzen Menschen behandeln, auch wenn wir uns nicht immer Rechenschaft darüber ablegen. Ziel ist es, diesen einfachen Gedanken soweit zu verinnerlichen, daß er jedes ärztliche Handeln begleitet.

Analysiert man in entsprechender Weise die bestehenden Mißverständnisse und auf dem Gebiet der Psychotherapie die körperlichen und seelischen Leiden, läßt sich eine grundlegende Gemeinsamkeit feststellen: die Einseitigkeit, die umgelenkt als Verlust der Einheit (Einheitsverlust) gedacht werden muß:

Die Schwächung und Auflösung der Ehe und der besorgniserregende Zerfall des Familienlebens – die alarmierende Zunahme an Gemütserkrankungen aller Art – weit und breit zunehmende Kriminalität und Gewalt – noch alarmierender der weltweit zunehmende Alkoholkonsum – der beispiellos zunehmende Drogenmißbrauch mit seinen Schäden an Seele und Verstand des Süchtigen – Rassenkonflikte – Korruption und Bestechlichkeit in Regierung, Politik und Wirtschaft – drohende Weltkriege – der irrsinnige Wettlauf bei der Herstellung immer "besserer" Vernichtungswaffen, die die Atmosphäre vergiften und die Städte zerstören – die Notwendigkeit, Rüstungen auf das für die innere Sicherheit notwendige Maß zu beschränken und im Verbund mit allen anderen Nationen für Ordnung in der Welt zu sorgen – das Versagen der Religion bei der Lösung der persönlichen und sozialen

Probleme — die wachsende Bedrohung durch Atheismus (vgl. I./Kap. 5, Aspekte für einen Weltfriedhof und einen Weltfrieden, S. 88 f.)

An diesem Beispiel zeigt sich, wie wichtig es ist, den Bann der Krankheit zu durchbrechen und danach zu fragen, welche Beziehung der Patient zu seiner Zukunft hatte, welche Erwartungen, Hoffnungen, Sicherheiten und Ängste er hegte, bevor die Symptomatik zum Ausbruch kam.

Ein solches Vorgehen bietet einerseits dem Therapeuten die Möglichkeit einer umfassenderen Diagnosestellung und damit die Möglichkeit eines erweiterten Zugangs zum Patienten, der sich unmittelbar wieder auf die Arzt-Patient-Beziehung auswirkt. Andererseits bekommt der Patient — und seine Familie — die Möglichkeit, sich selbst neu zu erfahren, bisher vernachlässigte, einseitig entwickelte oder unterdrückte Fähigkeiten zu fördern und damit neue Wege zu finden, seine Lebenssituation zu bewältigen.

Was meinen Sie?   **Ja/Nein**

Weltweiter Frieden und Zusammenarbeit der Völker sind der nächste Schritt in der Entwicklung auf diesem Planeten?

Der Mensch benötigt Erziehung und Bildung, um seine Lebensbedingungen zu verbessern und seine Fähigkeiten zu entwickeln?

Vorurteile der Nation, der Rasse, der Klasse, der Religion blockieren den Weg zum Frieden und sollten abgelegt werden?

Die volle Gleichberechtigung zwischen Mann und Frau ist eine der wichtigsten Voraussetzungen für den Frieden?

Das Bild des unverbesserlichen egoistischen Menschen ist veraltet?

Der krasse Unterschied zwischen arm und reich ist ein Grund für die Instabilität der Weltlage?

Mißverständnisse und engstirniges Eigeninteresse behindern die Beziehungen zwischen den Menschen in der Welt?

Unsere Kinder haben ein natürliches Recht auf Frieden und Bewahrung der Natur?

3 Das Konfliktmodell der positiven Psychotherapie in der psychosomatischen Medizin

> *Die Erfahrung ist ein Lehrer,*
> *der sich seine Lektionen*
> *sehr teuer bezahlen läßt, aber*
> *dafür lehrt niemand besser als sie.*
> (Thomas Carlyle)

Geschichte: "Das passende Wort"

Ein Herrscher aus alten Zeiten grübelte über die Fragen des Lebens nach. Weil ihn das Wesen von Gut und Böse beschäftigte, befahl er seinem Diener, die Organe zu bringen, die am besten, schönsten und wertvollsten seien. Der Diener brachte das Herz und die Zunge eines Tieres. Der Herrscher schaute sich die Organe an, dachte über deren Sinn nach und schickte den Diener nun, die häßlichsten und schlechtesten Organe zu holen. Der ging und brachte wiederum ein Herz und eine Zunge. Erstaunt fragte der Herrscher seinen Diener: "Du bringst Herz und Zunge als die besten Organe, aber auch gleichzeitig als die schlechtesten, wie kommt das?" Der Diener antwortete bescheiden: "Wenn das, was ein Mensch fühlt und denkt, offen von Herzen kommt und die Zunge nur Wahres ehrlich sagt, sind Herz und Zunge die wertvollsten Organe. Der Mensch, dem sie gehören, fühlt sich gesund und glücklich. Wenn aber das Herz zu einer Mördergrube wurde, die Wünsche verleugnet, und die Zunge Unwahres und Falsches sagt, sind beide Organe die reine Strafe für den Menschen, dem sie gehören. Die Zwietracht, die er nach außen sät, erfüllt auch sein Inneres, und das Glück hat sich von ihm gewandt" (aus Peseschkian 1983, S. 195).

Die Entwicklung der positiven Psychotherapie unter dem transkulturellen Gesichtspunkt

Unsere heutige Situation in der Psychotherapie erfordert die Entwicklung von Methoden, die wirksam und ökonomisch sind. Dabei geht es nicht nur darum, der Vielfalt von Theorien, Methoden, Konzepten und Verfahren weitere hinzuzufügen, sondern es geht um eine grundsätzliche Erweiterung. Während viele der bestehenden psychotherapeutischen Verfahren von Störungen und Krankheiten ausgehen, erfordert die vorbeugende (präventive)

23

Medizin und Psychotherapie eine andere Vorgehensweise, bei der statt von den Störungen zunächst von den Entwicklungsmöglichkeiten und Fähigkeiten ausgegangen wird. Werden diese Fähigkeiten in ihrer Entwicklung gehemmt, vernachlässigt oder nur einseitig ausgeformt, kommt es — verdeckt oder offen — zu Konfliktbereitschaften.

In meiner eigenen transkulturellen Situation (Orient und Okzident) wurde ich darauf aufmerksam, daß viele Verhaltensweisen, Gewohnheiten und Einstellungen in den verschiedenen Kulturkreisen häufig unterschiedlich bewertet werden. Zum Beispiel gilt in Deutschland (ehem. BRD) das Motto: "Was auf den Tisch kommt, wird gegessen." Als höflich wird es hier von vielen angesehen, wenn man der Hausfrau, womöglich der Küche, stillschweigend dadurch ein Kompliment macht, daß man nichts zurücklassen möchte. In vielen orientalischen Kulturen dagegen ist es beste Sitte, einen Teil des Essens stehen zu lassen. Dies bedeutet nicht, daß der eine unhöflicher wäre als der andere, sondern lediglich, daß beide Kulturkreise unterschiedliche Vorstellungen von Höflichkeit haben. In ähnlicher Weise besteht auch für die anderen psychosozialen Normen, Symptome und Krankheitsbilder eine kulturabhängige Relativität (Peseschkian 1983, S. 122 f.):

Konzept	West	Ost
Krankheit	Wenn jemand krank ist, möchte er seine Ruhe haben. Er wird von wenigen Personen besucht. Besuche werden auch als soziale Kontrolle empfunden.	Ist hier jemand erkrankt, so wird das Bett ins Wohnzimmer gestellt, z. B. bei einem Beinbruch. Der Kranke ist Mittelpunkt und wird von zahlreichen Familienmitgliedern, Verwandten und Freunden besucht. Ein Ausbleiben der Besucher würde als Beleidigung und mangelnde Anteilnahme aufgefaßt.
Tod	"Von Beileidsbesuchen bitten wir Abstand zu nehmen." "Ich muß mit meinem Schicksal allein fertig werden." "Jetzt muß ich allein so viel Leid ertragen."	8–40 Tage lang besuchen alle Verwandten, Freunde, Bekannten und andere Mitmenschen die Hinterbliebenen und geben ihnen so das Gefühl der Geborgenheit. "Geteiltes Leid ist halbes Leid."

Der transkulturelle Ansatz durchzieht wie ein roter Faden die gesamte positive Psychotherapie und Psychosomatik. Wir berücksichtigen ihn deshalb gesondert, weil der transkulturelle Gesichtspunkt auch Material zum Verständnis individueller Konflikte bietet. Darüber hinaus besitzt dieser Aspekt eine außerordentliche soziale Bedeutung: Gastarbeiterprobleme, Probleme der

Entwicklungshilfe, Schwierigkeiten, die sich im Umgang mit Mitgliedern anderer kultureller Systeme ergeben, Probleme transkultureller Ehen, Vorurteile und ihre Bewältigung, Alternativmodelle, die einem anderen kulturellen Rahmen entstammen. In diesem Zusammenhang können auch politische Probleme angesprochen werden, die sich aus der transkulturellen Situation ergeben.

Ich konnte zudem immer wieder die Feststellung machen, daß viele Parabeln, Geschichten und Lebensweisheiten, ob orientalischen oder europäischen Ursprungs, von jeher 2 Funktionen hatten: sie dienten der Unterhaltung und waren gleichzeitig Medien einer Volkspsychotherapie, lange vor der Entwicklung und Entdeckung der modernen Psychotherapie. Diese Funktionen versuche ich in die psychosomatische Medizin mit einzubeziehen (vgl. Peseschkian 1979). Ein gutes Beispiel ist die Geschichte "Das passende Wort", die die psychosozialen Normen Höflichkeit und Offenheit/Ehrlichkeit beinhaltet.

Auch volkstümliche Sprichworte und Lebensweisheiten zeigen psychosomatische Zusammenhänge, z. B.: Mensch, es wird dich überraschen, das letzte Hemd hat keine Taschen; es muß zu Hause beginnen, was leuchten soll im Vaterlande; man ist reich, wenn es reicht; kannst du was, dann bist du was, sparst du was, dann hast du was; lieber Ratten im Keller als Verwandte im Haus; nach mir die Sintflut; etwas in sich hineinfressen; da vergeht einem der Appetit; da bleibt einem die Luft weg; vom Schicksal gebeugt; Gift und Galle spucken; da stehen einem die Haare zu Berge; einen dicken Hals bekommen; unter Druck stehen; es kocht einem das Blut; sich den Kopf zerbrechen; es schlägt einem auf den Magen; das geht einem unter die Haut; es vergeht einem Hören und Sehen; es geht einem an die Nieren; es verschlägt einem die Sprache; etwas haut einen um; usw.

Die Faszination, die von der transkulturellen Stellung zwischen Orient und Okzident ausging, verstärkte sich noch, als ich Verwandten und Freunden half, die mit dem Wunsch nach medizinischem Rat Europa aufsuchten. Dabei fiel mir als "Dolmetscher zwischen den Welten" auf, wie wenig die Schilderung der Kranken über ihr Leiden mit Diagnose und Therapie der behandelnden Spezialisten übereinstimmten. Wieso, so drängte sich mir die Frage auf, behandelten Ärzte nur den Körper, wenn allem Anschein nach die Seele die Ursache des Leidens war? Ganz ähnlich empfand ich die Diskrepanz zwischen den Urteilen meiner Fachkollegen bei der Behandlung von Herz- und Kreislaufkranken. Es stellte sich heraus, daß die Therapie wesentlich vom Fachgebiet des Arztes, kaum aber von der körperlichen und seelischen Befindlichkeit des Patienten bestimmt wurde.

Noch auf einem dritten Weg wurde ich mit den unterschiedlichen Denkweisen westlicher und östlicher Kulturen konfrontiert. Von meinen Eltern im Glauben der Bahá'í erzogen, hatte ich doch eine katholische Schule in Teheran besucht. Bereits hier hatten die Einflüsse verschiedener Welten auf mich gewirkt. Von der Toleranz der Bahá'í-Religion geprägt, stellte ich mir die Frage, wie es zu den allgegenwärtigen Vorurteilen zwischen den Menschen kommen könne (vgl. Peseschkian 1988a, S. 10–11).

Derartige Erlebnisse lenkten meine Aufmerksamkeit auf die Bedeutung solcher psychosozialer Normen für die Sozialisation und die Entstehung zwischenmenschlicher und innerseelischer Konflikte. Dabei fand ich, ausgehend von der Psychotherapie, sowohl bei orientalischen als auch bei europäischen und amerikanischen Patienten im Zusammenhang mit den bestehenden Symptomen Konflikte, die auf eine Reihe immer wiederkehrender Verhaltensweisen zurückgehen. Ich versuchte daher, diese Verhaltensnormen zu sichten und einen Überblick über derartige Phänomene zu erhalten. Eng zusammengehörende Begriffe wurden zusammengefaßt und schließlich ein Inventar erstellt, mit dessen Hilfe sich die inhaltlichen Komponenten der zentralen Konfliktbereiche beschreiben lassen. Was sich auf dem erzieherischen und psychotherapeutischen Sektor als Konfliktpotential und Entwicklungsdimension darstellte, fand sich im Bereich der Moral und der Religion im normativen Sinne als Tugend wieder.

Das Konflitkmodell in der positiven Psychotherapie (Kurzform)

a) Aktualkonflikt

Äußere Ereignisse ("*Life-events*" wie z. B. berufliche Veränderung, Umzug, Todesfall etc.) und *Mikrotraumen* (kumulierende Ereignisse wie z. B. Unpünktlichkeit des Partners, Zugverspätung, Unzuverlässigkeit und Ungerechtigkeit eines Mitarbeiters) treffen auf die Persönlichkeit eines Menschen in ihrer körperlichen, psychischen, sozialen und geistigen Dimension (Frage nach ca. 10 Ereignissen aus den letzten 5 Jahren). Durch dieses Aufeinandertreffen äußerer Belastungen und persönlichkeitsdeterminierender Kapazitäten und Fähigkeiten zur Verarbeitung dieser Belastungen entsteht der Aktualkonflikt (vgl. Peseschkian 1977a, S. 136–139).

Wissenschaftliche Untersuchungen haben gezeigt, "wie in teilweise verschiedenen Kulturen ganz ähnliche psychische Vorgänge im sozialen Bereich als Streß erkannt und klassifiziert werden. So hat eine amerikanische Forschergruppe (Holmes u. Rahe 1967; Rahe 1969) in verschiedenen Ländern, so in den USA, in Schweden, in den Niederlanden und Japan, einen repräsentativen Bevölkerungsteil befragt, welche Erlebnisse sie als besonders belastend empfänden. Das erstaunliche Ergebnis ist, daß die Bewertung in den verschiedenen Ländern und Kulturen kaum abweicht und etwa die Reihenfolge in Tabelle 1 ergibt:

Tabelle 1

1. Tod des Ehegatten	100	...		
2. Scheidung	73	38. Änderung der		
3. Eheliche Trennung	65	Schlafgewohnheiten		16
4. Gefängnis	63	39. Änderung der Familien-		
5. Tod eines nahen Verwandten	63	zusammensetzung		15
6. Verletzung oder Krankheit	53	40. Änderung der		
7. Verheiratung	50	Eßgewohnheiten		15
8. Arbeitsentlassung	47	41. Ferien		13
9. Eheliche Versöhnung	45	42. Weihnachten		12
10. Pensionierung	45	43. Kleine Gesetzesüber-		
...		schreitung		11

Die Skala der Stressoren weist darauf hin, daß es Erlebnisse von hoher Streßintensität gibt und solche, die allgemein als wenig belastend empfunden werden. Ferner gilt, daß unerwartete Ereignisse wesentlich stärker streßfördernd sind als vorausschaubare. Schließlich ist ausschlaggebend, ob ein Stressor nur einmalig einwirkt, oder länger anhält und so zu zunehmender Belastung führt" (Heim 1989, S. 28 f.).

Für die Jahrtausendwende sieht Sabshin (1990) in der amerikanischen Psychiatrie "eine Konzentration auf die Frage, wie der Mensch sich selbst während seiner verschiedenen Entwicklungsphasen und angesichts belastender Ereignisse gesund erhält", voraus.

b) Aktual- und Grundkonflikt

Das spezifische Zusammenwirken von Aktual- und Grundkonflikt wird in der positiven Psychotherapie durch das folgende Modell beschrieben: die im differenzierungsanalytischen Inventar (DAI, vgl. I./Kap. 4) und im *Wiesbadener Inventar für positive Psychotherapie und Familientherapie (WIPPF;* Peseschkian u. Deidenbach 1988) inventarisierten Fähigkeiten, Werthaltungen, Konzepte und Konfliktbereitschaften (primäre Fähigkeiten als Ausdruck der Liebesfähigkeit, sekundäre Fähigkeiten als Ausdruck der Erkenntnisfähigkeit) gewichten die äußeren Ereignisse und besetzen sie vor dem Hintergrund der biologisch-lebensgeschichtlichen Gegebenheiten affektiv.

In allen Kulturen beginnen sich die Aktualfähigkeiten bereits während der Schwangerschaft herauszukristallisieren. Sie sind in allen Lebensabschnitten und -stufen relevant. Auch in den Reaktionen auf die Ereignisse der letzten 5 Jahre spiegeln sie sich als in der gesamten Entwicklung erworbene Konzepte wieder. Im Rahmen der Therapie ist es so möglich, eine nur partielle Regression (z. B. in Bezug auf Treue-, Gerechtigkeits- oder Sparsamkeitsproblematik) herbeizuführen. Oft erübrigt sich bei diesem inhaltlichen Vorgehen eine Umstrukturierung der Persönlichkeit.

c) Schlüsselkonflikt

Voraussetzung hierfür sind die erwähnten Entwicklungsdimensionen der Grundfähigkeiten (4 Bereiche der Erkenntnis- und Liebesfähigkeit) in ihrer individuellen Ausgestaltung: Als Resultate entstehen Verhaltensbereitschaften und Verhaltensweisen mit ihren affektiven und emotionalen Komponenten, welche in die als Schlüsselkonflikt bezeichnete Dichotomie *Höflichkeit – Ehrlichkeit* einmünden:
- Die *Höflichkeit* beinhaltet die Fähigkeit, sich anzupassen, einzuordnen, "Ja" zu sagen, mit dem Preis des Triebverzichts und der emotionalen Reaktion der *Angst* (vgl. II./Kap. 26: "Wie fragt man nach *Höflichkeit*?");
- die *Ehrlichkeit* als Fähigkeit, offen Bedürfnisse durchzusetzen, zu sich selbst zu stehen und sich selbst zu behaupten, beinhaltet das Begleitrisiko der *Aggression* (vgl. II./Kap. 5: "Wie fragt man nach *Ehrlichkeit*?").
Diesen Schlüsselkonflikt nehmen wir als zentrale "Schaltstelle", in der sich die weitere Richtung der Konfliktverarbeitung entscheidet.

In unserem Modell sehen wir die Schaltstelle *Höflichkeit – Ehrlichkeit* als engsten Berührungspunkt zu dem folgenden Modell der Symptomentstehung: Dem Reaktionstypus der *Höflichkeit* entspricht bei der endokrinen und Neurotransmitterverarbeitung im ZNS die Reaktion der *Angst*; dem Reaktionstypus der *Ehrlichkeit* entspricht im ZNS als Verarbeitung die *Aggression* (vgl. Abb. 1).

d) Neurophysiolgie

An diesen Geschehnissen nimmt der Gesamtorganismus insbesondere über das Hormonsystem und das vegetative Nervensystem teil. Bei emotionalen Prozessen sind sowohl zentrale (Thalamus, Limbisches System, Aktivierung, Belohnungsstrukturen) als auch periphere Strukturen (Katecholamine, Nebennierenrindenhormone, autonomes Nervensystem) beteiligt. Neuropeptide (z. B. Hypophysenhormone und hypothalamische Peptide), von endokrinen Zellen und endokrinen Drüsen produzierte Hormone im engeren Sinn sowie von zentralen und peripheren Neuronen produzierte Transmittersubstanzen werden als Signalstoffe verwendet. So können funktionelle Störungen entstehen sowie über einen zu postulierenden "Locus minoris resistentiae" Organsyndrome und Psychosyndrome.

Die Austauschprozesse zwischen den verschiedenen Stadien dieses Modells sind dynamisch zu denken und funktionieren über stetige Rückmeldungen, die konfliktinduzierend, aber auch konfliktreduzierend wirken können.

28

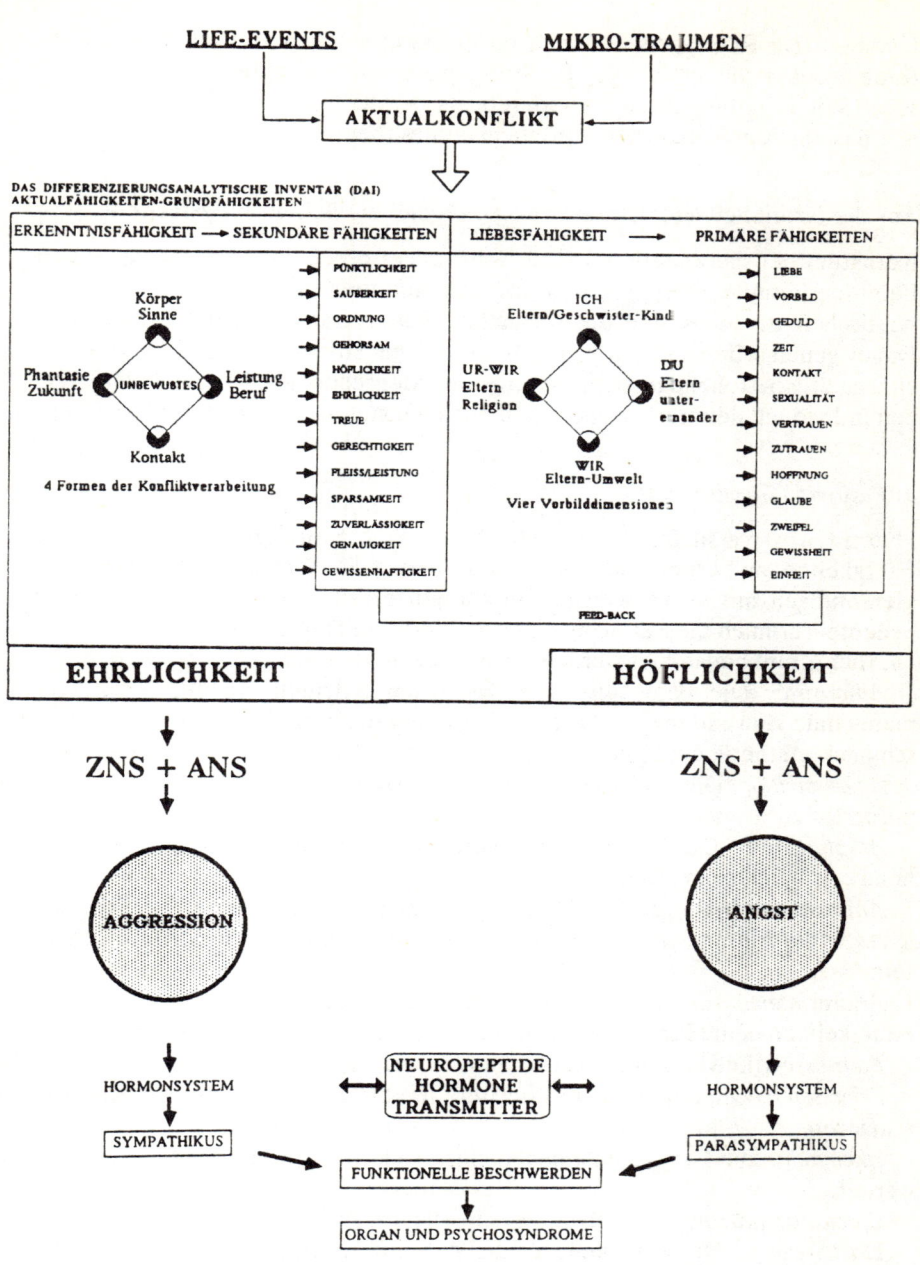

Abb. 1. Das Konfliktmodell in der positiven Psychotherapie

Übersteuerte Regelkreise können beispielsweise einen Einfluß von Mikrotraumen über die subjektive Belastungsgrenze hinaus potenzieren (neurotischer Wiederholungszwang). Andererseits beinhaltet das System der ständigen Rückmeldungen auch die Möglichkeit des therapeutischen Eingreifens.

Aus der Krankheitsentstehungstheorie abgeleitete Behandlungstechnik

Kernstück der therapeutischen Intervention der positiven Psychotherapie und Familientherapie ist eine fünfstufige Behandlungsstrategie. Ort ihres therapeutischen Einstiegs sind die Aktualfähigkeiten und die Grundfähigkeiten. Dabei gehen wir sowohl von den bestehenden Störungen als auch von den gleichzeitig bestehenden Fähigkeiten eines Menschen aus. Therapieziele werden individuell definiert, sie beinhalten jedoch stets die folgenden Momente:

a) Positives Vorgehen

Hiermit wird versucht, alle Gegebenheiten, die Störungen ebenso wie die Fähigkeiten, zu berücksichtigen. So fragt man z. B.: Welche Vorteile bringen Hemmungen mit sich? Welche Funktionen erfüllen Schlafstörungen? Was bedeutet für mich die Tatsache, daß ich Angst und Depressionen habe?

Auch Krankheitsbilder werden positiv gedeutet:

Adipositas: Die Fähigkeit, über das Essen Befriedigung und Ersatz für mangelnde Zuwendung zu schaffen. Betonung der Mittel der Sinne, v. a. Geschmack, Ästhetik der Speisen, Großzügigkeit in Bezug auf Nahrungsmittel.

Aggressivität: Die Fähigkeit, auf etwas spontan, emotional und hemmungslos zu reagieren.

Alkoholismus: Die Fähigkeit, mit Hilfe des Alkohols Konflikte vorübergehend erträglich zu machen.

Ambivalente Haltung: Die Fähigkeit, sich nicht festzulegen.

Angst vor Einsamkeit: Das Bedürfnis, mit anderen Menschen zusammenzusein.

Anorexia nervosa: Die Fähigkeit, mit wenig Mitteln auszukommen. Die Fähigkeit, an dem Hunger der Welt teilzuhaben.

Bettnässen: Die Fähigkeit, nach unten zu weinen.

Depression: Die Fähigkeit, mit tiefster Gefühlsbereitschaft auf Konflikte zu reagieren.

Eifersucht: Die Fähigkeit zu lieben, ohne sich so zu verhalten, um geliebt zu werden.

Ejaculatio präcox: Die Fähigkeit, schnell zum Ziel zu kommen.

Existenzangst: Die Fähigkeit, für die Zukunft zu sorgen und sich nicht der Illusion der Sicherheit hinzugeben.

Faulenzen: Die Fähigkeit, Leistungsanforderungen aus dem Wege zu gehen.

Fixierung: Die Fähigkeit, sich an Einstellungen und Haltungen festzuhalten.

Frigidität: Die Fähigkeit, mit dem Körper nein zu sagen.

Hemmungen: Die Fähigkeit, sich zurückzuhalten und das Aufgenommene in sich wirken zu lassen: Wenn ich mich nicht in Gefahr begebe, brauche ich auch keine Angst zu haben, verletzt zu werden.

Herzinfarkt: Die Fähigkeit, sich Belastungen und Risikofaktoren zu Herzen gehen zu lassen.

Kleptomanie: Die Fähigkeit, etwas zu finden, bevor ein anderer es verloren hat.

Manie: Die Fähigkeit, die Flasche nur halb voll zu sehen, sich selber mächtig zu erleben und sich über die Kleinigkeiten des Lebens hinwegzusetzen.

Masochismus: Die Fähigkeit, dem Partner die Möglichkeit zu geben, zu genießen.

Narzißmus: die Fähigkeit, sich selber lieben zu können und die vermeintlichen eigenen Schwächen als positiv zu erleben.

Paranoia: Die Fähigkeit, sich selbst als den Mittelpunkt der Welt und deren geheimnisvollen Mächten zu sehen.

Potenzstörung: Die Fähigkeit, sich aus dem Konfliktfeld der Sexualität zurückzuziehen.

Psychosomatische Symptome: Die Fähigkeit, durch Organsprache darauf hinzuweisen, daß zur Zeit kein anderes Mittel der Konfliktverarbeitung zur Verfügung steht.

Sadismus: Die Fähigkeit, die aktive Rolle zu übernehmen.

Schizophrenie: Die Fähigkeit, untragbare Bereiche des Ich abzuspalten und die nicht befriedigende Umwelt durch eine phantastische Innenwelt zu ersetzen.

Streß: Die Fähigkeit und die Anpassung des Organismus an eine neue Situation kann in diesem Sinne als Streß bezeichnet werden.

Trotz: Die Fähigkeit, nein zu sagen.

Verwahrlosung: Die Fähigkeit, verbindliche Normen zu ignorieren oder ihnen zuwider zu handeln.

Zwangsneurose: Die Fähigkeit, etwas mit außerordentlicher Genauigkeit, Gewissenhaftigkeit, Pünktlichkeit und Konsequenz durchzuführen (vgl. II./Kap. 1−39; Peseschkian 1983, S. 139−180).

b) Inhaltliches Vorgehen

Häufig sind es keineswegs die großen Ereignisse, die zu Störungen führen, sondern die immer wiederkehrenden kleinen seelischen Verletzungen, die schließlich ein Charakterbild formen, das für einzelne Konflikte besonders anfällig ist. Wenn sich die Mutter beispielsweise tagtäglich über die Unordnung des Kindes ärgert, ist damit keinem der beiden geholfen. Hier wäre es günstiger, wenn die Mutter lernt, wie sich das Ordnungsverhalten eines Kindes entwickelt, wenn sie begreifen könnte, daß es unterschiedliche Begriffe von Ordnung gibt. Für das Kind wäre es oft günstiger, wenn es nicht nur kritisiert, sondern wenn ihm gesagt und vorgelebt würde, wie es sich tatsächlich besser verhalten kann.

Ein anderes Beispiel: Ein Mensch, der gelernt hat, daß er nur dann etwas wert ist, wenn er etwas leistet und berufliche und menschliche Erfolge hat, wird plötzlich eine tiefgreifende Niederlage erleiden, wenn er auf einmal den ihm gestellten Aufgaben nicht mehr gewachsen ist.

Dieses ermöglicht eine fokale Beziehung zum Aktualkonflikt; z. B.:

Wie reagieren Sie, wenn Ihr Partner nicht rechtzeitig zu einem vereinbarten Termin kommt; wenn er nicht das tut, was Sie für richtig und wichtig halten? Was tun Sie, wenn einer Ihrer Mitmenschen Sie anlügt; wenn einer eine unerträgliche Duftwolke um sich verbreitet oder wenn Sie mit einem Menschen ein längeres Gespräch führen müssen, der grausam aus dem Mund riecht? Was empfinden Sie, wenn sie ungerecht behandelt und andere Ihnen gegenüber bevorzugt werden? Wie fühlen Sie sich, wenn Sie merken, daß ein anderer Sie betrogen hat, daß Ihr Partner fremdgeht? Was empfinden Sie, wenn Sie vor einer Prüfung stehen?

Wenn man diese Fragen nicht nur überliest, sondern sich mit den in ihnen enthaltenen Situationen innerlich beschäftigt, wird man bei einzelnen dieser Fragen, die alle Aktualfähigkeiten enthalten, feststellen können, daß Emotionen und Affekte durch sie angesprochen werden.

Der dargestellte Ansatz legt es nahe, Patienten auf ihre Konfliktbereitschaft hinsichtlich der Aktualfähigkeiten zu befragen. Während der eine sehr viel Wert auf *Fleiß/Leistung* oder auf *Sparsamkeit* legt, betont der andere *Ordnung, Pünktlichkeit, Kontakt, Gerechtigkeit, Höflichkeit, Ehrlichkeit* etc. Jede dieser Normen erfährt ihrerseits ihre eigene situations-, gruppen- und gesellschaftsgebundene Gewichtung. "Wenn ich schon an die Ungerechtigkeiten meines Chefs denke, fange ich an zu zittern und es wird mir schlecht. Hinterher habe ich dann Kopfschmerzen und Magenbeschwerden" (28jährige Angestellte mit psychosomatischen Störungen).

c) Zielorientierung

Diese Orientierung geht mit Einstellungs- und Verhaltensänderungen einher, sie hilft neurotische Wiederholungszwänge zu überwinden und ermöglicht einen adäquateren Umgang mit dem Schlüsselkonflikt *Höflichkeit – Ehrlichkeit.* Durch diese Interventionen werden die dem Menschen zur Verfügung stehenden Selbsthilfepotentiale genutzt, und es wird in den beschriebenen Entstehungskreis der Psychosomatosen eingegriffen.

Das beschriebene Modell beschränkt sich nicht auf das intrapsychische Geschehen; es versucht, durch eine besondere Flexibilität des therapeutischen

Settings sowohl die körperlichen und die intrapsychischen als auch die familiären und gesellschaftlichen Bedingungen einzubeziehen. Kriterium hierfür ist, welche Ressourcen sich für die therapeutische Situation mobilisieren lassen, wo der Konfliktfocus lokalisiert ist, und von wo am ehesten Potentiale zu einer therapeutischen Bearbeitung eines Konflikts erwartet werden können.

Das Modell der positiven Psychotherapie versucht nicht, primär die Entstehung von speziellen Konflikten zu erklären, sondern will den Menschen in seiner Lebenssituation verstehen, aus der heraus er seine Krankheit entwickelt. Insofern erfaßt die positive Psychotherapie alle psychischen, psychosomatischen und somatischen Erkrankungen. Sie versucht bei jedem Menschen neben dem Symptom und der Eigendynamik der Erkrankung die inhaltlichen Aspekte zu berücksichtigen. Sie ist nicht nur fasziniert vom Symptom, sondern fragt auch nach der Bedeutung des Symptoms für den Gesamtlebensplan, nach seiner "Signalwirkung", nach den daraus entstehenden Chancen zur Veränderung und — wesentlich — nach den jedem Menschen innewohnenden Fähigkeiten, Konflikte zu lösen, Störungen oder Funktionsausfälle zu kompensieren oder sich in seiner Lebenssituation und Beziehung zur Zukunft umzuorientieren.

Die Therapie beinhaltet dabei 3 Schwerpunkte:
— die Prophylaxe
— die eigentliche Therapie und
— die Nachsorge.

Zugrunde liegt ein transkulturelles Denkmodell, das ausdrücklich die Vielfalt der individuell, familiär und kulturell determinierten Erscheinungsformen einbezieht und eine Einheit in der Mannigfaltigkeit fordert.Das Modell gliedert sich in 5 Stufen:
Stufe 1: Beobachtung/Distanzierung,
Stufe 2: Inventarisierung,
Stufe 3: Situative Ermutigung,
Stufe 4: Verbalisierung,
Stufe 5: Zielerweiterung.

Ein Partner bringt dem anderen auch Konflikte, Schwierigkeiten, Probleme und Krisen. Er gibt ihm zugleich die Chance, seine eigene Persönlichkeit weiter zu entwickeln und angemessene Lösungen für die Konflikte zu finden. Die Konfrontation behält in vielen anderen Bereichen des menschlichen Zusammenlebens Gültigkeit: im Verhältnis der Kinder zu ihren Eltern, der Beziehung der Eltern zueinander, dem Verhältnis zu den Schwiegereltern, dem Verhältnis zum Mitmenschen. Im Leid nur das Leid und im Konflikt nur die Gefährdung zu sehen, bedeutet ein Mißverständnis, das in der Erziehung und Psychotherapie unübersehbare Folgen nach sich zieht.

Es reicht daher nicht aus, nur nach dem "Warum" einer Störung, eines Leides, einer Prüfung zu fragen. Sie blieben unverstanden, wenn die Frage nach dem "Wozu" nicht gestellt würde. Die Frage nach dem "Wozu" meint die Re-Integration, die Tendenz zu Einheit und Weiterentwicklung.

d) Stationäre und ambulante Anwendung

Die Verfahren der positiven Psychotherapie sind im ambulanten und stationären Bereich anwendbar; in letzterem leiten sie zur Selbsthilfe und damit zur ambulanten Nachsorge im poststationären Bereich über. Stationär kann die Methode als konfliktzentrierte Psychotherapie appliziert werden.

Der Behandlungsverlauf zeigt, daß in der Regel schon nach einer relativ kurzen Zeit (10−15 Sitzungen) eine erhebliche Besserung der Beschwerden erfolgt. Kontrolluntersuchungen nach einem Jahr zeigen in der Mehrzahl der Fälle einen bleibenden Therapieerfolg. Besonders günstig ist der Verlauf bei neurotischen und psychosomatischen Störungen. Erfahrungen mit der Methode der positiven Psychotherapie wurden bei partnerschaftlichen Konflikten, Erziehungsproblemen, Depressionen, Phobien, Sexualstörungen, psychosomatischen Beschwerden wie Magen-Darm-Erkrankungen, rheumatischen Beschwerden, Diabetes und Asthma gesammelt. Auch wurden mehrere Fälle von Psychopathien und Schizophrenien behandelt.

Theorie der positiven Psychotherapie in der psychosomatischen Medizin

a) Das positive Menschenbild

So wie ein Samenkorn eine Fülle von Fähigkeiten besitzt, die durch die Umwelt, z. B. den Boden, den Regen, den Gärtner usw. entfaltet werden, so entwickelt auch der Mensch seine Fähigkeiten in enger Beziehung zu seiner Umwelt. Dem Konzept der positiven Psychotherapie liegt die Auffassung zugrunde, daß jeder Mensch ohne Ausnahme 2 *Grundfähigkeiten* besitzt: die *Erkenntnisfähigkeit (Kognition) und die Liebesfähigkeit (Emotionalität).*

Erkenntnisfähigkeit bedeutet: die Fähigkeit zu lernen und zu lehren. Jeder Mensch versucht, Zusammenhänge in der Wirklichkeit zu erkennen. Er fragt, warum ein Apfel zu Boden fällt, warum ein Baum wächst, warum die Sonne scheint, warum ein Auto fährt, warum es Krankheiten und Leid gibt. Er interessiert sich dafür, was er eigentlich ist, woher er gekommen ist, wohin er gehen wird. Dies sind nicht nur die Fragen der Philosophie, sondern Fragen, die einem grundlegenden menschlichen Bedürfnis entsprechen. Die Eigenart des Menschen, solche Fragen zu stellen und Antworten darauf zu suchen, ist Ausdruck der Erkenntnisfähigkeit. Erzieherisch ist sie auf die Wissensvermittlung angewiesen.

Aus der Erkenntnisfähigkeit entwickeln sich die sekundären Fähigkeiten, wie Pünktlichkeit, Sauberkeit, Ordnung, Gehorsam, Höflichkeit, Ehrlichkeit/Offenheit, Treue, Gerechtigkeit, Fleiß/Leistung, Sparsamkeit, Zuverlässigkeit, Genauigkeit und Gewissenhaftigkeit.

Liebesfähigkeit bedeutet: die Fähigkeit zu lieben und geliebt zu werden. Beide Komponenten sind gleich wichtig: die Fähigkeit, aktiv emotionale Beziehungen aufzunehmen (zu lieben), und die Fähigkeit, emotionale Zuwendungen zu akzeptieren und zu ertragen (geliebt zu werden). Die Liebesfähigkeit ist nicht gleichgültig gegenüber dem, worauf sie sich richtet: Wenn wir etwas lernen, erwerben, schaffen, hängt der Zweck und der Sinn dieser Tätigkeit davon ab, für was und wen dies geschieht: für uns selbst, für unseren Partner und unsere Angehörigen, für unsere Interessengruppen, für Staaten, Nationen, die Menschheit, für die unmittelbare oder ferne Zukunft, oder gegen sie.

Die Liebesfähigkeit führt in ihrer weiteren Entwicklung zu den primären Fähigkeiten (s. Tabelle 2, S. 37) wie Lieben können, Vorbildsein, Geduld haben, Sich-Zeit-Nehmen, Kontakt-knüpfen-Können, Zärtlichkeit und Sexualität geben und nehmen, Vertrauen können, Hoffnung haben, Glauben können, Zweifeln können, zu Gewißheiten gelangen und Einheit herstellen.

Die pimären und sekundären Fähigkeiten bezeichnen wir als Aktualfähigkeiten.

In diesem Sinne verstehen wir Erkenntnis- und Liebesfähigkeit als jedem Menschen eigene psychische Dispositionen, die ihrer Aktualisierung und Differenzierung bedürfen. Alle anderen Fähigkeiten können aus diesen beiden Grundfähigkeiten abgeleitet oder als Ausdruck verschiedener Kombinationen der Grundfähigkeiten verstanden und auf vielfältige Lebenslagen angewandt werden. Beide Grundfähigkeiten stehen in funktionalem Zusammenhang. Die angemessene Entwicklung einer Fähigkeit unterstützt und erleichtert die Entwicklung der anderen. Jeder Mensch verfügt über Grundfähigkeiten, die ihm eine große Bandbreite von Möglichkeiten eröffnen. Je nach den Bedingungen seines Körpers, seiner Umwelt und der Zeit, in der er lebt, werden sich diese Grundfähigkeiten differenzieren und zu einer unverwechselbaren Struktur von Wesenszügen (Einzigartigkeit) führen. Das bedeutet nichts anderes, als daß der Mensch seinem Wesen nach gut ist.

Das Prinzip der Grundfähigkeiten findet sich in der Literatur in vielfacher Gestalt. Alle humanwissenschaftlichen Konzepte beinhalten direkt oder indirekt Basisgrößen oder Grundfähigkeiten, aus denen sich das Verhalten oder das Empfinden ableiten läßt. Bei einigen Richtungen sind das die Triebe, bei anderen die Lernfähigkeit, bei wieder anderen emotionale Größen wie der "endothyme Grund". Dabei korrespondiert die Art und die Wertung der jeweiligen Grundfähigkeiten mit dem ihnen zugrundeliegenden Menschenbild.

Eine empfindliche komplementäre Beziehung, die in vielem den Grundfähigkeiten der Erkenntnis- und Liebesfähigkeit entspricht, haben Religion und Wissenschaft zueinander. Die letztere steht mehr der Erkenntnisfähigkeit nahe, während Religionen und Weltanschauungen der Liebesfähigkeit entsprechen. Während die Religionen den Anspruch erheben, Sinn zu *geben* (Sinngebung) und auch Verbindlichkeit dafür fordern, kommt der Wissenschaft in ihrer weitesten Bedeutung die Aufgabe zu, diesen Sinn zu *finden* (Sinnfindung). Eine Religion sagt uns zum Beispiel, daß wir treu und ehrlich sein sollen; die Psychologie fragt, warum jemand treu oder untreu, ehrlich oder unehrlich wird (vgl. Peseschkian 1983, S. 74; s. Abb. 2).

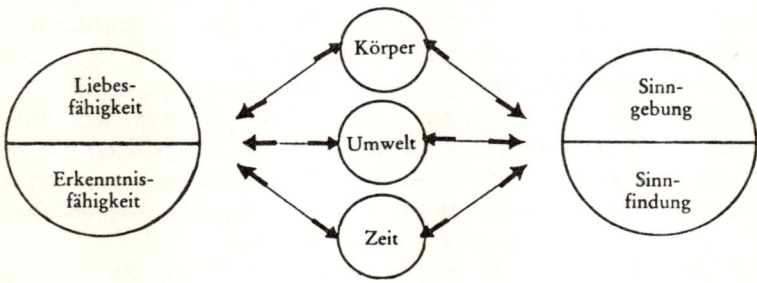

Abb. 2. Grundfähigkeiten und ihre Entwicklungsbedingungen zur Sinngebung (Religion) und Sinnfindung (Wissenschaft). (Aus Peseschkian 1983, S. 64)

b) *Aktualfähigkeiten und Konzepte (innere Konfliktdynamik)*

Aus diesen psychotherapeutisch relevanten Verhaltens- und Einstellungs-normen entwickelte sich das differenzierungsanalytische Inventar (DAI, s. Tabelle 3) als relativ umfassendes Kategoriensystem. Die darin enthaltenen primären und sekundären Verhaltensnormen nannte ich *Aktualfähigkeiten* (s. Tabelle 2), ein Begriff, den ich deshalb für notwendig halte, weil diese Normen als Fähigkeiten in der Entwicklung des Menschen vorgegeben sind; sie sind Entwicklungsdimensionen, deren Ausprägung durch günstige oder hemmende Umwelteinflüsse gefördert oder unterdrückt wird. *Aktual*fähigkeiten deshalb, weil sie im täglichen Leben auf die verschiedenste Weise fort-während aktuell angesprochen werden. Mir stellten sich im Zusammenhang mit den psychosozialen Normen folgende Fragen:

Wodurch kommt es zu Konflikten? Wie lassen sich diese Konflikte ange-messen beschreiben? Was steht hinter den Symptomen der psychischen und psychosomatischen Störungen und den Einschränkungen in zwischen-menschlichen Beziehungen, und wie können diese Störungen angemessen be-handelt werden?

Tabelle 2. Inventar der sekundären und primären Fähigkeiten (Aktualfähigkeiten)

Sekundäre Fähigkeiten	Primäre Fähigkeiten
Pünktlichkeit	Liebe (Emotionalität)
Sauberkeit	Vorbild
Ordnung	Geduld
Gehorsam	Zeit
Höflichkeit	Kontakt
Ehrlichkeit/Offenheit	Sexualität
Treue	Vertrauen
Gerechtigkeit	Zutrauen
Fleiß/Leistung	Hoffnung
Sparsamkeit	Glaube/Religion
Zuverlässigkeit	Zweifel
Genauigkeit	Gewißheit
Gewissenhaftigkeit	Einheit

Im Abendland beobachten wir die Tendenz, die sekundären Fähigkeiten, z. B. die *Leistung*sfähigkeit, besonders hervorzuheben, was zuweilen mit einer Ver-nachlässigung primärer Fähigkeiten, z. B. der *Kontakt*fähigkeit einhergeht (vgl. Abb. 3). Im Orient besteht dagegen die Neigung, die primären Fähigkei-ten, die sich am zwischenmenschlichen Kontakt orientieren, zu betonen, wo-bei verschiedene sekundäre Fähigkeiten offensichtlich vernachlässigt werden.

Die Aktualfähigkeiten sind *psychodynamisch wirksam*. Sie stehen im Zusammenhang mit psychoanalytischen Kategorien wie dem Über-Ich und dem Ich-Ideal, tiefenpsychologischen Kategorien wie dem Selbstwertgefühl, dem Minderwertigkeitsgefühl und dem "erwünschten" und "unerwünschten" Verhalten in der Verhaltenstherapie.

Die Aktualfähigkeiten geben uns zusätzliche *differentialdiagnostische Hinweise* und eröffnen auf der Grundlage der Erkenntnis des inhaltlichen Konfliktbereichs neue Möglichkeiten der Erziehung, der Selbsthilfe, der Psychohygiene und der konfliktzentrierten Psychotherapie. Im Hinblick auf das praktische Vorgehen versuchen wir unter dem Motto "Wie fragt man danach?" die einzelnen Aktualfähigkeiten durch Schlüsselfragen zu operationalisieren.

In alltäglichen Beschreibungen und Wertungen und in der gegenseitigen Partnerbeurteilung spielen die sekundären Fähigkeiten eine entscheidende Rolle. Wer einen anderen Menschen nett und sympathisch findet, der begründet seine Einstellung damit: "Er ist anständig und ordentlich, man kann sich auf ihn verlassen." Umgekehrt urteilt man abwertend: "Er ist mir

Abb. 3. Aktualfähigkeiten als Sozialisationsnormen

unsympathisch, weil er schlampig, unpünktlich, ungerecht, unhöflich und geizig ist und zu wenig Fleiß zeigt."

Ebenso geläufig wie diese Beispiele sind auch die Folgen von entsprechenden Erlebnissen auf Stimmung und körperliches Befinden. So können beispielsweise Pedanterie, Unordnung, ritualisierte Sauberkeit, Unsauberkeit, übertriebene Pünktlichkeitsforderungen, Unpünktlichkeit, zwanghafte Gewissenhaftigkeit oder Unzuverlässigkeit außer zu sozialen Konflikten auch zu psychischen und psychosomatischen Verarbeitungen − wie Ängsten, Aggressionen und Nachahmungen − mit ihren Folgen führen: im psychischen Bereich, in den Atemwegen, im Herz- und Kreislaufsystem, im Gastrointestinalbereich, im Bewegungsapparat, im Nervensystem, im Urogenitalbereich und im Hautbereich.

Tabelle 3. Das differenzierungsanalytische Inventar (DAI, Kurzform; aus: Peseschkian 1977a, S. 70)

Aktualfähigkeiten	Patient	Partner	Spontanaussage
Pünktlichkeit			
Sauberkeit			
Ordnung			
Gehorsam			
Höflickeit			
Ehrlichkeit/Offenheit			
Treue			
Gerechtigkeit			
Fleiß/Leistung			
Sparsamkeit			
Zuverlässigkeit/Genauigkeit			
Liebe			
Geduld			
Zeit			
Vertrauen/Hoffnung			
Kontakt			
Sex/Sexualität			
Glaube/Religion			

Die Exploration der Aktualfähigkeiten erfolgt mit Hilfe des differenzierungsanalytischen Inventars (DAI; s. Tabelle 3) und des *Wiesbadener Inventars zur positiven Psychotherapie und Familientherapie* (Peseschkian u. Deidenbach 1988). Die Instruktion zur Durchführung des DAI lautet: "Kommt es im Bereich der Pünktlichkeit (Ordnung usw.) zu Konflikten? Wer von Ihnen − Sie oder Ihr Partner − legt mehr Wert auf

Pünktlichkeit (Ordnung usw.)?" Dem jeweiligen Fall entsprechend sind Modifikationen der Instruktion möglich.

Signiert werden die einzelenen Verhaltensbereiche derart, daß (+++) die höchste subjektive Bewertung einer Kategorie kennzeichnet, (---) die niedrigste Bewertung ("Legt überhaupt keinen Wert auf..."); (+-) bedeutet eine Indifferenz gegenüber dem zu beurteilenden Verhaltensbereich; (++), (+), (-) und (--) sind Abstufungen der subjektiven Bewertung. Die 2. Spalte gibt die Selbstbeurteilung des Patienten hinsichtlich der Aktualfähigkeiten wieder. Die 3. Spalte kennzeichnet die Fremdbeurteilung des Partners durch den Patienten; ggf. können für andere wichtige Bezugspersonen weitere Spalten eingeführt werden. Die letzte Spalte enthält Spontankommentare.

c) Vier Formen der Konfliktverarbeitung (Physiologie und psychosoziale Belastungssituation)

Trotz aller kultureller und sozialer Unterschiede und der Einzigartigkeit jedes Menschen können wir beobachten, daß alle Menschen bei der Bewältigung ihrer Probleme auf typische Formen der Konfliktverarbeitung zurückgreifen. Wenn wir ein Problem haben, uns ärgern, uns belastet und unverstanden fühlen, in ständiger Anspannung leben oder in unserem Leben keinen Sinn sehen, können wir diese Schwierigkeiten in den folgenden 4 Formen der Konfliktverarbeitung zum Ausdruck bringen, denen analog 4 Medien der Erkenntnisfähigkeit zugeordnet werden. Sie lassen erkennen, wie man sich und seine Umwelt wahrnimmt und auf welchem Wege der Erkenntnis die Realitätsprüfung erfolgt (Abb. 4).

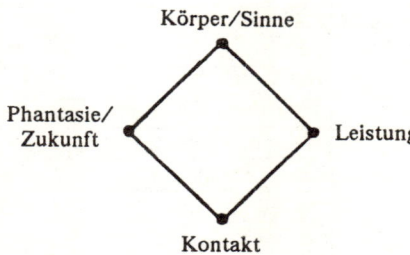

Abb. 4. Formen der Konfliktverarbeitung

Diese Formen der Konfliktverarbeitung sind relativ weite Kategorien, die jeder mit seinen eigenen Vorstellungen, Wünschen und Konflikten füllt. Jeder Mensch entwickelt seine eigenen Präferenzen, wie er auftretende Konflikte verarbeitet. Durch Hypertrophie einer Form der Konfliktverarbeitung geraten die anderen in den Hintergrund. Welche Formen der Konfliktverarbeitung bevorzugt werden, hängt zu einem wesentlichen Teil von den Lernerfahrungen ab, v. a. von denen, die man in seiner eigenen Kindheit machen konnte. Die 4 Reaktionsformen werden in der konkreten Lebenssituation durch konkrete Konzepte modelliert.

Symptomatik: So können Schlafstörungen, Appetitlosigkeit, Organbeschwerden, Reizbarkeit, hemmungsloses Essen, Vitalitätsverlust, Sexualabwehr, Ermüdbarkeit, körperlicher Schmerz, Bewegungsarmut, akustische und optische Halluzinationen, hypochondrische Vorstellungen sowie Wahrnehmungs-, Trieb- und Affektstörungen als Symptome im Bereich *Körper/Sinne* verstanden werden. Denk- und Intelligenzstörungen, Konzentrations-, Gedächtnis- und Entscheidungsschwäche, Neigung zur Rationalisierung, Grübeln, Zwangsdenken, fehlender Realitätsbezug usw. beziehen sich auf den *Verstand* und somit auf *Leistung*. Fixierungen, Vorurteile, Stereotypen, Fanatismus, Urteilsschwäche, Wahrheitsangst, Haßgefühle, Schuldgefühle, Geschichtslosigkeit und Einseitigkeiten stehen in Beziehung zur *Tradition* und somit zum *Kontakt*. Ausufernde Phantasie, Realitätsfremdheit, Suizidphantasien, sexuelle Vorstellungen, Befürchtungen, Zwangsvorstellungen, Beziehungs- und Verfolgungswahn können den Medien der *Phantasie/Intuition* und somit der Dimension *Zukunft* zugerechnet werden.

1) Körper (Sinne): Im Vordergrund steht das Körper-Ich-Gefühl. Wie nimmt man seinen Körper wahr? Wie erlebt man die verschiedenen Sinneseindrücke und Informationen aus der Umwelt? Die durch die Sinne aufgenommenen Informationen laufen durch die Zensur der erworbenen Wertmaßstäbe. Die einzelnen Sinnesqualitäten können im Zusammenhang mit derartigen Erlebnissen konflikthaft besetzt werden. Durch seine Sinne nimmt das Kind zu Beginn seiner Entwicklung Kontakt zu seiner Umwelt auf. Die Gesamtheit der Aktivitäten wird durch die Sinne kontrolliert. Der Schlaf- und Fütterungsrhythmus kann bedeutsam sein.

Die Organwahl eines psychosomatisch erkrankten Patienten wird im Hinblick auf die Konzepte verständlich, an die er sich gegenüber dem Körper als Ganzem, einzelnen Organen und Organfunktionen sowie gegenüber Gesundheit und Krankheit hält. Sie determinieren im Gesamtzusammenhang des Konfliktgeschehens, warum ein Mensch mit dem Herzen reagiert, ein anderer mit dem Magen, den Atmungsorganen, der Haut usw., und warum manche Menschen in die Krankheit fliehen, andere dagegen mit aller Macht körperliche Schwäche und Krankheit verleugnen müssen.

So konnten wir bei einer Anzahl von Patienten mit Magenbeschwerden, aber auch bei Fettsüchtigen Konzepte beobachten, die sich auf die Nahrungsaufnahme bezogen (Was auf den Tisch kommt, wird gegessen). Dagegen fanden wir bei Patienten mit koronaren Herzerkrankungen gehäuft Konzepte, die auf Problemsituationen bezüglich der Pünktlichkeit und Zeiteinteilung hinwiesen. Rheumatische Patienten zeigten vorwiegend eine typische Höflichkeitsproblematik (Reiß dich zusammen, was sollen die Leute sagen). Bei Patienten mit psychosomatischen Hauterkrankungen fanden sich auffällig häufig konfliktbesetzte Konzepte bezüglich Sauberkeit und Kontakt.

2) Leistung (Verstand): Diese Dimension hat in der Industriegesellschaft, v. a. im amerikanisch-europäischen Kulturkreis, ein besonderes Gewicht. Hierzu gehört die Art und Weise, wie Leistungsnormen ausgeprägt sind und wie sie in das Selbstkonzept eingegliedert werden. Denken und Verstand ermöglichen es, systematisch und gezielt Probleme zu lösen und Leistung zu optimieren. Zwei einander entgegengesetzte Fluchtreaktionen sind möglich: a) die Flucht in die Arbeit, b) die Flucht vor Leistungsanforderungen. Typische Symptome sind Selbstwertprobleme, Überforderung, Streßreaktionen, Versagensängste, Konzentrationsstörungen und "defizitäre" Symptome wie Rentenneurose, Apathie, Leistungshemmungen usw. Konzepte: "Kannst du was, dann bist du was" − "Erst die Arbeit, dann das Spiel" − "Geschäft ist Geschäft und Schnaps ist Schnaps" − "Ohne Fleiß kein Preis" − "Zeit ist Geld" − "Lehrjahre sind keine Herrenjahre" usw.

3) Kontakt (Tradition): Dieser Bereich meint die Fähigkeit, Beziehungen aufzunehmen und zu pflegen: die Beziehung zu sich selbst, zum Partner, zur Familie; das Verhältnis zu anderen Menschen, Gruppen, sozialen Schichten und fremden Kulturkreisen; die Beziehung zu Tieren, Pflanzen und Dingen. Die sozialen Verhaltensweisen werden durch Lernerfahrungen und die Überlieferung (Tradition) mitgeprägt, insbesondere unsere Möglichkeiten, Kontakte zu gestalten. Es gibt sozial erlernte Auswahlkriterien, die sie steuern: Man erwartet von einem Partner z. B. Höflichkeit, Ehrlichkeit, Gerechtigkeit, Ordnung, die Beschäftigung mit bestimmten Interessengebieten usw. und sucht sich die Partner aus, die diesen Kriterien entsprechen.

4) Phantasie (Intuition): Man kann auf Konflikte reagieren, indem man die Phantasie aktiviert: indem man Konfliktlösungen phantasiert, sich in Gedanken einen gewünschten Erfolg vorstellt, oder Menschen, auf die man Wut hat, in der Vorstellung bestraft oder gar tötet, weil jemand untreu oder ungerecht war oder einen anderen Glauben hat. Phantasie und Intuition können z. B. bei kreativen Handlungen und Sexualphantasien Bedürfnisse anregen und sogar befriedigen. Als "Privatwelt" schirmt die Phantasie gegen verletzende und kränkende Einbrüche aus der Wirklichkeit ab und schafft eine vorläufig angenehme Sphäre (z. B. Alkohol- und Drogenmißbrauch). Sie kann eine "böse Tat" und eine schmerzliche Trennung von einem Partner ungeschehen erscheinen lassen; sie kann aber auch beängstigen, übermächtig werden und als Projektion der eigenen Ängste die Wirklichkeit unerträglich machen.

Phantasie vermischt sich so mit der Wahrnehmung und führt zu Symptomen, wie sie in der Schizophrenie als Wahnvorstellungen anzutreffen sind. Um die beängstigende, dynamische Kraft der Phantasie zu bändigen, legen sich manche Menschen ein zwanghaftes Verhalten gleichsam als Korsett zu, das ihnen hilft, bedrohliche Phantasien im Zaum zu halten und sich vor unkontrollierten Gefühlsausbrüchen zu schützen. Auch in diesem Bereich spielen die Aktualfähigkeiten als Inhalte der Phantasie eine zentrale Rolle:

Die 4 Bereiche der Konfliktverarbeitung können den Therapeuten gerade hier auf wesentliche Aspekte der Störung hinweisen, die in der Maschinerie der organisch-medizinischen Diagnostik und Therapie gewöhnlich nicht sichtbar werden.

Anwendung der 4 Formen der Konfliktverarbeitung

Dieses "Vierergespann" ähnelt einer Waage, die immer ein ausgewogenes Verhältnis von je etwa 25 % haben muß, um ein seelisches Gleichgewicht zu garantieren. Ausschlaggebend für ein ausgewogenes Seelenleben ist die Fähigkeit, positiv und kreativ zu denken. Eine Eigenschaft, die vielen Menschen nahezu abhanden gekommen, aber durchaus wieder erlernbar ist.

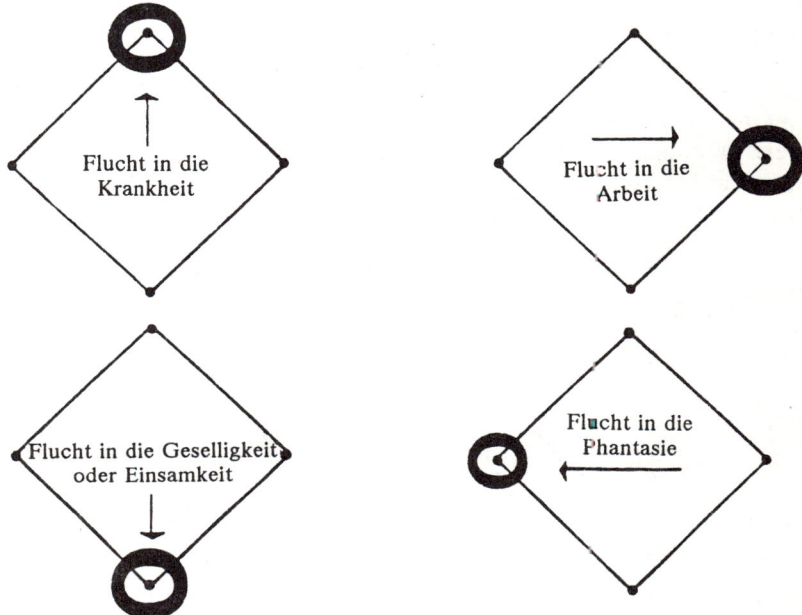

Abb. 5. Vier Fluchtreaktionen

Im persönlichen Bereich kommen Einseitigkeiten in den 4 Qualitäten des Lebens außer in offenen Formen in 4 Fluchtreaktionen (Abb. 5) zum Ausdruck: man flieht in die Krankheit (Somatisierung), in Aktivität und Leistung (Rationalisierung), in die Einsamkeit oder in die Geselligkeit (Idealisierung oder Herabsetzung) und in die Phantasie (Verleugnung).

d) Die vier Vorbilddimensionen (Frühgenese)

Die 4 Bereiche der Konfliktverarbeitung korrespondieren mit der Erkenntnisfähigkeit, d. h. mit den Medien, mit deren Hilfe wir uns mit der Realität in Beziehung setzen. Eine weitere wesentliche Dimension menschlichen Lebens wird durch die Liebesfähigkeit umschrieben, die sich auch durch Beziehungen zur Umwelt entwickelt. Aus diesem Grunde fragen wir nach den Beziehungsqualitäten, die einen Zugang zu den Gestaltungsmöglichkeiten der Emotionalität öffnen.

Zum Verständnis einer Konfliktsituation ist das Verständnis ihres Hintergrundes und der daran beteiligten Konzepte notwendig. Die Entwicklung der Persönlichkeit wird entscheidend von den primären Beziehungen eines Menschen geprägt. Als günstig hat es sich erwiesen, den Hintergrund der Bevorzugung bestimmter sozialer Beziehungen und der Ablehnung anderer Bezüge mit Hilfe der Vorbilddimensionen zu umschreiben (Abb. 6). Die relevanten Informationen beziehen sich auf die Beziehung der

– Bezugspersonen (Eltern) und Geschwister (auch der gleichaltrigen Spielkameraden) zum Kind (Ich);
– Eltern untereinander (Du);
– Eltern zur Umwelt (Wir);
– Eltern zur Religion/Weltanschauung (Ur-Wir).

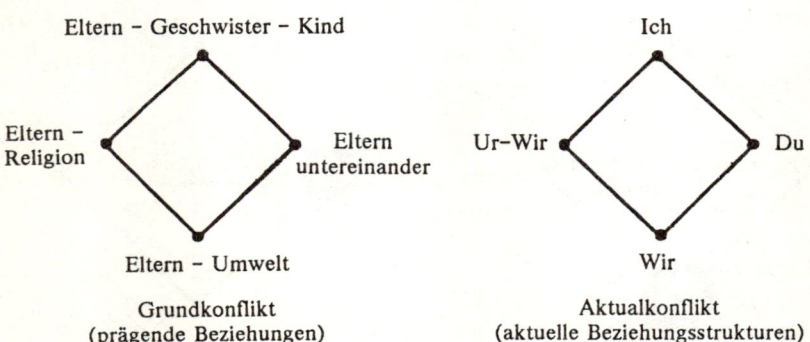

Abb. 6. Die 4 Vorbilddimensionen und die Entwicklung der 4 Medien der Liebesfähigkeit

Die Ausführlichkeit, in der die 4 Vorbilddimensionen besprochen und geklärt werden, kann individuell verschieden sein. Sie werden zunächst im Erstinterview angesprochen. Eine ausführlichere Behandlung der in diesem Zusammenhang auftretenden Probleme ist von einer evtl. späteren Therapie zu leisten.

Die 4 Vorbilddimensionen, wie sie als Grundkonflikt beschrieben sind, projizieren sich auf die aktuellen Beziehungen eines Menschen in der Familie und über die Familie hinaus. Übernommen werden sowohl die Erfahrungen, die man mit den Bezugspersonen machen konnte, als auch die Vorbilder, die sie repräsentierten. Diese Vorbildbeziehungen lassen sich getrennt nach Aktual- und Grundkonflikt beschreiben. In der Praxis hat es sich bewährt, beide Modelle aufeinander zu projizieren und sie als ein gemeinsames Modell zugrunde zu legen.

Es wird gefragt, warum jemand Schwierigkeiten hat, sich selbst zu akzeptieren, warum jemand versucht, von seiner Familie Abstand zu halten, oder warum er so hoffnungslos in sie verflochten ist, und nach welchen Kriterien Beziehungen zu Partnern, zu anderen Menschen und anderen Gruppen gesucht werden. Zu diesem Fragenkatalog gehören auch Probleme sozialer, rassischer, politischer und religiöser Vorurteile. Gerade hier wird die Bedeutung eines transkulturellen Ansatzes offenkundig, denn er zeigt unterschiedliche Gestaltungsmöglichkeiten der Beziehungen zwischen Menschen verschiedener (Sub-)Kulturen und Herkunftsländer.

Die 4 Vorbilddimensionen sind Gestaltungsmöglichkeiten der allen Menschen eigenen Fähigkeit, Beziehungen aufzunehmen. Sie umfassen die Beziehungen zum "Ich", zum "Du", zum "Wir" und zum "Ur-Wir", die über die Vorbilder aus der Ursprungsfamilie erschlossen werden. Die Aktualfähigkeiten können auch hier wie ein Filter sozialen Beziehungen vorgeschaltet sein: Man verzichtet darauf, Gäste einzuladen, weil man durch sie in seiner Ordnung gestört wird und Gäste Geld kosten, also das eigene Sparsamkeitskonzept berühren. Ebenso kann die Beziehung zum Ich durch Mißerfolge (Fleiß/Leistung) bei mangelnder Unterstützung aus dem Bereich der primären Fähigkeiten blockiert sein. Das Verhältnis zum Du kann über Konflikte, die den Bereich Sexualität, Treue, Vertrauen betreffen, empfindlich gestört werden, genau wie sich enttäuschte Erwartungen hinsichtlich Ehrlichkeit, Gerechtigkeit und Hoffnung vor das Verhältnis zum Ur-Wir stellen können.

1) Zu wem hatten Sie als Kind eine stärkere Beziehung (Vater, Mutter, Großeltern)?
2) Wer von Ihren Eltern (Bezugspersonen) hatte mehr Zeit für Sie?
3) Wer von Ihren Eltern war geduldiger, bzw. wer hatte sich leichter aufgerecht?
4) Wer war Ihr Vorbild?

5) Haben Sie das Gefühl, als Kind gerecht behandelt worden zu sein (wurden z. B. Geschiwster bevorzugt)?
6) Wie beurteilen Sie heute die Ehe Ihrer Eltern?
7) Wer von Ihren Eltern war kontaktfreudiger?
8) Wer von Ihren Eltern beschäftigte sich mehr mit religiösen und weltanschaulichen Fragen?
(Vgl. Peseschkian 1980, S. 106–122)

e) Neun Thesen für eine positive Psychotherapie

1) Die positive Psychotherapie berücksichtigt die positiven Aspekte jeder Krankheit (Abb. 7): Praktisch sieht dies so aus, daß wir nach der Bedeutung fragen, die ein Symptom für einen Menschen und seine Gruppe hat und dabei auch die "positive" Bedeutung miterfassen: Welche positiven Aspekte hat das Erröten? Welche Vorteile bringen Hemmungen mit sich? Welche Funktionen erfüllen Schlafstörungen? Was bedeutet für mich die Tatsache, daß ich Angst oder Depressionen habe? usw.

Abb. 7. Die veränderte Sichtweise der positiven Psychotherapie läßt sich auf nahezu alle negativ besetzten Themen übertragen. (Aus Peseschkian 1983, S. 56)

2) Die Mikrotraumentheorie berücksichtigt Konfliktinhalt und Konfliktdynamik: Ausgehend von der Frage "Was haben alle Menschen gemeinsam (das Bewußtsein der Gemeinsamkeit und Einheit) und wodurch unterscheiden sie sich (das Bewußtsein der Individualität und Einzigartigkeit)?" beschreibt die positive Psychotherapie ein Inventar von Konfliktinhalten (Aktual- und Grundfähigkeiten): Häufig sind es keineswegs die großen Ereignisse, die zu Störungen führen, sondern die immer wiederkehrenden kleinen seelischen Verletzungen, die schließlich ein Charakterbild formen, das für einzelne Konflikte besonders anfällig ist ("Steter Tropfen höhlt den Stein!").

46

sich der Patient im Behandlungszimmer distanzlos verhält und die für Sie gültigen Minimalforderungen der Höflichkeit außer acht läßt?

Die in diesen Fragen verborgenen Faktoren der Therapeut-Patient-Beziehung werden, obwohl sie als intervenierende Variablen oder symptomatisches Verhalten in die therapeutische Situation eingehen, in der Regel nicht zum Gegenstand der Psychotherapie gemacht. Wie Aktualfähigkeiten als psychosoziale Normen intervenieren können, veranschaulicht Tabelle 4.

Tabelle 4. Aktualfähigkeiten als "Steuermänner" in der Arzt-Patient-Beziehung und in der Medikation. (Aus Peseschkian 1988b)

Aktualfähigkeit	Einstellung/Verhalten
Pünktlichkeit	Ich nehme meine Medikamente stets pünktlich ein.
Ordnung	Ich weiß immer, wo meine Medikamente liegen.
Sauberkeit	Wenn ich ein Zäpfchen einführe oder eine Salbe benutze, wasche ich mir vor- und hinterher die Hände.
Gehorsam	Ich richte mich immer nach der Verordnung des Arztes.
Höflichkeit	Ich sage immer ja zu allen Verordnungen, auch wenn ich sie nicht befolge.
Offenheit	Ich sage dem Arzt klipp und klar, daß ich "chemische Gifte" nicht nehme.
Treue	Ich bleibe meinen Medikamenten im allgemeinen treu.
Sparsamkeit	Wenn ich selbst für das Medikament bezahlen muß, überlege ich mir's ein paarmal, ob ich es kaufe.
Gerechtigkeit	Mein Arzt verschreibt mir nie teure Medikamente, während er bei meinem Bekannten alles verordnet, was er wünscht; warum er das macht, weiß ich nicht.
Zuverlässigkeit/ Genauigkeit/ Gewissenhaftigkeit	Was der Arzt mir verordnet, nehme ich auch. Ich achte auch auf die genaue Dosierung.
Geduld	Ich warte ab, bis das Medikament wirkt.

3) Das transkulturelle Denken ist Grundlage der positiven Psychotherapie: Sie bezieht die Vielfalt der individuell, familiär und kulturell determinierten Erscheinungsformen ein und fördert eine Einheit in der Mannigfaltigkeit.

4) Konzepte, Mythologien und orientalische Geschichten werden gezielt in die therapeutische Situation einbezogen: Geschichten unterstützen den Abbau innerer Widerstände und erleichtern die Durchführung der Selbsthilfe, welche die psychotherapeutischen Maßnahmen ergänzt.

5) Jeder Mensch ist einzigartig: Die Therapie wird den Bedürfnissen des Patienten angepaßt.

6) Familienmitglieder als Individuen und gesellschaftliche Faktoren als Rahmenbedingungen werden in den therapeutischen Prozeß einbezogen.

7) Die Begriffe der positiven Psychotherapie kann jeder verstehen: Sprachbarrieren sind ausgeräumt (Chancengleichheit in der Psychotherapie).

8) Die positive Psychotherapie bietet ein Grundkonzept für den Umgang mit allen Krankheiten und Störungen; sie beeinhaltet 3 Schwerpunkte: Prophylaxe, eigentliche Therapie und Nachsorge (universale Anwendbarkeit).

9) Die positive Psychotherapie bietet durch ihr inhaltliches Vorgehen ein Konzept, innerhalb dessen sich verschiedene Methoden und Fachrichtungen sinnvoll ergänzen können (metatheoretischer und metapraktischer Aspekt).

Die Aktualfähigkeiten in der Arzt-Patient-Beziehung

Betrachten wir die Situation genauer, in der Patient und Therapeut aufeinandertreffen. Der Patient verfügt über bestimmte Bedürfnisse und Erwartungen. Diese beziehen sich situativ auf die unmittelbare therapeutische Situation und entstammen z. T. einem konsistenten individuellen Einstellungsmuster. Umgekehrt hat auch der Therapeut rollendeterminierende und individuell bedingte Erwartungen gegenüber dem Patienten. Inhaltlich orientieren sich sowohl die gegenseitigen Rollenerwartungen als auch die "privaten" Einstellungsmuster an den bereits dargestellten psychosozialen Normen. Da es hier nicht zu diesem Themenkreis gehört, ausführlich die Funktionen der psychosozialen Normen in der Arzt-Patient-Beziehung darzustellen, möchte ich Fragen (an den Therapeuten) formulieren, die wenigstens punktuell auf die — nicht für jeden nachfühlbare — Bedeutung der psychosozialen Normen (Aktualfähigkeiten) hinweisen:

Was denkt der Patient, wenn Sie die therapeutischen Sitzungen unpünktlich beginnen? Welchen Eindruck macht es auf ihn, wenn Sie sich nur wenig Zeit für ihn nehmen? Wie fühlt er sich behandelt, wenn Sie nur kurz angebunden mit ihm umgehen? Umgekehrt: Wie reagieren Sie, wenn ein Patient wiederholt nicht rechtzeitig zu den vereinbarten Sitzungen kommt? Wenn er Ihre Anweisungen nicht befolgt? Wenn er nicht pünktlich bezahlt? Was empfinden Sie, wenn Sie mit einem Patienten, der grausam aus dem Mund riecht, ein über 50 Minuten dauerndes Gespräch führen müssen? Was tun Sie, wenn

Aktualfähigkeit	Einstellung/Verhalten
Vorbild	Ich richte mich beim Einnehmen von Medikamenten nach meinem Partner.
Zeit	Mein Arzt nimmt sich Zeit, mir die Wirkungsweise der Medikamente zu erklären.
Sex/Sexualität	Medikamente und andere Drogen wie Alkohol haben auch auf meine körperliche Entspannung und damit auf mein Sexualleben Einfluß.
Vertrauen	Ich habe Vertrauen zu meinem Arzt.
Zutrauen	Im allgemeinen traue ich den Medikamenten eine heilende Wirkung zu.
Hoffnung	Ich habe die Hoffnung, daß die Behandlung mir hilft.
Glaube	Wenn ich meine Medikamente auch nur in der Rocktasche bei mir habe, fühle ich mich sicher.

a) Die Aktualfähigkeiten als Inhalte von Übertragung und Gegenübertragung

Der Patient ist unzuverlässig, kommt zu spät zu den vereinbarten Sitzungen, bezahlt nicht rechtzeitig und hält sich nicht an die Regeln der Behandlung. Der Therapeut fühlt sich unwohl, beunruhigt und wird gegenüber dem Patienten unruhig, ungeduldig und abwehrend aggressiv (*Geduld, Höflichkeit*). Damit läßt sich die momentane Konfliktsituation beschreiben. Der nächste Schritt ist der, daß man nach den Zusammenhängen sucht und beispielsweise in einem solchen Fall fragt, welche Vorgeschichte die Bereiche der *Pünktlichkeit, Zuverlässigkeit* und *Sparsamkeit* für den Therapeuten, welche sie für den Patienten haben. Mit anderen Worten, der Konflikt, der sich hinter der Übertragungsproblematik verbirgt, kann weitaus spezifischer, undogmatischer und individueller erfaßt und durchgearbeitet werden.

Ich konnte bei einem jungen Kollegen, bei dem ich Supervision durchgeführt hatte, folgende Situation beobachten: Der Patient kam immer wieder mit der Bezahlung in Verzug. Dieser Sachverhalt beunruhigte den Kollegen sehr. Es kam in der therapeutischen Situation zu Spannungen, Zeichen von Ungeduld und zu Deutungen, die auf eine negative Übertragungssituation schließen ließen. In der Besprechung meinte der Kollege: "Ich muß immer wieder daran denken, daß mich der Patient mit der Bezahlung der Rechnungen hängen läßt. Ich bringe es aber nicht fertig, ihn darauf aufmerksam zu machen. Es macht mir überhaupt Schwierigkeiten, über Geld zu sprechen." Inhaltlich bezog sich dieser Gegenübertragungseffekt auf die Einstellung des

Therapeuten zum Geld und zum Verdienst, also auf *Sparsamkeit*, zum anderen auf seine Unfähigkeit, gerade auf diesem Gebiet offen und ehrlich zu sein. Wir konnten hier seine eigene Lebensgeschichte verfolgen. Umgekehrt beruhte bei dem Patienten das Zurückhalten des Geldes auf Vorgängen in seiner Vergangenheit, die ebenfalls analysiert und damit bewußt gemacht werden mußte.

Durch die Thematisierung eines Bereichs können wir eine gesteuerte Regression bezüglich einzelner Inhalte provozieren. Auf diese Weise wird der generellen Regression der Persönlichkeit vorgebeugt, die besonders bei labilen Patienten Gefahren in sich birgt. Zugleich wird so die Übertragungsproblematik entschärft. Bei dem inhaltlich orientierten stufenweisen Vorgehen wird die Übertragung gewissermaßen fraktioniert angelegt, so daß die Problematik Patient und Therapeut nicht wie Wassermassen aus einem geborstenen Damm überschwemmt. Als Grundkonflikt gilt dabei nicht nur das Geschehen in einer Phase der frühen Kindheit, sondern vielmehr alle Ereignisse, die zum Hintergrund des aktuellen Konfliktes beigetragen haben. Der Patient erfährt, daß sein problematisches Verhalten auf einer Kette von Lernprozessen beruht, also eine eigene Tradition hat. Indem die Entwicklungsgeschichte seines Konflikts eingekreist wird, erlebt der Patient ihn nicht mehr im gleichen Maße als bedrohend und fremd. Verbunden mit dieser Differenzierung ist eine emotionale Entlastung: das Problem kann sachlich angegangen werden. Im Vordergrund stehen die individuelle Tradition der Aktualfähigkeiten und Medien, der Konzepte und Mißverständnisse, wie auch die Tradition der Persönlichkeit in ihrer geschichtlich-gesellschaftlichen Situation.

Damit wird der Zusammenhang zwischen der aktuellen Konfliktsituation und den Entstehungsbedingungen transparent, soweit sie der Erinnerung des Patienten zugänglich sind. Durch das fraktionierte Vorgehen werden Assoziationen hervorgerufen und Erinnerungen freigelegt, die vorher im Erleben des Patienten als randständig erschienen, der Verdrängung unterlagen und ihm nicht unmittelbar zugänglich waren. Es vollzieht sich somit eine Art Umstrukturierung, bei der auch die Ereignisse, Einstellungen und Bewertungen ins Licht des Bewußtseins gerückt werden, die aufgrund der einseitigen neurotischen Orientierung des Patienten lange Zeit im Schatten lagen. Der Patient lernt, mit seiner Vergangenheit umzugehen, und diese seine einzigartige Vergangenheit als Spiegel seiner Gegenwart und Zukunft zu begreifen.

Fazit: Die Aktualfähigkeiten stellen die inhaltlichen Bezüge der psychodynamischen Vorgänge und der psychotherapeutischen Modellvorstellungen dar. In diesem Sinn beschränkt sich die positive Psychotherapie nicht auf allgemeine Feststellungen wie "autoritäres Elternhaus", "starke Elternbindung", "Tyrannei", "Vergötterung", "harte, weiche oder Doppelbindungserziehung". Sie spricht nicht nur von Selbstwertkonflikten, Minderwertigkeitsgefühlen, Phobien, Depressionen oder einem weitgehend unbestimmten Über-Ich. Sie gibt vielmehr die konkreten Inhalte (Aktualfähigkeiten) der innerseelischen und zwischenmenschlichen Vorgänge an. Trennungsängste z. B. werden je nach soziokultureller Situation unterschiedlich verarbeitet und erhalten dabei einen anderen Stellenwert. So erhält auch der Objektverlust seine psychische Bedeutung, die sich nicht allein aus einer infantilen Problematik ableiten läßt, sondern inhaltlich durch soziokulturelle Normen bestimmt wird. Ein Partner wird für unersetzlich gehalten, doch in dem Augenblick, in dem er gegen die Treuepflicht verstößt, wird er abgelehnt. Ein Gast, der im abendländischen Kulturkreis wiederholt zu spät kommt, wird als unzuverlässig abgelehnt; man möchte nichts mehr mit ihm zu tun haben, obwohl es eine Reihe von gemeinsamen Interessen gibt. So werden dynamische Begriffe wie Narzißmus, Trennungsangst, Objektverlust, Regression usw. inhaltlich präzisiert. Zu den prägenden epigenetischen Konfliktbereitschaften und Erlebnisstrukturen tritt der inhaltliche Aspekt, über den sozialpsychologische und kulturelle Faktoren in die Psychotherapie einbezogen werden (vgl. Peseschkian 1980, S. 242−246).

b) Die drei Interaktionsstadien

In der individuellen Entwicklung wie auch in partnerschaftlichen Beziehungen durchläuft jeder Mensch 3 Stadien: das Stadium der Verbundenheit, das Stadium der Differenzierung und das Stadium der Ablösung. Sie strukturieren das zwischenmenschliche Zusammenleben (vgl. Peseschkian 1977a, S. 139−190).

1) Stadium der Verbundenheit: Es beruht auf der biologischen Abhängigkeit des noch ungeborenen Kindes von seiner Mutter. Sie wird nach der Geburt durch eine soziale Symbiose abgelöst. Das Kind ist auf die Zuwendungen seiner sozialen Umwelt angewiesen. Es fordert Geduld, Zeit und Zuwendung und benötigt körperlichen und sozialen Kontakt. Die Eltern fühlen sich ihrerseits dem Kind durch Liebe, Hoffnung und Verantwortung verbunden. Doch das Bedürfnis nach Verbundenheit begleitet einen Menschen sein ganzes Leben lang. Darauf gründen sich zu einem wesentlichen Teil die Suche nach einem Partner, der Wunsch, mit anderen Menschen zusammen zu sein, und der Zusammenhalt einer Gruppe, wie sie die Familie darstellt. Wird das Bedürfnis nach Verbundenheit zu einem dominierenden Verhalten eines Menschen, das über längere Zeit hin andauert und in seinen zwischenmenschlichen Beziehungen immer wieder auftritt, sprechen wir von einem *naiv-primären* Verhalten. Dieser Reaktionstyp entspringt in der Regel einer überbeschützenden Erziehung, in der die primären Fähigkeiten Vorrang hatten. Der naiv-primäre Typ entspricht der depressiven Neurosenstruktur. Die vorwiegende Reaktion ist die Flucht in die Einsamkeit oder die Flucht in den Kontakt, der Solidarität und Geborgenheit bietet. Konzepte: "Ich kann es nicht allein!" − "Die anderen müssen mir helfen." − "Wenn ich keine Hilfe bekomme, dann ist alles vorbei."

− Die Interaktionsstadien spielen nicht nur in Partner- und Familienbeziehungen eine Rolle, sondern auch in der Therapeut-Patientenfamilien-Beziehung. Im Stadium der Verbundenheit ist der Therapeut Gastgeber der Patientenfamilie. Er nimmt sie an, wie sie ist. Dabei hilft ihm die Vorstellung, daß sowohl die Familienmitglieder als auch er selbst über eine Anzahl gemeinsamer Fähigkeiten verfügen. Er identifiziert sich mit der Familie und ihren Mitgliedern, ohne allerdings in den Strudel der Konflikte hineinzugeraten. Damit lernt er verstehen, warum die Familie bei dem Symptom Zuflucht nehmen mußte, und welche Bedeutung es für die Beteiligten hat. Mit Hilfe des Instrumentariums der positiven Familientherapie strukturiert der Therapeut die Informationen, die ihm die Familie gibt.

− Die Verbundenheit bezieht sich auf ein Konfliktthema, das durch das Instrumentarium der positiven Psychotherapie erfaßt wird. Dieses Thema wird für einen bestimmten Zeitraum zum Bereich gegenseitiger Identifikation und des Versuchs der Familienmitglieder, Beziehung zur eigenen Vergangenheit in der Familie wieder aufzunehmen (Regression). Einzelne Problemgruppen, wie psychosomatisch Erkrankte, depressive und schizophrene Patienten, die therapeutisch nicht allzu "ergiebig" erscheinen, machen in der therapeutischen Situation durch ihr verbales und nonverbales Verhalten Angebote, die der Therapeut nutzen kann. Dies gilt v. a. für die familientherapeutische Situation, in der die ganze Familie anwesend ist und Einblick in ihre Beziehungen gibt. Dies gilt aber auch für die direkte Therapeut-Patient-Beziehung. So kritisierte ein 25jähriger Patient, der als Schizophrener deklariert war, gleich zu Beginn der 1. Sitzung, daß im Behandlungszimmer das Licht brenne, und schimpfte mich deswegen aus. Dies war der Beginn des Prozesses unserer gegenseitigen Verbundenheit. Sie bezog sich inhaltlich zunächst auf die *Sparsamkeit*, über die wir uns im Anschluß daran "bei einem guten affektiven Rapport" − wie die Psychiater sagen würden − unterhalten konnten.

2) *Stadium der Differenzierung*: Die Differenzierung ist ein Grundprinzip sowohl der körperlichen als auch der seelischen Entwicklung. In der Sozialisation zeichnet sich dieses Stadium der Unterscheidung durch den Erwerb sozial erwünschten Verhaltens aus. Dies geschieht in der Differenzierung der Erkenntnisfähigkeit und der Ausprägung der sekundären Fähigkeiten, welche die Beherrschung der Natur und soziale Behauptung gewährleisten. Zum anderen vollzieht sich eine Differenzierung der Liebesfähigkeit, d. h. wir lernen, wem gegenüber und wie Gefühle gezeigt werden dürfen und in welchen Umgangsformen wir unsere triebhaften Bedürfnisse befriedigen können. Mit anderen Worten: Durch die Differenzierung gewinnen die Gefühle soziale

Gestalt. Dieser Prozeß vollzieht sich in der Auseinandersetzung mit den Strukturen, die wir in unserer Umgebung vorfinden. Während im Stadium der Verbundenheit eher allgemeine Konzepte wie Optimismus, Pessimismus, Selbstakzeptanz oder Selbstverwerfung geprägt werden, entstehen im Stadium der Differenzierung spezialisierte Konzepte und Verhaltensnormen: "Wasch dir die Hände!"; "Benimm dich anständig!"; "Lern was!"; "Sei sparsam!" usw. dies geschieht durch direkte Anweisung, durch das Vorbild der Bezugspersonen und dadurch, daß erwünschte Reaktionen bestätigt, unerwünschte ignoriert oder bestraft werden. Als Anpassung an die Umwelt kann Anpassung ein reibungsarmes Leben ermöglichen. Sie führt jedoch dann zu Schwierigkeiten, wenn die eigene Struktur der Differenzierung nicht mit den anderen Differenzierungsstrukturen übereinstimmt. Eine weitere Komplikation in der Differenzierung ist dann zu erwarten, wenn das sozial erwünschte Rollenverhalten den bestehenden Triebbedürfnissen nicht Rechnung trägt. Gewinnt die Differenzierung einseitig die Oberhand, sprechen wir vom *sekundären Reaktionstyp*. Im Umfeld dieses sekundären Typs — er orientiert sich an den sekundären Fähigkeiten — ist die zwanghafte Neurosenstruktur angesiedelt. Der Zwanghafte wehrt mit seiner "Überdifferenzierung" bedrohliche Triebbedürfnisse ab und zwängt sie in das Korsett einer pedantischen Lebensweise. Den sachlichen Beziehungen wird Vorrang vor den emotionalen eingeräumt. Charakteristisch für den sekundären Typ ist die Flucht in die Aktivität. Konzepte: "Ich kann alles allein!" — "Ich brauche keine Hilfe von anderen!" — "Laß andere für dich arbeiten"! usw.

Auf der Stufe der Differenzierung gibt der Therapeut diese Erkenntnisse als Informationen, Deutungen und Verschreibungen an die Familie weiter. Durch seine "Übersetzungen" und Gegenkonzepte werden Gemeinsamkeiten herausgearbeitet und klare Grenzen zwischen den Interessen der Familienmitglieder bzw. den familiären Subsystemen gezogen. Die Familienmitglieder können sich mit den ihnen angebotenen Konzepten versuchsweise identifizieren und die Spielregeln ausprobieren, die ihnen geeignete Lösungsmöglichkeiten und Alternativen für die Symptome bieten.

3) *Stadium der Ablösung*: Innerhalb der Entwicklung des Menschen kann in jedem Entwicklungsstadium eine spezifische Einheit erreicht werden. Einheit bedeutet die Integration von Fähigkeiten zu einer individuellen Persönlichkeit. Damit ist eine Autonomie verbunden, deren Bedeutung bis zum Erwachsenenalter zunimmt. Während ein Mensch in den frühen Abschnitten seiner Entwicklung im Sinne der Verbundenheit abhängig war und später durch Maßregeln gesteuert wurde, benötigt er später diese Informationen von außen nicht mehr im gleichen Maße. Er hat sie als Konzepte übernommen und entscheidet auf ihrer Grundlage für sich und andere. Das bedeutet zugleich, daß er sich von den engeren Bezugspersonen ablöst und die Informationen, die er braucht, selbständig sucht und Verantwortung übernimmt. Wir können hier

von einem Stadium der Ablösung sprechen, das die reifende und reife Persönlichkeit kennzeichnet.

Ablösung bedeutet nicht nur, daß man sich von einem Objekt oder von einer Person abwendet. Sie ist zugleich Zuwendung zu einem anderen Objekt, zu einer anderen Person. Diese Aufeinanderfolge von Ablösung und Verbundenheit ermöglicht es, Kontakt mit anderen Personen und Gruppen herzustellen, d. h. sein Wertgesichtsfeld zu erweitern und neue Unterscheidungen zu erwerben, vielleicht aber auch alte Unterscheidungen umzuwerten.

Viele Menschen schwanken zwischen Ablösung und Verbundenheit, möchten selbständig sein, können jedoch diese Selbständigkeit nicht ertragen oder wünschen sich die Zuneigung eines Partners, der sie jedoch im Wunsch nach Freiheit wieder entfliehen. Wir sprechen hier von einem *Doppelbindungstyp.* In groben Zügen entspricht der Doppelbindungstyp der hysterischen Neurosenstruktur. Davon betroffene Menschen lassen sich von außen her durch plötzliche Angebote und neue Möglichkeiten lenken und erscheinen sich selbst und ihrer Umgebung gegenüber als unberechenbar. Konzepte: "Ich kann alles allein, hilf mir doch!" – "Ich will, aber ich will nicht." – "Wenn du mir hilfst, ist es mir unangenehm, wenn du es läßt, ist es mir auch nicht recht." usw.

– Im Stadium der Ablösung kommt es zu einer zunehmenden Distanzierung zwischen der Patientenfamilie und dem Therapeuten. Dieser wird immer mehr zum Beobachter der ablaufenden Prozesse und greift nur dann regulierend ein, wenn es notwendig erscheint. Während im Stadium der Differenzierung der Therapeut derjenige war, von dem Initiativen, Alternativorschläge, Informationen und Strukturierungshilfen ausgingen, geht diese Aktivität nunmehr auf den Patienten und seine Familie über. Sie übernimmt zunehmend Aufgaben der Selbsthilfe.

c) *Beziehung der therapeutischen Modelle zueinander*

Die dargestellten Modelle der positiven Psychotherapie können als Bezugspunkt für die Zusammenarbeit verschiedener Fachdisziplinen dienen. Diese kann sich auf zweierlei Weise vollziehen: indem günstige therapeutische Ansätze in den Behandlungsplan der positiven Psychotherapie übernommen und indem Ansätze der positiven Psychotherapie im Rahmen anderer psychotherapeutischer Methoden angewendet werden. Um einen Überblick zu ermöglichen, habe ich wesentliche Grundzüge einiger therapeutischer Richtungen in meinem Buch Positive Psychotherapie (Peseschkian 1977a, S. 375–400) dargestellt: positive Psychotherapie und Psychoanalyse – Verhaltenstherapie – Individualpsychologie – analytische Psychologie – Logotherapie – Gesprächstherapie – Gestalttherapie – Primärtherapie – Gruppenpsychotherapie. Die Beziehung der psychotherapeutischen Modelle zueinander wird in Kap. 6 dargestellt.

54

Praktische Anwendungen der "positiven Übersetzungen" —
Psychoanalyse und positive Psychotherapie

Ein Beispiel für das positive Vorgehen mag folgender Dialog mit einer 32jährigen verheirateten Patientin sein, die unter erheblichen Depressionen litt.

Patientin: "Ich fühle mich nur noch als menschliches Wrack... Ich bin so niedergeschlagen und traurig und habe manchmal das Gefühl, daß es besser wäre, wenn ich aus der Welt ginge." (Patientin beginnt zu weinen.) "Ich fühle mich so allein. Es hat niemand für mich Zeit. Mein Mann lebt nur für seinen Beruf. Ich habe solche Angst vor den einsamen Abenden, an denen ich auf meinen Mann warte und nicht weiß, wann er kommt..."

Therapeut: "Ich habe den Eindruck, daß Sie gern mit ihrem Mann zusammen sein möchten und daß Sie auch sehr gern mit anderen Menschen zusammen wären."

Patientin: "Ja, das würde ich gern, aber mein Mann hat ja keine Zeit, und ich selbst kann nichts unternehmen, weil er mir nie richtig sagt, wann er kommt ..."

Die positive Interpretation erfolgt hier recht nuanciert. Die Patientin wird nicht darin bestärkt, ihre ausweglose Konfliktsituation erneut zu wiederholen, sondern sie erhält durch die veränderte Sichtweise ihrer Problematik ("Sie sind gern mit Ihrem Mann und anderen Menschen zusammen.") die Möglichkeit, selbst neue Wege zur Konfliktlösung zu beschreiten und sich von dem oft genug wiederholten neurotischen Konzept zu distanzieren. Allein dieser kurze Gesprächsabschnitt gibt Hinweise auf zentrale inhaltliche Komponenten des Konflikts: das Pünktlichkeitsverhalten des Ehemannes gegenüber der Pünktlichkeitserwartung der Patientin und die Art, wie die Patientin ihre Zeit organisiert.

... Für meinen Mann ist Pünktlichkeit ein Buch mit 7 Siegeln. Wenn er sagt, er kommt um 17 Uhr, rechne ich immer eine Stunde dazu, aber meistens langt das nicht. Er kommt erst um 20 oder 22 Uhr. Obwohl ich weiß, daß es so ist und es meistens mit seinem Beruf zusammenhängt, kann ich mich nicht daran gewöhnen. Ich liege ab 17 Uhr auf der Lauer und kann nichts rechtes machen und mich nicht mehr konzentrieren. Ich bin den ganzen Tag in Eile, um gegen 17 Uhr auf jeden Fall fertig zu sein; es könnte ja sein, daß er doch kommt. Jeden Abend muß ich warten, weil er nie genau sagen kann, wann er kommt. Es macht mich krank. (...) Früher als Kind herrschte bei uns immer Pünktlichkeit. Wir aßen zum Beispiel jeden Abend um die gleiche Zeit.

Hier zeigt sich:
— Pünktlichkeit als Kriterium des Vertrauens;
— Zeit als Kriterium für Zuwendung und Anerkennung;
— Höflichkeit als in der Familie verwurzelte Aggressionshemmung: sie bewirkte, daß Probleme nach innen verlagert werden.

Die Psychoanalyse zielt auf die Trennungsangst der Patientin bei drohendem Objektverlust, auf ihr infantiles Schutzbedürfnis und ihre emotionale Abhängigkeit, die in einer langen Behandlung mit Hilfe von Träumen und Assoziationen bearbeitet wird. An die Stelle der Trennungsangst treten in der positiven Psychotherapie Aktualfähigkeiten, in denen sich eben diese Trennungsangst realisiert. In diesem Fall handelte es sich v. a. um die passive Erwartungshaltung der Patientin gegenüber *Zuverlässigkeit* und *Pünktlichkeit*. Schon die Übersetzung der Trennungsangst in Aktualfähigkeiten eröffnete neue therapeutische Möglichkeiten. Im Rahmen der fünfstufigen Familientherapie konnte, ausgehend von diesen Konfliktpotentialen, die Problematik der Patientin konfliktzentriert aufgearbeitet werden.

Die positive Psychotherapie vertritt über das positive Menschenbild hinaus die Auffassung, daß sich die Umwelteinflüsse fortwährend auf das Individuum auswirken und im Sinne von Mikrotraumen die vorhergenden Erlebnisse den Bezugsrahmen für nachfolgende Erlebnisse bilden, wobei nicht nur die frühe Kindheit, sondern jeder Entwicklungsabschnitt psychologische Auswirkungen hat. Verständlich wird diese Annahme erst durch den inhaltlichen Aspekt, den die Psychoanalyse nur am Rande berücksichtigt.

Das "Es" der Psychoanalyse erscheint innerhalb der positiven Psychotherapie in den Kategorien *Körper* und *Mittel der Sinne*, wobei hier nicht nur der triebdynamische Gesichtspunkt berücksichtigt wird, sondern auch die körperlichen Funktionen und der Körper als organische Grundlage des Verhaltens.

Das "Über-Ich" wird durch die psychosozialen Normen und *Aktualfähigkeiten* inhaltlich beschrieben. Die Aktualfähigkeiten nehmen dabei mehrere Bedeutungen an: einmal sind sie gesellschaftliche Verhaltensregeln, zum anderen die in primären Gruppen wirksamen Normen, die vom Individuum internalisierten Wertmaßstäbe und Zielvorstellungen und schließlich die den Menschen innewohnenden Fähigkeiten.

Das "Ich" hat in der positiven Psychotherapie dementsprechend eine doppelte Aufgabe: es vermittelt nicht nur zwischen den unterdrückenden gesellschaftlichen Anforderungen und den individuellen Triebregungen, sondern wird gleichzeitig zum Ort der sich manifestierenden Fähigkeiten. Die Funktion der Realitätsprüfung hängt eng mit der spezifisch menschlichen Fähigkeit zusammen, die Kategorien der Dimensionen Vergangenheit, Gegenwart und Zukunft im Erleben und Verhalten aufeinander abzustimmen und zu integrieren.

Die Auseinandersetzung zwischen den eigenen Bedürfnissen und den Anforderungen der Umwelt geschieht im Rahmen psychosozialer Normen (die Aktualfähigkeiten), die innerhalb der psychischen Organisation eines Menschen ihre eigene Geschichte entfalten. Damit greift die positive Psychotherapie unmittelbar Konzepte sozialen Verhaltens auf. Daraus folgt: Im Gegensatz zu klassischen psychoanalytischen Richtungen, die versuchen, in der Therapeut-Patient-Beziehung die kindliche Situation der Eltern-Kind-

Beziehung wiederaufleben zu lassen und die übrigen Umweltbezüge eher als störende Variablen betrachtet, berücksichtigen wir besonders die soziale Wirklichkeit des Patienten. *Von daher wird das 4teilige differenzierungsanalytische Vorgehen verständlich: Erziehung — Selbsthilfe — Psychotherapie — transkulturell.*

In der positiven Psychotherapie sind eindeutige analytische Elemente enthalten, v. a. auf der Stufe 2, der Inventarisierung, die den Grundkonflikt berücksichtigt, und auf der Stufe 4, der Verbalisierung, die auch technisch die freie Assoziation und die interpretierende Deutung durch den Therapeuten erlaubt. Umgekehrt lassen sich differenzierungsanalytische Aspekte in die Psychoanalyse integrieren. Vor allem eignet sich dazu das inhaltliche, an den Aktualfähigkeiten orientierte Vorgehen. Das fokale, durch die Aktualfähigkeiten geleitete Vorgehen erleichtert eine Steuerung der für das psychoanalytische Vorgehen wesentlichen dynamischen Faktoren wie der Übertragungsmechanismen, der Regression und der Widerstände.

Anna Freud streicht die Über-Ich-Qualitäten wie Ehrlichkeit, Gerechtigkeit etc. heraus. Sie schreibt: "(...) finden wir in der analytischen Literatur den Zwangscharakter beschrieben, in dem manifeste Eigenschaften und Neigungen, wie Ordentlichkeit, Reinlichkeit, Sparsamkeit, Zögern, Sammeln etc., ihre Herkunft aus den verdrängten Regungen der analen Phase verraten. Es ist nicht einzusehen, warum dieser frühen Erfahrung nicht viele andere ähnlicher Art folgen sollten und warum die psychische Oberfläche auf diese Art nicht fortschreitend durchsichtig werden sollte" (A. Freud 1965, S. 25).

Mißverständnisse als Inhalte von Abwehrmechanismen

Was wir als Mißverständnisse beschreiben, beruht auf Denkformen, Schematisierungen und Einstellungen, die in weitem Ausmaß unser soziales Verhalten, aber auch das Verhalten zu uns selber beeinflussen. Als Denkformen helfen sie uns zunächst einmal, unsere Wahrnehmungen zu organisieren. Sie bieten uns Maßstäbe, nach denen wir werten und an denen wir uns orientieren können.

Diese Denkformen erfüllen eine psychologisch wichtige Funktion. Sie sollen uns vor unangenehmen Erlebnissen schützen. Dies geschieht dadurch, daß gewissermaßen automatisch Wertungsmechanismen einsetzen, welche gefährdende und unangenehme Erlebnisse herunterspielen und beispielsweise den "Schwarzen Peter" einem anderen zuschieben. Sie dienen also als Abwehrmechanismen.

Nach meiner psychotherapeutischen Erfahrung bestätigt sich immer wieder der Eindruck, daß der Großteil psychischer, psychosozialer und psychosomatischer Störungen auf Mißverständnisse zurückgeht. Dies bedeutet, daß weniger objektive Geschehnisse pathogen wirken als vielmehr ihre subjektiven Bewertungen und die Unterschiede bei sozialen Partnern. Die von uns skizzierten

Mißverständnisse sind somit Modellsituationen für psychosoziale Konflikte und konflikthafte Einstellungen. Diese können einmal auf der Seite der Patienten auftreten und die Entwicklung ihrer Störungen begünstigt haben; sie können aber auch in die Therapie eingreifen und als unbewußt mitschwingende Einstellung des Therapeuten oder als psychotherapeutisches Mißverständnis wirksam sein. Ziel der Darstellung von Mißverständnissen ist es daher, für konflikthafte Einstellungen und Erwartungen zu sensibilisieren. Sie finden sich in der Erziehung, also dort, wo Aktualfähigkeiten und Medien der Grundfähigkeiten vermittelt werden, genauso wie in partnerschaftlichen Beziehungen und im Gruppenverhalten. Hier zeigen sie sich als mehr oder weniger feste Einstellungen, die das gegenseitige Verständnis blockieren können.

Bei der Suche nach Antworten auf diese Fragen in konkreten Konfliktsituationen stoßen wir zwangsläufig auf Mißverständnisse und damit auf Konfliktpotentiale, welche in den Aktualfähigkeiten begründet liegen. Neben dieser allgemeinen Funktion von Mißverständnissen als Abwehrmechanismen und Störfaktoren in einer Kommunikation läßt sich eine spezielle Funktion beobachten. Bevorzugung einzelner Denkformen von Mißverständnissen führt zu typischem Problemverhalten, das wiederum typische Verarbeitungsformen und Symptome zur Folge haben kann. In diesem Sinn ist bei jedem Mißverständnis eine Reihe von Störungen und Konflikten angelegt, die im Kontext dieses Problemverhaltens beobachtet werden können. Umgekehrt ist an die Möglichkeit von Mißverständnissen zu denken, wenn Konflikte oder Störungen auftreten:

Erziehungsziel und Erziehungsinhalt − Relativität der Werte − Dimension der Zeit und Menschenbild − Entwicklung und Fixierung − Identitätskrise und Persönlichkeitsentwicklung − Mensch und Tier − angeboren und erworben − Einzigartigkeit und Gleichheit − das Unbewußte und das Bewußte − Identifikation und Projektion − Generalisierung und Differenzierung − Urteil und Vorurteil − Mann und Frau − Gerechtigkeit und Liebe − Sex, Sexualität und Liebe − Karikaturen der Liebe − Einheitsverlust und Integration − Gesundheit und Krankheit − Glaube, Religion und Kirche − bedingtes und bestimmtes Schicksal − Tod und Einstellung zum Tod (vgl. Peseschkian 1977a, S. 203−228).

Anhang: Allgemeiner Fragebogen

Name: .... Nr.: .... Datum:......................

Körper/Sinne: Fragen zum ersten Bereich der Konfliktverarbeitung

1) Welche körperlichen Beschwerden haben Sie, welche Organe sind betroffen?
2) Wie beurteilen Sie Ihr Aussehen?
3) Empfinden Sie Ihren Körper als Freund oder als Feind?
4) Ist es für Sie wichtig, daß Ihr Partner gut aussieht?
5) Welche der fünf Sinne haben für Sie größere Bedeutung?
6) Welche Mikrotraumen (Aktualfähigkeiten) spielen bei Wut, Angst oder Freude eine Rolle? Auf welches Organ schlägt bei Ihnen Ärger?
7) Wie reagiert Ihr Partner/Ihre Familie, wenn Sie krank sind? Wie verhalten Sie sich, wenn Ihr Partner krank ist?
8) Brauchen Sie viel oder wenig Schlaf?
9) Machen Sie sich vor dem Schlafen Gedanken über den vergangenen und den kommenden Tag? Welchen Einfluß haben Krankheiten auf Ihr Lebensgefühl und Ihre Beziehungen zur Zukunft?
10) Sind Sie mit Ihrem Sexualleben zufrieden?
11) Legt(e) man in Ihrer Familie großen Wert auf gutes Aussehen, sportliche Betätigung und körperliche Gesundheit? Treiben Sie und Ihr Partner Sport?
12) Wer hat Sie als Kind gestreichelt, geküßt oder war zärtlich zu Ihnen?
13) Welche Bedeutung hat Zärtlichkeit heute für Sie? Vermissen Sie Zärtlichkeit?
14) Wurde bei Ihnen zu Hause großer Wert auf gutes und reichhaltiges Essen gelegt?
15) Welche Bedeutung hat das Rauchen für Sie? Wie reagieren Sie, wenn Ihr Partner raucht? Können Sie Ihre Meinung richtig zum Ausdruck bringen?
16) Welche Bedeutung hat Alkohol für Sie, Ihren Partner und Ihre Familie?
17) Nehmen Sie regelmäßig die verordneten Medikamente? Wissen Sie, wie die Medikamente wirken, was Sie von ihnen erwarten können und welche Nebenwirkungen möglich sind?
18) Welche Bedeutung haben Drogen für Sie und Ihre Familie?
19) Wie reagierten Ihre Eltern, wenn Sie mit Ihrem eigenen Körper spielten (z. B. Daumenlutschen, Selbstbefriedigung)?
20) Wie wurden Sie bestraft (Schläge, Schimpfen, Essensentzug, Liebesentzug etc.)?

Beruf/Leistung: Fragen zum zweiten Bereich der Konfliktverarbeitung

21) Sind Sie mit Ihrem Beruf zufrieden? Welche Tätigkeiten würden Sie gern ausüben? Welche Tätigkeiten bereiten Ihnen Schwierigkeiten? Welche Aktualfähigkeiten sind betroffen?

22) Ist es für Sie sehr wichtig, in Ihren Leistungen immer gut abzuschneiden?

23) Wo liegen Ihre Interessenschwerpunkte (körperliche, intellektuelle, künstlerische Tätigkeiten, Verwaltungsaufgaben usw.)?

24) Wenn Sie einen Menschen beurteilen: Wie wichtig ist für Sie seine Intelligenz und sein soziales Prestige?

25) Fühlen Sie sich auch wohl, wenn Sie einmal nichts zu tun haben?

26) Fällt es Ihnen leicht, die Leistungen anderer (Partner, Kinder, Kollegen) anzuerkennen?

27) Legten Ihre Eltern viel Wert auf Fleiß und Leistung? Haben Ihnen Ihre Eltern gesagt, *warum* Sie etwas tun sollen? Wurden Sie für gute Leistungen belohnt, und wie? Wurden Sie betraft, wenn Sie Fehler machten?

28) Welche Erlebnisse sind typisch für Ihre Schulzeit?

Kontakt: Fragen zu dem dritten Bereich der Konfliktverarbeitung

29) Halten Sie sich für kontaktfreudig?

30) Wie fühlen Sie sich in einer Gesellschaft unter vielen Menschen?

31) Bei welchen Menschen fällt es Ihnen leicht oder schwer, Kontakte aufzunehmen?

32) Was könnte Sie eher davon abhalten, Gäste einzuladen: daß man zu wenig Zeit hat; daß Gäste Geld kosten; daß Gäste Unordnung machen; daß man auf manche Gäste warten muß; daß man meint, Gästen nicht genügend bieten zu können; daß Sie von der Arbeit erschöpft sind und Ihre Ruhe haben wollen?

33) Wie oft lachen Sie Ihre Arbeitskollegen an?

34) Wie oft gehen Sie ins Kino, mit wem

35) Wie oft besuchen Sie Eltern, Geschwister, Verwandte und Freunde oder laden sie ein? Wie sind Ihre Beziehungen und die Ihres Partners zu Eltern und Schwiegereltern?

36) Nehmen Sie besondere Rücksicht auf das, was "die Leute" sagen oder denken (könnten)? Welche Aktualfähigkeiten (z. B. *Sparsamkeit*, *Ordnung*) sind beteiligt?

37) Wer von Ihnen, Sie oder Ihr Partner, ist kontaktfreudiger?

38) Wer von Ihren Eltern war kontaktfreudiger?

39) Wenn Ihre Eltern Gäste hatten, durften Sie dabei sein und mitsprechen?

40) Hatten Sie als Kind viele Freunde, oder waren Sie isoliert?

41) An wen konnten oder können Sie sich wenden, wenn Sie Probleme und Wünsche hatten oder haben?

42) Legten Ihre Eltern viel Wert auf "gutes Benehmen" und Höflichkeit?

43) Haben Sie und/oder Ihr Partner oft gute Einfälle? Wer von Ihnen legt mehr Wert auf Phantasie? Halten Sie sich selbst für optimistisch oder für pessimistisch?

44) Wie oft und wie lachen Sie und Ihr Partner? Wann haben Sie zuletzt geweint?

45) Womit beschäftigen Sie sich in Ihren Phantasien: mit dem Körper (Essen, Sexualität, Schlaf, Sport, Körperpflege), mit dem Beruf (Erfolge, Mißerfolge), mit dem Kontakt mit anderen Menschen, mit der Zukunft (Wunschvorstellungen, Utopien, Weltanschauung, Religion)?

46) Hängen Sie gern der Vergangenheit nach? Befassen Sie sich mit der Zukunft? Lesen Sie gern utopische Literatur?

47) Welche Eigenschaften Ihres Partners haben in Ihren Phantasien die größte Bedeutung? Welche Aktualfähigkeiten spielen eine Rolle?

48) Denken Sie manchmal daran, wie das Leben mit einem anderen Partner wäre, wie es wäre, einen anderen Beruf zu haben?

49) Wenn Sie mit jemandem eine Woche den Platz tauschen könnten, mit wem würden Sie tauschen? Warum? Wenn Sie einen Tag lang unsichtbar wären, wie würden Sie die Zeit nutzen?

50) Welche Beziehungen haben Sie zur Kunst (Malerei, Musik, Literatur)? Malen Sie selber? Was drücken Ihre Bilder aus?

51) Wer von Ihren Eltern legte mehr Wert auf religiöse oder weltanshauliche Fragen? Waren Ihre Eltern in diesem Punkt einig? Hatten Ihre Eltern wegen ihrer religiösen oder weltanschaulichen Konzepte Schwierigkeiten mit ihrer Umwelt?

52) Wer von Ihren Eltern hat gebetet? Wer hat mit Ihnen zusammen gebetet? Wer hat sich mit Fragen wie Leben nach dem Tod, Sinn des Seins, dem Wesen Gottes etc. beschäftigt? Welche Bedeutung haben diese Fragen für Sie?

53) Welche Erfahrungen haben Sie als Kind mit religiösen und politisch-weltanschaulichen Ereignissen gemacht? Welchen Einfluß haben bei Ihnen religiöse und weltanschauliche Konzete für die Kindererziehung, die Partnerwahl und die Beziehungen zu Ihren Mitmenschen?

54) Was war das Lebensziel Ihrer Eltern? Was ist Ihr Ziel?

55) Wie stehen Sie zu Mitgliedern anderer Glaubensgemeinschaften und Vertretern anderer weltanschaulicher Überzeugungen?

56) Glauben Sie an ein Leben nach dem Tode? Wenn ja: Wie stellen Sie es sich vor? Wie oft gehen Sie zum Friedhof?

57) Was würden Sie tun, wenn sie keine Probleme mehr hätten? Wie würden Sie dann leben? Welches sind Ihre Ziele in den nächsten 3-5 Jahren (Monaten, Wochen, Tagen)?

4 Die fünf Stufen der positiven Psychotherapie (Praktischer Teil)

Die fünfstufige positive Psychotherapie ist eine therapeutische Strategie, innerhalb deren therapeutische Schwerpunkte wie die Familientherapie und die Selbsthilfe sinnvoll aufeinander bezogen sind. Der Patient wird im Rahmen einer Einzeltherapie, Familientherapie und/oder Gruppenpsychotherapie schrittweise in die Selbsthilfe eingeführt, nach dem Motto: "Wenn du eine hilfreiche Hand brauchst, suche sie am Ende deines eigenen Armes."
Bei den 5 Stufen geht es um:
1) Beobachtung/Distanzierung;
2) Inventarisierung;
3) situative Ermutigung;
4) Verbalisierung;
5) Zielerweiterung.
Die 5 Stufen sind ein Rahmenmodell dafür, wie auch verschiedene psychotherapeutische Richtungen miteinander arbeiten können. Gestalttherapeutische, verhaltenstherapeutische, tiefenpsychologische, psychoanalytische, hypnotherapeutische, medikamentöse und physiotherapeutische Behandlungsformen können herangezogen werden. Die 5 Stufen haben 3 Funktionen:

Allgemeine und zwischenmenschliche Funktion

Die 5 Stufen sind in jeder zwischenmenschlichen Beziehung enthalten. In ihr realisiert sich die Fähigkeit zuzuhören (*Beobachtung/Wahrnehmung*), gezielte Fragen zu stellen (*Inventarisierung*), motivierend auf das verbal und nonverbal Wahrgenommene einzugehen (*situative Ermutigung*), Probleme gezielt anzusprechen (*Verbalisierung*) und schließlich beziehungserhaltend das Augenmerk auf andere Ziele und Gesichtspunkte zu richten (*Zielerweiterung*).
Daraus ergibt sich, daß die 5 Stufen zunächst für den Therapeuten von Bedeutung sind. Mit ihrer Hilfe kann er sich in der ihm fremden Erlebnis-, Gefühls- und Gedankenwelt des Patienten orientieren, ohne sich in ihr zu verlaufen, und zu seinen eigenen Konzepten genügend Abstand herstellen. Das heißt auch, daß die therapeutische Technik, die Methodik oder der Griff in die therapeutische Trickkiste sekundär, die Selbsterfahrung des Therapeuten innerhalb der fünfstufigen Strategie primär ist.

Therapeutische Funktion im Erstinterview

Das fünfstufige Schema hält sich an eine Modellvorstellung des Konfliktprozesses. Dieses läßt sich an einem Beispiel veranschaulichen:

Wenn wir uns über jemanden, beispielsweise über seine Unhöflichkeit, ärgern, liegt es nahe, daß wir uns innerlich beunruhigt fühlen, offen über ihn schimpfen oder mit anderen über ihn und seine Schwächen sprechen. Weiterhin werden wir ihn plötzlich nicht mehr als Menschen mit seinen vielfältigen Fähigkeiten sehen, sondern nur noch als den Unhöflichen, Flegelhaften, der uns durch seine Unhöflichkeit herabgesetzt hat. Man ist nicht mehr in der Lage, sich mit seinen positiven Eigenschaften zu beschäftigen, da die negativen Erlebnisse wie ein Schatten auf die Beziehung zu diesem Menschen gefallen sind. Die Folge wird sein, daß man wenig bereit ist, sich mit ihm auseinanderzusetzen und jede Auseinandersetzung letztlich zu einem Machtkampf oder einem Affektausbruch ausartet. Die Kommunikation ist behindert. Schließlich kommt es so weit, daß man selbst die eigenen Ziele einschränkt.

Die Stufen in diesem Modell eines Konfliktprozesses wie auch in dem Behandlungsmodell der positiven Psychotherapie entsprechen den Möglichkeiten, welche dem Menschen zur Lösung von Konflikten und Problemen zur Verfügung stehen. Damit soll das hypothetische Modell des Konfliktprozesses nicht nur rekapituliert werden. Vielmehr zielen wir auf die in jedem Fall individuell bestehenden Konflikte ab, die ihre besonderen Lösungsmöglichkeiten erfordern. Diese Lösungsmöglichkeiten bestehen jedoch nicht isoliert nebeneinander, sondern sind innerhalb des therapeutischen Prozesses aufeinander bezogen, da eine Stufe als Vorbereitung und Weiterentwicklung der anderen gelten kann. Dies bedeutet praktisch, daß zwar bei jedem Patienten die fünfstufige Strategie angewandt wird, doch der Raum, den die einzelnen Stufen einnehmen, wie auch die speziell verwendeten Verfahren den Bedürfnissen des jeweiligen Falles entsprechen müssen:

Bereits das Erstinterview umfaßt 2 Stufen des differenzierungsanalytischen Vorgehens: Beobachtung/Distanzierung und Inventarisierung. Doch diese Stufen beziehen sich primär auf den Therapeuten: sie vermitteln ihm einen Überblick über die konfliktrelevante Situation des Patienten. Den Prozeß, den der Therapeut hier eingeht, durchläuft dann auch der Patient. Er lernt durch Beobachtung/Distanzierung die konkreten Bedingungen seines Konfliktes erkennen und ferner durch die Inventarisierung einen Einblick in die konfliktärmeren Persönlichkeitsbereiche gewinnen. Es kommt zu einer multidimensionalen therapeutischen Beziehung, in der Therapeut, Patient und Umwelt als gleichrangige Partner der Psychotherapie — eigentlich einer Psychosoziotherapie — berücksichtigt werden.

Das praktische Vorgehen wird im folgenden näher beschrieben.

a) Stufe 1: Beobachtung und Distanzierung

Symptomatik, positive Symptomdeutung, beschwerdenauslösende Momente, erstmaliger Symptombeginn, transkultureller Ansatz, Sprachbilder und Geschichten (zusätzliche Perspektiven).

Therapeutische Schwerpunkte: Entwicklung der Fähigkeit, zuzuhören und umfassender wahrzunehmen. Als Konfliktbeteiligte haben die Mitglieder der Patientenfamilie in aller Regel die Distanz zu ihren Konflikten verloren. Dies gilt für neurotische ebenso wie für psychosomatische Störungen. Die Konfliktbeteiligten verhalten sich ähnlich wie jemand, der so nahe vor einem Bild steht, daß er es fast mit der Nase berührt. Er sieht lediglich einen kleinen Ausschnitt, und diesen sehr genau. In welchem inhaltlichen und farblichen Zusammenhang dieser Ausschnitt steht, sieht er nicht. Er hat das Bild als ganzes und damit dessen Bedeutung aus den Augen verloren.

Der Fragebogen "Das Erstinterview in der positiven Psychotherapie" im WIPPF (Wiesbadener Inventar zur positiven Psychotherapie und Familientherapie nach Peseschkian u. Deidenbach 1988) gibt einen umfassenden Überblick über das fünfstufige Vorgehen. An dieser Stelle werden daraus einige wichtige Aspekte dargelegt.

Symptomatik, beschwerdeauslösende Momente und erstmaliger Symptombeginn: Der Therapeut nimmt Beziehung zu dem Patienten und u. U. zu dessen Familie auf (Verbundenheit). Er nimmt sich Zeit für sie, lädt sie zum Gespräch ein, beobachtet die Situation, die sich ihm in der Sitzung darstellt, und hört ihnen zu. Währenddessen strukturiert er diese Informationen und befragt die eigenen Gefühle, die er den Angeboten der Patienten gegenüber entwickelt.

Wir versuchen, alle zugänglichen Quellen auszuschöpfen, die uns situative und anamnestische Informationen über die vorgebrachten Symptome und das symptombegleitende Verhalten geben. Mit der Beobachtung geschieht innerhalb der therapeutischen Situation etwas sehr Wichtiges: Jeder der Familiengruppe bekommt zunächst die Möglichkeit, sich selbst darzustellen, ohne deswegen eine negative Reaktion oder gar Bestrafung von seiten des Therapeuten erwarten zu müssen.

Positive Deutung: Parallel zur Erhebung der Symptomatik versucht der Therapeut — zunächst für sich — eine allgemeine positive Umdeutung der aufgetretenen Störung. Sie soll erfassen, welche Bedeutung die Krankheit für den Patienten und seine Familie hat. Dieses Vorgehen hilft dem Therapeuten, sich von seinen eigenen Wahrnehmungsstrukturen und Denkmodellen zu distanzieren; zugleich vermeidet es die Wiederholung des neurotischen Konzeptes der Patienten. Der Therapeut vermittelt sein Gedankenexperiment in einer geeigneten Situation dem Patienten und seiner Familie. Er gibt die Deutung weiter, die den praktisch effektivsten Standortwechsel begünstigt.

Der Erfolg dieses Vorgehens darf allerdings nicht dazu verleiten, die positive Umdeutung ungeduldig aus ihrem lebendigen Zusammenhang herauszulösen, da sie unter diesen Umständen als zynischer Spott erlebt werden kann. (Der Therapeut kann bei hier auftretenden Schwierigkeiten seine eigenen Probleme mit den 4 Vorbilddimensionen reflektieren.)

Das positive Vorgehen führt mit seinen Alternativkonzepten zu neuen Ausgangssituationen, welche die Spielregeln einer Familie grundsätzlich ändern können. Mit dieser Veränderung geschieht etwas weiteres; die Familie lernt, mit ihren Konflikten anders umzugehen und pathologische Fixierungen aufzugeben. Es ist der erste Schritt zur Selbsthilfe. Praktisch sieht dies so aus, daß wir nach der Bedeutung fragen, die ein Symptom für einen Menschen und eine Gruppe hat und dabei auch die "positive" Bedeutung miterfassen: Welche positiven Aspekte hat das Erröten? Welche Vorteile bringen Hemmungen mit sich? Welche Funktionen erfüllen Schlafstörungen? Was bedeutet für mich die Tatsache, daß ich Angst habe? usw. (Beispiele finden sich in Kap. II./1–39 und in Peseschkian 1983, S. 139–180).

Wenn wir andere Bewertungsmöglichkeiten (Umwertung, positive Deutung, Standortwechsel) versuchen, so nicht, weil diese objektiver wären. Wir tun dies mit dem Ziel, unsere eigenen Bezugssysteme, die der Patienten und ihrer Umwelt zu relativieren und alternative Lösungsmöglichkeiten zu initiieren. Damit verlassen wir das ursprüngliche Symptom und bewegen uns in den Bereichen, in denen sich der Patient "positiv", d. h. symptomarm, relativ Ich-stark und widerstandsfähig empfindet. Damit sind also 2 Aspekte beteiligt: die Umdeutung des Symptoms und das Eingehen auf die Fähigkeiten des Patienten.

Transkultureller Ansatz: Wir fragen danach, wie die gleiche Störung oder Krankheit von anderen Kulturen wahrgenommen und bewertet wird, wie andere Menschen der eigenen Kultur und der Familie damit umgehen und welche spezielle Bedeutung die Konflikte für einen selbst haben und auf welche Inhalte sie sich beziehen. Diese Relativierung des Krankheitsbegriffes ist v. a. für die Familiendynamik wichtig. In ihr erhält die Krankheit eine bestimmte Funktion; sie trägt wesentlich zu der Beziehung zwischen den Familienmitgliedern bei. Dabei ist es zunächst sekundär, ob die Krankheit psychisch, psychosomatisch, psychotisch oder somatisch ist. (Beispiele finden sich in Kap. II./1–39 und in Peseschkian 1983, S. 139–180).

Sprachbilder: Ein Medium, die Ressourcen der Patienten zu mobilisieren, statt beharrlich altbekannte Probleme zu wälzen, sind Geschichten und Spruchweisheiten, die vom Therapeuten als Gegenkonzepte eingebracht werden können: damit wird die Einbahnstraße der Kommunikationsstruktur zwischen Therapeut und Patient verlassen.

In den zwischenmenschlichen Beziehungen sowie im Erleben und der seelischen Verarbeitung laufen bei der Konfrontation mit Geschichten Prozesse ab, die wir als deren "Funktionen" beschreiben: die Spiegelfunktion, die Modellfunktion, die Mediatorfunktion, die Depotwirkung, Geschichten als Traditionsträger, als transkulturelle Vermittler, als Regressionshilfen, als Gegenkonzepte, als Anstöße für einen Standortwechsel (vgl. Peseschkian 1979, S. 29 ff.). Die Geschichten werden in der positiven Psychotherapie nicht willkürlich verwendet, sondern gezielt im Rahmen der fünfstufigen Behandlung.

b) Stufe 2: Inventarisierung

Therapeutische Schwerpunkte: Entwicklung der Fähigkeit, gezielt Fragen zu stellen. Probleme in den letzten 5 Jahren (10 Punkte)? Wie wurden Probleme verarbeitet? Die 4 Formen der Konfliktverarbeitung, die gleichzeitig bei der Konfliktentstehung eine wichtige Rolle spielen, werden dem Patienten kurz vorgestellt. Gegebenenfalls wird er gefragt: "Was ist in den letzten 5 Jahren in diesen Bereichen auf Sie, Ihre Familie und Ihre Umgebung zugekommen?" Dabei berücksichtigt der Therapeut den Zeitpunkt des erstmaligen Symptombeginns bzw. der Zunahme der Beschwerden. Außerdem wird der Patient über die Bedeutung der Mikrotraumen nach dem Motto "Steter Tropfen höhlt den Stein!" informiert.

Konfliktreaktionsmechanismen: Welchen Einfluß haben die Probleme und Beschwerden auf das allgemeine Wohlbefinden, den Beruf, den Partner, die Familie und andere zwischenmenschliche Beziehungen, Zukunftsperspektiven? Welche Bedeutung haben Körper und Gesundheit, Beruf und Arbeit, soziale Kontakte, gesellschaftliche Ereignisse, Sinnfragen und Zukunftsperspektiven für den Patienten und seine Familie?

Vorbilddimensionen: "Reise in die Vergangenheit" oder: die Wurzeln der Konflikte: Beziehung zu Vater, Mutter, Geschwistern und anderen Bezugspersonen in der Kindheit; Zeit, Geduld, Vorbild der Eltern; Ehe der Eltern, Außenkontakte; "Lebensphilosophie" der Eltern, Familienmotto, Konzepte.

Aktualfähigkeiten: Welche wirken mikrotraumatisch? Werden Fähigkeiten in ihrer Entwicklung gehemmt, vernachlässigt, oder nur einseitig ausgeformt? Welche Auswirkungen zeigt dies unter psychodynamischen, familiendynamischen und sozialen Aspekten?
  Der Therapeut hat die Aufgabe, Konfliktinhalt und Konfliktdynamik durchsichtig zu machen, und zwar unter allen 3 Aspekten. Mit einer Patientin beispielsweise, die an Anorexie leidet (Symptom; Bereich "Körper/Sinne"), wird nach der positiven Deutung (z. B. "die Fähigkeit, am Hunger der Welt teilzunehmen"), transkulturellen Vergleichen, Sprachbildern und

Geschichten erarbeitet, welche Aktualfähigkeit inhaltlich mit dem Symptom zusammenhängt (z. B. die Untreue des Partners), wie sie darauf reagiert hat (Konfliktreaktionsmechanismen) und wo sie diese Reaktionsweisen gelernt hat (Vorbilddimensionen). Die Ergebnisse werden aus der Sicht des Patienten, bei Anwesenheit des Partners auch aus dessen Sicht bildlich dargestellt (vgl. Kap. 3, S. 39 und Peseschkian 1980, S. 117—121): Was bedeutet z. B. die Krankheit seiner Frau für den Partner, welchen Einfluß hat sie auf Beruf, Kontakte und Zukunftsperspektiven des anderen? Welche Bedeutung hat "Treue" bzw. "Untreue" für den Partner und welche Prägungen (Vorbilddimensionen) sind bei ihm zu beobachten? Auf diese Weise wird eine Konfliktanalyse erstellt, die wesentliche Konfliktpotentiale dieser Partnerschaft sowohl für den Therapeuten als auch für die beiden Partner verständlich macht, unabhängig davon, ob der Konfliktpartner anwesend ist oder nicht. Damit ist der Einstieg für eine therapeutische Arbeit gegeben.

c) Stufe 3: Situative Ermutigung

Therapeutische Schwerpunkte: Entwicklung der Fähigkeit, konfliktarme Anteile und positive Aspekte der Symptomatik einzubeziehen. Welche positiven Aspekte haben diese Ereignisse bei Ihnen und Ihrer Umgebung gehabt? Wie haben Sie die bisherigen Ereignisse und Probleme verarbeitet?

Indem wir uns mit Dingen beschäftigen, die wir als positiv und anregend erleben, wird es uns leichter, auch den Dingen ins Auge zu sehen, die wir als unangenehm und negativ empfinden. Dies ist, auf eine kurze Formel gebracht, das Grundprinzip der situativen Ermutigung in der positiven Psychotherapie. Ich konnte immer wieder folgende Erfahrung machen: wenn Partner oder eine Familie sich ständig mit Konflikten und Problemen beschäftigen, spitzt sich die Situation oft so zu, daß sie nicht mehr kontrollierbar ist. Wenn wir uns aber damit beschäftigen, was die Familie trotz allem zusammenhält, ermutigen wir die Familienmitglieder, die schon lange in Vergessenheit geratenen positiven Beziehungen wieder zu erinnern. Damit schaffen wir eine gemeinsame Basis, auf der die familiären Konflikte konstruktiv ausgetragen werden können — auch wenn man sich letztendlich für eine Trennung und Ablösung entscheidet.

d) Stufe 4: Verbalisierung

Therapeutische Schwerpunkte: Entwicklung der Fähigkeit, nicht erlebte Bereiche und Konflikte gezielt anzusprechen.

Welche Probleme sind noch offen, welche (2—3) sollen in den nächsten 4—6 Wochen angesprochen werden? Durch das Instrumentarium der positiven Psychotherapie werden Konflikte, die bisher vorsprachlich und unbewußt ausgetragen wurden, konkretisiert. Der Therapeut kann den Schlüsselkonflikt der Patientenfamilie in bezug auf *Höflichkeit — Ehrlichkeit* ansprechen und gemeinsam mit ihr herausarbeiten. Wir fragen konkret: Wem gegenüber und wie oft treten Höflichkeits-/Ehrlichkeitskonflikte auf? Wie und wann äußern sie sich? Auf welche Aktualfähigkeiten beziehen sie sich ("Wie fragt man nach *Gerechtigkeit, Sparsamkeit?"* usw.)?

Während wir in den bisherigen Stufen die atmosphärischen Voraussetzungen geschaffen, die starren Fronten gelockert und die Fähigkeit zum Verstehen gefördert haben, beginnt jetzt die direkte familiäre Auseinander-Setzung: Man hat die eigene Basis erweitert und mit dem Instrumentarium der positiven Psychotherapie eine Sprache erworben, die es erlaubt, Konflikte zu lösen, statt sie nur agierend auszutragen. Die gestörte Sprache, die entweder Gefühle vollkommen ausklammert oder nur noch aus Stereotypen besteht, ist Zeichen einer gestörten zwischenmenschlichen Beziehung.

e) Stufe 5: Zielerweiterung

Entwicklung der Fähigkeit, Energie nicht nur in Probleme, sondern auch in andere Lebensbereiche zu investieren. Was würden Sie machen, wenn Sie keine Probleme mehr hätten? Von welchen Wünschen träumen Sie? Was können Sie von Menschen lernen, die sich anders verhalten als Sie?

Ein kluger Kaufmann legt sein ganzes Kapital nicht bei einem einzigen Projekt an. Er verteilt es auf verschiedene Projekte. Kommunikationsstörungen bringen zumeist eine Einschränkung des Kontaktes mit sich. Man bestraft den Partner dadurch, daß man ihm etwas verbietet bzw. sich von ihm zurückzieht. Folge davon sind Abkühlung und Verflachung der zwischenmenschlichen Beziehungen. Diesen Prozeß nennen wir Zieleinschränkung. Grundprinzip der Zielerweiterung ist die Erfahrung, daß unsere Partner noch eine Reihe anderer Möglichkeiten haben als die Bereiche, die z. Zt. konfliktbesetzt sind. Grundlage der Zielerweiterung ist das Gegenkonzept, bzw. das Erweiterungskonzept. So ist bereits jede lebendige Begegnung mit einem Partner, der andere Konzepte vertrat, wenigstens potentiell eine Zielerweiterung: Was würden Sie machen, wenn Sie keine Probleme mehr hätten? Von welchen Wünschen träumen Sie? Was würden Sie tun wollen, wenn Sie einmal nicht vernünftig wären? Was können Sie von anderen Menschen lernen, die sich anders verhalten als Sie?

5 Stufen in Therapie und Selbsthilfe

Die 5 Stufen im Erstinterview öffnen den Patienten dafür, seine Fähigkeit zur Selbsthilfe wahrzunehmen. Er kann so, besser gerüstet, in den therapeutischen Prozeß einsteigen und sich der lebensbegleitenden Selbsthilfe zuwenden. Der Patient bzw. der Partner oder die Patientenfamilie werden jetzt mit der Anwendung der 5 Stufen zum Zweck der Selbsthilfe vertraut gemacht.

Einer der 3 Problembereiche, die der Patient im Erstinterview nannte, wird nun in Zusammenarbeit mit dem Therapeuten durchgearbeitet:

a) Stufe 1: Beobachtung und Distanzierung

Die Schwerpunkte liegen — für einen Zeitraum zwischen 1 und 4 Wochen — hier ebenfalls auf der Verbundenheit und der positiven Umdeutung. Hilfen dafür sind folgende Maßnahmen:

Beobachtung: Beobachten Sie das Verhalten Ihrer Partner. Schreiben Sie auf, worüber Sie sich ärgern und worüber Sie sich freuen. Beschreiben Sie diese Situationen genau. Hilfsfragen: Wem gegenüber und wann fühlten Sie sich ärgerlich und deprimiert? Wann freuten Sie sich und fühlten sich glücklich? Was gefällt Ihnen an Ihren Partnern, was nicht? Was hat Sie zusammengeführt und was hält Sie noch zusammen? Das generalisierte Unbehagen wird in eine faßbare Gestalt gebracht, die es ermöglicht, neue Aspekte zu gewinnen und einen Umlernprozeß im familiären Beziehungsfeld einzuleiten.

Das Aufschreiben hat zudem Ventilfunktion: Der Patient beschäftigt sich mit seinem Konflikt, verstärkt damit jedoch nicht die äußere Konfliktsituation.

Kritik unterlassen: Während Sie Ihre Partner beobachten, kritisieren Sie nicht. An die Stelle der Kritik tritt die Beobachtung des Partners, der sich nicht genügend Zeit nimmt, pedantisch, unhöflich ist usw. Durch die distanzierte Beobachtung und den Verzicht auf Kritik wird der Konflikt abgesteckt. Das Gegenüber wird mitunter schon jetzt aus einer anderen Sicht wahrgenommen. Familiäre Gewohnheiten wie das Kritik-Spiel werden, wenigstens vorübergehend, aufgegeben und die an sie gebundenen Erwartungshaltungen enttäuscht. Von dem Familienmitglied, das diesen Schritt der Selbsthilfe wagt, erfordert die Stufe der Beobachtung/Distanzierung Zeit, die es seinem Partner einräumt, und Geduld, ihn so zu nehmen, wie er ist.

Das Problem mit dem Partner ausmachen: Probleme sind Privatsache. Sprechen Sie nicht mit dritten Personen darüber. Statt über Ängste, Aggressionen und Depressionen zu sprechen, notieren Sie die Umstände, unter denen sie auftreten. Noch besser: notieren Sie, unter welchen Umständen die Probleme nicht auftraten.

Der Ist-Wert und der Soll-Wert: Kreisen Sie Ihre Konflikte mit Hilfe des Ist-Wertes und des Soll-Wertes ein. Bahnen Sie Verhaltensalternativen an. Der Umlernprozeß ist meist dadurch erschwert, daß die Betroffenen nur die Konflikte und nichts anderes sehen. Ihre Reaktionen auf Konflikte erscheinen schicksalhaft. Ziel ist es nun, daß die Patienten selber alternative Einstellungen und Verhaltensweisen anbahnen. Als Situation stellt der Patient kurz die aufgetretene Konfliktsituation dar. Der Ist-Wert gibt seine Reaktion wieder und enthält die beteiligten Konzepte des Patienten. Der Soll-Wert umfaßt das Gegenkonzept, das dem Patienten als gangbare Alternative erscheint.

Beispiel für die Technik des Ist-Wertes und Soll-Wertes

Situation	Ist-Wert	Soll-Wert
Herr B. hat eine verantwortungsvolle Position. Abends kommt er sehr spät nach Hause. Seine Kinder sehen ihn fast nur noch am Sonntag. Zeit zum Spielen hat er so gut wie nie, da er am Wochenende private Korrespondenz erledigt.	Ehefrau: Lebst du für deinen Beruf oder für mich und die Kinder? Du kannst dich jetzt entscheiden!	Ehefrau: Ich weiß, wie anstrengend dein Beruf ist, und wir wissen deine Leistungen auch zu schätzen. Können wir dir irgendwie helfen, daß du auch einmal Zeit für die Kinder und mich hast? Wir wollen versuchen, die Durststrecke gemeinsam zu überwinden.

Beunruhigung ertragen: Viele Menschen fürchten sich davor, mit ihren Konflikten und Problemen konfrontiert zu werden. Sie fühlen sich durch sie verunsichert, beunruhigt und leiden, wenn sie ihnen nicht ausweichen können. Psychotherapie und Familientherapie aber fordern gerade diese Konfrontation. Es verhält sich ähnlich wie beim Zahnarzt, der einen kariesbefallenen schmerzenden Zahn aufbohrt. Diese Verschlimmerung der Schmerzen läßt sich nur bedingt vermeiden. Dann aber füllt der Zahnarzt den Zahn auf und schließt das entstandene Loch. Die Schmerzen hören auf. Vor einer ähnlichen Situation steht die Familie, die eine Familientherapie auf sich nehmen möchte. Ihre Mitglieder leiden. Der Eingriff des Therapeuten aber verspricht nicht eine sofortige Abnahme der Beschwerden, sondern eine vorübergehende Verschlimmerung und Beunruhigung. Sie ist aber nicht die Folge eines therapeutischen Fehlers, sondern ein wichtiger Schritt in der Behandlung und der beste Beweis dafür, daß ein zentraler neuralgischer Punkt getroffen wurde.

b) Stufe 2: Inventarisierung

Bereiche der Konfliktverarbeitung: Schreiben Sie auf, in welchen Bereichen Sie Ihre Probleme austragen. Wie verarbeitet Ihr Partner seine Probleme?

Die 4 Vorbilddimensionen: Wer war Ihr Vorbild? Welche Beziehungen hatten Ihre Eltern zu Ihnen und zueinander? Welches Verhältnis hatten Ihre Eltern zu anderen Menschen und Gruppen? Wie standen Ihre Eltern zu den Fragen von Religion und Weltanschauung? Wie sehen Sie die 4 Vorbilddimensionen für Ihren Partner?

Aktualfähigkeiten: Führen Sie für sich und Ihre am Konflikt beteiligten Partner das differenzierungsanalytische Inventar (DAI) durch (s. Peseschkian 1977a, S. 70). Beschreiben Sie als Erläuterung zu Ihren Beurteilungen die entsprechenden Situationen. Anhand dieses Inventars der Aktualfähigkeiten stellen wir fest, in welchen Verhaltensbereichen man selbst und der Partner positive, in welchen man negative Eigenschaften hat.

Hier können auch verschiedene psychodiagnostische Testverfahren wie der Gießen-Test, das Freiburger-Persönlichkeits-Inventar (FPI) und das Wiesbadener Inventar zur positiven Psychotherapie und Familientherapie (WIPFF; Peseschkian u. Deidenbach 1988) eingesetzt werden.

Konzepte: Welches Motto oder Konzept galt bei Ihnen zu Hause? Welches ist Ihr Konzept heute? Was sind die Konzepte Ihres Partners? Wer ist Ihr Lieblingsautor? Welche seiner Aussagen fällt Ihnen gerade ein, und was sagt sie Ihnen? Von wem wurden Sie bisher behandelt? Wie stehen Sie, Ihr Partner, Ihre Eltern, die behandelnden Ärzte zur Psychotherapie?

Mißverständnisse und Interaktionsanalyse: In bezug auf welche Bereiche haben Sie und Ihre Partner unterschiedliche Ansichten, die an der Entstehung des Konfliktes beteiligt sind? In welchem Stadium (Verbundenheit, Unterscheidung, Ablösung) befinden Sie sich, in welchem Stadium Ihre Partner?

c) Stufe 3: Situative Ermutigung

Um ein Vertrauensverhältnis aufzubauen, lernt der Patient einzelne positiv ausgeprägte Eigenschaften seines Partners zu verstärken und auf die damit korrespondierenden eigenen kritisch ausgeprägten Eigenschaften zu achten.

Relativität der Werte: Jeder Mensch besitzt positive und negative Eigenschaften. Was positiv und negativ ist, ist nicht absolut festgelegt, sondern hängt von den Konzepten ab, die für Sie Maßstab sind. Was Sie als negativ ansehen, braucht Ihr Partner nicht als negativ zu empfinden. Fragen Sie sich, welche Ihrer Erwartungen und Einstellungen dem eigenen kritischen Verhalten und dem Ihrer Partner entsprechen. Die kritischen Verhaltensbereiche können Sie mit Hilfe des Instrumentariums der positiven Psychotherapie herausarbeiten.

Situative Ermutigung: Kritisieren Sie Ihren Partner nicht. Ermutigen Sie ihn in seinem positiven Verhalten 1−2 Wochen lang (inhaltlich, kurz und sofort). Dadurch entwickeln Sie eine Vertrauensbasis in Ihrer Partnerschaft. Es reicht nicht, allgemein festzustellen: "Du bist ein netter Mensch" oder "Du hast schöne Augen". Es kommt vielmehr darauf an, ein konkretes Verhalten oder ein aktuelles Konzept zu verstärken.

Paradoxe Ermutigung: Ermutigen Sie Ihren Partner auch in seinem kritischen Verhalten. Suchen Sie nach den positiven Aspekten, die seine "Fehler" für Sie und ihn haben. Damit wechseln Sie Ihren Standort. Während Sie bis jetzt v. a. die Unordnung Ihres Kindes gesehen haben, erkennen Sie jetzt zusätzlich die positiven Seiten seiner Unordnung: seine persönliche Art der Ordnung und den kreativen Umgang damit.

Widerstand aufarbeiten: Für Sie kann sich die Frage stellen: Warum soll ich einen Partner ermutigen, mit dem ich Konflikte habe, der mich ärgert und den ich eigentlich lieber bestrafen möchte (Gerechtigkeit)? Versuchen Sie, für sich eine Antwort auf diese Frage zu finden.

Psychoserum: Führen Sie das autogene Training, die progressive Entspannung oder ein anderes Entspannungsverfahren durch. Wenn Sie sich herrlich entspannt fühlen, stellen Sie sich bildhaft die positiven Aspekte des kritischen Verhaltens vor. Beispiel: "Meine Depressionen sind Abschnitt der Entlastung. Wenn ich mich depressiv fühle, lasse ich alle Verpflichtungen, alle Anspannungen, ja sogar mich selber fallen. Meine Depressionen sind das Gegengewicht zu meinem Bedürfnis, immer die Beste zu sein und das Beste zu leisten" (43jährige Patientin).

Geschichten als Psychoserum: Ein Großteil der Konzepte und Gegenkonzepte hat seinen Niederschlag in Spruchweisheiten und Geschichten gefunden. Deren Vorteil ist ihre plastische, lebendige Aussage. Stellen Sie sich Ihre Konzepte und Gegenkonzepte in Form von Geschichten und Spruchweisheiten vor: "Wir passen nicht zusammen, wir sind ganz andere Typen" (Konzept). "Das gleiche bringt uns in Ruhe. Der Widerspruch ist es, der uns produktiv macht" (Gegenkonzept).

In dieser Stufe werden auch entsprechende Medikamente vom Therapeuten verordnet, wobei die Einstellung des Patienten zu Medikamenten wichtig ist.

d) Stufe 4: Verbalisierung

Probleme und nicht erlebte Bereiche werden konkretisiert und verbalisiert; Einrichtung einer Partnergruppe, Familiengruppe oder Berufsgruppe.

Das Gespräch beginnen: Der Partner nennt seine Probleme und Wünsche. Hören Sie zu, seien Sie höflich. Fragen Sie sich und Ihren Partner, welche Bedeutung das Problem für ihn hat, seit wann er sich damit beschäftigt und wie er damit umgeht. Bevor Sie einen Rat geben, versuchen Sie, sein Konzept kennenzulernen und ihm zu helfen, sein eigenes Konzept zu erfahren. Wenn er beispielsweise übermäßig Alkohol trinkt, was bedeutet dies für ihn?

Ehrlich sein: Konkretisieren Sie Ihrem Partner gegenüber Ihre eigenen Probleme: Wie stehen Sie dazu? Welche Bedeutung hat für Sie der Konflikt? Was möchten Sie damit erreichen? Welches ist Ihr neuralgischer Punkt?

Nach Lösungsmöglichkeiten suchen: Für die auftretenden Probleme werden gemeinsame Lösungsmöglichkeiten gesucht. Denken Sie daran, daß sowohl Sie als auch Ihr Partner Zeit brauchen, den Standortwechsel vorzunehmen. Sie haben Ihren eigenen Willen. Einen eigenen Willen hat auch Ihr Partner. Wenn Sie ehrlich gesagt haben, was Sie für richtig halten, bleibt es seine Sache, was er daraus macht. Das gleiche gilt umgekehrt auch für Sie.

Spielregeln des Gesprächs: Für die Beteiligten gilt hinsichtlich des Gesprächs Schweigepflicht. Vergessen Sie nicht, daß falsche Rücksichtnahme Ihnen und Ihrem Partner mehr schadet als ein offenes Gespräch zur rechten Zeit. Falsche Rücksichtnahme ist Ungerechtigkeit gegenüber dem Partner. Nicht nur Kritik üben, sondern gleichzeitig sagen, wie man es besser machen könnte.

Die Familiengruppe: Alle Familienmitglieder treffen sich regelmäßig zur vereinbarten Zeit. Dies kann wöchentlich einmal geschehen. Es können aber auch zu ganz besonderen Anlässen Sitzungen berufen werden (vgl. Peseschkian 1977a, S. 346−349).

Funktionsverteilung und Rollentausch: Ein Gruppenmitglied übernimmt für eine begrenzte Zeit Aufgaben und Rollenmerkmale, die bis dahin einem anderen Gruppenmitglied zukamen. So betätigt sich der Vater beispielsweise als Hausfrau, die Mutter übernimmt Planungsaufgaben, die sonst dem Familienoberhaupt zukamen, die Kinder übernehmen ihrerseits Aufgaben und Funktionen, die im Zuständigkeitsbereich der Eltern lagen, z. B. Haushalt, Planung und Beratung.

e) Stufe 5: Zielerweiterung

Ziele und Wünsche für die nächsten 5 Jahre, 5 Monate, 5 Wochen, 5 Tage werden anhand der 4 Bereiche der Konfliktverarbeitung eruiert und durchgearbeitet: "Was würden Sie tun, wenn Sie keine Probleme mehr hätten?"

Zielerweiterung: Erweitern Sie Ihre Ziele im Bereich der Aktualfähigkeiten (welche Aktualfähigkeiten haben Sie bisher stiefmütterlich behandelt?). Erschließen Sie neue Möglichkeiten der Konfliktverarbeitung (welche Bereiche sind hier bisher zu kurz gekommen?). Welche Formen der Beziehung halten Sie bei sich und Ihrem Partner für entwicklungsfähig (4 Vorbilddimensionen)?

Die Familiengruppe, Elterngruppe, Partnergruppe und der Rollentausch werden weiterhin durchgeführt. Sie dienen allerdings hier nicht nur der Bewältigung von Problemen, sondern auch der Erschließung neuer Möglichkeiten und Ziele in der Zukunft.

Der Partner macht nicht mit: Was tun Sie, wenn Ihr Partner nicht mitmacht? Erinnern Sie sich daran, daß Sie eigene Interessen haben. Sie leben nicht nur für andere, sondern auch für sich selbst. Häufig braucht der Partner seinerseits eine gewisse Zeit, bis er Ihr Vorbild akzeptieren kann. Fragen Sie: Warum möchte mein Partner nicht mitmachen? Dabei finden sich mitunter Hinweise auf Mißverständnisse: Will mein Partner nicht mitmachen, weil er sich überrumpelt fühlt, oder hat er einen eigenen Weg gefunden, den ich nur schwer akzeptieren kann?

Fazit: Das fünfstufige Rahmenmodell ist kein starres Schema, in das der lebendige Patient und seine Familie hineingezwängt werden müßten. Die einzelnen Stufen bauen nicht statisch aufeinander auf, sondern stehen in einer dynamischen Wechselbeziehung zueinander. So sind während des gesamten therapeutischen Geschehens beobachtende, unterscheidende, ermutigende, verbalisierende und zielerweiternde Momente im Spiel, die in der geeigneten Situation zum Schwerpunkt der Behandlung werden können. Zum anderen enthält jede einzelne Sitzung die Struktur der 5 Stufen. Dies gilt v. a. für das familientherapeutische Erstgespräch, in dem bereits entscheidende Impulse zur Aktivierung der Selbsthilfe gegeben werden können (vgl. Richter 1976). Damit ist ein wesentliches Behandlungsziel bereits erreicht: Die Familie arbeitet auf der Grundlage der 5 Stufen im Sinne der Selbsthilfe zusammen. Der Therapeut ist nicht mehr der "Führer" der Familiengruppe, sondern lediglich der "Berater". Die Therapie ist damit oft schon nach dem Erstgespräch abgeschlossen. Was folgt, ist Selbsthilfe, und die dauert ein Leben lang.

Strategien der positiven Psychotherapie

Die folgenden Strategien der positiven Psychotherapie stellen einen Überblick über die Anwendungsmöglichkeiten des Instrumentariums dar. Sie werden flexibel an die besonderen Anforderungen der Situation angepaßt, in der sich der Patient bzw. die Patientenfamilie anbietet:

a) Arbeit mit dem Einzelpatienten

Gemäß dem Grundsatz, daß eine Änderung eines Systemelements Auswirkungen auf das Gesamtsystem hat, erhält der Patient im Rahmen der positiven Psychotherapie die Aufgabe, die Patientenrolle zu verlassen und als Therapeut seiner eigenen Situation zu fungieren. Die Erfahrung bestätigt, daß bei einer ursprünglich nicht motivierten Familie durch ein solches Vorgehen die Widerstände der anderen Familienmitglieder abgebaut werden und sie sekundär in eine vollständige Familientherapie einbezogen werden können. Der Rollenwechsel vom Patient zum Therapeuten seiner Situation bewirkt darüber hinaus einen Standortwechsel, der die familiären Spielregeln in Frage stellt und damit bereits familientherapeutisch wirken kann.

In der positiven Psychotherapie greifen wir dabei nicht nur auf die Analyse der Übertragungsproblematik zurück, sondern regen durch Themenvorgabe und Geschichten die phantasievolle, intuitive Assoziation an (vgl. Peseschkian 1979).

b) Partnerschaftliche Probleme

Die Klagen beziehen sich hier meist auf die Situationen im Umfeld der Aktualfähigkeiten. Wir greifen dies therapeutisch auf und beginnen mit den Aktualfähigkeiten (DAI). Der nächste Schritt besteht darin, die Symptomatik bzw. die kritischen Aktualfähigkeiten positiv umzudeuten, wobei auch von transkulturellen Beispielen Gebrauch gemacht werden kann. Um das gegenseitige Verständnis zu erleichtern, werden die 4 Vorbilddimensionen zum Thema gemacht.

c) Krisenintervention

Bei schwerwiegenden familiären Problemen gilt es zunächst, die Grundfähigkeiten im Patienten und im Partner zu aktivieren. Ist die Partnerschaft in Gefahr sich aufzulösen, hat es sich bewährt, nicht auf den bestehenden Konflikten zu insistieren, sondern von vornherein die Selbsthilfeaktivitäten anzusprechen und dem Partner die 5 Stufen der positiven Familientherapie als Aufgaben zu vermitteln. Erst später kommen wir auf die Konflikte und ihre inhaltliche Analyse zurück.

d) Kernfamilie (Vater – Mutter – Kind)

Zentrales Problem ist die Beziehung "Verbundenheit – Unterscheidung – Ablösung" als Stadien der Eltern-Kind-Beziehung. Inhaltlich sind diese 3 Formen der Interaktion auf die Aktualfähigkeiten und die 4 Vorbilddimensionen bezogen.

e) Arbeit mit der erweiterten Kernfamilie

Zusätzlich zu der Kernfamilie können andere Bezugspersonen in die Behandlung aufgenommen werden: Großeltern, Onkel, Tante, enge Freunde der Familie etc. Grenzen für die Größe dieser Gruppe sind lediglich durch die begrenzten Organisationsmöglichkeiten gegeben. Mehr noch als bisher kommt die lebendige Geschichte der Konzepte zur Geltung.

f) Psychosomatik und Familie

Kennzeichen vieler psychosomatischer Patienten ist die Konfliktleugnung, die sich v. a. auch als Ignorieren familiärer Konflikte darstellt. Aufgabe ist es, von einem psychosomatischen Symptom zu den ihm zugrundeliegenden psychosozialen Konflikten und von dort zur Konfliktverarbeitung zu kommen. Einstieg in die Behandlung sind die 4 Bereiche der Konfliktverarbeitung. Sie bieten sich schon deshalb an, weil sich psychosomatisch Erkrankte meist mit ihrem Symptom präsentieren. Von den Formen der Konfliktverarbeitung gehen wir auf die Mikrotraumen (Aktualfähigkeiten – DAI) über. Erst dann sprechen wir den Grundkonflikt in Form der 4 Vorbilddimensionen an. Eine Schlüsselrolle erhält die positive Deutung des Symptoms, die am besten von seiten des Patienten erfolgt. Er kennt die Bedeutung, die seine Krankheit für sein Leben hat, selbst häufig am besten. Je nach der Situation kann der Patient selbst die aktive Rolle in den 5 Stufen der Selbsthilfe übernehmen.

g) Psychosen in der positiven Familientherapie

Gedacht ist hier an akute Situationen oder an solche, in denen die Gefahr der Dekompensation besteht. Ansonsten gelten die Prinzipien, wie sie auch für die Arbeit mit der Kernfamilie aufgezeigt sind. Näheres ist in II./Kap. 28 nachzulesen.

h) Positive Gruppenpsychotherapie

Die positive Psychotherapie arbeitet themenzentriert. Die zur Diskussion stehenden Themen werden entweder von den Gruppenmitgliedern eingebracht (z. B. Treue in Verbindung mit Eheproblemen) oder von dem Therapeuten in Form von Geschichten vorgegeben. Diese Geschichten sind dann Assoziationsangebote für die Gruppenmitglieder. Ein wichtiges Ordnungsprinzip für die Gruppenpsychotherapie sind die 3 Interaktionsstadien: Verbundenheit – Unterscheidung – Ablösung. Innerhalb dieser Kategorien wird Schritt für Schritt das Instrumentarium der positiven Familientherapie durchgearbeitet. So können für einen größeren Zeitraum die Aktualfähigkeiten, die 4 Formen der Konfliktverarbeitung usw. zum thematischen Zentrum der Gruppe werden. Es geht dabei jedoch nicht primär um den Erwerb einer theoretischen Kompetenz. Ziel ist es vielmehr, daß innerhalb der Gruppe jedes Gruppenmitglied sich wieder an seine persönlichen Erlebnisse und Konzepte im Zusammenhang mit einem vorgegebenen Thema erinnert, sie aktualisiert und in die Gruppe einbringt. Um diese Informationen auszuweiten, ergänzt der Therapeut die Konzepte der Gruppe — beispielsweise durch alternative transkulturelle Konzepte. Zur Bewältigung von Krisen in der Gruppe helfen positive Umdeutungen. Das bedeutet nicht unbedingt, daß begütigend und beschwichtigend eingegriffen wird. Vielmehr erhalten die Gruppenmitglieder durch diese positive Umdeutung neue Informationen, die sie anregen, neue Lösungsstrategien für das einzelne Gruppenmitglied zu finden (vgl. Peseschkian 1977a, S. 357–364).

i) Selbsthilfegruppen

Technisch gilt das, was wir zur Gruppenpsychotherapie gesagt haben. Allerdings liegt in der Selbsthilfegruppe der Schwerpunkt auf dem Aktualkonflikt. Wesentlich ist hierbei die Selbsterfahrung, das Sensibelwerden für die eigenen Konzepte und Gefühle. So lernen die Mitglieder der Selbsterfahrungsgruppen anhand des Instrumentariums der positiven Familientherapie die eigenen g Konzepte kennen und lernen, sie innerhalb der Gruppe auch durch transkulturelle interdisziplinäre Beispiele zu relativieren. Die Selbsthilfegruppe weist in 4 Richtungen:

1) die Beziehungen Arzt-Patient, Lehrer-Schüler, Jurist-Klient usw;

2) die Beziehung von Ärzten (Juristen, Lehrern usw.) zu ihren Kollegen und darüber hinaus die Möglichkeit einer interdisziplinären Zusammenarbeit;

3) die Beziehung der Teilnehmer zu ihrer eigenen Familie;

4) die Beziehung der Teilnehmer zu Weltanschauung, Lebensphilosophie und Religion.

Diese Form der Selbsthilfegruppen ist als ein Schritt zu einer umfassenderen "Gemeindepsychologie" gedacht, in der es möglich ist, daß Vertreter verschiedener Disziplinen zusammenarbeiten, psychohygienische Überlegungen fachübergreifend berücksichtigen und als Menschen und Mitmenschen von ihrer Fähigkeit zur Selbsthilfe Gebrauch machen können.

5 Drei Dimensionen der Psychosomatik in der positiven Psychotherapie

Geschichte: "Der Ziegelwerfer"

In Aria, dem Altpersien, wollte ein Höfling sehen, welche Fortschritte der Bau des neuen Palastes machte. Er erblickte die Arbeiter und Handwerker, die sich eifrig mühten. Mit Erstaunen fiel sein Blick auf die Handlanger, die den Maurern die getrockneten Lehmziegel, Khescht genannt, über drei Stockwerke hoch zuwarfen. Einer der Handlanger übertraf alle seine Kameraden. Während bei diesen mancher Lehmziegel den Maurer gar nicht erreichte, sondern nach kurzem Flug auf dem Boden zersprang, warf dieser Handlanger seine Ziegel mit unglaublicher Kraft und Sicherheit höher als alle anderen. Eine Zeitlang schaute der Höfling verwundert zu. Schließlich sprach er den Handlanger an: "Guter Freund, du leistest ganz Außergewöhnliches. Du wirfst den Stein höher als alle deine Kameraden, und dein Wurf übertrifft alle an Sicherheit. Wie kommt es, daß du das kannst?" Der Arbeiter antwortete: "Hoher Herr! Ich bin innerlich glücklich. Die Quelle meiner Kraft ist die Harmonie, in der ich mit meiner Frau zusammenlebe. Ihr gutes Wort begleitet mich am Morgen zur Arbeit und empfängt mich am Abend wieder zu Hause. Sie ist für mich da und ich für sie." Den Höfling überfiel Neid bei dieser Schilderung. Ohne ein Wort verließ er die Baustelle und begab sich zur Siedlung der Arbeiter, wo er nach der Frau des Handlangers fragte. Er traf eine junge Frau höflichen Wesens und guter Gestalt, deren Formen ihn durch den Schleier der Kleidung faszinierten. "Du liebst deinen Mann", sagte er ohne Gruß. Sie schlug die Augen nieder und antwortete: "Ja, mein Herr!" Ein spöttisches Lächeln überflog seine Lippen: "Du Freude meiner Augen. Dein Anblick ist Balsam für meine Seele. Sage mir doch, warum liebst du deinen Mann? Was findest du an ihm so gut? Er ist noch weniger als ein Arbeiter, ein Handlanger, ein Amalleh. Sein Körper ist braun gebrannt, und seine Hände sind rissig von der Schwere der Arbeit. Muß nicht eine Blume wie du in solch groben Händen welken?" Verstört wandte sich die Frau ab, sprach leise "Gott sei mit dir" und ging zurück ins Haus. Jedes mal danach, wenn der Höfling den Bau besuchte, achtete er besonders auf den Handlanger. Es dauerte nicht lange, da ließen die Würfe des Mannes nach. Öfter verfehlten seine Lehmziegel die fangbereiten Hände des Maurers. Der Handlanger wirkte krank und melancholisch und war auch nicht mehr in der Moschee zu sehen, die er früher regelmäßig zum Gebet besucht hatte. Schließlich rief der Höfling: "He da! Für das, was du leistest, willst du auch noch Geld bekommen? Du zerschlägst mehr Ziegel, als deine Arbeit überhaupt wert ist.

Warum arbeitest du nicht wie früher?" "Eine Wolke verdunkelt mein häusliches Glück", antwortete der Amalleh traurig. "Ich habe keine Freude mehr zu Hause. Meine Frau ist nicht mehr wie früher. Das Gebet gibt mir keinen Frieden mehr und den Menschen mißtraue ich." Mit Genugtuung schaute ihn der Höfling von oben bis unten an: "Mach dir keinen Kummer, lieber Freund, du bist nicht der einzige Mensch, der solche Probleme hat." (Orientalische Geschichte)

Wenn wir von Psychosomatik sprechen, können wir sie im Rahmen der positiven Psychotherapie unter 3 Gesichtspunkten betrachten: im engeren, im weiteren und im umfassenden Sinn.

Psychosomatik im engeren Sinn

Sie ist eine spezifische Forschungs- und Behandlungsrichtung, die versucht, die Zusammenhänge zwischen seelischen Ereignissen und körperlichen Reaktionen zu erhellen. Meist wird danach gefragt, welche spezifischen Konflikte und Ereignisse bei welchen Menschen zu welcher Erkrankung führen, die organpathologische Veränderungen zur Folge hat. Hierzu gehören körperliche Erkrankungen und Funktionsstörungen des Organismus, deren Entstehung und Verlauf vorwiegend von psychosozialen Gegebenheiten abhängt. Besonders geht es um die bekannten Streßkrankheiten wie Magengeschwüre, Zwölffingerdarmgeschwüre, funktionelle Herzbeschwerden, Kopfschmerzen, Unterleibsbeschwerden, rheumatische Erkrankungen, Asthma etc. Dabei können wir 2 Gruppen unterscheiden:

a) Funktionelle Störungen

Hier ist über neurovegetative und hormonale Steuerung die Funktion einzelner Organsysteme gestört (vgl. "Das Konfliktmodell der positiven Psychotherapie in der psychosomatischen Medizin", I./Kap. 3, Abb. 1, S. 29). Ein Beispiel dafür ist die Ausschüttung von Hormonen (Katecholaminen) aus der Nebennierenrinde, die durch aufregende Erlebnisse ausgelöst wird und über eine Reihe anderer Regelkreise die Entstehung von Hitzegefühlen, Schweißausbrüchen, innerer Unruhe etc. zur Folge hat. Der Volksmund kennt diese Zusammenhänge schon seit langem und beschreibt sie durch Sprichwörter wie: "Ärger schlägt auf den Magen", "Da kann einem die Galle hochkommen", "Es ist zum Kotzen", "Die Haare stehen mir vor Schreck zu Berge" (vgl. "Sprachbilder und Volksweisheiten", II./Kap. 1−39).

b) Organische Störungen

Hier hat sich der Ärger gewissermaßen in das Organ eingefressen, und es kommt zu objektivierbaren, pathologischen Organveränderungen. Diese

können sich in einer Vielzahl von Krankheitsbildern ausdrücken: Hautverän-
derungen, (z. B. Ekzem), Schleimhautveränderungen, (z. B. Geschwür), entsprechende Folgeerscheinungen wie Blutungen, Magendurchbruch etc. Wie
die psychosomatische Forschung zeigt, ist jedes Organsystem gegenüber derartigen Veränderungen anfällig. Die auch als Psychosomatosen bezeichneten
Krankheitsbilder sind häufig eine primäre Reaktion des Körpers auf konflikthaftes Erleben, die mit einem organpathologischen Befund verbunden ist. Der
Kranke spricht nicht über sein Erleben, er spricht nur über das Symptom.
Diese Erkrankungen sind oft Folgezustände chronisch-vegetativer Spannungen, die bei entsprechender Disposition dem "Organischen" entgegenkommen.

Genau hier setzt die Psychotherapie an. Es wird jetzt nicht primär die
organische Erkrankung behandelt, sondern das Netzwerk von Zusammenhängen, das erst die Entstehung dieser Erkrankung ermöglicht. Die Alternative, derartige Störungen entweder nur körperlich oder lediglich psychotherapeutisch zu behandeln, erweist sich aus dieser Sicht als Scheinproblem. Einerseits ist es ärztliche Aufgabe, den Verlauf der Erkrankung zu kontrollieren
und gefährliche Entwicklungen zu bremsen. Andererseits übernimmt die
Psychotherapie die Aufgabe, die belastenden Umgebungsfaktoren abzuklären
und damit die Belastung des Patienten zu vermindern. Allerdings erfordert
ein solches Vorgehen die Zusammenarbeit zwischen körperlich behandeln-
dem Arzt, dem Psychotherapeuten und der Familie.

Fazit: Die oben beschriebenen klassischen Krankheitsbilder der psychosomatischen Medizin zählen zur Gruppe der Psychosomatik im engeren Sinn. Eine
strenge Unterscheidung zwischen psychischen, psychosomatischen und rein
somatischen Krankheitsbildern ist jedoch nicht möglich. Sie werden als
multifaktorielles Geschehen betrachtet. Wie wir später sehen werden, trifft
dies nicht nur für die psychosomatischen Erkrankungen im engeren Sinn zu.
Grundsätzlich wird es sich als zweckmäßig erweisen, bei der Ätiologie, der
Therapie und der Prognose jeder Krankheit eine multifaktorielle Betrachtungsweise zu berücksichtigen.

Psychosomatik im weiteren Sinn

Für eine Reihe von Krankheiten fehlt bisher die nähere, wissenschaftlich
nachweisbare Ursache. Man nennt sie deswegen in einer Verlegenheitsformel
"endogen", "idiopathisch", am ehrlichsten wohl noch "kryptogen", also von
verborgener Ursache. Oft genug heißt es: "Ätiologie unbekannt." Der Verdacht auf eine wesentliche psychische Beteiligung an einem Krankheitsbild
liegt bei den sog. vegetativen Beschwerden wie funktionellen Herzrhythmusstörungen, funktionellen Kreislaufbeschwerden und dem Symptomkomplex
der "vegetativen Dystonien" vor. Im weiteren geht man von einer wesentlich

psychischen Beteiligung bei den sog. klassischen psychosomatischen Erkrankungen aus, zu denen historisch folgende 7 Krankheitsbilder ("Holy seven") zählen: Ulcus duodeni, Colitis ulcerosa, essentielle Hypertonie, rheumatische Arthritis, Hyperthyreose, Neurodermatitis und Asthma bronchiale.

Die Psychosomatik im weiteren Sinn bezieht dieses Problem in ihre Sichtweise mit ein: Wie wirkt sich die körperlich-seelische Erkrankung auf den Betroffenen und sein konkretes Leben aus und welche Reaktionen der Umwelt provoziert sie? Von der eindimensionalen Betrachtungsweise kommen wir zu den Wechselwirkungen und schließlich zu den Vernetzungen, in denen sich auch das psychosomatische Geschehen ereignet. Die Psychosomatik im weiteren Sinn hat etwas mit dem Bedingungsgefüge zu tun, in dem sich das psychosomatische Geschehen abspielt und in das es eingebettet ist. Avicena (vgl. oben Kap. 2) wäre mit seiner Behandlung ein Vertreter dieses Aspektes von Psychosomatik.

Zur Psychosomatik im weiteren Sinn gehören auch Fragen der Beziehung von Arzt und Pflegepersonal zum Patienten genauso wie sozioökonomische Faktoren oder das Menschenbild, welches das Hintergrundkonzept dafür abgibt, wie man mit sich selbst und seinem Körper (Ich), mit anderen Menschen (Du und Wir) und mit dem Unbekannten und Unerkennbaren (Ur-Wir) umgeht.

Ergänzt wird die Psychosomatik im weiteren Sinn durch 3 zusätzliche Bereiche der Konflikt- und Erlebnisverarbeitung, die gewissermaßen als Mediatoren im psychosomatischen Bedingungsgefüge fungieren. Es handelt sich um den Bereich der Leistung, den des Kontakts und den der Phantasie.

Es lassen sich in diesem Zusammenhang 4 Gruppen psychosomatischer Symptome unterscheiden:

a) Psychosomatische Symptome als Ausdruck eines konflikthaften Erlebens

In diese Gruppe gehören die Konversionssymptome, die von Joseph Breuer und Siegmund Freud im Jahre 1895 als erste psychosomatische Krankheitserscheinungen beschrieben wurden. Zu ihnen zählen Lähmungen der Arme und der Beine, Blindheiten, Taubheiten oder andere sensible Störungen, die nicht Folge einer pathologisch-anatomischen Schädigung sind, sondern in ihrem organischen Ausdruck gemäß der unbewußt subjektiven Vorstellung des Patienten ablaufen. Im Symptom wird eine unbewußte Phantasie dargestellt, die krankhafte Erscheinung bekommt einen sinnbildlichen Ausdrucksgehalt.

Diese Gruppe der psychosomatischen Organsprache kann auch Folge eines anderweitigen Bedrohungsgefühls sein. So stellten Panse (1952) und Battegay (1970) fest, daß Menschen auf die Bedrohung durch ein Bombardement im Krieg, d. h. unter Einwirkung von Angst und Schock, archaische Ausdrucksbewegungen durchführten, die z. B. auf freiem Feld in Art eines primitiven

Druckreflexes die Verängstigung und das Bedrohtheitsgefühl anzeigten. Ähnliche archaische Reaktionen finden sich im Totstellreflex oder im panischen Bewegungssturm, die beide Ausdruck einer extremen inneren Notlage sind.

b) Psychosomatische Symptome als Indikatoren eines Konflikt- oder Mangelerlebens

In diesen Bereich gehören insbesondere die sog. funktionellen Syndrome, die durch Diagnosen wie "psychovegetative Störung" oder "vegetative Dystonie" umschrieben werden. Etwa 60 % aller Patienten, die einen Allgemeinarzt oder Internisten aufsuchen, leiden an diesen Beschwerden. Es handelt sich dabei meist um unscharfe, oft wechselnde Beschwerdebilder des Magen-Darm-Trakts, des Bewegungsapparats, des Herz-Kreislauf-Systems und des Urogenitalsystems.

Wir können eine Vielzahl dieser Beschwerden als Ausdruck einer Organsprache verstehen. Bei allen grundlegenden Störungen des Erlebens, bei tiefem Ergriffensein in einem affektiven Bereich und bei Angst kann es zu mehr oder weniger unspezifischen somatischen Symptomen kommen.

Ganz allgemein gilt die Erfahrung, daß psychosomatisch Erkrankte Schwierigkeiten haben, Beziehung zu ihren Gefühlen aufzunehmen (Alexithymie). Sie wissen oft wenig davon, was sie innerlich bewegt. Während beim Gesunden oder bei Neurotikern z. B. Träume, Phantasien oder symbolische Interaktionen Frühspannungen in Form einer Szene integrieren, wird bei Alexithymen die innere Leere mit äußeren Details ausgefüllt. In diesem Sinne sprechen die französischen Autoren Marty et al. (1963) von einem operationalen Denken, da diese Menschen oft annehmen, ihr Körper müsse wie ein Apparat funktionieren, ohne daß er durch Emotionen beeinträchtigt wird. Erst die psychosomatischen Störungen signalisieren, daß der Gefühlsablauf dieser Menschen, den sie oft konsequent ignorieren, erheblich beeinträchtigt ist.

c) Psychosomatische Symptome als Begleiterscheinungen präpsychotischer und psychotischer Erkrankungen

Für die ätiologische Betrachtungsweise mögen solche Begleiterscheinungen zwar wenig aufregend und sekundär sein. Für den Patienten, der sie ertragen muß, und für seine Angehörigen, das Pflegepersonal und die Ärzte werden diese Störungen oftmals zum Kreuzweg der Arzt-Patient-Beziehung. Schon Kraepelin hat 1904 in seinem *Lehrbuch der Psychiatrie* auf somatische Begleiterscheinungen, insbesondere der sich entwickelnden Schizophrenie, wie Schlafstörungen, Appetitbeeinträchtigungen, Gewichtsschwankungen usw. aufmerksam gemacht. Auch schizophrene Defektzustände können mit psychosomatischen Symptomen einhergehen. Nicht selten sehen wir, daß sich

Patienten, wenn ihr affektives Interesse für die Umwelterlebnisse erlahmt ist, zunehmend dem Essen verschreiben. Es erfolgt eine starke Gewichtszunahme und ein Grazieverlust dieser Kranken.

Auch Depressionen, besonders die "endogenen", können mit somatischen Symptomen einhergehen. Bei vielen Patienten stehen diese sogar im Vordergrund und verdecken die zugrundeliegende depressive Symptomatik.

d) Psychosomatische Symptome bei rein somatischen Krankheiten

Auch bei den Krankheiten, die meist als rein somatisch angesehen werden, wie Tumoren und Frakturen, sind psychologische Anteile evtl. nicht nur bei der Entstehung, sondern besonders bei deren Verarbeitung zu erkennen. Die körperliche Krankheit wäre damit z. T. Ausdruck einer gewissen Lebenskonstellation, z. T. gäbe sie aber auch wieder Anlaß zu einer entsprechenden Verarbeitung.

Wir finden psychosomatische Phänomene sowohl bei körperlichen Erkrankungen, die seelisch bedingt oder mitbedingt sind, als auch umgekehrt als somatopsychisches Geschehen. Hier handelt es sich um die Rückwirkung körperlicher Erkrankungen auf die Erlebnisverarbeitung. Typische Beispiele hierfür sind chronische Erkrankungen und die psychischen Anpassungs- und Abwehrprozesse bei körperlichen Erkrankungen. Sie bestimmen letztlich, wie der Erkrankte mit seiner Krankheit umgehen kann und welchen Stellenwert die Erkrankung innerhalb seines Lebensplans erhält. Die gleiche Krankheit, von verschiedenen Menschen ertragen, kann unterschiedliches körperliches, seelisches und soziales Leiden erzeugen, je nachdem, welche Anpassungs- oder Abwehrprozesse der Kranke bewußt und unbewußt einsetzt. Ein Patient mit primär chronischer Polyarthritis z. B. kann bei objektiv gleicher Behinderung durch Gelenkdeformitäten und einem vergleichbaren Ausmaß des Entzündungsprozesses entweder vollkommen gehandicapt sein, leidend im Bett liegen, schwerste Schmerzen passiv ertragen und auf die Hilfe anderer angewiesen sein, oder er kann in Selbsthilfegruppen aktiv werden, nach Hilfsmitteln suchen, die trotz der Behinderung ein normales Leben ermöglichen, und auf diese Weise mit seiner Krankheit, die ihm zweifellos auch Schmerzen macht, leben.

Der somatopsychische Anteil der Psychosomatik nimmt einen immer größeren Raum ein. Die große Anzahl chronisch verlaufender Erkrankungen, aber auch die größere Sensibilität gegenüber den Folgen von Krankheiten und medizinischen Eingriffen auf das Erleben überhaupt eröffnen ein weites Anwendungsgebiet.

Psychosomatik im umfassenden Sinn

Die Psychosomatik im umfassenden Sinn ist eingebettet in das soziokulturelle Umfeld, das in mancher Hinsicht die 4 Bereiche der Konfliktverarbeitung widerspiegelt. Zu ihr zählen wir die *Sphäre des Individuums*, der *Wissenschaft*, der *Kultur*, der *Politik und Wirtschaft* und der *Religion und Weltanschauung*. Alle diese Bereiche interagieren in der Lebenswirklichkeit des Menschen. Sie gestalten sich inhaltlich verschieden, je nach den kulturellen Bedingungen, dem Entwicklungsstand und der individuellen Situation. Sie sind nicht konstant und werden durch jede Begegnung mit einem anderen Menschen, durch jede Begegnung mit einer anderen Kultur zugleich in Frage gestellt und erweitert. Dies ist die transkulturelle Dimension dieses Modells (vgl. Peseschkian 1983, S. 233–246). Wir entwickelten die Methode der positiven Psychotherapie auch als Antwort auf diese Fragestellungen.

Wie wir bei der Betrachtung der Psychosomatik im engeren und im weiteren Sinne gesehen haben, wirken eine Vielzahl von Faktoren auf das körperlich-seelische Gleichgewicht eines Menschen ein, die mithin alle für die Entstehung, den Verlauf und die Prognose einer Erkrankung von Bedeutung sind. Die Psychosomatik im umfassenden Sinn bezieht neben den körperlich-seelischen Wechselwirkungen das gesellschaftliche Bedingungsgefüge ein, in dem ein Mensch lebt und durch das die Reaktionen seiner Umwelt auf ihn und umgekehrt seine Reaktionen auf seine Umwelt verständlich werden.

Ein Symptom spielt sich nicht in einem quasi luftleeren Raum ab. Das Schicksal des Symptoms hängt bei seiner Entstehung sowie im weiteren Verlauf davon ab, welche Bedingungen es erst ermöglicht haben, welche Bedeutung ihm zugemessen wird, welchen Aufforderungscharakter es besitzt und welche Fragen für die Lebenssituation es nach sich zieht. Wir können somit von einer soziopsychosomatischen Betrachtungsweise sprechen.

Die positive Psychotherapie bietet eine Antwort auf diese Problemstellungen, indem sie die oben genannten Sphären bei einer Psychosomatik im umfassenden Sinn berücksichtigt.

a) Die Sphäre des Individuums

> *Drei Dinge machen die Medizin:*
> *die Krankheit, der Kranke und der Arzt.*
> *Alle Heilkunst aber ist vergebens,*
> *wenn der Kranke nicht mitwirkt mit seinem Arzt.*
> *(Paracelsus)*

Jeder Mensch verfügt über eine Fülle von Fähigkeiten und Möglichkeiten, die er noch undifferenziert als Erkenntnis- und Liebesfähigkeit (vgl. Kap 3) mit auf die Welt bringt und die er während seiner Lebensgeschichte, abhängig von den Angeboten seiner Umwelt und der Gewichtung seiner Fähigkeiten, entwickelt. Diese Fähigkeiten beziehen sich sowohl auf die kognitive und emotionale Ebene als auch auf die gesamte Reaktionsbereitschaft des Körpers. Der Mensch, der im Unterschied zum Tier über die Fähigkeit verfügt, sich selbst wahrzunehmen und sich von sich selbst ein Bild zu machen, nimmt Beziehung zu seinem Körper sowie zu seinen emotionalen und kognitiven Fähigkeiten auf. Er lernt mit zunehmender Selbständigkeit, mit sich selbst umzugehen. Da wir uns mit dem Thema Psychosomatik beschäftigen, ist es für uns besonders interessant, welchen Kontakt wir zu unserem Körper aufnehmen, wie wir mit ihm in Beziehung treten und mit ihm umgehen. Dazu rechnen wir die Entwicklung der Beziehung zu Schmerz, Essen, Bewegung, Sport, Sexualität, Ästhetik, Athletik, Schlaf, Gesundheit und Krankheit. Der Körper ist dabei nicht nur das, was man bei sich selber anfassen kann, die Gesamtheit der Organe, sondern auch Träger der Medien, mit denen diese Wahrnehmung erst möglich wird: der Sinne.

Fazit: Das Individuum erlebt ein Gefühl der eigenen Integrität und Einheit. Zwar wirken viele Dinge auf den Menschen ein, doch bleibt er stets er selbst. Er besitzt dabei zum einen die Möglichkeit, selbst Einfluß zu nehmen, aktiv zu sein, in das Geschehen gestaltend einzugreifen; zum anderen kann das Individuum passiv sein, Einflüssen ausgesetzt, und sich dadurch formen, gestalten, bilden und erziehen lassen. Es scheint mir wichtig, diese beiden Fähigkeiten, die sich nicht ausschließen, sondern nebeneinander bestehen, im Auge zu behalten. Der Mensch ist nicht Gott, der alles selber schaffen kann, er ist aber auch keine amorphe Masse, die darauf warten muß, zu einer Gestalt geformt zu werden.

b) Die Sphäre der Wissenschaft

> *Nichts hindert uns, die Weltordnung der Naturwissenschaft*
> *und den Gott der Religion zu identifizieren.*
> *(Max Planck)*

Wissenschaft ist ein wesentlicher Vermittler des modernen Weltbildes. Sie lehrt uns, die Logik verschiedener Lebensbereiche zu erkennen. Wissenschaft versucht oft, den Anschein zu erwecken, als bezöge sie ihre Voraussetzungen und Rechtfertigungen aus dem "gesunden Menschenverstand", der ja für alle Menschen gleicherweise zugänglich sei. Diese Selbstauffassung täuscht darüber hinweg, daß die Vorentscheidung zu einer Wissenschaft, ihr Themengebiet, ihre Fragestellungen und Methoden von gesundheitlichen, gesellschaftlichen, weltanschaulichen und religiösen Voraussetzungen abhängig sind (vgl. Peseschkian 1983, S. 76–88; Deidenbach 1990, S. 225–227).

Auch das medizinische Denken steht in engem Zusammenhang mit der technisch-ökonomischen Entwicklung und der jeweiligen geschichtlichen

Situation. Im religiösen Zeitalter des Mittelalters beispielsweise stand die Seele, und zwar die religiöse Seele – und nicht die Psyche der Psychologie – im Vordergrund. Eingriffe im Körper wurden durch die in der sozialen Hierarchie verachteten Bader, Henker, Feldscher und Starstecher vorgenommen. Das Gebet als Mittel der Heilung stand hoch im Kurs. In unserer heutigen Situation hat sich ein grundsätzlicher Wandel ergeben. Abhängig von der industriellen Revolution und den Erkenntnissen der Mechanik versuchte man (seit Descartes), den Menschen als quasi mechanisches Wesen, ähnlich einer hochkomplizierten Maschine, zu begreifen. In diese Zeit fiel der Fortschritt in der Anatomie und Physiologie, während mit der Entwicklung der Chemie und der Biochemie der Mensch als "Chemiewerk" entdeckt wurde. Die neuen Elektronenrechner beeinflussen unser derzeitiges Denken. Sie lassen den Menschen als komplizierten, sich selbst steuernden Computer erscheinen, der selbst wieder mit anderen Informationssystemen vernetzt ist.

Jede dieser Entwicklungsstufen war notwendig für die fortschreitende Erkenntnisfähigkeit. Zum Zeitpunkt ihrer jeweiligen Blüte übte sie jedoch eine besondere Faszination aus, die Ausschließlichkeit beanspruchte. Das, was vorher gegolten hatte, schien veraltet. Die derzeitige Methode wurde verabsolutiert. Genauso wie man, abhängig vom wissenschaftlichen Entwicklungsstand, den Menschen verschieden sah – als Geistwesen, als mechanischen Automat, als Chemiewerk, als Reflexbündel, als Opfer des Unbewußten, als Superroboter –, bietet die vorherrschende Wissenschaft auch heute unterschiedliche Möglichkeiten, sich selbst, seine Mitmenschen und Patienten wahrzunehmen und damit umzugehen.

Fazit: Nicht allein unpersönliche, sozio-ökonomische, politische, wirtschaftliche und wissenschaftliche Entwicklungen sind für psychosomatische Krankheiten mitverantwortlich, sondern auch unsere eigenen Wünsche nach Bequemlichkeit, unsere Verwöhnungshaltung, unsere Bereitschaft, allenfalls eine mittelfristige Zukunft zu bedenken, unser auf stetige Absicherung und Fortschritt bedachter Leistungsanspruch und unsere Risikobereitschaft. Durch sie werden Prozesse vermittelt, die sich wieder unmittelbar auf unseren Körper auswirken. Jüngste Beispiele waren die Kernreaktorkatastrophe von Tschernobyl (1986) und sog. Störfälle in chemischen Fabriken. Hier stellt sich die Frage der Verantwortlichkeit: einmal für den Wissenschaftler selbst (vgl. Peseschkian 1983, S. 240–243), zum anderen für alle Erdenbewohner, die am wissenschaftlichen Fortschritt teilhaben oder teilhaben wollen. Was alles ist man bereit, in Kauf zu nehmen? Dies hängt wiederum von den soziokulturellen, ökonomischen und politischen sowie von den herrschenden weltanschaulichen und religiösen Gegebenheiten ab.

c) Die sozio-kulturelle Sphäre

Ihr seid alle die Blätter eines Zweiges
und die Früchte eines Baumes.
(Bahá'u'lláh)

Beim transkulturellen Vorgehen beschäftigen wir uns mit den in einer Kultur gültigen Konzepten, Normen, Wertvorstellungen, Verhaltensstilen, Interessen und Perspektiven. Eine solche Betrachtungsweise faßt die für eine Population charakteristischen Wesenszüge zusammen. Hierzu gehören auch die Möglichkeiten der denkbaren und zulässigen Beziehung zum eigenen Körper, die Art, wie Krankheiten wahrgenommen werden, welche Möglichkeiten der Konfliktverarbeitung im traditionellen Repertoire enthalten sind und welche Kompromißbildungen dem kollektiven Verhaltensstil am ehesten entsprechen.

An transkultureller Brisanz haben in der Bundesrepublik Deutschland die Asylanten mittlerweile die Gastarbeiter abgelöst. Zumeist handelt es sich bei ihnen um Flüchtlinge, die sich in ihrem Heimatland aus politischen, wirtschaftlichen und religiös-weltanschaulichen Gründen in ihrer persönlichen Existenz bedroht fühlen. Sie kommen meist gänzlich unvorbereitet in ein völlig anderes kulturelles System, das seinerseits trotz aller humanitären Bereitschaft nicht darauf vorbereitet ist, sie aufzunehmen. Das Dilemma der Asylanten läßt sich so beschreiben: Sie sind zwar mit der politischen Situation ihres Heimatlandes nicht einverstanden; dies bedeutet jedoch nicht gleichzeitig, daß sie auch ihre eigene kulturelle Tradition ablehnen und an deren Stelle die des Gastlandes übernehmen wollen. Dies beginnt bei Besonderheiten des Eßverhaltens, reicht über die Einstellung zur Arbeit, der traditionellen Bedeutung der Familie und des Kontakts zu anderen Menschen bis hin zu unterschiedlichen religiös-weltanschaulichen Überzeugungen.

Oft genug erleben wir, daß Menschen in einer derart belastenden Lebenssituation mit Krankheiten reagieren. Die dabei konsultierten Ärzte zeigen sich meist überfordert. Sie sprechen nicht die Sprache des Landes, kennen nicht die Sitten und Gebräuche des Patienten, seine familiäre Situation und seinen durch die Religion bestimmten Lebensrhythmus; meist kennen sie auch nicht das Ausmaß der wirtschaftlichen Not und des Schmerzes, den Ablösung und Trennung von der Heimat mit sich gebracht haben. Vor diesem Hintergrund kann es passieren, daß die Symptome ganz anders wirken als bei einem deutschen Patienten. Hilflosigkeit des Arztes ist die Folge, den eine kulturelle Kluft vom Patienten trennt. Wie sehr unser tägliches Leben davon betroffen ist, zeigen die nachfolgenden Aspekte:

"Aspekte für einen Weltfriedhof"
In dem Buch *Die Zukunft in unserer Hand*, geschrieben vom Begründer des Club of Rome, Aurelio Peccei (1981), werden folgende Punkte aufgezählt als

"die wesentlichen negativen Faktoren, die der weltweiten Problematik zugrunde liegen und in ihrer Kombination die Menschheit unentwegt auf den Weg des Verfalls treiben" (es wurden unsererseits noch weitere Zahlen hinzugefügt und Ergänzungen vorgenommen aus der Bahá'í-Erklärung zum Frieden, 1985):

die Bevölkerungsexplosion — das Nichtvorhandensein von Plänen und Programmen, um die elementaren Bedürfnisse der Menschheit zu befriedigen — die Zerstörung der Biosphäre — die Krise der Weltwirtschaft — der Rüstungswettlauf — die Vernachlässigung tiefgreifender sozialer Übel — die anarchische wirtschaftlich-technische Entwicklung — die Überalterung und Verknöcherung von Institutionen — der Ost-West-Gegensatz und das Nord-Süd-Gefälle — der Mangel an moralischer und politischer Führung.

"Aspekte für einen Weltfrieden"
— Die Schaffung des Völkerbundes und der UNO — die seit dem 2. Weltkrieg von der Mehrzahl der Völker der Erde erlangte Unabhängigkeit — die Zunahme der Zusammenarbeit bei internationalen Unternehmungen — die steigende Tendenz von Nationengruppen, ihren Beziehungen feste Formen zu geben und dadurch Zusammenarbeit zu ermöglichen — die Gründung internationaler humanitärer Organisationen — die Ausbreitung von Frauen- und Jugendbewegungen, die die Abschaffung des Krieges fordern — die Zunahme von Austauschprogrammen, die zur Völkerverständigung beitragen — Errungenschaften auf den Gebieten von Wissenschaft und Technologie — verabschiedete Deklarationen und Abkommen der Vereinten Nationen — die Schlußakte von Helsinki — die Deklaration der KSZE in Paris im November 1990 — die allgemeine Bewußtseinsbildung hin zu einem "Weltbewußtsein".

Fazit: Sicherlich sind solche Bewegungen und Gruppen nur der Anfang. Allzuoft verhindern nationaler Egoismus, persönlicher Eigennutz und Machtstreben ein Fortkommen, aber wir erkennen doch zweifellos eine Tendenz zur Verständigung. All diese Bemühungen setzen hoffnungsvolle Zeichen für eine Welt des Friedens. Auch wenn die aufgezeigten Punkte zunächst sehr global klingen, zeigt sich immer wieder, daß das Individuum darauf mit unterschiedlicher emotionaler Beteiligung aktiv oder passiv reagiert. Es ist daher wichtig, im Sinne einer transkulturellen Psychosomatik im umfassenden Sinn den Einfluß der fundamentalen Zukunftsfragen der Menschheit mitzuerfassen.

Auf die Sprache übertragen: Es ist wichtig, daß jeder seine gelernte Sprache beibehält, aber er sollte auch eine Sprache sprechen können, mit deren Hilfe er sich mit den anderen verständigen kann. Eine solche "Sprache" versucht die transkulturelle Psychotherapie als Metakommunikation, als Kommunikation über Konflikte, zu erreichen.

Die transkulturelle Begegnung fällt arbeitsteilig zunächst in das Ressort der Politiker, die es zu ihrer Sache gemacht haben, wie auch immer legitimiert, für andere Entscheidungen zu treffen und für die Gruppe, die sie repräsentieren, politisch Verantwortung zu tragen. Sie haben damit für uns sogar lebenswichtige Aufgaben übernommen. Ihr Handlungsspielraum ist mehrfach determiniert: durch die partiellen Interessen der von ihnen vertretenen Gruppen, durch deren kurzfristige und langfristige Ziele, durch die damit verbundenen vorherrschenden Ängste und durch die eigenen persönlichen Fähigkeiten und Probleme. Die Handlungen eines Politikers werden dadurch mitbestimmt, zu welcher Zeit er in welcher Kultur aufgewachsen ist, welches Maß an emotionaler Wärme und Vorbild ihm seine Familie gab, welche Beziehungen er zu seinen Mitmenschen entwickeln konnte und welche Bedeutung damit Menschen für ihn haben. Weiterhin ist ausschlaggebend die Sinnvorstellungen, die er aus seiner Religion und Weltanschauung erhält, und das Instrumentarium an Wissenschaft und Technologie, das ihm zur Verfügung steht.

d) Die religiös-weltanschauliche Sphäre

> *Der erste Trunk aus dem Becher der Naturwissenschaft macht atheistisch,*
> *aber auf dem Grund des Bodens wartet Gott.*
> *(Werner Heisenberg)*

In nahezu allen religiösen und weltanschaulichen Systemen kommt den Krankheiten eine besondere Rolle zu. Krankheiten sind Schlüsselsituationen der menschlichen Existenz. Je nach der religiös-weltanschaulichen und philosophischen Orientierung ist die Krankheit eine Strafe für Sünde, eine Gnade, purer Zufall, von Gott geschickte Prüfung oder ein vorbestimmtes, unausweichliches Schicksal. Abhängig davon sind unsere Möglichkeiten, eine Krankheit anzunehmen, vor ihr zu flüchten oder in ihr das Heil zu suchen. Dies betrifft nicht nur den Kranken, sondern auch den Therapeuten, den Arzt, der gewissermaßen als Multiplikator des Krankheitskonzeptes auftritt. Nicht umsonst war in früheren Zeiten der Arzt mit dem Priester identisch. So gesehen ist es wichtig, daß sich Arzt und Therapeut ihrer eigenen religiös und weltanschaulich bedingten Krankheitskonzepte bewußt werden, sich nach dem Sinn der Krankheit und dem Sinn des Lebens fragen und nicht unkritisch das eigene Konzept verabsolutieren. Daß die Handlungsethik wesentlich von religiös-weltanschaulichen Vorentscheidungen bestimmt wird, wird bereits von vielen Wissenschaftlern erkannt und mit mehr oder weniger Effektivität auf ihre eigene Arbeit übertragen.

Je nachdem, ob man in einer industriell oder landwirtschaftlich orientierten Gesellschaft, in einem sozialistischen oder kapitalistischen System lebt, ob man als Deutscher, Amerikaner, Australier, Japaner, Perser, Italiener, Spanier etc. geboren wurde und ob man sich als Buddhist, Hindu, Moslem, als evangelischer oder römisch-katholischer Christ, Pietist, Baptist, Calvinist,

Jude, Bahá'í usw. erlebt, betrachtet ein Mensch seine Gesundheit und seine Krankheit unterschiedlich. Welche Freiheitsgrade von Gesundheit und Krankheit und welche Auswahlmöglichkeiten zur Verfügung stehen, ist abhängig vom einzelnen, vorgegeben in den Regeln, Ritualen, Normen, Geboten und Verboten der Weltanschauungen, Lebensphilosophien und Religionen, die einen Menschen geprägt haben. Glaube, Religion und Weltanschauung, die als allgemeines Bezugssystem (Grundkonzept) für Einstellungen und Handlungsanweisungen gelten können, nehmen Einfluß auf die Ausprägung der Fähigkeiten. So können auch die religiös-weltanschaulichen Einstellun-

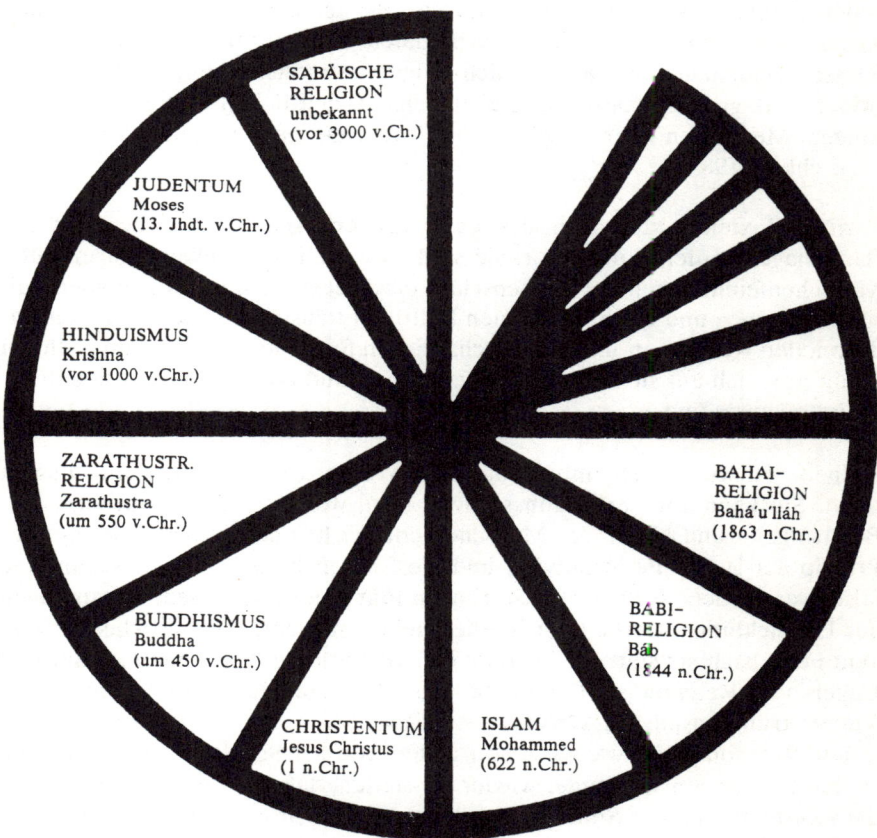

Abb. 1. Religion und der moderne Mensch: Jede Religion gibt dem Menschen soviel zu verstehen, als er entsprechend seiner Entwicklung verstehen kann. Die Lehren der früheren Religionen, insoweit sie den Erkenntnissen unserer Zeit widersprechen, sind nicht falsch, sondern unzeitgemäß. (Aus Peseschkian 1983, S. 70)

gen als Hintergrundinformationen aufgefaßt werden über das Verhältnis zur Sexualität (sexuelle Gebote und Verbote, Riten des Sexualverhaltens), Erziehung (Rollen der Eltern, autoritäre Erziehung, antiautoritäre Tendenzen, Bevorzugung des Sohnes oder der Tochter), Beruf (Eingrenzung der beruflichen Möglichkeiten, Motivation, die hinter dem Beruf steht, z. B. als Dienst an der Menschheit, als Selbstverwirklichung, als Lebensziel, als gesellschaftliche Aufgabe, als Belastung und Ablenkung von den wahren Aufgaben), Partnerschaft (Gleichberechtigung in der Beziehung von Mann und Frau, weltanschauliche Bewertung der Partnerschaft als Mittel der Kinderzeugung, als Keimzelle der Gesellschaft, als Lustbündnis, als verbindliche Vorschrift), sozialer Kontakt (vorgeschriebene soziale Beziehungen, z. B. im indischen Kastenwesen oder im Verhältnis der sozialen Gruppierungen, Schichten und Klassen zueinander, weltanschaulich-religiös vorgeschriebene Kontaktsituationen, z. B. gemeinschaftliches Gebet, gemeinschaftliche Feste, gemeinsames Singen, Meditieren oder Arbeiten, die Forderung nach sozialer Askese; vgl. Peseschkian 1983).

Fazit: Bei vielen Menschen des europäischen Abendlandes herrscht ein "Unbehagen in der Kultur" vor: sie sind von der Einseitigkeit und erlebten Menschenfeindlichkeit der Wissenschaft erschreckt, vom unzeitgemäßen kulturellen Leben und der bürgerfernen Politik enttäuscht und sehen in den traditionellen Religionen und weltanschaulichen Systemen keine Heimat. Ihnen bleibt nur, sich auf sich selbst zurückzuziehen und aus sich heraus neue Orientierungen zu finden.

Religion ist wie ein Heilmittel, das dem Wesen des Menschen angemessen wirkt. Sie kann aber nur dann sinnvoll sein, wenn sie den Erfordernissen, Bedürfnissen und Nöten des Menschen entspricht und die Entwicklung (das Prinzip der Zeit), die Relativität und die Einheit berücksichtigt. Wenn eine falsch verstandene Religion zu Störungen führt, zu Fixierungen, Hemmungen der Entwicklung, Starrheit der intellektuellen Abwehr, muß sie Unsinn sein: Wie Feuerbach sie statt als Theologie als Pathologie bezeichnete, Marx und Engels von Religion als Opium für das Volk sprachen und Freud sie als Versicherungsanstalt karikierte.

Die Religion greift, wie wir schon sagten, von der Seite der Sinngebung an. In der Tat können wir immer wieder feststellen, daß dort, wo das Vertrauen, die Hoffnung und der Sinn gestört erscheinen, auch das Verhältnis zu Religion und Kirche gestört ist. Dabei spielt eine Reihe von Mißverständnissen eine besondere Rolle:

Das Mißverständnis: Glaube − Religion − Kirche,
Das Mißverständnis: bestimmtes und bedingtes Schicksal,
Das Mißverständnis: angeboren − erworben,
Das Mißverständnis: Tod.

Man kann in der Tat sagen, daß viele Wissenschaftler eine aufgeschlossene Haltung gegenüber der Religion zeigen. Es gibt eine Vielzahl von Überlegungen, von denen einige wesentliche im folgenden zusammengefaßt werden sollen:

Blaise Pascal (1623–1662)
Französischer Mathematiker, Physiker und Philosoph:

"Der Glaube sagt wohl, was die Sinne nicht sagen, aber er sagt nicht das Gegenteil dessen, was sie wahrnehmen; er ist darüber, nicht dagegen!"

Isaak Newton (1643–1727)
Englischer Mathematiker, Physiker und Astronom, Begründer der klassischen theoretischen Physik, Entdecker der Gravitationsgesetze:

"Die wunderbare Einrichtung und Harmonie des Weltalls kann nur nach dem Plane eines allwissenden und allmächtigen Wesens zustande gekommen sein. Das ist und bleibt meine letzte und höchste Erkenntnis."

Gottfried Wilhelm Leibniz (1646–1716)
Mathematiker, Physiker und Philosoph:

"Die Ordnung, das Ebenmaß, die Harmonie bezaubern uns ... Gott ist lauter Ordnung. Er ist der Urheber der allgemeinen Harmonie."

Karl von Linné (1707–1778)
Schwedischer Naturforscher, Begründer der modernen Botanik und Schöpfer des Pflanzensystems:

"Den ewigen, unendlichen, allwissenden und allmächtigen Gott habe ich vorüberziehen sehen, und ich bin vor Ehrfurcht in die Knie gesunken."

Friedrich Wilhelm Herschel (1738–1822)
Deutscher Astronom, Entdecker des Planeten Uranus:

"Je mehr das Feld der Wissenschaft sich erweitert, desto zahlreicher und unverwerflicher werden die Beweise für die ewige Existenz einer schöpferischen und allmächtigen Weisheit."

Thomas Alva Edison (1847–1931)
Amerikanischer Erfinder (über 1.200 Patente) und Industrieller:

"... den größten Respekt und die größte Bewunderung für alle Ingenieure, besonders für den größten unter ihnen: Gott!"

Paul Sabatier (1854–1941)
Französischer Chemiker, Nobelpreisträger 1912:

"Naturwissenschaft und Religion in Gegensatz zu stellen, ist Sache von Leuten, die schlecht unterrichtet sind in der einen wie in der anderen Wissenschaft."

Carl Ludwig Schleich (1859—1922)
Deutscher Chirurg, Erfinder der Infiltrations-Anästhesie:

"Ich bin auf meine Art gläubig geworden durch das Mikroskop und das Naturbetrachten. Ich will, was ich kann, dazu beitragen, Wissen und Religion ganz zu vereinen."

Robert Andrews Millikan (1868—1953)
Amerikanischer Physiker, Nobelpreisträger 1923:

"Leute, die wenig von Wissenschaft wissen, und Leute, die wenig von Religion verstehen, mögen sich einmal streiten, und die Zuschauer mögen denken, da streiten sich nun die Wissenschaft und der Glaube, während es sich in der Tat um einen Zusammenstoß zwischen zwei Arten von Unwissenheit handelt."

Alexis Carrel (1873—1944)
Französisch-amerikanischer Arzt und Naturforscher, Nobelpreisträger 1912:

"Es ist keine größere Schande zu beten, als zu trinken und zu atmen. Der Mensch braucht Gott, wie er das Wasser und den Sauerstoff braucht."

Ernst Ferdinand Sauerbruch (1875—1951)
Deutscher Chirurg, Begründer des Druckdifferenzverfahrens:

"Es gibt keine wahre ärztliche Kunst ohne weltanschauliche demütige Bindung an Gott. Aus dieser Demut entspringt eine gewaltige Kraft, die wir haben müssen, um unseren Beruf ausüben zu können ..."

Carl Gustav Jung (1875—1961)
Schweizer Psychologe, Begründer der Tiefenpsychologie:

"Es ist gleichgültig, was die Welt über religiöse Erfahrung denkt; derjenige, der sie hat, besitzt den großen Schatz einer Sache, die ihm zu einer Quelle von Leben, Sinn und Schönheit wurde und die der Welt und der Menschheit einen neuen Glanz gegeben hat ... Wo ist das Kriterium, das zu sagen erlaubte, daß ... solch eine Erfahrung nicht gültig und ... bloße Illusion sei?"

Albert Einstein (1879—1955)
Deutscher Physiker, Begründer der Relativitätstheorie, Nobelpreisträger 1921:

"Jedem tiefen Naturforscher muß eine Art religiösen Gefühls naheliegen, weil er sich nicht vorzustellen vermag, daß die ungemein feinen Zusammenhänge, die er erschaut, von ihm zum erstenmal gedacht werden. Im unbegreiflichen Weltall offenbart sich eine grenzenlos überlegene Vernunft. — Die gängige Vorstellung, ich sei ein Atheist, beruht auf einem großen Irrtum. Wer sie aus meinen wissenschaftlichen Theorien herausliest, hat diese kaum begriffen ..."

"Welches ist der Sinn unseres Lebens, welches der Sinn des Lebens aller Lebewesen überhaupt? Eine Antwort auf diese Frage wissen, heißt religiös sein. Du fragst: 'Hat es denn überhaupt einen Sinn, diese Frage zu stellen?' Ich antworte: 'Wer sein eigenes Leben und das seiner Mitmenschen als sinnlos empfindet, der ist nicht nur unglücklich, sondern auch kaum lebensfähig.'"

Max von Laue (1879−1960)
Deutscher Physiker, Direktor am Max-Planck-Institut für Physik in Berlin, Nobelpreisträger 1914:

"Die Naturforscher wollten Gott von Angesicht zu Angesicht sehen. Da das nicht möglich war, beteuerte ihre exakte Wissenschaft, daß es ihn nicht gebe. Um wie vieles sind wir Naturforscher bescheidener geworden! Wir beugen uns in Demut vor dem Übergroßen, vor dem Übermächtigen, dem ewig Unsichtbaren, dem niemals Erfaßlichen."

Arthur H. Comptom (1892−1962)
Amerikanischer Physiker, Nobelpreisträger 1927:

"Weit entfernt davon, im Konflikt mit der Religion zu sein, ist die Wissenschaft zum Verbündeten der Religion geworden. Durch bessere Einsicht in die Natur lernen wir auch den Gott der Natur besser kennen und die Rolle, die wir in dem Drama der kosmischen Wesen spielen."

Wernher von Braun (geb. 1912)
Deutsch-amerikanischer Physiker und Raktenforscher:

"Über alles stehe die Ehre Gottes, der das große Universum schuf, das der Mensch und seine Wissenschaft in tiefer Ehrfurcht von Tag zu Tag weiter durchdringe und erforsche."

"Die gelegentlich gehörte Meinung, daß wir im Zeitalter der Weltraumfahrt so viel über die Natur wissen, daß wir es nicht mehr nötig haben, an Gott zu glauben, ist durch nichts zu rechtfertigen. Bis zum heutigen Tag hat die Naturwissenschaft mit jeder neuen Antwort wenigstens 3 neue Fragen entdeckt!"

"Nur ein erneuter Glaube an Gott kann die Wandlungen herbeiführen, die unsere Welt vor der Katastrophe retten können. Wissenschaft und Religion sind dabei Geschwister, keine Gegensätze."

(Aus Frankenberger 1985, S. 7−28; vgl. auch Peseschkian 1983, S. 230 f.)

e) Praktische Konsequenzen

− Erst dieses umfassende Modell der positiven Psychotherapie in der Psychosomatik macht milieutherapeutische Eingriffe, familien- und psychotherapeutische Interventionen und Selbsthilfeaktivitäten möglich, die sich auf den verschiedenen Ebenen gegenseitig ergänzen. Darüber hinaus eröffnet sich ein Ausblick auf einen Bereich, der nicht mehr nur

Domäne des Therapeuten ist, sondern politische und wirtschaftliche Belange betrifft, die die gesellschaftlichen Rahmenbedingungen des menschlichen Zusammenlebens im Sinne eine umfassenden Psychosomatik weitgehend definieren.

— Der immer enger werdende Kontakt zwischen den Kulturen macht es notwendig, sich nicht mehr auf die Sicherheit des eigenen kulturellen Hintergrundes zu verlassen, sondern im Sinne der "transkulturellen Psychosomatik" andere Denkmodelle einzubeziehen, von den Mitgliedern anderer Kulturen zu lernen und damit sein eigenes Konzept zu erweitern.

Die Ausgestaltungen der Sphären des Individuums, der Wissenschaft, der Kultur und der Religion/Weltanschauung formen das Menschenbild, das als Maßstab, Verhaltensregulator, ethische Norm, Orientierungshilfe und Prototyp der Selbst- und Fremdwahrnehmung fungiert. Das Menschenbild bestimmt nicht nur, was wir von uns und anderen erwarten, sondern gibt vor, welche Fähigkeiten und Qualitäten wir uns und anderen bereit sind zuzugestehen.

— Sicherheit und Orientierung findet der Mensch zumeist nur in seiner konkreten, faßbaren Umgebung. So sucht er Selbstbestätigung durch körperliche Befriedigung wie Essen, Trinken, Sexualität, Schlaf, Sport, Ästhetik usw., durch Flucht in die Arbeit ("workaholic"), durch Intensivierung der Beziehung zu einem Partner, der dann die Sicherheit zu garantieren hat, die zuvor eine ganze Kultur bieten konnte. Er findet Selbstbestätigung im Kontakt zu meist kleinen Gruppen, die sich in ihrer Substanz bestätigen, indem sie sich gegenüber anderen Gruppen absetzen und profilieren. Es besteht ein Trend zu Ersatzreligionen, zu denen sog. Jugendreligionen genauso gehören wie die einseitige Neigung zu Astrologie, Parapsychologie und Esoterik, sowie die "kleinen Ersatzreligionen", zu denen jede einseitig hochstilisierte Überzeugung, jede verabsolutierte Werthaltung werden kann.

— Diese Suche der Menschen nach einer neuen, gültigen Orientierung bringt wiederum eine Wechselbeziehung von Ursache und Wirkung mit sich. Das kulturell, gesellschaftlich, politisch und religiös enttäuschte Individuum, das Zuflucht und Hilfe in seiner Privatwelt sucht, multipliziert durch diese Verhaltensweise wiederum die kollektiven Probleme.

> *"Denkst du an ein Jahr, säe ein Korn!*
> *Denkst du an ein Jahrzehnt,*
> *pflanze einen Baum!*
> *Denkst du an ein Jahrhundert,*
> *erziehe einen Menschen!"*
> *(Orientalische Weisheit)*

6   Aspekte zur Gutachtenerstellung

A Beziehung der therapeutischen Modelle zueinander

Da neurotische, psychotische und psychosomatische Störungen als Einschränkung des Realitätsbezuges gesehen werden können, werden die
4 Formen der Konfliktverarbeitung zur therapeutischen Leitlinie. Wir können zwischen den Formen der Konfliktverarbeitung und des Realitätsbezuges
unterscheiden, die hypertrophiert, hochdifferenziert und zur perfekten Einseitigkeit gebracht worden sind, und den Formen, die dadurch zu Konfliktpotential wurden, daß ihnen die Entwicklungsmöglichkeiten fehlten. Mit
anderen Worten: Man wird nicht nur krank durch das, was man erlebt hat,
sondern auch durch das, was man nicht erleben konnte, wenn den im Menschen angelegten Fähigkeiten die notwendigen Entwicklungsbedingungen
entzogen wurden. Konfliktdispositionen entwickeln sich kumulativ als fast
unmerkliche Anhäufungen der Mikrotraumen, die den bestehenden familiären und familiär verarbeiteten gesellschaftlichen Konzepten entsprechen.
Dementsprechend zeichnen wir die 4 Formen der Konfliktverarbeitung in 2
einander entsprechenden komplementären Bildern.

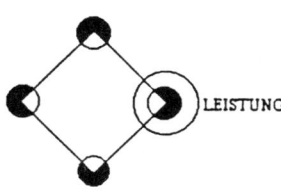

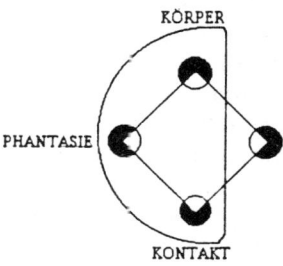

Abb. 1.

Die 4 Formen der Konfliktverarbeitung als Ausdruck der Überbetonung und Überdifferenzierung	Die 4 Formen der Konfliktverarbeitung als Ausdruck der Bereiche, die in den Schatten geraten sind

Dieses Diagramm beschreibt eine typische Form der Konfliktanfälligkeit, die
über die 4 Vorbilddimensionen lebensgeschichtlich zugänglich und durch das
differenzierungsanalytische Inventar (DAI; Peseschkian 1977a, S. 70) inhaltlich beschrieben wird. Diese funktionalen Beziehungen der Modelle werden
an einem prägnanten Fall verdeutlicht: ein 34jähriger Geschäftsmann, der

v. a. Repräsentationsaufgaben zu erfüllen hatte, kam nach mehrjährigen Behandlungsversuchen bei anderen Psychotherapeuten in meine psychotherapeutische Praxis. Er litt unter funktionellen Herzbeschwerden, sich wiederholenden Magenschmerzen und Angstgefühlen, die sich v. a. als Angst vor dem Versagen darstellten. Bisher war therapeutisch v. a. auf die psychosomatische Verarbeitung und die mit dem Beruf verknüpfte Leistungsproblematik eingegangen worden. Im Sinne des dargestellten Modells erweiterten wir das therapeutische Spektrum: Im Vordergrund der Problematik stand die Leistung als Form der Konfliktverarbeitung. Sein Leben hatte sich, soweit er sich erinnern konnte, um die Leistung zentriert. Das Idealbild, das der Patient von sich selber entwarf, wurde durch die Begriffe des Erfolges, des aktiv Fordernd- und Kompromißlos-Seins konturiert. Dieser narzißtische Wunsch nach unangreifbarer Vollkommenheit ging Hand in Hand mit einer tiefen Angst vor dem Versagen. Minusvarianten im Repertoire seiner Möglichkeiten, Konflikte zu verarbeiten, waren die Bereiche Körper, Kontakt und Phantasie. Dies war, obwohl es viel zur Dynamik des Konfliktes beigetragen hatte, dem Patienten nicht bewußt. Sie standen für ihn am Rande seiner Wirklichkeit und waren nicht mehr lustbesetzt; sie blieben defizitär und erzeugten ihrerseits Ängste. Verständlich wird dies vor dem Hintergrund der Vorbilddimensionen, welche die ursprünglich erlebten familiären Beziehungen beschreiben. Sie erwiesen sich als Angst vor Objektverlust. Die Leistung war als Delegationsaufgabe übernommen worden. Der Patient war hinsichtlich der Leistungsproblematik eine Fusion mit dem Vaterbild eingegangen. Umgekehrt wiesen die defizitären Bereiche auf das Bedürfnispotential des Patienten, das sich — teleologisch gesehen — über die Symptombildung zu Wort meldete. Die Eltern des Patienten waren beide berufstätig und aktiv und ermöglichten ihm ebenfalls, nur über Aktivität und Leistung emotionale Zuwendung zu erhalten. Kontakte blieben weitgehend auf die Familie beschränkt. Sofern sie den Rahmen der Familie überschritten, waren sie Geschäftskontakte. Andere Kontaktformen waren "dummes Zeug" oder wurden aus Angst vor einer möglichen Rivalität möglichst umgangen. Als Wunschbild bestand dagegen die Vorstellung eines Kameraden, der uneigennützig auch dann zu dem Patienten halten würde, wenn es ihm wirtschaftlich schlechtginge bzw. wenn er einmal nicht leistungsfähig wäre. Zugleich aber stand er diesem Wunsch kritisch gegenüber, weil es so etwas ja doch nicht gäbe, und v. a., weil er befürchtete, daß durch seine Anlehnungswünsche an andere Menschen seine Unabhängigkeit und Kompromißlosigkeit leiden könnte.

Die Leistung wurde überkompensatorisch narzißtisch besetzt. Sie war der Bereich, in dem der Patient seine Wunschvorstellungen nach einem grandiosen Selbst bestätigt finden konnte. Bezüglich des eigenen Körper-Ich, der zwischenmenschlichen Kontakte und der Phantasien, die nicht durch Leistung okkupiert waren, bestand hingegen ein nahezu unvermeidliches Bedürfnis. Auf diesem Feld erwies er sich als besonders kränkbar.

Zu seinem Schutz forderte er in seinen Phantasien einen grandiosen Kameraden, der ihn in keiner Weise enttäuschen würde und der es auch – "als guter Vater" – ertragen würde, wenn der Patient sich in seinen Leistungen als insuffizient und schwach erwiese. Eine solche Phantasie wurde jedoch zugleich als unrealistisch verworfen und auf Bemühungen, eine wirklich tragfähige Beziehung aufzubauen, verzichtet. Schließlich könne sich doch niemand mit seinem phantasierten Wunschbild messen und seine Ansprüche und Erwartungen erfüllen.

Von den Aktualfähigkeiten standen *Fleiß/Leistung*, *Sparsamkeit*, *Ordnung*, *Pünktlichkeit* und *Zuverlässigkeit* im Vordergrund. Sie finden sich in den Konzepten wieder, die sich in seinem Lebensstil ausdrückten, die er als seine Motive nannte und durch die seine Erziehungssituation geprägt worden war.

Die Konfliktsituation kann also folgendermaßen beschrieben werden:

Formen der Konfliktverarbeitung (überbetonte Bereiche)	4 Vorbilddimensionen (Entwicklung des Ich- und Sozialkonzeptes)	Formen der Konfliktverarbeitung (nicht erlebte Bereiche)
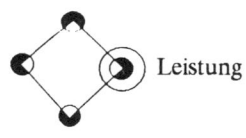 Leistung	Ich 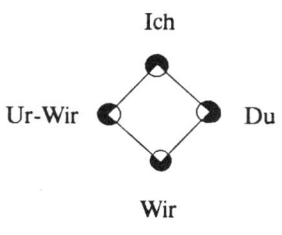 Ur-Wir ... Du Wir	Körper 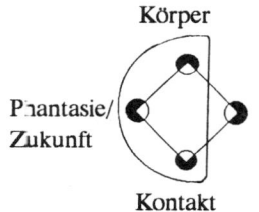 Phantasie/ Zukunft ... Kontakt
Überbetonung der Leistung (Angst vor dem Versagen)		(Angst vor Objektverlust)

Aktual-fähig-keiten	Ich	Mutter	Vater
Fleiß/ Leistung	++	++	++
Sparsam-keit	++	++	++
Ordnung	++	++	++
Pünktlich-keit	+++	++	+++
Zuverläs-sigkeit	++	++	++
Kontakt	–	–	–

Aktualfähigkeiten aus DAI

Die therapeutische Strategie richtete sich primär auf die nicht erlebten Bereiche, die im Sinne einer Um-Erziehung neu erarbeitet werden konnten (Zielerweiterung im Hinblick auf das Körper-Ich, zwischenmenschliche Kontakte und die Aktivitäten der Phantasie).

Hand in Hand damit ging die lebensgeschichtliche Analyse des überbetonten Bereiches, dessen Hintergründe dem Patienten transparent wurden (aus Peseschkian 1977a, S. 176—179).

B Bericht an den Gutachter

1. Spontanangaben

"Ich habe in den letzten 8 Monaten regelmäßig Schlafstörungen, verbunden mit Angstgefühlen und Magenbeschwerden. Auch tagsüber leide ich unter Kopfschmerzen. Seitdem im Betrieb die große Organisationsänderung durchgeführt wurde, zweifele ich daran, ob ich die gestellten Anforderungen erfüllen kann. Ich habe das dauernde Gefühl, daß ich ein Versager bin und bin so gereizt, daß ich jetzt häufiger Konflikte mit meinen Kollegen habe. Vor Anstrengungen baue ich ab, viel schneller, als dies früher der Fall war. Auch zu Hause komme ich nicht mehr zurecht. Vor allem hat mich tief getroffen, daß mein Sohn sitzen geblieben ist. Mein derzeitiger Zustand läßt mich an mir selbst verzweifeln. Ich fühle mich unwohl und depressiv, meine, alles hätte keinen Sinn mehr. Wegen meiner Beschwerden habe ich zuletzt eine Internistin aufgesucht. Sie hat mir nahegelegt, eine psychotherapeutische Behandlung aufzusuchen" (Angaben des Patienten aus dem Erstinterview).

2. Darstellung der lebensgeschichtlichen Entwicklung

a) *Familienanamnese:* Die Mutter des Patienten ist 62 Jahre, Sekretärin, altersentsprechend gesund. Der Vater war Schreinermeister und ist vor 2 Jahren im Alter von 62 gestorben. Er habe einen Apoplex gehabt. Die Ehe der Eltern sei eine Vernunftehe und in den Augen des Patienten keine gute Ehe gewesen. Der Vater war der Mutter oft untreu und ein absoluter Patriarch. Der Patient hat 2 jüngere Brüder (-4 und -3 Jahre), wenig Beziehung zu den Brüdern. Als Ältester war er für seine jüngeren Geschwister verantwortlich und hatte diesen als Vorbild zu dienen.

b) *Körperliche Entwicklung:* Prae-, peri- und postnatale Entwicklung unauffällig. Laufen mit 15 Monaten, Sprechen mit 20 Monaten. Kinderkrankheiten: Masern, Keuchhusten, Mumps. Mit 29 Jahren Operation (Hiatushernie). Seit 3 Jahren Magenbeschwerden. Keine Kuren oder Heilverfahren.

c) *Psychische Entwicklung:* Der Patient sei schon recht früh sauber gewesen (genaue Angaben über die Reinlichkeitserziehung konnten nicht gemacht werden). Er habe jedoch später eine Zeitlang unter Bettnässen gelitten. Die Großmutter habe sich viel Zeit für ihn genommen. Die Mutter wird als weich und bestimmend beschrieben ("Sie war eine richtige Meckertante, alles mußte immer sauber sein. Es war besser, nicht so viele Freunde mitzubringen, weil sie Unordnung machen, und für Mutter war das immer zu anstrengend", so der Patient). Die Erziehungssituation, welche das primäre soziale Milieu des Patienten kennzeichnet, war durch eine Überbetonung der sekundären Fähigkeiten, bei einer gleichzeitigen Tendenz zu den naiven primären Fähig-

101

keiten mit ihren Dispositionen zur emotionalen Abhängigkeit, bestimmt (vgl. "Aktualfähigkeiten", Peseschkian 1974, S. 49–104). Diese gegensätzlichen Tendenzen, die bei dem Patienten auch als der Konflikt zwischen persönlicher Autonomie und Abhängigkeit imponierten, führten zu Konflikten und Schuldgefühlen, deren Motivation z. T. verdrängt wurde. Der Vater sei leistungsfordernd aufgetreten und habe ihn öfter geschlagen. Besonderen Wert habe der Vater auf die Verhaltensnormen "Erfolg", "Fleiß", "Ordnung", "Sparsamkeit", "Gerechtigkeit" und "Pünktlichkeit" gelegt. Den Spielkameraden gegenüber sei er meistens nachgiebig gewesen. Sexuell sei der Patient von seinen Eltern nicht aufgeklärt worden. Er war hinsichtlich seiner sexuellen Aufklärung auf sich und die Informationen seiner Freunde angewiesen. Er berichtet von Hemmungen dem anderem Geschlecht gegenüber. Erziehungssituation: Double-bind-Erziehung. Hinzu kommt, daß die elterliche Autorität durch eine starke kirchliche Gebundenheit der Erziehung verstärkt wurde und von dem Patienten als restriktives Über-Ich internalisiert werden mußte. Er widersprach dem von der Mutter projizierten Ich-Ideal (er sollte Lehrer oder Pfarrer werden).

d) Soziale Entwicklung: 34jähriger Geschäftsmann, Diplom-Betriebswirt, seit 8 Jahren verheiratet. Ehefrau 32 Jahre, Angestellte, 2 Söhne (7 und 5 Jahre). Der Patient ist evangelisch, seine Ehefrau katholisch, Kinder evangelisch. Der Patient wurde bereits mit 5 Jahren eingeschult. Er war ein guter Schüler. Gymnasium mit Wechsel zur Betriebswirtschaft. Staatsexamen 1982, seit 1985 in der Firma des Onkels tätig, hat er schnell die Führung übernommen. Er wollte eigentlich einen anderen Beruf ergreifen, aber der Vater und der Onkel ließen dies nicht zu. Vor 3 Jahren wurde die Firma vom Onkel stark umstrukturiert, seitdem gehe es bergab. Zudem hat der Patient. öfters Eheschwierigkeiten (Zeitprobleme, weltanschauliche Dissonanzen usw.). Es bestehen keine Hinweise auf erbpathologische Zusammenhänge.

3. Befund zum Zeitpunkt der Antragstellung

a) Psychischer Befund: Es kommt ein altersentsprechender, gepflegt gekleideter und erschöpft wirkender Patient zum Erstinterview. Von seinem Auftreten her erscheint er einerseits betont vernünftig und in einer eher defensiven Form "abgeklärt", zum anderen zeigen sich Momente eines Anklammerungsbedürfnisses. In der therapeutischen Situation konnte eine positive Übertragungssituation aufgebaut werden, die als gut kontrollierbar imponiert. Die Intelligenz des Patient kann als überdurchschnittlich bezeichnet werden (IQ, umgerechnet nach IST-Amthauer-SW: 116). Die Konzentrationsleistung des Patienten (Konzentrationstest d_2) ist als überdurchschnittlich zu beurteilen. Im FPI schildert sich der Patient als nervös, aggressiv, leicht frustriert und gehemmt. Im WIPPF zeigt sich eine Überbetonung sekundärer Fähigkeiten (*Gerechtigkeit, Sparsamkeit, Pünktlichkeit* und *Ordnung*) bei gleichzeitiger

Unterbetonung primärer Fähigkeiten (*Zeit, Geduld, Kontakt, Vertrauen* und *Hoffnung*). Allgemein kann die Persönlichkeit des Patienten unter Berücksichtigung der tendenziell zwanghaft-depressiven Neurosenstruktur als gut differenziert bezeichnet werden. Der Patient ist gut regressionsfähig. Die auftretenden Fixierungen orientieren sich an der bestehenden Konfliktsituation. Doch gelingt es durch die positive Übertragung leichter, seine Zuversicht in sein Wandlungs- und Wachstumspotential zu stärken und sein Vertrauen in ein stabiles Arbeitsbedürfnis zu gewinnen.

Störungen der Wahrnehmung und des Denkens bestehen nicht. Wichtige Abwehrmechanismen sind: Wendung aggressiver Impulse gegen das Selbst, Verleugnung und Rationalisierung. Die auftretenden neurotischen Widerstände weisen eine enge Affinität zum Kontext der aktuellen Konfliktsituation auf und bieten somit einen günstigen Einstieg für die Therapie.

b) Körperlicher Befund: 34jähriger Geschäftsmann im guten Ernährungszustand und ausreichendem Allgemeinzustand. Körpergröße 178 cm, Gewicht 72 kg. Die internistischen Untersuchungen in einer Klinik und beim Hausarzt zeigten keine pathologischen Befunde. Haut und sichtbare Schleimhäute gut durchblutet. Rachenring frei. Keine Struma tastbar. Herz: Aktion regelmäßig. Töne rein, keine Geräusche. RR: 130/70 mm Hg, Herzfrequenz 72 Schläge/Min. Auskultation der Lungen unauffällig. Abdomen: weich, keine Resistenzen tastbar, Leber und Milz nicht tastbar vergrößert. Reizlose Appendektomienarbe. Extremitäten: frei beweglich. A. dorsalis pedis beiderseits gut tastbar. Patellarsehnenreflex beiderseits lebhaft auslösbar. Hirnnerven: o. B. Vegetativum: Hyperhidrosis.

4. Psychodynamik und Konfliktinhalt

a) Symptomorientierung: Angstzustände, Depressionen, innere Unruhe, Konzentrationsmangel, Magenbeschwerden, Herzbeschwerden, Durchschlafstörungen, Cephalgien.

b) Zunahme der Beschwerden: Anfang Dezember 1989

c) Psychologische Konstellation vor Beginn der Symptomatik: Für die Entwicklung der Symptomatik spielen folgende kumulativ wirkende Faktoren eine zentrale Rolle: Der Beginn der Symptomatik ist zeitlich eng mit der Übernahme der neuen beruflichen Tätigkeit korreliert (September 1989). Die neue Berufssituation bedingte eine emotionale Überforderung, die (a) auf der konkreten Leistungsanforderung und der notwendigen Verantwortungsübernahme, (b) auf Interaktionsschwierigkeiten gegenüber den Mitarbeitern und (c) auf konflikthaften Beziehungen gegenüber dem Chef (seinem Onkel) beruht. Letzteres stellt den zentralen Aspekt der aktuellen Konfliktsituation dar. Der Chef wird dominierend erlebt und stellt eine Repräsentanz des Vaterbildes dar, das sich inhaltlich in ähnlicher Weise auf Leistungsanforde-

103

rungen bezog. Grundkonflikthaft wird dabei folgendes relevant: die überprotektionierende Haltung der Mutter ließ eine offene Auseinandersetzung in der Vater-Sohn-Beziehung nicht zu, sondern ermöglichte im Sinne einer Konfliktdämpfung (Höflichkeit) statt dessen den Rückzug in die mütterliche Geborgenheit. Aus dieser Konstellation entwickelte sich eine Aggressionshemmung, die sich insbesondere auf Vaterfiguren bezieht. Es kam zu einer partiellen Internalisierung einzelner Aspekte des Mutterbildes, die sich inhaltlich v. a. auf die psychosozialen Normen "Gehorsam", "Höflichkeit", "Fleiß" und "Geduld" bezogen. Diese und ähnliche Normen wurden zu den Vehikeln der Mutter-Sohn-Beziehung. In der aktuellen Konfliktsituation scheint diese Aggressionshemmung ihrerseits für den Chef einen "Aufforderungscharakter" zu besitzen. Von Bedeutung ist weiterhin, daß der Patient versucht hatte, sich aus der realen Mutter-Sohn-Beziehung zu lösen, was im Zusammenhang mit der aktuellen Konfliktsituation (Verlust des Vaters − Oktober 1989) schuldhaft besetzt wurde. Der Verlust des Vaters besaß für den Patienten einen traumatisierenden Charakter. Es entwickelte sich, unterstützt durch berufliche Problematik, soziale Isolation, Verantwortung gegenüber der Mutter, Schulprobleme des Sohnes, partnerschaftliche Konflikte und Angst vor der Zukunft, eine abnorme Trauerreaktion mit psychosomatischer Verarbeitung. Die aktuelle Konfliktsituation stellt sich primär als Ablösungsproblem dar. Auslösend wirken der Verlust des Vaters und das Leistungsversagen im Geschäft, die beide symbolisch für ein Versagen in der Selbstbehauptung gegenüber dem Vater standen. Die kritische und ablehnende Haltung des Vaters nach den schulischen Mißerfolgen wurde generalisiert und auf den Kontakt mit anderen Menschen bezogen. Als der Vater im Oktober 1989 starb, wurden diese Schuldgefühle aktualisiert und auf Grund der Ambivalenz kam es zu einer langanhaltenden abnormen Trauerreaktion. Die überbetonte Ruhe und Sachlichkeit, die er bei dem Verlust des Vaters bewahrte, kann als Zeichen einer tiefen, alles verzeihenden Verhaltensweise und Ausdruck einer distanzierten Gleichgültigkeit betrachtet werden. Eine Lösung der bestehenden Konfliktsituation aus eigenen Kräften war dem Patienten nicht möglich.

5. Diagnose

Es handelt sich um eine abnorme Trauerreaktion mit erheblichem Leidensdruck: depressiv-ängstliche Entwicklung mit funktionellen psychosomatischen Störungen bei zwanghaft-depressiver Persönlichkeitsstruktur. Die aktuelle Konfliktsituation ist durch eine − mit einer beruflichen und partnerschaftlichen Überforderung einhergehenden − Selbstwertproblematik gekennzeichnet. Grundkonflikthaft besteht eine ambivalente Vater-Sohn-Beziehung, die durch den Tod des Vaters aktualisiert wurde. Im Vordergrund der Symptomatik stehen Angstzustände, Depressionen und Magenbeschwerden.

6. Behandlungsplan und Zielsetzung der Therapie

Geplant ist eine 50stündige Einzelbehandlung mit tiefenpsychologisch fundierter Psychotherapie, Einzelbehandlung nach Ziffer 875 der GOÄ, je über 50 Min., mit einer Frequenz von 1–2 Behandlungen pro Woche, um einer Regressionsneigung entgegenzuwirken. Die konfliktzentrierte Behandlung soll zunächst die abnorme Trauerreaktion bearbeiten; v. a. soll sich der Patient mit seinen ambivalenten Gefühlen und Bedürfnissen auseinandersetzen. Die therapeutische Beziehung soll ihm ermöglichen, sich aus der neurotischen Verwicklung mit dem Vater zu lösen, um reiferen Beziehungsmöglichkeiten Raum zu geben. In ähnlicher Weise muß der Patient seine ambivalenten Empfindungen und Wünsche im partnerschaftlichen Bereich erfahren, wodurch er zu einer Neueinschätzung finden und Orientierungshilfen für die Du-Findung gewinnen kann. Wesentlich erscheint mir die Auseinandersetzung mit den defizitären Bereichen Körper, Kontakt und Zukunft/Sinngebung, um dem Patienten zu ermöglichen, sein eigenes, die Bedürfnisse integrierendes Selbstbild und seine Ich-Identität zu finden. In der therapeutischen Übertragung wird es schließlich besonders darauf ankommen, durch positive Deutung, Wertschätzung und situative Ermutigung alle Versuche eigenständiger Lebensbewältigung zu stärken und eine von dem Patienten durch Demonstration regressiver Hilflosigkeit provozierte, direktive Gegenübertragung zu verarbeiten.

7. Prognose

Der Patient zeigt Krankheitseinsicht. Er ist kooperationsbereit. Innere und äußere Motivation sind als günstig zu beurteilen. Der Patient kommt pünktlich und regelmäßig zu den vereinbarten Terminen. Er ist in der Lage, das Differenzierungsangebot anzunehmen, und er bemüht sich, die gewonnenen Einsichten im Alltagsleben umzusetzen. Die Neigung zu schneller Entmutigung und Resignation in eine hilflos-verzweifelte Haltung kann recht gut durch das Ansprechen der intakten Ich-Bereiche und positive Deutungen aufgefangen werden. Im Hinblick auf die durchaus lebenstüchtige prämorbide Persönlichkeit des Patienten, die abrupten Krankheitsausbrüche, den Leidensdruck und unter dem Aspekt des Alters des Patienten, kann eine günstige Prognose gestellt werden. Eine Umstrukturierung der Persönlichkeit ist nicht Behandlungsziel und wird nur insoweit erfolgen, als dies zur Behandlung der Symptomatik unumgänglich ist.

C Zusammenfassender Zwischenbericht des Therapeuten

a) Eine zentrale diagnostische Entscheidung gilt der Wahl der therapeutischen Strategie: Welche Behandlung ist bei der Persönlichkeit des Patienten, seiner besonderen Konfliktlage, seiner Motivation gegenüber der Psychotherapie und seiner Bereitschaft und Fähigkeit zur Mitarbeit am günstigen? Zur Auswahl stehen im Prinzip die Techniken aller psychotherapeutischen Methoden, deren Wirksamkeit wissenschaftlich abgesichert oder zumindest praktisch erprobt ist. Diese Techniken werden im Rahmen des mehrstufigen positiven Vorgehens angewandt.

b) Der Aufwand und die Möglichkeiten einer Psychotherapie im speziellen Fall werden gegeneinander abgewogen. Nicht bei jedem Patienten ist der massive Einsatz einer über Jahre hin dauernden Psychotherapie angebracht; andere Patienten brauchen dagegen eine zeitliche ausgedehnte Unterstützung durch den Therapeuten. Oft erweist sich auch eine relativ kurze Therapie, ja sogar der therapeutische Anstoß, der im Erstinterview enthalten ist, als hinreichend.

c) Prognostische Überlegungen sind anzustellen, um den Behandlungsaufwand wenigstens annähernd in Relation zu dem erreichbaren Behandlungsziel zu setzen. Behandlungsziel kann eine Heilung sein, also vollständige Remission der Symptome und Stabilität gegenüber neuen Konfliktsituationen; es kann sich aber auch auf eine soziale Remission beschränken, die es beispielsweise dem Patienten ermöglicht, weitgehend ungestört in seiner sozialen Umgebung zu leben. Behandlungsziel kann auch die Verminderung des Leidensdruckes des Patienten sein, ja sogar die Versöhnung des Patienten mit seinem nach dem Stand der heutigen Wissenschaft unabänderlichen Schicksal. So kann selbst bei schwerkranken Patienten sinnvoll Psychotherapie eingesetzt werden.

Fazit: Die Diagnose ist nicht Selbstzweck bzw. Mittel, wissenschaftliche Selbstgefälligkeit zur Schau zu stellen, oder der Versuch, dort Exaktheit vorzugaukeln, wo nur näherungsweise Vermutungen angestellt werden können. Wir sehen die Aufgabe der Diagnose vielmehr darin, primär Aufschluß über das nachfolgende optimale Verfahren zu geben.

Übersetzung der Diagnose für den Patienten

a) In der Medizin, aber auch in der Psychotherapie — soweit sie es überhaupt wagt, sich auf das Risiko einer Diagnose einzulassen —, gilt als Regel, die Diagnose oder den Befund Sache des Arztes sein zu lassen. Der Patient wird auf diese Weise unausgesprochen für unmündig erklärt, mit dem Vorwand, er könne "die Zusammenhänge sowieso nicht verstehen".

b) Der Patient macht sich auch unabhängig vom Therapeuten Gedanken über seine Erkrankung. Schon die Wahl eines bestimmten Arztes, einer bestimmten therapeutischen Fachrichtung setzt eine Diagnose voraus, die der Patient oder seine Bezugspersonen gewissermaßen als vortherapeutische Institutionen gestellt haben. Das Menschenbild des Patienten oder seiner Bezugspersonen, ihre Auffassung über Krankheit und Gesundheit, sowie ihr Konzept der Therapie gehen als maßgebende Faktoren in die eigentliche therapeutische Situation ein. Solche Vorstellungen bestimmen zu einem wesentlichen Teil die Motivation des Patienten und damit seine Bereitschaft, sich auf die weiteren, vom Therapeuten für erforderlich gehaltenen Maßnahmen einzulassen.

c) Wenn der Therapeut mit seinem Befund nicht herausrücken möchte, kann dies therapeutische Gründe haben. Hat ein Patient beispielsweise in einem Intelligenztest recht schlecht abgeschnitten, wird er aufgrund seines Krankheitskonzeptes vielleicht dazu neigen, das Ergebnis als Beweis für sein generelles Versagen oder als Entschuldigung heranzuziehen. Die subtilen Überlegungen des Therapeuten, daß das relativ schlechte Testergebnis mit großer Wahrscheinlichkeit auf eine momentan bestehende neurotische Intelligenzhemmung zurückgeht, werden dem Patienten von dem abstrakten Testergebnis her nicht ohne weiteres verständlich sein. Informationen über den ermittelten Befund führen somit tatsächlich zu einer Unsicherheit; sie werden in das vorgegebene Konzept des Patienten eingegliedert und können Fehlinterpretationen mit entsprechenden Konsequenzen für das Selbstverständnis des Patienten, seine Hoffnung und sein Vertrauen zur Folge haben. Daher muß auch das Krankheitskonzept des Patienten bei der Erklärung des Befundes berücksichtigt werden. Wir sind daher der Auffassung, daß eine sachgerechte, der Situation des Patienten angemessene Übersetzung des Befundes und der Diagnose erfolgen sollte. Der Patient wird damit in den Entscheidungsprozeß über die weitere Behandlungsweise einbezogen.

Fazit: Die Übersetzung des Befundes der Diagnose und der therapeutischen Möglichkeit in die Sprache des Patienten darf keine einfache Belehrung sein, da der Patient aller Erfahrung nach durch die Vielzahl der auf ihn einströmenden Informationen überfordert wird. Aus diesem Grunde erscheint die Übersetzung in Frage und Antwort als die geeignetste Form, da sie dem Therapeuten auch Hinweise auf das Krankheitskonzept des Patienten bietet.

Modifikation des Erstinterviews

a) Das dargestellte Erstinterview gibt über die wesentlichen Grundzüge des positiven psychotherapeutischen Vorgehens Auskunft. Doch wir deuteten bereits eine Reihe von Modifikationen an, welche die therapeutische Flexibilität fördern sollten. Es hat wenig Sinn, im Rahmen einer einmaligen Beratung einen Patienten diagnostisch vollkommen "auszuziehen" und dann einfach laufenzulassen. Da die verwendeten Modelle (DAI, Medien der Erkenntnis- und Liebesfähigkeit, Reaktionstypen, Konzepte und Mißverständnisse) voneinander nicht völlig unabhängig sind, können nach einem orientierenden Überblick jeweils einzelne dieser Modelle herangezogen werden.

b) Wir können demnach nur vom DAI ausgehen, die Medien in den Hintergrund stellen oder Konzepte und Mißverständnisse herauskristallisieren. Allerdings müssen wir uns dabei immer bewußt sein, daß wir, aus welchen Gründen auch immer, einzelnen Aspekten diagnostisch den Vorrang einräumen und andere Bereiche der Persönlichkeit aussparen. Wird die umfassendere Vorgehensweise gewählt, kann das Erstinterview fraktioniert werden, um den Patienten und sich selbst nicht zu überfordern. Dies kann in der Art geschehen, daß an verschiedenen Sitzungstagen die einzelnen Abschnitte des Erstinterviews thematisiert werden, oder auch dadurch, daß im Verlauf der Therapie die übrigen dargestellten Gesichtspunkte berücksichtigt werden. Gegebenenfalls können testpsychologische Untersuchungen zu Rate gezogen werden. Auch ist es günstig, internistische, gynäkologische und neurologische Befunde in die diagnostischen Erwägungen einzubeziehen.

Fazit: Der Unterschied zwischen dem Erstinterview mit seiner vorrangig diagnostischen Funktion und der nachfolgenden Psychotherapie ist nicht prinzipieller Natur; es bestehen vielmehr fließende Übergänge.

7 Krisenintervention

Gibst du jemandem einen Fisch
nährt er sich nur einmal.
Lehrst du ihn das Fischen
nährt er sich für immer.
(Orientalische Weisheit)

Geschichte: "Nicht alles auf einmal"

Der Mullah, ein Prediger, kam in einen Saal, um zu sprechen. Der Saal war leer bis auf einen jungen Stallmeister, der in der ersten Reihe saß. Der Mullah über-legte sich: "Soll ich sprechen oder es lieber bleiben lassen?" Schließlich fragte er den Stallmeister: "Es ist niemand außer dir da, soll ich deiner Meinung nach sprechen oder nicht?" Der Stallmeister antwortete: "Herr, ich bin ein einfacher Mann, davon verstehe ich nichts. Aber wenn ich in einen Stall komme und sehe, daß alle Pferde weggelaufen sind und nur ein einziges dageblieben ist, werde ich es trotzdem füttern." Der Mullah nahm sich das zu Herzen und begann seine Predigt. Er sprach über 2 Stunden lang. Danach fühlte er sich erleichtert und glücklich und wollte durch den Zuhörer bestätigt wissen, wie gut seine Rede war. Er fragte: "Wie hat dir meine Predigt gefallen?" Der Stallmeister antwortete: "Ich habe be-reits gesagt, daß ich ein einfacher Mann bin und von so etwas nicht viel verstehe. Aber wenn ich in einen Stall komme und sehe, daß alle Pferde außer einem weg-gelaufen sind, werde ich es trotzdem füttern. Ich würde ihm aber nicht das ganze Futter geben, das für alle Pferde gedacht war." (Aus Peseschkian 1974, S. 117)

Das fünfstufige Vorgehen der positiven Psychotherapie im Rahmen einer Krisenintervention

Fallbeispiel: "Was sagen mir die Schmerzen?"

Während eines psychiatrischen Bereitschaftsdienstes rief mich eine Frau an, deren Stimme ängstlich und hilflos klang. Immer wieder von Weinkrämpfen unterbrochen, klagte sie über Schmerzen, die sie am ganzen Körper empfinde. Sie könne dies nicht mehr aushalten, ich müsse gleich etwas gegen die Schmerzen tun. Die Patientin wirkte auf mich sehr belastet, sie schien unter großem Leidensdruck zu stehen.

Daher fragte ich sie: "Ich habe den Eindruck, Sie mußten in der letzten Zeit vieles ertragen. Es muß viel auf Sie zugekommen sein." Die Anruferin griff dieses Angebot sofort auf: "Erst gestern habe ich von meinem Arzt erfahren, daß ich multiple Sklerose habe."

Therapeut: "Wieso multiple Sklerose? Wie jung sind Sie denn?"

Anruferin: "Ich bin 33 Jahre alt. Wegen der Schmerzen im rechten Arm und Sehstörungen war ich bei meinem Hausarzt, und der hat mich zum Augenarzt geschickt. Das war vor etwa 4 Wochen. Der Augenarzt hat mich untersucht und mir gesagt, ich könne MS haben. Komisch, wenn ich jetzt daran denke, hat mir das danach gar keine Angst gemacht. Dann war ich in einer neurologischen Klinik, und die haben mir Rückenmarkflüssigkeit entnommen und eine Computertomographie gemacht. Als ich entlassen wurde, konnte man mir noch nichts sicher sagen. Den Bescheid bekam ich erst gestern durch meinen Hausarzt. Aber heute habe ich Schmerzen am ganzen Körper, wie ich sie noch nie gehabt habe ..."

Therapeut: "Die Vermutung, Sie könnten MS haben, muß für Sie wie ein Schock gewesen sein. Sie konnten das zunächst einmal nicht gefühlsmäßig erfassen. Dann ertrugen Sie die Ungewißheit mit Stärke und haben ja auch alle Untersuchungen über sich ergehen lassen. Erst gestern konnten Sie die Belastung loslassen. Sie haben sich die ganze Zeit über zusammengenommen, und jetzt, nachdem Ihnen die Last genommen wurde, reagiert Ihr Körper. Jetzt kommt es darauf an, was Ihnen diese Schmerzen sagen, was auf Sie in den letzten 5–6 Jahren zugekommen ist."

Anruferin: "Kann das wirklich damit zusammenhängen? Da war nämlich eine ganze Menge gewesen."

Da es sich um eine telefonische Krisenintervention handelte, verzichtete ich darauf, Details zu explorieren. Es reichte zunächst, daß sich die Anruferin von ihrer kognitiven und emotionalen Fixierung auf die Schmerzen lösen, diese als Körpersignale empfinden konnte und damit für die Einbettung der Schmerzen in ihre Lebenssituation zugänglich wurde.

Therapeut: "Ist jemand in Ihrer Familie krank geworden? Haben sich Familienmitglieder von Ihnen getrennt? Gab es wichtige berufliche Veränderungen? Haben Sie Todesfälle innerhalb der Familie und des Bekanntenkreises, die Ihnen sehr nahegegangen sind?"

Anruferin: "Das war bei mir alles. Kann so was wirklich solche Schmerzen machen?"

Es ging mir in dem Gespräch nicht darum, der Anruferin die Psychogenese ihrer Schmerzen zu beweisen. Es reichte zunächst, daß sie einen Zugang zu ihrer Schmerzsymptomatik finden konnte. Während sie zu Beginn des Gespräches noch hilflos, in Anklängen sogar fordernd und feindselig gewirkt hatte, wirkte sie jetzt ruhiger und entspannter. Jetzt bestand eine gewisse Vertrauensbasis, die es ihr ermöglichte, sich selbst mit den angedeuteten Zusammenhängen zu beschäftigen bzw. mit einem ärztlichen Gesprächspartner das zu besprechen, was bisher noch ungesagt geblieben war. Dafür empfahl ich ihr, ihre Gedanken 1–2 Seiten niederzuschreiben. Dann gab ich ihr die Adresse eines Kollegen, der sich sowohl mit MS als auch mit seelischer Erlebnisverarbeitung auskannte.

In diesem etwas über eine halbe Stunde dauernden telefonischen Krisen-interventionsgespräch wendete ich als gedankliche Leitstruktur die 3 Ansatz-punkte der positiven Psychotherapie an:
1) das positive Vorgehen,
2) das inhaltliche Vorgehen,
3) das fünfstufige Beratungsmodell.

Diese 3 Grundmodelle brauchten nicht in allen Einzelheiten herausgearbeitet zu werden. Sie waren für mich zunächst eine Orientierungshilfe, um mich nicht in dem Labyrinth der Lebenssituation der Patientin zu verlaufen und mich — wie sie — in einer Sackgasse wiederfinden zu müssen. Ich brauchte diese Orientierungshilfe auch deshalb, um nicht das Verhalten der Kollegen zu wiederholen, das zwar für eine medizinische Abklärung der Diagnose notwendig war, dessen Auswirkungen aber für die Anruferin selbst ein kaum lösbares Problem darstellten.

Die positive Umdeutung

Sie erfolgte hier diskret. Ich vermittelte der Anruferin nicht nur, daß ich verstanden hatte, daß sie unter Schmerzen litt, sondern deutete ihr an, daß sie außer diesen Schmerzen über die Fähigkeit verfügte, körperliches Unwohlsein, existentielle Unsicherheit, Angst, die Ambivalenz von Hoffnung und Hoffnungslosigkeit und schließlich eine Vielzahl von persönlichen Konflikten zu ertragen. Damit beschränkte ich mich nicht darauf, die Patientin als leidend, schwach und hilflos zu sehen und zu behandeln, sondern erinnerte sie an ihre Stärken und Fähigkeiten, die sie bereits lange genug unter Beweis gestellt hatte. So war sie nicht nur passives Opfer, als das sie sich besonders während der medizinischen Untersuchungen in den letzten 4 Wochen erleben mußte, sondern sie lernte sich wieder aktiv zu begreifen. Daran waren 2 therapeutisch relevante Aspekte beteiligt: die Umdeutung der Symptome, das Eingehen auf die Fähigkeiten der Anruferin und der Standortwechsel, durch den neue Konfliktlösungsmöglichkeiten in den Horizont des Denkens und Fühlens gerieten.

Das inhaltliche Modell

Das inhaltliche Modell kam v. a. dadurch zum Tragen, daß es mir half, die Fähigkeits- und Konfliktlösungspotentiale nicht bloß diffus-abstrakt zu erfassen, sondern sie zu differenzieren und zu konkretisieren (vgl. "4 Formen der Konfliktverarbeitung", I./Kap. 3, Abb. 4, S. 40): Die Schmerzsymptomatik bedeutet zunächst, daß die Patientin mit ihrem Körper – sogar mit ihrem *ganzen* Körper – reagierte. Die Mitteilung, sie könnte MS haben, konkretisierte bereits bestehende diffuse Ängste und konfrontierte die Patientin mit Unerwartetem und Unbekanntem. Dadurch, daß die Krankheit ihre *Zukunft* in Frage stellte, begann sie, sich mit dieser zu beschäftigen. Während in dieser Phase des Schocks die wachgerufenen Ängste nicht ins Erleben durchdringen konnten, reagierte sie in der nachfolgenden Zeit zunehmend emotional darauf, und zwar in einer Weise, die ihrer persönlichen Stärke entsprach: Sie begann zu ertragen, zog sich auf sich selbst zurück und belastete sich selbst, indem sie versuchte, durch ihren Rückzug ihre Familie (*Kontakt*) zu entlasten. Sie könne ja "leiden ohne zu klagen".

Während der Krisenzeit war sie, von dem Krankenhausaufenthalt abgesehen, regelmäßig zur Arbeit (*Leistung*) gegangen und hatte den Haushalt für den Ehemann und die 2 Kinder gemacht. Sie hatte zudem von einer anderen Fähigkeit Gebrauch gemacht, deren sie sich sicher fühlen konnte: von ihrem Verstand und ihrer Vernunft. Sie war zum Arzt gegangen, hatte sich den diagnostischen Regeln unterworfen, hatte in einem Hausarztbuch nachgelesen, was MS ist und welchen Verlauf sie nehmen kann, und hatte vage Situationen *phantasiert*, in die sie durch ihre Erkrankung geraten würde.

Das fünfstufige Behandlungsmodell

Obwohl es nicht in allen Einzelheiten ausgeführt wurde, war es mir jedoch während des Gesprächs präsent und half mir, meine Interventionen den Bedürfnissen der Anruferin anzupassen. Neben diesen strukturellen Merkmalen, die eher statisch einen Überblick über das Fähigkeitspotential geben, half mir das fünfstufige Behandlungsmodell prozessual: Auf welcher Stufe der Beziehung steht die Anruferin? Auf welcher stehe ich als Therapeut?

Einstieg war die *Stufe der Beobachtung und Distanzierung*, in der sich die Anruferin weitgehend ohne Interventionen meinerseits darstellen konnte. In der *Stufe der Inventarisierung* versuchte ich, zusätzlich zu den geklagten Symptomen und Störungen, die wie Mikrotraumen einen habituell und lebensgeschichtlich bedingten Bereich verminderter Tragfähigkeit überfluteten, konstruktive Fähigkeiten einzubeziehen. Die *Stufe der situativen Ermutigung* diente dazu, die vorher gewonnenen Erkenntnisse der Patientin so zu vermitteln, daß sie einerseits wieder zu ihren Fähigkeiten Kontakt aufnehmen und andererseits auch dieses Angebot in ihrer derzeitigen Lebenssituation akzeptieren konnte. Dies bedeutete weiter, daß sie begann, sich mit diesen Angeboten auseinanderzusetzen und mit dem Therapeuten, dem Partner und ggf. auch mit sich selbst darüber zu sprechen und ihre Gedanken aufzuschreiben. Dies entspricht der *Stufe der Verbalisierung*. In der *Stufe der Zielerweiterung* begann sie umzusetzen. Sie probte, vielleicht zunächst in der Phantasie, vielleicht auch in ihrem realen Leben, ihre ins Licht des Bewußtseins gerückten

Fähigkeiten. Sie sah neue Aspekte ihres eigenen Lebens und lernte somit aus ihrer Krankheit heraus neue Wege, ihr inneres Gleichgewicht zu gestalten.

Diese 5 Stufen sind nicht ein einmaliger, großer Schritt, den man lediglich im Rahmen einer Psychotherapie machen kann und durch den die eigene Persönlichkeit umstrukturiert wird, sie vollziehen sich im menschlichen Zusammenleben fortwährend. Sie sind kleine Schritte der Kompromißbildungen, die, sofern sie glücken, neue Möglichkeiten und Fähigkeiten bieten. Sich vor Augen zu halten, welchen Stellenwert eine therapeutische Intervention hat, ist zum einen wichtig für die realistische Einschätzung der therapeutischen Möglichkeiten selbst. Dies ist aber auch bedeutsam, um den Patienten nicht zu überfordern und ihm wirklich nur das zu geben, was er in seiner Entwicklungsstufe braucht — und dies ist nicht immer identisch mit dem, was ihm der Therapeut geben und was er als Erfolgserlebnis erfahren möchte. Obwohl, wie schon ausgeführt, alle 3 Grundmodelle imaginär in dem Gespräch mit der Anruferin beteiligt waren, gab ich ihr nicht alles auf einmal..

Fazit: Das Setting, ein Telefongespräch als Kriseninterventin, definierte zugleich die Grenzen der Möglichkeiten zu intervenieren. Die Notwendigkeit, die Stufe der *Verbundenheit* therapeutisch weiter auszugestalten und der Anruferin zusätzlich Regressionen zu erlauben, wie dies z. B. bei Suiziddrohungen und bei einer stationären Behandlung gegeben wäre, bestand nicht.

Ziel konnte es nicht sein, mit der Anruferin deren *Aktual- und Grundkonflikt*, sei es auch nur fokal, aufzuarbeiten. Ziel war es vielmehr, die Anruferin an eigene Selbsthilfepotentiale zu erinnern, das Bewußtsein eigener Fähigkeiten wachzurufen und ihr die Chance zu geben, in ihrem eigenen Entwicklungsprozeß einen Schritt weiter zu gehen, was auch die Möglichkeit beinhaltete, daß sie dieses Angebot ablehnte.

Dieser Beratungsprozeß stand unter dem Zeichen der *Ablösung* und der therapeutischen Bereitschaft, die Autonomie der Anruferin anzuerkennen. Die Intervention hat sicherlich keinen Konflikt gelöst, aber der Anruferin Fragen gestellt und ihr Sichtweisen geboten, die ihr die Möglichkeit gaben, sich wieder ein Stück neu zu erfahren. Dies bedeutete auch, daß sie lernen konnte, anders mit Ängsten und mit Therapeuten umzugehen, und daß sie über ihre Fähigkeit hinaus, viel zu ertragen, auch die Fähigkeit entwickeln konnten, Fragen zu stellen, Ängste und Bedürfnisse zu äußern und das anzunehmen, was Mediziner gerne in ihrer routinebedingten Einseitigkeit übersehen: die andere Seite der Krankheit, mit all ihren Auswirkungen auf die anderen Lebensbereiche Beruf/Leistung, Familie/Kontakt und Zukunft.

II. Krankheitsbilder

1 Anorexia nervosa und Bulimie

Die Fähigkeit, mit wenig Mitteln auszukommen. Die Fähigkeit, am Hunger der Welt teilzuhaben

Definition

Als Anorexia nervosa oder Pubertätsmagersucht bezeichnet man eine extreme Gewichtsabnahme infolge von Nahrungsverweigerung und/oder chronischem Erbrechen. Die Krankheit tritt meistens in der Pubertät und fast nur bei Mädchen auf.

Im DSM-III-R (1989) der American Psychiatric Association werden für das Krankheitsbild der Bulimie folgende diagnostischen Kriterien aufgestellt:
1) wiederholte Bulimieattacken (Verschlingen großer Nahrungsmengen in kurzer Zeit, gewöhnlich in weniger als 2 Stunden),
2) mindestens 3 der folgenden Symptome: a) Verzehr hochkalorischer, leicht zuzuführender Nahrung während einer Bulimieattacke, b) wahlloses Durcheinanderessen während einer Bulimieattacke, c) Beendigung einer Bulimieattacke mit Auftreten abdomineller Beschwerden, Schlaf, selbstinduziertem Erbrechen oder Störung durch Dritte, d) wiederholte Versuche einer Gewichtsreduktion durch strenge Diät, selbstinduziertes Erbrechen und Gebrauch von Laxanzien oder Diuretika, e) häufige Gewichtsschwankungen, um mehr als 5 kg alternierend, bedingt durch Fasten bzw. vermehrtes Essen.
3) Die Störung des Eßverhaltens ist bewußt; gleichzeitig besteht eine Angst, die willentliche Kontrolle über das Eßverhalten zu verlieren.
4) Depressive Stimmung und selbstentwertende Gedanken nach einer Bulimieattacke.
5) Die Bulimieepisoden erfolgen nicht im Rahmen einer Anorexia nervosa oder als Folge einer bekannten somatischen Erkrankung.

Symptomatik

Als Frühsymptome von Anorexie finden sich häufig auffällige Verhaltensänderungen: Im Umgang mit anderen kann es zu Rückzug und Isolation kommen, gegenüber bestimmten Speisen kann sich Abneigung und Ekel entwickeln. Die Angst, das Körpergewicht nicht mehr unter Kontrolle zu haben, kann plötzlich auftreten. Zum vollentwickelten Krankheitsbild gehören nach DSM-III-R (1989) folgende 5 Symptome: starke Angst davor, dick zu werden, die sich mit dem Gewichtsverlust nicht verringert — Störungen des eigenen Körperbildes im Sinne einer verzerrten Eigenwahrnehmung, z. B. sich trotz deutlicher Abmagerung für zu dick halten — Verlust von mindestens 25 % des ursprünglichen Körpergewichts — Weigerung, das Körpergewicht über einem minimalnormalen, Alter und Größe angemessenen Gewicht zu halten — Fehlen jeglicher körperlicher Krankheiten, die den Gewichtsverlust verursachen könnten (vgl. auch Meermann u. Vandereyecken 1987).

Transkultureller Ansatz und Epidemiologie

Die psychogene Magersucht ist eine Erkrankung, die in allen Ländern der Erde vorkommt. Sie ist sogar in Ländern mit Ernährungsproblemen zu finden, z. B. in Indien, was nach Bräutigam u. Christian (1973) zeigt, daß zwischen Untergewicht und Magersucht zu differenzieren ist. Nach Jores (1981) wurde in den USA festgestellt, daß mehr weiße als farbige Amerikaner an Magersucht erkranken und eher Menschen aus höheren sozialen Schichten als aus niedereren. Die Anorexia nervosa tritt fast ausschließlich in der Zeit zwischen der Pubertät und dem 25. Lebensjahr vorwiegend bei Frauen auf. Das Geschlechtsverhältnis beträgt nach Petzold u. Reindell (1980) 1:10, nach Jores (1981) 1:20 bzw. 1:30. Von 100.000 Frauen zwischen dem 15. und 25. Lebensjahr erkranken jährlich 15−75 an Magersucht.

Literaturvergleich

Nach der tiefenpsychologischen Lehre werden mit der Appetitlosigkeit und der Nahrungsverweigerung unbewußte oral-possessive und aggressive Strebungen abgewehrt, da die Existenz eines schlechten Gewissens die Befriedigung dieser Bedürfnisse nicht gestatten kann. In diesem Zusammenhang weisen Loch (1971) und Alexander (1971) auf die Bedeutung des Fastens als Buße hin. Beide Autoren sehen ferner in der Symptomatik eine unbewußte Protest- und Trotzreaktion.

Bräutigam u. Christian (1973) sehen als grundlegenden Konflikt der Anorexia nervosa die ambivalente Einstellung zur Geschlechtsrolle der Frau. Für Jores (1981) kommt der Mutter eine zentrale Bedeutung zu. Petzold u. Reindell (1980) stellen fest, daß sich in Anorexia-nervosa-Familien besonders das Bestreben zeigt, Konflikte zu vermeiden, wodurch gerade erst eine zwar untergründige, aber permanente Spannung erzeugt wird.

Nach Battegay (1982) spielt der sekundäre Krankheitsgewinn bei der Aufrechterhaltung der Symptomatik eine große Rolle. Mit ihrem Erscheinen und ihrer Haltung vermögen die Kranken zu dokumentieren, "daß sie emotional hungrig geblieben sind". Magersüchtige sind nach Gerlinghoff u. Backmund (1989) häufig Opfer ihrer eigenen Ideen: Untergewicht sei gesünder als Übergewicht, Askese schärfe das Denken, körperlicher Schwäche müsse mit Abhärtung begegnet werden, pflanzliche Abführmittel seien keine richtigen Abführmittel usw. Nach Thomä (1972) sind etwa 30 % der Erkrankten einer psychoanalytischen Therapie zugänglich. Eine Besserung erstreckt sich auf das Eßverhalten und auf die psychosoziale Entwicklung. Rosman et al. (1976) beobachteten die Interaktionsmuster innerhalb der Familie und erarbeiteten dann eine therapeutische Strategie. Nach Minuchin (1977) und Minuchin et al. (1975) verändern die familientherapeutischen Interventionen den gesamten Lebenskontext des Kranken. Fichter u. Keeser (1980) und Fichter et al. (1983) zeigten, daß bei verhaltenstherapeutischen Strategien nicht mehr nur auf die Gewichtsentwicklung, sondern auch auf die Veränderungen sozialer Verhaltensweisen Wert gelegt wird.

Bulimiepatientinnen sind nach Gerlinghoff u. Backmund (1989) nach außen perfekt: "Sie haben die 'Idealfigur', sind erfolgreich und 'funktionieren' immer. Die perfekte Fassade verbirgt aber ein extrem niedriges Selbstwertgefühl. Ständig fragen sie sich, was andere von ihnen erwarten, ob sie sich richtig verhalten. Sie leisten immer mehr und verwechseln Liebe, nach der sie suchen, mit Anerkennung."

Sprachbilder und Volksweisheiten

Da vergeht einem der Appetit; ein Loch im Magen haben; ich hab das alles satt; sie ist nur noch Haut und Knochen; es ist zum Kotzen; etwas schlägt auf den Magen; Hunger ist der beste Koch; die Augen sind größer als der Bauch.

Geschichte: "Der geheilte Wahn!"

Als der König Amirnuhe Samani starb, nutzten die Gelehrten die Gelegenheit, gegen den ihnen lästigen Avicena zu intrigieren. So blieb Avicena nichts anderes übrig, als die Stadt Gorgan zu verlassen und nach Rey, das zu der Ailamin-Dynastie gehörte, zu ziehen. Rey stand unter der Herrschaft des Königs Madzdeldowleh. Der Herrscher litt unter einer schweren Melancholie und Magersucht. Avicena konnte ihm durch eine recht eigenwillige Methode helfen. Der altpersische Dichter Nizami beschreibt diese Heilung folgendermaßen:

Der Herrscher glaubte, er sei eine Kuh, und hatte völlig vergessen, daß er ein Mensch war. Deshalb brüllte er wie ein Rind und flehte: "Kommt, nehmt mich mit, schlachtet mich und macht von meinem Fleisch Gebrauch." Er aß nichts und schickte alle ihm gereichten Speisen zurück: "Warum führt ihr mich nicht auf die grüne Wiese, daß ich dort das fressen kann, was einer Kuh zukommt?" Da er nicht mehr aß, nahm er ständig ab und war schließlich nur noch ein Gerippe. Da alle Methoden und Medikamente nichts halfen, holte man Avicena zu Rat. Dieser ließ dem König mitteilen, ein Metzger käme, um ihn zu schlachten, sein Fleisch zu teilen und es den Menschen zum Mahl zu geben. Als der Kranke das erfuhr, war er über alle Maßen glücklich und wartete mit Sehnsucht auf seinen Tod. An dem vereinbarten Tag trat Avicena vor den König. Er schwang das Schlachtermesser und schrie mit fürchterlicher Stimme: "Wo ist die Kuh, damit ich sie endlich schlachten kann?" Der König gab ein verzücktes Muhen von sich, damit der Metzger wisse, wo das Opfer sei. Avicena befahl laut: "Bringt das Schlachtvieh

Abb. 1. Der geheilte Wahn (aus Peseschkian 1977b, S. 15)

her, fesselt es, damit ich ihm den Kopf vom Rumpf trennen kann." Doch bevor er zuschlug, prüfte er, wie Metzger es gewöhnlich tun, die Lenden und den Bauch des Schlachtopfers auf Fleisch und Fett und rief laut aus: "Nein, nein, diese Kuh ist noch nicht reif zum Schlachten. Sie ist sehr mager. Nehmt sie mit und gebt ihr zu fressen. Wenn sie das richtige Gewicht hat, komme ich später, um sie zu schlachten." Der Kranke aß in seiner Hoffnung, bald geschlachtet zu werden, jede Speise, die man ihm brachte. Er nahm zu, sein Befinden besserte sich zusehends, und er genas unter der Pflege Avicenas (aus Peseschkian 1977, S. 117 f.; Abb. 2).

Selbsthilfeanteil: Entwicklung von Anorexia nervosa und Bulimie aus der Sicht der positiven Psychotherapie

Fallbeispiel: "Ich komme mir vor wie bei der Echternacher Springprozession: 3 Schritte vor und 2 Schritte zurück!"

Ich leide unter Bulimie. Ich stopfe mich 1- bis 2mal am Tag mit Nahrungsmitteln voll, welche ich mir aus Gewichtsgründen selbst verboten habe. Aus Angst vor der Gewichtszunahme erbreche ich diese Nahrungsmittel wieder. Obwohl ich mir morgens vornehme, nichts zu kaufen und "vernünftig" zu sein, treibt es mich fast zwanghaft nach Beendigung meines Dienstes in ein Lebensmittelgeschäft, wo ich Lebensmittel kaufe, die ich nicht großartig zubereiten muß und doch gerne esse: Brötchen, Kuchen, Schokolade, Fertiggerichte in Dosen. Ich habe keine Lust, mir etwas zu kochen, also muß es schnell gehen. Auf dem Weg nach Hause fange ich schon an zu essen. Wenn ich zu Hause bin, esse ich so lange weiter, bis ich überfüllt bin und alle Lebensmittel aufgegessen sind. Dann erbreche ich sie, und es kommt vor, daß es mir danach schlecht ist. Meistens esse ich dann etwas "Erlaubtes", um mein Gewicht zu halten, da ich weder abnehmen noch zunehmen will. Nach dem Erbrechen ist der Eß- und Erbrechzwang erst einmal weg. Aber ich habe eine panische Angst vor einer Gewichtszunahme, eine solche kommt für mich einem Weltuntergang nahe. Auch wenn ich zum Essen eingeladen bin, selbst eine Feier ausrichte oder wenn ich in einem Lokal bin, gehe ich nach dem Essen heimlich auf die Toilette, um zu erbrechen.

Das Essen ist für mich Trost, Zuflucht, Geborgenheit. Mir ist bewußt, daß ich andere Dinge finden muß, um von der Bulimie loszukommen, ich weiß nur nicht wie und was. Schlimm ist auch die finanzielle Lage, in die ich mich "hineinesse". Pro Tag verbrauche ich je nach Gemütslage zwischen DM 20 und DM 50 für Lebensmittel, die ich hinterher wieder erbreche. Ich möchte von diesem Zwang loskommen und v. a. diese furchtbare Angst vor einer Gewichtszunahme loswerden ... (35jährige Krankenschwester mit partnerschaftlichen Problemen).

a) Beschwerden und Physiologie

Bei Anorexie tritt ein extremer Gewichtsverlust auf, der bis zu einem Körpergewicht von 25 kg führen kann. Zu der Gewichtsabnahme kommt es hauptsächlich durch Nahrungsverweigerung. Da die Einstellung dem Essen gegenüber ambivalent ist, treten auch Anfälle von Heißhunger auf, denen meist heimlich, verbunden mit Scham- und Schuldgefühlen, nachgegangen wird. Unter dem Vorwand körperlicher Beschwerden (z. B. Völlegefühl) versucht der Kranke anschließend, sich des Essens durch absichtlich herbeigeführtes Erbrechen oder durch die Einnahme von Abführmitteln schnellstens wieder zu entledigen. Chronische Obstipation ist regelmäßig anzutreffen, und es kommt oft zu Menstruationsstörungen. Bemerkenswert ist die motorische Überaktivität auch noch bei extremem Kräfteverfall infolge der Unterernährung. Krankheitseinsicht ist nicht vorhanden. Die Körperwahrnehmung ist gestört, der kachektische Zustand wird verleugnet. In schweren Fällen kann es zu Eiweiß- und Vitaminmangel, zu Elektrolytstörungen, v. a. zur Hypokaliämie kommen; krankhafte Organveränderungen finden sich jedoch nicht.

Konstantes Hauptmerkmal der Bulimie sind nach Köhle u. Simons (1986, S. 608) "Episoden von Heißhungerattacken, die regelmäßig von unbändigem selbstinduziertem Erbrechen und Abführen begleitet sind. Diese Episoden des Überessens sind unmittelbarer Anlaß des Erbrechens mit dem Ziel, die Wirkung der Nahrungsaufnahme zu verhindern. Im Gegensatz zur Anorexia nervosa sind Patientinnen mit Bulimia nervosa normal- bis leicht untergewichtig. Eine Amenorrhö ist kein konstantes Merkmal, sondern nur ein vorübergehendes Symptom. Gemeinsam mit der Anorexia nervosa ist die abnorme Beschäftigung mit dem Körper und die Angst, dick zu werden. Auffällig häufig wird bei diesen Patientinnen auch eine Tendenz zu Depressionen und ein starkes Bedürfnis zur sozialen Anpassung beobachtet."

b) Aktualkonflikt: 4 Formen der Konfliktverarbeitung – psychosoziale Belastungssituation

Bei der psychogenen Magersucht handelt es sich weniger um die Erkrankung eines einzelnen Menschen, sondern vielmehr um die Erkrankung einer ganzen Familie, wobei der Magersüchtige zum Symptomträger wird. Er bringt mit seiner Krankheit zum Ausdruck, worunter zwar die ganze Familie leidet, was aber keiner auszusprechen oder nur zu denken wagt. So gesehen ist der Patient in dem Familienverband eigentlich der Stärkste, denn er riskiert es, unter Einsatz seines Lebens die Familienproblematik und soziale Ungerechtigkeiten sichtbar zu machen. Welche Kräfte gerade diese nach außen so schwach und hilflos wirkenden Menschen haben, zeigt sich in ihrer Konsequenz, die Nahrung zu verweigern und den Protest zu betreiben, sowie in ihrem Ehrgeiz, in ihrer Aktivität und in ihrer eisernen Selbstkontrolle. Diese schlägt allerdings oft ins Gegenteil um: Um sich nicht wegen ihres Heißhungers rechtfertigen zu müssen (*Höflichkeit/Ehrlichkeit*), schlingen sie oft große Mengen in sich hinein, um sie nachher wieder zu erbrechen.

c) Grundkonflikt: 4 Formen der Vorbilddimensionen – Bedingungen der Frühgenese

Die Familien der Magersüchtigen sind meist sogenannte "intakte" Familien in gesicherten finanziellen Verhältnissen. Typisch ist, daß in diesen Familien oder bei einem Elternteil großer Wert auf Ordnung, Sauberkeit, Höflichkeit, Leistung und, hinsichtlich der Religion, auf Gehorsam gelegt wird. Die Einstellung zum Körper, zur Sinnlichkeit und zur Sexualität ist auffallend einseitig; um mit Dethlefsen u. Dahlke (1983) zu sprechen: in Richtung "Vergeistigung" und "Entmaterialisierung". Man spricht in diesem Zusammenhang von einer "asketischen Familie". Freude an sinnlichen, "triebhaften" Genüssen und Zärtlichkeit gibt es nicht. Liebe wird nur für Leistung und Wohlverhalten gewährt, es ist keine Zeit füreinander da, Kontakte nach außen fehlen. Dagegen dominieren Konzepte wie: "Erst die Arbeit, dann das Vergnügen", "Kannst Du was, dann bist Du was", "Was auf den Tisch kommt, wird gegessen" und "Was sagen die Leute" (*Höflichkeit*).

d) Aktual- und Grundkonzepte: innere Konfliktdynamik

Als Heranwachsende mit beginnender Ablösung vom Elternhaus geraten diese Menschen nun in einen Konflikt zwischen dem, was sie zu Hause gelernt haben, und ihren eigenen Wünschen und Einstellungen. Der Weg in die Somatik bedeutet für sie keine Flucht, sondern vielmehr eine dramatische Aktion, eine für alle sichtbare Auflehnung gegen Konventionen und Konformität, eine Demonstration der Autonomie. So können die Symptome einmal auf familiäre Konflikte zurückgehen (Empfinden von Ungerechtigkeit: "Warum gerade ich?"), zum anderen in gut situierten Familien als Reaktion auf soziale Ungerechtigkeiten (z. B. Hunger in der Welt) verstanden werden. Die körperliche Evidenz zwingt die Familie dazu zu reagieren, im positiven Sinne: sich der Problematik zu stellen, die Konzepte zu überdenken. So sieht die positive Psychotherapie in der psychogenen Magersucht weniger eine krankhafte Appetitlosigkeit oder eine Ausweichstrategie als vielmehr *die Fähigkeit, durch Hungern auf sichtbare Art und Weise auf etwas in sich und um sich aufmerksam zu machen.*

Anorektiker leben vor, mit wie wenig und mit wie wenigem man auskommen kann (Askese und Einsamkeit). Andererseits haben sie die altruistische Fähigkeit, für andere zu kochen und gleichzeitig am Hunger der Welt teilzunehmen.

Praktische Konsequenzen aus diesem Selbsthilfeanteil finden sich im Fragebogen am Ende dieses Kapitels.

Therapeutischer Anteil: das fünfstufige Vorgehen der positiven Psychotherapie bei Anorexia nervosa und Bulimie

Stufe 1: Beobachtung/Distanzierung

Welche Symptome und Beschwerden liegen vor? Wo und wie ist der Patient bisher behandelt worden? Welche Erklärungen wurden für die Krankheit gegeben? – Positive Deutung, erstmaliger Symptombeginn, beschwerdenauslösende Momente, transkultureller Ansatz, Sprachbilder.

Fallbeispiel: "Die Fähigkeit, sich mit dem Hunger der Welt zu identifizieren."

Eine 17jährige Schülerin, der man äußerlich ansah, daß sie anorektisch war, kam in meine Praxis. Ihr Erscheinungsbild war so betont unauffällig, daß es schon wieder auffällig war, und sie begegnete ihrer Außenwelt mit einer ernsten und abweisenden Haltung. Ihr ganzer Bewegungsablauf war verlangsamt und ihre Gestik sparsam. Ich hatte den Eindruck, daß sie sich bemühte, distanziert und ruhig zu bleiben.

Therapeut: "Wie Sie ja wissen, hat Ihre Mutter schon mit mir gesprochen, ich habe Sie erwartet. Können Sie mir mit eigenen Worten sagen, was Sie zu mir führt?"

Patientin: "Meine Eltern meinen, ich esse zu wenig." (Sie bleibt dabei ruhig, abwartend, abweisend.)

Therapeut: "Sie meinen, daß Sie mit wenig Essen auskommen?"

Patientin (strahlt und ist sichtlich angesprochen): "Ja, genau so ist es. Das müssen Sie mal meinen Eltern sagen, die nehmen sonderbarerweise verstärkt bei mir Anteil, was und wieviel ich esse."

Therapeut: "Wie Sie vielleicht wissen, gibt es andere Kulturen, z. B. in Indien, China und Afrika, wo viele Menschen es gewohnt sind, mit wenig Essen auszukommen, und sehr schlank sind. Haben Sie sich damit auch schon beschäftigt?"

Patientin: "Ja, ich habe darüber schon viel gehört und gelesen und mache mir auch viele Gedanken. Es beschäftigt mich sehr, wie diese Menschen es schaffen, mit wenig auszukommen. Ich bewundere sie, daß sie in dieser Hinsicht unabhängiger sind als wir."

Therapeut: "Mir fällt in diesem Zusammenhang eine Geschichte ein, die mich an Ihre Situation erinnert. Eine Mutter beklagte sich bei ihrer Tochter: 'Aber nein, wie schlecht du ißt! Viele Menschen wären froh, wenn sie die Hälfte von dem hätten, was du hast.' Darauf antwortete wehmütig die Tochter: 'Liebe Mutti, ich auch.'"

Patientin (schaut erst überrascht und fängt dann verhalten an zu lachen): "Ja, die Geschichte ist gut. Es stimmt tatsächlich, daß meine Eltern nicht verstehen können, daß ich einfach nicht so viel brauche, und außerdem möchte ich nicht dick werden."

Stufe 2: Inventarisierung

- *Life-events* (Lebensereignisse, Aktualkonflikt): Mit welchen Ereignissen wurde der Patient in den letzten 5–10 Jahren konfrontiert? Wie wurden sie verarbeitet? Der Patient soll mindestens 10 Ereignisse nennen.
- *Vier Formen der Konfliktverarbeitung*: Welchen Einfluß haben die Ereignisse auf das allgemeine Wohlbefinden, den Beruf, die Partnerschaft, die Familie und andere zwischenmenschlichen Beziehungen und Zukunftsperspektiven gehabt? Welche Form der Konfliktverarbeitung wird bevorzugt?
- *Mikrotraumen*: Welche der Aktualfähigkeiten wirken mikrotraumatisch? Diese geben die inhaltlichen Bedingungen individueller, familiärer und sozialer Konflikte wieder (innerer Konflikt).
- *Vorbilddimensionen* ("Reise in die Vergangenheit" – Grundkonflikt): Wie wurde gelernt, auf die Ereignisse und Konflikte so und nicht anders zu reagieren? Welche Konzepte und Symptome wurden in der Familie über Generationen praktiziert (Konzeptstammbaum, Ursprungsfamilie, Lebensphilosophie)?

Um die Entwicklung der Patientin und ihre Einstellung zum Eßverhalten durchsichtig zu machen und sie in einem umfassenden psychosomatischen Zusammenhang zu sehen, wurde der Dialog zunächst fortgesetzt:

Therapeut: "Was haben Ihre Eltern gemacht, wenn Sie nicht alles aufgegessen haben?"

Patientin: "Sie haben sich darüber beklagt und meinten, daß ich wie der 'Suppenkasper' werden würde. Auch wurde mir vorgehalten, welche Mühe sie sich gemacht hätten und daß ich undankbar sei. Wenn alles nichts half und ich trotzdem das Essen stehen ließ, wurde es aufgewärmt und mir später wieder vorgesetzt." (Die Patientin lächelte bitter und schüttelte dabei leicht den Kopf.)

Therapeut: "Mir fällt auf, daß Sie nicht verstehen können, warum Ihre Eltern meinen, Sie sollen alles aufessen. Im Abendland herrscht doch in der Regel die Sitte: 'Es wird gegessen, was auf den Tisch kommt!', während es in vielen orientalischen Kulturen beste Sitte ist, wenn man einen kleinen Rest auf dem Teller liegen läßt."

Patientin (wirkt überrascht und zieht die Augenbrauen hoch): "Das wußte ich nicht, daß es so große Unterschiede gibt und daß es von der Kultur abhängig ist. Es ist fast kaum zu glauben." (Sie verstummt und überlegt.)

Therapeut: "Die körperliche Versorgung hatte für Ihre Eltern einen hohen Stellenwert?"

Patientin: "Ja, einen sehr hohen. Ich bekam als Kind fast jeden Abend ein Stück Schokolade von meiner Mutter, als 'Bettgeher'. Es stimmt auch, daß bei uns das Motto herrschte, daß alles aufgegessen werden muß, was auf den Tisch kommt. Wenn ich heute daran denke, schaudert es mich: die verkochten Gemüse und die zuvielen Lebensmittel. Ich habe einen solchen Widerwillen dagegen, mittlerweile kann ich manche Speisen nicht mehr essen. Außerdem können meine Eltern nicht akzeptieren, daß ich mein Gewicht reduziert halten möchte."

Therapeut: "Welche Bedeutung hat es für Sie, schlank zu sein und mit wenig auszukommen?"

Patientin: "Es ist wichtig für meine Unabhängigkeit. Ich benötige viel Freiheit und Ungebundenheit. Ich möchte einmal niemandem außer mir selbst, meinem Gewissen und Gott darüber Rechenschaft schuldig sein, was ich tue oder lasse. In Diskussionen sagt uns mein Vater immer nur, daß wir dieses oder jenes falsch sehen, und das kommt mir dann wie 'brain-wash' vor, oder wie bei Bäumen, denen man immer und immer wieder die Äste so stutzt, daß sie irgendwann einmal so wachsen, wie man sie haben möchte."

Therapeut: "Welche Bedeutung hat Essen für Ihre Eltern, und wie sind Sie damit umgegangen?"

Patientin: "Da meine Eltern sich für wenig andere Sachen interessieren, außer dem, was zu ihrem eigenen Vorteil ist, spielt Essen für sie wohl eine sehr wichtige Rolle. Mein Vater sorgt sich um uns Kinder mehr als um unsere Mutter und dies drückt er als

Ernährer aus. Wenn ich nicht richtig esse, bekomme ich zu verstehen, daß es genug Menschen gibt, die hungern müssen, und wir das Glück hätten, dies nicht erleiden zu müssen."

Therapeut: "Sie haben die Fähigkeit, sich mit dem Hunger der Welt zu identifizieren?"

Patientin: "In gewisser Hinsicht ja. Während in der Welt diese Ungerechtigkeit herrscht, dreht sich bei uns zu Hause alles um das Essen und die Arbeit. Es regt mich auf, daß meine Eltern bei Tisch immer ein Riesentheater veranstalten, damit ich meinen Teller aufesse, und sie dabei immer dicker werden! Sie kümmern sich nur um ihre eigenen Interessen, aber merken nicht, was um sie herum alles geschieht."

Therapeut: "Könnten Sie mit Ihren Eltern über die Weltlage sprechen?"

Patientin: "Nein. Dieses Thema wird in der Regel mit: 'Die sind doch selbst schuld' oder 'Die wollten es doch nicht anders', abgetan. Mein Vater duldet da keine andere Meinung als seine eigene. Hauptsache ist, daß es *uns* gutgeht und alles in der Familie in Ordnung ist."

Therapeut: "Aus den Daten erkenne ich, daß Sie noch einen älteren Bruder haben. Wie geht er mit dem Essen um?"

Patientin: "Das ist ein Problem für sich. Als mein Bruder vor 2 Jahren eine Lebensmittelallergie bekam und nicht viel essen konnte, waren meine Eltern verständlicherweise sehr froh darüber, daß ich von dieser speziellen Krankheit verschont geblieben bin. Meine Eltern sagten mir immer wieder, besonders wenn wir eingeladen waren, wie schlecht doch mein Bruder aussähe und wie gut ich dagegen!"

Therapeut: "Sie haben den Eindruck, daß ihre Eltern in der Sorge um Sie den Bruder vernachlässigen?"

Patientin: "Ja, sogar sehr." (Beipflichtend nickt sie mit dem Kopf.)

Therapeut: "Welche Beziehung haben Sie zu Ihrem Bruder?"

Patientin: "Wir hatten eine außerordentlich gute Beziehung. Bis zum Beginn seines Studiums haben wir fast alles gemeinsam unternommen und selbst jetzt noch gehen wir am Wochenende zusammen weg. Wir glichen uns immer sehr, sogar im Aussehen."

Therapeut: "Ihr Bruder ist für Sie ein positives Vorbild?"

Patientin (lächelt interessiert, ihre Aufmerksamkeit ist sichtlich angesprochen): "Bis vor 2 Jahren war alles in Ordnung, und ich konnte mit ihm über alles sprechen. Dann aber habe ich gemerkt, daß ich mich zu einer Frau entwickle. Ich habe Angst davor, insbesondere deswegen, weil ich meinem Bruder so viel wie möglich ähneln möchte. Was mich außerdem noch beschäftigt, ist die Tatsache, daß alle seine bzw. unsere Freunde genauso dünn sind wie er, so daß ich mich zwischen ihnen immer etwas gehemmt fühle ..."

Es handelt sich um eine Magersucht bei einer psychasthenischen Persönlichkeit auf der Basis einer depressiv-hysterischen Neurosenstruktur (Gewichtsverlust, Angstzustände, innere Unruhe und Depressionen). Die depressiven Erscheinungsbilder, die von anderen Gutachtern als phasisch dargestellt wurden, imponieren vielmehr als erlebnisreaktiv und als Folge von Überlastungssituationen (Identifikation mit dem Bruder, Infragestellung von Familienkonzepten bei gleichzeitiger Notwendigkeit, in der Familie zu leben, ständige Konfrontation mit Überlegungen, welche Verantwortung sie bei einer künftigen Berufs- und Partnerwahl übernehmen müsse). Auf diese Situation reagierte sie regressiv im Bereich Körper/Sinne. Die Anamnese spricht für diese Diagnose ebenso wie der Verlauf der Therapie.

Stufe 3: Situative Ermutigung

Welche positiven Auswirkungen haben Ereignisse und Lebenskonzepte auf den Patienten und seine Familie? Positive (konfliktarme) Anteile beim Patienten und seiner Familie werden bewußt gemacht und kontinuierlich ermutigt. Medikation? Physikalische Behandlung? Diätmaßnahmen? Entspannungsverfahren? Intervalltraining?

Anstelle der gewohnten Vorwürfe und Kommentare hörte die Patientin erstmalig, daß sie die Fähigkeit habe, mit wenig Essen auszukommen. Die Basis für das weitere Gespräch – in dem wesentliche Aspekte der Krankheit deutlich wurden, obwohl nie direkt danach gefragt wurde – war gelegt.

Die Patientin fühlte sich von der Deutung, sie habe die Fähigkeit, sich mit dem Hunger der Welt zu identifizieren, besonders angesprochen, denn sie interessierte sich sehr für Projekte zur sozialen und wirtschaftlichen Entwicklung, die auch einer breiten Allgemeinheit in den Ländern der Dritten Welt zu besseren Lebensbedingungen verhelfen würden.

Unsere Fähigkeit, uns mit anderen zu identifizieren und mit ihnen zu fühlen, resultiert aus der Wahrnehmung unserer organischen Einheit mit der Gemeinschaft. Es ist sicher ein Aspekt der Erkrankung, daß die Patientinnen sich um dieses Gemeinschaftsgefühl bemühen, es aber nicht oder nicht in der gewünschten Form erreichen können. Es kann in diesem Zusammenhang nicht unbeachtet bleiben, daß Scheidung der Eltern, Scheidung/Trennung vom Partner und Sensibilisierung für Fragen der Gerechtigkeit/Ungerechtigkeit – innerhalb der Familie und der Welt – eine besondere Rolle spielen und dann auch im Verlauf der Therapie zur Sprache kommen.

Im Rahmen der fünfstufigen positiven Familientherapie konnte – ausgehend von diesen Konfliktpotentialen – die Problematik der Patientin aufgearbeitet werden. Die Anekdote "Liebe Mutti, ich auch!" brachte sie zum Lachen und bahnte so einen Standortwechsel an. Die Geschichte "Der geheilte Wahn" wirkte als gewünschtes Medium in der Arzt-Patient-Beziehung; sie wurde in einer Entspannungsübung vorgegeben. So konnte die Patientin ein neues Konzept ihrer Erkrankung erkennen, das die therapeutische Arbeit erleichterte. Zusätzlich bekam sie leichte Antidepressiva in geringer Dosierung, so daß ihr Aktivitätsniveau nicht beeinträchtigt wurde.

Stufe 4: Verbalisierung

Welche Probleme sind noch zu verarbeiten? Welche 3 Probleme möchte der Patient in den nächsten 3–5 Wochen angehen? Probleme und nicht erlebte Bereiche werden konkretisiert, verbalisiert und die Kommunikation mit dem Partner nach festgelegten Regeln trainiert (Familiengruppe, Partnergruppe, Berufsgruppe).

Nachdem ihr in der Stufe 3 die positiven Aspekte ihres Gerechtigkeitssinns deutlich geworden waren, wurden in der Stufe 4 deren Schattenseiten ("Gerechtigkeitstic"), die immer wieder zu individuellen und gesellschaftlichen Kommunikationsproblemen führten, behandelt. Die Patientin sagte von sich selbst zum Beispiel:

Ich kann von mir sagen, ich bin ein Gerechtigkeitfanatiker. Auch wenn es mich nichts angeht, mische ich mich in andere Angelegenheiten. Wenn ich sehe, daß es da ungerecht zugeht, so versuche ich, Ungerechtigkeiten zu beeinflussen ...

Daher wurde auf dem Hintergrund ihres neurotischen Wiederholungszwangs neben der Aktualfähigkeit *Einheit* (vgl. II./Kap. 39) besonders *Gerechtigkeit* im individuellen und umfassenden Sinn angesprochen: "Sie haben sehr viel Sinn für Gerechtigkeit, können aber noch lernen, Ungerechtigkeiten zu ertragen ..."

Die Aktualfähigkeit "Gerechtigkeit"

Definition und Entwicklung: Gerechtigkeit ist die Fähigkeit, im Verhältnis zu sich selbst und anderen gegenüber Interessen abzuwägen. Als ungerecht empfindet man dabei eine Behandlung, die von persönlichen Zu- oder Abneigungen oder Parteinahme statt von sachlichen Überlegungen diktiert wird. Der gesellschaftliche Aspekt dieser Aktualfähigkeit ist die soziale Gerechtigkeit.

Jeder Mensch besitzt einen Gerechtigkeitssinn. Die Art, wie Bezugspersonen ein Kind behandeln, wie gerecht sie zu ihm, zu seinen Geschwistern und zueinander sind, prägt das individuelle Bezugssystem für die Gerechtigkeit.

Wie fragt man danach: Wer von Ihnen legt mehr Wert auf Gerechtigkeit? (Gerechtigkeit oder Ungerechtigkeit in welchen Situationen und wem gegenüber?) Halten Sie Ihren Partner für gerecht (den Kindern, den Schwiegereltern, den Mitmenschen, Ihnen selbst gegenüber)? Wie reagieren Sie, wenn Sie ungerecht behandelt werden (im Beruf, in der Familie)? Haben oder hatten Sie Probleme mit Ungerechtigkeiten (wurde Ihnen jemand vorgezogen)? Wer von Ihren Eltern achtete Ihnen oder Ihren Geschwistern gegenüber mehr auf Gerechtigkeit (Situation)?

Synonyme und Störungen: Angemessen, wohlverdient, sachlich, unbefangen, unannehmbar, unberechtigt, im Vergleich zu ..., sich benachteiligt fühlen. – Gerechtigkeitstic, Selbstgerechtigkeit, Überempfindlichkeit, Rivalität, Machtkampf, Gefühl der Schwäche, Ungerechtigkeit, Vergeltung, Rache, individuelle und kollektive Aggression, Depressionen, Rentenneurosen.

Verhaltensregulative: Gerechtigkeit ohne Liebe sieht nur die Leistung und den Vergleich; Liebe ohne Gerechtigkeit verliert die Kontrolle über die Wirklichkeit. Lerne zu vereinigen: Gerechtigkeit und Liebe. Zwei Menschen gleich behandeln heißt, einen ungerecht behandeln.

In der Stufe 4 wurden beide Elternteile mehrmals in die Therapie einbezogen, während der Bruder sich dagegen wehrte. Die Mutter berichtete mehrmals über die Schwierigkeiten, die sie seit Jahren mit ihrem Mann hatte. Der Mann wollte wenig außerfamiliäre Kontakte haben. Ein Konfliktthema in der Familie war das Thema "Ordnung" bei den Kindern. Während der Vater heftig auf Ordnung drang, räumte die Mutter selbst alles auf. Das Ansprechen dieses zum wesentlichen Teil unbewußten neuralgischen Punktes und dessen Lösungsmöglichkeiten brachte eine spürbare Verbesserung der familiären Atmosphäre.

Stufe 5: Zielerweiterung

Welche Ziele haben der Patient und seine Familie in den nächsten 3–5 Jahren, (Monaten, Wochen, Tagen)? Was würde er gesundheitlich, beruflich, familiär und gesellschaftlich machen, wenn er keine Probleme mehr hätte?

In dieser Stufe äußerte die Patientin ihren Wunsch, nach dem Abitur internationale Sprachkorrespondentin zu werden, um Menschen verschiedener Kulturen kennen zu lernen. Es stellte sich auch heraus, daß sie nicht deswegen Angst hatte, erwachsen zu werden, weil sie ihre Geschlechtsrolle nicht realisieren wollte, sondern weil sie befürchtete, in einer Partnerschaft und einer zukünftigen Familie mit Aufgaben konfrontiert zu werden, denen sie sich nicht gewachsen fühlte. Dabei ging es um die Summe vieler "Kleinigkeiten" wie Ordnung und Umgang mit Geld (Sparsamkeit). Außerdem hatte sie zwar den Wunsch nach Kontakten, hatte jedoch nicht gelernt, wie man Beziehungen aufbaut und aufrecht erhält. Die Frage, wie sie den "richtigen" Partner aus dem "richtigen" Grund zum "richtigen" Zeitpunkt finden könne, wurde mit ihr behandelt (vgl. Peseschkian 1988a).

Nachdem die Patientin nach 28 Sitzungen beschwerdefrei war und ihr Abitur bestanden hatte, absolvierte sie verschiedene Auslandsaufenthalte. Sie hat inzwischen ihr Berufsziel erreicht. Als ihr Bruder sah, daß seine Schwester eine solch positive Entwicklung durchmachte, kam er von selbst in die Praxis mit dem Anliegen, wegen seiner allergischen Beschwerden eine Psychotherapie zu beginnen. Die Patientin beschrieb das Ergebnis der Therapie folgendermaßen:

Die 1. Frage – was sich für meine Familie und mich geändert habe – läßt sich sehr zufriedenstellend beantworten. Das Klima in der Familie ist wesentlich entspannter, liebevoller, ehrlicher geworden, die Konflikte meiner Eltern sind größtenteils behoben. Mein Vater und meine Mutter planen sogar schon für die Zeit, in der sie zu zweit sein werden, große Fahrten.

Außerdem hat sich meine Beziehung zu ihnen grundlegend geändert. Ich begegne ihnen mit weniger Trotz und vertraue ihnen viel mehr von mir an. Was ich früher an Aggressionen, Angst, Melancholie, Selbstmitleid oder -haß und sonstigen negativen Gefühlen empfunden hatte, hat sich langsam, aber stetig in Liebe, Vertrauen, Geborgenheit, Dankbarkeit umgewandelt. Vielleicht nicht alles, aber ich bin jetzt dazu in der Lage, diese unbequemen Empfindungen verbal zu äußern, anstatt sie in Selbstzerstörung ausarten zu lassen. Ich habe auch allgemein einen angemessenen Abstand zu Dingen gewonnen, die unangenehm sind bzw. die mich persönlich eigentlich gar nichts angehen – das glaube ich zumindest. Auch nehme ich meinen Bruder nicht mehr dermaßen in Beschlag wie früher; ich versuche nicht mehr, ihn zu imitieren, übe im Gegenteil auch ab und zu Kritik an ihm, was nichts an unserer außergewöhnlich guten Beziehung zueinander ändert. Im übrigen habe ich viele wechselnde, ungebundene, beinahe oberflächliche sowie mehrere bessere, tiefere Kontakte (darunter sogar 2 Zweierbeziehungen) im Laufe meiner Behandlungszeit geknüpft. Ich versuche hierbei teilweise, anderen durch Mitteilen meiner Erfahrungen ein wenig zu helfen bzw. sie bei Bedarf überhaupt etwas optimistischer zu stimmen. Da ich selbst erfahren habe, wie enorm sich das Lebensgefühl verbessern kann, wenn man nicht mehr ganz so pessimistisch ist, trotzdem auch realistisch genug, sich selbst betreffend, um zu erkennen, welche Fehler man macht oder gemacht hat, fände ich es toll, wenn ich anderen ebenso zu solchen Glücksgefühlen verhelfen könnte. Genauso bin ich wahnsinnig froh darüber, wieder in die Kirche gehen zu können, ohne dort jedesmal in Tränen ausbrechen zu müssen vor lauter Schuldgefühlen, wie das eine Zeit lang mal war. Da konnte ich so etwas wirklich kaum aushalten – zumindest war ich danach immer fertig. Weiterhin hat die Therapie bewirkt, daß mein Hormonhaushalt wieder geregelt ist, daß ich nicht mehr so verklemmt bin, wie ich es war, und daß ich nur noch selten blaue Hände habe. Vor allem kann ich mich jetzt mehr konzentrieren und bin nicht fortwährend mit meinen Gedanken abwesend. Sogar an Verantwortung habe ich mich ein wenig gewöhnt.

Die 2. Frage lautet, welche Symptome meine Eltern dazu veranlaßt haben – denn ich selbst hätte so etwas nie gemacht, geschweige denn, die Notwendigkeit eingesehen –, einen Psychotherapeuten zu konsultieren. Ich denke, man darf jene Symptome schon zu

einer leichten Magersucht hinzuzählen: Anzeichen wie fanatische Nahrungsverweigerung oder psychopathisches Eßverhalten, Ausbleiben der Monatsblutung, ständig
blaugefrorene Hände, zeitweilige "Apathie", Versagen in der Schule, depressive oder bis-
sige Bemerkungen (falls überhaupt), der widersinnige Versuch, meine Entwicklung aufzuhalten, wobei ich mich auch jetzt noch mit jedem Mädchen, das an dieser Krankheit
leidet, oder jedem Jungen, der ähnlich denkt, voll und ganz identifizieren kann. Aber das
ist sicherlich normal??? Es versteht sich von selbst, daß dadurch, daß ich meine ehemaligen selbstzerstörerischen, von ihrer positiven Bedeutung her zwecklosen Fluchtmöglich-
keiten und Methoden der Verarbeitung von Problemen abgelegt habe und nun auf
irgendeine andere Art reagiere... So z. B. – da ich jetzt eher die psychosozialen Hintergründe begreife – kann ich andere besser verstehen, bzw. ich protestiere verbal. Dann
demonstriere ich noch sehr häufig (zudem unfreiwillig) meine Hiflosigkeit durch Tränen
oder kaschiere meine Komplexe, indem ich mich in Schweigen hülle oder abweisend bin.
Da ich der Auffassung bin, daß jeder ein Recht darauf haben sollte, Dinge zu verschwei-
gen, wenn es ihm etwas ausmacht oder er keine Lust hat, sie zu erzählen, mache ich des
öfteren Gebrauch davon – zum Ärger meiner Familie und der neugierigen Hinterfra-
ger. Doch habe auch ich negative Eigenschaften: Ich bin sehr unzuverlässig, unselbstän-
dig, unpünktlich, vergeßlich, ab und zu unkonzentriert, ziellos, launenhaft, offen und
trotzdem verschlossen (was meiner Meinung nach kein Nachteil ist), spielend leicht und
schnell zu begeistern (genauso schnell wechseln dann auch meine Ansichten "Fähnchen
nach dem Wind"), äußerst mißtrauisch und wirke auf viele – da ich etwas außergewöhnliches machen will – arrogant. Aber immerhin habe ich den Eindruck, daß ich mich
mehr und mehr dem Willensmodell angleiche, meinen Fähigkeiten vertraue, ihnen
gegenüber aber ebenfalls realistischer gworden bin, mein Ehrgeiz wächst! Auf der anderen Seite bin ich ziemlich willensschwach geworden, was mein Äußeres betrifft und mir
erhebliche Probleme bereitet. Ich habe kein natürliches Empfinden dafür, zumindest
nicht auf Dauer. Genauso wie ich viel Geld ausgebe und mir denke, später gebe ich das
alles meinen Eltern doppelt zurück, so verschiebe ich viele Wünsche in die Zukunft.

Nein, ich habe parallel zu dieser Therapie keine weitere Behandlung in Anspruch genommen. Ich habe lediglich eine Kreislaufuntersuchung bei einem Neurologen durchführen lassen und eine Woche lang an Exercicien in St. Georgen teilgenommen, was mir
sehr viel Ernüchterung und schockierende Selbsterkenntnis offenbart hat. Insgesamt ein
Schritt von enormer Tragweite und Unausweichlichkeit. Ich wußte eine Zeit lang nicht
mehr, was ich selbst dachte und was ich mir vormachte, um mich und andere hereinzu-
legen.

Name: .... Nr.: .... Datum:...............................

Körper/Sinne — Beruf/Leistung — Kontakt — Phantasie/Zukunft

1) Haben Sie "ein Loch im Magen" oder "vergeht Ihnen der Appetit"? Ist etwas "zum Kotzen" oder haben Sie "alles satt"? Fallen Ihnen noch andere Sprichworte ein? Was sagen Ihnen diese Volksweisheiten?
2) Wer hat Sie wann über Ihre Beschwerden informiert?
3) Wissen Sie, daß ständiges "Diäten" auf Dauer sogar ein Grund für späteres Übergewicht sein kann, weil sich nach der Diät bei normalem Essen die Fettzellen nicht nur füllen, sondern auch vermehren?
4) Nehmen Sie regelmäßig die verordneten Medikamente? Wissen Sie, wie die Medikamente wirken, was Sie von ihnen erwarten können und welche Nebenwirkungen möglich sind?
5) Wissen Sie, wie Menschen in anderen Kulturen mit dem Essen umgehen?
6) Welchen Stellenwert haben Schule, Beruf, Leistung für Sie?
7) Werden andere Themen als berufliche in Ihrer Umgebung diskutiert?
8) Ist es für Sie wichtig, was "die Leute" denken?
9) Legen Sie beruflich großen Wert auf Ordnung, Sauberkeit, Leistung, Gehorsam, Sparsamkeit, Zuverlässigkeit?
10) Wird Anerkennung nur für Wohlverhalten und Leistung gewährt? Werden Konflikte unter den Teppich gekehrt?
11) Vergeht Ihnen der Appetit, wenn Sie mit Ihrer Familie zusammen sind? Hat Ihre Familie Freude an sinnlichen Genüssen und Zärtlichkeit? Handelt es sich um eine "asketische" Familie?
12) Ist es für Sie wichtig, wie Ihr Partner aussieht? Welche Vorstellungen haben Sie von einem Partner? Welche Merkmale muß er besitzen, damit Sie ihn akzeptieren?
13) Beschäftigen Sie sich mit Fragen wie dem Hunger in der Welt?
14) Was würden Sie machen, wenn bei uns eine Hungersnot aufträte?
15) Welche geistigen oder kulturellen Bedürfnisse haben Sie? Können Sie sich eine Integration von geistigen und materiellen Bedürfnissen in Ihrem Alltag vorstellen?
16) Machen Sie sich Gedanken um die globale Zukunft der Menschheit (Krieg — Frieden, ökologische Krise ...)?
17) Was ist der Sinn des Lebens (Antrieb, Ziele, Motivation, Lebensplan, Sinn von Krankheit und Tod, Leben nach dem Tode) für Sie?
18) Akzeptieren Sie Ihre Beschwerden auch als Chance, bisher nicht erlebte Bereiche (Körper/Sinne, Beruf/Leistung, Kontakt, Phantasie/Zukunft) zu entwickeln?

2 Adipositas (Fettsucht)

Die Fähigkeit, sich hier und heute etwas Gutes zukommen zu lassen

Definition

Unter Adipositas versteht man eine abnorme Gewichtszunahme (das Sollgewicht wird um mehr als 20 % überschritten), die durch exogene Faktoren (übermäßige Nahrungszufuhr in der Familie, gesellschaftliche Einflüsse) oder endogene Faktoren (hormonelle, häufiger aber seelische Störungen) entstehen kann.

Symptomatik

Bei vielen Adipösen fehlt die Krankheitseinsicht. Subjektiv sind sie der Meinung, nicht zu viel zu essen. Typisch sind sog. Freßanfälle (v. a. abends und nachts), zwanghafte Nahrungsaufnahme in Spannungs- und Konfliktsituationen, Angst- und Schuldgefühle im Anschluß an das Essen und abwechselnd Phasen übermäßigen Essens und Hungerns.

Transkultureller Ansatz und Epidemiologie

Nach dem Ernährungsbericht 1988 der deutschen Bundesregierung ißt fast jeder Bürger durchschnittlich 1.500 Kalorien am Tag zuviel. Im Jahr 1986 wurden in Deutschland (ehem. BRD) 56 Mrd. DM für ernährungsbedingte Krankheiten ausgegeben. Der Grad der Fettleibigkeit ist nach Bischof u. Herrmann (1986a) stark von Kultur, Mode, sozialer Schicht und Zeitströmungen abhängig. In Deutschland (ehem. BRD) und in den angelsächsischen Ländern tritt Fettsucht gehäuft bei Frauen in den unteren Sozialschichten auf. In den USA konnte festgestellt werden, daß Kinder von dicken Eltern sich in ihrem Gewicht erheblich von Kindern unterscheiden, deren beide Elternteile schlank sind.

Literaturvergleich

In der psychoanalytischen Literatur wird nach Wulff (1932) die Ursache des gesteigerten Eßbedürfnisses in einer Suche nach Ersatzbefriedigung für ungestillte emotionale Ansprüche gesehen. Für Alexander (1971) findet eine Regression mit Fixierung auf die Oralität statt. Jores (1981) betont die Bedeutung der Mutter-Kind-Beziehung bei der Genese der Adipositas. Für Battegay (1982) ist der "Hunger" auch eine Angelegenheit des Narzißmus. Kontrollierte Studien von Stunkard et al. (1980) und Brownell et al. (1983) stellen verhaltenstherapeutische Techniken als effektiv heraus (vgl. Basler u. Schwoon 1977). Einen großen Einfluß haben nach Kinzl (1989) psychosoziale Faktoren.

Sprachbilder und Volksweisheiten

Lieber einen Bauch vom Essen, als einen Buckel vom Schaffen; den Hals nicht vollkriegen; Kummerspeck; etwas in sich hineinfressen; Essen und Trinken hält Leib und Seele zusammen; Liebe geht durch den Magen.

Geschichte: "Die geteilten Gebote"

Ein Kaufmann feierte Richtfest. Die Anwesenden wurden köstlich bewirtet. Auf einer langen Tafel standen Schüsseln mit dampfendem Reis, Kabab, Auberginen und Khoresch, in der zarte, weiße Hühnerbrüstchen schwammen. Zudem waren Trauben, Melonen, Gurken und Orangen aufgetischt. Karaffen mit verschiedenen Säften sollten den Durst der Gäste stillen. Alles tat sich an den Herrlichkeiten gütlich. Vor allem ein Mullah. Der stopfte sich in den Mund, was er nur erlangen konnte, und half, wo es so trocken nicht mehr ging, mit Saft nach. Er füllte, soviel er konnte, in seine Backentaschen, so daß schließlich sein Gesicht die Form einer Melone annahm. "Oh, Mullah", rief ihm da ein anderer Gast zu, "willst du dir das Leben nehmen, was hast du vor, daß du so viel und so schnell ißt?" Mit vollem Munde und in eine saftige Melonenscheibe beißend entgegnete dieser: "Was hat der Prophet uns gesagt? Er hat gesagt: 'Trinkt und eßt!' Ich tue nur, was der Prophet befiehlt." "Gott und seine Propheten haben aber auch gesagt: 'Nicht übertreiben, maßhalten!'" erwiderte der Gast. Darauf meinte der Mullah: "Ich bin nicht der einzige Gläubige, auch ihr seid Gläubige. Die eine Hälfte des Gebotes: 'Eßt und trinkt!' befolge ich. Die andere Hälfte des Gebotes: 'Nicht übertreiben, maßhalten!' solltet ihr beherzigen." Dies sprach der Mullah und steckte sich noch einige Trauben in den Mund (aus Peseschkian 1977a).

Selbsthilfeanteil: Entwicklung von Adipositas aus der Sicht der positiven Psychotherapie

Bei einer schnellen Gewichtsabnahme handelt es sich niemals um verschwundene Fettpolster, sondern immer nur um Wasserverluste, die durch abführende oder entwässernde Wirkung zustandekommen. Die Adipositas ist in weniger als 5 % der Fälle Symptom einer organischen Erkrankung (Morbus Cushing, Hyperinsulinismus, Hypophysenadenom etc.). Gerade bei der Adipositas, die gern als Folge organischer Störungen hingestellt wird ("Die

Drüsen arbeiten nicht"; "man ist ein guter Futterverwerter"), spielen psychische und psychosoziale Faktoren die entscheidende Rolle. Ergänzend zu einer kontrollierten Diät- und/oder Fastenkur gilt es zu fragen, was einen Menschen dazu bringt, mehr als notwendig zu essen. Neben der Erfahrung schon in der frühesten Kindheit, daß Essen mehr als Nahrungszufuhr ist (nämlich Zuwendung von der Mutter, "Stillen" von Bedürfnissen, Abstellen von Unlustgefühlen), sind es die Konzepte, die wir im Verlauf der Erziehung übernehmen ("Du mußt essen, damit du groß und stark wirst", "lieber sich den Bauch verrenken, als dem reichen Wirt was schenken" – *Sparsamkeit*!), die sowohl die Einstellung zum Essen als auch das Eßverhalten prägen. Mit dem Leitsatz "Essen und Trinken hält Leib und Seele zusammen" erhält Essen einen symbolischen Wert. Kontakt, Zuwendung, Geborgenheit und Sicherheit werden mit "Liebe geht durch den Magen" angesprochen. Im Rahmen der fünfstufigen positiven Psychotherapie wird durch den positiven Ansatz und das inhaltliche Vorgehen (Bewußtwerdung der Eßkonzepte) der Weg zu einer sinnvollen Therapie geebnet. Adipositas läßt sich als positive Beziehung zum Ich, als Betonung der Mittel der Sinne, v. a. des Geschmacks, der Ästhetik der Speisen, als Großzügigkeit in Bezug auf Nahrungsmittel, als Festhalten an bestehenden Eßtraditionen ("Wer fett ist, ist schön!") verstehen.

Praktische Konsequenzen aus diesem Selbsthilfeanteil finden sich im Fragebogen am Ende dieses Kapitels.

Therapeutischer Anteil: das fünfstufige Vorgehen der positiven Psychotherapie bei Adipositas

Stufe 1: Beobachtung/Distanzierung

Fallbeispiel: "Lieber einen Bauch vom Essen als einen Buckel vom Schaffen!"

Ein 44jähriger Techniker, der bei einer Körpergröße von 1,78 m 125 kg auf die Waage brachte, suchte auf Anraten seines Hausarztes, der an der Bad Nauheimer Psychotherapiewoche teilgenommen hatte, meine Praxis auf. Wie in den meisten Fällen von Übergewicht war auch bei ihm keine Stoffwechselstörung nachzuweisen. Er litt einerseits sehr unter seinem Übergewicht. Seit einem halben Jahr war er wegen Diabetes in Behandlung, und es waren schon äußerlich die Zeichen des Bluthochdrucks zu erkennen. Andererseits schien es, daß er das beträchtliche Übergewicht fatalistisch als sein Schicksal angenommen hatte. In die psychotherapeutische Behandlung war er auf das unnachgiebige Drängen seines Hausarztes gekommen, der im Laufe der Zeit mehrfach miterleben mußte, wie alle verordneten Diätpläne, Kuren und Sanatoriumsaufenthalte für Heilfasten nur einen Schlag ins Wasser darstellten. Der Patient machte den Eindruck, als fühle er sich in der Psychotherapie vollkommen überflüssig, betrachtete interessiert die Einrichtung des Behandlungsraumes und gab sich redlich Mühe, mich zu ignorieren. Der Behandlungsbeginn war recht schwerfällig. Der Patient sagte kaum etwas, außer allgemeinen Mitteilungen über seine Familiensituation, seinen beruflichen Werdegang und der Bemerkung, daß er sich in der Zwischenzeit an die Lästereien über sein Übergewicht gewöhnt und deswegen bestimmt "keine Komplexe mehr" habe.

Als wir auf seine Konzepte zu sprechen kamen, entwickelte sich folgender Dialog:

Therapeut: "Worauf haben Ihre Eltern Wert gelegt? Mehr auf das Essen, die Leistungen in der Schule, auf familiäres Zusammensein, oder hatte jeder so seine Freiheiten?"

Johannes: "Auf die Schule haben sie schon geachtet. Aber besonders wichtig war bei uns das gemeinsame Essen. Meine Mutter war eine ausgezeichnete Köchin. Wenn ich einmal Kummer oder Ärger hatte, war sie besonders lieb zu mir und kochte mir zum Trost eine meiner Lieblingsspeisen."

Johannes unterbricht seine Schilderung, als wäre es ihm peinlich, über die Eßgewohnheiten seiner Familie zu sprechen.

Therapeut: "Welches Motto herrschte bei Ihnen zu Hause?"

Johannes: "Das war bei uns ganz klar. Es hieß: Essen und Trinken hält Leib und Seele zusammen. Ich kann mich deutlich daran erinnern, daß ich, wenn ich einmal nicht essen wollte, zu hören bekam: Was auf den Tisch kommt, wird gegessen... Wenn ich einmal nicht alles essen konnte, bekam ich das ganze Zeug abends noch einmal aufgewärmt. Wenn ich nicht essen wollte, hieß es: Es gibt nichts anderes. Jedes Stück Brot, das ich angefangen hatte, mußte ich restlos aufessen." (Johannes lächelt versonnen.) "Dann waren wir auch der Schrecken der Gastwirte. Was wir da verdrückt haben! Wir hatten da auch so ein Sprichwort: 'Lieber sich den Bauch verrenken, als dem reichen Wirt was schenken.' Damit habe ich auch heute noch Erfolg. Wenn wir einen Betriebsausflug machen, geht nichts zurück. Ich esse alles auf. Meine Kollegen lästern schon: 'Lieber einen Bauch vom Essen als einen Buckel vom Schaffen.'" (Johannes lächelt zufrieden. Schweißtropfen stehen auf seiner geröteten Stirn.)

Die positive Deutung: "Sie haben eine gute Beziehung zu sich selbst und zum Mittel der Sinne, vor allem zum Geschmack und zur Ästhetik der Speisen, und Sie sind großzügig in Bezug auf Nahrungsmittel", bahnte bei ihm einen Standortwechsel an. So konnten wir auf bestehende Eßtraditionen leicht eingehen.

Um die Bedeutung der Konzepte transparent zu machen, haben wir diesen Fall dem Buch *Positive Familientherapie* (Peseschkian 1980, S. 199 ff.) entnommen.

Stufe 2: Inventarisierung

Die Konzepte des Patienten zum Thema Nahrungsaufnahme reichen bis in seine Kindheit. Hier trafen wir auf ein Erlebnis, daß große Bedeutung für Johannes hatte. Als er neun Jahre alt war, starb sein Vater. Es war die Kriegs- und Nachkriegszeit. Das Essen war knapp und Johannes' Mutter habe fortwährend geklagt: "Was sollen wir nur machen, jetzt ist unser Ernährer tot."

Die Rolle des Vaters kristallisierte sich in seiner Funktion als Ernährer heraus und blieb auch in dieser Form im Erleben von Johannes verhaftet. Das Essen erhielt damit symbolischen Charakter. Es wurde für ihn zum Symbol des Vertrauens und der Sicherheit, Attribute, die vorher mit dem Bild des Vaters verbunden waren. Die Vorstellung, der Ernährer sei tot, und die unbewußte Folgerung, er selbst müsse deswegen verhungern, veranlaßten ihn, sich immer wieder zu vergewissern, daß es noch genügend zu essen gebe. Er aß daher, soviel er konnte, und genoß mit jedem Bissen das Gefühl der Sicherheit. Damit befand er sich zugleich inmitten einer Familientradition des Eßverhaltens. Auch jetzt noch achte seine Großmutter darauf, wie er berichtete, daß er genügend zu sich nehme. Wenn er morgens von der Nachtschicht nach Hause komme, dürfe er sich nicht eher zum Schlafen legen, bevor er nicht richtig gegessen habe.

Diese Sammlung von Konzepten bedeutete für Johannes mehr als nur eine Rechtfertigungsideologie. Für ihn waren es Aussagen, die wesentlich sein Selbstbild bestimmten. Mit ihnen konnte er sich schon allein deshalb gut identifizieren, weil er mit ihnen aufgewachsen war und sie in seinem Bewußtsein den Begriff von Zuwendung, Geborgenheit und auch Leistung repräsentierten. Sie stellten den Punkt in einem System dar, durch den die meisten seiner Motive, Ziele und Wünsche hindurchgingen. Solange diese Konzepte uneingeschränkte Bedeutung besaßen, waren alle Versuche, eine dauerhafte Gewichtsreduktion zu erzielen, vergeblich. Der Bereich der Konfliktverarbeitung, den Johannes bevorzugt und hervorragend differenziert hatte, war die Beziehung zu seinem *Körper*. Er war Gourmet und Gourmand, Feinschmecker und Vielfraß zugleich. Soviel Gewicht auf den Bereich des Körpers gelegt worden war, so defizitär zeigte sich vor allem der Bereich des *Kontakts*. Abgesehen von seiner Mutter und seiner Großmutter sowie seinen Berufskollegen pflegte Johannes keinerlei freundschaftlichere Beziehungen zu anderen Menschen. Er begründete dies überzeugend: "Wenn ich jede Woche Überstunden mache, wie kann ich dann noch *Zeit* für Freunde und Gäste haben?" Ganz unauffällig, fast als Nachsatz, kam noch die Ergänzung: "Was soll ich auch mit vielen Gästen? Erstens kosten sie Geld und zweitens macht selber essen fett." In der Tat war Johannes ein Musterbeispiel an *Fleiß* und *Sparsamkeit*. Mehrmals in der Woche machte er freiwillig Überstunden und ließ sich außerdem in die besser bezahlte Schichtarbeit einteilen. Dabei wurzelte der beachtliche Fleiß in seiner Sparsamkeit. Dieses Bedürfnis aber hing wieder mit einem Konzept zusammen, das wir bereits kennengelernt haben.

Er mußte über ein entsprechend großes finanzielles Polster verfügen, das ihm verbürgte, immer genügend zu essen zu haben. In diesem Zusammenhang assoziierte Johannes Erzählungen von Kriegsgefangenen, die noch Jahre nach ihrer Entlassung angesichts der erlittenen Hungerqualen nur dann einschlafen konnten, wenn sie unter dem Kopfkissen einen Kanten Brot liegen hatten.

Stufe 3: Situative Ermutigung

Der Schwerpunkt lag bis dahin auf der Stufe der Beobachtung und der Inventarisierung. Johannes erhielt dadurch Zugang zu seiner Problematik.

So lebhaft, wie Johannes über das Essen und seine Masterfolge berichten konnte, so wenig schien ihn jedoch der Kontakt zu anderen Menschen aus der Reserve zu locken. Der Hinweis, daß dieser Kontakt zur Natur des Menschen gehöre und daß er — ebenso wie das Bedürfnis zu essen — das Bedürfnis und die Fähigkeit zum Kontakt besäße, beeindruckte den Patienten zwar, brachte ihn jedoch nicht zum Sprechen. Seine Einseitigkeit ließ mich an die Geschichte von den geteilten Geboten denken. Hier wurden weder die Schuldgefühle noch die Idealisierung, noch die negativen Eigenschaften und die Einseitigkeit angesprochen. Was die Geschichte für den Patienten aussagte, war lediglich: Damit man etwas wirklich beurteilen kann, muß man es ganz sehen!

Diese Geschichte erzählte ich Johannes. Er nahm sie zum Anlaß, darüber zu sprechen, daß er natürlich gern eine Freundin hätte, jedoch seiner stattlichen Erscheinung wegen noch keine ernsthaften und dauerhaften Beziehungen zustande gekommen seien. Auch hier half ihm die Sparsamkeit, aus der Not wiederum eine Tugend zu machen: "Eine Frau würde mich ja ganz schön was kosten." Aber im Gegensatz zu früher sagte Johannes das diesmal mit einem ironischen Augenblinzeln und spürbar weniger ernsthaft. Als Gegen- und Erweiterungskonzept erzählte ich Johannes, welche Bedeutung der Kontakt im Orient hat, wie stark und weitläufig familiäre Beziehungen dort ausgeprägt sein können und wie sich im Orient der Kontakt in den Dienst der persönlichen Sicherheit und des Gefühls, versorgt zu werden, stellt.

Hier assoziierte Johannes, daß seine Sparsamkeit und sein Eßverhalten eine Art Ersatzfunktion darstellten — zunächst für den verstorbenen Vater, später für fehlende soziale Kontakte mit anderen Menschen.

Stufe 4: Verbalisierung

Auf dieser Stufe konnte Johannes zunächst versuchsweise und zögernd, später neugierig, schließlich aber energisch und konsequent den angebotenen Standortwechsel ausprobieren. Parallel dazu wurde sein Grundkonzept *Sparsamkeit* durchgearbeitet (vgl. II./Kap. 25 *Die Aktualfähigkeit "Sparsamkeit"*).

Stufe 5: Zielerweiterung

Die Stufe 5, die Zielerweiterung, war zwar schon angelegt, aber bei ihr konnte und brauchte ich Johannes nicht mehr zu helfen. Nachdem er sein Fleiß- und Sparsamkeitskonzept durch bewußt anderes Verhalten geändert und dafür positive Rückmeldungen aus seiner Umwelt bekommen hatte, fiel es ihm nicht mehr schwer, andere Menschen einzuladen. Dabei entwickelte sich eine stabile Beziehung zu einer Frau.

Die eigentliche psychotherapeutische Behandlung umfaßte 15 Sitzungen. Während der letzten 7 Sitzungen führte der Patient bei sich zu Hause bereits eine Diät durch, die diesmal Erfolg hatte. Ein halbes Jahr nach Behandlungsabschluß stellte sich Johannes erneut bei mir vor. Er machte einen frischen lebhaften Eindruck, strahlte die gleiche Ruhe und Gelassenheit aus wie früher, war aber ansonsten nicht wiederzuerkennen. Er war um 60 Pfund leichter geworden, interessierte sich jetzt für Sport und plante eine größere Reise, die er mit sportlichen Aktivitäten verbinden wollte. Sein Blutdruck hatte sich normalisiert, und sein Diabetes brauchte nicht mehr behandelt zu werden. Die Gewichtsabnahme hatte eine derartige Entlastung des Fettstoffwechsels bewirkt, daß die Insulinproduktion der Bauchspeicheldrüse ihren Aufgaben wieder voll gewachsen war. Ermöglicht wurde dies allerdings nicht durch einen einseitigen Willensakt, sondern durch die Änderung seiner Lebenseinstellungen und die Erweiterung seiner Konzepte.

Name: .... Nr.: .... Datum:............................

Körper/Sinne — Beruf/Leistung — Kontakt — Phantasie/Zukunft

1) Haben Sie den Eindruck, daß Sie öfters "etwas in sich hineinfressen" oder daß "Liebe durch den Magen geht"? Sammeln Sie "Kummerspeck" an oder meinen Sie "Was auf den Tisch kommt, wird gegessen"? Fallen Ihnen noch andere Sprichworte zu Ihrer Erkrankung ein? Was sagen Ihnen diese Volksweisheiten?

2) Welche Bedeutung hat für Sie die Tatsache,
   — daß jeder Mensch sein ihm eigenes "Gleich-Gewicht" hat, das sich trotz aller Diäten immer wieder einpendelt?
   — daß ständiges "Diäten" sogar ein Grund für folgendes Übergewicht sein kann, weil bei normalem Essen die Fettzellen sich nicht nur wieder füllen, sondern sich auch noch vermehren?
   — daß Gewichtsprobleme nicht mit Diäten allein zu lösen sind, wenn man sich nicht gleichzeitig auch um andere Ursachen kümmert?

3) Nehmen Sie regelmäßig die verordneten Medikamente? Wissen Sie, wie die Medikamente wirken, was Sie von ihnen erwarten können und welche Nebenwirkungen möglich sind?

4) Gibt es berufliche Probleme, deren "Frust" Sie durch Essen kompensieren? Welche Aktualfähigkeiten sind betroffen?

5) Was müßte Ihr Partner tun, damit Sie abnehmen?

6) Hält für Sie/Ihren Partner "Essen Leib und Seele zusammen"?

7) Geht es beim Essen um ein "Stillen" von Bedürfnissen und ein "Ab-Stillen" (Abstellen) von Unlustgefühlen wie beim Kleinkind?

8) Essen Sie in Gesellschaft dasselbe wie alle anderen, weil es Ihnen peinlich ist, um Dinge zu bitten, die Ihnen besser bekommen (*Höflichkeit*)?

9) Was würden Sie tun, wenn bei uns eine Hungersnot auftritt?

10) Haben Sie die Hoffnung, daß die Hungerprobleme in der Welt in absehbarer Zeit gelöst werden können? Was können Sie dazu tun?

11) Könnten Sie mit einem Teil des Geldes, das Sie für Essen ausgeben, andere Bedürfnisse für sich oder andere Menschen erfüllen (z. B. Ausbildung, Wohnungseinrichtung, Freizeitgestaltung, Reisen, Gäste einladen, Spenden)?

3 Aids-Phobie

Die Fähigkeit, die Normen der Gesellschaft zu überdenken; die Fähigkeit,
auf Hilfe zu hoffen

Definition

Aids ist die Abkürzung für "acquired immune deficiency syndrome", zu deutsch "erworbene Immunschwäche". Die Erkrankung des Immunsystems wird durch das an Körperflüssigkeiten und -ausscheidungen gebundene HIV-Virus ("human immunodeficiency virus") ausgelöst.

Symptomatik

Bei einer Aids-Phobie handelt es sich um die Angst vor einer Infizierung mit Aids-Viren aufgrund des Auftretens eines oder mehrerer Symptome (Fieber, Lymphknotenschwellungen, Hautausschläge, Durchfälle, Schwäche, Müdigkeit, Appetitlosigkeit, Gewichtsverlust etc.), wie sie wenige Wochen oder Monate nach einer tatsächlichen Aids-Infektion auftreten können, ohne daß sich der HIV-Virus nachweisen läßt.

Transkultureller Ansatz und Epidemiologie

Nach Hochrechnungen kommen auf einen Aids-Kranken etwa 100 Menschen, die mit dem Aids-Virus infiziert sind. Das wären in Deutschland (ehem. BRD) 100.000 Menschen. Die Weltgesundheitsorganisation schätzt weltweit 5–10 Mio. Aids-infizierte Menschen. Bis zum Jahre 2000 sollen es, wenn die Entwicklung wie bisher weitergeht, 100 Mio. Menschen sein. Bereits diese Informationen können zu einem zahlenmäßigen Ansteigen auch der Aids-Phobien führen.

Nach heutigem Wissen geht man davon aus, daß mindestens 70 % der Aids-Infizierten auch manifest an Aids erkranken.

Nach Ländern geordnet gab es 1988 die meisten Aids-Erkrankungen in den USA (37.019), gefolgt von Brasilien mit 1.695 und Frankreich mit 1.632 Fällen. Die BRD hatte 1.089 Aids-Fälle und Japan nur 43 (WHO 1988). In Japan jedoch steigerte sich die Zahl der an Aids erkrankten Personen bis Ende April 1990 jedoch schon auf knapp 120 (Medical Tribune 1990).

Zwischen der Erstinfektion mit dem HIV und dem Ausbruch klinischer Symptome können Jahre vergehen. Während zwischen 20 und 45 % der HIV-Träger Krankheitsbilder der Immunsuffizienz innerhalb von 5 Jahren nach der Infektion entwickeln, befinden sich andere Personen noch viele Jahre nach der Ansteckung in gutem klinischen Allgemeinzustand.

Literaturvergleich

Nach Ansicht des Berufsverbands Deutscher Psychologen (Romkopf 1989) sind für Aids-Kranke mangelnde Selbstakzeptanz und Schuldgefühle charakteristisch. Vogel u. Legler (1989) weisen auf die erhebliche Bedeutung psychologischer Faktoren hin, "die geeignet sind, die krankheitsbedingte Bedrohung noch zu verstärken. Sie geraten in eine Isolation zu einem Zeitpunkt, wo sie gerade menschliche Nähe und Zuwendung so nötig hätten. Folgeerscheinungen sind massive Ängste, Depressionen bis hin zu Suizidneigung, unter Umständen aber auch völlige Verleugnung". Im Rahmen der allgemeinen Aids-Verunsicherung kann es auch zu unangemessenen Ängsten bei gesunden Menschen kommen, zur Aids-Phobie (Peseschkian o. J.). Bereits 1988 zweifelten Holub u. Holub (1988) die Aids-Virus-These an.

Sprachbilder und Volksweisheiten

Racheakt der Natur; Geißel Gottes; Lustseuche; auf einer Zeitbombe sitzen; gib Aids keine Chance; das Schicksal mischt die Karten, und wir spielen (Schopenhauer); Unmäßigkeit macht arm, träg und krank; es sind nicht alle krank, die ach und wehe schreien; gewiß ist es fast noch wichtiger, wie der Mensch sein Schicksal nimmt, als wie sein Schicksal ist (W. v. Humboldt).

Geschichte: "Die rettende Dunkelheit"

Ein Beduine saß abends bei Kerzenlicht in seinem Zelt. Er nahm sich mit Appetit eine Dattel, öffnete sie, sah einen Wurm und warf sie angewidert weg. Er öffnete eine zweite Dattel und sah wieder einen Wurm. Nachdem er auch in der dritten Dattel einen Wurm gefunden hatte, löschte er das Licht und begann die Datteln voller Genuß im Dunkeln zu essen (aus Peseschkian 1988a S. 48).

Selbsthilfeanteil: Entwicklung von Aids-Phobie aus der Sicht der positiven Psychotherapie

Bei HIV-positiven Patienten wie bei Aids-Phobikern löst das Wissen bzw. die Vermutung, quasi auf einer "Zeitbombe" zu sitzen, Ratlosigkeit, Angst, Panik und Depressionen aus.

Nach psychologischen Erkenntnissen haben viele Aids-Infizierte und Patienten mit Aids-Phobie schon in ihrer Kindheit und Jugend nicht gelernt, über

Empfindungen, Ängste, Zweifel und auch Lust im Elternhaus zu reden. Bei den meisten dieser Kranken liegt der Schwerpunkt der Identifikation im Bereich Körper/Sinne.

Was die Beziehung der Eltern zueinander anbelangt, fehlte dem Kind oft ein positives Vorbild, mit dem es sich hätte identifizieren, dem es hätte nacheifern können. Treue innerhalb der partnerschaftlichen Beziehung erlebte es recht selten. Auch die sozialen Kontakte zu anderen Menschen waren häufig sehr unbeständig. Engeren Kontakten ging man aus dem Weg.

Verhalten und Einstellungen wurden gesteuert durch Konzepte wie: "Was sollen nur die Leute denken?", "Was ich nicht weiß, macht mich nicht heiß!", "Ich möchte meine Ruhe haben!", "Was gehen mich die anderen an?" Die Beziehung zur Religion und zur Kirche war (wenn überhaupt vorhanden) von oberflächlicher Art. Unserer Auffassung nach können positives Erleben und Verhalten ebenso wie bei anderen Erkrankungen auch bei Aids und Aids-Phobie die Abwehrkräfte des Körpers stärken. Von medizinischer Seite anerkannt ist der negative Aspekt: psychische Faktoren wie Dauerstreß wirken sich immunsuppressiv aus, d. h. ist das Abwehrsystem schon geschwächt, kann es um so eher von Krankheitserregern angegriffen werden. Eine wirksame Aids-Prophylaxe beschreibt Gosch (1990).

Praktische Konsequenzen aus diesem Selbsthilfeanteil finden sich im Fragebogen am Ende dieses Kapitels.

Therapeutischer Anteil: das fünfstufige Vorgehen der positiven Psychotherapie bei Aids-Phobie

Fallbeispiel: "Ich sitze seit längerer Zeit auf einer Zeitbombe."

Zitternd und voller Angst, als Ausdruck innerer Betroffenheit, kam ein 36-jähriger Abteilungsleiter zu einer psychotherapeutischen Sitzung. Sofort kam er auf sein Problem zu sprechen, das er zuvor mit noch niemandem besprochen hatte. Einige Monate bevor Herr S. in meine Praxis kam, war er zum ersten Mal in seinem Leben in ein Bordell gegangen und hatte mit viel Mühe intimen Kontakt mit einer Prostituierten gehabt. Trotz eines negativen HIV-Ergebnisses ließ ihn die Angst, er könnte sich mit Aids infiziert haben, nicht mehr los. Ein grippaler Infekt mit erhöhter Temperatur war für ihn bereits Ausdruck einer verminderten Immunabwehr und Folge seiner Untreue. Im Umfeld des Bordellbesuchs standen jedoch eine Reihe weiterer Ereignisse. Beruflich hatte der Patient schon längere Zeit das Gefühl, sich gegen die ungerechte Behandlung durch seinen Chef nicht wehren zu können; gleichzeitig mußte er jedoch dessen Anordnungen gegenüber seinen Untergebenen vertreten. Der Hausbau, der seit 2 Jahren sowohl ihn als auch seine Frau völlig absorbierte, ließ Zärtlichkeit, sexuelle Aktivitäten und andere Interessen in den Hintergrund treten. Die finanzielle Unsicherheit (Hypotheken auf dem

Haus) war eine weitere Belastung, die für ihn vor dem Hintergrund seiner beruflichen Probleme bedrohlich wurde. Diese belastenden Faktoren versuchte der Patient durch den Rückzug aus beruflichen und familiären Anforderungen zu kompensieren. Es handelte sich um eine Aids-Phobie mit erheblichem Leidensdruck auf der Basis einer tendenziell depressiven Neurosenstruktur. Inhaltlich spielten die Aktualfähigkeiten Treue, Kontakt, Sparsamkeit und Leistung eine zentrale Rolle. Die bisherige Behandlung hatte diesem Zusammenhang allem Anschein nach wenig Beachtung geschenkt und sich lediglich auf einzelne somatische Symptombedingungen beschränkt. Dies führte zu einer Chronifizierung der Symptomatik. Der Patient, der den Eindruck ständig gedrückter Stimmung und gleichzeitig gereizter Spannung machte, berichtete:

Ich habe schon immer Angst und weiß nicht wovor. Dieses Gefühl kommt ganz plötzlich, und ich werde deprimiert. Ich habe Angst vor der Zukunft, vor dem Leben. Ich glaube, für mich gibt es kein Glück! Zum Selbstmord fehlt mir nur die notwendige Courage. Vielleicht ist es die Angst vor dem Tod. "Von der Hoffnung genarrt, tanzt der Mensch dem Tod in die Arme", sagt Schopenhauer, und ich kann ihm da nur recht geben.

Im Gegensatz zu der Geschichte "Die rettende Dunkelheit" hatte die Angst vor der Aids-Erkrankung ein grelles Licht auf die berufliche und partnerschaftliche Problematik geworfen. Meine Deutung, die Signale seiner Beschwerden brächten ihn auch dazu, die Normen der "Gesellschaft" zu überdenken und gleichzeitig auf Hilfe zu hoffen, bereitete ihn darauf vor, seine Aids-Phobie in einem größeren Zusammenhang (4 Bereiche der Konfliktverarbeitung) zu sehen. Der Patient lernte in der fünfstufigen Therapie, durch die Einbeziehung seiner Zielsetzungen in den Konfliktverarbeitungsbereichen Leistung/Beruf und Kontakt/Partnerschaft eine erweiterte Beziehung zur Realität zu finden. Nach Aufarbeitung der aktuellen Situation war es ihm möglich, den Einstieg zum beteiligten Grundkonflikt (Mutter-Sohn-Beziehung) zu finden, bei dessen Bearbeitung wir uns an den Dimensionen der Liebesfähigkeit orientierten (vgl. Peseschkian, 1980, S. 106–117). Da sich die ödipale Konfliktsituation auf die Aktualfähigkeiten *Gerechtigkeit* (vgl. II./Kap. 1), *Einheit* (vgl. II./Kap. 39) und *Liebe* bezog, befaßten wir uns schwerpunktmäßig mit der Fähigkeit zu lieben und sich konkret so zu verhalten, daß man geliebt wird.

Die Aktualfähigkeit "Liebe"

Definition und Entwicklung: Die Fähigkeit zu einer positiven emotionalen Beziehung, die sich auf eine Reihe von Objekten in unterschiedlicher Gradabstufung richten kann. Liebe beinhaltet kein einheitliches Verhalten: Man hat die Fähigkeit, einen anderen zu lieben und die Fähigkeit, sich so zu verhalten, daß man geliebt wird. Die allgemeine Empfehlung "gebt dem Kind mehr

Liebe" hilft recht wenig, wenn zugleich der Aufschluß darüber fehlt, in welchem Bereich ein Liebesdefizit vorliegt und welcher Art der emotionalen Beziehung daher besonderer Wert beizumessen ist. Die vordringlichsten Äußerungsformen von Liebe in der Erziehung sind: Vorbild, Geduld und Zeit.

Wie fragt man nach Liebe? Akzeptieren Sie sich selbst (Ihren eigenen Körper)? Wer von Ihnen ist mehr geneigt, den anderen Partner zu akzeptieren? Wollen Sie Ihren Partner am liebsten nur für sich allein haben? Fühlen Sie sich in einer größeren Gruppe geborgen oder bedrängt? Was bewegt Sie dazu, anderen Menschen etwas Gutes zu tun? Wurden Sie als Kind und später als Jugendlicher von Ihren Eltern akzeptiert? War man bei Ihnen zu Hause großzügig oder sparsam mit Zärtlichkeiten, Zuwendungen oder Liebesbeweisen?

Synonyme und Störungen: Sich finden, an jemandem hängen, jemanden gern haben, mögen, gut zu ihm sein, für ihn etwas übrig haben. − Angst vor Liebe bzw. Liebesentzug, Unsicherheit, Mißtrauen, Eifersucht, übertriebene Erwartungen, Launen, gefühlsmäßige Enge, Sexualstörungen, Kontaktarmut, emotionale Versandung.

Verhaltensregulative: Wenn Sie Ihren Partner lieben, verhalten Sie sich auch so, daß Sie geliebt werden? Wenn Sie sich so verhalten, um geliebt zu werden, sind Sie auch in der Lage, Liebe und Zärtlichkeit zu geben? Welche Aktualfähigkeiten sind für Sie Kriterien dafür, ob Sie Ihren Partner akzeptieren und lieben können?

Diese Konstellation von Sachverhalten machte eine adäquate Trauerarbeit möglich und bedingte eine erhebliche Reduzierung seiner Beschwerden. Der Patient war jetzt in der Lage, sich auch mit seiner Angst vor dem Tod, seiner Weltanschauung und Lebensphilosophie als Orientierungsrahmen auseinanderzusetzen. Die Behandlung war nach 15 Sitzungen abgeschlossen.

Anhang: Fragebogen zu *Aids-Phobie*

Name: .... Nr.: .... Datum:...............................

Körper/Sinne – Beruf/Leistung – Kontakt – Phantasie/Zukunft

1) Sind Sie der Meinung, Aids sei eine "Geißel Gottes" oder eine "Strafe" für ein moralisches Vergehen, die Sie verdient hätten? Fallen Ihnen noch andere Aussprüche Ihrer Umgebung ein?
2) Haben Sie den Eindruck, auf einer "Zeitbombe" zu sitzen?
3) Gibt es Symptome, die Sie sofort in Richtung Aids deuten?
4) Nehmen Sie regelmäßig die verordneten Medikamente? Wissen Sie, wie die Medikamente wirken, was Sie von ihnen erwarten können und welche Nebenwirkungen möglich sind?
5) Haben Sie Freude an Ihrem Beruf, oder erleben Sie ihn vorwiegend als quälendes Muß?
6) Welche sog. Kleinigkeiten (Aktualfähigkeiten wie *Pünktlichkeit*, *Ordnung*, *Sauberkeit*, *Sparsamkeit*, *Zuverlässigkeit*, *Gerechtigkeit* als Mikrotraumen) belasten Ihre beruflichen Kontakte? Können Sie etwas dazu tun, diese mikrotraumatischen Erfahrungen zu reduzieren?
7) Mit wem können Sie offen über Ihre vermeintliche Infektion reden?
8) Können Sie Ihre Gefühle offen äußern?
9) Wechseln Sie oft Ihre Freunde/Partner? Was suchen Sie in wechselnden Beziehungen? Gehen Sie engeren, stabilen Beziehungen aus dem Wege?
10) Ziehen Sie sich jetzt von Kontakten zurück?
11) Sind Ihnen "Stressoren" im privaten, partnerschaftlichen Bereich bewußt, die Ihr Immunsystem schwächen? Um welche "Kleinigkeiten" (Mikrotraumen) handelt es sich? Können Sie daran arbeiten, die Spannungen zu reduzieren?
12) Beschäftigen Sie sich mit Suizidgedanken für den Fall, daß die Krankheit ausbrechen sollte?
13) Was ist der Sinn des Lebens für Sie (Antrieb, Ziele, Motivation, Lebensplan, Sinn von Krankheit und Tod, Leben nach dem Tod)?
14) Akzeptieren Sie Ihre Angst auch als Chance, bisher nicht erlebte Bereiche (Körper/Sinne, Beruf/Leistung, Kontakt, Phantasie/Zukunft) zu entwickeln

4 Angst und Depression

Angst: Die Fähigkeit, als bedrohlich empfundenen Situationen und Objekten auszuweichen, Energieaufwand ohne Zielsetzung
Depression: Die Fähigkeit, mit tiefster Emotionalität auf Konflikte zu reagieren

Definition

Als Angst bezeichnet man nach Pschyrembel (1989) ein emotionales Zustandsbild mit zentralem Motiv der Gefahrenabwehr und stereotypen körperlichen Begleiterscheinungen. Unser heute gebräuchliches Wort Angst stammt vom lateinischen angustia = Enge, Beengung, Bedrängnis; diese angustia wiederum ist vom lateinischen ango abgeleitet, was zuschnüren oder beklemmen bedeutet, und vom griechischen Wort für würgen, drosseln, ängstigen. Die Geschichte des Wortes weist die Angst also als eine mit Gefahr- und Bedrohungserlebnissen verbundene leibliche Befindlichkeit aus. Man unterscheidet zwischen Angst und Furcht. Angst ist eine unbestimmte, gegenstandslose, anonyme, unmotivierte Emotion, Furcht hingegen eine bestimmte auf einen bedrohlichen Gegenstand oder eine Situation bezogene Gefühlslage.

Für Panikattacken vgl. DSM-III-R (1989) S. 201 f. Für die diagnostischen Kriterien einer Major Depression vgl. DSM-III-R (1989), S. 187 ff. (vgl. auch Symptomatik).

Symptomatik

Angst und Furcht

Wenn jemand sich eines bedrohlichen Objekts oder einer bedrohlichen Situation bewußt ist, sollte man lieber von Furcht als von Angst sprechen.
– Immer mehr Menschen leiden unter immer mehr Phobien – jenen Angstzuständen, die fest mit Lebewesen oder Gegenständen, Orten oder Zeiten verbunden sind. Realisten oder Versponnene, Empfindsame oder Robuste haben Angst vor überfüllten Räumen (Klaustrophobie), dem Überqueren eines freien Platzes (Agoraphobie) oder ihrem Gesundheitszustand (Hypochondrie), sie fürchten sich vor Krebs (Carcinophobie), Berührungen (Keraunophobie), ihnen graust vor Schmerz (Algophobie), lebendigem Begrabenwerden (Taphophobie) oder Giftnattern (Schlangenphobie).

- Neuere medizinische Nachschlagewerke nennen bereits über 200 Phobien
  – darunter so neumodische wie Angst vor Examen, Alleinsein oder Trieb-
  durchbrüchen.
- Da Angst nicht nur ein individuelles Phänomen ist, sondern ansteckend
  wirkt, kann sie nicht nur den persönlichen, sondern auch den politischen
  Alltag beeinflussen oder gar bestimmen. Angst kann sich zu allen Zeiten
  großer Menschengruppen bemächtigen und dann bestimmend werden für
  soziale und wirtschaftliche, politische und militärische Verhaltensweisen.
  Angst erzeugt Terror, und dieser Terror produziert neue Angst – so lassen
  sich ganze Völker durch Schreckgespenster in jene Angst versetzen, aus der
  heraus es dann zu grausamen Kriegen kommt.

Depression

- Als reaktive Depression oder depressive Reaktion bezeichnet man mit äußeren Auslösern, Verlusten, Kränkungen oder belastenden Lebensumstän-
  den (z. B. Tod von Angehörigen, berufliche Schwierigkeiten, Kriegselend,
  nationale Katastrophen) verbundene Beschwerden.
- Unter depressiver Entwicklung verstehen wir die Folge einer ganzen Reihe
  von Schicksalsschlägen und Mikrotraumen, die zusammengenommen und
  nach dem Motto "Steter Tropfen höhlt den Stein!" wirken (ungewöhnliche
  und fortwährende Härte des Lebensschicksals in Form z. B. einer Mußehe
  der Eltern, eines alkoholsüchtigen Vaters, einer verbitterten und gefühls-
  armen Mutter, einer lieblosen Atmosphäre zu Hause, des Versagens in der
  Schule, unehelicher Schwangerschaft, vereitelter Berufspläne, Verlust
  guter Freunde). So können auch viele Aktualfähigkeiten (psychosoziale
  Normen), die über Jahre hinaus fortdauern (Probleme mit dem Partner
  hinsichtlich *Ordnung, Pünktlichkeit, Gerechtigkeit, Sparsamkeit* usw.),
  mikrotraumatisch zu Ängsten, Aggressionen und Depressionen führen.
- Von einer neurotischen Depression sprechen wir, wenn jemand bewußt
  oder unbewußt immer wiederkehrende Konflikte selbst provoziert, ohne
  daß eine bessere Einsicht aus der Erfahrung ihn davor bewahrt (Wahl ver-
  heirateter Partner, Berufswahl und Mitarbeiterwahl, ewige Sucher usw.).
  Die Aktualfähigkeiten spielen hier eine entscheidende Rolle, wenn jemand
  beispielsweise weiß oder ahnt, daß der Partner besonderen Wert auf Ordnung, Pünktlichkeit, Sparsamkeit usw. legt, ihn jedoch laufend mit ent-
  gegengesetzten Verhaltensweisen provoziert. Nach dem Motto "Wer anderen eine Grube gräbt, fällt selbst hinein!" merkt der Betreffende nicht, daß
  er durch sein Provozieren nicht nur den Partner, sondern auch sich selbst
  in eine neue Konfliktsituation bringt. Bei Überbetonung des Höflichkeits-
  konzepts sprechen wir mehr von einer gehemmt-depressiven Form, bei
  überbetonter Offenheit von einer agitiert-depressiven Form.

— Bei der larvierten Depression ist der Patient kaum in der Lage, depressive Affekte oder Denkinhalte zu äußern. Die Beschwerden konzentrieren sich auf ein gestörtes Körpererleben, z. B. Herz-, Kopf-, Schulter-Arm- und Rückenbeschwerden, Verdauungsprobleme, Appetit- und Schlafstörungen, gynäkologische Beschwerden und Störungen im sexuellen Bereich. Hinter diesen Beschwerden spielen berufliche, partnerschaftliche und Zukunftsprobleme, die sich oft mikrotraumatisch durch Aktualfähigkeiten summieren, eine Rolle.

— Bei der endogenen Depression ist die Reaktionsfähigkeit gegenüber Umweltfaktoren herabgesetzt. Die innere Erlebniswelt spielt eine große Rolle. Diese Menschen empfinden kleine Probleme und mikrotraumatische Situationen, die sich summieren, als unausweichliche Schicksalsschläge bei starkem Schulderleben. Jede Anstrengung wird als Belastung erlebt ("Gäste einladen macht Unordnung und kostet Vorbereitung und Geld!"); positive Aspekte (Gäste können auch eine Bereicherung sein; sie können ein Grund sein, Ordnung zu machen usw.) werden nicht wahrgenommen. Indem der Betreffende als belastend empfundene Situationen meidet, entwickelt er Schuldgefühle, Gefühle der Aussichtslosigkeit, Todeswünsche, Einsamkeit, Leere, Niedergeschlagenheit und Selbsthaß und gerät in einen Teufelskreis. Bei allem sind sowohl biologische als auch psychologische und metaphysische Faktoren beteiligt.

— Die symptomatische Depression basiert auf körperlichen Krankheiten (Infektanfälligkeit, Diabetes mellitus, Schilddrüsenerkrankungen, Blutdruckschwankungen, rheumatische Beschwerden, Allergien, Sucht usw.) und auf der Art und Weise, in der der Betreffende gelernt hat, mit Krankheiten umzugehen.

Transkultureller Ansatz und Epidemiologie

Angst

Orientalische Philosophen unterschieden 3 Arten von Angst, die sie Ur-Ängste nannten. Es sind: Angst vor der Vergangenheit, in der Gegenwart und vor der Zukunft (vgl. Peseschkian 1983, S. 129 f.).

In der heutigen Psychotherapie trifft man die 3 genannten Ur-Ängste wieder. Die Angst vor der Vergangenheit und die vor der Gegenwart werden als geschichtlich erlebte Ängste zusammengefaßt (Vitalangst, Realangst, Gewissensangst); ihnen wird die Angst vor der Zukunft als existentielle Angst gegenübergestellt.

- Nach meinen Erfahrungen entwickeln Mitteleuropäer und Nordamerikaner eher depressive Verstimmungen, weil ihnen der Kontakt fehlt, weil sie isoliert sind und unter dem Mangel an emotionaler Wärme leiden.
- Im Orient entwickeln sich Depressionen eher, weil sich die Menschen durch die Enge ihrer sozialen Verpflichtungen und Verflechtungen, denen sie nicht ausweichen können, überfordert fühlen.
- Das Erscheinungsbild der Depression scheint in nahezu allen Kulturkreisen gleich zu sein. Allerdings unterscheiden sich die Inhalte der Depressionen oft in vieler Hinsicht voneinander. Im europäischen Kulturbereich stehen Ängste im Vordergrund, die sich auf das äußere Aussehen, Schönheit, sexuelle Potenz, aber auch auf soziale Isolation, Ordnung, Sauberkeit und in besonderem Maße auf Sparsamkeit beziehen. "Die Schulden, die ich für unseren Hausbau auf mich genommen habe, lasten so sehr auf mir, daß ich manchmal meine, keine Luft mehr zu bekommen. Wenn ich an die Zukunft denke, wird mir angst. Innerlich habe ich oft genug aufgegeben mit dem Gefühl, daß doch alles keinen Zweck hat."
- In Kulturbereichen wie dem Orient steht die Angst um die Fruchtbarkeit, das soziale Ansehen und das Verhältnis zur Zukunft im Vordergrund. Analog der Beobachtung, daß im europäischen Raum das Verhältnis zum Ich und Du und im Orient das Verhältnis zum Wir betont wird, erhält der soziale Kontakt als Konfliktauslöser eine eigene Bedeutung.

Literaturvergleich

"Die Angst ist an und für sich noch nichts Krankhaftes. Erst wenn sie ein Leben in Frage stellt, wird sie zum psychopathologischen Phänomen" (Battegay 1981a). Nach Meinung von Markgraf (1989) erweist sich Freuds Beschreibung von Angstanfällen auch im Licht neuerer Forschung als "bemerkenswert beständig". Verhaltenstherapeuten haben die Methoden der systematischen Desensibilisierung in der Vorstellung oder in vivo (in der realen phobieauslösenden Situation) und die Technik der Reizüberflutung entwickelt. Nach Gräfen u. Schmidt-Jansen (1988) haben 14 % der deutschen Bundesbürger mindestens einmal in ihrem Leben an einer richtigen Angstkrankheit gelitten.

Nach Battegay (1981b) tendieren Depressive "sowohl bei konstitutionell bedingten als auch bei äußerlich herbeigeführten Depressionen wie auch bei der Suchtneigung ... dazu, sich unersättlich Objekte einzuverleiben (vgl. Freud 1916)". Benedetti (1984) unterscheidet zwischen psychoreaktiven, neurotischen und endogenen Depressionen; neurotische Depressionen haben eine unterschiedliche psychodynamische Struktur (Benedetti 1983b), je nachdem ob es sich um Ich-, Es-, Über-Ich- oder Ich-Ideal-Depressionen handelt. Diesen 4 "metapsychologischen Typen" ordnet Benedetti 4 entsprechende "phänomenologische Diagnosen" zu: die Isolationsdepressionen, die symbiotischen Kindheitsdepressionen, die Verlassenheits- und Trennungsdepressionen und die narzißtischen Depressionen.

Aus psychoanalytischer Sicht (Bibring 1953) steht im Erleben depressiver Menschen das Moment der Insuffizienz, der Hilflosigkeit, der subjektiven Unfähigkeit im Vordergrund; in der Verhaltenstherapie haben diese Momente seit Seligman (1975) als eine Grundlage der Depression Beachtung gefunden.

Sprachbilder und Volksweisheiten

Angst: Für all das, was uns Angst macht, haben wir einen reichen Wortschatz: von der Angst selbst über Bangen, Beben, Bedrückung, Entsetzen, Furcht, Gewissensnot, Grauen, Gruseln, Panik, Pochen, Schuldbewußtsein, Sorge, Unsicherheit, Verlorensein und Verzweiflung bis zum Zagen und Zittern.

Depression: In Sack und Asche gehen; kein Freund von Traurigkeit sein; Ritter von der traurigen Gestalt; alle Trauer der Erde ist Einsamkeit; Trauernde sind sich überall verwandt; die Welt ist zum Verzweifeln traurig; das ist traurig aber wahr.

Geschichte: "Die Weisheit des Hakim"

Ein Sultan war mit einem seiner besten Diener auf einem Schiff. Der Diener, der noch nie eine Seereise gemacht, mehr noch, der als Sohn der Berge noch nie die Wüste des Meeres erblickt hatte, saß im hohlen Bauch des Schiffes und schrie, jammerte, zitterte und weinte. Alle waren gütig zu ihm und versuchten, seine Angst zu besänftigen. Doch die Güte erreichte nur sein Ohr, nicht aber sein angstgepeinigtes Herz. Der Herrscher konnte das Geschrei seines Dieners kaum mehr hören, und die Seefahrt über das blaue Meer unter blauem Himmel machte ihm keine Freude mehr. Da trat der weise Hakim, sein Leibarzt, an ihn heran: "Königliche Hoheit, wenn Ihr es gestattet, kann ich ihn beruhigen." Ohne zu zögern, gab der Sultan die Erlaubnis. Der Hakim befahl nun den Seeleuten, den Diener ins Meer zu werfen, was diese mit dem Schreihals nur zu gern taten. Der Diener strampelte, schnappte nach Luft, klammerte sich an der Bordwand fest und flehte darum, wieder ins Schiff aufgenommen zu werden. An den Haaren zog man ihn herein. Von nun an saß er ganz ruhig in der Ecke. Kein Wort der Angst war aus seinem Munde zu vernehmen. Der Sultan wunderte sich und fragte den Hakim: "Welche Weisheit steckte in dieser Handlung?" Der Hakim antwortete: "Er hat noch nie das Salz des Meeres gekostet. Er wußte auch nicht, wie groß die Gefahr ist, die ihm im Wasser begegnet. Daher konnte er auch nicht wissen, wie kostbar es ist, die festen Planken eines Schiffes unter sich zu haben. Den Wert der Ruhe und Gelassenheit kennt erst der, der einmal der Gefahr ins Auge geblickt hat. Du, der du satt bist, weißt nicht, wie das einfache Brot des Landes schmeckt. Das Mädchen, das du nicht schön findest, ist meine Geliebte. Es besteht ein Unterschied zwischen dem, der seine Geliebte bei sich hat, und dem, der wartend ihr Kommen ersehnt." (Vgl. Peseschkian 1979, S. 64)

Selbsthilfeanteil: Entwicklung von Angst und Depression aus der Sicht der positiven Psychotherapie

Wir können sagen: Wie das Leben Angst zeugen kann, so bezeugt die Angst das Leben. Gesund ist nicht derjenige, der nie Ängste und Depressionen hat, sondern derjenige, der in der Lage ist, mit ihnen angemessen umzugehen.

a) Beschwerden und Physiologie

Streß ist ein akuter Spannungszustand des Organismus, in dem dieser gezwungen ist, seine Abwehrkräfte zu mobilisieren, um einer bedrohlichen Situation zu begegnen.

Der menschliche Körper funktioniert nach Ansicht der Experten am besten, wenn er einer mittleren Belastung (Eustreß) ausgesetzt ist. Sind die Belastungen (Stressoren) zu hoch oder zu niedrig, tritt Streß im Übermaß ein (Disstreß), der zur Leistungsabnahme führt. Chinesen sprechen von "Win-chi". "Win" bedeutet "Vorsicht: Gefahr", "chi" Möglichkeiten zur Veränderung. Im deutschen spricht man von einer Entwicklungskrise.

Selye (1974) unterscheidet 3 Phasen. Die 1. Phase, die er Alarmreaktion nennt, ist von funktionellen Einbußen, z. B. bei der Immunabwehr, begleitet. Es werden aber auch die körperlichen Verteidigungskräfte mobilisiert. Die 2. Phase nennt Selye (1974) Stadium der Anpassung (Adaptation) oder des Widerstandes. Das Hormon Cortisol (vgl. unten) schafft die Voraussetzungen für die Reparatur der durch Disstreß eingetretenen Schäden. In der 3. Phase, dem Stadium der Erschöpfung, tritt eine sog. Adaptationskrankheit (Syndrom) ein. Diese Phase wird um so eher erreicht, je schlechter die körperliche Konstitution und je geringer der Wille zum Widerstand ist.

Aus der Sicht der positiven Psychotherapie kann jede Anpassung des Organismus an neue Situationen in diesem Sinn als Streß wirken. Vieles spricht sogar dafür, daß der Mensch ein Mindestmaß an Spannung, Streß, braucht. Streß ist nicht für jeden gleich. Für den einen wirken Leistungsanforderungen, für den anderen die Konfrontation mit Unordnung, Unhöflichkeit, Untreue oder betonter Pünktlichkeitsforderung als Streß.

b) Aktualkonflikt: 4 Formen der Konfliktverarbeitung —
*   psychosoziale Belastungssituation*

Nahezu jeder von uns hat einmal am eigenen Leibe erfahren, daß seine Stimmung vom Gefühl der Niedergeschlagenheit, von abgrundtiefer Traurigkeit, Hoffnungslosigkeit und dem Gefühl der Sinnlosigkeit geprägt war.

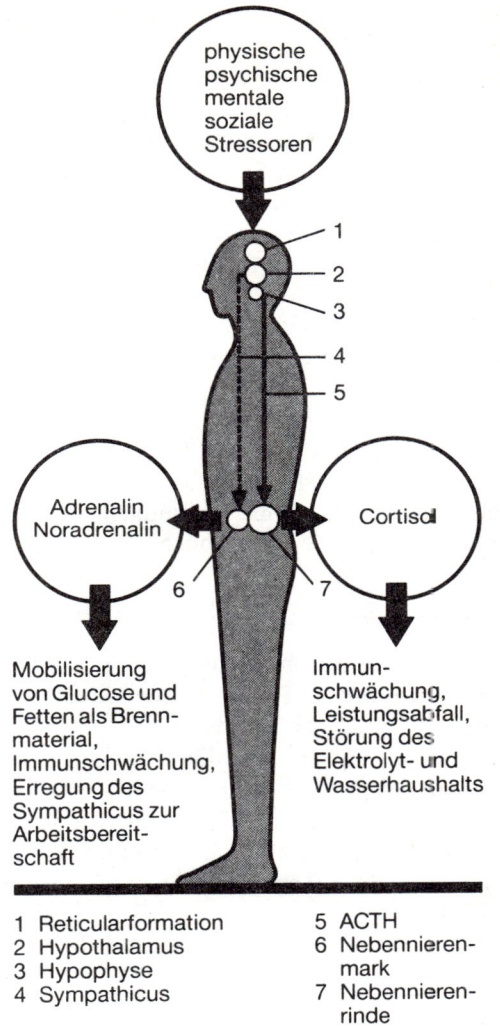

physische
psychische
mentale
soziale
Stressoren

1
2
3
4
5

Adrenalin
Noradrenalin

Cortisol

6   7

Mobilisierung
von Glucose und
Fetten als Brenn-
material,
Immunschwächung,
Erregung des
Sympathicus zur
Arbeitsbereit-
schaft

Immun-
schwächung,
Leistungsabfall,
Störung des
Elektrolyt- und
Wasserhaushalts

1 Reticularformation
2 Hypothalamus
3 Hypophyse
4 Sympathicus

5 ACTH
6 Nebennieren-
mark
7 Nebennieren-
rinde

Abb. 1. Schema der Streßreaktion (Bayerisches Staatsministerium 1989)

Meist findet sich für eine solche Verstimmung ein Anlaß: Man traut sich selbst deshalb wenig zu, weil man nicht die Leistungen erbringen konnte, die man selbst oder andere von einem erwarteten. Man hat einen wichtigen Partner verloren, sieht durch Mißerfolge seine Zukunft bedroht oder fühlt sich isoliert und von dem sozialen und seinem bisher vertrauten Umgang abgesondert. Da man sich mit seinen Wünschen von der Umgebung zurückgegezogen hat und sie nur in äußerst verdeckter Form äußert, ist man "wunschlos unglücklich".

Bei vielen Patienten hat es den Anschein, als habe sich die Depression von ihrem Auslöser entfernt oder als habe es nie einen solchen Auslöser gegeben. Die Aussage, es gäbe deshalb auch keinen entsprechenden äußeren Anlaß für diese Depression, gilt im strengen Sinn nur, wenn man ausschließlich nach großen auslösenden Ereignissen, wie dem Tod eines Angehörigen, fahndet. Als psychischer Hintergrund der Erkrankung finden sich auch hier über Jahre hinweg erduldete Kränkungen, die als Mikrotraumen die spätere Depression vorbereiten.

Inhalt dieser Mikrotraumen sind Aktualfähigkeiten, für die ein Mensch im Laufe seiner Kindheit und späterer Entwicklung empfindlich gemacht worden ist.

Entsprechend den 4 Formen der Konfliktverarbeitung unterscheiden wir 4 Grundformen von Ängsten und Depressionen, die in 4 Fluchtmechanismen (in die Krankheit, in die Arbeit, in die Einsamkeit und in die Phantasie) einmünden können (vgl. I./Kap. 3, S. 43 f., Abb. 5):

Existentielle Ängste und Hoffnungslosigkeit:

Wir alle lernen unterschiedlich, mit Problemen und Konflikten umzugehen. Es kommt darauf an, wie wir ein Problem sehen, deuten und bewerten. Dies hängt von Konzepten, Weltanschauungen, Lebensphilosophien, Ethik, Moral und im weitesten Sinne von den jeweiligen religiösen Werten ab, die wir erfahren haben. Wenn beispielsweise meine Mutter stirbt, hängt meine Reaktion davon ab, wie ich zu Sterben und Tod stehe, wie ich gelernt habe, damit umzugehen: ob ich z. B. den Tod als eine Fortentwicklung oder als Vernichtung empfinde. Wenn ich in diesem Tod keinen Sinn sehe, werde ich mutlos und hoffnungslos. Mangelnde Alternativen führen zu mangelnden Zukunftsperspektiven. Daraus können sich existentielle Ängste entwickeln.

Soziale Ängste und Depressionen:

Je nachdem, ob ich gelernt habe, bei Problemen mit anderen Menschen zu sprechen, oder ob ich der Meinung bin, ich müsse mit meinen Problemen allein fertig werden, ob in meiner Umgebung und Kultur ein Thema offen angesprochen werden kann oder tabuisiert ist, werde ich entweder sozial stabilisiert oder isoliert. So kann ich beim Tod meiner Mutter nach dem Motto "geteiltes Leid ist halbes Leid" durch Anteilnahme von Verwandten, Freunden, Bekannten und anderen Menschen das Gefühl der Geborgenheit empfinden, oder ich bitte darum, "von Beileidsbesuchen Abstand zu nehmen", weil ich nach dem Motto "Jeder muß mit seinem Schicksal allein fertig

KÖRPER/SINNE:

Risikofaktoren

Psychosomatische Störungen

Vitale Ängste

PHANTASIE/ZUKUNFT

Hoffnung/Hoffnugnslosigkeit

Hemmung der Phantasietätigkeit

Mangelnde Alternativen

Ratlosigkeit

Existentielle Ängste

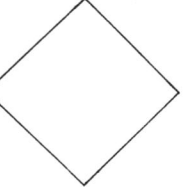

BERUF/LEISTUNG:

Berufliche Unter- und

Überforderung

Streß/Aggressionen

Versagens- und

Versagungs-Ängste

KONTAKT:

Soziale Isolierung

soziale Ängste

Hemmungen

Depressionen

Abb. 2. 4 Grundformen von Ängsten und Depressionen (Schema)

werden!" versuche, mein Leid selbst zu tragen. Andererseits kann ich in die Geselligkeit fliehen und dadurch in emotionale Abhängigkeit geraten; wenn dann einmal niemand zur Verfügung steht, bin ich fix und fertig und sehe keinen Sinn in meinem Leben mehr.

Versagensängste und Streß:

Je nachdem, wie meine Zukunftsperspektiven (vgl. "existentielle Ängste") und meine soziale Akzeptanz (vgl. "soziale Ängste") ausgeprägt sind, bin ich mehr oder weniger in der Lage, die Funktionen meines Verstandes, die mit dem Lösen von Problemen zu tun haben und damit der Realitätsprüfung dienen, sinnvoll einzusetzen. Für die Aktualfähigkeiten *Fleiß/Leistung* und damit für mein berufliches Tun sind Denken und Verstand zentrale Funktionen, denn erst sie ermöglichen es, die Leistung zu optimieren. Dies hat Einfluß darauf, ob ich mit meinem Beruf zufrieden oder unzufrieden bin, ob ich die Flucht in die Arbeit oder die Flucht vor Leistungsanforderungen wähle und umgekehrt. Wie ich beispielsweise den Tod meiner Mutter verarbeite, hängt auch davon ab, ob ich mich mit meinem Beruf identifiziere und einen Sinn in ihm sehe oder nicht.

155

Vitale Ängste und Risikofaktoren:

Die Aufarbeitung von existentiellen Ängsten, von sozialen Ängsten und von Versagensängsten hängt einerseits von meiner körperlichen Konstitution ab, andererseits von meinem Körper-Ich-Gefühl, davon, wie ich meinen Körper erlebe und wie ich mit ihm umgehe (Ästhetik, Sport/Bewegung, Eßverhalten, Schlaf-Wach-Rhythmus, Sexualität, Körperkontakt, Verhalten bei Krankheit).

c) Grundkonflikt: 4 Formen der Vorbilddimensionen – Bedingungen der Frühgenese

Bei allen depressiven Reaktionen besteht ein ausgeprägtes Bedürfnis nach Verbundenheit, oft in der Form, wie man es sich aus der Kindheit wünschte. Auslösend wirken vor diesem Hintergrund Ablösungsprobleme, welche eben dieses Gefühl der Verbundenheit und Geborgenheit infrage stellen. Insgesamt wird nur die Kehrseite der Dinge gesehen. Die Unterscheidung der Wirklichkeit erfolgt lediglich unter dem Gesichtspunkt des pessimistischen Konzepts: Die halb volle Flasche wird halb leer gesehen.

Die Spannung, die sich z. B. um das Problem Pünktlichkeit entwickelte, mündet schließlich in eine schwere Depression, die mit erheblichen Ängsten verbunden ist. In diesem Sinne lohnt es sich, auch nach den weniger auffälligen Belastungsmomenten zu suchen, die zu einem Teil aus der sozialen Umwelt des Patienten herrühren, außerdem nach der zunächst in dem speziellen Bereich (z. B. Pünktlichkeit) und später weitgehend verallgemeinerten Verringerung der Belastungsfähigkeit. So erscheint die Depression als das Gefühl des Niedergedrücktseins, der Entschlußlosigkeit, der Verarmungsangst und des Wunsches, allen Schwierigkeiten durch Selbstvernichtung auszuweichen. Oft genug manifestieren sich diese Depressionen in körperlichen Beschwerden, die so zum psychosomatischen Ausdruck einer seelischen Konfliktsituation werden. Diese Beschreibung trifft nur einen Teil des Erscheinungsbildes der Depression.

d) Aktual- und Grundkonzepte: innere Konfliktdynamik

Im Sinne der positiven Psychotherapie müssen wir die Beschreibung erweitern.

Depression ist die Fähigkeit, mit tiefster Emotionalität auf Konfliktsituationen und Belastungen zu reagieren. Statt nach außen wird der Konflikt nach innen ausgetragen. Der Depressive besitzt die für seine Umgebung oft erschreckende Fähigkeit, den Sinn zu ignorieren und damit den existentiellen Ängsten unseres Lebens offen, aber zugleich ungeschützt entgegenzutreten. Im Vordergrund steht der Konflikt zwischen Höflichkeit sowie Aggressionshemmung als Hintanstellung der eigenen Interessen und mangelnder Ehrlichkeit als Zeichen des schwachen Durchsetzungsvermögens.

Der Depressive gleicht einem Dampfkessel, dessen sämtliche Ventile verschlossen sind. Nach außen hin scheinbar ruhig, steht er fortwährend in der Gefahr, durch explosive Reaktionen seiner eigenen Existenz ein Ende zu setzen. Aggressive Regungen, von dem Betroffenen als unerlaubt erlebt, wendet er gegen sich selbst.

Die Frage der Dosierung der Aggression, in anderen Worten, nach einer Integration von Höflichkeit und Ehrlichkeit, wird zur zentralen Frage in der Therapie der Depression.

Daraus ergibt sich als therapeutischer Ansatz eine Therapie der kleinen Schritte für den Patienten und seine Umgebung:
– für den Patienten: eine realere Beziehung zum Ich, mehr Selbständigkeit und Offenheit gegenüber dem Partner, Erweiterung des sozialen Kontaktes, Entwicklung neuer Interessen und Mut zur Verwirklichung der eigenen Phantasie: "Was würden Sie machen, wenn Sie gesund wären und keine Depressionen mehr hätten?"
– für die Bezugspersonen: Die therapeutische Entlastung des Depressiven von seinen Pflichten ist ein wichtiger Bestandteil in der akuten Phase der Depression. Es ist aber auch wichtig, daß der Depressive zum richtigen Zeitpunkt wieder in kleinen Schritten lernt, die täglichen Anforderungen auf sich zu nehmen. Die Ratlosigkeit des Depressiven verleitet seine Umgebung in der Regel dazu, ihn mit Ratschlägen zu überhäufen. Oft sind es sogar einander widersprechende Ratschläge, die an den Kranken herangetragen werden.
– Selbstverständlich benötigt gerade der Depressive das Einfühlungsvermögen und das Verständnis seiner Umwelt. Wenn diese aber so weit geht, sich das depressive Konzept zu eigen zu machen, kann der Kranke von ihr keine Hilfe mehr erwarten. Es kommt so zu der paradoxen Situation, daß nicht der Therapeut den Patienten, sondern der Patient den Therapeuten von der Richtigkeit seiner Auffassung überzeugt. Sich in den anderen einfühlen muß also nicht bedeuten, das Konzept des anderen bedingungslos zu übernehmen.
– Im akuten Stadium schwerer Ängste und Depressionen, in dem der Betroffene fast körperlich unter dieser Krankheit leidet, können Medikamente eine wertvolle Hilfe bieten. Da die Situation des Depressiven sehr differenziert zu sehen ist, muß auch die Versorgung mit Medikamenten sehr differenziert erfolgen. Antidepressive Medikamente sind die Mittel der Wahl, die bei einzelnen Patienten mit angstlösenden Medikamenten gekoppelt werden können. Leider werden sehr oft anstelle der gezielten antidepressiven Behandlung lediglich Beruhigungs-, Schlafmittel oder Antidepressiva, die nicht sedieren und zu einer Antriebssteigerung vor der Stimmungsaufhellung führen, genommen. Diese führen mitunter dazu, daß, zusammen

mit dem Wegfall der anderen Hemmungen, auch die Hemmung vor der Selbsttötung abgebaut wird und der Patient, nach außen hin ruhig und gefaßt, plötzlich und unerwartet einen Selbstmordversuch unternimmt. Für die medikamentöse Behandlung gilt, daß sie eine unterstützende Therapie des psychotherapeutischen, milieutherapeutischen Vorgehens und der Selbsthilfestrategien ist.

— Der Depressive hat nicht nur seine lustbesetzte Beziehung zu seiner Umgebung abgebrochen, er versucht darüber hinaus, diese Haltung zu verteidigen und versteht dementsprechend nahezu alles, was um ihn herum geschieht, als Bestätigung der Sinnlosigkeit, der ausweglosen Ungerechtigkeit, der Hoffnungslosigkeit und der Schuldhaftigkeit.

In dieses Konzept verrennt sich der Depressive immer mehr und entwickelt ein erstaunliches Geschick im Uminterpretieren der Wirklichkeit. Würde man sich ausschließlich mit diesen Uminterpretationen beschäftigen, würde man nur die melancholischen Ansichten verfestigen und wiederholen. Das depressive Konzept erführe somit eine fortwährende Bestätigung.

— Um dem zu begegnen, können dem Depressiven Gegenkonzepte angeboten werden. Dem pessimistischen "Die Flasche ist halb leer" wird das positive Konzept "Die Flasche ist halb voll" entgegengesetzt. Damit wird der Patient weder angegriffen noch zusätzlich belastet. Vielmehr artikuliert so die Bezugsperson offen ihre Sicht der Dinge und bietet sie dem anderen als Alternative dar. Im Gegensatz zu den üblichen Ratschlägen beeinhalten solche Erweiterungskonzepte keine Verpflichtung. Das Erweiterungskonzept verzichtet auf diesen Druck und läßt dem Partner Zeit, sich auf die erweiterte Sichtweise einzustellen. Der Bezugsperson wird es durch diese Methodik leichter gemacht, die Geduld aufzubringen, die sie im Umgang mit dem depressiven Partner benötigt.

Therapeutischer Anteil: das fünfstufige Vorgehen der positiven Psychotherapie bei Angst und Depression

Fallbeispiel: "Alle wollen zum Himmel, aber keiner will sterben."

Stufe 1: Beobachtung/Distanzierung

Ein 28jähriger Angestellter im öffentlichen Dienst (verheiratet seit 1979, 3 Kinder von 6, 5 und 1 Jahr, Eltern leben, 2 Geschwister, kath., Ehefrau: Hausfrau), kam auf Anraten seines Hausarztes in meine Praxis. Er wirkte verzweifelt und gebeugt. Während er sprach, hielt er seine rechte Hand auf die linke Brustseite, als ob er sein Herz festhalten wolle. Auszug aus dem Erstinterview:

Ich meine, mir wird schlecht. Ich denke an den Tod. Ein Ziehen geht durch den ganzen Körper, besonders die linke Seite des Körpers ist davon betroffen. Im Bereich des Brustbeines habe ich ein starkes Druckgefühl, besonders stark unmittelbar rechts und links des Brustbeines. Rechts des Brustbeines habe ich fast immer ein Druckgefühl. Der Druck kommt nicht von innen, sondern von außen. Manchmal meine ich, ich bekäme keine Luft. Dann atme ich langsam durch die Nase ein und durch den Mund aus. Erst wenn das Gefühl, keine Luft zu bekommen, weg ist, fühle ich mich besser. In letzter Zeit denke ich oft, daß ich einen steifen Hals bekäme. Dann habe ich "Schmerzen", die über den Nacken bis in den Kopf hineindringen. Wenn ich mich "aufrege", meine ich, daß das Herz schneller schlägt und der Blutdruck steigt. Ich denke, daß ich womöglich einen Herzanfall bekäme. Habe ich zeitweise keine Beschwerden und bemerke das, so denke ich, daß dies die Ruhe vor dem Sturm ist. Dann bin ich froh, wenn ich mich wieder schlechter fühle. Am 26. September 1986 hatte ich ein komisches Gefühl in der Magengegend. Das Gefühl kann mit einer Art Druck verglichen werden. Neben den Gedanken an die schweren Magen- und Herzbeschwerden mußte ich an den Tod denken. Ich faßte an meinen Hals und ertastete die Halsschlagader. Mein Puls ging anscheinend schnell. Ich bekam Todesangst. Ich dachte, jetzt müßte ich sterben. Das Gefühl in der Magenbzw. Brustbeingegend habe ich jetzt öfters. Manchmal höre und fühle ich meinen Herzschlag am ganzen Körper. Wo ich die Hand auch hinlege, ich fühle, wie mein Herz schlägt. In meinem Kopf dröhnt es dann und ich höre andauernd bum, bum ... Oder aber ich habe nur einen Druck von außen rechts neben dem Brustbein. Ein anderes Mal habe ich ein komisches Gefühl und muß dann an den Tod denken. Manchmal schlägt mein Herz sehr schnell, ohne ersichtlichen Grund. Oder wenn mich etwas aufregt, dann schlägt es auch schneller. Ich höre dann den Pulsschlag. Das ganze ist mit einem sehr unangenehmen Gefühl verbunden, so als wenn mir die Brust zerspringen würde, weil von innen mit einem Hammer dagegen geschlagen wird. Bei solchen Anfällen denke ich stark an Sterben und Tod. Manchmal habe ich ein furchtbares Ziehen im linken Unterarm. Auch hier entstehen sofort Gedanken an den Tod. Jedes Zucken im Körper, jeder sonderbare Geschmack oder Geruch beeinflußt meine Gedanken hinsichtlich des Todes.

Therapeut: "Nachdem Sie so gut Ihre Situation geschildert haben, habe ich den Eindruck, daß Sie gut in der Lage sind, sich und Ihre Umwelt zu beobachten, wahrzunehmen und plastisch zu beschreiben ... Ihre Angst bedeutet, daß Sie sehr viel Energie investieren, ohne ein klares Ziel zu haben. Es fällt mir auch auf, daß Sie immer wieder das Thema Tod und Todesangst ansprechen, es aber andererseits vermeiden, sich damit offen auseinanderzusetzen. Kennen Sie den orientalischen Spruch 'Alle wollen zum Himmel, aber keiner will sterben!'?"

Patient: "Das ist in der Tat mein Problem ..."

Er war nun bereit, die Paradoxie seines Umgangs mit der Angst zu verstehen und näher zu beschreiben.

Stufe 2: Inventarisierung

Therapeut: "Wann begannen Ihre Beschwerden, und wo sind Sie bis jetzt behandelt worden, und wie waren Ihre Erfahrungen?"

Patient: "Im Oktober 1980 las ich in der Zeitung die Todesanzeige eines Freundes. Es war beim Frühstück, und mir blieb förmlich der Bissen im Munde stecken. An der Beisetzung meines Freundes nahm ich teil. Zu diesem Zeitpunkt war meine Frau schwanger. Wenige Tage bzw. Wochen später spendete ich zum 5. Mal Blut. Als mir die Kanüle in den rechten Arm gestochen wurde, wurde mir ganz komisch. Ich bekam furchtbare Angst, es war Todesangst. Dabei hatte ich ein beklemmendes Gefühl in der linken Brustseite, und mein Körper war regelrecht verkrampft. Diese Todesangst sowie die anderen Symptome hielten monatelang an. Zum Schluß habe ich täglich mehrere Flaschen Bier getrunken. Dadurch fühlte ich mich wohler, was dazu führte, daß ich ständig einen leichten Schwips hatte. Ich hatte mir den falschen Arbeitgeber ausgesucht, denn beruflich ging es dort nur langsam vorwärts. Mein Beruf langweilte mich, da wir sehr wenig zu tun hatten. Oft haben wir regelrechte Saufgelage abgehalten. Gott sei Dank, daß wir nie erwischt wurden und auch nie im Straßenverkehr aufgefallen sind. An manchen Tagen kam ich so betrunken nach Hause, daß ich gleich ins Bett gehen mußte. An anderen Tagen wußte ich meistens nie, wie ich nach Hause gekommen war (...). Zu diesem Zeitpunkt war ich bereits oft krankgeschrieben. Der Abbruch erfolgte, nachdem ein Mitschüler gestorben war. Im Sommer 1981 erfuhr ich, daß es bei A. eine Neurologin gibt, die mit Akupunktur arbeitete. Nach mehreren Behandlungen löste sich die Verkrampfung des Körpers, und ich war in der Lage, den Tag auch ohne Alkohol zu überstehen. Durch Zufall erfuhr ich von der psychosomatischen Klinik in N. Dorthin ließ ich mich überweisen. Von August bis November 1981 war ich in stationärer Behandlung. Soweit ich mich erinnern kann, hat man dort meine Krankheit wie folgt interpretiert:

Die Ursachen liegen bei meinen Eltern. Innerlich hätte ich deren Erziehungsstil nicht akzeptiert. Insbesondere die Strenge meines Vaters mir gegenüber. Außerdem glaubte man mir nicht, daß ich eine harmonische Ehe führen würde. Jedenfalls sei es nicht normal, wenn ich in meiner Familie keine Probleme sähe. Meine Frau hatte damals im April 1981 entbunden, und wir hatten unsere Freude an dem Baby. Jedenfalls führte alles dazu, daß ich den Kontakt nach zu Hause abbrach. Immer wieder wurde versucht, mir das o. g. einzureden, bis ich schließlich fast davon überzeugt war. Meine Gegenwehr ließ immer mehr nach, und schließlich faßte ich noch in der Klinik den Entschluß, meine Familie zu verlassen, was ich aber dann nicht tat. Auf jeden Fall wurde über mein eigentliches Problem, die Todesangst, wenig gesprochen. Nach der Entlassung gingen mir meine Eltern sehr auf den Wecker. Irgendwie hatte ich keine Beziehung mehr zu ihnen. Der Kontakt beschränkte sich auf ein Minimum. Das Verhältnis zwischen Ihnen und mir ist beinahe wieder gut geworden, wenn nicht sogar besser als vorher. Zu meiner Frau hatte ich auch immer ein gutes Verhältnis. Ich liebe meine Frau, und wir verstehen uns gut. Daß es manchmal staubt, ist wohl verständlich, aber das kommt sehr selten vor. Wenn ich nochmals wählen könnte, so würde ich sie bestimmt wieder heiraten. Nach meiner Entlassung habe ich über kurze Zeit versucht, durch Anschluß an eine Gruppe mittels Gespräch meinen Umgang mit meiner Krankheit besser in den Griff zu bekommen. Das brachte mir nichts. Dann habe ich vermehrt sportliche Betätigungen gesucht und Yoga. Das hat mir mehr gebracht. Nachdem ich mich gründlich informiert hatte, begann ich im Februar 1982 sowohl eine Ausbildung zum Handelsfachwirt (Präsenzunterricht) als auch zum Betriebswirt (Fernstudium). Den Handelsfachwirt schloß ich im Sommer 1984, den Betriebswirt im Winter 1984 erfolgreich ab. Im Winter 1985 absolvierte ich die Ausbildereignungsprüfung mit Erfolg.

Zum 1.4.1986 trat ich meine neue Stellung an. Aber womit niemand gerechnet hatte, das trat ein: meine Hörbehinderung ermöglichte mir in der Kaufhausatmosphäre kein ausreichendes Hören. So einigte ich mich mit meinem neuen Arbeitgeber und war zum 16.4.1986 arbeitslos. Aufgrund meiner eigenen Bemühungen fand ich zum 1.7.1986 in W. eine feste Arbeitsstelle.

Bis zum 26.9.1986 hatte ich meine Krankheit fest im Griff. Die wenigen Male, wo ich mich nicht gut fühlte, sind kaum erwähnenswert. Aber an diesem 26.9.1986 nachmittags gegen 14.30 Uhr wurde mir ganz komisch. Ich bekam ein komisches Gefühl in der Magengegend, faßte mich am Hals, tastete meinen Puls und fühlte mich elend. Ich hatte Angst, Todesangst. Ich dachte, jetzt müßte ich sterben. Ich ließ den Notarzt holen und wurde ins Hospital gebracht. Bereits 5 Tage später wurde ich entlassen. Man hatte keine organischen Krankheiten finden können Die Befunde der EKGs und Magenspiegelung waren normal. Nach meiner Entlassung verschlechterte sich mein Zustand. So höre und fühle ich ständig meinen Herzschlag und habe ständig ein Ziehen im ganzen Körper. Täglich benötige ich etwas Bier. Ende Oktober 1986 sind meine Familie und ich nach W. umgezogen. Mein Zustand verschlechterte sich. Ich griff zu stärkeren Sachen, da die Wirkung von Bier nicht mehr half. Am 23.11.1986 sprach ich mit meinem Hausarzt über Medikamente. Ich nehme täglich 2 Tabletten. Die Beschwerden sind jetzt viel erträglicher, und mein Alkoholkonsum ist stark zurückgegangen. Wenn mich jemand nach der Ursache meiner Krankheit fragt, so kann ich keinen Grund nennen. Ich weiß, daß ich organisch gesund bin, aber meine Seele ist krank. Warum?"

Therapeut: "Nachdem Sie mir einige Informationen über den bisherigen Therapieverlauf, Ihre eigenen Bemühungen und die Reaktionen Ihrer Familie gegeben haben, wollen wir sehen, was alles in den letzten 5-6 Jahren auf Sie zugekommen ist."

Patient: "Ein Unglück kommt selten allein!"

Der Patient wurde mit den 4 Bereichen der Konfliktverarbeitung vertraut gemacht; jeder könne seine Energien auf diese 4 Bereiche verteilen.

Therapeut: "Ich wiederhole, was Sie berichtet haben. Sehen Sie bitte, ob das so stimmt ...
— Im Oktober 1980 starb Ihr Schulfreund überraschend an einem Herzinfarkt.
— Ihre Frau war damals schwanger.
— Einige Wochen später bekamen Sie beim Blutspenden Todesangst.
— 1981 mußten Sie eine Fortbildungsmaßnahme wenige Wochen vor der Prüfung wegen Ihrer Krankheit abbrechen.

- 1981 waren Sie von April bis November krankgeschrieben.
- Von August bis November 1981 waren Sie in stationärer Behandlung und brachen während dieser Zeit den Kontakt zu Ihrer Familie und zu Freunden ab.
- Die Behandlung in der Klinik war für Sie teilweise unverständlich.
- Danach wurden Sie wieder in die Abteilung versetzt, in der Ihnen die Arbeit sehr einseitig erschien und sie langweilte.
- Im Februar 1982 begannen Sie 2 Fortbildungen, die Sie 1984 erfolgreich abschlossen.
- 1985 absolvierten Sie zusätzlich eine Eignungsprüfung als Ausbilder.
- 1986 traten Sie eine Stelle als Ausbildungsleiter an, die Sie wegen Ihrer Hörbehinderung aber nach 2 Wochen aufgeben mußten.
- Einige Wochen später bekamen Sie eine Stelle im öffentlichen Dienst.
- Sie mußten nach W. umziehen.
- Im September 1986 wurden Sie mit dem Notarztwagen ins Krankenhaus gebracht."

Die Inventarisierung dieser Ereignisse wurde vom Patienten interessiert aufgenommen.

Patient: "Jetzt wird mir langsam klar, warum ich nicht aus dem Loch herauskomme. Jetzt verstehe ich auch, daß der Tod meines Freundes, mit dem alles begonnen hat, wegen der vielen Dinge, die ich am Hals hatte, in den Hintergrund trat, aber mich trotzdem immer wieder belastete. Auf diesen Punkt ist auch nie jemand näher eingegangen ..."

Es handelte sich um eine Herzneurose Typ B auf der Basis einer abnormen Trauerreaktion (Oktober 1980) mit erheblichem Leidensdruck. Im Vordergrund stehen die geschilderten Symptome. Aktualkonflikt ist der überraschende Tod eines Mitschülers, der den Patienten schockartig traf. Grundkonflikt ist eine indifferente und eher überbehütende Einstellung der Eltern, die ihn im Sinne einer "Heimchenatmosphäre" Überraschungen nicht einkalkulieren ließ. Weiterhin bedeuten für ihn die kumulativ wirkenden Faktoren eine neue Konfliktsituation. Es kam zu einem totalen Rückzug aus dem bisher favorisierten Leistungsbereich bei einer tendenziell depressiven Neurosenstruktur. Im inneren Konflikt identifiziert sich der Patient schnell mit den objektiven Reizen, kann sie nicht auf Distanz halten und fühlt sich zum Handeln gezwungen, wobei er schnell seiner Konfliktverarbeitungsgrenze angstvoll begegnet und sich in seiner Gesamtheit bedroht fühlt. Seine gelernten Konzepte (Leistung, Gehorsam, Höflichkeit, Ordnung und Gerechtigkeit) nutzen ihm auch kompensatorisch nichts, so daß die defizitären primären Bereiche aufgrund seiner inneren Unkontrolliertheit die Oberhand gewinnen. In diesem Zusammenhang stellte sich seine irreparable Hörbehinderung als wesentliche Beeinträchtigung des Körper-Ich-Gefühls (Körperminderwertigkeitsgefühle) heraus. Durch sie werden eine Begrenzung der beruflichen Aufstiegschancen und eine Minderung der Kontaktaufnahme (Verunsicherung) bedingt. Es zeigten sich Tendenzen zu Flucht- und Vermeidungsverhalten, die seine "Todesangst" zusätzlich verstärkten und eine Eigendynamik gewannen. Durch den Tod eines Kollegen (Herzinfarkt) während der Behandlungszeit wurde seine Problematik erneut aktualisiert. Es kam zu einer Verstärkung der beschriebenen Symptome, jedoch nicht im gleichem Ausmaß wie zu Beginn der Behandlung. Der Patient sprach selbst von der Möglichkeit, innerhalb seines Handlungsrepertoires stabilisierter damit umgehen zu können. Auf dem beruflichen Sektor kam es zu einer Umorganisation, die für den Patienten eine längerfristige streßhafte Umstrukturierung des Arbeitsablaufes und der Arbeitsaufteilung der Berufskollegen untereinander nach sich zog.

In den bisherigen Behandlungen wurden die Symptome unter medikamentösen und psychodynamischen Aspekten behandelt. Weder der Verlust des Freundes, der von ihm Ich-nah erlebt wurde und ihm daher die Chance gegeben hätte, sich mit diesem existentiellen Teil des Lebens zu beschäftigen, noch die mikrotraumatisch wirkenden Faktoren wurden intensiv angesprochen.

Stufe 3: Situative Ermutigung

Durch die Erklärung neurophysiologischer Zusammenhänge und durch das Ansprechen der Todesfälle und der kumulativ wirkenden Mikrotraumen fühlte sich der Patient verstanden und wußte, in welcher Richtung die Therapie verlaufen würde. Die Geschichte "Die Weisheit des Hakim" wurde von ihm immer nur auf seine Situation bezogen und anders interpretiert. Er erkannte, wie wichtig es ist, sich mit dem Phänomen Tod auseinanderzusetzen und so sein Vermeidungsverhalten aufzugeben. Nachdem er zwischen "bedingtem Schicksal" (Einstellung zu Tod und Verlust) und "bestimmtem Schicksal" (der Tod selbst, der jeden trifft) differenzieren gelernt hatte (vgl. Peseschkian 1974, S. 182 ff.), konnte ich ihn fragen: "Wie stellen Sie sich Ihren eigenen Tod vor? Durch Krankheiten wie Herzinfarkt, Schlaganfall und Unfall oder nach längerer Bettlägerigkeit z. B. durch Krebs, multiple Sklerose usw.?" Der Patient, der mit solchen Fragen nicht gerechnet hatte, reagierte zunächst schockiert und dann interessiert. Er fertigte bis zur nächsten Sitzung eine Liste mit ca. 20 Krankheiten an und beschrieb kurz seine Einstellung zu jeder. Er kam zu dem Schluß, daß er von sich aus nicht festlegen könne, wie er sterben möchte: das müsse er Gott überlassen. In diesem Stadium wurde von meinem Mitarbeiter eine verhaltenstherapeutisch orientierte Desensibilisierung durchgeführt. Die "Angsthierarchie" (vgl. den Fall "Ute S." in Peseschkian 1977a, S. 338–387, wo die Angst sich inhaltlich auf Pünktlichkeit bzw. Unpünktlichkeit bezog und daher eine "Pünktlichkeitshierarchie" aufgestellt und in diesem Sinne desensibilisiert wurde) bezog sich auf das Thema "Tod" in Verbindung mit Herzsensationen. Da die Verluste durch die Todesfälle als Ungerechtigkeit empfunden wurden, wurde die Aktualfähigkeit *Gerechtigkeit* in diesem Zusammenhang thematisiert (vgl. II./Kap. 1). Zusätzlich wurden ihm leichte Antidepressiva verordnet.

Stufe 4: Verbalisierung

Nachdem der Patient durch die vorhergehenden 3 Stufen eine offenere Betrachtungsweise seiner Situation und seiner Umgebung entwickelt hatte, war er bereit, theoretische Erkenntnisse in die Praxis umzusetzen. Er begann, seine überbetonte Höflichkeitshaltung (im Sinne einer Aggressionhemmung), die Schuldgefühle und Angst auslöste, durch Offenheit und Ehrlichkeit (im Sinne von Vertrauen und Hoffnung) zu sich und anderen zu ergänzen, wobei ihm letzteres noch schwerfiel. Daher wurde mit dem Patienten der Schlüsselkonflikt *Höflichkeit – Ehrlichkeit* durchgearbeitet (vgl. II./Kap. 26 und II./Kap. 5). Er traute sich, Konfliktsituationen immer direkter anzusprechen. Durch Einbeziehung der Ehefrau konnten die beiderseitigen Beziehungen zu Tod, Sinn des Lebens, Lebensphilosophie, Religion und Glaube differenziert bearbeitet werden. Aussagen über den Tod und das Leben nach dem Tod von bekannten Nobelpreisträgern (vgl. I./Kap. 5, S. 93 ff.) wirkten als Mediatoren zwischen Therapeut und Patient. Außerdem wurden Kontaktprobleme (die Ehefrau hätte gerne mehr Außenkontakte gehabt, die jedoch aufgrund der betonten Sparsamkeits-, Pünktlichkeits- und Ordnungseinstellung des Patienten kaum zustandekamen) angesprochen. Ein weiterer Grund für die soziale Isolierung des Patienten war gewesen, daß er abends nicht ausging, um seinen Parkplatz nicht zu verlieren. In der psychotherapeutischen Gruppe mit ihren multiplen und multidimensionalen Übertragungen, an der der Patient etwa seit der Stufe 4 teilnahm, wurden Kontakte geübt und in der Realität praktiziert.

Stufe 5: Zielerweiterung

Der Patient zeigte sich in der Therapie einsichtig und ansprechbar. Er erarbeitete mit seiner Frau und in der Gruppe Ziele für die nächsten 3-5 Jahre, Monate, Wochen und Tage. Als Leitfaden dienten ihm die 4 Bereiche im Fragebogen. In seiner Selbstbewertung beschrieb er, daß er eine positive psychische Befindlichkeit erkennen könne. Er war in der Lage, den Sinn seiner Krankheit besser zu verstehen. Er schrieb u. a.:

Manchmal frage ich mich, ob meine Hörbehinderung nicht doch mit meiner "Todesangst" zusammenhängt. Jedenfalls engt sie mich ein. Ich muß mich damit arrangieren und kann nicht so sein, wie ich will... Eigentlich träume ich sehr selten, und wenn ich was davon behalte, dann nur Bruchstücke, jedenfalls ergibt alles keinen Zusammenhang. Früher träumte ich oft bewußt, ich bin auf einem hohen Berg und lasse mich vom Gipfel fallen. Das war immer ein Supererlebnis. Seitdem ich mich vermehrt religiösen Interessen zuwandte, habe ich mit der Zeit eine andere Einstellung zu meiner Krankheit bekommen. Ich möchte gesund werden, aber das Wichtigste ist doch, daß es mir ermöglicht wird, mit dieser Krankheit zu leben und zu arbeiten. Sinn des Lebens: Das gegebene Leben so annehmen, wie es einem von Gott geschenkt wurde, und Gutes tun. Der

Tod ist neben der Geburt das einschneidenste Ereignis im Leben des Menschen. Es ist das Einzige, das uns mit Sicherheit im Leben widerfährt. Ich glaube an ein Leben nach dem Tod. Auch bin ich der Ansicht, daß der Tod wunderbar sein muß.

Anhang: Fragebogen zu *Angst und Depression*

Name: .... Nr.: .... Datum:................................

Körper/Sinne — Beruf/Leistung — Kontakt — Phantasie/Zukunft

1) Was halten Sie von folgenden Sprichworten: "Furcht gibt Sicherheit" (Shakespeare); "Die Furcht hat ihren besonderen Sinn" (Lessing); "Wer zu sterben gelernt hat, hört auf, Knecht zu sein" (Seneca); "Sorge macht alt vor der Zeit"? Kennen Sie noch andere Spruchweisheiten oder Sprachbilder?

2) Antworten Sie mit körperlichen Symptomen auf Angst, Ärger, Unruhe und Konflikte?

3) Haben Sie Schwierigkeiten, sich zu entspannen?

4) Wann gehen Sie abends ins Bett? Können Sie nur schwer einschlafen? Schlafen Sie durch?

5) Wachen Sie morgens sehr früh auf? Welche Bedeutung hat für Sie der Spruch "Morgenstund' hat Gold im Mund!"? Neigen Sie dazu, sich morgens schlechter zu fühlen?

6) Leiden Sie unter Kopf- oder Nackenschmerzen? Haben Sie eines der folgenden Symptome beobachtet: Zittern, Prickeln, Schwindelattacken, Schweißausbrüche, Herzrasen, Durchfall?

7) Fühlen Sie sich verlangsamt, wie abgebremst?

8) Haben Sie an Gewicht abgenommen, weil Sie an Appetitlosigkeit leiden?

9) Basiert Ihre Depression auf körperlichen Krankheiten oder auf der Art und Weise, wie sie gelernt haben, mit solchen umzugehen?

10) Wurden Sie körperlich bestraft?

11) Wie haben Ihre Eltern sich Ihnen gegenüber verhalten, wenn Sie krank waren? Wurde Ihre Krankheit ignoriert? Wurden Sie gepflegt und in den Mittelpunkt gestellt? War es erstrebenswert, auch bei Krankheit so lange wie möglich auf den Beinen zu bleiben?

12) Nehmen Sie regelmäßig die verordneten Medikamente? Wissen Sie, wie die Medikamente wirken, was Sie von ihnen erwarten können und welche Nebenwirkungen möglich sind?

13) Wer von Ihnen, Sie oder Ihr Partner, legt mehr Wert auf Fleiß und Leistung?

14) Sind Sie mit Ihrem Beruf zufrieden? Investieren Sie Energien in Ihre Arbeit? Ist der Beruf, den Sie gewählt haben, Ihr Traumberuf?

15) Haben Sie Angst, beruflich zu versagen? Vertreten Sie Ihre Ansichten kompromißlos? Wie reagieren Sie bei Kritik oder mangelnder Anerkennung? Was mußten Sie früher tun, um von Ihren Eltern anerkannt und geliebt zu werden?

16) Wie verhält sich Ihr Partner Ihnen gegenüber, wenn Sie krank, voll Angst oder depressiv sind? Werden Sie "bemuttert"? Oder glauben Sie, daß Ihr Partner kein Verständnis für Ihre Probleme hat?

17) Haben Sie Probleme mit Ihrem Partner, die vielleicht schon über Jahre andauern und nach dem Motto "Steter Tropfen höhlt den Stein" zu Ängsten, Aggressionen und Depressionen führen? In welchen Bereichen?

18) Wer von Ihnen ist kontaktfreudiger, Sie oder Ihr Partner?

19) Hatten Sie als Kind viele Kontakte, oder waren Sie isoliert?

20) Wenn Ihre Eltern Gäste hatten, durften Sie dabei sein und mitspielen?

21) Fehlen Ihnen Kontakte und emotionale Wärme?

22) Fühlen Sie sich durch soziale Verpflichtungen und Verflechtungen, die Sie für unausweichlich halten, überfordert?

23) Beziehen sich Ihre Ängste auf das äußere Aussehen, sexuelle Potenz, soziale Isolierung oder "alltägliche Kleinigkeiten" wie Ordnung, Pünktlichkeit, Sauberkeit, Sparsamkeit usw.?

24) Welche Kriterien muß ein Mensch für Sie erfüllen, damit Sie Kontakt zu ihm aufnehmen möchten?

25) Stehen Sie für Ihre Meinung ein, auch wenn Sie anderen dadurch zuweilen "auf die Zehen treten"?

26) Wissen Sie, wie Menschen in anderen Kulturen mit Krankheiten, Arbeitslosigkeit, Trennung, Scheidung, Leid und Tod und den damit verbundenen Ängsten und Depressionen umgehen?

27) Fühlen Sie sich antriebslos, ohne Energie? Haben Sie Ihr Interesse an manchen Dingen verloren?

28) Haben Sie nur wenig Selbstvertrauen und Hoffnung?

29) Mußten Sie eine Reihe schwerer Schicksalsschläge in den letzten Jahren einstecken? Welche? Wie sind Sie damit umgegangen?

30) Empfinden Sie kleine Probleme und mikrotraumatische Situationen, die sich summieren, als unausweichliche Schicksalsschläge?

31) Betrachten Sie nahezu alles, was um Sie herum vorgeht, als Bestätigung der Sinnlosigkeit, der ausweglosen Ungerechtigkeit, der Hoffnungslosigkeit oder der Schuldhaftigkeit?

32) Haben Sie das Gefühl, mit den Anforderungen des täglichen Lebens nicht mehr fertig zu werden, nicht mehr gebraucht zu werden, "überflüssig" zu sein?

33) Empfinden Sie Angst vor der Zukunft, die sich in einem Gefühl der Sinn- und Ziellosigkeit äußert?

34) Was würden Sie machen, wenn Sie keine Ängste und Depressionen mehr hätten?

35) Akzeptieren Sie Ihre Erkrankung auch als Chance, bisher nicht erlebte Bereiche (Körper/Sinne, Beruf/Leistung, Kontakt, Phantasie/Zukunft) zu entwickeln?

5 Asthma bronchiale und nervöses Atmungssyndrom

Die Fähigkeit, durch das Symptom (Röcheln, Husten, nach Luft schnappen, blau anlaufen) nachhaltig auf sich aufmerksam zu machen

Definition

Das Bronchialasthma ist gekennzeichnet durch kurzdauernde Anfälle von hochgradiger Atemnot. Zu den Anfällen kommt es durch einen Krampf der kleinen Bronchien und durch eine Verengung der Atemwege aufgrund einer entzündlichen, mit Sekretabsonderung einhergehenden Schwellung der Bronchialschleimhaut. Das Asthma bronchiale hat eine multifaktorielle Genese. Nach der heute gängigen Meinung werden neben chemischen und physikalischen Inhalationsreizen konstitutionelle, immunologische, entzündliche, allergische und psychische Faktoren als ursächlich angesehen.

Das nervöse Atmungssyndrom ist durch eine abnorme Steigerung der Atemfrequenz mit überwiegender Brust- oder Thoraxatmung gekennzeichnet. Subjektiv besteht ein Engegefühl in der Brust, verbunden mit akutem Lufthunger und dem Zwang zu tiefer Durchatmung.

Symptomatik

Beim Asthmaanfall ringt der Kranke keuchend nach Luft. Die abdominelle Atmung ist fast völlig hinter die Thoraxatmung zurückgetreten; der Brustkorb des Patienten ist fast völlig erweitert, die Lungen sind überbläht. Infolge des Sauerstoffmangels verfärbt sich das Gesicht blaurot. Vor allem die Ausatmung ist erschwert, oft geht sie mit einem pfeifenden Geräusch einher. Gleichzeitig mit dem Asthmaanfall kann auch Husten mit Auswurf auftreten. Gehen die Anfälle in einen Dauerzustand über, so spricht man vom Status asthmaticus. Dieser Zustand ist lebensbedrohlich, er kann zu Herz-Kreislauf-Versagen führen.

Christian (1959) beschreibt 3 Formen der mit Hyperventilation einhergehenden Atmung:
1) die Arbeitshyperpnoe als beschleunigte, aber dennoch regelmäßige Atmung mit Seufzeratmung;
2) die Polypnoe, die durch eine vermehrte, aber flache Atmung mit Seufzerzügen gekennzeichnet ist,

169

3) die Angsthyperpnoe mit schneller werdender und unruhiger Hyperventilation.

Durch die einseitige, extrem gesteigerte Atmung kann ein tetanischer Anfall ausgelöst werden. Das übermäßige Ausatmen von CO_2 löst Krämpfe in Armen und Beinen aus, insbesondere in den Händen (Pfötchenstellung): es kommt zu Kopfschmerzen und Schwindel. Der Patient steht unter panischer Angst, nicht mehr atmen zu können.

Eine weitere Form der nervösen Atmung ist die von Christian (1959) als "verhalten" beschriebene Atmung, bei der subjektiv über Lufthunger geklagt wird, sich aber keine Hyperventilation nachweisen läßt. Die Atmung ist zwar oberflächlich, in Atmungsgröße und -frequenz aber bemerkenswert regelmäßig.

Transkultureller Ansatz und Epidemiologie

— In Deutschland (ehem. BRD) leidet etwa 1 % der Bevölkerung an Asthma bronchiale.
— Betroffen sind v. a. Kinder und Jugendliche, Jungen etwa 2- bis 3mal so häufig wie Mädchen.
— Mit der Pubertät heilt bei der Hälfte der Erkrankten das Asthma aus. Im Erwachsenenalter liegt der Gipfel der Erkrankungen zwischen 21 und 35 Jahren, dabei überwiegen eher Frauen. Neuerkrankungen im höheren Alter sind nach Jores (1981) sehr selten.
— Die Erkrankung scheint in ursächlichem Zusammenhang mit der Zivilisationsentwicklung zu stehen. Vor etwa 20 Jahren gab es in Papua-Neu Guinea noch keine asthmatischen Erkrankungen, heute sind sie weit verbreitet. In Grönland fand Ehrström (1951) unter 1.500 Einwohnern nur einen jungen Mann mit Asthma bronchiale.
— Nach meinen Beobachtungen spielen bei Asthmapatienten die Aktualfähigkeiten *Zeit*einteilung und *Pünktlichkeit* als Streßfaktoren eine entscheidende Rolle ("Ich muß immer hetzen, damit ich alle Termine wahrnehmen kann!").

Literaturvergleich

Bräutigam u. Christian (1973) fanden bei Asthmatikern häufig Reaktionsbildungen, mit denen sowohl aggressive Tendenzen als auch Wünsche nach Nähe abgewehrt wurden. Nach Loch (1971) lassen sich bei allen Asthmatikern Störungen im sexuellen Bereich nachweisen. Nahezu alle Autoren weisen auf die Bedeutung der Aggression hin.

Jores (1981) stellt fest, daß beim Asthmatiker die Aggressionen nicht verdrängt sind. Da sie als gefährlich erlebt werden, kann der Kranke sie nicht äußern, er kann seinem

Ärger "keine Luft machen". Sie schlagen sich im körperlichen Bereich nieder, was zum Asthmaanfall führen kann.

Bräutigam u. Christian (1973) und Jores (1981) verweisen auf die Geruchsüberempfindlichkeit, die sich bei Asthmatikern immer wieder finden läßt und die nicht physiologisch begründet ist. Dabei fällt auf, daß die Empfindlichkeit v. a. Gerüche betrifft, die etwas mit Unsauberkeit und Schmutz zu tun haben und mit unsauberen und schmutzigen Verhaltensweisen. Asthmatiker mit erhöhter Geruchsempfindlichkeit sind ferner extrem abhängig von der Beurteilung und Meinung ihrer Mitmenschen.

Daß zwischen dem Ein- und Ausatmen und der Fähigkeit zum Nehmen und Geben ein Zusammenhang besteht und daß beim Asthmatiker die Tendenz zum Nichthergebenkönnen, zum Festhalten, zur Selbstbewahrung besteht, darauf verweisen Schwidder (1968), Marty (1974) und Bräutigam (1954).

Nach Herrmann (1986) belegen insbesondere japanische Studien, "daß sich bei Patienten, die zur medikamentösen noch eine psychosomatische Therapie erhielten, im Vergleich zu Patienten, die nur medikamentös behandelt wurden, signifikant weniger Asthmaanfälle bzw. statistisch hochsignifikant mehr komplette Remissionen ergaben". Neben dem aufklärenden Gespräch kann nach Radvila (1984) im Einzelfall die Gabe von Antidepressiva, Benodiazepinen oder ß-Blockern sinnvoll sein, ergänzt durch atemphysiologische Maßnahmen, langsame Zwerchfellatmung und Entspannungstherapie wie autogenes Training, Yoga und progressive Relaxation.

Sprachbilder und Volksweisheiten

Atemberaubend; da bleibt einem die Luft weg; es verschlägt einem den Atem; seinem Ärger Luft machen können; jemand ist für einen Luft; es ist dicke Luft; die Luft ist geladen; einem die Luft abdrehen; jemandem etwas pfeifen; jemanden an die frische Luft setzen; in die Luft gehen; sich Luft schaffen; nach Luft schnappen.

Geschichte: "Gedanken sind wie Keime"

Ein Asthmatiker wurde in seinem Bett von einem schweren Asthmaanfall überrascht. Es war dunkle Nacht, und er befand sich in einem Hotel und meinte, er müßte ersticken. Er stürzte zur Tür, öffnete sie und atmete mehrfach tief durch. Die frische Luft tat ihm gut und sein Asthmaanfall ließ bald nach. Als er am nächsten Morgen erwachte, stellte er fest, daß er nicht die Tür des Zimmers geöffnet hatte, sondern lediglich die Tür des Kleiderschrankes.

**Selbsthilfeanteil: Entwicklung des Asthma bronchiale
aus der Sicht der positiven Psychotherapie**

a) Beschwerden und Physiologie

– Die Bedeutung der Atmung wird schon durch die Schöpfungsgeschichte
deutlich. Indem Gott dem aus Erde geschaffenen Menschen seinen lebendigen Odem einhaucht, gibt er ihm Seele und Geist. Das individuelle
Leben beginnt sichtbar mit dem Atem, dem ersten Schrei des Neugebore-
nen, und es endet mit dem letzten Atemzug, wenn der Sterbende seine
Seele "aushaucht".

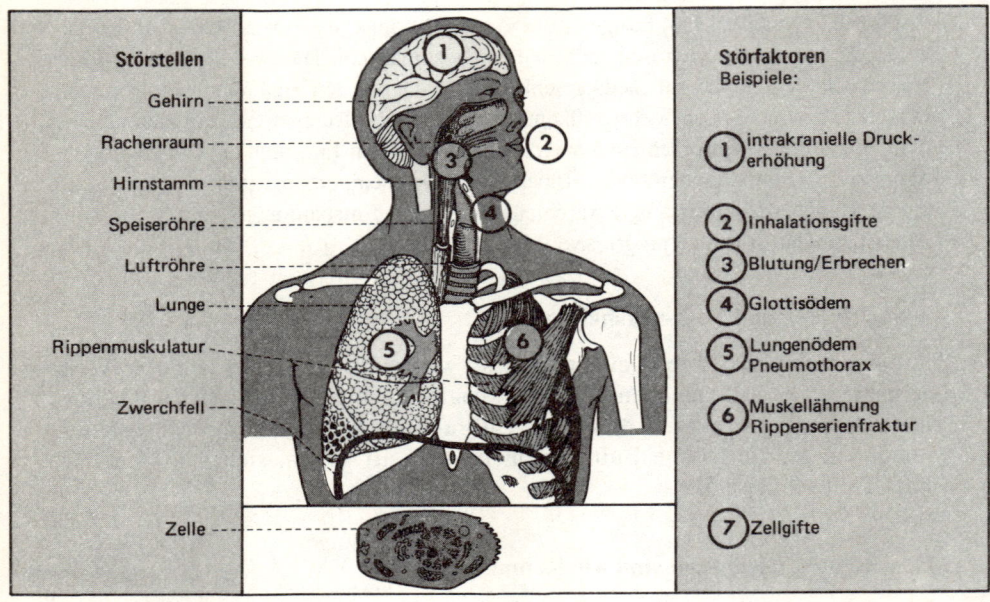

Abb. 1. Störstellen des respiratorischen Systems (Aus Gorgaß u. Ahnefeld 1989)

– Das polare Grundprinzip des Lebens, der unaufhörliche Wechsel zwischen
Spannung und Entspannung, Kommen und Gehen, Werden und Vergehen,
Nehmen und Geben ist im Atemvorgang deutlicher als bei jeder anderen
Funktion des menschlichen Organismus zu erkennen. Wir erfahren es
unmittelbar im rhythmischen Geschehen: beim aktiven Einziehen der Luft
als Spannung und beim eher passiven Entweichenlassen derselben als
Entspannung.
– Der Vorgang der Atmung ist einmal ein automatisches Geschehen. Es läuft
durch gegensätzlich wirkende Impulse des autonomen oder vegetativen

Nervensystems selbsttätig ab. Zum anderen kann die Atmung aber auch willkürlich vom Bewußtsein beeinflußt werden. Atemfrequenz, Atemgröße und Atemtypus lassen sich bewußt steuern: Wir können, wenn wir wollen, schneller und langsamer atmen, tiefer oder flacher. Wir können auch für eine begrenzte Zeit die Luft anhalten, und wir können nach Belieben Zwerchfell- oder Thoraxatmung betonen. Und schließlich wird die Atmung unbewußt von unseren Emotionen beeinflußt. Alle Gemütsbewegungen finden mehr oder weniger deutlich in der Atmung ihren Ausdruck. "Es stockt der Atem" bei Erschrecken, "der Atem fliegt" bei seelischer Erregung, und durch Seufzen, Schreien, Stöhnen u. a. "macht man sich Luft". Ist die Beziehung zu den Mitmenschen gestört, so spricht man von einer "schlechten Atmosphäre", von "geladener" oder "dicker Luft", wodurch uns das Atmen und damit das Leben erschwert wird (s. Abb. 1).

— Luftverschmutzung, v. a. in den Großstädten, ist ein wichtiger Risikofaktor.

b) Aktualkonflikt: 4 Formen der Konfliktverarbeitung — psychosoziale Belastungssituation

Der Asthmaanfall geht mit einer ungeheuren Angst einher. Obwohl objektiv ausreichend sauerstoffhaltige Luft da ist (der Asthmaanfall kann auch im Freien, in frischer Luft auftreten), ringt der Kranke nach Luft. Seine Lungen können die Luft weder aufnehmen noch hergeben. Die Angst zu ersticken, zu sterben, ergreift von ihm Besitz. Und diese Angst wiederum verstärkt die spastische Reaktion. Inhaltlich geht es oft um Pünktlichkeitsforderungen und das Bestreben, allen gerecht zu werden (*Pünktlichkeit*, *Gerechtigkeit*), Konzepte, die auf dem Wege über das ZNS das Atemzentrum beeinflussen.

c) Grundkonflikt: 4 Formen der Vorbilddimensionen — Bedingungen der Frühgenese

In der psychotherapeutischen Praxis fällt immer wieder auf, daß Menschen mit nervösem Atemsyndrom häufig aus Familien stammen, in denen sehr großer Wert auf Leistung gelegt wurde: "Streng Dich an", "Gib Dir Mühe", "Ohne Fleiß kein Preis". Gleichzeitig gelten Zurückhaltung, Bescheidenheit und Selbstbeherrschung als erstrebenswerte Persönlichkeitsmerkmale: "Reiß Dich zusammen", "Was sollen die Leute denken?" (*Höflichkeit*, *Kontakt*). Bei genauer Beobachtung fällt auf, daß ein Asthmaanfall provoziert wird, wenn viele Anforderungen gleichzeitig auf den Patienten zukommen (*Leistung*) und wenn er mit Ungerechtigkeiten konfrontiert wird. Da er aufgrund seiner Aggressionshemmung sich mit der Umgebung nicht angemessen auseinandersetzen, nicht argumentieren und nicht brüllen kann, sondern sich zurückhält (*Höflichkeits — Ehrlichkeits*-Konflikt), achtet er besonders auf die vermeintlichen oder tatsächlichen Reaktionen seiner Umgebung. Bei einem Asthmaanfall schauen daher viele Patienten ängstlich um sich, ob "die Leute" etwas davon bemerken. Das verstärkt ihre Angst. Auf dem Weg über das ZNS kommt es zu einer Verstärkung der Verkrampfungen und damit zu einem Circulus vitiosus.

d) Aktual- und Grundkonzepte: innere Konfliktdynamik

Daß die emotionale Befindlichkeit und die Atmung in einem unmittelbaren Zusammenhang stehen, ist jedem von uns bekannt. Vor Schreck kann einem "die Luft wegbleiben" oder es "verschlägt einem den Atem". Ein Ereignis kann "atemberaubend" sein, und es kann "dicke Luft herrschen". Hat man sich geärgert, besteht das Bedürfnis, seinem Ärger "Luft zu machen". Geht man von der vorliegenden psychosomatischen Literatur aus, so basiert die asthmatische Erkrankung auf einer ungelösten Bindung, auf einem Ambivalenzkonflikt und auf defizitären Persönlichkeitsmerkmalen. Der Patient mit nervösen Atemstörungen hat die besondere Fähigkeit, mit den Mitteln der Atmung seiner Umgebung zwar nicht mit Worten (*Höflichkeit!*), aber dennoch hörbar mitzuteilen, daß er sich eingeengt, bedrückt, belastet fühlt.

Praktische Konsequenzen aus diesem Selbsthilfeanteil finden sich im Fragebogen am Ende dieses Kapitels.

Therapeutischer Anteil: das fünfstufige Vorgehen der positiven Psychotherapie bei Asthma bronchiale

Stufe 1: Beobachtung/Distanzierung

Fallbeispiel: "Mut zur Entscheidung"

Ein gutes Beispiel für die Bedeutung einer positiven Umdeutung liefert eine 56jährige Asthmatikerin, die bereits 8 Jahre lang, allerdings vergeblich, somatisch auf Asthma behandelt worden war. Die Patientin war innerhalb dieser Zeit in 14 Kliniken untersucht und therapiert worden. Sie wirkte superhöflich und zurückhaltend. Der entscheidende Prozeß war, die Patientin für die Psychotherapie zu gewinnen. Im Sinne des positiven Vorgehens fragte ich sie, welche Bedeutung das Asthma für sie hätte, und weiterhin, welche positiven Aspekte die Krankheit gerade für sie biete. Ich bot ihr die Deutung an, sie habe eine intensive Beziehung zu ihrem Körper: ihr Asthma könne sie auch als die Fähigkeit sehen, endlich zur Ruhe zu kommen.

Mit dieser Deutung sowie der Geschichte "Gedanken sind wie Keime" und den damit zusammenhängenden Fragen beschäftigte sie sich mehrere Sitzungen lang. Ohne daß es für sie kränkend gewesen wäre, enthüllte sie selbst den sekundären Krankheitsgewinn und erkannte das Asthma als eine körperliche Reaktion infolge beruflicher und häuslicher Überlastung. So schrieb sie unter anderem: "Meine Asthmaanfälle erforderten die Krankschreibung. Ich sehnte mich einfach nach Ruhe und Befreiung vom Streß ...".

Stufe 2: Inventarisierung

"Life-events": Für die Entwicklung der Symptomatik spielten u. a. folgende Faktoren mikrotraumatisch in den letzten 5 Jahren eine zentrale Rolle:

1) Aufopfernd pflegte sie ihre alte Mutter und paßte sich deren Wünschen an, obwohl sie dies innerlich als ungerecht empfand und Aggressionen und Ablösungswünsche abwehren mußte (*Höflichkeit/Ehrlichkeit*).

2) Ein weiterer Problembereich war die berufliche Überforderung, zu der es regelmäßig dadurch kam, daß die Patientin sich bereits durch die Pflege ihrer Mutter genügend gefordert fühlte und daher auch die zusätzliche berufliche Belastung als ungerecht erlebte. Sie war zeitlich nicht in der Lage, allen an sie herangetragenen Anforderungen termingemäß gerecht zu werden (*Fleiß/Leistung, Gerechtigkeit, Pünktlichkeit*).

3) Es kam soweit, daß die Patientin auf Anraten ihres Hausarztes die Berentung beantragte. Seit dieser Zeit war sie arbeitsunfähig, was als Wunsch- und Angstkonflikt in der aktuellen Situation Bedeutung besitzt (*Körper, Leistung*).

4) Die Pflege der Mutter und die berufliche Überforderung bedingte eine soziale Isolierung (*Kontakt*).

Diese Faktoren besaßen für die Patientin traumatisierenden Charakter. Es entwickelte sich, unterstützt durch Hoffnungslosigkeit und Angst vor der Zukunft, eine emotionale Überforderung mit psychosomatischer Verarbeitung (*Zukunft*). Aus dem Krankheitsverlauf konnte ein enger Zusammenhang zwischen familiärer und beruflicher Überforderung und den Atembeschwerden festgestellt werden. Im Zentrum stand ein *Höflichkeits−Ehrlichkeits−*Konflikt auf dem Hintergrund einer *Gerechtigkeits*problematik.

Stufe 3: Situative Ermutigung

Die positive Symptomdeutung und die Berücksichtigung der belastenden Situationen brachten der Patientin die Möglichkeit, eine Entscheidung zu treffen, die sie jahrelang vor sich her geschoben hatte. Sie schreibt:

Mein größter Wunsch war, gesund zu sein und ohne Angst zu leben. Ich war nach Ihrem Spruch zur Quelle geführt worden, fürchtete mich aber noch davor zu trinken. Es ging um die Entscheidung, mich von meiner Mutter und unserem Familienkreis zu trennen. Dies war nicht allein dadurch geschafft, daß ich von zu Hause wegzog, um allein selbständig zu leben. Ich lernte, die Abhängigkeit meiner Mutter von mir auch positiv zu sehen und mich gleichzeitig ihren Anforderungen gegenüber anders als früher zu verhalten."

Infolge der bisherigen Behandlung und der Einübung von Entspannungsmethoden konnte die medikamentöse Behandlung mit Kortison erheblich reduziert werden.

Stufe 4: Verbalisierung

In diesem Abschnitt der Behandlung wurde die Patientin als Therapeutin ihrer Mutter eingesetzt, eine Funktion, die ihr erlaubte, sich von ihrer einseitigen Abhängigkeit im Sinne einer Identifikationsproblematik zu lösen und die Beziehung zu ihrer Mutter neu zu definieren. Das schrittweise Vorgehen machte den Weg frei für die Arbeit mit den beteiligten Konfliktthemen. Hier ging es v. a. darum, die Patientin zur *Offenheit und Ehrlichkeit* der Meinungsäußerung zu motivieren. Deshalb wurde mit ihr diese Aktualfähigkeit besonders intensiv durchgearbeitet.

Die Aktualfähigkeit "Offenheit/Ehrlichkeit"

Definition und Entwicklung: Die Fähigkeit, offen seine Meinung zu äußern, eigene Bedürfnisse oder Interessen mitzuteilen und Informationen zu geben. Wahrhaftigkeit und Redlichkeit zählen zur Ehrlichkeit. Ehrlichkeit in einer partnerschaftlichen Beziehung gilt als Treue, in der sozialen Kommunikation als Offenheit und Aufrichtigkeit. In dem Alter, in dem das Kind zu sprechen beginnt, kann es noch nicht klar zwischen Vorstellungen und Wirklichkeit unterscheiden. Versteht der Erwachsene die Erlebnislogik des Kindes nicht und bestraft sie als Lüge, kann bereits hier eine Erziehung zur Unehrlichkeit erfolgen.

Wie fragt man danach: Wer von Ihnen kann seine Meinung offener sagen? Haben oder hatten Sie Probleme mit sich oder Ihrem Partner wegen Unehrlichkeit (Situationen)? Wie reagieren Sie, wenn jemand Sie belügt (nennen Sie Situationen)? Sind Sie mit der Wahrheit großzügig oder eher übergenau, gebrauchen Sie ab und zu Notlügen? Erzählen Sie anderen viel oder wenig von sich selbst (Offenheit)?

Synonyme und Störungen: Frank und frei von der Leber weg, kein Blatt vor den Mund nehmen, reinen Wein einschenken, reden, wie einem der Schnabel gewachsen ist, alles herunterschlucken, mit seiner Meinung hinter dem Berg halten. – Schimpfen, üble Nachrede, Über- und Untertreiben, Geltungsdrang, Ichhaftigkeit, zwischenmenschliche Konflikte, Aggressionen, Schweißausbrüche, Bluthochdruck, Kopfschmerzen.

Verhaltensregulative: Das sagen, was man für richtig hält, aber es so sagen, daß es den Partner nicht verletzt. Manche Menschen, die Ihnen jetzt Ihre Offenheit übelnehmen, werden Ihnen später dafür dankbar sein. Auch wenn es Ihnen vielleicht nicht schwerfällt, in der Partnerschaft ehrlich zu sein, ist es Ihnen im Beruf, wenn es um Geld geht, nicht mehr so leicht, oder umgekehrt. Man wendet zumeist nicht in allen Lebensbereichen die gleichen Maßstäbe der Ehrlichkeit an. Motto: Beobachten Sie, bei welchen Aktualfähigkeiten und in welchen Situationen und wem gegenüber Ihnen Ehrlichkeit schwerfällt.

Die Patientin schreibt katamnestisch mit eigenen Worten:

Ich wollte mich so gerne durch Wohnsitzänderung von meiner Mutter trennen und nur noch am Wochenende mit ihr zusammensein. Meine Freizeit wollte ich gerne durch den Besuch von Veranstaltungen und Wiederanknüpfung von Kontakten genießen. Mir fehlte aber immer noch der Mut zu diesem Schritt. Ich hatte Angst, wieder krank zu werden (Luftbeschwerden) und dann allein ohne Hilfe zu sein. Daß ich mit dieser Entscheidung meine Beschwerden beheben könnte, konnte ich immer noch nicht glauben. Nachdem mir aber in der Therapie bewußt wurde, daß ich als Folge der bei mir stark ausgeprägten 'Höflichkeit' gegen die von mir ebenfalls stark betonte 'Ehrlichkeit' verstoße, also unehrlich werde und diese Unehrlichkeit gegen mich selbst richte, kam ich zu der Erkenntnis, daß ich in meinem Leben wirklich etwas falsch mache.

Beispiele von Unehrlichkeit gegen mich selbst:
- Wollte meine Mutter im Fernseher das 1. Programm sehen, akzeptierte ich dies, obwohl ich mir lieber die andere Sendung angesehen hätte.
- War meine Mutter müde und wollte schon um 21 Uhr zu Bett, so schloß ich mich ihr an, weil ich Streit vermeiden wollte, obwohl ich mich gerne bei Rundfunk oder Fernsehen noch etwas entspannt hätte.
- Die gleichen Probleme gab es morgens an arbeitsfreien Tagen. Ich hätte gerne noch etwas länger geschlafen, da machte meine Mutter einfach die Jalousien auf. Explodierte ich, war der ganze Tag verdorben.
- Meine Mutter öffnete einfach meine Post, trotz meiner Bitte, dies nicht zu machen. Sie sagte dann, was ich wohl zu verbergen hätte, was gar nicht der Fall war. Dies paßte mir nicht, ich duldete es dann aber immer wieder, um Ruhe in meiner Freizeit zu haben.
- Bei allem, was ich tat: Mach dies so und das so, das wird anders gemacht. Frei, nach eigenem Ermessen, konnte ich nichts unternehmen. Wollte ich wohin, hieß es: Bleib nicht zu lange, weshalb machst du es nicht so, usw.
- Selbst in bezug auf Kleidung paßte ich mich ganz der streng soliden Richtung meiner Mutter an. Ich hätte mir allein modischere Sachen gekauft, ließ mich dann aber immer beeinflussen.

— Ich hätte gerne ein eigenes Zimmer eingerichtet, in dem ich einmal die Türe hinter mir zugemacht hätte, um allein zu sein, dies scheiterte aber am Widerstand meiner Mutter.

Mit Hilfe einer "positiven Verhaltensprogrammierung" (Peseschkian 1977a, S. 309 ff.) wurde der Schlüsselkonflikt *Höflichkeit/Ehrlichkeit* bearbeitet. Außerdem wurden die Dimensionen "Ich", "Du", "Wir" und "Ur-Wir" (Vorbilddimensionen) angesprochen; die Patientin erkannte schrittweise die Entstehungsbedingungen ihres jetzigen Konflikts. Sie schilderte in der Stufe der Verbalisierung, in die der Partner einbezogen worden war, unter anderem folgende Entwicklung:

Nach einigen Tagen, in denen ich mich immer wieder aufregte und weinte, sagte mein Partner meiner Mutter dann in aller Deutlichkeit, daß er dies nicht mehr dulde, daß sie mich bei jedem Besuch oder Telefongespräch mit ihrem Verhalten nervlich ruiniere und ich wieder krank werde. Den Umständen gehorchend müßten wir dann die persönlichen Beziehungen abbrechen. Er habe ihr ja gesagt, daß er sie sehr schätze und ihr auch in jeder Beziehung behilflich sei; aber sie sei wohl dazu nicht bereit. Obwohl es mir sehr, sehr schwer gefallen ist, meldete ich mich einfach einige Tage nicht mehr bei meiner Mutter. Zu meinem großen Erstaunen und auch zu meiner Freude rief sie dann bei uns an und sagte mir, wir sollten doch alles, was war, vergessen, und sie nahm auch das Anliegen meines Partners an, und wir sollten doch wieder zu ihr kommen.

Stufe 5: Zielerweiterung

Die Patientin hatte jetzt die Möglichkeit, ihre freigewordenen Energien in die Beziehung zu ihrem Partner, den sie seit etwa 15 Jahren kannte, zu investieren. "Ich bekam Mut zu einer Entscheidung, die ich bisher immer weit von mir gewiesen hatte: mit einem Mann, den ich seit Jahren kannte, gemeinsam zu leben und ihn zu heiraten." Beide realisierten jetzt ihre Chance, Restprobleme aufzuarbeiten und ihr Verhaltensrepertoire zu erweitern. Dazu gehörte auch die Beziehung zur Mutter und zum Bekanntenkreis des Mannes. Die Patientin schreibt unter anderem:

Wir haben meiner Mutter gegenüber immer wieder betont, daß wir sie nicht allein lassen und immer für sie da sind. Wir hätten sie gerne noch lange bei uns und wollten sie auch zu kleinen Ausflügen mitnehmen. Meine Mutter machte mir das Angebot, sie wolle gerne Kleidungsstücke waschen, somit hätte sie auch etwas zu tun. Sie glaubte wohl auch nicht, daß ich alles schaffe, und hatte Angst, die Arbeit und der Haushalt wären zu viel für mich. Dann fing sie damit an, daß sie uns zu jedem Wochenende Kuchen backte. Wir dankten ihr und sprachen auch unser großes Lob über die gute Qualität aus. Es macht ihr nun solche Freude, daß sie nicht nur Weihnachtsgebäck für uns, sondern auch für ihre Enkelkinder backt. Durch Besuch von Verwandten meines Mannes aus Mexiko, den wir auch meiner Mutter vorstellten, lockerten wir unsere Beziehungen weiter auf. Wir bezogen sie in unseren Lebenskreis mit ein und merkten, wie sie sich freute, ja sie machte sogar ein Gastgeschenk. Es war für uns das Zusammentreffen von 2 verschiedenen Lebensgewohnheiten und Lebens-, ja Weltanschauungen; bei uns die ausgeprägte deutsche Pünktlichkeit, Zuverlässigkeit, Sauberkeit, Ordnungssinn in jeder Beziehung, bei den Mexikanern ganz das Gegenteil. Was man da heute nicht macht, verschiebt man einfach auf morgen. Pünktlichkeit übergeht man und feiert gern im sehr großen Familienkreis aus jedem Anlaß Feste. Wir stellten fest, daß noch mehr Toleranz nötig wäre, um mit solch verschiedenen Lebensstilen zusammen zu leben ...

Mein Mann führte mich bei einer kleinen Feier mit seinen Arbeitskolleginnen und -kollegen (bis hin zum Chef) als seine Ehefrau ein. Ich fühlte mich dort sehr wohl, konnte unterhaltsame Gespräche führen und hatte sehr viel Freude, wie ich dies überhaupt noch nicht erlebt hatte.

Abschließend möchte ich feststellen:

Nachdem ich zur Quelle geführt wurde und gelernt habe, aus dieser Quelle selbst zu trinken, bin ich ein anderer Mensch geworden und habe soviel Erkenntnis und Kraft daraus geschöpft, daß ich auch meinem Familienkreis Gutes habe geben können:

— Meine Mutter kenne ich fast nicht wieder, mein Verhältnis zu ihr war noch nie so frei und gut wie heute.
— Das Verhältnis zu meiner Schwester und der ganzen Familie ist ebenfalls viel gelöster, liebevoller, offener und damit besser geworden.
— Meine Arbeitskollegen gaben mir zu verstehen, daß ich viel aufgeschlossener geworden bin; ich arbeite ganz ungezwungen und froh mit ihnen zusammen.
— Ich fühle mich in unserer Wohnung immer wohler, es ist mein eigenes Heim, in dem ich mich frei und ungezwungen bewegen kann, es macht einfach Freude.
— Mein Gesundheitszustand hat sich erheblich gebessert. Ich befinde mich in einem Zustand körperlichen Wohlbefindens, was die Folge der für mich so positiv verlaufenden Lebensumstände und Lebensveränderung ist.

Der Bericht der Patientin datiert 1 Jahr nach Abschluß der Behandlung, die 28 Sitzungen umfaßte. Er ist in doppeltem Sinn interessant: als Kontrolle und Bestätigung des therapeutischen Erfolgs, der sich in vielerlei Weise zeigen kann, und als die subjektive Reflexion des therapeutischen Geschehens aus der Sicht der Patientin. Ihr war es mit Hilfe ihres Partners gelungen, die "therapeutische Aufgabe" bei ihrer Mutter, die die eigentliche Patientin gewesen wäre, zu übernehmen.

Name: .... Nr.: .... Datum:..................................

Körper/Sinne — Beruf/Leistung — Kontakt — Phantasie/Zukunft

 1) Können Sie "Ihrem Ärger Luft machen" oder "jemandem etwas pfeifen"? Fallen Ihnen noch andere Sprichworte zu Ihrer Erkrankung ein? Was sagen Ihnen diese Volksweisheiten?
 2) Wer hat Sie wann über Ihre Krankheit informiert?
 3) Nehmen Sie regelmäßig die verordneten Medikamente? Wissen Sie, wie die Medikamente wirken, was Sie von diesen erwarten können und welche Nebenwirkungen möglich sind?
 4) "Reißen Sie sich zusammen", weil es für Sie wichtig ist, "was die Leute denken"?
 5) Können Sie in Ihrem Beruf zum Ausdruck bringen, daß Sie sich eingeengt, bedrückt, belastet fühlen?
 6) Welche Verhaltensweisen (Aktualfähigkeiten) von Kollegen, Mitarbeitern, Chef gehen Ihnen "auf die Nerven"? Wie reagieren Sie? Können Sie offen darüber sprechen? Oder "halten Sie die Luft an"?
 7) Ist Ihre Beziehung zu Mitmenschen von einer "schlechten Atmosphäre" von "geladener" oder "dicker Luft" gekennzeichnet, was Ihnen "den Atem verschlägt"? Sind bestimmte Menschen "Luft für Sie" oder "atemberaubend"?
 8) Können Sie jemanden "an die frische Luft sezten", "in die Luft gehen"?
 9) Sind Ihnen Wünsche, vielleicht Kindheitsträume, bewußt oder in Erinnerung, die Sie nie verwirklichen konnten? Was steht ihrer Verwirklichung im Wege? Was würden Sie tun und wie würden Sie leben, wenn Sie keine Probleme hätten?
10) Was ist der Sinn des Lebens (Antrieb, Ziele, Motivation, Lebensplan, Sinn von Krankheit und Tod, Leben nach dem Tode) für Sie?
11) Akzeptieren Sie Ihre Erkrankung auch als Chance, bisher nicht erlebte Bereiche (Körper/Sinne, Beruf/Leistung, Kontakt, Phantasie/Zukunft) zu entwickeln?

6 Bandscheibenvorfall

Die Fähigkeit zu zeigen, daß man etwas nicht mehr ertragen kann;
die Fähigkeit, Spannungen und Konflikte motorisch und statisch
zu verarbeiten und sich den gegebenen Umständen anzupassen;
die Fähigkeit, lieber zusammenzubrechen, als nachzugeben

Definition

Aufgrund ihrer vielfältigen Funktionen gibt es bei der Wirbelsäule sehr unterschiedliche Erkrankungen, die sowohl entzündlicher als auch degenerativer Art sein können: Es kann zur Verkrümmung der Wirbelsäule kommen, zur Bewegungseinschränkung bis zur Versteifung, zur Verletzung oder Erkrankung des Rückenmarks, zu Nervendruckschmerzen usw. Bemerkenswert ist, daß es Menschen mit schweren Wirbelsäulenveränderungen gibt, die subjektiv keine Beschwerden haben, und auf der anderen Seite Patienten, die über starke Schmerzen klagen, bei denen aber keine krankhaften Veränderungen an der Wirbelsäule feststellbar sind.

Symptomatik

Durch die sensible Versorgung der dorsalen Bandscheibenanteile und des hinteren Längsbandes durch den N. recurrens treten in diesem Stadium der Degeneration lokalisierte Schmerzen im Bereich des betroffenen Segments, z. B. die Lumbalgien, auf. Über einen Reflexbogen kommt es reflektorisch zu einem schmerzhaften Hartspann der segmentalen paraspinalen Muskulatur. Häufig treten diese Beschwerden, Kreuzschmerzen und lokalisierter schmerzhafter Muskelhartspann, blitzartig nach abrupten Bewegungen oder aber nach Kälte- und Nässeeinwirkungen auf. Der Volksmund bezeichnet dieses Lumbalsyndrom als "Hexenschuß". Es gibt 2 Schweregrade einer Wurzelkompression durch Diskushernien: Vorwölben (Protrusion) oder Vorfallen (Prolaps) des Nucleus pulposus einer Bandscheibe.

Transkultureller Ansatz und Epidemiologie

- Die Inzidenz lumbaler Schmerzen wird mit 11–18 % der Bevölkerung angegeben. Auf die Verhältnisse in Deutschland (ehem. BRD) übertragen, bedeutet dies etwa 6,6–11 Mio. Neuerkrankungen jährlich.
- Das Lumbalsyndrom steht nach den akuten Infektionen des Respirationstraktes an 2. Stelle der beruflichen Krankschreibungen.
- "Dorsopathien" und "intervertebrale Diskopathien" waren in Deutschland (ehm. BRD) 1982 bei der Rentenversicherung männlicher Arbeiter der häufigste, bei Frauen der zweithäufigste Grund einer Frühberentung. Ähnliche Zahlen werden auch aus den USA gemeldet.

Literaturvergleich

Sowohl im angloamerikanischen als auch im deutschen Sprachraum existiert eine Fülle von Publikationen über "psychogenic backache": Holmes u. Wolff (1952), "low back pain" bei Leavitt (1982), Paul (1950), Saul (1941), zur Psychosomatik von "Kreuzschmerzen", "Muskel- und Gelenkerkrankungen" bei Cremerius (1955), Schellack (1955) und "Wirbelsäulenschmerzen" bei Pongratz (1980). Allen Untersuchungen ist gemeinsam, daß (fast) nur Patienten mit chronischen lumbalen Rückenschmerzen ohne körperlichen Befund untersucht wurden. Somit wurde es als gesichert vorausgesetzt, daß nur die "funktionellen" Lumbalgien "psychogen" seien. Inwieweit nun aber psychosoziale Faktoren auch bei degenerativen Wirbelsäulenerkrankungen von ursächlicher Bedeutung sein können, wurde nicht untersucht. Einer der Hauptverfechter eines gestaltsymbolischen Ansatzes ist Weintraub (1981).

1987 wurden im Rahmen einer Inauguraldissertation "Psychosoziale Aspekte beim lumbalen Bandscheibenvorfall" in der Orthopädischen Klinik Wiesbaden 100 Patienten mit einem diagnostisch gesicherten Bandscheibenvorfall von H. Peseschkian (1987) untersucht. Als Untersuchungsinstrumentarium wurde ein selbst entworfener Interview- und Untersuchungsbogen auf der Basis der WIPPF (N. Peseschkian u. Deidenbach 1988) verwendet. Dieser erfaßt soziodemographische, orthopädisch-neurologische und psychosoziale Faktoren.

In dem untersuchten Kollektiv überwogen mit 70 % männliche Patienten. Das Durchschnittsalter betrug 46 Jahre. Eine familiär-erbliche Häufung oder Disposition konnte weder für Bandscheiben- noch für andere Wirbelsäulenerkrankungen bestätigt oder gefunden werden. Nur 4 % der Patienten entstammten Familien, in denen Bandscheibenvorfälle aufgetreten waren. Eine größere Gefährdung von Schwerarbeitern oder eine Häufung von Patienten, die einer starken beruflichen Belastung der Wirbelsäule ausgesetzt waren, konnte nicht nachgewiesen werden. Nur 10 % aller Patienten können als Schwerarbeiter angesehen werden.

Als auslösender Faktor der Symptomatik wurde nur von 16 % aller Patienten ein Trauma angegeben, während 84 % weder ihre Erkrankung mit einem Trauma in Verbindung bringen noch sich ihre Beschwerden erklären konnten. Es zeigte sich, daß 92 % aller Patienten belastende Lebensereignisse ("life-events") im Sinne von

Aktualkonflikten erlebt hatten, und bei allen Patienten fanden diese Ereignisse vor dem erstmaligen Beginn oder vor der erneuten Zunahme der Beschwerden statt. 65 % der Patienten hatten Todesfälle zu verzeichnen. Die weitere psychosoziale Exploration zeigte eine starke Einseitigkeit im Leben der Patienten. Sie waren fast ausnahmslos (97 %) stark leistungsbetont und legten auf ihr körperliches Wohlergehen großen Wert. Zwischenmenschliche Kontakte und die Auseinandersetzung mit religiös-weltanschaulichen Fragen kamen zu kurz oder wurden verdrängt. Nur 12 % gaben an, sich mit diesen Fragen und Themen zu beschäftigen.

Sprachbilder und Volksweisheiten

Das Rückgrat ist gebrochen; Kopf hoch halten; ungebrochener Mensch; "ich kann mein Kreuz nicht länger tragen"; aufs Kreuz legen; geknickt sein; vom Schicksal gebeugt; Haltung bewahren; einen breiten Rücken haben; ducken; beugen; aufrichten; geneigt sein; gebrochen sein; aufrichtig; aufrecht; weich werden; gedrückt sein; unterwürfig sein; katzbuckeln; ein breites Kreuz haben.

Geschichte: "Behandlung auf Umwegen"

Als Hofarzt bei dem Herrscher Nuhe-Samani nahm Avicena an einem höfischen Fest teil. Eine Hofdame trug eine große Obstschale auf. Als sie sich niederbeugte, um Avicena eine Frucht zu reichen, konnte sie sich plötzlich nicht mehr aufrichten und schrie vor Schmerzen. Ein Hexenschuß hatte sie getroffen. Der Herrscher blickte streng zu Avicena und befahl ihm, sofort zu helfen. Dieser dachte krampfhaft nach. Er hatte seine Medikamente zu Hause gelassen und mußte neue Wege finden. Mit diesem Gedanken griff er in die Bluse der jungen Frau, die sich empört zurückzog und alsdann über die noch unerträglicher gewordenen Schmerzen jammerte. Der König war entrüstet über die Frechheit Avicenas. Aber noch bevor er etwas sagen konnte, griff dieser behend unter den Rock der Hofdame und versuchte, ihr mit einem Ruck den Schlüpfer herunterzuziehen. Das Mädchen wurde rot vor Scham und wehrte sich mit einer heftigen Bewegung. Wie durch ein Wunder fielen die Schmerzen von ihr ab. Sie richtete sich frei von Schmerzen wieder auf. Avicena rieb sich zufrieden die Hände: "Sehr gut, auch ihr konnte geholfen werden" (aus N. Peseschkian 1979, S. 63 f.).

Selbsthilfeanteil: Entwicklung von Bandscheibenleiden aus der Sicht der positiven Psychotherapie

a) Beschwerden und Physiologie

Betrachtet man die Geschichte der Stammesentwicklung, so kommt dem Menschen v. a. wegen seines aufrechten Ganges eine Sonderstellung zu. Um die aufrechte Haltung zu ermöglichen, kam es beim Menschen, im Unterschied zu den anderen Lebewesen der Säugergruppe, zu einer Umformung des Skeletts. Dem Rückgrat bzw. der Wirbelsäule kam nun eine "tragende" Rolle zu. Sie hat zum einen, um den Kopf zu stützen, fest und starr zu sein, auf der anderen Seite aber auch flexibel, um die Beweglichkeit des gesamten Körpers zu gewährleisten. Diese mehrfache Aufgabe der Wirbelsäule bedingt allerdings auch eine besondere Anfälligkeit.

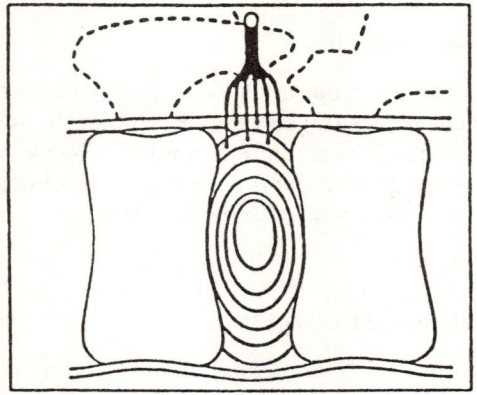

Abb. 1. Topograhische Lagebeziehungen der Bandscheibe

b) Aktualkonflikt: 4 Formen der Konfliktverarbeitung – psychosoziale Belastungssituation

Gelingt es dem Menschen nicht, in den 4 Bereichen der Konfliktverarbeitung "Haltung" zu bewahren und gerät er aus irgendeinem Grund aus dem Gleichgewicht, dann ist die Wirbelsäule übermäßigen Belastungen ausgesetzt, was zu Schäden und Schmerzen führen kann. Spezifische psychische Belastungen und Konflikte können nun auf die Muskulatur im Nacken- und Rückenbereich einwirken. Muskeln kontrahieren sich, ebenso die in die Muskeln eingelagerten Blutgefäße, wodurch es zu einer Veränderung von Druck und Zug an der Wirbelsäule kommt. Die Folge sind Schmerzen. Durch eine langanhaltende Muskelverspannung kann sogar der Knochen, an dem der Muskelstrang ansetzt, verformt werden, was eine Veränderung der Bewegung und Haltung nach sich ziehen kann. Heute leiden auch immer mehr junge Menschen unter Rückenschmerzen; diese verschlimmern sich bei mechanischer Beanspruchung oder bei Erschütterungen und lassen nach, wenn der Betreffende sich hinlegt – beides ist bei seelisch bedingten Wirbelsäulenbeschwerden nicht der Fall.

c) Grundkonflikt: 4 Formen der Vorbilddimensionen –
Bedingungen der Frühgenese

Bei der Befragung von Bandscheibenpatienten stößt man immer wieder auf spezifische Konzepte, die in der Familie Tradition haben und bereits den Kindern als Spielregeln für das Leben mitgegeben wurden: "Was ein Häkchen werden will, krümmt sich beizeiten" (Anpassung, Bescheidenheit), "Rutsch mir den Buckel runter" (der Mensch schützt sich vor möglichen Angriffen, indem er sich duckt) oder "Reiß dich zusammen", "Laß dich nicht unterkriegen" (er wehrt die Angst ab, indem er sich überkompensatorisch streckt, aufrichtet, sein Kreuz steif macht). Aktualfähigkeiten, auf die in diesen Familien besonderer Wert gelegt wurde, sind Ordnung, Sparsamkeit, Gerechtigkeit, Leistung, Fleiß, Gehorsam und Höflichkeit. Wichtig ist, durch das "Verhalten" zum Ansehen der Familie beizutragen.

d) Aktual- und Grundkonzepte: innere Konfliktdynamik

Heute setzt sich mehr und mehr die Erkenntnis durch, daß bei Wirbelsäulenbeschwerden die Psyche eine große Rolle spielen kann. Daß der Mensch bei "untragbaren Belastungen" und unter "Druck" gerade mit jenem Teil des Körpers reagiert, der für das Tragen von Lasten da ist, weiß man seit langem. Der Volksmund spricht von "bedrückten", "hinfälligen" Menschen, die das Schicksal "gebeugt" hat, von "überspannten" Menschen, von "aufrechten" Persönlichkeiten, die "Haltung" bewahren, ein "sicheres Auftreten" und "Stehvermögen" haben, die sich nicht "in die Knie zwingen lassen".

Praktische Konsequenzen aus diesem Selbsthilfeanteil finden sich im Fragebogen am Ende dieses Kapitels.

Therapeutischer Anteil: das fünfstufige Vorgehen der positiven Psychotherapie bei Bandscheibenleiden

Stufe 1: Beobachtung/Distanzierung

Fallbeispiel: "Was hat ein Bandscheibenleiden mit der Schwiegermutter zu tun?"

Der 50jährige leidgeplagte Patient kam auf Anraten des Chefarztes einer orthopädischen Klinik, der sich für die psychosomatischen Zusammenhänge bei Bandscheibenbeschwerden interessierte, in meine psychotherapeutische Praxis.

Ich bin an der Bandscheibe operiert und habe Schmerzen im Bereich der Operationsnarbe. Die Ausstrahlung geht über das rechte Becken ins Wadenbein. Ich habe ein Taubheitsgefühl in den Zehen, seit 1986/87 Taubheitsgefühl im rechten großen Zeh. Die Schwierigkeiten habe ich besonders beim Aufstehen, Sitzen und Liegen, manchmal bekomme ich Wadenkrämpfe im rechten Bein. Ich habe Probleme am Arbeitsplatz, und dann ist da noch ein wichtiger Punkt, nämlich der mit meiner Schwiegermutter ...

Der Patient reagierte auf die positive Deutung: "Sie zeigen, daß Sie etwas nicht mehr ertragen können und sich an die gegebenen Umstände anpassen müssen", mit einem bestätigenden Kopfnicken. Vor allem Sprachbilder wie "Ich kann mein Kreuz nicht länger tragen", "Das Rückgrat ist gebrochen" und "Man muß immer Haltung bewahren" öffneten ihm das Tor zur Phantasie. Unmittelbares Ziel des therapeutischen Dialogs war es, eine gewisse Distanzierung zu seiner Krankheit zu schaffen. Aus diesem Grunde erzählte ich ihm die Geschichte "Behandlung auf Umwegen", deren überraschende Lösung bei ihm einen Standortwechsel anbahnte.

Stufe 2: Inventarisierung

Ereignisse in den letzten 5 Jahren:

1) Februar 1980 Tod des Vaters: "Mein Vater war mein Vorbild. Im Krieg war er Soldat, korrekt bis auf die Knochen. Ich haßte und liebte ihn, hatte aber nicht die Möglichkeit, so zu sein wie er."

2) 1981/82: Hausbau mit viel Eigenarbeit. Finanziell wurde er von den Schwiegereltern unterstützt, wobei vereinbart wurde: Wenn einem der Schwiegereltern "etwas passiert", hat der andere lebenslanges Wohnrecht im neugebauten Haus.

3) April 1984: plötzlicher Tod des Schwiegervaters; die Schwiegermutter wird aufgenommen. Sehr bald entwickeln sich Probleme zwischen Schwiegermutter, Schwiegersohn und Tochter: "Sie ist eine Führungsnatur. Ständig wird das Treppenhaus geputzt. Die Türen werden geschlagen, auch wenn allgemeine Mittagsruhe herrscht. Unsere Kinder werden gegen uns aufgehetzt. Sie versucht, meine Autorität zu untergraben. In der Nachbarschaft erzählt sie Unwahrheiten."

4) November 1984: "Meine Frau beging einen Ladendiebstahl. Seitdem versucht meine Schwiegermutter, uns damit zu erpressen, indem sie uns droht, es überall rumzuerzählen. Dann könnten wir hier nicht wohnen bleiben."

5) "Im Februar 1985 erfolgte die Trennung meines Sohnes von seiner Frau, worunter wir alle sehr leiden."

6) 1986: "Erkrankung meiner Frau wegen Bluthochdruck: Das macht mir richtig Angst!"

7) "Seit Juli 1984 spreche ich nicht mehr mit der Schwiegermutter. Wir essen mittags zusammen, aber es wird kein Wort gesprochen. Wir können die Situation nicht ändern. Manchmal überlege ich mir, ob ich mich vorzeitig pensionieren lassen und aus dieser Gegend weggehen soll. Vielleicht mache ich das auch, wenn es mir gesundheitlich besser geht."

8) "Seit meiner Operation habe ich Angst, durch längeres Fernbleiben bei meiner Dienststelle den Arbeitsplatz zu verlieren, obwohl ich weiß, daß ich fast unkündbar bin. Manchmal muß ich 3−4 Sachen auf einmal erledigen, das geht immer in die Hose. Es gibt auch Probleme zwischen den Beamten und den Angestellten meiner Dienststelle."

Durch die Summierung dieser Ereignisse kam es zu einer immer stärker werdenden emotionalen Belastung und Angst vor der Zukunft. Der Patient reagierte mit intensiver emotionaler Erregbarkeit, wobei er seine unerfüllten Wünsche zum Teil psychosomatisch verarbeitete. Grundkonflikthaft imponierte bei dem Patienten eine strenge Vater-Sohn-Beziehung, in der die emotionalen Inhalte defizitär blieben. Der Patient als einziger Sohn sollte nach dem Ebenbild des Vaters, so wie er ihn gerne gehabt hätte, "geschnitzt" werden. Inhaltlich bezog sich die Erwartungshaltung v. a. auf Gerechtigkeit, aber auch auf Leistung, Fleiß, Ordnung, Treue, Zuverlässigkeit, Pünktlichkeit und Höflichkeit. Sie wurden von dem Patienten im Rahmen der ödipalen Objektorientierung als wesentliche Repräsentanzen seiner Ich-Findung erlebt und modellierten entscheidend sein Ich-Ideal. Jegliche Abweichung von diesem Bild wurde vom Vater streng mit Sanktionen und Nichtbeachtung geahndet. Es handelte sich bei dem Patienten um einen Zustand nach einer Bandscheibenoperation mit Schmerzzuständen und erheblichem Leidensdruck bei tendenziell depressiver Neurosenstruktur.

Im Vordergrund stehen die geschilderten Symptome. Als Aktualkonflikt erscheint die langwierige Krankheit und die Schwiegermutterproblematik auf der Basis einer Überbetonung von "Gerechtigkeit".

Stufe 3: Situative Ermutigung

Der Patient wurde gefragt, wie er und seine Frau bis jetzt versucht hatten, mit den obengenannten Problemen umzugehen. Weil ihn auch die Sorgen um seine Frau sehr stark belasteten, bedeutete ihre Einbeziehung für ihn eine emotionale Unterstützung. Zum erstenmal hatten beide die Möglichkeit, gemeinsam die Probleme anzugehen. In dieser Stufe wurde mit beiden das Entspannungstraining nach Jacobson (1938) eingeübt. Zusätzlich bekam der Patient Antidepressiva.

Stufe 4: Verbalisierung

Im Zusammenhang mit den internalisierten Sozialisationsnormen sollten die überhöhten Ich-Ideal-Forderungen aus der Vater-Sohn-Beziehung angesprochen und hinterfragt werden. Es wurden Dekodierungsangebote erarbeitet, die es dem Patienten ermöglichten, seine emotionalern Wünsche und verdrängten Impulse wieder wahrzunehmen und sich ihnen zu stellen.

Über das positive Vorgehen konnten die ambivalenten Selbständigkeits- und Abhängigkeitshaltungen gegenüber dem Vater thematisiert werden. Sein Tod war für den Patienten eine Chance, sich erstmals in seinem Leben mit diesen Fragen, mit Themen wie dem Sinn des Lebens, des Todes und des Lebens nach dem Tod auseinanderzusetzen. So wurde es ihm zunehmend möglich, seine Abwehrhaltung in Frage zu stellen, seine Selbständigkeit- und Abhängigkeitshaltungen aus einer neuen Warte zu beurteilen und länger-fristig einen befriedigenden Zugang zu seinen Anlehnungswünschen zu finden. Darüber hinaus ging es darum, die traumatische Beziehung zu der Schwiegermutter verständnisvoll und klärend zu ordnen.

In diesem inneren Konflikt hatte der Patient bisher versucht, aus seinem erlernten "Höflichkeitskonzept" heraus über das "Ertragen" die Schärfe aus seiner Lebenssituation zu nehmen, da er sich nicht offen gegen seine Schwiegermutter stellen konnte. Der Erpressungsversuch stellte für ihn eine tief-greifende narzißtische Kränkung dar, der er sich aggressionsgehemmt unter-werfen mußte. Ihm gelang dabei keine ausreichende Differenzierung zwischen den Dingen, die er ertragen mußte, da er sie nicht ändern konnte, und den Dingen, die er nicht ertragen mußte, da er sie verändern konnte. Nach dem Durcharbeiten einer Verneinungsphase ("Gibt es überhaupt eine Möglich-keit, mit so vielen Problemen fertig zu werden?") wurden die zugrundeliegen-den inhaltlichen Aspekte berücksichtigt. Bei dem Patienten bildete ein starkes Bedürfnis nach Gerechtigkeit den Hintergrund seiner Äußerungen: einmal bezieht Gerechtigkeit sich auf seine Erkrankung, ein anderes Mal auf den Beruf, dann auf die Ehe und besonders auf die Schwiegermutter.

Gerechtigkeit war das Leitthema, um das herum eine Anzahl erlebter Unge-rechtigkeitssituationen gruppiert waren. Es schien, als liefe bei ihm ein "Gerechtigkeitsprogramm" ab, das sich zeitweise der Realitätskontrolle ent-zog. Das differenzierungsanalytische Inventar ermöglichte die Erfassung einer sehr differenzierten Selbst- und Fremdwahrnehmung. Mit dem Patienten und seiner Frau wurde in dieser Stufe u. a. die Aktualfähigkeit *Gerechtigkeit* durchgearbeitet (vgl. II./Kap. 1). Ihm wurde bewußt, daß seine Berufswahl als Polizist und seine Beziehungen zum "polizeilichen Gegenüber", zu seinen Kollegen und Vorgesetzten und zur Schwiegermutter durch seinen über-betonten Gerechtigkeitssinn geprägt waren. Dies wiederum hing mit seinem Weltbild zusammen.

Stufe 5: Zielerweiterung

Das Ehepaar kam regelmäßig und pünktlich zu den vereinbarten Sitzungen. Beide zeigten sich flexibel. Bei den Sitzungen konnte eine günstige Arzt-Patient-Beziehung hergestellt werden. Nach anfänglichen Widerständen zeigte sich seine Frau bereit, in einem familientherapeutischen Prozeß mitzu-wirken. Der Patient war offen, einsichtig und aufgrund des bestehenden

Leidensdruckes motiviert, die Notwendigkeit einer Wandlung zu akzeptieren. Er übernahm mit Hilfe seiner Frau zunehmend die therapeutische Rolle für die Schwiegermutter. Er erkannte, daß deren Probleme v. a. durch den Verlust ihres Ehemannes und die durch den Umzug bedingte Isolierung ausgelöst worden waren. Das Thema "Tod" war ein Gegenstand der Kommunikation:

Ich sehne mich danach, an etwas Absolutes (einen Gott?) glauben zu können. Aber meine Zweifel überwiegen. Kurz gesagt, ich habe keinen Glauben ... Der Tod ist die einzige Gewißheit im Leben. Ich wünsche mir, wenn es für mich so weit ist, daß es schnell und schmerzlos vonstatten geht. Ich möchte nicht anderen Leuten − auch nicht meiner Familie − zur Last fallen. Da die Seele ihren Sitz im Gehirn hat und nicht, wie früher angenommen, als "rosarotes Wölkchen" ums Herz schwebt und nach dem Tod als solches aus der sterblichen Hülle entweicht, fällt es mir schwer, an ein Leben nach dem Tod zu glauben. Da beim Tod die biochemischen Reaktionen im Gehirn erlöschen, wird wohl auch die Seele "im Eimer" sein. Keiner ist bisher zurückgekommen, um uns zu erzählen, wie es wirklich ist.

Beide Partner konnten die Einengung ihres Gesichtsfeldes abbauen. Sie lernten, den Konflikt nicht auf andere Verhaltensbereiche zu übertragen, sondern neue und vielleicht bisher noch nicht erlebte Ziele zu erschließen. Die Behandlung wurde nach 25 Sitzungen abgeschlossen. Die Schmerzzustände wurden subjektiv und objektiv stark reduziert, was sich bei einer Kontrolluntersuchung nach einem Jahr als stabil erwies. Der Patient wurde auf der Bad Nauheimer Psychotherapie-Woche vorgestellt. Die Aussagen des Ehepaares wurden auf einem Videofilm festgehalten.

Name: .... Nr.: .... Datum: ....

Körper/Sinne — Beruf/Leistung — Kontakt — Phantasie/Zukunft

1) Fühlen Sie sich "vom Schicksal gebeugt"? Halten Sie sich eher für einen "ungebrochenen Menschen" oder meinen Sie, daß Ihr "Rückgrat gebrochen" ist? Fallen Ihnen noch andere Sprichworte zu Ihrer Erkrankung ein? Was sagen Ihnen diese Volksweisheiten?

2) Wer hat Sie wann über Ihre Krankheit informiert?

3) Kennen und praktizieren Sie Entspannungsmethoden und das Intervalltraining?

4) Nehmen Sie regelmäßig die verordneten Medikamente? Wissen Sie, wie die Medikamente wirken, was Sie von Ihnen erwarten können und welche Nebenwirkungen möglich sind?

5) Engagieren Sie sich im Beruf? Welche Bedeutung haben Fleiß und Arbeit in Ihrem Leben?

6) Machen Sie sich Sorgen um Ihre weitere berufliche Zukunft, um Rente, Entlassung, Umschulung? Was bedeutet für Sie das Leben, wenn Sie nicht mehr berufstätig sind?

7) Ziehen Sie sich selbst zurück, brechen Sie Kontakte ab oder reduzieren Sie sie?

8) Gibt es "allergische Punkte" wie Ordnung, Sauberkeit, Pünktlichkeit, Fleiß, Gehorsam, Sparsamkeit, Zuverlässigkeit usw., bei denen Sie öfters "weich werden" oder einen "breiten Rücken" haben? Fühlen Sie sich "aufs Kreuz gelegt", oder "halten Sie den Kopf hoch" und versuchen "Haltung zu bewahren"?

9) Gab es in den letzten 5 Jahren Trennungserlebnisse durch Scheidung, Umzug, Tod?

10) Welchen Einfluß hat Ihre Erkrankung auf Ihre Einstellung zur eigenen Zukunft und auf Ihre Zukunftsperspektiven? Hoffen Sie auf Ihre körperliche Wiederherstellung?

11) Was ist für Sie der Sinn des Lebens (Antrieb, Ziele, Motivation, Lebensplan, Sinn von Krankheit und Tod, Leben nach dem Tode)?

12) Akzeptieren Sie Ihre Beschwerden auch als Chance, bisher nicht erlebte Bereiche (Körper, Beruf/Leistung, Kontakt, Phantasie/Zukunft) zu entwickeln?

7 Bluterkrankungen

Die Fähigkeit, mit "Fleisch und Blut" auf Belastungen, Konflikte und
"unstillbare Bedürfnisse" hinzuweisen

Definition

Unter einer Anämie versteht man eine krankhafte Verringerung der roten
Blutkörperchen (Erythrozyten) oder eine Verminderung des roten Blutfarb-
stoffes. Ist infolge einer Erkrankung der blutbildenden Organe (Knochenmark, Milz und Lymphknoten) die Zahl der weißen Blutkörperchen (Leuko-
zyten) abnorm erhöht, so spricht man von einer Leukämie. Bei der Hämophilie (Bluterkrankheit) handelt es sich um eine herabgesetzte oder auch fehlende Gerinnungsfähigkeit des Blutes. Hat sich in einem Blutgefäß ein Pfropf
aus geronnenem Blut gebildet, so spricht man von einer Thrombose. Mit Sepsis oder Blutvergiftung bezeichnet man eine schwere infektiöse Erkrankung,
die durch das plötzliche Eindringen von Krankheitserregern in den Blut-
kreislauf entsteht.

Symptomatik

Bei einer Anämie fühlt sich der Kranke matt, schwach und schwindelig. Haut
und Schleimhäute sind blaß. Sein Atem ist kurz und er leidet häufig unter
Kopfschmerzen. Die Anfälligkeit für Infekte ist erhöht. Typische Symptome
der Leukämie sind eine allgemeine Schwäche und Mattigkeit, Gewichts- und
Appetitverlust, Blässe, Neigung zu Blutungen, Infektanfälligkeit und gelegentlich auch Fieber. Im Verlauf der Erkrankung kommt es zu einer Anämie,
da im selben Maße, wie die weißen Blutkörperchen zuviel gebildet werden, die
Bildung der roten Blutkörperchen zurückgeht. Bluter leiden häufig unter
Gelenkveränderungen, da etwa bei Prellungen oder Verstauchungen große
Mengen Blut in die Gelenke eintreten und von dort nicht mehr zu entfernen
sind. Von Thrombose sind besonders häufig gestaute Venen in den Beinen
und im Becken betroffen. Es treten starke Schmerzen in der befallenen Vene
auf mit spürbarer Verhärtung des Venenstranges. Geht eine Sepsis von einer
Verletzung aus, so zeigt ein roter, in Richtung Herz gehender Streifen an, daß
die Eitererreger bereits in die Blutgefäße übergetreten sind. Zugleich
schwellen die zuständigen Lymphdrüsen an. Hohes Fieber, Schüttelfrost,

Erbrechen und Durchfall treten auf. Der Puls rast (bis zu 140 Schläge in der Minute).

Transkultureller Ansatz und Epidemiologie

An perniziöser Anämie erkranken vorwiegend Menschen, die älter als 30 Jahre sind. Diese Form der Anämie ist in Japan und in tropischen und subtropischen Regionen so gut wie unbekannt. Pro Jahr erkranken von 1 Mio. Menschen etwa 40–50 an Leukämie, in Deutschland (ehem. BRD) jährlich etwa 950 Kinder. Von diesen Kranken können heute über 75 % geheilt werden. In Japan stieg die Erkrankungsrate nach dem Atombombenabwurf auf 1.460 pro 1 Mio. Einwohner an. An einer Hämophilie leiden fast ausschließlich Männer. Etwa 33 % der über 40jährigen Patienten erleiden bei einer großen Operation eine Thrombose in den tiefer gelegenen Beinvenen.

Literaturvergleich

Psychogene Blutungen beschreiben Lewis u. Lewis (1975). Diese traten einmal bei abgewehrten Impulsen, jemanden zu schlagen, auf, z. B. auf dem Handrücken, und gingen mit schmerzhaften Schwellungen einher. Ferner verweisen die Autoren auf das Phänomen der religiösen Stigmatisierung.

Greene (1966) fand bei vielen seiner Leukämiepatienten im Vorfeld der Erkrankung schwere schockartige Erlebnisse wie Tod des Partners oder eines Elternteils oder Arbeitsplatzverlust bzw. -wechsel. Nicht selten lag der emotionale Schock schon Jahre zurück und schien überwunden. Die klassische Psychosomatik hat sich bis heute so gut wie nicht mit den Erkrankungen des Blutes befaßt.

Sprachbilder und Volksweisheit

Das Blut stockt in den Adern; Blut und Wasser schwitzen; jemanden bis aufs Blut reizen; das macht böses Blut; es ist mir in Fleisch und Blut übergegangen; mir kocht das Blut. "Haben Sie Probleme?" "Nein!" "Haben Sie Probleme mit Ihrem Mann?" "Nie. Aber manchmal würde ich ihn am liebsten umbringen!"

Geschichte: "Das Wunder des Rubins"

Siehe II./Kap. 11, S. 224.

Selbsthilfeanteil: Entwicklung von Blutkrankheiten aus der Sicht der positiven Psychotherapie

Der Einfluß des Nervensystems auf das Blut ist vielfältiger Art. Unter sympathikotonem Einfluß steigt nicht nur der Blutdruck an und die Verteilung des Blutes ändert sich, sondern das Blut selbst verändert sich auch. Der Anteil von Zucker und Fetten im Blut erhöht sich nachgewiesenermaßen unter Streß; Hormone (z. B. Adrenalin) werden verstärkt ins Blut ausgeschüttet, die Gerinnungsfähigkeit des Blutes nimmt zu, auch seine Abwehrbereitschaft, d. h. Anstieg der Temperatur ("Mir kocht das Blut!"; "Das bringt mein Blut in Wallung!"), Zunahme der weißen Blutkörperchen, Abbau von Magnesium usw. Zu umgekehrten Veränderungen kommt es unter vagotonem Einfluß. Beim Schock werden durch die erheblich zunehmende Gerinnung Gerinnungsfaktoren im Übermaß verbraucht, was als letzte Konsequenz dann wieder eine Blutung auslösen kann. Diese Reaktionen sind bei den heute üblichen seelischen Belastungen eher schädlich, weil dadurch die Gefahr innerer Blutgerinnsel steigt. Belastungen jedweder Art zeigen sich immer an dem Organ, das bei dem betreffenden Menschen besonders sensibel und damit reaktionsbereit, u. U. auch geschwächt ist, und dieses Organ kann durchaus das Blut sein, das, wie wir oben gesehen haben, auf psychophysische Belastungen anspricht. Warum gerade diese Form der Konfliktverarbeitung "gewählt" wird, hängt zu einem wesentlichen Teil von den Lernerfahrungen ab, die in der Kindheit gemacht wurden. Häufig finden sich bei den Eltern der an einer Blutkrankheit Leidenden Konzepte wie "Es hat ja doch alles keinen Sinn", "Man muß es nehmen wie es kommt". Auf Konflikte wurde im Elternhaus reagiert, indem die Phantasie aktiviert wurde, allerdings eher in negativer Richtung. Der so erzogene Mensch reagierte darauf seinerseits mit einer tiefen Verunsicherung. Als Ausdrucksorgan "wählt" er bei psychischen Belastungen und Konflikten das Blut, das Symbol des Lebens. Mit ihm vermag er seine Situation äußerst anschaulich und dramatisch zum Ausdruck zu bringen. Die Kranken sind oft Menschen mit einem ausgeprägten intuitiven Empfinden. Für sie kann der Sinn des Lebens in Frage gestellt werden, wenn Mißerfolge, Ungerechtigkeiten oder materielle Verluste erlebt werden. Wir fragen daher: Auf welche Bereiche der Aktualfähigkeiten richtet sich der Sinn? Auf Pünktlichkeit, Ordnung, Treue, Leistung, Sparsamkeit, Hoffnung, Glaube, Religion/ Weltanschauung, Sex, Sexualität, Liebe?

Praktische Konsequenzen aus diesem Selbsthilfeanteil finden sich im Fragebogen am Ende dieses Kapitels.

Therapeutischer Anteil: das fünfstufige Vorgehen der positiven Psychotherapie bei Bluterkrankungen

Fallbeispiel: "Körper als Waffe"

Weil du keine Zeit für mich hast, weil du untreu wurdest und die Kinder ungerecht behandelt hast, sage ich mit meinem Körper nein. (38jährige Frau mit Unterleibsblutungen und Anämie).

Das Prinzip der Gerechtigkeit wiegt eine Leistung gegen die andere auf. Es ist ein Grundprinzip der Erziehung, in der die einzelnen aktuellen Fähigkeiten und Leistungen im Vordergrund stehen. Doch Gerechtigkeit allein bleibt unpersönlich, blind für die Einzigartigkeit eines Menschen. Die Patientin reagierte auf Konflikte, die sie als Ungerechtigkeit erlebte, indem sie ihre Phantasie aktivierte: sie phantasierte Konfliktlösungen, stellte sich in Gedanken einen erwünschten Erfolg vor und sagte ihrem Partner, auf den sie Wut hatte, durch ihre Unterleibsblutungen mit dem Körper nein. Im Mittelpunkt der Behandlung standen die 4 Formen der Konfliktverarbeitung, v. a. Phantasie/Zukunft. Die Ich-Ideal-Forderung der Patientin wurde durch die einseitige Betonung der Aktualfähigkeit *Gerechtigkeit* (vgl. II./Kap. 1), *Höflichkeit* (vgl. II./Kap. 26), *Offenheit/Ehrlichkeit* (vgl. II./Kap. 5) und *Zweifel* in Frage gestellt. Die Behandlung wurde in 20 Sitzungen als Paartherapie im Rahmen des 5stufigen Modells durchgeführt, wobei die Aktualfähigkeiten *Zweifel* und *Gewißheit* hinter den aggressiven Vorstellungen eine wichtige Rolle spielten.

Die Aktualfähigkeit "Zweifel"

Definition und Entwicklung: Die Fähigkeit, einen Glauben in Frage zu stellen, Unterscheidungen zu treffen und Inhalte gegeneinander abzuwägen. Die Funktion des Zweifels, die sich auf einzelne Aktualfähigkeiten und weniger auf die gesamte Persönlichkeit bezieht, wird im Umgang mit den Bezugspersonen gelernt.

Wie fragt man danach: Worauf richtet sich Ihr Zweifel? Zweifeln Sie an Ihren eignen Fähigkeiten? Haben Sie manchmal das Gefühl, nicht die richtige Frau (den richtigen Mann) zu haben? Haben Sie den Eindruck, nicht den richtigen Beruf ergriffen zu haben? Wäre es Ihnen lieber, in eine andere Zeit, eine andere Umwelt und Gesellschaft hineingeboren zu sein? Kommt es vor, daß Sie an Ihrer Religion und Weltanschauung zweifeln? Wer von Ihren Eltern war der größere Zweifler?

Synonyme und Störungen: Innerer Zwiespalt, schwanken, zögern, unschlüssig sein, mit sich selbst kämpfen, weder ja noch nein sagen, auf dem Wege zum Entschluß. – Unsicherheit, Angst, Ambivalenz, Stimmungsschwankungen,

Launen, Ungeduld, Ungewißheit, Entscheidungsschwäche, Ratlosigkeit, Selbstwertprobleme, Negativismus.

Verhaltensregulative: Zweifel ist nicht bloß als Schwäche zu werten, sondern ist eine wesentliche Funktion einer zeitgemäßen Realitätskontrolle. Zweifelt man an sich, dem Partner, an der Welt oder an einzelnen Eigenschaften, die mit unserem Anspruch nicht mehr verträglich sind?

Die Aktualfähigkeit "Gewißheit"

Definition und Entwicklung: Die Fähigkeit, nach einem Zustand des Zweifelns Entscheidungen zu treffen, die keine Schuldgefühle mehr auslösen. Der Mensch ist imstande, klar ja oder nein zu sagen und sich mit dieser Entscheidung zu identifizieren. Gewißheit meint darüber hinaus eine Qualität oder eine Intensität des Glaubens. Auch beim Kind finden sich Situationen des Zweifelns. Wenn es nach Nahrung schreit, weiß es nicht, ob jemand kommt, es zu füttern. Indem die Mutter sich ihm immer wieder zuwendet, entwickelt sich die Gewißheit: "Auch wenn meine Bedürfnisse nicht gleich erfüllt werden, werden sie doch bald befriedigt."

Wie fragt man danach: Haben Sie (Ihr Partner) bei Entscheidungen das Gefühl, daß das, was Sie tun, richtig ist? Wie sicher fühlen Sie sich, wenn Sie (beruflich oder privat) eine Entscheidung treffen müssen? Wer von Ihren Eltern vermittelte eher das Gefühl von Sicherheit, Gelassenheit und Gewißheit? Wie verhielten sich Ihre Eltern, wenn Sie eine eigenständige Entscheidung trafen?

Synonyme und Störungen: Sicherheit, feste Überzeugungen, zweifelsohne, absolut, definitiv, endgültig, fraglos, selbstverständlich, auf alle Fälle, Standhaftigkeit. – Starrheit, Dogmatismus, Fixierung, Fanatismus, Abwehr, Ambivalenz, Schuldgefühle, Ungewißheit, Ängste, Mißtrauen, Hoffnungslosigkeit, Überforderung.

Verhaltensregulative: Die Kontrolle der Gewißheit, der Zweifel, ist eine menschliche Fähigkeit der Wirklichkeitsprüfung. In bezug auf welchen Inhalt empfinden Sie die Gewißheit: auf Treue, Ehrlichkeit, Gerechtigkeit, religiöse oder weltanschauliche Inhalte? Seine Gewißheit mit den Gewißheiten anderer konfrontieren (Kontakt, Sprechen, Konflikte erkennen und lösen, gegenseitiges Verständnis und Respekt, Relativität der Werte).

Anhang: Fragebogen zu *Bluterkrankungen*

Name: .... Nr.: .... Datum:...............................

Körper/Sinne – Beruf/Leistung – Kontakt – Phantasie/Zukunft

1) Lassen Sie sich manchmal "bis aufs Blut reizen"? "Kocht" Ihnen das Blut oder "erstarrt es in den Adern"? Fallen Ihnen noch andere Sprichworte zu Ihrer Erkrankung ein? Was sagen Ihnen diese Volksweisheiten?
2) Wer hat Sie wann über Ihre Krankheit informiert?
3) Welche "Kleinigkeiten" (Aktualfähigkeiten als Mikrotraumen) reizen Sie im Beruf/bei der Arbeit "bis aufs Blut"?
4) Sind Ihr Beruf und Ihre Arbeit für Sie und Ihren Partner von großer Bedeutung?
5) Sind Sie mit Ihrem Beruf zufrieden?
6) Machen Sie und/oder Ihr Partner sich Gedanken über Ihre weitere berufliche Zukunft?
7) Haben berufliche Probleme Einfluß auf Ihre Partnerschaft?
8) Beeinflussen Ihre partnerschaftlichen/familiären Probleme Ihren Beruf/ Ihre Arbeit?
9) Würden Sie sich als "warm- oder kaltblütig", als "lustiges Blut" usw. bezeichnen?
10) Wie stehen Sie zu Konzepten wie "Es hat ja doch keinen Sinn", "man muß es nehmen, wie es kommt", "Was soll's"?
11) Ist Ihre Grundstimmung eher optimistisch oder pessimistisch? Phantasieren Sie bei Problemen eher Lösungsversuche, erwünschte Ziele und Hoffnungen oder eher Ängste, Zweifel und Sinnlosigkeit?
12) Welche Bedeutung haben die folgenden Fragen für Ihre Gesundheit, Ihren Beruf, Ihre partnerschaftlichen und familiären Beziehungen und Ihr Lebenskonzept: Wer bin ich? Woher komme ich? Wohin gehe ich?

8 Colitis ulcerosa und Morbus Crohn

Die Fähigkeit, mit seinem Darm auf Belastungen und Konflikte zu reagieren und sich dieser auf gleiche Weise wie der Nahrung zu entledigen

Definition

Bei der *Colitis ulcerosa* handelt es sich um eine akut oder schleichend beginnende entzündliche Erkrankung des Dickdarms, die stets das Rektum (Mastdarm), manchmal auch den Dünndarm mitbefällt. Die Krankheit hat häufig einen chronisch-rezidivierenden Verlauf. Ihre Ätiologie wird in der medizinischen Literatur als unbekannt oder ungeklärt angegeben. Einige Autoren wie Singer et al. (1971), Shorter et al. (1972), Petzold u. Reincell (1980) vermuten genetische Faktoren, andere infektiöse, und wiederum andere allergische, autoimmunologische, ernährungsbedingte und psychosomatische Faktoren als ursächlich.

Der *Morbus Crohn* (auch als Enteritis regionalis Crohn, Ileitis terminalis oder Ileitis regionalis Crohn bekannt) ist eine chronisch-entzündliche Darmerkrankung. Sie kann den gesamten Gastrointestinalbereich befallen, tritt aber vorwiegend im unteren Bereich des Dünndarms auf. Der Darm ist meistens segmentartig befallen. Im Verlauf der Erkrankung kommt es zu entzündlichen Veränderungen der Darmwand mit der für sie typischen Abszeß- und Fistelbildung.

Symptomatik

— Leitsymptom der *Colitis ulcerosa* sind blutig-eitrige Durchfälle, die bis zu 30mal pro Tag auftreten können und bisweilen nur noch aus Blut bestehen. Begleitsymptome sind Fieberschübe, Übelkeit, Erbrechen, Bauchkrämpfe, Leib- und Gelenkschmerzen, allgemeine Schwäche und Gewichtsverlust. Durch die häufigen Durchfälle kommt es zu starkem Wasser- und Blutverlust. Die Krankheit beginnt oft schon in der Jugend oder im frühen Erwachsenenalter. Sie kann nach einigen Wochen zum Stillstand kommen, meist aber nur vorübergehend, um nach einigen Monaten oder Jahren wieder auszubrechen.
— Der *Morbus Crohn* beginnt meist akut mit krampfartigen, im rechten Unterbauch lokalisierten Schmerzen. Neben den intermittierenden

Schmerzen sind chronische, eher unblutige Durchfälle typisch, ferner Fieber, Gewichtsverlust, Appetitlosigkeit und ein allgemeines Schwächegefühl. Der Morbus Crohn neigt zu chronisch-rezidivierendem Verlauf mit Komplikationen, so daß die meisten Kranken insbesondere wegen der krankheitsbedingten Darmverengung und der Fisteln operiert werden müssen.

Transkultureller Ansatz und Epidemiologie

- Die Colitis-ulcerosa-Erkrankung ist nach Weiner et al. (1957) auf der ganzen Erde anzutreffen, sie scheint jedoch in den USA und in Nordwesteuropa im Anstieg begriffen zu sein.
- Die Colitis ulcerosa tritt bei der Landbevölkerung seltener auf als bei Städtern.
- Die Erkrankung manifestiert sich am häufigsten im 3. und 4. Lebensjahrzehnt. Männer und Frauen scheinen mit gleicher Häufigkeit betroffen zu sein.
- Die Ergebnisse neuerer Untersuchungen von Thayer u. Spiro (1963) und Farmer et al. (1980) sprechen für eine familiäre Häufung der Colitis ulcerosa.
- Betrachtet man die Erkrankungshäufigkeit im Vergleich zum Morbus Crohn, so tritt die Colitis ulcerosa 2- bis 5mal so häufig auf wie dieser.
- Die Verbreitung der Ileitis terminalis ist weltweit, mit Häufung in Nordwesteuropa und den USA, wo die farbige Bevölkerung jedoch seltener von ihr betroffen ist.

Literaturvergleich

Grace et al. (1952) gelang der Nachweis, daß der Dickdarm auf emotionelle Streßsituationen differenziert reagiert. Depressive Verstimmungen führten zu einer Unterfunktion des Kolons, Angst vor aggressiven Äußerungen zu einer Hyperfunktion.

Bei Kolitiskranken finden sich bereits im Vorfeld der Erkrankung typische Persönlichkeitsmerkmale, die den Boden für die spätere Erkrankung zu bereiten scheinen, wie Engel (1958) aufgrund seiner umfangreichen internationalen Fallsammlung feststellte. Von den meisten Autoren werden anale Charakterzüge wie Genauigkeit, Ordentlichkeit, Pünktlichkeit, Pflichtbewußtsein hervorgehoben. Von einem emotionalen Analphabetismus sprechen Fain (1951) und Jores (1981) bei Kolitiskranken: Sie sind nicht in der Lage, Emotionen und Konflikte wahrzunehmen und zu verbalisieren. Nach Uexküll (1986) zeigen Untersuchungen von Wirsching u. Stierlin (1982) und Wirsching (1984), daß der Zusammenhalt von Familien mit einem Morbus-Crohn- oder Colitis-ulcerosa-Patienten besonders ausgeprägt ist. Die Familie ist jedoch gegenüber der Umwelt stark abgegrenzt.

Sprachbilder und Volksweisheiten

Es geht in die Hose; Schiß haben; Muffensausen haben; einen Anschiß
bekommen; auf etwas scheißen; etwas hinter sich bringen; etwas laufen lassen;
einen flotten Otto haben; lieber leeren Darm als müden Arm.

Geschichte: "Der weiße Elefant"

*Ein orientalischer König schenkte einem Kalifen einen weißen Elefanten. Der
Kalif war hoch erfreut über dieses wunderbare Geschenk und sah täglich nach
dem Elefanten.*

*Eines Tages dachte er, wie schön es doch wäre, wenn der Elefant das Sprechen
lernen würde, dann könnte er sich auch mit ihm unterhalten. Er rief alle Wesire
seines Hofes zusammen und fragte sie: "Wer von Euch kann dem Elefanten das
Sprechen beibringen?" Die Wesire schauten sich an und schüttelten die Köpfe,
einer nach dem anderen, und murmelten vor sich hin, wer je schon so etwas erlebt
habe, daß ein Elefant das Sprechen lernen könne. Ein junger Wesir trat jedoch
vor den Kalifen und sprach: "Ich will dem Elefanten das Sprechen beibringen, gib
mir dazu 2 Jahre Zeit." Der Kalif war über diese Antwort sehr glücklich und
belohnte den Wesir reich. Die anderen jedoch fragten ihn: "Wie kannst Du nur so
etwas Dummes machen? Jedermann weiß doch, daß Elefanten nicht sprechen
lernen können!" "Ja, das ist richtig", antwortete der junge Wesir, "doch warum
sollte ich dem Kalifen nicht den Gefallen tun? Ich habe mir 2 Jahre Zeit aus-
erbeten, wer weiß, was in dieser Zeit alles geschieht! Der Elefant kann sterben.
Der Tod kann den Teppich des Lebens unseres erhabenen Kalifen zusammen-
rollen und wegtragen und das gleiche kann auch mir geschehen."*

**Selbsthilfeanteil: Entwicklung von Colitis ulcerosa und Morbus Crohn
aus der Sicht der positiven Psychotherapie**

Auf Emotionen reagiert der Darm recht empfindlich. Im psychophysischen
Entspannungszustand sieht der Darm eher blaß aus, d. h. er ist nur schwach
durchblutet, er bewegt sich wenig und die Sekretion von Verdauungsenzymen
ist gering. Bei seelischer Anspannung steigt die Durchblutung abrupt an,
ebenso die Motilität und Sekretion. Die gesteigerte Motilität hat einen aus-
treibenden Effekt und führt im Extrem zum Durchfall (Diarrhö).

Der *Morbus-Crohn*-Patient trägt seine Konflikte vorwiegend im Bereich
Körper/Sinne aus. Er versucht damit, dem konfliktbesetzten Kontaktbereich
auszuweichen. Wir treffen häufig auf einen nervösen, ungeduldigen, über-
empfindlichen und leicht erregbaren Menschen, dessen Fähigkeit, sich zu ent-
spannen und zu genießen, blockiert ist. Im Bereich Verstand/Leistung neigt er
zu zwanghaftem, sich selbst sehr stark kontrollierendem Verhalten. Seine
beruflichen Leistungen stehen in enger Beziehung zu seinem Befinden im
Kontaktbereich. Er strebt wenige, enge Beziehungen an mit dem Wunsch

nach Nähe, Anerkennung und Geborgenheit; auf der anderen Seite möchte er aber auch unabhängig sein, da ihm eine zu große Nähe bedrohlich erscheint. Der Bereich Phantasie wird v. a. von sozialen Erwartungen und Ängsten beherrscht. Die Einstellungen zum Vorgang der Verdauung und zur Defäkation wurden schon in frühester Kindheit entscheidend geprägt. Mit der Sauberkeitserziehung lernt das Kind seinen Stuhlgang zu kontrollieren, d. h. zurückzuhalten und erst zu einem bestimmten Zeitpunkt abzugeben.

Im psychotherapeutischen Umgang mit *Colitis-ulcerosa*-Kranken stellt man bei diesen immer wieder eine extreme Betonung der sekundären Aktualfähigkeiten fest bei beeinträchtigten bzw. nur defizitär entwickelten primären Fähigkeiten. In den Familien von Kolitikern wurde meist sehr großer Wert auf Ordnung, Sauberkeit, Pünktlichkeit, Gehorsam, Fleiß, Leistung, Zuverlässigkeit Gerechtigkeit und Höflichkeit gelegt. Auf Konzepte wie "Ordnung ist das halbe Leben", "Pünktlichkeit ist die Höflichkeit der Könige", "ohne Fleiß kein Preis" u. a. m. stößt man immer wieder. Außenkontakte, Horizonterweiterung und Ortswechsel wurden nach dem Motto "Bleibe im Lande und nähre dich redlich" meist abgelehnt. Durch eine ambivalente Beziehung zu den Eltern, insbesondere zur Mutter, die sich konflikthaft in den Dimensionen Verbundenheit/Ablösung abspielte, sind die primären Fähigkeiten wie *Vertrauen*, *Glaube*, *Hoffnung*, *Kontakt* und *Sexualität* nur ungenügend entwickelt, aber — da bei jedem Menschen angelegt — ausbaufähig.

Die Verknüpfung von Besitz bzw. Geld und Kot ist auch aus der Umgangssprache bekannt. "Geld stinkt nicht", sagt man. Es gibt den Goldesel, der "Dukaten scheißt". Und man spricht von einem "Korinthenkacker", wenn man einen kleinlichen, sparsamen Menschen meint. Ebenso geläufig ist aber auch die Verknüpfung von Kot und Auflehnung gegen eine Autorität ("einen Anschiß bekommen") und Angst ("Schiß haben"). Nicht offen zum Ausdruck gebrachte Aggressionen, die wie der Kot "nach hinten" abgegeben werden, sind in allen diesen Redensarten zu erkennen.

Psychologisch interpretiert bedeutet der Durchfall bei *Morbus Crohn*, daß bei diesen Menschen häufig der Umgang mit der Zeit problematisch ist. Eigene klinische Beobachtungen bestätigen diese Annahme. Wir treffen oft auf Menschen, die sich — ebenso wie ihr Verdauungssystem — nicht genügend Zeit nehmen, zu analysieren, zu differenzieren und in Ruhe aufzunehmen. Stattdessen haben sie es sehr eilig, etwas zum Abschluß zu bringen: "Zeit ist Geld". Ferner bedeutet Verdauung auch die Fähigkeit, für den Körper unnütze Substanzen auszuscheiden. Unter diesem Aspekt betrachtet, können die häufigen Stühle und Durchfälle beim Morbus Crohn auch als symbolischer Versuch aufgefaßt werden, sich von etwas zu trennen, das für den Betreffenden keinen Wert zu haben scheint, eine Gefahr bedeutet und Angst macht (etwas, was eben nicht "verdaulich" ist).

Praktische Konsequenzen aus diesem Selbsthilfeanteil finden sich im Fragebogen am Ende dieses Kapitels.

Therapeutischer Anteil: das fünfstufige Vorgehen der positiven Psychotherapie bei Colitis ulcerosa und Morbus Crohn

Fallbeispiel: "Ich weiß nicht, wie ich das alles hinter mir lassen soll!"

Ein 24jähriger Student, niedergeschlagen und angsterfüllt wirkend, war von einem Internisten in meine Praxis überwiesen worden. Leise und stockend berichtete er unter anderem:

Die Darmkrankheit Morbus Crohn ist zum 1. Mal im April 1988 aufgetreten. Einige Begleiterscheinungen, wie etwa entzündete Gelenke, bemerkte ich schon ein halbes Jahr vorher. Im April 1988 trat sie im Zusammenhang mit einer sehr wichtigen Prüfung im Studium auf. Ich hatte starke Bauchschmerzen, Fieber, Durchfall und verlor etwa 10 kg Gewicht. Ich ging nicht zum Arzt, weil ich die Krankheit dem Prüfungsstreß zuschrieb, und nahm nur einige Medikamente, die ich mir in der Apotheke besorgte. Drei Monate später wurde ich während eines Urlaubs in Amerika wieder krank. Die Symptome waren dieselben, nur so stark, daß ich den Urlaub abbrechen mußte und in Deutschland 4 Wochen im Krankenhaus war, bis man die richtige Diagnose stellen konnte. Drei Monate später trat die Krankheit in abgeschwächter Form wieder in Verbindung mit einer Prüfung auf. Vor 4 Wochen wurde ich wieder krank, ohne daß ich mir einen wirklichen Grund vorstellen kann (...).

Als ich 12 Jahre alt war, ließen sich meine Eltern scheiden, was mich zwar belastete, aber ich war auch recht froh, weil es ohne meinen Vater viel ruhiger wurde. Mit meiner Schwester hatte ich große Probleme. Sie wurde mir immer vorgezogen. Unsere Beziehung hat sich bis heute nicht gebessert. Ich würde ihr kein Knochenmark spenden, wenn's darauf ankäme! ... Ich weiß nicht, wie ich das alles verarbeiten und hinter mir lassen soll ...

Um den Patienten für die Psychotherapie zu gewinnen, griff ich seine Aussage auf, er wisse nicht, wie er das alles "hinter sich lassen" solle. Da er alles grau in grau sah, erzählte ich ihm die Geschichte "Der weiße Elefant". Danach wurden seine Zukunftsperspektiven angesprochen. Es wurde ihm deutlich, daß alles Zeit braucht, daß aber das orientalische Motto gilt: "Jede dunkle Nacht hat ein helles Ende!" Diese Vorgehensweise sprach den Patienten deshalb stark an, weil er darin erkannte, wie er besser mit "Überraschungen" umgehen könnte. Die Probleme wurden im Rahmen einer fünfstufigen Therapie aufgearbeitet. Es ging um Prüfungsangst, Probleme mit der Schwester, Sinnlosigkeitsgefühle und Ablösung von zu Hause. Die negativen Selbst- und Objektrepräsentanzen drehten sich inhaltlich v. a. um die Aktualfähigkeiten *Gerechtigkeit* (vgl. II./Kap. 1) in Bezug auf seine Schwester und um *Hoffnung* (vgl. II./Kap. 14), die intensiv durchgearbeitet wurden. Die Behandlung wurde nach 25 Sitzungen abgeschlossen. Sie hatten dem Patienten die Möglichkeit gegeben, seine Probleme in einem größeren Zusammenhang zu sehen und sie so erfolgreich zu relativieren.

Anhang: Fragebogen zu *Colitis ulcerosa* und *Morbus Crohn*

Name: .... Nr.: .... Datum:....................................

Körper/Sinne — Beruf/Leistung — Kontakt — Phantasie/Zukunft

1) Machen Sie sich ab und zu "vor Angst in die Hosen"? Lassen Sie "den Dingen ihren Lauf"? Fallen Ihnen noch andere Sprichworte zu Ihrer Erkrankung ein? Was sagen Ihnen diese Volksweisheiten?
2) Wer hat Sie wann über Ihre Krankheit informiert?
3) Nehmen Sie regelmäßig die verordneten Medikamente? Wissen Sie, wie die Medikamente wirken, was Sie von ihnen erwarten können und welche Nebenwirkungen möglich sind?
4) Nehmen Sie sich im Kontakt mit Kollegen, Mitarbeitern, Vorgesetzten genügend Zeit zuzuhören, in Ruhe aufzunehmen und zu "verdauen", bevor Sie "analysieren"?
5) Gibt es Kollegen, die nicht nach Ihrem "Geschmack" sind?
6) Sind berufliche Probleme für Sie "schwer verdaulich" oder liegen sie Ihnen "wie ein Stein im Magen"? Welcher Art sind diese Probleme? Auf welche Aktualfähigkeiten (Mikrotraumen) beziehen sie sich?
7) Welchen Einfluß hat Ihre Erkrankung auf Ihren Partner, Ihre Familie und andere zwischenmenschliche Kontakte? Welchen Einfluß haben Ihr Partner und Ihre Familie auf Ihre Erkrankung?
8) Sind Sie mit Ihrer partnerschaftlichen Beziehung zufrieden?
9) Sind Sie in Ihrer Partnerschaft öfter "sauer" (Magensäure)?
10) Fühlen Sie sich ausgenutzt?
11) Gehen Sie Auseinandersetzungen aus Angst vor möglichen Nachteilen aus dem Weg (Höflichkeit) oder versuchen Sie, angemessen Ihre Meinung zu sagen?
12) Gab es in den letzten 5 Jahren Trennungserlebnisse durch Scheidung, Umzug, Tod? Haben Sie Angst, wichtige Bezugspersonen zu verlieren?
13) Was ist für Sie der Sinn des Lebens (Antrieb, Ziele, Motivation, Lebensplan, Sinn von Krankheit und Tod, Leben nach dem Tod)?
14) Akzeptieren Sie Ihre Erkrankung auch als Chance, bisher nicht erlebte Bereiche (Körper/Sinne, Beruf/Leistung, Kontakt, Phantasie/Zukunft) zu entwickeln?
15) Welche dieser Fragen/Themen haben Sie besonders angesprochen?

9 Diabetes mellitus

Die Fähigkeit, sich die fehlende Wärme selbst zu geben

Definition

Diabetes mellitus ist eine auf Insulinmangel basierende Stoffwechselkrankheit. Die Erkrankung ist durch eine Zunahme der Zuckerkonzentration im Blut und durch das Vorkommen von Zucker im Harn charakterisiert. Als pathophysiologischer Mechanismus der diabetischen Stoffwechselstörungen steht bei insulinabhängigem Typ-I-Diabetes (IDDM) eine Verminderung der B-Zellen des Pankreas im Vordergrund.

Ätiologisch werden heute hauptsächlich genetische Faktoren (Balint 1970), Virusinfektionen (Berger et al. 1984) und Autoimmunmechanismen (Bleuler 1954) diskutiert. Brogesn u. Lenmark (1982) konnten zeigen, daß Stabilität oder Instabilität im Verlauf des juvenilen Diabetes mellitus im wesentlichen durch psychosoziale Faktoren determiniert sind.

Symptomatik

In leichteren Fällen oder zu Beginn des Leidens kann der Diabetes nahezu symptomlos verlaufen und wird bisweilen nur bei Behandlung wegen einer anderen Krankheit entdeckt. Neben der Blutzuckererhöhung und der Zuckerausscheidung im Harn finden sich folgende Symptome: Durst, übermäßige Harnausscheidung, Gewichtsabnahme trotz vermehrter Nahrungsaufnahme, Neigung zu Hautkrankheiten (Ekzem, Juckreiz, Furunkulose), oft schlechte Wundheilung, Potenz- und Menstruationsstörungen. Im weiteren Verlauf der Erkrankung kann es zu chronischen Infektionen der Harnwege und zu peripheren Durchblutungsstörungen infolge der vorzeitigen, arteriosklerotischen Gefäßveränderungen kommen. Eine ernste Komplikation stellt das Koma dar, ein plötzlicher Stoffwechselzusammenbruch mit Bewußtlosigkeit.

Transkultureller Ansatz und Epidemiologie

- Die Zahl der Zuckerkranken hat sich in den letzten 25 Jahren verdoppelt.
- Die Erkrankungshäufigkeit nimmt mit steigendem Lebensalter zu; fast 10 % der 70jährigen sind zuckerkrank.
- Frauen sind häufiger betroffen als Männer.
- Der juvenile Diabetes mellitus, an dem etwa 10-15 % aller Diabetiker leiden, tritt meist vor dem 3. Lebensjahrzehnt auf.
- Der wesentlich häufigere Altersdiabetes, bei dem der Erbfaktor eine größere Rolle zu spielen scheint, beginnt meist erst nach dem 40. Lebensjahr. Er steht im engen Zusammenhang mit der Adipositas. Etwa 80-90 % dieser Kranken sind übergewichtig.
- Es wird berichtet von auffallend häufigen Diabeteserkrankungen amerikanischer Soldaten in Übersee. Sie werden auf die spezifische pathogenetische Bedeutung von Trauer und Einsamkeitsgefühlen zurückgeführt. Kampfstreß waren diese Soldaten kaum ausgesetzt.
- Diabetes mellitus ist nach bisherigen Untersuchungen in Finnland am häufigsten. Die Zahl der Patienten hat sich dort innerhalb der letzten 30 Jahre, möglicherweise aufgrund von Umweltfaktoren, verdoppelt. Kinder mit Diabetes mellitus leiden nicht nur unter ihren körperlichen Einschränkungen, sondern haben darüber hinaus oft psychische und soziale Probleme. Umwelteinflüsse seien bei etwa 60 % der Diabetesneuerkrankungen beteiligt, schätzt Akerblom (1989) vom Kinderkrankenhaus der finnischen Universität Helsinki.

Literaturvergleich

Unsere Ergebnisse in bezug auf die Bedeutung von Lebensereignissen ("Life-events") stimmen mit denen anderer Untersuchungen überein. Bereits Hinkle u. Wolf (1952) zeigen in detaillierten Einzelstudien, daß in den Lebensgeschichten von Diabetikern die Reaktionen auf Ereignisse im täglichen Leben mit der Feststellung übereinstimmen, daß die Lebensereignisse bei Ausbruch, Verlauf und bei Komplikationen der Krankheit eine wichtige Rolle spielen. Die von Cannon (1953) erstmals nachgewiesenen Zusammenhänge zwischen emotionaler Erregung und endokrinen Reaktionen sind in der Folgezeit v. a. in der Streßforschung weiter untersucht worden. Die Annahme, daß sie in der Ätiologie und Pathogenese des Diabetes mellitus von Bedeutung sein könnten, geht auf Dunbar et al. (1936) zurück. Cannon (1929) und Cobb (1974) konnten in zahlreichen Untersuchungen zeigen, daß emotionaler Streß, Furcht und Angst, Bedrohung der Sicherheit und andauernde Auseinandersetzungen im zwischenmenschlichen Bereich über eine sympathikotone Stimulierung zu einer gesteigerten Ausschüttung von Katecholaminen und in der Folge zu einer Steigerung des Blutzuckerspiegels und zur Zuckerausscheidung im Harn führen können. Nach psychoanalytischer Auffassung ist, wie Alexander (1971) betont, ein "mit dem Nahrungserwerb im Zusammenhang stehender Grundkonflikt", der in aggressiven oral-inkorporativen Strebungen zum Ausdruck kommt, als psychodynamischer Kernfaktor anzusehen. Übersteigerte infantile Bedürfnisse nach Versorgt- und Gefüttertwerden, denen auch eine vererbte physiologische Insuffizienz zugrunde liegen kann, können von der Umwelt nicht befriedigt werden. Über die diabetische Symptomatik sorgt der Kranke jedoch unbewußt für eine Befriedigung seiner Wünsche.

Sprachbilder und Volksweisheiten

Süßholz raspeln; nach Liebe hungern; Liebeshunger; das Süße lieben; ein süßes Trostpflaster; Durchfall der Liebe; Zuckerharnruhr; wer nicht liebt, wird sauer; wer nicht genießen kann, wird ungenießbar.

Geschichte: "Die goldenen Zeltnägel"

Ein Derwisch, dessen Freude die Entsagung und dessen Hoffnung das Paradies war, traf einst einen Fürsten, dessen Reichtum alles übertraf, was der Derwisch je gesehen hatte. Das Zelt des Adligen, der außerhalb der Stadt zur Erholung lagerte, war aus kostbaren Stoffen, und selbst die Zeltnägel, die es hielten, waren aus purem Gold. Der Derwisch, der es gewohnt war, Askese zu predigen, überfiel den Fürsten mit einem Wortschwall, wie nichtig doch der irdische Reichtum, wie eitel die goldenen Zeltnägel, wie vergeblich das menschliche Mühen seien. Wie ewig und herrlich seien dagegen die heiligen Stätten. Entsagung bedeute das größte Glück. Ernst und nachdenklich hörte der Fürst zu. Er ergriff die Hand des Derwischs und sprach: "Deine Worte sind für mich wie die Glut der Mittagssonne und die Klarheit des Abendwindes. Freund, komm mit mir, begleite mich auf dem Weg zu den heiligen Stätten." Ohne rückwärts zu schauen, ohne Geld, ein Reitpferd oder einen Diener mitzunehmen, begab sich der Fürst auf den Weg. Erstaunt eilte der Derwisch hinterher: "Herr! Sag mir doch, ist es dein Ernst, daß du zu den heiligen Stätten pilgerst? Wenn es so ist, warte auf mich, daß ich schnell meinen Pilgermantel hole." Gütig lächelnd antwortete der Fürst: "Ich habe meinen Reichtum, meine Pferde, mein Gold, mein Zelt, meine Diener und alles, was ich hatte, zurückgelassen, mußt du dann wegen eines Mantels den Weg zurückgehen?" "Herr", staunte der Derwisch, "erkläre mir bitte, wie konntest du alle deine Schätze zurücklassen und selbst auf deinen Fürstenmantel verzichten?" Der Fürst sprach langsam, aber mit sicherer Stimme: "Wir haben die goldenen Zeltnägel in den Erdboden geschlagen, aber nicht in unser Herz!" (Aus Peseschkian 1979, S. 11).

Selbsthilfeanteil: Entwicklung von Diabetes mellitus aus der Sicht der positiven Psychotherapie

a) Beschwerden und Physiologie

Traubenzucker (Glukose) befindet sich im Blut jedes gesunden Menschen, allerdings nicht mehr als etwa 1,1 g Zucker auf 1 l Blut. Der normale Blutzuckerspiegel liegt nüchtern bei ungefähr 70−120 mg%. Ab etwa 120 mg% liegt ein Diabetes mellitus vor. Erst wenn der im Blutserum enthaltene Traubenzucker 180 mg% überschreitet, kann die Niere diese Menge Zucker nicht wieder dem Körper zuführen, und er wird mit dem Urin ausgeschieden. Zu einer Konzentrationszunahme des Zuckers im Blut und schließlich auch im Harn kommt es, wenn die Bauchspeicheldrüse nicht genügend Insulin produziert. Die Sekretion des Insulins wird auch vom vegetativen Nervensystem und durch hormonelle Reize gesteuert. Adrenalin und Noradrenalin hemmen die Insulinsekretion, die Glukagonsekretion dagegen nimmt zu. Durch diesen vegetativ-hormonellen Reaktionszyklus wird der ganze menschliche Organismus in Höchstform gebracht: er ist bereit zum Kampf und auch zur Flucht. Der Blutzuckerspiegel steigt hoch an. Der Sinn dieses Vorgangs mag wohl darin liegen, durch den hohen Blutzucker den gesteigerten Energiebedarf bei einem möglichen Kampf oder auch zur Flucht bereitzustellen.

b) Aktualkonflikt: 4 Formen der Konfliktverarbeitung −
*   psychosoziale Belastungssituation*

Körper: Den chronischen "Liebeshunger" stillt der Diabetespatient auf bewährte Art und Weise, nämlich mit Essen, speziell mit süßen Sachen. Durch die erheblichen Einschränkungen, die die Zuckerkrankheit mit sich bringt, ist häufig Angst und ein Gefühl der Ohnmacht anzutreffen. Ein Teil der Patienten reagiert auf den Verlust der Autonomie mit Resignation und Gleichgültigkeit. Andere verdrängen oder verleugnen schlicht ihre Krankheit. Einige protestieren auch durch exzessives Essen und Trinken alkoholischer Getränke.

Beruf/Leistung: Im Bereich Verstand/Leistung zeichnen Diabetiker sich durch Disziplin und Genauigkeit aus. Entschlußfreudigkeit, Ehrgeiz und expansive Strebungen fehlen jedoch meist.

Kontakt: Im Kontaktbereich kommt es häufig zu negativen Erfahrungen. Den übergroßen Wünschen des Diabetikers nach Abhängigkeit und Verwöhnung kann der Ehepartner nur in den wenigsten Fällen gerecht werden. Trotz der Enttäuschung trennt sich der Diabetiker jedoch nur relativ selten von seinem Partner, eben wegen der angestrebten Verbundenheit.

Phantasie/Zukunft: Schließlich kann eine Sucht auch der Versuch sein, dem "bitteren" Alltag zu entfliehen und, wenigstens in der Phantasie, in Allmachts- und Größenvorstellungen das zu sein und das zu bekommen, was die Realität verweigert. Da die Kranken sich häufig vom Schicksal benachteiligt fühlen ("Warum gerade ich und nicht der andere?") und ihre Krankheit als große Ungerechtigkeit empfinden, verlieren sie nicht selten den Glauben an Gott. Die Aktualfähigkeiten *Gerechtigkeit, Zweifel, Zuverlässigkeit, Treue* und *Verbundenheit* sind beim Diabetiker besonders ausgeprägt. Ausbaufähig sind *Liebe, Glaube, Hoffnung* und auch *Leistung*.

c) Grundkonflikt: 4 Formen der Vorbilddimensionen — Bedingungen der Frühgenese

Auf der konstitutionell vorgegebenen Anlage zum Diabetes mellitus entwickelt sich die Erkrankung durch die besonderen Einstellungen und Verhaltensweisen der Herkunftsfamilie. Denn die häusliche Ernährungstradition mit Konzepten wie "Essen und Trinken hält Leib und Seele zusammen", "es geht nichts über ein feines Essen" etc. bestimmt die Bedeutung, die ein Mensch später dem Essen einräumt.

Diabetiker fühlen sich in ihrer Kindheit häufig von den Eltern und anderen Bezugspersonen im Stich gelassen oder überbehütet und überversorgt. Kindliche Wünsche nach Sicherheit, Geborgenheit, Zeit und Geduld werden nur ungenügend oder einseitig befriedigt. Die emotionale Versagung lernen die Kinder mit Nahrungszufuhr zu kompensieren, was die Eltern z. T. sogar noch bewußt fördern.

In der Familie gibt es häufig instabile Beziehungen mit vielen Aufregungen und Unruhe. Die Eltern haben nicht die Fähigkeit, mit ihren Konflikten angemessen umzugehen. Auch die Beziehung zu den Geschwistern ist oft schwierig, da die gesunden Geschwister dem kranken Kind seine Sonderstellung neiden. Kontakte zu anderen Menschen werden zwar gepflegt, jedoch stehen hier die Gaumenfreuden einseitig im Vordergrund. Die Beschäftigung mit anderen Bereichen ist in diesen Familien mit großer Regelmäßigkeit defizitär.

Auch die Phantasie wird hauptsächlich im Bereich Körper bzw. Nahrung eingesetzt. Der enorm gesteigerte Hunger und Durst, zusätzlich das regelmäßige Spritzen von Insulin und die Beachtung von Diätvorschriften scheint die ganze Kraft zu fordern. Alles dreht sich um den Körper und die Sinne.

d) Aktual- und Grundkonzepte: innere Konfliktdynamik

Versuchen wir uns nun einmal die psychologische Situation zu verdeutlichen, in der sich der Zuckerkranke befindet. Welche Bedeutung Süßigkeiten haben, lernen Kinder schon früh. Süßes wird als Belohnung gegeben, Süßes bedeutet

Trost, süß ist die Liebe schlechthin. Ein Mensch wird als "süß" bezeichnet, wenn man ihn hübsch und lieb findet. Schmiert man einem Menschen "Zucker um den Mund", so täuscht man ihn: Man gibt ihm zwar Zucker (oder Liebe), aber nicht so, daß er ihn auch aufnehmen kann. Bekommt ein Mensch "Zuckerbrot und Peitsche", so heißt das, daß er gleichzeitig verwöhnt und bestraft wird.

Praktische Konsequenzen aus diesem Selbsthilfeanteil finden sich im Fragebogen am Ende dieses Kapitels.

Therapeutischer Anteil: das fünfstufige Vorgehen der positiven Psychotherapie bei Diabetes mellitus

Stufe 1: Beobachtung/Distanzierung

Fallbeispiel: "Ein gutes Beispiel zur Kostendämpfung im Gesundheitswesen"

Kasuistik und Therapieeinstieg:

Ein 41jähriger Patient kam mit insulinpflichtigem Diabetes mellitus Typ I, diabetischer Polyneuropathie und beginnender diabetischer Nephropathie (Begleitsymptomatik: Schweißausbrüche, Erbrechen, Gewichtsverlust, Depressionen, innere Unruhe, Suizidgedanken) in meine Praxis. Er wirkte sehr niedergeschlagen, angsterfüllt und konnte nur leise und stockend berichten. Der Patient war seit 1976 wechselweise in ambulanter und stationärer Behandlung, in den letzten 3,5 Jahren vor Beginn der Psychotherapie permanent stationär. Die rein medikamentöse Therapie hatte zu keiner stabilen Einstellung der Krankheitswerte geführt. Nach der persönlichen Berechnung des Patienten beliefen sich die Kosten seiner Behandlung bis zu diesem Zeitpunkt auf ca. 3 Mio. DM. Die gemeinsam erarbeitete positive Deutung, sein Diabetes sei auch Ausdruck seiner Fähigkeit, sich die fehlende Wärme selbst zu geben, überraschte den Patienten und machte ihn neugierig. Im Verlauf des weiteren Gesprächs übernahm der Patient die Deutung für sich und akzeptierte den skizzierten Weg.

Somatische Daten vor Beginn der Psychotherapie	
Beginn des Diabetes:	Mai 1976
Erster Blutzuckerwert:	788 mg/dl
Erster Einstellungsversuch, stationär:	Mai−Dezember 1976
Durchschnittliche Blutzuckerwerte 1976:	400−800 mg/dl
Insulineinheiten täglich 1976:	200−300
Stationärer Aufenthalt:	Apr. 1983 − Dez. 1985
Durchschnittliche Blutzuckerwerte:	400−800 mg/dl
Durchschnittswerte Dezember 1985:	195−600 mg/dl
HbA1 (normal bis 8 %):	13,7 %

Stufe 2: Inventarisierung

Therapieverlauf: Für die Entwicklung der Symptomatik spielten folgende Ereignisse eine zentrale Rolle:

a) *"Life-events":* Ausbruch der Symptomatik Mai 1976.

1) *Berufliche Ereignisse:* Im Januar 1976 löste der Patient sein bisheriges Anstellungsverhältnis und machte sich selbständig. Der neue Aufgabenbereich führte zu einer emotionalen Überforderung.

2) *Partnerschaftliche Probleme:* Diese entwickelten sich ab Juli 1976, als der Patient beruflich immer mehr in Anspruch genommen wurde und für seine Frau weniger Zeit hatte. Die Ehefrau war nicht berufstätig und die Ehe war kinderlos. Subjektiv wurde die mangelnde Zeit von der Ehefrau als mangelnde Zuwendung erlebt.

3) *Februar 1977*: Das Ehepaar baute gemeinsam ein Haus, was mit erheblichen finanziellen und zeitlichen Belastungen verbunden war.

4) *März 1979:* Der Patient erfuhr erstmals von der Untreue seiner Frau, die er als Vertrauensbruch erlebte. Für ihn war Treue das wesentliche Element seiner Ehe.

5) *Januar 1981* starb unerwartet der Vater des Patienten, zu dem er eine ambivalente Beziehung hatte.

6) *April 1982:* Die wechselweise ambulanten und stationären Einstellungsversuche seines Diabetes mellitus führten zu einer emotionalen und zeitlichen Überforderung, zumal zwanghafte Tendenzen hinsichtlich der Leistung und Pünktlichkeit bestanden.

7) *1985:* In diesem Zeitraum ging die Firma durch die permanenten Krankenhausaufenthalte in Konkurs. Die Gesamtschuld belief sich auf über 2 Mio. DM. Der Patient wurde zum Sozialhilfeempfänger.

8) *Juni 1985:* Die Ehefrau reichte die Scheidung ein, noch während der Patient in der Klinik war, was ihn sehr verunsicherte und Ohnmachtsgefühle auslöste.

b) *Mikrotraumen:* Die oben genannten, kumulativ wirkenden Faktoren besaßen für den Patienten traumatisierenden Charakter. Es entwickelte sich, unterstützt durch berufliche Überforderung, den instabilen Krankheitsverlauf, soziale Isolierung und Angst vor der Zukunft eine abnorme Trauerreaktion. Der Patient reagierte mit einer starken emotionalen Erregbarkeit, wobei er seine Wünsche z. T. psychosomatisch verarbeitete. Diese Ansammlung verletzender Ereignisse ("steter Tropfen höhlt den Stein") führte dazu, daß einzelne Persönlichkeitsbereiche für Konflikte sensibilisiert wurden. Das fortwährende Ansprechen dieser empfindlichen Zonen (z. B. *Leistung, Pünktlichkeit, Vertrauen, Treue, Zuverlässigkeit, Gewissenhaftigkeit;* Abb. 1) führte zu Spannungszuständen, die sich über das vegetative Nervensystem, das Hormonsystem und das Organsystem verselbständigten. Über diese alltäglichen

Konzepte, die sich in der Regel permanent wiederholen, lernte der Patient inhaltlich sein Verhalten verstehen. In der dynamischen Wechselwirkung seiner Konzepte wurde die Sprache der "Organisierung" (Croen u. De Loos 1973) seiner Krankheit dechiffriert.

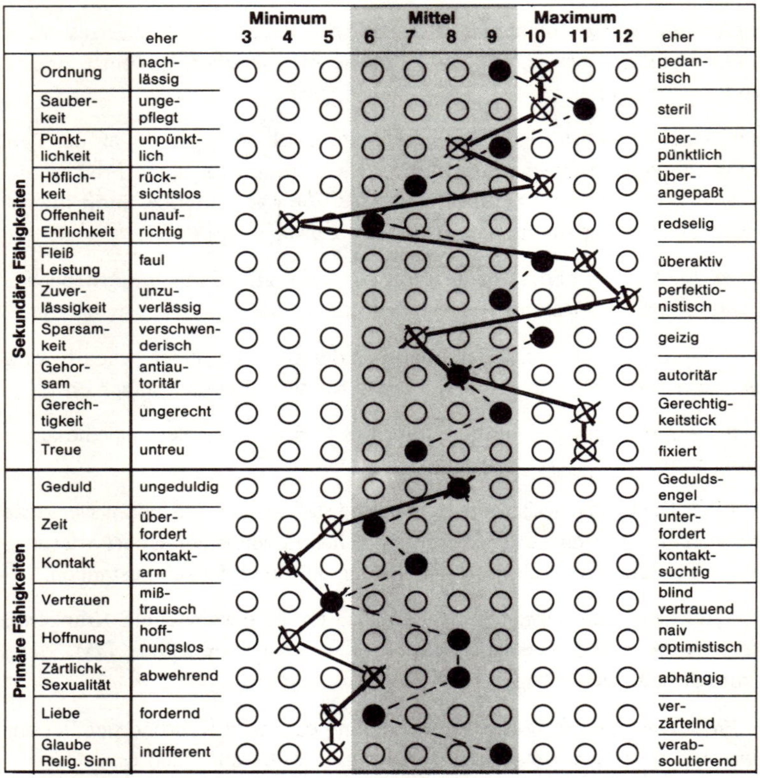

Abb. 1. Profilbogen. Sozialisationsnormen als Mikrotraumen. Bei Beginn der Psychotherapie Januar 1986 (durchgezogene Linie) und bei Therapieende Februar 1987 (gestrichelte Linie)

c) *Grundkonflikt:* Die aktuelle Konfliktsituation und deren konzeptionelle Bewertung ist abhängig von der Lebensgeschichte des Patienten. Er stammt aus einem Elternhaus, in dem eine emotionsarme und stark auf sekundäre Sozialisationsnormen ausgerichtete Eltern-Kind-Beziehung bestand. Der Vater war sehr dominierend und leistungsbetont; die Ehe der Eltern wurde von dem Patienten als zerrüttet erlebt. Im Alter von 9 und 13 Jahren unternahm der Patient Suizidversuche, die von den Eltern bagatellisiert wurden. Mit 13 Jahren verließ er sein Elternhaus und mußte von nun an auf eigenen

Beinen stehen. Er arbeitete sich unter extremen Bedingungen hoch, legte nebenbei das Abitur ab, studierte und ging in das Angestelltenverhältnis. Zwischenmenschliche Kontakte, Rücksicht auf seinen Körper und seine Gesundheit sowie Fragen nach dem Sinn seines Handeln wurden vernachlässigt oder als Zeitvergeudung abgetan. Der Patient erkannte über diese Zusammenhänge die Dynamik seines komplexen Sozialisationsprozesses, der auch seine Emotionalität erklärbar machte.

Stufe 3: Situative Ermutigung

Therapieverlauf: Aufgrund der geleisteten Inventarisierung sah der Patient konkrete Alternativen und Erweiterungsmöglichkeiten bei den defizitären Bereichen (Kontakt, Zukunft), die gleichzeitig als Bedürfnispotentiale erkannt und in sein Handlungsrepertoire aufgenommen wurden. In diesem Zusammenhang lernte er, die progressive Muskelrelaxation nach Jacobson (Jacobson 1938) als passive und das Intervalltraining nach Peseschkian (1977a) als aktive Form von Entspannung anzuwenden. Dabei zeigte er eine relativ große spontane Suggestibilität. Er war einsichtig und wendig und bejahte die Psychotherapie, da ihm der Sinn seiner Krankheit und ihr Zusammenhang mit seiner bisherigen Entwicklung bewußter geworden war. Zunächst wurden Aspekte, die vor dem Ausbruch seiner Krankheit zu seiner beruflichen Situation beigetragen hatten, gewürdigt. Die Wahrnehmung, daß auf diese Weise sein Werdegang nicht abqualifiziert wurde, erreichte beim ihm eine weitgehende Auflockerung seiner derzeitigen pessimistischen Zukunftsperspektive.

Medikamente: Antidepressiva wie Saroten 25 mg, abends 1 Kap.

Stufe 4: Verbalisierung

Therapieverlauf: Der Patient lernte schrittweise (Höflichkeit – Ehrlichkeit), zu seinen verleugneten Wünschen zu stehen und sich auch Wünsche und Forderungen vorzustellen, die sein altes Leistungskonzept ihm bisher nicht gestattet hatte. Zeitweilig kam es zu Verlustängsten und temporären Rückzugsversuchen, die dem Patienten den inneren Prozeß verdeutlichten.

Der Patient berichtete unter anderem: "Die Schwierigkeiten in meiner Ehe sehe ich in der Hauptsache darin, daß ich beruflich sehr in Anspruch genommen wurde und für meine Frau wenig Zeit zur Verfügung hatte ..." Die jetzige Partnerin des Patienten wurde auf dieser Stufe in die Therapie einbezogen. Sie war bei aller Reserviertheit eine gute Unterstützung des weiteren Therapieverlaufs, bis er sich nach einer Krise im September 1986 von ihr trennte (Diskussion und Abb. 2).

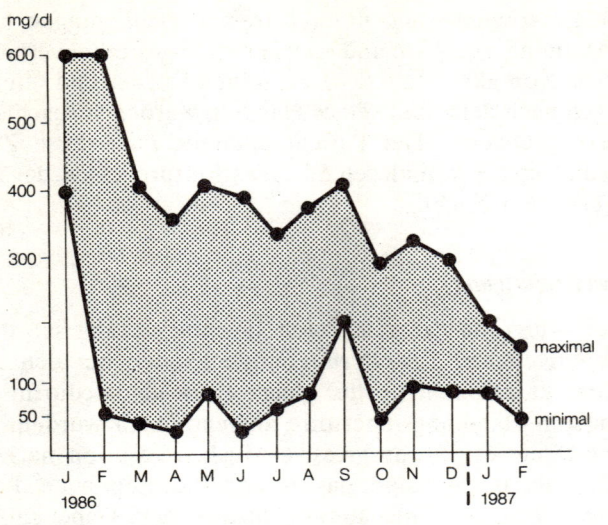

mg/dl

Zeitraum	Blutzuckerwerte mg/dl		
	Maximum	Minimum	Schwankungs-breite
Januar 1986	600	400	200
Februar	600	53	547
März	400	41	359
April	356	38	318
Mai	400	81	319
Juni	386	38	348
Juli	330	62	268
August	376	83	293
September	400	200	200
Oktober	276	46	230
November	310	96	214
Dezember	283	86	197
Januar 1987	196	86	110
Februar	146	42	104

Abb. 2. Blutzuckerwerte, Monatsdurchschnitte Januar 1986 — Februar 1987,
45 Therapiesitzungen

Im Zentrum der Stufe 4 stand die Geschichte "Die goldenen Zeltnägel" und
die Aktualfähigkeit *Fleiß/Leistung*".

Die Aktualfähigkeit "Fleiß/Leistung":

Definition und Entwicklung: Die Fähigkeit und Bereitschaft, eine meist anstrengende und ermüdende Verhaltensweise über einen längeren Zeitraum hinweg beizubehalten, um ein bestimmtes Ziel zu erreichen. Fleiß und Leistung sind Kriterien gesellschaftlichen Erfolges, die durch Prestige und Ansehen honoriert werden. Das Spiel stellt in der Entwicklung des Kindes eine Vorstufe für Fleiß und Leistung dar. In der Schule wird Fleiß mit einem ernsthaften Anspruch gefordert. Er geht dann mit einem Verzicht auf andere, evtl. leichtere Triebbefriedigungen einher. Es fällt daher um so leichter, fleißig zu sein, je mehr man die Beschäftigung mit einer Aufgabe selbst als lohnend empfinden kann.

Wie fragt man danach: Wer von Ihnen legt mehr Wert auf Fleiß und Leistung? Haben Sie oder hatten Sie berufliche Probleme? Sind Sie mit Ihrem Beruf unzufrieden oder mit den Menschen, die mit Ihnen arbeiten? Worin engagieren Sie sich mehr: im Beruf oder in der Familie? Fühlen Sie sich wohl, wenn Sie einmal nichts zu tun haben? Sind Sie mit den schulischen oder beruflichen Erfolgen Ihrer Kinder zufrieden? Wie sind Sie zu Ihrem Beruf gekommen? Wer von Ihren Eltern legte mehr Wert auf Fleiß und Leistung?

Synonyme und Störungen: Aktiv sein, sich beschäftigen, schaffen, tätig sein, die Zeit ausnutzen, sich vor etwas drücken, die Arbeit nicht erfunden haben, sich kein Bein ausreißen. – Flucht in die Arbeit, Strebertum, Leistungszwang, Streß, Überforderung, Zivilisationsmüdigkeit, Konkurrenzkampf, Neid Aggressionen, Ängste, Faulheit, Flucht in die Einsamkeit, Magenbeschwerden, Schlafstörungen, Kopfschmerzen, Alkoholismus und Drogenabhängigkeit.

Verhaltensregulative: Ein Mensch benötigt nicht nur Informationen im Sinne der Ausbildung. Er benötigt auch eine emotionale Basis, um dieser Ausbildung Herr zu werden. Lerne zu unterscheiden: zwischen Bildung und Ausbildung. Wenn Sie sich über Ihren Beruf ärgern, lohnt es sich zu unterscheiden: Ärgern Sie sich tatsächlich über Ihre berufliche Tätigkeit oder über die unerfreulichen Begleitumstände (Ungerechtigkeit der Vorgesetzten, Rivalität der Kollegen etc.)? Wenn "Leistung" zum Konfliktherd wird, ist es nicht unbedingt das Ziel, die Leistung zu verringern, sondern die anderen Bereiche, wie den Kontakt oder die Beziehung zu sich selbst, zu fördern.

In dieser Stufe wurden über die Aktualfähigkeit *Fleiß/Leistung* hinaus die aktualisierten Konflikte, die sich auf der Basis seiner abnormen Trauerreaktion um die psychosozialen Normen *Sparsamkeit, Zeit* und *Treue* drehten und für die Korrektur der neurotischen Bedeutung ursächlich waren, angesprochen und bearbeitet.

Stufe 5: Zielerweiterung

Therapieverlauf: Der Patient, der bis zum Beginn der Psychotherapie ausschließlich leistungsorientiert war und für den die berufliche Tätigkeit als
Hauptquelle des Selbstwertgefühls exakt und zuverlässig ausgeführt sein
mußte, war durch Krankheit, Scheidung und Sozialhilfestatus mit permanenter Frustration konfrontiert worden. Er schrieb zu Beginn der Psychotherapie
u. a.: "Der Sinn des Lebens − ich sehe keinen. Ich wünschte manchmal, daß
ich nicht geboren wäre. Den Tod habe ich mir schon öfter gewünscht, habe
aber Angst davor, in einem Sarg zu liegen. Eine Verbrennung stelle ich mir
sehr schlimm vor. Wie den Teufel in der Hölle."

Die Stufe 5 bereitete die Ablösung aus der Psychotherapie vor; gleichzeitig
ermutigte sie den Patienten, seine Zukunft so zu planen, daß er Gesundheit,
Leistung und partnerschaftliche Beziehung verbessern und erhalten konnte.
Vor allem die Geschichte "Die goldenen Zeltnägel" wirkte in dem Patienten
weiter; sein Lebenskonzept hatte für ihn neue Aspekte bekommen. Einerseits
ging er seinen beruflichen Aktivitäten nach, baute sein Geschäft wieder auf
und erreichte nach etwa einem Jahr wieder den Umsatz, den er vor Ausbruch
seiner Krankheit erzielt hatte. Andererseits hatte er es nicht mehr nötig, sein
gesamtes Selbstwertgefühl aus seiner beruflichen Leistung zu beziehen. Er
erweiterte seine privaten Kontakte. Die Therapie wurde vierteljährlich fort-
geführt. 1988 heiratete er unter neuen Gesichtspunkten. Sozialpolitische Fragen gewannen für ihn eine besondere Bedeutung. Zur Sinnfrage, die in der
Stufe 5 im Themenkreis Glaube, Religion und Kirche angesprochen war,
schrieb er unter anderem: "Die Frage nach dem Sinn des Lebens beschäftigt
mich oft und schon lange, eine eindeutige Antwort habe ich nicht. Der Tod
und seine Endgültigkeit ist mir spätestens mit dem Tod meines Vaters bewußt
geworden. In meinen Todesängsten ist er mir immer wieder begegnet. Manchmal, wenn es mir sehr gut geht, könnte ich mir vorstellen zu sterben."

Diskussion − Epikrise

Mit den Änderungen im psychologischen Bereich korrespondieren Verände-
rungen im somatischen Befund. Die vom Patienten akzeptierte positive Deu-
tung und die daran anknüpfende Psychotherapie brachte bereits nach einem
Monat spürbare Entlastung (Februar 1986). Im Verlauf der 14monatigen
Therapie kam es erstmalig seit Jahren zu einem sichtbaren Absinken der
Maximalwerte und in der Endphase zu einer deutlichen Verringerung der
Schwankungsbreite der Blutzuckerwerte (Abb. 2) sowie zu einer signifikanten
Verringerung der Insulineinheiten (Abb. 3).

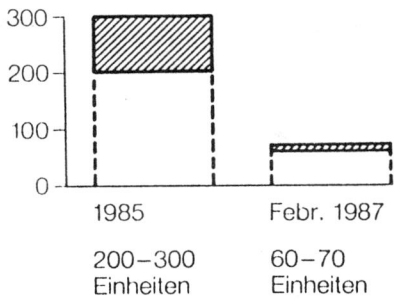

300 —
200 —
100 —
0 —

1985   Febr. 1987

200–300   60–70
Einheiten   Einheiten

Abb. 3. Insulineinheiten pro Tag

Der Patient war zunehmend im Stande, über seine Krankheit hinaus sein Leben wieder aktiv zu planen. Er beobachtete, daß sich seine Blutzuckerwerte immer dann veränderten, wenn er bestimmte Bereiche im Gesamtkonzept nicht beachtete. Als Beispiel nannte er quantitativ oder qualitativ überhöhtes berufliches Engagement auf Kosten der anderen Bereiche oder Konflikte, die auf ihn zukamen und die er nicht adäquat auffangen konnte, z. B. die Trennung von der neuen Partnerin (im September 1986, vgl. Abb. 2), die er nach der Scheidung von seiner Frau hatte. Die Einstellungsänderungen zeigen sich deutlich in Abb. 1.

In dem vorliegenden Fall wird deutlich, daß psychosoziale Faktoren sowohl in der Krankheitsentstehung (Life-events, Mikrotraumen, Grundkonflikt) als auch im Krankheitsverlauf eine entscheidende Rolle spielen. Diese Faktoren lassen sich im ärztlichen Gespräch anhand des differenzierungsanalytischen Inventars DAI (Peseschkian 1977a, S. 70) und des WIPPF (Peseschkian u. Deidenbach 1988) konkretisieren (vgl. Abb. 1).

Der Patient ist seit 3 Jahren verheiratet, hat sein Geschäft wieder aufgebaut und ist beschwerdefrei. Er berichtete persönlich über den Therapieverlauf auf der Bad Nauheimer Psychotherapie-Woche 1988 und vor verschiedenen Ärztegesellschaften (Wiesbaden, Frankfurt a. Main, München und Berlin).

Anhang: Fragebogen zu *Diabetes mellitus*

Name: .... Nr.: .... Datum:.............................

Körper/Sinne — Beruf/Leistung — Kontakt — Phantasie/Zukunft

1) Sind Sie in Ihren Beziehungen "aus der Balance geraten"? Haben Sie das Gefühl, sich die "fehlende Wärme" selbst geben zu müssen? Fallen Ihnen noch andere Sprichworte zu Ihrer Erkrankung ein?
2) Wer hat Sie wann über Ihre Krankheit informiert?
3) Fürchten Sie, aus der Rolle zu fallen, wenn Sie nicht mitmachen (Höflichkeit), wenn — wie oft in unserer Gesellschaft üblich — Frustrationen durch Essen und Trinken kompensiert werden?
4) Verwöhnen Sie sich in Zeiten der Ruhe mit Essen? Reagieren Sie bei Spannungen mit Hunger?
5) Nehmen Sie regelmäßig die verordneten Medikamente? Wissen Sie, wie die Medikamente wirken, was Sie von ihnen erwarten können und welche Nebenwirkungen möglich sind?
6) Sind Sie mit Ihrem Beruf zufrieden? Sind bei Ihnen Entschlußfreudigkeit, Ehrgeiz und expansive Strebungen stark ausgeprägt?
7) Können Sie Wünsche und Forderungen offen (Ehrlichkeit) und in angemessener Weise (Höflichkeit) zum Ausdruck bringen?
8) Leiden Sie unter Einsamkeitsgefühlen? "Frieren" Sie in Gegenwart Ihres Partners oder anderer Menschen? Erleben Sie mangelnde Zeit, Unordnung, Unpünktlichkeit, Unhöflichkeit usw. Ihres Partners als mangelnde Zuwendung?
9) Geben Sie anderen Menschen Wärme und Liebe?
10) Bekommen Sie in Ihren Beziehungen "Zuckerbrot und Peitsche", werden Sie abwechselnd verwöhnt und frustriert?
11) Möchten Sie von Ihrem Partner gerne "gefüttert" werden?
12) Akzeptieren Sie im Hinblick auf Ihren Diabetes Ihre Eigenverantwortung?
13) Haben Sie die Erwartung, daß Ihr Lebensstil flexibler werden kann?
14) Haben Sie häufig das Gefühl, daß Ihre körperliche und seelische (berufliche und private) Sicherheit bedroht ist?
15) Empfinden Sie Ihre Krankheit als große Ungerechtigkeit ("Warum gerade ich?")?
16) Was ist der Sinn des Lebens für Sie (Antrieb, Ziele, Motivation, Lebensplan, Sinn von Krankheit und Tod, Leben nach dem Tod)?
17) Akzeptieren Sie Ihre Erkrankung auch als Chance, bisher nicht erlebte Bereiche (Körper/Sinne, Beruf/Leistung, Kontakt, Phantasie/Zukunft) zu entwickeln?

216

10 Erkältungskrankheiten und Schnupfen

Die Fähigkeit, die "Kleinigkeiten" des Alltags mit den oberen Luftwegen
zu verarbeiten und sich dadurch vorübergehend Schonung zu verschaffen;
die Fähigkeit zu zeigen, daß man "die Nase voll hat"

Definition

Unter einer Erkältung versteht man einen akuten Infekt der oberen Luftwege, der vorwiegend in kälteren Zeiten des Jahres auftritt. Kälte ist jedoch nicht die Krankheitsursache, sie begünstigt nur die Übertragung der Infektion.

Symptomatik

Charakteristisch ist der Schnupfen (Rhinitis), ein Katarrh der Nasenschleimhaut, der u. U. auch auf die Nasennebenhöhlen (Sinusitis) oder auf das Mittelohr übergreifen kann. Zu einer Rhinitis kann es auch ohne Krankheitserreger kommen, z. B. durch chemische Reize, ferner als allergische Reaktion auf bestimmte Substanzen (Heuschnupfen) oder durch nervöse Impulse.

Transkultureller Aspekt und Epidemiologie

Psychosoziale Faktoren spielen eine entscheidende Rolle für den Verlauf der Erkrankung und deren Bewältigung. Statistiken und Krankenstandskurven zeigen den Zusammenhang zwischen psychischen Einflüssen und der Entstehung und dem Verlauf von Infektionskrankheiten.

Zwischen 25 und 40 % der Patienten einer Allgemeinpraxis kommen wegen einer Erkrankung der Atemwege in Behandlung. Die Erkrankungshäufigkeit ist in der Zeit zwischen dem 20. und 30. Lebensjahr am höchsten. Neurotiker erkranken etwa 2- bis 3mal so oft an Infektionen der oberen Luftwege und leiden länger daran als der Durchschnitt der Bevölkerung.

Literaturvergleich

Lewis u. Lewis (1975) gehören zu den ersten Autoren, die darauf hinweisen, daß die Empfänglichkeit eines Menschen für Erkältungsviren von seiner emotionalen Verfassung abhängt. Nach Studt (1986) entscheidet die Persönlichkeitsstruktur über das spezifische Krankheitsbild und den Verlauf einer Infektionskrankheit. Nach Herrmann u. Heymann (1986) ist das Immunsystem an der Genese der meisten Krankheitsbilder direkt oder indirekt beteiligt. Frankenhaeuser et al. (1978) meinen, auch Nichtstun könne Streß und einen erhöhten Ausstoß von Katecholaminen und Kortisol zur Folge haben. Udelmann (1982) fand einen zeitlichen Zusammenhang zwischen der Verminderung der T- und B-Lymphozytenzahlen und Änderungen der Lebenssituation. Labhardt (1983) meint, Husten bezwecke im übertragenen Sinn eine Befreiung von untragbaren Emotionen, Spannungen und Konflikten, die mit Ärger, Aggression oder Angst verbunden sind. Um ihre Bedeutung zu erfassen, sei eine positive emotionale Diagnostik nötig. Für Jankovic (1989) ist das Immunsystem ein Multisystem, von dem das endokrine und das Nervensystem nicht zu trennen sind; also könne es auch nicht separat studiert werden.

Sprachbilder und Volksweisheiten

Verschnupft sein; jemanden nicht riechen können; keinen Ton mehr von sich geben; sprachlos sein; sich eine dicke (Schleim-)Haut zulegen; seine Nase in alles stecken. Der Arzt fragt die Patientin: "Wie geht es Ihnen?" "Nicht gut. Ich mußte eben 3mal niesen. Was sagen Sie dazu?" Der Arzt: "Gesundheit!"

Geschichte: "Vom Mut, eine Probe zu wagen"

Ein König stellte für einen wichtigen Posten an seinem Hofe seinen Hofstaat auf die Probe. Er führte seine Untergebenen zu einem Felsen in einem entlegenen

Abb. 1. Vom Mut, eine Probe zu wagen (aus Peseschkian 1977b, S. 272)

Winkel des Palastgartens. Der Felsen war groß und schien tief in die Erde ver-
wachsen. "Wer von euch kann diesen Stein bewegen", fragte der König. Einer
nach dem anderen trat vor, schätzte den Stein von weitem ab, sagte "nein" und
trat zurück. Andere hörten, was ihre Vorgänger gesagt hatten und schlossen sich
deren Ansicht an. Ein Wesir aber legte seinen Umhang ab, stemmte sich gegen
den Stein, der keinen Millimeter nachgab, trat dann zurück und sagte: "Mein
Herr, auch ich kann diesen Stein nicht bewegen." Der König sprach: "Du wirst die
Stelle am Hof erhalten, denn du verläßt dich nicht nur auf das, was du siehst oder
was du hörst, sondern setzt deine eigenen Kräfte ein und wagst eine Probe." (Diese
Geschichte wird auch in einer anderen Version erzählt, vgl. Peseschkian 1979,
S. 15; Abb. 1)

Selbsthilfeanteil: Entwicklung von Erkältungskrankheiten aus der Sicht der positiven Psychotherapie

Geruchsreize verlaufen direkt ins limbische System, jene Gehirnstruktur, die sich um den Hirnstamm zieht und für unsere Gefühle zuständig ist. Der Mensch ist in der Lage, sich anhand der wahrgenommenen Gerüche zu orientieren ("einen guten Riecher" bzw. "eine feine Nase" für etwas haben), um sich, wenn etwas "brenzlig" wird, zu schützen. Außerdem führt die Erregung der Riechzellen durch einen als "gut" analysierten Geruch von Speisen zur verstärkten Speichelabsonderung. Schließlich haben Nase und Kehlkopf auch eine kommunikative Funktion, die der Stimmbildung. Bei einem Nasen-katarrh kann man kaum mehr riechen und schmecken. Der Kranke ist heiser; er kann u. U. "keinen Ton mehr von sich geben". Dem positiven Konzept entsprechend werden diese pathophysiologischen Vorgänge als äußerst sinnvoll angesehen. Man sollte sie nicht bekämpfen, sondern verstehen. Ist jemand erkältet, gewährt man ihm instinktiv Abstand. Das Sprechen ist erschwert, und damit kann die Kommunikation vorübergehend eingestellt werden ("sprach-los" oder nicht mehr "ansprechbar sein"). Zu seinem Körper hat der Patient eine gute Beziehung. Auf körperliche Bedürfnisse legte man in seiner Familie großen Wert. Bei Krankheit erhielt er die ersehnte Zuwendung und Verwöhnung ("Zieh dich warm an!"). In der Familientradition spielte Leistung im Sinne von Fleiß und Gewissenhaftigkeit eine große Rolle, weniger als Unternehmungsgeist und Verantwortung. Das Kind reagierte auf erlebte Konflikte der Eltern mit Anfälligkeiten für Erkrankungen; es "opferte" sich in der Hoffnung, die Eltern wieder vereint zu sehen. Patienten, die nach außen (beruflich und sozial) nicht sehr stark engagiert sind, konnten bei ihren Eltern beobachten, daß diese jede Erkältung sehr stark ritualisierten: sie wollten "ihre Ruhe haben", nicht angesprochen werden, zeigten "miese Laune" und "pflegten" ihre Erkältung sehr intensiv. Es war sehr wichtig, nach außen hin einen guten Eindruck zu machen. Auffallend häufig bestand eine Diskrepanz zwischen der von den Eltern geforderten Einhaltung gesellschaftlicher und religiöser

Regeln und dem, was sie selbst vorlebten. Meiner Erfahrung nach ist der an Schnupfen Erkrankte "gekränkt" und möchte zunächst einmal von dieser kränkenden Situation Abstand halten.

Therapeutischer Anteil: das fünfstufige Vorgehen der positiven Psychotherapie bei Erkältungskrankheiten

Fallbeispiel: "Was haben 'Lappalien' als Mikrotraumen mit Erkältung zu tun?"

Eine 34jährige Patientin, die sehr zurückhaltend wirkte, erzählte im Erstinterview unter anderem:

Seit der Geburt unseres Sohnes 1983 bin ich oft erkältet. Nach der Geburt 2−3 Monate Husten, Hustenanfälle, manchmal sehr stark, trocken und feucht. Brust und Hals stark verschleimt, tagelang gar nichts. Hals-Nasen-Ohren-Arzt nach 2 Monaten aufgesucht. Naseputzen am laufenden Band (zeitweise). Früher war das nicht notwendig. Verdacht auf Allergie. Kortisontest nicht machen. An der Hochschule bei Termindruck mit gleichzeitiger belastender Partnerschaft Herzschmerzen, parallel dauernde Kopfschmerzen. Starke Herzbeschwerden bei Tennis, nach großer Aufregung, vor dem Tennisspielen zu Hause. Ebenso Gymnastikkurs. Beides mußte fallengelassen werden. Herzspezialist: Adaptionsschwäche des Herzens und Angina pectoris Prince Metall. 2 Jahre Medikamente, halfen nur vorübergehend.

Die Funktion von chronischer Erkältung, monatelangem Husten und Herzbeschwerden wurde mit der Patientin angesprochen: ihre Erkältung zeige, daß sie die Nase von "Kleinigkeiten" des Alltags voll habe und daß sie sich diese Belastungen zu Herzen nehme. Ihre spontane Reaktion zeigte, daß sie sich sehr stark angesprochen fühlte: "Wie soll ich mit all dem, was auf mich zukommt, fertig werden? Ich schaffe es nicht mehr ..." Die Geschichte "Vom Mut, eine Probe zu wagen" spiegelte ihre passive Haltung, aber auch ihre Chance wider. Die Patientin nannte in 8 Punkten ihre Belastungen, u. a. Scheidung 1980, eine neue Partnerschaft 1982, die Geburt ihres Sohnes, einen Umzug, Tod von Vater und Schwiegervater. Aus dem Krankheitsverlauf wurde ein enger Zusammenhang zwischen beruflicher Überforderung sowie partnerschaftlicher Frustration und der Erkältung sichtbar. Es handelte sich um eine chronifizierte Symptomatik mit depressiv-reaktiver Verstimmung, die sich auf der Grundlage kumulativ wirkender Faktoren entwickelte. Sie wurde über die mikrotraumatische Bedeutung dieser Ereignisse und deren Wirkung auf Hormonsystem, Immunsystem und vegetatives Nervensystem informiert. So wurden ihr ihre Erkältungskrankheit und ihre Herzbeschwerden als Austragungsort ihrer beruflichen, partnerschaftlichen und Zukunftsprobleme bewußt:

Meine Zukunft hatte ich mir so natürlich nicht vorgestellt. Seit Jahren ist mein Leben, was Partnerschaft, Freundschaft, Harmonie im Alltag, Ausgeglichensein angeht, bis auf wenige Momente eine einzige Katastrophe. Die Rolle als Hausfrau und Mutter gefällt mir sehr gut, und es macht mir Freude, wenn alle zufrieden, gesund und glücklich sind und ich einen gewissen Anteil daran habe, weil ich mich bemüht habe ... Von den wenigen Tagen in den fast 7 Jahren, die wir zusammen sind, ausgenommen, kann ich sagen, wenn mein Mann und ich uns verstehen würden, wäre ich rundum zufrieden und glücklich. So versuche ich, mein Glück aus dem zu ziehen, was ich habe (gesundes, liebes Kind, Garten ...).

An diesem Punkt wurde die Psychotherapie durch Entspannungsmethoden und Medikamente zur Aufhellung der depressiven Begleitsymptomatik unterstützt. Im Mittelpunkt der Übertragungssituation standen inhaltlich die Aktualfähigkeiten *Treue* (vgl. II./Kap. 35) und *Zeit*/Zeitdruck (vgl. II./Kap. 33). Diese wurden in der Stufe 4 im Rahmen einer Paartherapie angesprochen. Der Ehemann äußerte unter anderem:

Ich war bisher immer gesund — habe eine Mutter, die dauernd krank war — ich empfand das als unangenehm. In der letzten Zeit (seit ca. 1982) merkte ich das Klima (z. B. starkes Schwitzen im feuchten Sommer) und verspürte gewisse Wetterfühligkeiten (Kopfweh etc.). Seit 18 Monaten ist mir häufiger schwindelig, ich befürchte, das Gleichgewicht zu verlieren. Seit etwa einem Monat ist es aber wieder etwas besser. Bis zu meinem 25. Lebensjahr war ich eher ein Leistungsverweigerer. Dann heiratete ich und bekam 2 Kinder, für die ich sorgen mußte. Die Ehe verlief ähnlich wie die jetzige. Sie wurde geschieden, nachdem ich zu einer anderen Firma ging. Anlaß waren (äußerlich) Freundinnen, der genaue Grund liegt jedoch nicht darin, sondern in meinem mangelnden Verständnis. Ich lernte meine jetzige Frau kennen und war durch ihre Wärme beeindruckt. Sie wurde schwanger — das hat mir überhaupt nicht gefallen, weil es mich in Entscheidungszwänge brachte. Ich habe mich gegen meine alte Ehe und für meine Frau entschieden — am Anfang etwas halbherzig, später deutlicher. Dies hat sie nie verstanden. Sie glaubt, ich würde meine 1. Frau lieben, das ist jedoch nicht wahr. Ich habe eigentlich mehr Verständnis erwartet. Mit der Zunahme meiner Bereitschaft hat die meiner Frau nachgelassen. Nach der Scheidung habe ich sie geheiratet, obwohl es schon sichtbare Schwierigkeit gab. Ich hatte auch gehofft, daß durch diese Heirat gewisse Schwierigkeiten in den Hintergrund treten würden. Das ist nicht — oder nur Hand in Hand mit wachsender Gleichgültigkeit geschehen ...

Die beiden Todesfälle waren Anlaß, mit der Patientin über diesen Bereich, der für sie bisher tabu gewesen war, zu sprechen. Sie war nach 10 Doppelstunden körperlich so stabilisiert, daß sich die Erkältungs- und Herzbeschwerden weitgehend gelegt hatten.

Name: .... Nr.: .... Datum:................................

Körper/Sinne — Beruf/Leistung — Kontakt — Phantasie/Zukunft

1) Können Sie jemanden "nicht riechen"? Haben Sie "die Nase gestrichen voll" von jemandem oder von etwas? Fallen Ihnen noch andere Sprichworte zu Ihrer Erkrankung ein? Was sagen Ihnen diese Volksweisheiten?

2) Treiben Sie regelmäßig Sport? Kennen Sie das Intervalltraining?

3) Nehmen Sie regelmäßig die verordneten Medikamente? Wissen Sie, wie die Medikamente wirken, was Sie von ihnen erwarten können und welche Nebenwirkungen möglich sind?

4) Fühlen Sie sich im Beruf "gestreßt"? Durch wen? Durch welche "Kleinigkeiten" (Mikrotraumen)?

5) Halten Sie es für gerechtfertigt, sich bei Überlastungssituationen zurückzuziehen, weil Sie "die Nase voll haben"?

6) Gehen Sie Kontakten aus dem Wege, indem Sie jemandem "etwas husten"? Sind Sie aktiver oder passiver Raucher?

7) Wird Ihnen durch Ihre Erkältung instinktiv "Abstand" gewährt, der Ihnen sonst nicht möglich ist?

8) Sind Sie "sprachlos" oder "nicht mehr ansprechbar", wenn Sie erkältet sind? Wovor schützt Sie das? Wem oder was können Sie damit (bewußt oder unbewußt) aus dem Wege gehen?

9) Wollen Sie "Ihre Ruhe haben", wagen das aber nicht mit Worten auszudrücken?

10) Bekommen Sie durch Ihre Erkältung Zuwendung, die Sie sonst in dieser Form nicht erhalten? Von wem? Wie?

11) Ziehen Sie sich bei Enttäuschungen in Ihr Schneckenhaus zurück (statt zu sagen: "Enttäuschung ist besser als Täuschung"!)?

12) Wollen Sie sich am liebsten "die Decke über den Kopf ziehen", um nichts mehr zu hören und zu sehen?

13) Welche Pläne haben Sie für die nächsten 5 Tage, 5 Wochen, 5 Monate?

14) Was ist für Sie der Sinn des Lebens (Antrieb, Ziele, Motivation, Lebensplan, Sinn von Krankheit und Tod, Leben nach dem Tod)?

15) Akzeptieren Sie Ihre Beschwerden auch als Chance, bisher nicht erlebte Bereiche (Körper/Sinne, Beruf/Leistung, Kontakt, Phantasie/Zukunft) zu entwickeln?

11 Gallenblasenerkrankungen und Gallensteinbildung

Die Fähigkeit, bei auffallender äußerer Friedfertigkeit, Gefälligkeit und Gebefreudigkeit innerlich "Gift und Galle zu spucken"

Definition

Zu unterscheiden sind Dyskinesien, akute oder chronische Gallenblasen- und Gallenwegsentzündungen (Cholezystitis, Cholangitis) und die Steinbildung in der Gallenblase oder in den Gallenwegen.

Symptomatik

Es können verschiedene Phasen einer pathologischen Entwicklung aufeinander folgen, gleichzeitig nebeneinander auftreten oder sich gegenseitig bedingen. Bemerkbar macht sich die akute Gallenblasenentzündung durch Schmerzen im rechten Oberbauch, Übelkeit, Erbrechen und Fieber. Die chronische Form der Erkrankung zeigt sich in Form von Sodbrennen und Verdauungsbeschwerden, insbesondere bei fetten Speisen, und Schmerzen. Bleibt ein Stein im Gallen- oder Gallenblasengang stecken, kann es zu einer Kolik mit sehr starken, krampfartigen Schmerzen im rechten Oberbauch kommen, die bis in die rechte Schulter und in den Rücken ausstrahlen, und zu Übelkeit mit Erbrechen.

Transkultureller Ansatz und Epidemiologie

Erkrankungen der Gallenblase und Gallensteinbildung finden sich bei 15−18 % aller Kranken; sie scheinen weiter zuzunehmen. Die Erkrankung tritt bei Frauen wesentlich häufiger auf als bei Männern. Nach dem 60. Lebensjahr hat fast jeder Vierte Gallensteine. Im Orient und in Japan erkranken nur 3,5 % an der Galle. Bei Farbigen wird die Erkrankung sehr selten beobachtet. Auf Java soll sie noch unbekannt sein.

Literaturvergleich

Daß Emotionen Einfluß auf die Gallensekretion haben, wies bereits Wittkower (1978) nach. Patienten mit Gallenblasenbeschwerden werden nach Beck (1970) häufig durch eine soziale Helferhaltung charakterisiert. Als einer der ersten untersuchte Karasu (1979) den Einfluß psychotherapeutischer Interventionen. Auf seinen Ansatz bezog sich Svedlund (1983). Auch Hislop (1980) berichtet von nachhaltigem Erfolg bei 60 Patienten mit funktionellen Abdominalbeschwerden. Wise et al. (1982) arbeiteten gruppentherapeutisch mit Verhaltenstherapie, mit beratenden Elementen ebenfalls Johannsen (1984).

Sprachbilder und Volksweisheiten

Sich grün und gelb ärgern; es läuft einem die Galle über; frei von der Leber weg reden; Stein des Anstoßes; da kannst du Gift drauf nehmen; eine Laus ist über die Leber gelaufen; Ärger macht alles ärger.

Geschichte: "Das Wunder des Rubins"

Ein Scheich erzählte im Kaffeehaus, daß der Kalif den Gesang verboten hätte. Ein Derwisch hörte dies und sein Innerstes zog sich aus Trauer darüber zu einem Klumpen zusammen, und eine verzehrende Krankheit ergriff von ihm Besitz. Der erfahrene Hakim wurde an sein Krankenbett gerufen. Er fühlte den Puls, untersuchte ihn nach den Regeln seiner Kunst, doch konnte er die Krankheit nicht mit dem in Einklang bringen, was er in den großen Büchern der Medizin gelesen hatte, auch nicht mit den Erfahrungen seiner langjährigen Praxis.

Der Derwisch hauchte sein Leben aus, und der wissensdurstige Hakim schnitt den Leichnam auf. Er fand dort, wo der Schmerz den Derwisch am meisten geplagt hatte, einen großen Klumpen, der rot war wie ein Rubin. Als finanzielle Not ihn plagte, verkaufte der Hakim den Stein. Dieser wanderte von Hand zu Hand, bis er schließlich in den Besitz des Kalifen kam. Dieser ließ ihn in einen Ring einarbeiten.

Eines Tages, als er wieder den Ring trug, begann der Kalif zu singen, im gleichen Augenblick färbte sich sein Gewand blutrot, ohne daß sein Körper auch nur eine Verletzung gehabt hätte. Erstaunt sah er, daß sein Rubin brodelte wie heißes Öl und sich wie Blut über sein Gewand ergoß. Erschrocken ob dieses Wunders, wollte er dem Geheimnis des Rubins auf die Spur kommen. Er ließ die früheren Besitzer des Steines der Reihe nach zu sich kommen, bis hin zum Hakim. Und dieser konnte ihm nun das Geheimnis erklären (nach Mowlana, persischer Dichter).

Selbsthilfeanteil: Entwicklung von Gallenblasenerkrankungen und Gallensteinleiden aus der Sicht der positiven Psychotherapie

Die Funktionen der Gallenblase können sowohl durch chemische oder hormonelle Reize als auch durch seelische Faktoren ausgelöst oder gestört werden. Da diese Funktionen auch von höheren Gehirnzentren mitgesteuert werden, können Erkrankungen dieses Organs auf nervösem Wege auch durch psychische Belastungen und Konflikte im negativen Sinne beeinflußt oder gar hervorgerufen werden. Bei Patienten mit Gallenleiden fällt auf, daß bei ihnen mit großer Regelmäßigkeit der Bereich Verstand/ Leistung überbetont ist. Jedoch wird im beruflichen Bereich weniger persönliches Fortkommen und Erfolg angestrebt, als vielmehr, anderen zu dienen und zu helfen. Sie sehen den Sinn des Lebens darin, ihre Pflichten zu tun und unter Zurückstellung eigener Wünsche ganz für andere da zu sein. Die Beziehung zum eigenen Körper, zu den Sinnen ist defizitär. Expansive und aggressive Strebungen müssen unterdrückt werden. Wut, Ärger, Neid und Enttäuschungen werden oft nicht bewußt als solche erlebt; wenn sie doch als solche empfunden werden ("Es ist gar nicht so schlimm", "Es sind nur Kleinigkeiten"), vermag der Betreffende sie nicht zu äußern und lenkt sie gegen sich selbst, was das Entstehen der Symptomatik begünstigt. Traditionsbewußtsein ist bei diesen Menschen meist sehr ausgeprägt. Überlieferte Wertvorstellungen, Sitten und Gebräuche werden von ihnen geachtet und übernommen. In diesen Familien wird oft nach dem Leitsatz gelebt: "Edel sei der Mensch, hilfreich und gut." Aktualfähigkeiten, die im Umgang mit Gallenblasen- und Gallensteinleiden besonders auffallen, sind fast zwanghaftes Bemühen um Ordnung und Gerechtigkeit. Diese Patienten sind fleißig und leistungsbewußt mit der Gefahr der Überforderung wegen mangelnder aus der Tätigkeit selbst resultierender Befriedigung. Konflikte treten v. a. im Bereich Ehrlichkeit/Höflichkeit auf, bei übergroßer Bescheidenheit und Zurückstellung eigener Wünsche und Aggressionshemmung. Ihnen ist nicht bewußt, daß viele "Kleinigkeiten' des Alltagslebens, worüber man sich ärgert (Ordnung, Pünktlichkeit, Höflichkeit usw.), sich summieren und zu Koliken und Beschwerden führen. Die Schmerzen haben den Sinn, dem Betreffenden die Möglichkeit zu geben, sich von den Konflikten zu distanzieren und eigene Standpunkte zu überprüfen.

Therapeutischer Anteil: das fünfstufige Vorgehen der positiven Psychotherapie bei Gallenblasenerkrankungen und Gallensteinleiden

Fallbeispiel: "Was haben Gallenkoliken mit Untreue zu tun?"

Meine Beschwerden äußern sich in Gallenkoliken, Erbrechen, Durchfall, Schlaflosigkeit, und wenn mein Mann zu Hause ist, teilweise in Aggressivität. Ich träume im Verhältnis sehr wenig, zumindest weiß ich meist nie, ob ich geträumt habe. Wenn ich träume, dann meist davon, daß mein Mann mit irgendeiner Frau flirtet oder ein Verhältnis hat.

Mein Hinweis im Erstinterview, sie habe nicht nur die Fähigkeit, ihrem Mann gegenüber "Gift und Galle zu spucken", sondern sie könne dies auch nach innen mit ihrem Körper, ließ die Patientin aufhorchen. Die Geschichte "Das Wunder des Rubins", die ich ihr erzählte, besaß eine Mediatorfunktion. Sie fühlte sich in der Lage, vom Symptom zum Konflikt zu kommen und über das, worüber sie sich "grün und gelb geärgert" hatte, zu erzählen:

Meine erste Gallenkolik hatte ich im Februar 1979. Vorausgegangen war ein Verhältnis meines Mannes mit einem Mädchen, und zwar direkt im Anschluß an die Geburt unseres Sohnes im August 1978, von dem ich erst im Februar 1979 erfahren habe, das dann aber auch beendet wurde. Dann hatte ich fast immer Ruhe bis zu irgendwelchen Festlichkeiten, auf denen mein Mann wieder anfing, mit anderen Frauen zu flirten. Dann bekam ich fast jedesmal eine Gallenkolik. Ganz schlimm wurde das ganze im August/September 1981. Zu dieser Zeit hatte mein Mann ein Verhältnis mit einer verheirateten Frau von 35 Jahren. Damals war ich schwanger und habe aus diesem Grund, und weil mein Mann kein 2. Kind mehr wollte, einen Schwangerschaftsabbruch vornehmen lassen ...

Die entscheidende aktuelle Konfliktsituation war durch einen kumulativen Effekt gekennzeichnet: zeitlich konvergiert der Beginn der Symptomatik mit dem Tod der Mutter, für den sich die Patientin unbewußt schuldig fühlte, zumal die Mutter immer gedroht habe: "Hör auf, sonst läuft mir die Galle über". Die Untreue des Ehemannes weckte zusammen mit dem Tod der Mutter und mit dem Austritt aus der Kirche Schuldgefühle.

Die Patientin lernte zu differenzieren zwischen Konfliktbereichen (Treue- und Zeitprobleme) und positiven Anteilen in der Partnerbeziehung (Fleiß, Großzügigkeit und Kontaktfreudigkeit des Mannes).

In der Stufe 4 lag das Hauptgewicht auf der Behandlung der negativen Selbst- und Objektrepräsentanzen, die sich auf die Konfliktinhalte *Höflichkeit* (vgl. II./Kap. 26), *Ehrlichkeit* (vgl. II./Kap. 5), *Treue* (vgl. II./Kap. 35) und v. a. *Vertrauen/Zutrauen/Mißtrauen* bezogen:

Ich mißtraue allen fremden Menschen, genau wie mein Vater. Es dauert sehr lange, bis ich in ein Gespräch komme, wenn nicht der andere anfängt. Wenn ich mich mal überwunden habe, geht es besser. Vertrauen habe ich zu Menschen, die vorgeben, Verständnis für meine Situation zu haben. Wenn jemand mein Vertrauen mißbraucht, reagiere ich aggressiv. Mein Mann spricht gleich mit allen Leuten und packt aus, auch bei Menschen, die er gar nicht kennt.

Die Aktualfähigkeit "Vertrauen − Zutrauen"

Definition und Entwicklung: Vertrauen: Die Fähigkeit, sich auf jemanden verlassen zu können und sich bei ihm geborgen zu fühlen.

Zutrauen: Die Fähigkeit, sich auf bestimmte Leistungen und Eigenschaften verlassen zu können und diese zu erwarten.

Das Vertrauen entsteht zunächst auf dem Boden der primären Fähigkeiten und der Liebesfähigkeit und bezieht die ganze Person, mitunter die gesamte Umwelt in ein Vertrauensverhältnis ein. Andererseits orientiert sich das

Vertrauen an einzelnen Erfahrungen, die man hinsichtlich der Aktualfähigkeiten machte, also durch das Zutrauen.

Wie fragt man danach: Haben Sie zu sich und zu Ihrem Partner Vertrauen? Sind Sie in Ihrem Vertrauen enttäuscht worden (Situationen)? Haben Sie das Vertrauen anderer enttäuscht (Situationen)? Können Sie fremden Menschen Vertrauen schenken, oder sind Sie eher vorsichtig? Welche Fähigkeiten und Möglichkeiten trauen Sie Ihrem Partner zu (Treue, Ehrlichkeit, Fleiß/Leistung, Zuverlässigkeit, Pünktlichkeit)? Trauen Sie sich (Ihrem Partner) zu, daß Sie (er) einzelne Verhaltensweisen ändern können (z. B. pünktlich nach Hause kommen etc.)? Zu wem von Ihren Eltern hatten Sie mehr Vertrauen, bei wem fühlten Sie sich als Kind mehr geborgen? Hat man Ihnen selbständiges Verhalten zugetraut, oder hat man Sie dauernd kontrolliert?

Synonyme und Störungen: Vertrauensvoll, vertrauenerweckend, vertrauenswürdig, vertrauensselig, jemandem etwas Schlechtes zutrauen, die Hand für jemanden ins Feuer legen, so sicher wie das Amen in der Kirche, auf Treu und Glauben. – Vertrauensbruch, Mißtrauen, blindes Vertrauen, Enttäuschung, Eifersucht, Haß, Neid, Ablehnung, überhöhte Erwartung, Mißerfolgserwartung, Minderwertigkeitsgefühle, Resignation, Ängste, Depressionen.

Verhaltensregulative: "Glaube an Gott und binde dein Kamel fest." "Statt Mißtrauen mehr Genauigkeit und Ehrlichkeit." Auf welche Eigenschaften, welche Personen und welche Gruppen bezieht sich das Vertrauen, Zutrauen oder Mißtrauen? Wie entstand das Mißtrauen, durch Enttäuschung oder Nachahmung?

Im Verlauf von 28 Sitzungen war die Patientin in der Lage, ihre partnerschaftlichen Probleme durch Einbeziehung der Aktualfähigkeiten *Vertrauen* und *Hoffnung* in einem größeren Zusammenhang zu sehen. Der Partner wurde in die Therapie einbezogen. Durch die Aufarbeitung der Mikrotraumen konnte sie sich intensiv mit der Treueproblematik auseinandersetzen. Später war sie fähig, einen Sinn ihrer Beschwerden auch darin zu sehen, den Lebensplan besser zu organisieren und so für die Mikrotraumen in Partnerschaft und Umwelt sensibler zu werden.

Anhang: Fragebogen zu *Gallenblasenerkrankung und Gallensteinbildung*

Name: .... Nr.: .... Datum:...............................

Körper/Sinne — Beruf/Leistung — Kontakt — Phantasie/Zukunft

1) Spucken Sie manchmal "Gift und Galle"? Ärgern Sie sich "grün und gelb", ohne etwas zu sagen? Bei welchen Verhaltensweisen Ihrer Umgebung "läuft Ihnen die Galle über"? Reden Sie "frei von der Leber weg"? Fallen Ihnen noch andere Sprichworte zu Ihrer Erkrankung ein? Was sagen Ihnen diese Volksweisheiten?

2) Wer hat Sie wann über Ihre Krankheit informiert?

3) In welchen Situationen treten Ihre Gallenbeschwerden auf?

4) Nehmen Sie regelmäßig die verordneten Medikamente? Wissen Sie, wie die Medikamente wirken, was Sie von Ihnen erwarten können und welche Nebenwirkungen möglich sind?

5) Über welche "Kleinigkeiten" regen Sie sich im Beruf auf? Wie gehen Sie damit um? Bei wem (Chef, Kollegen, Mitarbeitern)?

6) Streben Sie im Beruf persönliches Fortkommen und Erfolg an? Legen Sie großen Wert auf Pünktlichkeit, Genauigkeit, Gewissenhaftigkeit, Zuverlässigkeit? Wollen Sie "mehr als 100%ig" sein? Überfordern Sie sich durch ein überhöhtes Anspruchsniveau? Fühlen Sie sich ungerecht behandelt?

7) Unterdrücken Sie aggressive Gefühle? Können Sie wütende, ärgerliche, neidvolle und enttäuschende Gefühle bei sich zulassen? Wie gehen Sie damit um? Welche "Mikrotraumen" rufen solche Gefühle hervor?

8) Stellen Sie eigene Wünsche aus Bescheidenheit zurück? Sagen Sie offen und ehrlich in angemessener Weise Ihre Meinung?

9) Haben Sie einen "Kindheitstraum", den Sie sich gerne erfüllen möchten? Gibt es Mittel und Wege dazu? Was würden Sie gern tun, wenn Sie keine Probleme gesundheitlicher, beruflicher oder privater Art (mehr) hätten?

10) Was ist für Sie der Sinn des Lebens (Antrieb, Ziele, Motivation, Lebensplan, Sinn von Krankheit und Tod, Leben nach dem Tod)?

11) Akzeptieren Sie Ihre Beschwerden auch als Chance, bisher nicht erlebte Bereiche (Körper/Sinne, Beruf/Leistung, Kontakt, Phantasie/Zukunft) zu entwickeln?

12 Gelbsucht

Die Fähigkeit, mit dem Körper sichtbar auf die Farb- und Freudlosigkeit seines Daseins hinzuweisen;
die Fähigkeit, durch leuchtende Farben sogar mit dem Tageslicht zu konkurrieren

Definition

Mit Gelbsucht oder Ikterus bezeichnet man keine eigenständige Krankheit, sondern einen Symptomkomplex, der als Folge unterschiedlicher Leber- und Gallenerkrankungen auftreten kann.

Symptomatik

Charakteristisch ist die Gelbfärbung der Haut, der Schleimhäute und der Lederhaut (das Weiße) des Auges, was durch die extrem hohe Gallenfarbstoffkonzentration im Blut zustandekommt. Bei der Gallengangsgelbsucht wird der Stuhl hell bis weiß; bei der Lebergelbsucht wird er hell und der Urin dunkel, hinzu kommen Hautjucken und Pulsverlangsamung; bei der letzten Form der Gelbsucht färbt sich der Urin braunrot.

Transkultureller Ansatz und Epidemiologie

Etwa 85 % aller klinisch manifesten akuten Virushepatitiden heilen folgenlos ab. Von den restlichen 15 % verläuft ca. 1 % unter dem Bild der akuten Lebernekrose tödlich, ca. 10 % erleiden ein Rezidiv innerhalb eines Jahres. Der Rest entwickelt eine chronische Hepatitis mit späterem Übergang in eine Leberzirrhose.

Die Non-A-Non-B-Hepatitis kann parenteral (Mehrzahl der Posttransfusions-Hepatiden in den USA) und nicht parenteral (epidemisch in Indien und im Mittleren Osten) übertragen werden. Sie tritt gehäuft auf bei bestimmten Risikogruppen (Polytransfundierte, Drogenabhängige, nach Nierentransplantation u. a.).

Literaturvergleich

Von Weizsäcker (1947) stieß in der Anamnese seiner Ikteruspatienten auffallend oft auf das Motiv des Neides und der Eifersucht, wobei er letztere als eine erotische Variante des Neides bezeichnete. Nach Herrmann u. Heymann (1986) leiden Personen, die schwierige Lebensumstände zu bewältigen haben, häufiger an infektuösen Erkrankungen; das Ausmaß der Veränderungen des Immunsystems scheine mit dem Ausmaß an Streß, den die Lebensumstände hervorrufen, übereinzustimmen.

Sprachbilder und Volksweisheiten

Mir ist eine Laus über die Leber gelaufen; gelb vor Neid; sich grün und gelb ärgern; Farbe bekennen.

Geschichte: "Späte Rache"

Ein Mann war zur Strafe von den Dorfbewohnern in eine Zisterne, eine ausgetrocknete Wassergrube, geworfen worden. Die geschädigten Dorfbewohner nahmen nun, jeder für sich, die Gerechtigkeit in die eigene Hand. Sie standen am Rande der Grube und ließen einen Regen von Speichel über den Sünder herniedergehen. Andere warfen mit dem Kot der Straße. Plötzlich traf ein Stein den Gepeinigten. Erstaunt blickte er auf und fragte den Werfer: "Die anderen kenne ich alle. Wer bist du, daß du den Stein wirfst?" Der Mann am Grubenrand antwortete: "Ich bin der Mann, dem du vor 20 Jahren ein Leid getan hast." Der Sünder wunderte sich: "Wo warst du denn die ganze Zeit?" "Die ganze Zeit", kam die Antwort, "hatte ich den Stein in meinem Herzen getragen. Jetzt, wo ich dich so erbärmlich gefunden habe, nahm ich den Stein in meine Hand" (aus Peseschkian 1979, S. 136).

Selbsthilfeanteil: Entwicklung von Gelbsucht aus der Sicht der positiven Psychotherapie

Die Leber unterliegt hormonellen und nervösen Einflüssen. Insbesondere die Wirkung des Adrenalins, im Nebennierenmark gebildet, ist bekannt: es reaktiviert den in der Leber in Form von Glykogen gespeicherten Zucker. Die vermehrte Ausschüttung von Adrenalin wird durch den Sympathikus angeregt. Erfahrene Auswirkungen von Ärger auf die Leber kommen in der Redewendung "Mir ist eine Laus über die Leber gelaufen" zum Ausdruck. Organe haben die Fähigkeit, ihrer Funktion gemäß Emotionen und Konflikte zum Ausdruck zu bringen. Der psychologische Anteil dieser Krankheit kommt allein schon durch die Bezeichnung "Sucht" zum Ausdruck. Gelb ist eine Farbe mit hoher Leuchtkraft, mit "Signalwirkung": Achtung! Für uns ist Gelb die Farbe des Neides. Mit aller Vorsicht läßt sich der an Gelbsucht Leidende als ein Mensch beschreiben, der mehr "Farbe" in sein Leben zu bringen "sucht" und der den ersten Schritt dazu tut, indem er selbst "Farbe bekennt". Er bekennt sich zu seinen Emotionen, zu Ärger und Neid, und dazu, daß er zumindest in bestimmten Bereichen seines Lebens etwas vermißt. Betrachten wir die Erziehungssituation dieser Patienten, so fällt häufig auf, daß das Kind von seinen Eltern und Geschwistern durchaus um seiner selbst willen geliebt wurde und die Familie ihm Zeit und Geduld zuwandte, während es in der Beziehung der Eltern zueinander häufig Spannungen und Konflikte erlebte. Es herrschte nicht selten die Devise: "Vertrauen ist gut, Kontrolle ist besser!" Ebenso entwickelte sich durch die defizitäre Beziehung der Eltern zur Umwelt Angst ("Vorsicht ist besser als Nachsicht!"). Der an Gelbsucht Leidende trägt seine Konflikte in den Bereichen Körper, Kontakt und Phantasie aus. Überbetont sind bei ihm die Aktualfähigkeiten *Gerechtigkeit*, *Treue* und *Zweifel*. Ausbaufähig sind *Vertrauen*, *Hoffnung*, *Kontakt*, *Fleiß* und *Leistung*.

Therapeutischer Anteil: das fünfstufige Vorgehen der positiven Psychotherapie bei Gelbsucht

Fallbeispiel: "Der Körper als Nichts"

Meine erste Gelbsucht hatte ich als Kind, als wir aus Schlesien vertrieben wurden ... Ich bin vom Alltagsleben, von den Leistungsanforderungen im Beruf, von den Problemen in der Partnerschaft, von den Vereinsaktivitäten und Verpflichtungen so sehr absorbiert, daß ich gar nicht spüre, daß ich einen Körper habe" (eine 34jährige Patientin mit Gelbsucht, Eheproblematik, Untreue des Mannes, beruflicher Überforderung, Gerechtigkeitsproblemen).

Die Patientin, eine kleine, schlanke, sehr lebhafte Frau mit dunklen Augen, hatte jahrelang den Körper übergangen, ihn ignoriert und nicht erlebt. Ihr Körper rief sich durch Störungen (Gelbsucht), Schmerzen und Unbehagen ins Gedächtnis. Das Nichterleben des Körpers war gleichbedeutend mit einer blockierten Fähigkeit, ihre eigenen Gefühle zu spüren, Bedürfnisse anzumelden und über Konflikte zu reden. Positiv gedeutet "bekannte" der Körper jetzt "Farbe". Im Rahmen einer fünfstufigen Therapie wurden inhaltlich besonders die Aktualfähigkeiten *Treue* (vgl. II./Kap. 35), *Gerechtigkeit* (vgl. II./Kap. 1), *Höflichkeit* (vgl. II./Kap. 26), *Offenheit/Ehrlichkeit* (vgl. II./Kap. 5) und *Kontakt* (vgl. II./Kap. 15), die ihre narzißtischen Tendenzen widerspiegelten, durch- und aufgearbeitet. Nach 17 Sitzungen wurde die Behandlung abgeschlossen.

Anhang: Fragebogen zu *Gelbsucht*

Name: .... Nr.: .... Datum:.................................

Körper/Sinne – Beruf/Leistung – Kontakt – Phantasie/Zukunft

1) Ist Ihnen "eine Laus über die Leber gelaufen", werden Sie "gelb vor Neid", "ärgern Sie sich "grün und gelb", müssen Sie manchmal "Farbe bekennen." Fallen Ihnen noch andere Sprichworte zu Ihrer Erkrankung ein? Was sagen Ihnen diese Volksweisheiten?
2) Wer hat Sie wann über Ihre Krankheit informiert?
3) Welche "Kleinigkeiten" (Aktualfähigkeiten als Mikrotraumen) reizen Sie im Beruf/bei der Arbeit "bis aufs Blut"?
4) Sind Ihr Beruf und Ihre Arbeit für Sie und Ihren Partner von großer Bedeutung?
5) Sind Sie mit Ihrem Beruf zufrieden? Hat Ihr Beruf/Ihre Arbeit einen Einfluß auf Ihre Erkrankung?
6) Haben berufliche Probleme Einfluß auf Ihre Partnerschaft?
7) Beeinflussen Ihre partnerschaftlichen/familiären Probleme Ihren Beruf/ Ihre Arbeit?
8) Wie stehen Sie zu Konzepten "Es hat ja doch keinen Sinn", "Man muß es nehmen, wie es kommt", "was soll's"?
9) Ist Ihre Grundstimmung eher optimistisch oder pessimistisch? Phantasieren Sie bei Problemen eher Lösungsversuche, erwünschte Ziele und Hoffnungen oder eher Ängste, Zweifel und Sinnlosigkeit?
10) Welche Bedeutung haben die folgenden Fragen für Ihre Gesundheit, Ihren Beruf, Ihre partnerschaftlichen und familiären Beziehungen und Ihr Lebenskonzept: Wer bin ich? Woher komme ich? Wohin gehe ich?

13 Geriatrische Probleme

Die Fähigkeit, aus Lebenserfahrungen zu schöpfen und sie weiterzugeben

Definition

Nach einer Festlegung der WHO werden Personen ab 61 Jahren als ältere Menschen bezeichnet.

Symptomatik

Das Altern hängt nicht nur mit äußeren Faktoren wie Quantität und Qualität der Nahrung und der medizinischen Versorgung, sondern auch mit seelischen Faktoren zusammen, die relativierbar und daher veränderbar sind.

Transkultureller Ansatz und Epidemiologie

Die Frage, "ob Alter zu psychischen Störungen führt" (Fischer 1983), wird je nach Kultur unterschiedlich beantwortet. Ein Blick auf eine von den Vereinten Nationen herausgegebene Statistik zeigt, daß die Situation in Europa sich wesentlich von der in anderen Ländern und Kontinenten unterscheidet (Tabelle 1).

Tabelle 1. Prozentsätze älterer Menschen (Jork 1988)

Kontinent	1975	2025
Europa	17,4 %	24,7 %
Nordamerika	14,6 %	22,3 %
Sowjetunion	13,4 %	20,1 %
Ozeanien	11,1 %	17,8 %
Ostasien	8,2 %	19,6 %
Südasien	5,0 %	10,9 %
Lateinamerika	6,3 %	10,8 %
Afrika	4,9 %	6,6 %

Im Orient verfügt die Familie über einen Zusammenhalt, wie man ihn in Industriestaaten kaum mehr findet. Wir finden dort Familien, zu denen nicht nur Eltern und Kinder, sondern auch zugleich die Großeltern, Urgroßeltern, Onkel und Tanten, Cousins und Cousinen verschiedenen Verwandtschaftsgrades gehören. Diese Gemeinschaft ist eine Gruppe von Menschen, die sich durch ihre Verwandtschaft eng verbunden fühlt, auch wenn sie räumlich voneinander getrennt lebt. Die Bemerkung: "In der Nachbarstadt wohnt ein Cousin von mir, aber ich habe ihn seit 20 Jahren nicht mehr gesehen", ist beispielsweise im Orient kaum denkbar. Diese erweiterten Familien stellen ein Beziehungsnetz dar, das auf der einen Seite Rücksichtnahme, Integration und Kontaktbereitschaft fordert, zum anderen aber Sicherheit, emotionale Wärme und Geborgenheit gibt. Sie erfüllen damit Aufgaben, die formal und materiell in den Industriestaaten mit einer modernen Sozialgesetzgebung durch die Einrichtungen des Sozialwesens erfüllt werden sollen.

Dieser Vergleich macht die Schwächen und Stärken der beiden Modelle deutlich. Auf der einen Seite finden wir die betonte Selbständigkeit, die sich z. T. an der optimalen Leistungsfähigkeit des Einzelnen orientiert. Ihm werden die Schwierigkeiten, die sich beispielsweise durch Altenpflege ergeben würden (Cahn 1975), von eigens dafür geschaffenen Institutionen abgenommen. Dafür nimmt er wiederum in Kauf, im Alter selbst von diesen Institutionen versorgt zu werden. Wenn man bedenkt, daß sich bereits über 33 % der Deutschen (ehem. BRD) in der Phase der Alterung befinden, wird deutlich, daß notwendige Folgerungen für die Gesundheitsversorgung anstehen (aus Peseschkian 1989).

Literaturvergleich

Nach Kemper (1989) räumt Sigmund Freud (1942) der analytischen Psychotherapie Alternder wenig Chancen ein: "Das Alter der Kranken spielt bei der Auswahl zur psychoanalytischen Behandlung insofern eine Rolle, als bei Personen nahe an oder über 50 Jahren einerseits die Plastizität der seelischen Vorgänge zu fehlen pflegt, auf welche die Therapie rechnet — alte Leute sind nicht mehr erziehbar —, und als andererseits das Material, welches durchzuarbeiten ist, die Behandlungsdauer ins Unabsehbare verlängert. Die Altersgrenze nach unten ist nur individuell zu bestimmen; jugendliche Personen, noch vor der Pubertät, sind oft noch ausgezeichnet zu beeinflussen." Auch Heigl (1978) sieht sich verschlechternde Erfolgschancen bei zunehmendem Alter. Wir haben die Erfahrung gemacht, daß eine Psychotherapie mit älteren Menschen und ihren Angehörigen sehr fruchtbar sein kann, wenn man alle 4 Bereiche einbezieht. Im Rahmen einer empirischen Untersuchung mit 259 Personen (Peseschkian 1987) wurde 1983–1985 umfangreiches statistisches Material erhoben. Die Tabelle 2 zeigt einen kleinen Ausschnitt, bezogen auf die Altersstruktur. Sie zeigt z. B., daß bei den 65jährigen sehr viel oder viel Wert auf Ordnung, Sauberkeit und Pünktlichkeit gelegt wird, das Bedürfnis nach Kontakt hingegen nur mittelstark bis kaum ausgeprägt ist. Man kann bei dieser Gruppe aber nicht von einer mißtrauischen oder resignativen Grundhaltung sprechen: Vertrauen und Hoffnung liegen eher im oberen Mittelfeld ("viel" und "mittel").

Tabelle 2. Aktualfähigkeiten: Verteilung in einer Stichprobe (N = 53) bei Menschen zwischen 65 und 80 Jahren.

Legt Wert auf	Sehr viel	Viel	Mittel	Kaum	Gar nicht
Ordnung	19	21	10	3	0
Sauberkeit	14	30	5	0	0
Pünktlichkeit	15	30	7	0	1
Höflichkeit	4	27	20	2	0
Ehrlichkeit	2	19	30	2	0
Fleiß/Leistung	1	23	28	1	0
Zuverlässigkeit	17	31	5	0	0
Sparsamkeit	5	30	17	1	0
Gehorsam	8	24	15	4	2
Gerechtigkeit	16	34	3	0	0
Treue	16	30	7	0	0
Geduld	1	23	20	9	0
Zeit	0	18	31	4	0
Kontakt	0	10	26	16	1
Vertrauen	0	12	36	5	0
Hoffnung	6	28	21	6	0
Sexualität	6	26	18	2	1
Religion	7	5	30	19	2

Sprachbilder und Volksweisheiten

Rosen, die am spätesten blühen, sind am schönsten; jeder ist so alt, wie er sich fühlt; Alter schützt vor Torheit nicht; Sorge macht alt vor der Zeit; man soll keinen Alten schicken, einen Esel zu kaufen, und keinen Jungen, eine Frau zu suchen (persisches Sprichwort); Alte soll man ehren, Junge soll man lehren, Weise soll man fragen, Narren vertragen (deutsches Sprichwort).

Geschichte: "Das Geheimnis des Samenkorns"

Ein Samenkorn opfert sich selbst auf für den Baum, der aus ihm entsteht. Äußerlich gesehen geht der Samen verloren, aber die gleiche Saat, die geopfert wird, verkörpert sich im Baum, seinen Zweigen, Blüten und Früchten. Würde das Bestehen jenes Samenkorns nicht vorerst für den Baum geopfert, hätten keine Zweige, Blüten oder Früchte entstehen können (aus Peseschkian 1979, S. 85).

Selbsthilfeanteil: geriatrische Probleme aus der Sicht der positiven Psychotherapie

In unseren Breiten wird — anders als z. B. in einigen orientalischen Kulturen — das Altern eher als negativ empfunden. Das Nachlassen körperlicher Aktivitäten, Krankheiten, Stoffwechselveränderungen, Aufgeben der beruflichen Tätigkeit, soziale Isolierung und Hoffnungslosigkeit haben Einfluß auf das Lebensgefühl, das wiederum auf das Körper-Ich-Gefühl zurückwirkt. Durch manchmal jahrzehntelange Gewöhnung, durch Scheidung oder Tod von ihren Partner getrennt, suchen sie einen Lebensinhalt, der sie beschäftigt und bestätigt. Sie finden ihn mit auffälliger Regelmäßigkeit in 2 Bereichen: erstens im eigenen Körper, dessen altersbedingte oder krankhafte Veränderungen Stoff nicht nur für jahrelange Grübeleien, sondern auch für ungezählte Konsultationen bei verschiedenen Ärzten geben. Die geklagten Störungen werden zum Vorwand, den Kontakt und die Aufgaben zu erhalten, die sie brauchen.

Der zweite Schwerpunkt läßt sich als "Gerechtigkeitsproblematik" bezeichnen: Nachdem man sich jahrelang für die Kinder aufgeopfert hat, wird man nun nicht mehr gebraucht, kommt sich überflüssig vor. Unsere Beobachtungen zeigen, daß bei vielen älteren Menschen in der Bundesrepublik Deutschland von Jugend auf die Bereiche Leistung und Körper im Mittelpunkt standen, während Kontakt und Phantasie (Sinnfragen) weniger entwickelt wurden. Generationsprobleme werden von daher verständlicher. Auch in den Argumenten für und wider die Eingliederung alter Menschen in die Familie spielen die Aktualfähigkeiten als lebensgeschichtlich gewachsene, subjektive Werthaltungen eine entscheidende Rolle.

Der Praktiker, der mit solchen Einstellungen, Verhaltensweisen und Beschwerden älterer Menschen tagtäglich konfrontiert wird, benötigt in dieser Situation eine Orientierungshilfe, die es ihm ermöglicht, die charakteristischen Sackgassen im Labyrinth des Erlebens des alten bzw. alternden Menschen zu vermeiden und Wege zu finden, die weiter führen. Als eine derartige Orientierungshilfe, gewissermaßen als Kompromiß, dient das Modell der Positiven Psychotherapie, das dem Praktiker hilft, seine Interventionen therapeutisch, d. h. zu einer Lösung führend, zu gestalten. Praktisch sieht dies so aus, daß wir nach der Bedeutung fragen, die ein Symptom für einen alten Menschen und seine Gruppe hat, und dabei auch die "positive" Bedeutung miterfassen: Welche positiven Aspekte hat dieses Alter? Was bedeutet für mich die Tatsache, daß ich älter werde? usw.

Praktische Konsequenzen aus diesem Selbsthilfeanteil finden sich im Fragebogen am Ende dieses Kapitels.

Therapeutischer Anteil: das fünfstufige Vorgehen der positiven Psychotherapie bei geriatrischen Problemen

Fallbeispiel: "Alter macht zwar immer weiß, aber nicht immer weise"

Ein 67jähriger Ingenieur kam wegen Depressionen und Selbstmordabsichten in meine Psychotherapie. In die Behandlung wurde seine Frau einbezogen. Sie wirkte sehr bescheiden, ordentlich, sauber und "friedfertig" auf mich. Ein typischer Konfliktbereich ließ sich durch folgende Ausschnitte belegen:

Ehemann: Im September 1982 haben wir unser Haus in N. verkauft und, da wir uns so langsam zurückziehen wollten, eine Eigentumswohnung in W. erworben. Zum gleichen Zeitpunkt habe ich mich aus der aktiven Betätigung aus einem gastronomischen Betrieb, den ich zusammen mit 2 weiteren Gesellschaftern betrieb, zurückgezogen. Gleichzeitig habe ich meine Ehrenämter in den verschiedensten Organisationen niedergelegt (Stadtrat, Verkehrsverein, sonstige Vereine). Seitdem bin ich dabei, auch meinen anderen Betrieb in der Nähe von O. bis 1987 an einen Nachfolger überzuleiten, wobei die vertraglichen Regelungen noch mit vielen Schwierigkeiten und Unsicherheiten belastet sind.

In dieser Phase beschäftigen mich vermehrt Gedanken und Sorgen, wie alles weitergehen soll. Ist mein Ruhestand auch finanziell genügend abgesichert und werden mich nicht gesundheitliche Schwierigkeiten aus dem Gleise werfen, oder wird mich vielleicht ein langes Siechtum erwarten?

Ehefrau: Seitdem mein Mann nicht mehr arbeiten geht, ist es mit ihm nicht mehr auszuhalten. Zu Hause muß er dauernd etwas machen, basteln und herumreparieren. Wenn ich ihm sage, daß ich es nicht möchte, oder es anders haben möchte, wird er unwahrscheinlich wütend und schreit, daß er der Fachmann ist, daß er es besser wissen muß und ich den Mund halten soll. Nur weil er 40 Jahre einer der besten Leute seiner Firma war, wird er jetzt zum Haustyrann. (Aus Peseschkian 1989)

Die Deutung, beide hätten jetzt die Fähigkeit, aus ihren Lebenserfahrungen zu schöpfen und sie weiterzugeben, veranlaßte sie zu der spontanen Bemerkung: "Wenn mein Mann nicht mitmacht, haben wir die Rechnung ohne den Wirt gemacht!" Nachdem die Frau in den ersten 3 Stufen ihr Verhalten in puncto Höflichkeit/Ehrlichkeit zu ändern begonnen hatte, standen für sie die Arbeit an der Nachreifung des Ichs und für beide die Konfliktbearbeitung, die sich vorwiegend auf die Aktualfähigkeiten *Höflichkeit* (vgl. II./Kap. 26), *Ehrlichkeit* (vgl. II./Kap. 5) und *Gehorsam* (vgl. II./Kap. 21) bezogen, ständig gleichwertig nebeneinander. Die fünfstufige Behandlung erstreckte sich über 18 Sitzungen. Der Fragebogen bot beiden Patienten die Möglichkeit, Fähigkeiten und Chancen zu erkennen und dementsprechend weitere Ziele zu realisieren.

Name: .... Nr.: .... Datum:....................................

Körper/Sinne: *Die Fähigkeit, Gesundheit zu erhalten*

Wir sehen unsere Aufgabe in den positiven Umdeutungen darin, den Patienten alternative Einstellungen zu ihren Erkrankungen zu ermöglichen und so an ihre Flexibilität zu appellieren. Vor allem transkulturelle Vergleiche, auf die je individuellen Probleme eines älteren Menschen bezogen, können einen "Standortwechsel" bzgl. der subjektiven Wertung vorbereiten helfen.

Im Vordergrund steht das Körper-Ich-Gefühl. Wie nimmt man seinen Körper wahr? Wie erlebt man die verschiedenen Sinneseindrücke und Informationen aus der Umwelt?

1) Legen Sie Wert auf Körperpflege, auf Ihre Kleidung, Ihre Frisur?
2) Halten Sie sich durch Gymnastik, Wandern, Schwimmen oder eine andere Sportart fit?
3) Atmen Sie öfter einmal tief durch?
4) Können Sie sich durch autogenes Training, Yoga oder andere Übungen lockern und entspannen?
5) Achten Sie auf Art und Menge Ihrer Ernährung?
6) Ist das Essen für Sie eine Gelegenheit, Kontakte zu pflegen oder anzuknüpfen?
7) Halten Sie sich an Ihre Diätvorschriften?
8) Wie ist Ihre Verdauung?
9) Haben Sie einen bestimmten Rhythmus bezüglich des Schlafens (Zeit des Zu-Bett-Gehens, Aufstehens)?
10) Legen Sie Wert auf Körperkontakt und Zärtlichkeit? Mit wem haben Sie diese Art von Kontakten?
11) Haben Sie noch sexuelle Kontakte, oder haben Sie keine Gelegenheit oder Neigung mehr dazu?
12) Was tun Sie, wenn Sie Schmerzen haben? Nehmen Sie Medikamente? Entspannen Sie sich? Verhalten Sie sich eher aktiv oder passiv?

Leistung: *Die Fähigkeit, aktiv zu bleiben*

Hierzu gehört die Art und Weise, wie Leistungsnormen ausgeprägt sind und wie sie in das Selbstkonzept eingegliedert werden. Denken und Verstand ermöglichen es, systematisch und gezielt Probleme zu lösen und Leistungen zu optimieren.

1) Womit beschäftigen Sie sich in Ihrer Freizeit?
2) Haben Sie ein Hobby?
3) Fühlen Sie sich noch in der Lage, eine "nützliche" Tätigkeit auszuüben?
4) Haben Sie Lust, etwas Neues anzufangen (z. B. eine Sprache zu erlernen, eine handwerkliche Kunst wie Töpfern, Emaillieren, Batiken)?
5) Könnten Sie anderen bei ihren schulischen oder beruflichen Problemen aus Ihrer Erfahrung beratend oder helfend zur Seite stehen (z. B. Kindern bei den Schulaufgaben helfen)?
6) Können Sie etwas "organisieren" (z. B. eine Reise, eine Ausstellung, einen Diavortrag)?

Kontakt: *Die Fähigkeit, Beziehungen aufzunehmen und zu pflegen*

Wichtig ist hier die Beziehung zu sich selbst, dem Partner, der Familie; das Verhältnis zu anderen Menschen, Gruppen, sozialen Schichten und fremden Kulturkreisen; die Beziehung zu Tieren, Pflanzen und Dingen. Die sozialen Verhaltensweisen werden durch die individuellen Lernerfahrungen und die Überlieferung (Tradition) mitgeprägt. Unsere Möglichkeiten, Kontakte zu gestalten, und sozial erlernte Auswahlkriterien, die sie steuern, sind beispielsweise: Man erwartet von einem Partner Höflichkeit, Ehrlichkeit, Gerechtigkeit, Ordnung, die Beschäftigung mit bestimmten Interessengebieten usw. und sucht sich die Partner aus, die in irgendeiner Weise diesen Kriterien entsprechen.

1) Auf welche "Aktualfähigkeiten" legen Sie bei Menschen, zu denen Sie Kontakt haben oder aufbauen möchten, besonderen Wert: Ordnung, Sauberkeit, Pünktlichkeit, Höflichkeit, Ehrlichkeit, Fleiß, Zuverlässigkeit, Sparsamkeit, Gehorsam, Gerechtigkeit, Treue, Geduld, Zeit, Kontakt, Vertrauen, Hoffnung, Zärtlichkeit, Sexualität, Religion?
2) Welche dieser Aktualfähigkeiten sind für Sie "allergische Punkte", die Kontakte erschweren oder verhindern?
3) Wo haben Sie diese Einstellungen "gelernt", wer hat sie Ihnen vermittelt?
4) Wie sind Ihre Kontakte zu Ihren Angehörigen?
5) Können Sie alte Kontakte wieder aufleben lassen, indem Sie selbst die Initiative ergreifen?
6) Können Sie sich mit anderen Menschen zusammentun, die einsam sind, und etwas zusammen unternehmen oder ins Leben rufen (einen Club für gemeinsame Hobbies)?
7) Können Sie durch Kontaktangebote etwas für andere Menschen tun (z. B. Schulaufgaben von Kindern berufstätiger Eltern betreuen, Babysitten ...)?
8) Beteiligen Sie sich am Vereinsleben, an Bürgerinitiativen, in einer Kirchengemeinde, in einer Partei etc.?

Zukunft/Phantasie: *Die Fähigkeit, sich die Zukunft auszumalen*

Intuition und Phantasie reichen über die unmittelbare Wirklichkeit hinaus und können all das beinhalten, was wir als Sinn einer Tätigkeit, Sinn des Lebens, Wunsch, Zukunftsmalerei oder Utopie bezeichnen. Auf die Fähigkeiten der Intuition/Phantasie und die sich aus ihr entwickelnden Bedürfnisse gehen Weltanschauungen und Religionen ein, die damit die Beziehung auch zu einer fernen Zukunft vermitteln.

1) Womit beschäftigen Sie sich vorwiegend in Ihrer Phantasie: mit Ihrem Körper, Ihrem (ehemaligen) Beruf, Möglichkeiten des Kontakts, philosophisch-weltanschaulichen Fragen?
2) Haben Sie Pläne für Ihre Gegenwart und Zukunft, die Sie in Angriff nehmen können?
3) Beschäftigen Sie sich — aktiv oder passiv — mit Musik, Malerei, Plastik, Literatur? Wer ist Ihr Lieblingsautor?
4) Welche Rolle spielt die Religion in Ihrem Leben?
5) Was ist der Sinn Ihres Lebens? Der Sinn von Gesundheit und Krankheit?
6) Setzen Sie sich mit der Frage des Todes auseinander?
7) Gibt es für Sie ein Leben nach dem Tod?
8) Tun Sie etwas für Ihre Umwelt (Luft, Boden, Pflanzen, Tiere) oder können Sie sich für Ihre Umwelt engagieren?
9) Beschäftigen Sie sich mit Fragen der Politik?
10) Ist für Sie der Weltfrieden ein erreichbares Ziel? Was können Sie dafür tun?
11) Wie denken Sie über die Frage der Einheit der Menschheit? Ist sie für Sie ein Ziel? Wie kann Sie realisiert werden?

Die 4 Bereiche entsprechen einem Reiter, der leistungsmotiviert (Leistung) einem Ziel zustrebt (Phantasie). Er braucht dazu ein gutes und gut gepflegtes Pferd (Körper) und für den Fall, daß dieses ihn einmal abwerfen sollte, Helfer, die ihn bei Aufsteigen unterstützen (Kontakt). Dies bedeutet, daß eine Therapie sich nicht nur mit einem Bereich, z. B. dem Reiter, beschäftigen kann, sondern alle beteiligten Bereiche berücksichtigen muß.

14 Haarausfall

Die Fähigkeit, anderen schrittweise ein neues Bild von sich zu vermitteln;
die Fähigkeit, sich von etwas Eigenem zu trennen und auf sichtbare Weise
seinen Empfindungen Ausdruck zu geben

Definition

Da unser Haar täglich wächst und sich erneuert, ist ein gewisser Haarausfall
(etwa 30−50 Haare pro Tag) ganz normal. Wachsen allerdings keine neuen
Haare nach und es entstehen kahle Stellen, so liegt das entweder an einer
endgültigen Zurückbildung der Haarwurzeln oder aber an einer krankhaften
Störung, die oft nur vorübergehend den Haarwuchs beeinträchtigt.

Symptomatik

Der *vorübergehende Haarausfall* kann − so die traditionelle medizinische Auffassung − durch mechanische, chemische, infektiöse und hormonelle Faktoren verursacht werden. Fallen die Haare plötzlich in runden, geldstückgroßen
Stellen am Kopf aus, so spricht man von *kreisrundem Haarausfall* oder *Alopecia areata*. Ebenso plötzlich, wie der Haarausfall eingesetzt hat, können die
Haare auch wieder nachwachsen.

Transkultureller Ansatz und Epidemiologie

− Der bleibende Haarausfall unbekannter Ursache tritt häufiger beim weiblichen Geschlecht und hier v. a. um das 40. Lebensjahr auf. Die typische
Glatzenbildung hingegen ist fast nur bei Männern und da meist im fortge-
schrittenen Lebensalter zu finden.
− Etwa 50 % aller Männer in Europa bekommen "Geheimratsecken" oder
eine Glatze. Bei "Naturvölkern" ist Kahlköpfigkeit selten. Bei einigen
Volksstämmen wie z. B. den Massai in Kenia rasieren die Frauen aus
Schönheitsgründen ihr Kopfhaar total ab, während die Männer die Haare
lang wachsen lassen. Auch an den "Irokesenschnitt" sei hier erinnert.
− In vielen fernöstlichen Kulturen ist der Haarausfall unbekannt.

Literaturvergleich

Nach Lewis u. Lewis (1975) geht dem kreisrunden Haarausfall fast immer ein "plötzlicher nervöser Schock" voraus, ausgelöst durch den Tod oder die Trennung von geliebten Menschen, durch Autounfälle und finanzielle Verluste. Den Haarausfall bei Kindern untersuchten Mehlmann u. Griesemer (1975) sowie Lewis u. Lewis (1975) und stellten fest, daß sie v. a. auf Gefühle von Verlassensein mit Ausgehen der Haare zu reagieren scheinen. Nach den Beobachtungen von Bosse (1986) bieten sich psychosomatische Zusammenhänge für die psychosomatische Auslösung der Alopecia areata an: "Die kritische Durchsicht der sehr widersprüchlichen Literatur (Puchalski u. Szlendak 1983; Whitlock 1980) erlaubt uns bisher jedoch keine endgültige Stellungnahme in diesem Sinne."

Volksweisheiten und Sprachbilder

Kein gutes Haar an jemandem lassen; sich die Haare raufen; da stehen einem die Haare zu Berge; jemandem die Haare vom Kopf fressen; jemanden mit Haut und Haar verschlingen; die Haare sträuben sich; ungeschoren davonkommen; Haare lassen; lange Haare — kurzer Verstand.

Geschichte: "Die Signale des Todesengels"

Ein Mann hatte mit dem Todesengel Freundschaft geschlossen. Eines Tages sagte er zu dem Todesengel: "Du Erfolgreichster aller Zeiten: wohin du auch gehst, du kommst immer zum Ziel. Ich habe eine Bitte an dich: Sage mir rechtzeitig Bescheid, bevor du mich abholst." Der Todesengel stimmte zu. Eines Tages kam er zu seinem Freund und sagte: "Morgen werde ich dich abholen." "Das kann nicht dein Ernst sein," sagte der Mann, "du hast mir doch versprochen, mir rechtzeitig Bescheid zu geben." Da antwortete der Todesengel: "Ich habe dir sehr viele Zeichen gegeben, aber du hast nie meine Signale verstanden: Als dein Vater starb, wußtest du es nicht zu deuten; als deine Mutter starb, hörtest du nicht auf diese Botschaft; als ich deinen Schwager, deinen Nachbarn und deinen Freund nacheinander abholte, hast du die Augen verschlossen ... Komm morgen mit mir!" Als der Engel den Freund am nächsten Tag abholte und in den Himmel führte, zeigte er ihm Scharen von verstorbenen Menschen, die laut riefen: "Warum hast du uns nicht rechtzeitig Bescheid gesagt? Wir hätten vorher doch noch so viel erledigen können!" "Du siehst nun," sagte der Todesengel, "wie die Menschen mit meinen Signalen umgehen!"

Selbsthilfeanteil: Entwicklung von Haarausfall aus der Sicht der positiven Psychotherapie

Aufgrund der Tatsache, daß jedes Haar an seiner Wurzel auch mit Nerven ausgestattet ist, lassen sich die Haare auch als Sinnesorgane bezeichnen, die auf unterschiedliche nervöse Einflüsse zu reagieren vermögen. So läßt es sich verstehen, daß sowohl körperliche Erkrankungen als auch psychische Störungen Haarbeschaffenheit, Haarwachstum und -farbe beeinträchtigen können.

Bedenkt man die Bedeutung, die gerade das Haar für das Selbstwertgefühl eines Individuums hat, so kann man verstehen, was es für einen Menschen bedeuten muß, seine Haare zu verlieren, "Haare zu lassen", und was es bedeutet, wenn ein Mensch gerade mit dieser Symptomatik auf eine seelische Belastung oder einen Konflikt reagiert. Im beruflichen Bereich sind diese Menschen fleißig und häufig erfolgreich. Hier kommen ihnen ihre Zuverlässigkeit, Genauigkeit, Pünktlichkeit und Ordnungsliebe zustatten. Von unserem positiven Konzept ausgehend sind Patienten mit Haarausfall Menschen, die die Fähigkeit haben, sich von etwas Eigenem zu trennen, zu lösen und auf sichtbare Art und Weise ihren Empfindungen Ausdruck zu geben. Auszubauen ist besonders die Beziehung zum Ich, zum eigenen Körper, zu den Sinnen, ferner die Fähigkeiten im Bereich Kontakt und eine positive Einstellung zur Zukunft.

Bei Menschen mit Haarausfall stößt man in der Vorgeschichte häufig auf eine sehr enge Beziehung zum gleichgeschlechtlichen Elternteil, die geprägt ist vom Bestreben des Kindes nach Nähe, Geduld, Zeit und Anerkennung. Bei Patienten, die solche Beziehungen erlebt haben, stellen wir fest, daß sie bei Verlusten von Bezugspersonen mit Haarausfall reagieren. Ein wichtiges Kriterium für die Haartracht war: "Was sagen die Leute?" Die Beziehung der Eltern untereinander − so empfanden es die Patienten − war eher distanziert, sachlich; sekundäre Aktualfähigkeiten spielten eine große Rolle. Auf Kontakte außerhalb der Familie verzichtete man weitgehend. Geselligkeit galt als Zeitverschwendung. In Familien, in denen großer Wert auf Verstand und Leistung gelegt wurde, wohingegen die Einstellung zum Körper und damit auch zum Haar eher ablehnend war, war entsprechend wenig Zeit zur Haarpflege ("Zeit ist Geld!"). Fragen nach dem Sinn des Lebens, nach "Lebensphilosophie" usw. wurden als nutzlos abgetan.

Haare wurden geschoren, um jemanden zu entehren und zu strafen, was sich noch lange in einzelnen deutschen Rechten hielt. Sklaven durften die Haare nicht lang tragen. Auch bei den Germanen galten abgeschorene Haare als Zeichen der Unterwerfung. Haare wurden geopfert; Büßende ließen sich den Kopf kahl scheren (was bis heute Mönche tun); Trauernde rauften sich die Haare oder vernachlässigten sie, um damit ihrem Schmerz Ausdruck zu geben. So hat sich bis heute die Redewendung erhalten, daß man "ungeschoren" davongekommen ist oder daß man sich vor Entsetzen "die Haare rauft". Wenn man jemanden herabsetzt, kritisiert, dann "läßt man kein gutes Haar an ihm". Bei Frauen galten lange Haare schon immer als Zeichen von Weiblichkeit und sexueller Attraktivität.

Praktische Konsequenzen aus diesem Selbsthilfeanteil finden sich im Fragebogen am Ende dieses Kapitels.

Therapeutischer Anteil: das fünfstufige Vorgehen der positiven Psychotherapie bei Haarausfall

Fallbeispiel: "Ich bin total entwurzelt."

In einem Fotogeschäft sprach mich ein Mann mit dichtem und langem Haarwuchs an: "Erkennen Sie mich wieder?" Da er sah, daß ich zögerte, sagte er: "Ich bin ..., der mit dem großen haarlosen Loch zu Ihnen kam. Heute sehe ich so aus." Im Erstinterview hatte ich seinen Haarausfall damals positiv gedeutet: "Durch Ihr großes haarloses Loch geben Sie auf sichtbare Weise Ihren Empfindungen Ausdruck. Sie haben sich offenbar von vielem Eigenen trennen müssen. Es muß viel auf Sie zugekommen sein." Ich war mit der positiven Deutung noch nicht ganz fertig gewesen, als der Patient mit der Schilderung von Lebensereignissen begonnen hatte:

1) Anfang Februar 1983, nach der Rückkehr aus dem Skiurlaub, entdeckte meine Frau auf meinem Kopf ein großes haarloses Loch.

2) Zum gleichen Zeitpunkt erfuhren wir, daß mein Schwiegervater, der schon längere Zeit unter Nieren- und Blasenbeschwerden litt, ins Krankenhaus eingeliefert worden war, während wir im Urlaub waren.

3) Später stellte sich heraus, daß er an unheilbarem Knochenkrebs litt; er starb Ende März 1983. Während seiner Krankheit verstärkte sich mein kreisrunder Haarausfall.

4) Auch meine Tante, die Frau des Bruders meines Vaters, starb nach kurzer schwerer Krankheit im März 1983.

5) Erwähnen möchte ich auch noch, daß mein Onkel, also der Bruder meines Vaters, von Mai bis September 1982 im Krankenhaus lag und mit dem Tode rang. In dieser Zeit hat sich unser Verhältnis durch häufige Besuche und lange Gespräche über seine Lebensgeschichte (berufliche Probleme, ewiges Versagen von Wünschen nach Sexualkontakten, nach Erlebnissen wie Reisen etc., die meine Tante nicht teile, statt dessen immer zu Hause sitzen und sparen, sparen, sparen ...) sehr verbessert und vertieft.

6) Gleichzeitig eröffnete er mir damals, daß er eigentlich sein ganzes Leben lang meine Mutter geliebt habe und deshalb seinerzeit mit 18 Jahren nach den USA ausgewandert sei; seine Frau sei immer sehr gut zu ihm gewesen, die beste Hausfrau und Mutter, und daß sie keine Sexualkontakte gewollt habe, könne er ihr nicht verübeln.

7) Schließlich erzählte er mir, daß er bei einem Besuch in früheren Jahren meine Mutter "verführt" habe, aber ich solle auf keinen Fall jemandem etwas sagen ...

8) Ich konnte mich während dieser Zeit kaum auf meinen Beruf konzentrieren. Vieles ist liegengeblieben ...

9) Ich mußte mich zusätzlich um 2 neue Mitarbeiter kümmern. Da ich aber "nicht ganz da war", habe ich sie meist kurz und bündig abgefertigt. Dabei hatte ich allerdings ein schlechtes Gewissen.

10) Bevor ich mich in meiner ersten Ehe zur Scheidung durchrang, hatte ich viele Probleme. In meiner jetzigen Ehe bin ich zufrieden, aber die finanziellen Verpflichtungen aus meiner ersten Ehe machen uns zu schaffen ...

11) Ich war politisch sehr stark engagiert und wollte das Bewußtsein der Menschen und die Verhältnisse ändern. Die Menschen sollten die Geschichte aktiv beeinflussen, nicht wie Lemminge ins Verderben rennen, gerade jetzt, wo die Vernichtung durch Atomwaffen und die Zerstörung der natürlichen Ressourcen des Menschen drohen. Wer sich in Gruppen, Verbänden, Gewerkschaften, Parteien usw. engagiert, trägt zur Veränderung von Strukturen und sich selbst bei — jeder an seinem Platz. Dabei mußte ich sehr viele Enttäuschungen einstecken."

Psychologische Konstellation vor und bei Beginn der Symptomatik:

In unmittelbarem zeitlichen Zusammenhang mit diesen Ereignissen entwickelte sich die beschriebene Symptomatik als Ausdruck einer Entwurzelung. Die Verluste führten bei dem Patienten zu Selbstvorwürfen "Hätte ich doch nicht ..." und — über das Gefühl, versagt zu haben — zu einer allgemeinen Selbstwertproblematik. Diese Reaktion entspricht weitgehend dem Grundkonflikt: Der Patient war v. a. hinsichtlich der Normen Leistung, Zuverlässigkeit und Sparsamkeit erzogen worden. Seine Mutter hatte von ihm immer erwartet, daß er alles richtig mache. Er sei sogar seinen Schwestern als Vorbild hingestellt worden. Es entwickelte sich aus dieser Situation ein ausgeprägtes Über-Ich mit einem starken Ich-Ideal-Anteil, was hinsichtlich der aktuellen Konfliktsituation eine besondere Involvierung des Selbstwertgefühls bedingte. Von Bedeutung war weiterhin eine starke Mutter-Sohn-Bindung. Nach dem Verlust des Schwiegervaters (1983) wurde diese Bindung aktualisiert. Durch berufliche Veränderung (1983), die mit finanziellen Belastungen (Sparsamkeit) verbunden war, wurde diese abnorme Trauerreaktion kumulativ verstärkt. Auf dieser Grundlage entwickelten sich existentielle Probleme und Eheschwierigkeiten, die zusammen mit der Trennungsthematik von dem Patienten nicht angemessen aus eigenen Kräften bewältigt werden konnten. Die Verluste hatten für ihn traumatisierenden Charakter. In einer Stimmung der Hilfs- und Hoffnungslosigkeit kam es zu einer Resomatisierung der Affekte in der beschriebenen Symptombildung. Es handelte sich um vegetativ-funktionelle Störungen mit gesicherter psychischer Ätiologie auf der Basis einer kumulativ wirkenden abnormen Trauerreaktion und darauf aufbauenden Sekundärkonflikten (berufliche Probleme). Es bestand eine tendenziell depressive Neurosenstruktur. Organische Ursachen für den bestehenden Haarausfall konnten nicht erhoben werden.

Vor dem Hintergrund seiner Verlusterlebnisse erzählte ich dem Patienten die Geschichte "Die Signale des Todesengels". Patient:

Ich war ehemals evangelisch, bin aber vor einigen Jahren aus der Kirche ausgetreten und fühle mich als "Materialist". Wenn ich ganz ehrlich bin, habe ich mich noch nicht sehr tief mit der Frage nach dem Tod beschäftigt, insbesondere im Hinblick auf mich selbst. Eigentlich wäre es an der Zeit, das jetzt einmal zu tun.

Er begann allmählich, sich mit dem Helden der Geschichte zu identifizieren, einen Zusammenhang zwischen den "Signalen" und seinen jetzigen Problemen zu sehen und sie als "positive Aspekte" seiner Verlusterlebnisse zu berücksichtigen. Er war nicht mehr nur auf seinen Haarausfall fixiert, sondern sah diesen jetzt in einem größeren Zusammenhang. Damit war er in der Lage, seine Ressourcen wahrzunehmen. Er begann, die 4 Formen der Konfliktverarbeitung in sein Lebensrepertoire einzubeziehen. Unterstützend wurden das Jacobson-Training (Jacobson 1938) und Antidepressiva eingesetzt. Die Ehefrau wurde einbezogen; schwerpunktmäßige Fragestellung war: Wie erlebte sie den Haarausfall ihres Mannes? Sie war sehr kooperativ und unterstützte die Therapie.

Der Patient bemerkte im Laufe der Therapie: "Es wird mir immer mehr bewußt, daß auch in großen Ereignissen viele kleine Dinge eine Rolle spielen." Inhaltlich wurde auf die 4 Formen der Konfliktverarbeitung und auf die Aktualfähigkeit *Fleiß/Leistung* (vgl. II./Kap. 9), *Sparsamkeit* (vgl. II./Kap. 25), *Gerechtigkeit* (vgl. II./Kap. 1), *Zuverlässigkeit* (vgl. II./Kap. 23), *Zeit* (vgl. II./Kap. 33), *Kontakt* (vgl. II./Kap. 15), *Hoffnung* und *Glaube* (vgl. II./Kap. 36) eingegangen. Wir gehen im Folgenden nur auf das Thema *Hoffnung* ein:

Die Aktualfähigkeit "Hoffnung"

Definition und Entwicklung: Die Fähigkeit, über den gegenwärtigen Moment hinaus positive Beziehungen zu den eigenen Fähigkeiten, zu denen des Partners und der Gruppe zu entwickeln. Wir hoffen in diesem Sinn, daß morgen, im nächsten Jahr oder zu unbestimmter Zeit etwas geschieht, was uns einzelne Handlungen oder unser ganzes Leben sinnvoll erscheinen läßt. Positives Konzept von Hoffnung ist Optimismus, das negative Pessimismus. In ihrer Entwicklung hängt die Hoffnung von den Erfahrungen und Erlebnissen ab, die ein Mensch hatte, und von den Möglichkeiten, die ihm durch seine Umwelt in Aussicht gestellt wurden. Hoffnung als Beziehung zur Zukunft wird kontrolliert durch positive Erfahrungen und Enttäuschungen, die sich konkret auf einzelne Aktualfähigkeiten beziehen.

Wie fragt man danach: Wer von Ihnen ist optimistischer? Welche Pläne haben Sie für Ihr privates und berufliches Leben? Wie reagieren Sie (Ihr Partner), wenn Sie enttäuscht werden (Situationen)? In welchen Bereichen sind Sie besonders anfällig für Enttäuschungen (Situationen)? Haben Sie die Hoffnung, daß sich bei Ihnen oder Ihrem Partner alles zum Guten ändert (Begründung)? Wer von Ihren Eltern war optimistischer oder pessimistischer? Wie hat sich das geäußert?

Synonyme und Störungen: Hoffen, auf etwas rechnen, sich etwas versprechen, verheißungsvoll, erwarten, in Aussicht stellen, sich an einen Strohhalm klammern, alles rosarot sehen, schwarzsehen, sinnlos, aussichtslos, unerreichbar, unlösbar, unmöglich – Hoffnungslosigkeit, Unzufriedenheit, Pessimismus, Resignation, Flucht in die Phantasie, passive Erwartungshaltung, naiver Optimismus, Lebensangst, Todesangst, Blockierung der Handlungsfähigkeit, Selbstmordabsichten.

Verhaltensregulative: "Jede dunkle Nacht hat ein helles Ende." Statt: "Ich kann doch nicht", "Ich kann *noch* nicht." Unterscheiden zwischen dem, was man ändern kann, und dem, was man ertragen lernen muß (Geburt, Tod, Vergangenheit). Erwarte ich bloß, daß meine Hoffnung in Erfüllung geht, oder tue ich etwas dafür? Auch die schwärzeste Hoffnungslosigkeit hat ihre Ursachen, zumeist in den Erfahrungen mit einzelnen Aktualfähigkeiten. Motto: Welche sind die realen Wurzeln der Hoffnungslosigkeit? Trotz Hoffnung und genauester Planung bleibt ein unkalkulierbarer Rest. Motto: Ich freue mich auf die erhoffte Zukunft, ich freue mich aber auch auf die Überraschungen.

Im Rahmen dieser tiefenpsychologisch orientierten Psychotherapie konnte die abnorme Trauerreaktion durchgearbeitet werden. Eine Umstrukturierung der Persönlichkeit kam nur insoweit in Betracht, als sie für die Bearbeitung der aktuellen Konfliktsituation und die Behebung der Symptomatik erforderlich war.

Trotz seiner tendenziell depressiven Neurosenstruktur imponierten seine Flexibilität und seine Entwicklungsmöglichkeiten als positiv. Im Laufe von 17 Sitzungen innerhalb von 6 Monaten konnten sowohl sein Haarausfall als auch seine depressiven Verstimmungen vollständig gebessert werden. Er war in der Lage, über seine aktuellen Beschwerden hinaus sich auch mit Fragen nach dem Sinn des Lebens und seiner politischen Interessen zu befassen, beide in einer adäquaten Art miteinander zu verbinden und mit "Ungerechtigkeiten" angemessen umzugehen. Er bemerkte u. a.: "Nachdem ich mich mit der Frage nach dem Sinn meines Lebens beschäftigt habe, kann ich den Verlust meiner Haare besser verstehen. Das gibt mir Hoffnung."

Anhang: Fragebogen zu *Haarausfall*

Name: .... Nr.: .... Datum:.............................

Körper/Sinne — Beruf/Leistung — Kontakt — Phantasie/Zukunft

1) Gibt es Menschen, die nach Ihrer Meinung "kein gutes Haar an Ihnen lassen"? Bekommen Sie graue Haare davon? Fallen Ihnen noch andere Sprichworte zu Ihrer Erkrankung ein? Was sagen Ihnen diese Volksweisheiten?

2) Wer hat Sie wann über Ihre Krankheit informiert? Nehmen Sie irgendwelche Medikamente?

3) Machen Sie sich Gedanken, daß der Haarausfall Begleitsymptom einer anderen Krankheit oder Störung sein könnte?

4) Was haben Sie bisher getan, um den Haarausfall zu stoppen? Stört der Haarausfall Sie aus ästhetischer Sicht? Machen Sie von Medikamenten und anderen Heilmitteln Gebrauch?

5) Müssen Sie im Beruf "Haare lassen" oder kommen Sie "ungeschoren davon"?

6) Fühlen Sie sich mit zunehmender Anstrengung oder Aufregung überanstrengt? Welchen Einfluß haben berufliche Probleme auf Ihre Partnerschaft? Welchen Einfluß haben partnerschaftliche/familiäre Probleme auf Ihren Beruf/Ihre Arbeit?

7) Können Sie sich in Ihrer Familie/Partnerschaft manchmal "die Haare raufen"? Worüber?

8) Bekommen Sie manchmal eine "Gänsehaut" im Umgang mit anderen Menschen?

9) Gab es in den letzten 5 Jahren Trennungserlebnisse durch Scheidung, Umzug, Tod?

10) Fühlen Sie sich durch Ereignisse, die in den letzten Jahren auf Sie zugekommen sind, "entwurzelt"?

11) Was ist der Sinn des Lebens (Antrieb, Ziele, Motivation, Lebensplan, Sinn von Krankheit und Tod, Leben nach dem Tode) für Sie?

12) Akzeptieren Sie Ihre Erkrankung auch als Chance, bisher nicht erlebte Bereiche (Körper/Sinne, Beruf/Leistung, Kontakt, Phantasie/Zukunft) zu entwickeln?

15 Hauterkrankungen und Allergien

*Die Fähigkeit, sich Belastendes unter die Haut gehen zu lassen; mit Hilfe der Haut
zu signalisieren, was nicht anders ausgedrückt werden kann und damit das
zu erreichen, was bisher noch nicht anders angegangen werden konnte*

Definition

Mit *Neurodermitis* bezeichnet man eine nervöse Hautkrankheit, bei der sich
v. a. an den sichtbaren Körperstellen wie Gesicht, Hals, Hände, Ellbeugen
und Kniekehlen, aber auch an Brust und Schulter Ekzeme bilden.

Die *Urtikaria* oder Nesselsucht ist durch eine kurzdauernde, akute Quad-
delbildung vorwiegend im Gesicht gekennzeichnet.

Beim *psychogenen Pruritus* handelt es sich um eine Reizung der Schmerz-
sinnesorgane der Haut.

Dermatomykosen sind durch Pilze hervorgerufene Infektionskrankheiten
der Haut und der Schleimhäute. Man unterscheidet Fadenpilze, Hefepilze
und Schimmelpilze.

Man faßt unter dem Begriff "Tinea" (Flechte) alle Infektionen der Haut
(Epidermien), Haare (Trichophytien) und Nägel (Onychomykosen) zusam-
men, die durch Fadenpilze hervorgerufen werden. Meist handelt es sich um
Mischinfektionen durch verschiedene Erreger.

Symptomatik

Typisch für die *Neurodermitis* ist der quälende Juckreiz, der besonders nachts
auftritt. Durch Reiben und Kratzen kommt es zu wiederholten Hautabschür-
fungen mit anschließender Krustenbildung, wodurch zusätzlich eine Ver-
dickung und Vergröberung des Hautoberflächenreliefs hervorgerufen wird.
Die Krankheit beginnt häufig schon in der frühen Kindheit als sog. Milch-
schorf. Befallen sind in diesem Alter meist Kopf, Gesicht, die Gelenkbeugen
und nicht selten auch das Gesäß.

Bei der *Urtikaria* rufen die unterschiedlich großen, meist roten Haut-
schwellungen, durch eine Dilatation der Kapillargefäße bedingt, starken Juckreiz hervor.

Der *psychogene Pruritus* ist durch extremen Juckreiz charakterisiert, der am
ganzen Körper auftreten kann, aber nur selten am Kopf. Es kann zu entzünd-

lichen Hautausschlägen kommen, die wiederum durch das Kratzen verstärkt werden können. Das lateinische Wort "prurigo" heißt Jucken, aber auch Geilheit und Lüsternheit.

Der superfizielle *Fadenpilzbefall* kann mit kaum merklichen Alterationen der Haut einhergehen, andererseits können schwerste entzündliche Veränderungen auftreten, die Narbenbildungen und Verlust der Hautanhangsgebilde zur Folge haben.

Hautallergien: Allergisch reagieren heißt anders reagieren — überempfindlich gegenüber bestimmten Reizen. Allerdings reagiert nicht jeder Mensch auf diese Stoffe allergisch mit seiner Haut. Wir können fragen, was zu einer "Allergiebereitschaft" (Disposition) führt. Die Frage lautet: "Worauf reagiere ich allergisch?" Auf die Eltern, den Partner, die Schwiegermutter, den Chef, die Arbeit, die Politik, soziale Ungerechtigkeiten? Dabei wird der inhaltliche Ansatz wichtig: Wie "allergisch" bin ich bei Unpünktlichkeit oder übertriebener Pünktlichkeitsforderung, bei Geiz oder Verschwendung, bei einem "Ordnungsfimmel" oder "chaotischer Unordnung", bei Untreue, einem "Sauberkeitstic" oder Unsauberkeit, oder wenn der Partner "nie Zeit" hat? Bei näherer Betrachtung können wir feststellen, daß diese sog. Kleinigkeiten (Mikrotraumen) einen Menschen von seiner frühesten Entwicklung an sensibilisieren und so durch Dauerstreß die Funktionen des Immunsystems beeinträchtigen. Es gibt Hautallergien mit Sofort- oder Spätreaktionen. Diese Erfahrungen zeigen, daß es nicht ausreicht, gegen die o. g. Reizstoffe wie z. B. Pollen oder Hausstaub zu desensibilisieren. Darüber hinaus müssen die mikrotraumatisch besetzten Aktualfähigkeiten berücksichtigt werden (4 Formen der Konfliktverarbeitung, Aktualfähigkeiten, 4 Vorbilddimensionen).

Transkulturelle Aspekte und Epidemiologie

— Bei der *Urtikaria* wird nach Ansicht der meisten Autoren eine allergische Reaktionsbereitschaft als ursächlich angesehen. Sie kann jedoch, wie zahlreiche Untersuchungen gezeigt haben, von psychologischen Faktoren erheblich beeinflußt werden.
— Jeder 2. Aknepatient trägt seine Hautprobleme bereits länger als 7 Jahre mit sich herum. 30 % der Befragten geben an, eine "Aknekarriere" von 11 oder mehr Jahren hinter sich zu haben. Bei einer Untersuchung mit dem Freiburger Persönlichkeitstest wies jeder dritte Proband erhöhte Testwerte bei Aggressivität auf, in Fällen mit schwerer Akne sogar jeder zweite.
— Nach Ring (1989) hat jedes 5. Kind schon bei der Einschulung mit *Allergien* zu kämpfen.
— Die gynäkologischen *Mykosen*, also Pilzerkrankungen an den weiblichen Geschlechtsorganen, haben sich nach Münzing-Ruef (1987) in den letzten 2 Jahrzehnten um das 20fache vermehrt.

– Im Umgang mit der Haut spielen transkulturelle Aspekte eine große Rolle. Bei Indianerstämmen in Nordamerika und bei den Massai in Kenia beispielsweise ist eine intensivere und längere Art des Körperkontakts im Umgang mit Säuglingen und Kleinkindern als im europäischen Kulturkreis zu beobachten.

Literaturvergleich

In zahlreichen experimentellen Untersuchungen, z. B. durch Graham u. Wolf (1950), Wittkower u. Lester (1963), Borelli (1967) u. a. m., konnte der Einfluß psychischer Faktoren auf die Haut nachgewiesen werden. Battegay (1970) weist darauf hin, daß bereits im Uterus über die Haut ein Austausch mit der Umgebung stattfindet und nach der Geburt, insbesondere im 1. Lebensjahr, emotionale Zuwendung vermittelt wird. Kommt diese zu kurz, so wird der Mensch sich während des ganzen Lebens, hungrig wie er ist, Objekte suchen, an die er sich schmiegen und/oder die er sich einverleiben kann. Einen Zusammenhang zwischen fehlendem Hautkontakt und Neurodermitis im Kindesalter stellte Spitz (1957) fest. Für die Psychodynamik scheinen Ängste, Spannungen, unterdrückte Aggressionen und sexuelle Strebungen von Bedeutung zu sein. Alexander (1971) bemerkt, daß insbesondere beim Pruritus anogenitalis das Kratzen unbewußt dem Lustgewinn dient und damit zu einem Masturbationsersatz wird. Nach Rechenberger (1976) beginnt beim psychosomatisch Hautkranken die seelische Störung vor dem Beginn der ersten Objektbeziehung.

Seit vielen Jahren wird nach Peseschkian (1990) "ein Zusammenhang zwischen der Neurodermitis und der Psyche analysiert, kontrovers diskutiert und teilweise auch akzeptiert. Zwar wurden in einzelnen Fällen schon seit langem v. a. psychische Faktoren wie z. B. Dominanz der Mutter, emotionale Labilität der Neurodermitiker, aggressive Tendenzen, sexuell nicht gelöste Probleme erwähnt, doch haben wir v. a. Borelli (1967), Rechenberger (1976), Ring (1989), Bräutigam u. Christian (1973) und Miller (1965) grundlegendes Wissen für 'psychische' Zusammenhänge zu verdanken. Die o. g. Autoren gehen in ihren Arbeiten und Untersuchungen nicht nur auf die psychosomatische Mitbeteiligung beim Krankheitsbild der konstitutionellen Neurodermitis ein, sondern fordern ebenso eine diesbezügliche – notwendige – Wandlung in der Dermatologie". Entscheidend für den Ansatz von Peseschkian (1990) ist der "Ganzheitsaspekt", wie von Gieler et al. (1987) zusammengefaßt: "Psychosomatische Gesichtspunkte in der stationären Therapie von Hautkranken zu berücksichtigen, bedeutet also, sowohl somatisch-dermatologische wie auch psychodynamische Aspekte zu berücksichtigen."

Sprachbilder und Volksweisheiten

Das juckt mich nicht; das geht einem unter die Haut; in dessen Haut möchte ich nicht stecken; sich in seiner Haut wohlfühlen; ein dickes Fell haben; eine dünne Haut haben; nicht aus seiner Haut heraus können; jemandem auf die Pelle rücken; das kratzt mich nicht; aufgekratzt sein; aus der Haut fahren wollen; sich seiner Haut wehren; jemandem das Fell über die Ohren ziehen; aussätzig sein; Haut als Spiegel der Seele.

Geschichte: "Die Wahl zwischen Kuh und Tränke"

Ein Bauer hatte lange Zeit gespart, um für seine Kuh eine wunderschöne Tränke aus Ton kaufen zu können. Nach reiflicher Überlegung hatte er sich für eine Tränke entschieden, die ungefähr die Form eines Fasses hatte. Eines Tages verfingen sich ihre Hörner in der Öffnung, und das Tier blieb mit dem Kopf im Faß stecken. Den Bauer überkam große Verzweiflung, als er erkennen mußte, daß er den Kopf der Kuh nicht aus der Tränke befreien konnte. Er beklagte sein Unglück und bat Allah, den Allmächtigen, um Beistand. Was sollte er nun tun? Sollte er die Tränke zerschlagen, die er erst kürzlich für viel Geld auf dem Basar erstanden hatte? Oder sollte er die Kuh schlachten? Nachdenklich blieb er stehen. Dann griff er zum Beil und schlug der Kuh den Kopf ab. Er wollte wenigstens die Tränke retten, mußte aber erkennen, daß er auch jetzt den Kopf der Kuh nicht aus der Tränke bekam. Voller Verzweiflung begann er das wertvolle Gefäß zu zerschlagen. Als er auf die Scherben zu seinen Füßen sah, wurde ihm schmerzlich bewußt, daß er beides verloren hatte: Kuh und Tränke (aus Peseschkian 1988a, S. 65).

Selbsthilfeanteil: Entwicklung von Hauterkrankungen und Allergien aus der Sicht der positiven Psychotherapie

a) Beschwerden und Physiologie

Blutgefäße in der Haut und Schweißdrüsen beantworten sowohl physikalische, chemische als auch psychologische Reize: Bei Kälte ziehen sich die Blutgefäße zusammen, aber auch bei Schreck, Angst, Ekel und Neid; der Betreffende wird blaß oder gar "weiß wie die Wand". Ist es heiß, weiten sich die Blutgefäße, ebenso bei Scham und Zorn; der Betreffende wird rot. Zu fleckig geröteter Haut, insbesondere am Hals und im Dekolleté, den sog. "hektischen Flecken", kommt es bei Streß, heftigen konfliktbesetzten Gefühlsbewegungen oder bei sexueller Erregung ("sex flush"). Nicht nur bei Hitze oder hoher Körpertemperatur, sondern auch bei Aufregung und Angst (Angstschweiß) kann ein Mensch "ins Schwitzen kommen". Bei unangenehmen Berührungen oder gruseligen Vorstellungen stellt sich eine Gänsehaut ein etc.

Pilzinfektionen sind ein Paradebeispiel für eine geschwächte Abwehrlage. Bei ihnen muß man auch stets nach Sauberkeit fragen. Manche Pilzkranke sind wahre "Sauberkeitsfanatiker", die u. a. durch mehrmaliges Duschen täglich des Guten zu viel tun.

b) Aktualkonflikt: 4 Formen der Konfliktverarbeitung –
psychosoziale Belastungssituation

Der bevorzugte Bereich der Konfliktverarbeitung ist der Bereich Körper/ Sinne. Hier hat der Hautkranke ganz besondere, differenzierte und scheinbar widersprüchliche Fähigkeiten entwickelt. Er ist dickfellig und dünnhäutig zugleich, er hat sich eine dicke Haut zugelegt, eine Haut wie ein Elefant ("Dickhäuter"), und läßt sich gleichzeitig "etwas unter die Haut gehen", manches "juckt" ihn, er möchte am liebsten "aus der Haut fahren" und kann dennoch nicht "aus seiner Haut heraus". Bei so starker Betonung des körperlichen Bereichs geraten die anderen Bereiche leicht in ein Defizit.

Fähigkeiten im Bereich Beruf/Leistung werden nicht optimal entwickelt oder sind gar blockiert.

Im Kontaktbereich können Schwierigkeiten durch eine ambivalente Beziehungseinstellung entstehen: Bedürfnis nach Verbundenheit bei gleichzeitiger Angst vor zu großer Nähe ("Hautnähe"). Sexuelle Probleme sind oft zu beobachten. Aufgrund der mangelnden Offenheit mit der Tendenz zu Überanpassung mit Aggressionsunterdrückung kommt es schnell zu Mißverständnissen und Frustrationen. Wenn man schon nicht selbst "austeilen" oder "um sich schlagen" kann, so übernimmt diese Aufgabe symbolisch die Haut in Form von "Hautausschlag". Und diesem darf man endlich "auf den Leib rücken", "auf die Pelle rücken" mit Kratzen, Scheuern etc.

In der Phantasie beherrschen häufig nur einseitige, d. h. negative Vorstellungen und Erwartungen die Gedankenwelt.

c) Grundkonflikt: 4 Formen der Vorbilddimensionen –
Bedingungen der Frühgenese

Verfolgt man die Lebensgeschichte Hautkranker, so fällt einerseits ein frühes Defizit im körperlichen und sinnlichen Erlebnisbereich auf. Wärme und Geborgenheit, vermittelt über elterliche Hautkontakte, kamen häufig zu kurz. Die Mutter wird oft als ablehnend und kalt beschrieben, der Vater als Mensch mit wenig Zeit und Geduld. Andererseits kann eine Überbetonung von Zärtlichkeit durch einen Elternteil vorliegen. In der Erziehung wurde der Sauberkeit im weitesten Sinn größte Bedeutung beigemessen ("Bleib sauber"). Das Kind erlebte in der Beziehung der Eltern zueinander wenig oder übertriebene Zärtlichkeit. Sowohl positive Empfindungen als auch Ärger und Streit wurden nicht vor den Kindern gezeigt. Anderen Menschen gegenüber verhielten sich die Eltern eher zurückhaltend, kontaktscheu oder pointiert gastfreundlich. In ihrer Vorstellung spielte es eine große Rolle, was die Leute über sie denken könnten ("Was sollen nur die Leute denken?"). Die Einstellung der Eltern zu Sinn- und Glaubensfragen ist vielen Hautpatienten nicht bekannt ("Darüber wurde nicht gesprochen") oder sie erinnern sich an feste Regeln.

d) Aktual- und Grundkonzepte: innere Konfliktdynamik

Die Haut kann als ausgesprochenes Ausdrucksorgan für psychische Vorgänge bezeichnet werden. So ist es auch nicht als Zufall anzusehen, daß bestimmte Hautpartien bevorzugt auf Affekte ansprechen. Das Aussehen, insbesondere das Aussehen der Haut, übt auf den Mitmenschen eine große Wirkung aus. Über dieses Organ findet eine nonverbale Mitteilung statt. Wir entnehmen der Farbe und der Beschaffenheit der Haut, ob der Mensch alt oder jung, frisch oder müde ist, ob er sich "in seiner Haut wohlfühlt", ob ihm "etwas nahe" oder "unter die Haut" gegangen ist oder ob ihn etwas "juckt". Nicht von ungefähr wird die Haut als "Spiegel der Seele" bezeichnet.

Oft spielen die sog. "Kleinigkeiten" des Alltagslebens wie die Einstellung zu Sauberkeit, Höflichkeit, Ehrlichkeit, Pünktlichkeit, Gerechtigkeit, Ordnung und Gewissenhaftigkeit sowie Körperkontakt, Zärtlichkeit und Sexualität eine zentrale Rolle, was vom Patienten mit Hautbeschwerden und vom Partner nicht wahrgenommen und bearbeitet wird.

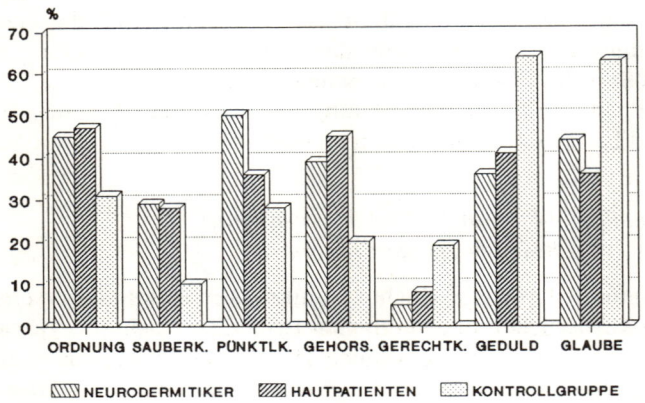

Abb. 1. Unterschiedliche Bewertung bestimmter Aktualfähigkeiten bei 3 Gruppen (nach Peseschkian 1990)

Praktische Konsequenzen aus diesem Selbsthilfeanteil finden sich im Fragebogen am Ende dieses Kapitels.

Therapeutischer Anteil: das fünfstufige Vorgehen der positiven Psychotherapie bei Hauterkrankungen und Allergien

Stufe 1: Beobachtung/Distanzierung

Fallbeispiel: "Der einzige Tag der Liebe im Jahr"

Der 56jährige Patient kam auf Anraten seines psychotherapeutisch interessierten Internisten, der an der Bad Nauheimer Psychotherapiewoche teilgenommen hatte, in meine Praxis. Er wirkte niedergeschlagen und konnte im Erstinterview nur leise und stockend berichten:

Ich leide an Schuppenflechte. Bin ich erscheinungsfrei, fühle ich mich gut und topfit. Leide ich unter den Schüben der Krankheit, die täglich schlimmer werden, geht es mit mir bergab, auch konditionsmäßig. Wenn die Krankheit am Toben ist, verursacht diese viel Schmutz und ich habe dann eigenartige Hemmungen, wenn ich sehe, wie mein Zimmer oder der Platz, an dem ich gerade bin, aussieht. Es gibt aber auch Zeiten, in denen mir meine Krankheit willkommen ist, denn dann steht mir wieder ein Ziel vor Augen, ein Klinik- oder Kuraufenthalt. Dort einfach wieder frei sein und lachen, in Gesellschaft anderer zu sein − und sei es nur für 6−8 Wochen − ist für mich toll und erfüllt mich. Meinen Beruf habe ich nur aus Vernunftgründen gewählt, er erfüllt mich überhaupt nicht. Dafür wollte ich wenigstens die Frau haben, die ich gewählt hatte. Meine Ehe war eine Trotzheirat. Aber plötzlich − man kann sagen mit dem Tag der Hochzeit − war alles an mir falsch. Alle meine Freunde, Bekannten, meine Hobbies lehnte meine Frau ab, und grundsätzlich war alles falsch, was ich tat. Seit 1975 habe ich jeden Versuch und alle Hoffnung aufgegeben, aus meiner Ehe noch "etwas zu machen". Mein einziger Trost ist mein Sohn, mit dem ich mich sehr gut verstehe ...

Der Patient befand sich in einer Zwickmühle: er wollte vieles ändern, aber wenn er es getan hätte, wären andere negative Konsequenzen auf ihn zugekommen, vor denen er Angst hatte. In dieser Situation erzählte ich ihm die Geschichte "Die Wahl zwischen Kuh und Tränke". Spontan sagte er: "Das ist genau meine Situation! Egal, was ich mache und wie ich mich entscheide: es ist falsch! Wie komme ich aus dem Loch raus?" Die positive Interpretation, er habe sich mit Hilfe seiner Haut einen "Panzer" angelegt, um trotz aller Mikrotraumen, die ihn ständig verletzten, sein Konzept durchhalten zu können (Treuepakt), er sehne sich aber im Tiefsten seiner Seele nach der Wärme des Kontaktes, überraschte ihn. Er begann über seine "Mikrotraumen" in den letzten Jahren zu erzählen.

Stufe 2: Inventarisierung

"Life-events" und Mikrotraumen:

1) Probleme in der Ehe seit mehr als 30 Jahren

2) 1965: Eine andere Frau kennengelernt. Trennungsabsichten!

3) 1966: Neue Partnerschaft beendet, da Ehefrau schwanger war.

4) Die Ehefrau legt auf das Sexuelle keinerlei Wert, wehrt auch emotionale Wärme und Geborgenheit ab.

5) Die Ehefrau meint seit Jahren, sie sei krank, und verlangt besondere Rücksichtnahme (täglich Schlaftabletten seit 20 Jahren!).

6) 1985: Die 80jährige Mutter kann nicht mehr für sich allein sorgen. Die Ehefrau lehnt die Aufnahme in den gemeinsamen Haushalt ab. Die Mutter muß ins Altersheim.

7) 1988: gesundheitliche Probleme der Mutter.

Es handelt sich um eine Psoriasis mit erheblichem Leidensdruck. Weiterhin lag symptomatisch ein vitalisiertes depressives Symptom mit innerer Unruhe, Nervosität, Ein- und Durchschlafstörungen bei tendenziell depressiver Neurosenstruktur vor. Für die Entwicklung der Symptomatik ist zu einem wesentlichen Teil der Einfluß psychischer Faktoren von Bedeutung. Diese zentrieren sich um eine emotionale Überforderung, wobei der Erkrankung der Mutter eine besondere Rolle zukommt. Es besteht eine gute Mutter-Sohn-Beziehung und die gegenwärtige Situation weckt Schuldgefühle.

Der Patient leidet unter den seit Jahrzehnten andauernden Eheschwierigkeiten: Er ist aus Treue und Höflichkeit bei seiner Frau geblieben. Die Ehefrau ist sehr verschlossen und hat außer Putzen (Sauberkeit, Ordnung) keine Hobbies oder Interessen. Sie weigert sich seit Jahren, Besuche zu Hause zu empfangen. Hinzu kommen Probleme der Ablösung vom Sohn, die der Patient zwar rational akzeptiert, aber emotional nur schwer verkraftet, da der Sohn über viele Jahre "sein bester Freund" und Sinn des Lebens war.

Bei der Berücksichtigung der Vorgeschichte fällt ein zeitlicher Zusammenhang zwischen dem Beginn der Symptomatik und traumatisierend wirkenden Ereignissen auf: partnerschaftliche Probleme, Erkrankung der Mutter, Ablösung des Sohnes. Es entwickelten sich Ängste und Schuldgefühle, die zusammen mit den oben beschriebenen äußeren belastenden Faktoren ("life-events") die psychische Tragfähigkeit des Patienten überschritten. Bisher war auf diesen Anteil der Erkrankung nicht eingegangen worden, so daß inzwischen eine hochgradige Chronifizierung vorlag. Die Hautbeschwerden des Patienten, verbunden mit vegetativer Beteiligung, sind Zeichen dafür, wie sehr sein Körper Verbundenheit und Nähe entbehrt.

Stufe 3: Situative Ermutigung

Die Zusammenhänge, die ihm in der Stufe 1 und 2 bewußt geworden waren, ermutigten den Patienten, die Probleme, die er bis jetzt noch nicht lösen konnte, aus einer anderen Perspektive zu sehen. Auf diese Weise wurde eine zunehmende Einsicht in die einfühlbaren Entwicklungen gewonnen. So konnte der Patient die Patientenrolle akzeptieren. Da er auf autogenes Training zunächst nicht ansprach, wurde mit ihm das Entspannungstraining nach Jacobson (Jacobson 1938) eingeübt. Weiterhin bekam er Antidepressiva, um seine gedrückte Grundstimmung aufzuhellen. Diese Maßnahmen brachten bereits eine deutliche Besserung der Beschwerden mit sich.

Stufe 4: Verbalisierung

Es wurden v. a. Inhalte und Ereignisse angesprochen, die dem *Höflichkeits*- (vgl. II./Kap. 26), *Treue*- (vgl. II./Kap. 35) und *Sparsamkeits*mechanismus (vgl. II./Kap. 25) des Patienten zum Opfer gefallen waren, die aber wegen der Versagung einer ausreichenden Ausbildung seiner Ich-Kräfte im Hintergrund der eigenen Einstellungen und Motivationen standen. Gleichzeitig wurde der *Kontakt*bereich intensiv angesprochen. Dieser Hintergrund, die Formen und die Folgen des Kommunikationsstils des Patienten, wurden durchgearbeitet und alternative Kommunikationsformen aufgebaut. Da er sich wegen seines Hauses, in das er sehr viel Energie und Geld investiert hatte, und wegen seines Alters nicht von seiner Frau trennen wollte, diese aber auch nicht bereit war, bei den therapeutischen Sitzungen mitzuwirken, übernahm er die "Therapeutenrolle" für sich und seine Frau: Ziel war es, Verhaltensbereiche, Einstellungen und Denkformen in das Blickfeld zu rücken und ihm so die Möglichkeit zu geben, sich weitgehend frei für die eine oder andere Alternative zu entscheiden. Dabei bezogen wir uns auf die Vorbilddimensionen.

Das Eingehen auf das Thema Gewissen und mit ihm verknüpfte Bereiche wie Sinn des Lebens, Tod und Leid öffneten ihm die Möglichkeit, sich seines Standortes bezüglich seiner "Lebensphilosophie" bewußt zu werden und ihn auf die Relevanz für seine Zukunft zu überprüfen.

Die Aktualfähigkeit "Kontakt"

Definition und Entwicklung: Die Fähigkeit, soziale Beziehungen aufzunehmen und zu pflegen. Der soziale Kontakt ist eine Erscheinungsform der Kontaktfähigkeit, die sich auch auf Tiere, Pflanzen oder Dinge richten kann. Als Auswahlkriterien für den Kontakt fungieren die anderen Aktualfähigkeiten: Man erwartet von einem anderem Höflichkeit, Pünktlichkeit und Ordnung, Beschäftigung mit bestimmten Interessensgebieten etc. und sucht sich Partner, die diesen Kriterien entsprechen.

Wie fragt man danach: Wer von Ihnen ist kontaktfreudiger? Wer von Ihnen möchte lieber Gäste im Hause haben? Wie fühlen Sie sich, wenn Sie in einer Gesellschaft unter vielen Menschen sind? Fällt es Ihnen schwer, zu anderen Menschen Kontakt aufzunehmen? Wie fühlen Sie sich, wenn Sie viele Gäste haben? Wer von Ihren Eltern war kontaktfreudiger? Hatten Sie als Kind viele Freunde, oder waren Sie eher isoliert? Wenn Ihre Eltern Gäste hatten, durften Sie dabeisein und mitsprechen?

Synonyme und Störungen: Unterhaltend, umgänglich, begegnen, treffen, näherbringen, Gedankenaustausch, Beratung, Annäherung, Tuchfühlung, Berührung. — Hemmungen, Unsicherheit, Mißtrauen, Überempfindlichkeit, Kontaktarmut, überhöhte Erwartungen, Isolation, Einsamkeit, Flucht in die Geselligkeit, finanzielle Schwierigkeiten, Massenbildung, Depressionen, Generationsprobleme, transkulturelle Schwierigkeiten.

Verhaltensregulative: Es reicht nicht, das schönste Kontaktbedürfnis zu haben, wenn Sie nichts in Richtung Kontakt, Besuch, Gäste, Briefe schreiben, telefonieren, ausgehen etc. unternehmen. Kontakt knüpfen und soziale Beziehungen pflegen kann gelernt werden. Kontakttraining allein nutzt wenig, wenn die Kontaktstörungen auf andere Aktualfähigkeiten zurückgehen: Einschränkungen des Kontaktes können aus Gründen der Sparsamkeit, der Ordnung, der Sauberkeit, der Höflichkeit, der Pünktlichkeit etc. geschehen.

Stufe 5: Zielerweiterung

Der Patient konnte seine Ziele klar formulieren. Er äußerte unter anderem:

Für mich ist der Sinn des Lebens im Diesseits: sich für Dinge einzusetzen, an die man glaubt, beschrieben am besten durch das Motto "Edel sei der Mensch, hilfreich und gut!". Meine Weltanschauung ist stark geprägt worden durch das pragmatische Weltbild meiner Mutter.

Im umfassenden Sinn lernte der Patient einen Zusammenhang zwischen seinem Schuppen-"Panzer" und seinem "eingeengten" Weltbild zu sehen.

Innerhalb von 15 Sitzungen trat eine erhebliche Besserung der Schuppenflechte und der Depressionen ein.

Anhang: Fragebogen zu *Hauterkrankungen und Allergien*

Name: .... Nr.: .... Datum:...............................

Körper/Sinne – Beruf/Leistung – Kontakt – Phantasie/Zukunft

1) Reagieren Sie "gereizt"? "Juckt es Sie", Ihre Meinung zu sagen? Was "juckt" Sie in Wirklichkeit? Was "geht Ihnen unter die Haut"? Fallen Ihnen noch andere Sprichworte zu Ihrer Erkrankung ein? Was sagen Ihnen diese Volksweisheiten?
2) Wer hat Sie wann über Ihre Krankheit informiert?
3) Legen Sie und Ihr Partner viel Wert auf Ihr Äußeres? Spielen Make-up und Kosmetik bei Ihnen eine große Rolle?
4) Nehmen Sie regelmäßig die verordneten Medikamente? Wissen Sie, wie die Medikamente wirken, was Sie von ihnen erwarten können und welche Nebenwirkungen möglich sind?
5) Welchen Einfluß hat Ihre Erkrankung auf Ihren Beruf/Ihre Arbeit? Welchen Einfluß hat Ihr Beruf/Ihre Arbeit auf Ihre Erkrankung?
6) Welche Kleinigkeiten des Alltagslebens (Gerechtigkeit, Sauberkeit, Pünktlichkeit, Sparsamkeit, Kontakt usw.) gehen Ihnen "unter die Haut"?
7) Wollen Sie sich jemand "vom Leibe halten"? Sucht jemand eine Beziehung zu Ihnen, die Sie nicht wünschen oder zu der Sie sich nicht in der Lage fühlen?
8) Mögen Sie Zärtlichkeit und Körperkontakt?
9) Möchten Sie manchmal "aus der Haut fahren" und können doch nicht "aus Ihrer Haut heraus"?
10) Welche Bedeutung haben soziale Kontakte für Sie und Ihren Partner (Gäste, Freunde, Verwandte, Nachbarn, Kollegen)? Welche Gemeinsamkeiten oder Unterschiede beobachten Sie?
11) Akzeptieren Sie Ihre Haut "als Spiegel der Seele"?
12) Beherrschen einseitige, negative Vorstellungen Ihre Gedankenwelt?
13) Was ist für Sie der Sinn des Lebens (Antrieb, Ziele, Motivation, Lebensplan, Sinn von Krankheit und Tod, Leben nach dem Tod)?
22) Akzeptieren Sie Ihre Erkrankung auch als Chance, bisher nicht erlebte Bereiche (Körper/Sinne, Beruf/Leistung, Kontakt, Phantasie/Zukunft) zu entwickeln?

16 Herzinfarkt

Die Fähigkeit, sich Belastungen und Risiken zu Herzen zu nehmen

Definition

Der Herzinfarkt wird durch einen Koronararterienverschluß ausgelöst (Abb. 1). Ist die Blutzufuhr unterbrochen, erhält der betreffende Ast der Herzkranzgefäße kein O_2 mehr; es kommt zum Untergang von Herzmuskelgewebe. In der medizinischen Literatur werden als Risikofaktoren angegeben: Erbfaktoren, erhöhte Blutfette (Cholesterin, Triglyceride), erhöhter systolischer und diastolischer Blutdruck, Rauchen, Übergewicht und Bewegungsmangel.

Symptomatik

Der Herzinfarkt tritt meist schlagartig auf, auch bei körperlicher Ruhe, oft sogar nachts. Er geht fast immer mit starken Schmerzen einher. Es gibt auch "stumme" Infarkte, die ohne Schmerzen ablaufen und sich vielleicht nur durch ein vorübergehendes Schwächegefühl oder Übelkeit bemerkbar machen.

Transkultureller Ansatz und Epidemiologie

Seit 1987 erkranken in Deutschland (ehem. BRD) jährlich etwa 500.000 Menschen an einem koronaren Herzleiden, davon 250.000 an einem Herzinfarkt; von den letzteren sterben ca. 100.000.

Die Statistik der WHO zeigt ein deutliches Ansteigen der koronaren Herzkrankheiten in verschiedenen europäischen Ländern. Eine Studie, die in 7 Ländern gemacht wurde, ergab nach Keys (1970) eine unterschiedliche Häufigkeit von koronaren Herzerkrankungen. Nach den Angaben der Europäischen Konsensuskonferenz (EEC) wären rund 10.500 Herzinfarkte pro Jahr in Deutschland (ehem. BRD), das sind 23 % aller Infarkte, durch geeignete Präventivmaßnahmen zu verhindern. Betrug bisher das Verhältnis zwischen Männern und Frauen 4:1, so hat sich in den letzten Jahren das Risiko in ein Verhältnis von 1,3:1 verwandelt. Verschiedene Autoren erklären dies mit der gestiegenen Übernahme von bisher typischen Männerberufen durch Frauen und die dadurch bedingten Streßfaktoren.

Literaturvergleich

Schon Siebeck (1949) und v. Weizsäcker (1949) nahmen an, daß psychische Faktoren neben organischen bei der Entstehung und Auslösung eines Herzinfarkts eine Rolle spielen können. Dunbar (1948) erstellte anhand tiefenpsychologischer Analysen von Koronarpatienten ein typisches Persönlichkeitsprofil. Ähnliche Merkmale fanden Rosenman u. Friedman (1968) in prospektiven epidemiologischen Studien.

Sprachbilder und Volksweisheit

Sich etwas zu Herzen nehmen; es bricht einem das Herz; das Herz zerspringt vor Freude; es liegt mir etwas auf dem Herzen; aus seinem Herzen keine Mördergrube machen; seinem Herzen einen Stoß geben.

Geschichte: "Das passende Wort"

Siehe I./Kap. 3, S. 23.

Selbsthilfeanteil: Entwicklung des Herzinfarkts aus der Sicht der positiven Psychotherapie

Die Beobachtung, daß auch Menschen mit nur wenigen oder gar keinen Risikofaktoren einen Herzinfarkt erleiden können und daß umgekehrt Menschen trotz Risikofaktoren keinen Infarkt erleiden, ließ erste Zweifel an dessen rein somatischer Genese aufkommen. Die Überlegung wurde angestellt, daß auch die körperlichen Risikofaktoren eine psychische Vorgeschichte haben können (vgl. z. B. Kornitzer et al. 1982). Der vom Herzinfarktpatienten bevorzugte Bereich der Konfliktverarbeitung ist der Körper. Er wird ganz in den Dienst des Leistungskonzepts gestellt. Die Firma, die Partei oder andere Institutionen treten dabei häufig an die Stelle persönlicher Beziehungen. Kontakte haben dann nur insofern eine Bedeutung, als sie für das Streben nach beruflichem Fortkommen oder sozialer Anerkennung wichtig sind. Die Einstellung zum gegenwärtigen Leben und zur Zukunft könnte man als "ständig besorgt" und "irgendwelche Aktivitäten fordernd" bezeichnen. Bei der Analyse der Familiensituation des Herzinfarktpatienten zeigt sich häufig ein Mangel an mütterlicher Liebe, bedingt durch Trennung oder Tod. In der Beziehung zum Vater fällt auf, daß dieser als Vorbild oder als Orientierungshilfe vermißt wurde. Die Beziehung der Eltern untereinander war nicht selten von einem Dominanzkonflikt bestimmt. Geselligkeit mit Menschen außerhalb der Familie wurde wenig angestrebt. Die Hoffnung der Eltern konzentrierte sich auf die Leistung des Kindes und das Ansehen, das es damit den Eltern bringen würde. Wie heftig und vielfältig das Herz auf Gefühle reagiert, ist vom Volk sehr gut beobachtet worden und kommt in verschiedenen Redewendungen zum Ausdruck. Bei einem Herzinfarkt könnte man davon sprechen, daß jemandem "das Herz bricht".

Praktische Konsequenzen aus diesem Selbsthilfeanteil finden sich im Fragebogen am Ende dieses Kapitels.

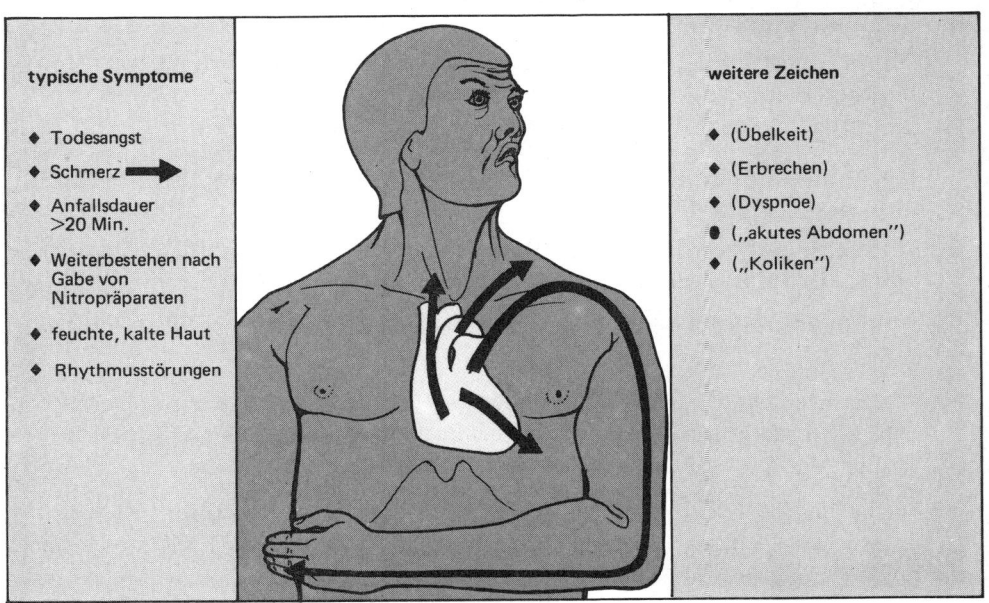

typische Symptome

◆ Todesangst

◆ Schmerz ➡

◆ Anfallsdauer
  >20 Min.

◆ Weiterbestehen nach
  Gabe von
  Nitropräparaten

◆ feuchte, kalte Haut

◆ Rhythmusstörungen

weitere Zeichen

◆ (Übelkeit)

◆ (Erbrechen)

◆ (Dyspnoe)

● (,,akutes Abdomen")

◆ (,,Koliken")

Abb. 1. Herzinfarkt. (Aus Gorgaß u. Ahnefeld ([2]1989), S. 279 Abb. 182)

Therapeutischer Anteil: das fünfstufige Vorgehen der positiven Psychotherapie bei Herzinfarkt

Fallbeispiel: "Bei mir jagen sich die Termine. Da muß man ja Herzbeschwerden bekommen!"

Ein 42jähriger Abteilungsleiter kam auf Anraten seines Internisten in meine psychotherapeutische Praxis. Sein Hausarzt hatte 1988 — neben anderen Beschwerden — einen Hinterwandinfarkt diagnostiziert. Da ich merkte, wie sehr den Patienten seine Herzbeschwerden gefangen hielten, versuchte ich, durch die Geschichte "Das passende Wort" eine Beziehung zwischen seinen organischen Beschwerden und seinen Gedanken und Gefühlen, die er durch Worte nur schwer ausdrücken konnte, herzustellen. Die Geschichte beschäftigte ihn über längere Zeit. In gewisser Weise zeichnete sie die Strategie seiner Behandlung vor, deren wesentliche Züge auf eine Zielerweiterung hinausliefen. Um vom Symptom zum Konflikt zu kommen, gab ich ihm eine positive Interpretation seiner Beschwerden: "Ich habe den Eindruck, daß Sie mit vielen

263

Belastungen konfrontiert worden sind und sie sich zu Herzen genommen haben (...)." Der Patient reagierte so: "Wenn ich daran denke, was ich alles zu bewältigen habe, schlägt mir oft das Herz bis zum Hals (...)." Auf die Frage, was alles in den letzten 5−10 Jahren auf ihn zugekommen sei, zählte der Patient 11 Punkte auf, die ich hier chronologisch zusammenfasse:

1) 1979 Geburt der 2. Tochter. Die Ehefrau war von diesem Zeitpunkt mit ihrer Mutterrolle ganz ausgefüllt, und die Ehe des Patienten litt mit den Jahren im körperlichen Bereich und im Kontaktbereich durch den Rückzug der Ehefrau.

2) 1981 Wechsel der Arbeitsstelle, nach einem halben Jahr jedoch die Erkenntnis, daß ein weiterer Aufstieg nicht möglich war.

3) 1983: Auf der Suche nach einem Hobby, das ihn ausfüllt (früher aktiver Sportler), beginnt er mit Drachenfliegen.

4) 1985 Gründung eines eigenen Geschäfts, in dem die Ehefrau zunächst auch mitarbeitet.

5) November 1987: Erkenntnis, daß die Schwiegermutter nur noch wenige Monate zu leben hat. Starke zeitliche Belastung der Ehefrau und noch weniger Gemeinsamkeiten in der Ehe.

6) Februar 1988: Lungenembolie, die erst nach 10 Tagen diagnostiziert wird. Nach dem Krankenhausaufenthalt Besuch bei verschiedenen Ärzten, um eine Erklärung für die Embolie zu erhalten. Alle Untersuchungen verliefen negativ.

7) Juni 1988: Tod der Schwiegermutter.

8) Juni 1988: Tod des Vaters (...).

9) September 1988: Der Patient lernt eine junge Frau kennen, die sich für sein Leben und seine Hobbies interessiert. Obwohl er die Beziehung will, hat er Angst vor der "Entdeckung" und fühlt sich hin und hergerissen.

10) Seit Mitte 1988 starke berufliche Anspannung durch unerwartet guten Verkauf der Produkte, so daß er mit der Produktion der Ware nicht nachkommt. Die Freude über den Umsatzzuwachs und Erfolg wird überlagert durch zeitliche Probleme.

11) Oktober 1988: Tod der Mutter.

Er schrieb sie nach dem Erstinterview noch in meiner Praxis nieder. Dies löste bei ihm ein Aha-Erlebnis aus: "Das kann doch nicht wahr sein! Wie konnte ich das nur alles aushalten?" Aus dem Krankheitsverlauf konnte ein enger Zusammenhang zwischen beruflicher Überforderung (1988), dem Tod des Vaters und der Schwiegermutter (1988) und den Beschwerden festgestellt werden. Anfang 1989 hatte der Patient sich von seiner Familie getrennt.

Langsam wurde dem Patienten bewußt, durch welche Formen der Konflikt-verarbeitung er bisher versucht hatte, seine Probleme zu lösen.

Die starke Elterngebundenheit des Patienten wurde später zu einem Kon-fliktpotential im Sinne eines Grundkonfliktes. Dies, zumal er andererseits versuchte, sich von seinen Eltern zu lösen und zu emanzipieren. Unmittelbar vor Beginn der Symptomatik war ein derartiger Streit erfolgt, der als konflikt-hafte Aktivierung affektiv besetzter Inhalte zu einer Störung der emotionalen Beziehung zu den Eltern führte. Die Organwahl erfolgte — aufgrund der bis-her vorliegenden Daten — auf den Verlust des Vaters hin. Durch Ehepro-bleme verschärfte sich der Konflikt gleichsam im Sinne der schuldhaften Be-stätigung der bestehenden Eltern-Sohn-Problematik.

So entstand eine Chance, sich mit ihnen konstruktiv auseinanderzusetzen. Typisch für diesen Patienten war es, daß er in ungeheure Erregung geriet, wenn er einen Termin nicht einhalten konnte. Außerdem wurde er durch die "chronische Unpünktlichkeit" anderer zur Verzweiflung gebracht. Dies hatte auch viel zur "Abkühlung" seiner Ehe beigetragen. Aus diesen Gründen stand außer der Aktualfähigkeit *Einheit* (vgl. II./Kap. 39) *Pünktlichkeit* im Mittel-punkt der Therapie in der Stufe 4. Danach wurden die enttäuschende 17jähri-ge Ehebeziehung und die sexuelle Abweisung, die der Patient als narzißtische Kränkung empfand, angesprochen, damit er sich des Schattendaseins erlebter Anlehnungswünsche bewußter wurde. Im Rahmen einer Familientherapie wurde die getrennt lebende Ehefrau und die jetzige Partnerin in unterschied-lichen Sitzungen einbezogen. Mit beiden Partnerinnen wurden die depressi-ven Reaktionen im Zusammenhang mit dem Tod des Vaters und der Schwie-germutter angesprochen. So waren sie besser in der Lage, Trauerarbeit zu lei-sten. Durch eine Relativierung der Ich-Ideal-Forderungen des Patienten wur-de eine Besserung der Realitätseinsicht erreicht. Der Patient entwickelte die Fähigkeit, im beruflichen Bereich delegieren zu können. Die Berücksichti-gung der Aktualfähigkeit *Pünktlichkeit* und ihrer Bedeutung für die Streßbe-wältigung hatte einen entkrampfenden Einfluß auf die Partnerschaft, speziell auf das Sexualleben.

Die Aktualfähigkeit "Pünktlichkeit"

Definition und Entwicklung: Die Fähigkeit, eine erwartete oder vereinbarte Zeiteinteilung einzuhalten. Formen: passive Pünktlichkeit (Anpassung an vorgegebene Zeiteinteilung, erwarten, daß sich die anderen pünktlich verhal-ten); aktive Pünktlichkeit (selber Zeit planen und sich im Sinne von Pünkt-lichkeit verhalten). Während in der Psychoanalyse Sauberkeit als erste Kul-turleistung gilt, ist es in der Differenzierungsanalyse Pünktlichkeit. Die Fütte-rungs-, Säuberungs- und Schlaf-Wach-Rhythmen bestimmen die erste Zeiteinteilung des Säuglings. Im Verlauf der Entwicklung werden die Pünkt-lichkeitserwartungen und das Pünktlichkeitsverhalten durch weitere spezifi-sche Lernerfahrungen (z. B. zu spät in die Schule kommen etc.) modifiziert.

Wie fragt man danach: Wer von Ihnen (Sie oder Ihr Partner) legt mehr Wert auf Pünktlichkeit? Haben oder hatten Sie Schwierigkeiten wegen Unpünktlichkeit (mit wem)? Wie reagieren Sie, wenn jemand nicht zur vereinbarten Zeit kommt? Nehmen Sie oder Ihr Partner immer alles auf die Minute genau? Wer von Ihren Eltern (Großeltern) legte mehr Wert auf Pünktlichkeit und genaue Zeitplanung?

Synonyme und Störungen: Promptheit, Rechtzeitigkeit, Präzision, Verspätung, Aufschub, Manjana, akademisches Viertel, 5 Minuten vor 12. – Erwartungsangst, Zeitdruck, ständige Furcht vor dem Nicht-fertig-Werden, Unzuverlässigkeit, Streß, innere Unruhe.

Verhaltensregulative: keine Termine geben, ohne Terminkalender; jemandem ehrlich zu sagen, daß man keine Zeit hat, ist oft besser, als ihn warten zu lassen. Wenn jemand zu spät kommt, ist das mitunter noch besser, als wenn er gar nicht gekommen wäre. Motto: Schön, daß du trotzdem gekommen bist.

Die Therapie wurde in 26 Sitzungen abgeschlossen.

Anhang: Fragebogen zu *Herzinfarkt*

Siehe II./Kap. 17, S. 278.

17 Herzphobie
und funktionelle Herzrhythmusstörungen

Die Fähigkeit, mit dem ganzen Herzen auf Ängste und Konflikte zu reagieren und auf seine Herzensanliegen aufmerksam zu machen (Sehnsucht nach Nähe und Geborgenheit)

Definition

Als Herzphobie bezeichnet man anfallsweise auftretende Zustände von Herzstillstands- und Todesangst, verbunden mit einer Vielzahl von unterschiedlichen Herzbeschwerden, ohne daß eine organische Störung der kardialen Funktionen zu eruieren ist. Bei funktionellen Störungen der Herztätigkeit ohne organische Ursachen lassen sich Veränderungen der Herzfrequenz und Störungen des Rhythmus unterscheiden. Synonym verwendete Bezeichnungen für die Herzneurose sind nach Nutzinger (1987): Da-Costa-Syndrom, "soldiers heart", "irritable heart", "effort syndrome", funktionelles kardiovaskuläres Syndrom, neurozirkulatorische Asthenie bzw. Dystonie, Herzhypochondrie, Herzphobie, phobische bzw. hypochondrische Form der Herzneurose oder Angstneurose.

Symptomatik

Im Unterschied zu organisch bedingten Herzerkrankungen klagt der Herzphobiker über eine Vielfalt meist sehr eindringlich und bildhaft geschilderter Beschwerden: starkes Herzklopfen, Herzjagen, Extrasystolen, Druck- und Beklemmungsgefühle in der Herzgegend oder stechende, bohrende Schmerzen, die in keiner Beziehung zu einer körperlichen Anstrengung stehen, Atemnot, Blutdruckerhöhung, Schweißausbruch, Schwindel, Ohnmachtsgefühl (jedoch keine Bewußtlosigkeit), Zittern am ganzen Körper, starke Erregung, Schwächegefühl. Im Mittelpunkt der Symptomatik aber steht die Angst, an Herzversagen zu sterben. Die Symptomatik tritt meist anfallsweise auf. Ein Anfall kann bis zu 2 Stunden dauern, er klingt meist ab, sobald der Arzt kommt oder ärztliche Hilfe in Aussicht ist. Typisch ist eine chronische Verlaufsform mit Ausbildung hypochondrischer und phobischer Züge. Der Patient ist davon überzeugt, ein schweres Herzleiden zu haben. Er kann nicht mehr allein sein, er klammert sich an seine Angehörigen, muß immer einen

Arzt in der Nähe haben, er kontrolliert seine Herztätigkeit und ist in extremer Weise darauf bedacht, sich zu schonen. Fachleute schätzen den Anteil von Patienten mit funktionellen Störungen des Herz- und Kreislaufsystems auf etwa 35 % aller Patienten mit Herzbeschwerden.

Transkultureller Ansatz und Epidemiologie

— Etwa 2—5 % der amerikanischen und der westdeutschen Bevölkerung leiden nach Roth u. Luton (1943) an einer Herzphobie.
— Die Krankheit tritt bevorzugt im Alter von 20—45 Jahren auf. Das Häufigkeitsmaximum liegt bei etwa 35 Jahren. In der Stichprobe von Richter u. Beckmann (1973) betrug der Anteil der Herzphobiker zwischen 20 und 45 Jahren 84 %, der Anteil der über 45jährigen 13 %. Bei Patienten über 65 Jahre konnte bisher so gut wie keine herzphobische Erkrankung festgestellt werden.
— In der Geschlechtsverteilung scheint in den letzten Jahrzehnten eine Verschiebung stattgefunden zu haben. Bis in die 60er Jahre litten nach allgemeiner Auffassung mehr Frauen als Männer an einer Herzphobie. In neuerer Zeit wurde ein deutliches Überwiegen des männlichen Geschlechts festgestellt.

Literaturvergleich

Freud bezeichnete die Herzphobie ganz allgemein als Angstneurose, womit er die Angst als charakteristisches Symptom dieser Erkrankung besonders betonte. Auch Bräutigam u. Christian (1973) sehen zwischen dem Herz und der Angst ein unmittelbares Wechselwirkungsverhältnis. Für Jores (1981) steht die Todesangst im Mittelpunkt des klinischen Bildes. Die Inhalte der Angst sind für die genannten Autoren die Angst vor Trennungen, vor dem Verlust nahestehender Menschen, die Angst vor dem Alleinsein, die Angst vor dem Tod. Von vielen Autoren konnte als dem ersten herzphobischen Anfall vorausgehende seelische Belastung eine Trennung (durch Umzug, Krankheit, Tod usw.) nachgewiesen werden. Aufgrund umfangreicher Untersuchungen unterscheiden Richter u. Beckmann (1973) 2 Typen von Herzphobikern:

Beim Typ A, der den größten Teil der Kranken ausmacht, ist die symbiotische Abhängigkeit evident. Er klammert sich in infantiler Weise an seinen Partner. Seine Lebensbereiche sind eingeengt, er neigt zur Selbstbeobachtung, Schonverhalten herrscht vor. Depressive Symptome sind ausgeprägt. Typ B dagegen wehrt sich gegen die Abhängigkeit. Durch Überkompensation in Form von körperlicher Aktivität und Leistung versucht er gegen seine Schwäche anzugehen. Ängste und Konflikte werden verleugnet (Höflichkeit).

Sprachbilder und Volksweisheiten

Er hat ein weiches Herz; ein Herz wie Butter; sich etwas zu Herzen gehen lassen; das Herz fällt in die Hose; sein Herz verhärten; etwas auf dem Herzen haben; einem das Herz stehlen; sein Herz an etwas hängen; etwas nicht übers Herz bringen; da bleibt einem das Herz stehen; Herzklopfen haben; aus seinem Herzen keine Mördergrube machen; ein Stein fällt mir vom Herzen; etwas ans Herz legen; sich ein Herz fassen.

Geschichte: "Das passende Wort"

Siehe I./Kap. 3, S. 23.

Selbsthilfeanteil: Entwicklung von Herzphobie und funktionellen Herzrhythmusstörungen aus der Sicht der positiven Psychotherapie

a) Beschwerden und Physiologie

Es gibt eine Verbindung von Herz und Angst. Über das vegetative Nervensystem ist das Herz unmittelbar mit den Gefühlen verbunden. Aber auch auf hormonellem Weg, über eine verstärkte Adrenalinausschüttung, können Aufregungen und Konflikte zu einer Steigerung des Blutdrucks, der Herzfrequenz und damit zu vielfältigen Herzsensationen führen. Bei allen stärkeren Emotionen spricht das Herz mit; sowohl bei Liebe und Freude als auch bei Ärger, Wut und Angst. Angst vermag Herzsensationen auszulösen und umgekehrt können Herzsensationen zu Angst führen. In einem Circulus vitiosus verstärken sich beide Vorgänge und brechen schließlich im Anfall unkontrolliert durch. Wahrgenommen werden vom Patienten selbst jedoch nur die physiologischen Angstkorrelate, d. h. die körperlichen Symptome und die darauf konzentrierte Angst, nicht jedoch die zugrunde liegenden Emotionen, Konflikte und Wünsche.

b) Aktualkonflikt: 4 Formen der Konfliktverarbeitung –
psychosoziale Belastungssituation

Mit Hilfe seiner körperlichen Symptomatik erreicht der an einer Herzphobie Leidende unbewußt die Sicherung der Nähe und Zuwendung der Angehörigen. Der Bereich Körper/Sinne ist bei ihm äußerst gut besetzt; er steht im Mittelpunkt der Aufmerksamkeit, besonders was die Ästhetik angeht. Jede Empfindung und die geringste Mißempfindung werden registriert. Der Körper wird behütet und geschont, ebenso wie man es mit ihm in seiner Kindheit tat. Passivität in jeder Beziehung und Vermeidung dominieren als Verhaltensstile nach dem Motto: "Wer nichts tut, kann auch nichts falsch machen." Häufig besteht auch an der beruflichen Tätigkeit kein besonderes Interesse.

Nur ein kleiner Teil der Patienten mit Herzphobie versucht, die Anklammerungstendenzen durch forcierte Unabhängigkeitsstrebungen und verstärktes Engagement im Bereich "Leistung" zu bekämpfen, was allerdings sehr viel Kraft kostet. Eheliche Schwierigkeiten sind häufig anzutreffen. Den richtigen Abstand, der sowohl Nähe als auch Eigenständigkeit gibt, zu finden, fällt diesen Menschen schwer. Die Schwierigkeiten führen jedoch nur in wenigen Fällen zur Trennung oder Scheidung, da der an einer Herzphobie Leidende unter keinen Umständen das Alleinsein zu ertragen glaubt. Aus Angst vor einer Enttäuschung werden Kontakte zu anderen Menschen eher gemieden. Wichtig ist jedoch der Kontakt zum Arzt. Die Gewißheit, daß ein Arzt in der Nähe ist, wirkt auf den Herzphobiker schon beruhigend. Im Bereich "Phantasie" kreisen die Gedanken ständig sorgenvoll um den eigenen Körper und seine Funktionen, um Krankheit und Tod. Die Ängste haben die Tendenz, sich auszuweiten: Am Ende der Entwicklung steht die Depression: "Die Welt ist schlecht", "Das Leben hat keinen Sinn", "Was soll's?".

c) Grundkonflikt: 4 Formen der Vorbilddimensionen — Bedingungen der Frühgenese

Verfolgt man die Entwicklungsbedingungen des Patienten anhand der Vorbilddimensionen, so stößt man mit großer Regelmäßigkeit auf eine Erziehung, die eine extreme Verbundenheit, insbesondere mit der Mutter oder Großmutter, förderte, eine Differenzierung und Ablösung im Sinne einer Selbständigwerdung jedoch als gefährlich ablehnte. Die Hauptbezugspersonen werden häufig als ängstlich überbesorgt geschildert, arbeiten jedoch nicht immer miteinander, sondern benutzen das Kind als Austragungsort für ihre eigenen Ängste, Spannungen und Wünsche. Sie vermitteln dem Kind auf diese Weise einseitig ein ambivalentes oder negatives Konzept des Lebens. Vor Neuem und Unbekanntem wurde gewarnt, expansive Strebungen des Kindes unterbunden ("zu Hause weißt du, was du hast"). In der Beziehung der Eltern zueinander wurde ebenfalls auf die Anwesenheit des Partners sehr großer Wert gelegt. Das Kind lernte, daß Abwesenheit, Unabhängigkeit oder gar Trennung Ängste und Schuldgefühle auslösen können und möglichst zu vermeiden sind. Auch Kontakte zu anderen Menschen wurden als die familiäre Einheit bedrohend angesehen und deshalb nicht gepflegt. Auf Konventionen und Tradition wurde sehr geachtet. Die Phantasie, in hohem Maße entwickelt, beschäftigte sich mehr mit Vergangenem. Vorstellungen, die Zukunft betreffend, waren dagegen von Ängsten geprägt: Angst vor Krankheit, Trennung, Tod, Krieg und anderen Schicksalsschlägen. So wurde dem Kind, mit der Absicht, es vor Gefahren zu schützen und ihm Leid zu ersparen, ein eher einseitiges Lebenskonzept mitgegeben.

d) Aktual- und Grundkonzepte: innere Konfliktdynamik

Wir konnten feststellen, daß in der Anamnese von Patienten mit funktionellen Herzrhythmusstörungen neben unmittelbar wirkenden somatischen Faktoren eine Reihe von psychosozialen Bedingungen Einfluß nehmen. Dabei spielen Einstellungen, Erwartungen, Verhaltensstile und die daraus resultierenden psychosozialen Konflikte eine besondere Rolle. Herzbeschwerden nach Auseinandersetzungen im Beruf, als Folge von Erziehungsproblemen, finden sich, wie der Praktiker bestätigen kann, in auffälliger Häufigkeit. Im allgemeinen Sprachgebrauch faßt man diese Bedingungen unter dem Begriff "Streß" zusammen. Unsere Hypothese lautet: Es gibt neben den generellen, unspezifischen Stressoren spezifische, belastende Reizkonstellationen. Diese sind abhängig von den im Verlauf der Lebensgeschichte erlernten psychosozialen Normen, die als Einstellungen, Erwartungen und Verhaltensstile eng mit dem emotionalen Leben korrespondieren. Derartige (nicht in Hinsicht auf das somatische Symptom) "spezifische Stressoren" sind als wesentliche extrakardiale Ursachen von Herzrhythmusstörungen zu sehen. Bei einer Untersuchung, in der unter vergleichbaren Bedingungen Pünktlichkeits- und Ordnungssituationen induziert wurden (Peseschkian 1977a, S. 92 ff.), zeigten sich deutliche Tendenzen im Sinne unserer Hypothese. Die Reaktionsbereitschaft des Herzens gegenüber Angst und emotionaler Spannung ist schon lange bekannt.

Praktische Konsequenzen aus diesem Selbsthilfeanteil finden sich im Fragebogen am Ende dieses Kapitels.

Therapeutischer Anteil: das fünfstufige Vorgehen der positiven Psychotherapie bei Herzphobie und funktionellen Herzrhythmusstörungen

Stufe 1: Beobachtung/Distanzierung

Fallbeispiel: "Der eingebildete Kranke?"

Der Leiter einer Spezialklinik für Herzkrankheiten hatte mich zu Rate gezogen. Es ging um die Interventionsbehandlung eines Patienten, der als besonders schwierig beschrieben wurde. Seit etwa 10 Jahren zog der Patient von Klinik zu Klinik, von Arzt zu Arzt, um schwerwiegende organische Leiden bei sich ausschließen zu lassen. Eine Reihe von Operationen und größeren diagnostischen Eingriffen war bereits vorgenommen worden. Bisher hatte der Patient aus eigener Tasche etwa 700.000 DM für diese Prozeduren ausgegeben. Bei allen seinen Krankenhausaufenthalten begleitete ihn seine Frau, die ihn mütterlich umsorgte. Dieser Patient verlangte nun die Untersuchung mit einem Herzkatheter, die ihn von der Sorge befreien sollte, er habe eine koronare Verschlußkrankheit. Der Leiter der Klinik, der sich als ehemaliger Schulkamerad persönlich um diesen Patienten kümmerte, hielt diese Maßnahme für unnötig, da weder die Krankheitsgeschichte, noch die Symptomatik und die bisherigen Befunde einen Hinweis auf eine Verschlußkrankheit ergaben. Das einzige, was auf die Möglichkeit eines sklerotischen Prozesses schließen ließ, war das massive Übergewicht des Patienten und sein Bewegungsmangel. Das Behandlungsprogramm in dieser Klinik zielte darauf ab, erst einmal das Gewicht des Patienten zu reduzieren und damit diesen Risikofaktor einzugrenzen. Dies waren im wesentlichen die Informationen, die mir der behandelnde Arzt mitgeteilt hatte. Da er hinter dem Krankheitsverlauf einen psychosomatischen Zusammenhang vermutete, hielt er die Hinzuziehung eines Psychotherapeuten für erforderlich und wollte selbst an der Interventionsbehandlung teilnehmen. Diese begann um 20.00 Uhr und dauerte bis 23.00 Uhr. Der Patient lag in seinem Bett, den Oberkörper durch mehrere Kissen gestützt. Am auffälligsten war sein gewaltiger Bauch, den er offensichtlich präsentieren wollte. Um das Bett herum standen Aktentaschen voll von Notizen und medizinischer Fachliteratur. Die Frau stand zu Füßen des Bettes. Wir begrüßten uns und nahmen Platz. Insgesamt waren an diesem Gespräch 4 Personen beteiligt, der Patient, seine Frau, der behandelnde Arzt und ich.

Der Kollege stellte mich als Psychotherapeuten und Fachmann für psychosomatische Medizin vor. Obwohl der Patient ausdrücklich in meinen Besuch eingewilligt hatte, streckte er nun alle Stacheln aus. Er wisse schon, was ich wolle, das hätten andere vor mir auch schon versucht. Seine Krankheiten seien echt organisch und müßten auch als solche behandelt werden. Die Taktik des Patienten lag auf der Hand: Wenn er seine Ärzte überzeugt hätte, daß auch der Psychotherapeut ratlos vor seinen Beschwerden stünde, gäbe es keinen Grund mehr, diagnostische Eingriffe mit dem Hinweis abzulehnen, die Krankheit sei psychosomatisch.

Ich ließ mich auf das Spiel des Patienten ein und erklärte ihm, wie ich Psychosomatik verstehe, daß nämlich seelische Faktoren körperliche Krankheiten mitbedingen können und daß, über die körperliche Krankheit hinaus, andere Faktoren eine Rolle spielen. Unsere Arbeit sei es, beide Faktoren, die körperlichen und die seelischen, einzubeziehen. Damit ging ich auf die Angst des Patienten ein, der befürchten mußte, daß durch eine Psychosomatisierung sein Krankheitsbild an Prestige verlöre. Er teilte mir mit, daß er mit dieser Auffassung von Psychosomatik einverstanden sei.

Ich gab ihm zunächst einen Überblick über mein Vorgehen und wollte dann etwas mehr von ihm und seinen Beschwerden wissen. Dann wollten wir gemeinsam versuchen, Beziehungen und Zusammenhänge aufzudecken und herauszufinden, welche praktische Folgerungen wir ziehen könnten. Ich erzählte dem Patienten einen orientalischen Spruch:

"Gibst du jemand einen Fisch, nährt er sich nur einmal.
Lehrst du ihn aber das Fischen, nährt er sich für immer."

Dann fragte ich ihn: "Wollen Sie einen Fisch, oder wollen Sie Fischen lernen?" "Fischen lernen", sagte er und lachte.

Dann begann er mit seiner eindrucksvollen Krankheitsgeschichte: Er habe Bauchschmerzen, die im Bauch umherwanderten. Mal seien sie im linken Unterbauch, mal im rechten, häufig habe er auch Schmerzen im rechten Oberbauch. Das sei verbunden mit Übelkeit, Brechreiz und Kreislaufbeschwerden. In der letzten Zeit habe er Schmerzen in der Schultergegend, die bis in die Arme hinunterzögen. Er befürchte, daß es das Herz sei. Auch im Nackenkopfbereich habe er Schmerzen, die er kaum aushalten könne. Er nahm die Gelegenheit wahr und erzählte, welche Stationen der Medizin er bereits durchlaufen habe, welche Untersuchungen und Operationen bereits gemacht worden seien (...).

In diesem Zusammenhang erfragte ich die wichtigsten lebensgeschichtlichen Daten: Der Patient war 50 Jahre alt, hatte eine 3 Jahre ältere Schwester, war kinderlos verheiratet, von Beruf Kaufmann. Seine Mutter starb 1973, sein Vater 1974. Die Beschwerden seien erstmalig 1970 nach einer Gallenoperation, bei der die Gallenblase wegen Steinbildung entfernt worden sei, aufgetreten.

"Sie haben nicht etwas am Herzen, sondern auf dem Herzen. Ich finde es großartig, daß Sie so auf Ihre Gesundheit achten. Es muß sicher sehr viel in der letzten Zeit auf Sie zugekommen sein, nach dem Motto 'Steter Tropfen höhlt den Stein!'." Der Patient, jetzt merklich interessiert, antwortete: "Und ob! Wenn Sie wüßten, was alles passiert ist und was ständig auf mich zukommt!"

Stufe 2: Inventarisierung

Ich brachte mich in das Gespräch selbst mit ein: "Wie Sie ja sicherlich wissen, komme ich aus Persien und habe hier in Deutschland studiert. Dabei habe ich mich v. a. damit beschäftigt, auf welche Weise Menschen in verschiedenen Kulturen ihre Probleme und Schwierigkeiten verarbeiten." Ich zeigte ihm das Modell der 4 Konfliktverarbeitungsbereiche (Abb. 1), erklärte es kurz und fragte: "Wie verarbeiten Sie Ihre Probleme?" Er deutete mit dem Finger auf die Bereich Körper und Phantasie und sagte: "Damit".

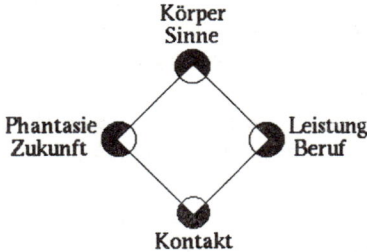

Abb. 1. 4 Formen der Konfliktverarbeitung (aus Peseschkian 1988a, S. 32)

Ich wandte mich seiner Frau zu und ließ sie ihre eigenen Konfliktverarbeitungsformen darstellen. Sie wählte die Bereiche Kontakt und Phantasie und gab einige Erklärungen: "Ich lege sehr viel Wert auf Kontakt, und zwar auf Kontakt mit meinem Mann. Mit ihm bin ich den ganzen Tag zusammen und stimme alles, was ich mache, mit ihm ab. Kontakt mit anderen Leuten habe ich wenig, auch früher schon, als mein Mann und ich noch berufstätig waren. Mein Mann war abends immer so müde, daß man ihm die Belastung durch die Gäste nicht zumuten konnte." Zum Bereich Phantasie sagte sie nichts, gab aber durch ihr Lächeln und ein etwas verschämtes Wegblicken zu verstehen, daß sich in diesem Bereich sehr viel tut.

Ihr Mann nahm den Ball auf und sprach davon, daß er früher sehr viel im Beruf zu tun gehabt hätte, jetzt durch seine Krankheit beruflich aber nichts mehr mache. Ganz habe er sich noch nicht zur Ruhe gesetzt, er erledige seine Korrespondenz vom Krankenlager aus. Außerdem lese er jetzt viel. Er deutete dabei auf die medizinische Fachliteratur um ihn herum.

Ich faßte die Äußerungen zu den 4 Formen der Konfliktverarbeitung zusammen: "Sie haben die Bereiche Phantasie und Körper gut entwickelt. Mit ihrer Frau treffen Sie sich v. a. im Bereich Phantasie. Die beiden anderen Bereiche Leistung/Beruf und Kontakt haben für Sie allem Anschein nach keine zu große Bedeutung mehr." Der Patient kommentierte dies: "Wie soll ich das auch schaffen, wenn ich krank bin."

Ich erklärte weiter: "Sie richten Ihre ganze Kraft, Ihre Energie und Ihren Fleiß auf Ihren Körper. Auch der Kontakt, den Sie haben, ist auf den Körper bezogen: Ihre Frau, die Sie pflegt, die Ärzte, das Krankenhauspersonal usw. Ihre Frau hat, wie sie selbst sagte, Ihr Konzept noch verstärkt." Die Beteiligten nahmen die Zeichnung in die Hand, nickten sich zu und gaben mir zu verstehen, daß diese Beschreibung für sie zutreffe.

Von hier aus versuchte ich, den Grundkonflikt durchsichtiger zu machen. "Was war das Motto bei Ihnen zu Hause? Hieß es: 'Was auf den Tisch kommt, wird gegessen!', 'Kannst du was, dann bist du was!' oder 'Was sagen die Leute?'?" Er nannte kein Konzept, deutete aber auf den Bereich Fleiß/Leistung und sagte: "Das war wichtig. Meine Mutter hat v. a. Wert darauf gelegt. Schlechte Noten gab's bei mir nicht. Im Beruf hat auch alles so geklappt, wie ich es wollte. Früher war ich Angestellter in guter Position. Seitdem ich krank bin, ging das aber nicht mehr. Ich habe mich als Finanzmakler selbständig gemacht." Dabei kam der Zusammenhang mit einem manifesten Krankheitsgewinn zutage. Der Patient hatte in seinen Ärzten zugleich seine potentiellen Kunden um sich versammelt, denen er Immobilien oder Beteiligungen anbieten konnte. So hatte er aus der Not eine Tugend gemacht, die bisher alle Therapiebemühungen vereitelte. Schließlich erfüllte seine Krankheit einen Zweck, auch wenn sie für ihn Leiden bedeutete. Daneben fanden sich Anhaltspunkte für einen sekundären Krankheitsgewinn: Durch seine Symptome und sein Geld verpflichtete er eine Menge Menschen, sich um ihn zu kümmern und sich seiner persönlichsten körperlichen Nöte anzunehmen. Nach seinen Lieblingsautoren befragt, nannte er spontan Schopenhauer und Nietzsche und zitierte den Aphorismus von Nietzsche: "Das Leben ist sinnlos, und das Sinnlose ist ewig." Die Bedeutung des Spruches sei, daß das Leben nur Leiden heiße, was der Patient für sich mit erschreckender Konsequenz verwirklicht hatte. Mit Schönfärberei habe er nichts im Sinn, er lese eigentlich nur solche nihilistischen Bücher, weil sie ihm viel ehrlicher und wahrer vorkämen.

Seine Frau und der Arzt hörten aufmerksam zu. Ich beschäftigte mich weiterhin mit dem Patienten als Hauptperson, dessen Vertrauen und Aufgeschlossenheit ich für die weitere Behandlung brauchen würde. Wir kamen nun auf die emotionalen Beziehungen zu sprechen, das Verhältnis zu seinen Eltern, zu seiner Schwester, das Verhältnis der Eltern zueinander, ihre Beziehung zu anderen Menschen und schließlich die Beziehung zu Religion und Weltanschauung.

Er habe eine starke Beziehung zu seiner Mutter gehabt. Der Vater sei oft auf Dienstreisen gewesen und habe sich als schrecklicher Tyrann benommen. Er sei von seinem Vater häufig in der Toilette eingesperrt worden. Bei jeder Kleinigkeit habe der Vater gebrüllt und geschrien. Während seine Schwester das Lieblingskind des Vaters gewesen sei, habe er sich mit der Mutter besser verstanden. Sie sei sehr geduldig gewesen und habe viel Rücksicht auf ihn genommen. Der Tod seiner Eltern so kurz hintereinander sei ein schwerer Schock gewesen. Sowohl beim Tod des Vaters als auch beim Tod der Mutter sei er im Krankenhaus gewesen und habe nicht einmal mit zur Beerdigung gehen können. Auch im weiteren Gespräch wiederholte er mehrmals, daß er darunter sehr leide. Er habe es kaum mit ansehen können, wie ungerecht seine Mutter von dem Familientyrannen behandelt worden sei. Zwischen den Verwandten seiner Mutter und dem Vater sei es häufig zu Auseinandersetzungen gekommen, bei denen er zwischen 2 Stühlen gesessen habe, da er finanziell von seinem Onkel sehr unterstützt wurde, andererseits sein Vater ihn zur Solidarität mit ihm aufforderte.

Die Mutter habe sich immer Gäste gewünscht, der Vater habe seine Ruhe haben wollen, worauf die Mutter nachgegeben habe, was so ihre Art gewesen sei. Wahrscheinlich sei dies der Grund dafür gewesen, daß sie mit niemandem Auseinandersetzungen und Schwierigkeiten gehabt hätte. Früher habe er ein positives Verhältnis zur Religion gehabt, heute sei er Nihilist, während seine Frau begänne, sich mit solchen Sachen zu beschäftigen. "Wenn man so lange krank ist und die Ungerechtigkeiten in der Welt sieht, verliert man seinen Glauben."

Es schien so, als habe der Patient mehrere Bezugspersonen aus seiner Kindheit in seine Persönlichkeit einbezogen: die nachgiebige, besorgte Mutter, die jederzeit im Gesundheitsbuch nachlas, ob die Krankheit des Sohnes etwas Schlimmes sei, den strengen Vater, der Religion für Unsinn hielt und die Ungerechtigkeiten in der Welt anklagte, und den geschäftstüchtigen Onkel, dessen Fähigkeiten seiner eigenen Geschäftstüchtigkeit entsprach. Sie alle kümmerten sich um ihn, der mit seiner Krankheit den Mittelpunkt allen Geschehens bildete. Neben dieser imaginären Gesellschaft scharte er seine Frau, ein nahezu vollkommenes Abbild seiner Mutter, und die Ärzteschaft um sich, die etwas von einem guten Vater an sich hatte, der sich um ihn kümmerte, zu dem aber das Vertrauen nicht groß genug war, als daß er sich ihm bedingungslos ausgeliefert hätte.

Von hier kamen wir auf das differenzierungsanalytische Inventar (DAI; Peseschkian 1977a, S. 70), in dem die Beziehung der Aktualfähigkeiten der beiden Eheleute zueinander erfragt wurde. Es ergaben sich folgende Konflikt- bereiche:

Ordnung: "Meine Frau legt viel mehr Wert auf Ordnung als ich. Wie oft habe ich meine Sachen gesucht und nicht gefunden, weil meine Frau alles sofort wegräumt ..." Seine Frau rechtfertigte sich damit, daß man in einem Haushalt doch Ordnung machen müsse.

Pünktlichkeit: "Hierfür bin ich zuständig. Mein Mann meint immer, es käme auf 10 Minuten nicht an. Ich habe von meiner Mutter gelernt, wie wichtig Pünktlichkeit ist. Wie oft bekam ich deswegen Ärger, weil ich nur 3 Minuten zu spät zum Mittagessen kam." "Bei uns war nur das Frühstück wichtig", ergänzte der Ehemann, "da mußte die ganze Familie zusammen sein. Sonst hielt es jeder, wie er wollte."

Höflichkeit/Ehrlichkeit: "Mein Mann ist viel direkter als ich, und das ist mir oft peinlich. Ich gebe sehr viel nach, aber dann explodiere ich manchmal, wenn das Faß zum Über- laufen kommt." "Ich sage, was mir nicht paßt", kommentierte ihr Mann.

Fleiß/Leistung: "Ich habe wegen der Krankheit meines Mannes meinen Beruf aufgege- ben, möchte aber wieder anfangen, wenn es ihm besser geht." Dies schien der Mann nicht gern zu hören. Er beeilte sich zu erklären, daß er in seiner neuen Tätigkeit viel mehr Geld verdiene.

Gerechtigkeit: "Ich fühle mich manchmal betrogen. Die Ärzte haben immer gesagt, nach dieser oder jener Operation wäre ich 100%ig gesund. Aber das stimmt doch nicht. Ich bin immer noch krank ..." "Wenn mein Mann nicht sein Recht bekommt, geht er von Pontius zu Pilatus", ergänzte seine Frau.

Kontakt: "Aus beruflichen Gründen konnten wir beide wenig Gäste einladen. Wenn mein Mann nach Hause kam, mußte er sich doch ausruhen. Wie konnte ich da jeman- den einladen."

Sexualität: Seit einem Jahr sei es zu keinem Geschlechtsverkehr mehr gekommen, was eigentlich keiner von beiden zu bedauern schien.

Es handelte sich um eine Herzphobie mit vorwiegend psychischer Symptoma- tik bei vorwiegend aggressivzwanghafter Neurosenstruktur.

Symptomorientierung: Herzphobie, Bauchschmerzen, Übelkeit, Brechreiz, Kreislaufbeschwerden, Schulter-Arm-Beschwerden. Es ging v. a. darum, die Erlebnisverarbeitung der Störung aufzudecken und mögliche psychische und psychosoziale Komplikationen zu untersuchen. Für die Entwicklung der Stö- rung waren sowohl psychische als auch somatische Faktoren von Bedeutung. Das Zustandsbild des Patienten wies deutlich chronifizierte Züge auf. Bei Würdigung des Gesamtzustandes (Alter, Beruf, Familiensituation, psychische

Konstellation und somatischer Befund) lag eine Einseitigkeit der Konflikt-verarbeitung (Körper/Phantasie) vor. An der Entwicklung der Symptomatik waren mehrere Faktoren kumulativ beteiligt.

Stufe 3: Situative Ermutigung

Meine bisherige Aufgabe hatte darin bestanden, zusammen mit dem Patien-ten und seiner Frau die Grundlage für die situative Ermutigung zu erarbeiten und Gemeinsamkeiten sowie Unterschiede in den 4 Formen der Konfliktver-arbeitung und bei den Aktualfähigkeiten zwischen den Ehepartnern herauszuarbeiten. Durch diese Vorgehensweise fühlte sich der Patient akzeptiert. Die Einbeziehung seiner Frau in dieses Konzept ermöglichte es beiden, nicht nur über die Krankheit des Mannes zu sprechen, sondern sich auch mit anderen Bereichen zu befassen. Auf diese Weise war es möglich, den Sinn der Krankheit unter einem erweiterten und umfassenden Gesichtspunkt zu sehen und die bisher wenig besetzten Bereiche in den Lebensplan (Zukunft) einzubeziehen.

Stufe 4: Verbalisierung

Die im differenzierungsanalytischen Inventar (DAI; Peseschkian 1977a, S. 70, 135) erhobenen Aktualfähigkeiten wie *Fleiß/Leistung* (vgl. II./Kap. 9), *Ord-nung* (vgl. II./Kap. 19), *Pünktlichkeit* (vgl. II./Kap. 16), *Höflichkeit − Ehrlich-keit* (vgl. II./Kap. 26/5) und *Gerechtigkeit* (vgl. II./Kap. 1) wurden noch einmal angesprochen, um die Rolle der Mikrotraumen im Alltagsleben transparent zu machen.

Stufe 5: Zielerweiterung

Da es sich um eine einmalige Intervention handelte, bestand das Ziel dieser Stufe darin, den Patienten zu motivieren, in seiner Heimatstadt einen Psycho-therapeuten zu konsultieren. Dabei konnte seine Frau ihn unterstützen, da sie das Krankheitsbild unter neuen Perspektiven sah. Die subjektive Vorstellung von der gemeinsamen Zukunft war nicht mehr abstrakt, sondern an konkre-ten Inhalten orientiert. Da das Ehepaar für Sprachbilder aufgeschlossen war, erzählte ich ihm zum Abschluß die Geschichte "Das passende Wort" und "Eine Fabel auf den Weg". Beide Partner sprachen auf diese Geschichten gut an und hatten genügend Zeit, die psychosomatischen Zusammenhänge besser zu verstehen.

Anhang: Fragebogen zu *Herzinfarkt und funktionellen Herzrhythmusstörungen*

Name: .... Nr.: .... Datum:................................

Körper/Sinne – Beruf/Leistung – Kontakt – Phantasie/Zukunft

1) Haben Sie "das Herz auf dem rechten Fleck"? Machen Sie aus "Ihrem Herzen keine Mördergrube"? Fallen Ihnen noch andere Sprichworte zu Ihrer Erkrankung ein? Was sagen Ihnen diese Volksweisheiten?
2) Wer hat Sie wann über Ihre Krankheit informiert?
3) Treiben Sie Sport? Kennen Sie das Intervalltraining?
4) Nehmen Sie regelmäßig die verordneten Medikamente? Wie stehen Sie zur Einnahme von Medikamenten? Wissen Sie, wie die Medikamente wirken, was Sie von ihnen erwarten können und welche Nebenwirkungen möglich sind?
5) Haben Sie öfters Auseinandersetzungen im Beruf? Hat dies einen Einfluß auf Ihren Herzrhythmus oder auf Ihre Angst?
6) Fühlen Sie sich überfordert? Oder unterfordert?
7) Schonen Sie Ihren Körper übermäßig?
8) Kontrollieren Sie häufig Ihre Herztätigkeit?
9) Sprechen Sie mit Ihrem Partner vorwiegend über Gesundheit und Angst? Gibt es auch andere Gesprächsthemen? (Welche?)
10) Haben Sie Probleme in Ihrer Partnerschaft? Kreisen diese um "Kleinigkeiten" des Alltags? Geht es um Beziehungsprobleme wie Zeit haben, Geduld, Vertrauen, Hoffnung, Zärtlichkeit, Sexualität?
11) Pflegen Sie Kontakte zu Menschen außerhalb Ihrer Familie?
12) Kreisen Ihre Gedanken um den eigenen Körper?
13) Reizt Neues und Unbekanntes Sie, das Problem zu lösen? Oder sind Vorstellungen, die die Zukunft betreffen, eher von Ängsten geprägt? Beschäftigt sich Ihre Phantasie eher mit der Vergangenheit?
14) Was ist für Sie der Sinn des Lebens (Antrieb, Ziele, Motivation, Lebensplan, Sinn von Krankheit und Tod, Leben nach dem Tod)?
15) Akzeptieren Sie Ihre Beschwerden auch als Chance, bisher nicht erlebte Bereiche (Körper/Sinne, Beruf/Leistung, Kontakt, Phantasie/Zukunft) zu entwickeln?
16) Hat Ihr Partner Trennungswünsche geäußert?

18 Hypertonie und Hypotonie

Die Fähigkeit, auf permanenten äußeren Druck, mit einer Erhöhung des inneren Drucks, des Blutdrucks, zu reagieren

Die Fähigkeit, mit seinen Kräften sehr sparsam umzugehen und auf äußeren Druck mit Blutdrucksenkung zu reagieren

Definition

Die WHO definiert systolische Blutdruckwerte zwischen 140 und 160 mm Hg und diastolische Werte zwischen 90 und 95 mm Hg als Grenzbereich, darunterliegende als Normalwerte und höhere als Hypertonie. Eine essentielle Hypertonie wird nur dann diagnostiziert, wenn die Erkrankung nicht auf ein Nieren- oder Herzleiden oder eine hormonelle Störung zurückzuführen ist. Etwa 80 % der Hypertonien werden als "essentiell" klassifiziert. Ursachen der essentiellen Hypertonie sind nach Pschyrembel (1989) nervöse, hormonelle und konstitutionelle Faktoren. Sie entwickeln sich häufig auf der Basis einer kurzdauernden emotionellen, einer juvenilen oder einer klimakterischen Hypertonie.

Bei der sog. essentiellen oder selbständigen Hypotonie liegen die Blutdruckwerte konstant unter 100/60 mm Hg.

Symptomatik

Da ein hoher Blutdruck zunächst keine charakteristischen Beschwerden macht, gibt es viele Menschen, die hochdruckkrank sind und es gar nicht wissen. Wenn überhaupt über Mißempfindungen geklagt wird, so sind es im Anfangsstadium Kopfschmerzen, Schwindel, Sehstörungen, Ohrensausen, Herzklopfen, Reizbarkeit u. a. m.

Typische Symptome des niedrigen Blutdrucks sind: Schwarzwerden vor den Augen beim Aufstehen oder längerem Stehen, Schwindel, Ohrensausen, Gähnen, Herzklopfen und -stolpern und Kollapsneigung.

Transkultureller Ansatz und Epidemiologie

– Die essentielle Hypertonie gehört, wenn man die hohe Dunkelziffer mit berücksichtigt, zu den häufigsten Krankheiten in den industrialisierten Ländern.
– In Deutschland (ehem. BRD) haben 6,3 Mio. Menschen eine Hypertonie, d. h. jeder 10. Erwachsene weist den Risikofaktor Hypertonie auf.
– In den USA leiden 25 % der Männer und 46,6 % der Frauen über dem 60. Lebensjahr an Bluthochdruck. Bei den Schwarzen der USA – insbesondere in den Großstädten – ist die Hypertonie wesentlich häufiger als bei den Weißen; bei den Schwarzen in Afrika dagegen sehr selten. Da die rassische Konstitution diese Differenz nicht erklären kann, vermutet Alexander (1971), daß die zur Anpassung erforderliche Selbstbeherrschung der entscheidende ätiologische Faktor ist. Für Harburg et al. (1973) ist es die unterdrückte Feindseligkeit infolge der Diskriminierung und Unterprivilegierung, die zu höheren Blutdruckwerten bei den Schwarzen führt.

Literaturvergleich

In zahlreichen Untersuchungen sowohl mit Tieren als auch mit Menschen konnte nach Cocherane (1971), Groen et al. (1971), Angermeier u. Peters (1973), Cannon (1953) und Reindell et al. (1971) gezeigt werden, daß unter Angst, Wut und Ärger der Blutdruck ansteigt, und daß chronische emotionale Belastungen zu einer dauernden Blutdruckerhöhung führen können.

Übereinstimmung herrscht nach Battegay et al. (1984) bei nahezu allen Autoren darin, daß beim Hypertoniker eine mit Angst verbundene chronisch gehemmte Aggressivität besteht.

Als charakteristisch für den Hypertoniker wird nach Groen et al. (1971) eine zwanghafte Persönlichkeitsstruktur beschrieben, durch die er oft in innere und äußere Knflikte gerät, und die es ihm schwer macht, sich emotional zu entlasten.

Nach Herrmann et al. (1989) "kann die Tatsache, daß die essentielle Hypertonie familiär gehäuft auftritt, auch im Sinne einer 'psychologischen Vererbung' (Freud) interpretiert werden." Experimentelle Untersuchungen von Hodapp u. Weyer (1982) zeigen, daß Hypertoniker bereits in Situationen zu Blutdruckanstiegen neigen, die bei Normotonikern noch keine Veränderungen hervorrufen. Uexküll u. Wick (1962) gehen von einem Phänomen der "Situationshypertonie" aus und fanden 5 verschiedene Anteile.

Sprachbilder und Volksweisheiten

Unter Druck stehen; Dampf ablassen; es kocht einem das Blut; an die Decke gehen; auf 180 sein; da geht einem der Hut hoch; ich könnte vor Wut platzen; es dröhnt mir in den Ohren; Druck erzeugt Gegendruck; Druck dahinter setzen; Dampf machen.

Schwach werden; sich ohnmächtig fühlen; zusammenklappen; die Stimmung ist ganz unten; total down sein; das haut einen um; seelisches Tief.

Geschichte: "Die milchspendende und -verschwendende Kuh"

Im Orient ist eine Kuh bekannt, die täglich mehrere Eimer Milch spendete. Mit Begeisterung hatte der Bauer die vollen Eimer nebeneinandergestellt. Er war glücklich, im Besitz einer solchen Kuh zu sein. Voll Stolz zeigte er das Ergebnis seinen Freunden und Nachbarn. In diesem Augenblick stieß die Kuh mit einem Fußtritt alle Eimer um und verschwendete so die kostbare Milch. So war sie zum Spielverderber für alle geworden.

Selbsthilfeanteil: Entwicklung von Hypertonie und Hypotonie aus der Sicht der positiven Psychotherapie

Die Enge und Weite der Blutgefäße wird auch durch das vegetative Nervensystem, welches in enger Verbindung mit unseren Emotionen steht, reguliert. Umgekehrt können psychische Erregungen jederzeit zu einer Kontraktion der Ringmuskeln der Arterien führen und damit eine Blutdrucksteigerung bewirken. So können sich umgekehrt psychische Belastungen über den ausbleibenden oder ungenügenden Antrieb des sympathischen Nervensystems auch senkend auf den Blutdruck auswirken.

Die Erhöhung des Blutdrucks läßt sich zunächst als sinnvolle Reaktion verstehen: Der Körper wird in Alarmbereitschaft versetzt; er läuft auf Hochtouren und ist für eine körperliche Auseinandersetzung, die Muskelkraft und schnelles Reagieren erfordert, bestens vorbereitet, und zum anderen vermag der erhöhte Druck des arteriellen Blutes drohenden Blutverlust (etwa im Kampf) schneller auszugleichen. Kommt es aber nun aufgrund irgendeiner Hemmung nicht zu einem Ausagieren und damit einer Abfuhr der Erregung, so persistiert der Kontraktionszustand der Gefäße und der erhöhte Blutdruck bleibt über die Frustrationssituation hinaus erhalten. Bei bestimmten langanhaltenden Konflikten und entsprechender Disposition kann dies zu einem Hochdruckleiden führen.

Den Hypertoniker vergleicht man mit einem eingesperrten Raubtier, das in ständiger Unruhe hin und her laufen muß, da es weder die Chance zum Angriff noch zur Flucht hat. Ein Mensch, der nicht gelernt hat, angemessen mit seiner Aggressivität umzugehen, überfordert sich im ständigen Bemühen, sich höflich, angepaßt und dienstfertig zu verhalten. Der Hypertoniker überlastet sich aus einem unterschwelligen Ehrgeiz, er möchte alles 100%ig machen, er kann Arbeit nicht delegieren. Er kommt im beruflichen Bereich oft nicht so voran, wie er es möchte, da er seine Vorstellungen und Erwartungen nicht durchsetzen kann. Äußerlich erscheint er bescheiden, nachgiebig und sogar sanftmütig. Die Höflichkeit im Umgang mit anderen wirkt jedoch stets

gespannt. Er wirkt beherrscht, aber nicht gelassen. Er fühlt sich ständig verpflichtet, irgend etwas zu tun. Was andere Menschen von ihm erwarten oder
über ihn sagen, ist ihm sehr wichtig. Er sucht ihr Wohlwollen durch Leistung
und Überanpassung zu gewinnen. Kontaktschwierigkeiten allgemeiner Art
sowie Störungen im sexuellen Bereich ist damit der Weg bereitet. Im 4.
Bereich der Konfliktverarbeitung, im Bereich der Phantasie, finden wir die
unruhige Form der Auseinandersetzung mit der Phantasie, d. h. die agitierte
Depression, wobei die Nervosität im positiven Sinne als Suchen − aber noch
nicht als Wissen vom Was und Wo − gedeutet werden kann.

Der Hypotoniker neigt bei Konflikten zum Rückzug in die passive Ecke
des Bereiches Körper/Sinne nach dem Motto: "Jede Bewegung schwächt." Im
Bereich Leistung fühlt er sich oft den Anforderungen nicht gewachsen oder
überlastet. Kontakte werden als anstrengend und zeitraubend und als finanziell belastend empfunden und daher nicht gepflegt. Die Beschäftigung mit
der Phantasie ist sehr ausgeprägt: Es wird viel nachgedacht, gegrübelt und
geträumt.

Die Eltern von Hypertonikern werden mit großer Regelmäßigkeit als
leistungsfordernd, kontrollierend und wenig Zuneigung und Bestätigung
gebend geschildert. Sie erwarteten vom Kind Gefügigkeit und Gehorsam bei
einem strengen und starren Erziehungsklima. Die Erfahrung, durch aggressives Verhalten die Liebe der Eltern zu verlieren, machten viele spätere Hoch-
druckkranke, wodurch sie sich bemühten, ihre aggressiven Regungen zukünftig zu unterdrücken. Die Beziehung der Eltern zueinander ließ Zärtlichkeit
vermissen. Gefühle und Konflikte wurden verdrängt und überspielt. Fortlau-
fende Probleme zwischen den Eltern, Trennungen und Scheidung erforderten
vom Kind eine überhöhte Anpassung (Höflichkeit im Sinne von Aggressionshemmung). Der Umgang mit anderen Menschen wurde oft von den Kriterien
Anpassung und Leistung abhängig gemacht. Im Verhältnis zum Ur-Wir stößt
man häufig auf Gleichgültigkeit oder gar Abwehr religiöser Themen und auf
eine ambivalente Weltanschauung. Man arbeitet und spart z. B. für die Zukunft und sagt: "Wer weiß schon, was später ist, es hat doch alles keinen Sinn."

Elterliche Konzepte wie "Gäste machen Arbeit und kosten Geld", "der Klügere gibt nach", "Hauptsache, ich habe meine Ruhe" und "Ruhe ist die erste
Bürgerpflicht" stehen bei Hypotoniepatienten im Vordergrund.

Redensarten wie "unter Druck stehen", "auf 180 sein", "es kocht einem das
Blut" und "an die Decke gehen" charakterisieren treffend den Zusammenhang
zwischen "unterdrückter" Wut, Ärger und Blutdruckanstieg.

Als für den Hypertoniker typische Konzepte, die ihm schon als Kind im
Elternhaus mitgegeben und vorgelebt wurden, findet man immer wieder: "Paß
auf", "hab acht", "bereit sein ist alles", "erst kommen die anderen" oder "nur
wenn du schön brav bist, haben wir dich auch lieb". Die im Verlauf der Sozialisation besonders betonten und daher stark ausgeprägten Aktualfähigkeiten
sind *Höflichkeit* ("Für mich zählt nur ein Mensch, der sich gut benimmt"),

Gehorsam ("Es ist notwendig, sich anzupassen und Verzicht zu leisten"), *Fleiß/Leistung, Gerechtigkeit* und *Zuverlässigkeit.* Ausbaufähig sind v. a. *Ehrlichkeit — Höflichkeit, Geduld, Zeit, Vertrauen* und *Verbundenheit.*

Aus psychologischer Sicht ist die Ohnmacht als Schutzreaktion aufzufassen. Reflexartig entzieht sich der Mensch einer unerträglichen Spannungssituation. Wir interpretieren die Hypotonie unserem positiven Konzept gemäß als Fähigkeit, mit seinen Kräften sehr sparsam umzugehen und auf äußeren Druck mit einer Blutdrucksenkung zu reagieren. Entwicklungsmöglichkeiten bieten sich besonders im Bereich Körper/Sinne, im Kontakt- und Phantasiebereich (Umgang mit Überraschungen und vermehrten Alternativen) an.

Praktische Konsequenzen aus diesem Selbsthilfeanteil finden sich im Fragebogen am Ende dieses Kapitels.

Therapeutischer Anteil: das fünfstufige Vorgehen der positiven Psychotherapie bei Hypertonie und Hypotonie

Symptomorientierung:

Patient, Beamter in hoher Position: Bluthochdruck seit 5 Jahren, Schlaflosigkeit, innere Unruhe, Angst vor anderen Menschen, Konzentrationsstörungen, Angst vor der Zukunft, Mangel an Spontaneität.

Ehefrau: Niedriger Blutdruck, Platzangst, Panik, Depressionen, Gedanken an Tod.

Um den Zusammenhang zwischen dem Bluthochdruck und den anderen Symptomen des Patienten einerseits und der familiären Problematik andererseits zu verdeutlichen, bringe ich aus der fünfstufigen positiven Psychotherapie Aspekte, die mit beiden Partnern zu tun haben. Die positive Deutung, er reagiere auf permanenten äußeren Druck mit einer Erhöhung des inneren Drucks, veranlaßte den Patienten, "die Geschichte meiner Ehe" niederzuschreiben.

Fallbeispiel: "Die Geschichte meiner Ehe"

Als ich meine Frau kennenlernte, war sie die Geliebte eines verheirateten Bekannten. Diese Liebe hatte bereits 3 Jahre gedauert. Noch vor unserer Hochzeit riet mir meine Frau, wegen der sexuellen Probleme mit meinem Psychotherapeuten zu sprechen. Auf die Frage nach dem Grund sagte sie nur immer wieder: das müsse man fühlen. Sie hat mich monatelang bedrängt, wegen meiner ständigen Potenzprobleme meine Phimose operieren zu lassen. Sie sagte einmal, beschnittene Männer seien wohl doch die besseren Liebhaber. Da ließ ich es machen. Hinterher merkte ich, daß nun eigentlich gar nichts mehr ging. Ich war trotz meiner 28 Jahre noch sehr unerfahren, geriet in Panik und glaubte, es läge daran, daß ich meine Frau noch nicht bis zum Orgasmus führen konnte. Als der Therapeut nach einigen Sitzungen Vorschläge machte (mehr Draufgängertum), lehnte meine Frau ab und meinte vielmehr, der Mann müsse seine Frau jedes Mal wieder neu verführen – alles andere sei Vergewaltigung in der Ehe. Wir waren inzwischen verheiratet, und ich gab mit ihrer Kenntnis die Therapie auf, denn auch ich wußte nicht mehr, wie es weitergehen sollte. Auf meine zaghaften Fragen erwiderte sie damals und später immer wieder, dies seien Probleme, die vor ihrer Zeit gelegen hätten, und ich müsse selbst sehen, wie ich da rauskomme. Unsere Gespräche beschränkten sich immer mehr auf sachliche Themen. Wir hatten 6 Monate nach dem Kennenlernen geheiratet. Meine Frau wollte unbedingt gleich Kinder haben und legte daher ihr 2. Staatsexamen als Lehrerin nicht mehr ab. Vier Monate nach der Hochzeit begann die 1. Schwangerschaft, es war eine schwierige Schwangerschaft und eine schwere Geburt: Zwillinge. 1972 kam das 3. Kind; es sollte sich sehr viel später herausstellen, daß dieses Kind – wahrscheinlich wegen eines Geburtsstillstandes – eine geistige Behinderung hatte. Es begann eine schlimme Zeit für uns ...

Ehefrau: "Nach der Heirat blieb ich im Beruf in H. und zog erst zu meinem Mann nach M., als die Zwillinge geboren werden sollten. Ich fühlte mich schnell sehr einsam und fand nur langsam Kontakt. Mein Mann brachte niemanden außer seinen Eltern nach Hause. Ich fand das schrecklich, ich war viele Menschen gewöhnt, und nach der ersten vollbeschäftigten Zeit durch die Zwillinge fiel ich in ein ziemliches Loch. Ich wollte meine Kinder selbst erziehen und sehnte mich nach meinem Beruf. Unser 3. Kind kam. In die Freude mischte sich viel Kummer, K. war nicht gesund."

Patient: "In dieser Zeit hatte ich eine Freundschaft zu einem Kollegen geschlossen, die dann auf unsere beiden Ehefrauen ausgedehnt wurde. Meine anfängliche Offenheit verwandelte sich in wahnsinnige Ängste, als ich merkte, wie sich dieser "beste Freund" um meine Frau bemühte."

Ehefrau: "Meine Ehe wurde immer langweiliger, ich verliebte mich, zunächst ohne daran zu denken, eines Tages auszuscheren. Ich war sehr gefangen und sehr ausschließlich, ich litt sehr und stellte mir dann doch vor, diese neue Beziehung eines Tages gegen die Ehe einzutauschen. Zweigleisig konnte ich auf Dauer nicht fahren. Ich versuchte immer wieder loszukommen. Eigentlich erst seit einigen Monaten bin ich sehr wütend auf diesen Mann, der 'natürlich' zu seiner Frau zurückgegangen ist!"

Patient: "Allerdings hatte ich seit dieser Zeit Ängste. Ich beobachtete meine Frau nicht (im Sinne von bespitzeln), weil ich ihr vertraute. Aber ich leide seit dieser Zeit an essentiellem Bluthochdruck. Noch immer aber glaubte ich, es handele sich nur um eine Gefährdung meiner Ehe. Es kam zu Spannungen zwischen der Frau des Freundes und meiner Frau. Ich hatte Depressionen – ohne zu wissen, was das war. Wir begannen eine weitere Psychotherapie, diesmal eine Familientherapie – ich hatte viel guten Willen, begriff aber überhaupt nichts, meine Frau sprach das Problem nicht aus. Nach einer Reihe von Sitzungen brachen wir auf Verlangen meiner Frau ab. Ich versenkte mich ganz in meinen Beruf – dort wenigstens war ich anerkannt. Mein neuer Job hat mich auf Monate hin gefesselt und von den häuslichen Problemen abgelenkt. Dieses Hochgefühl muß meine Warnsysteme betäubt haben, denn ich nahm an einem Wiedersehen früherer Freunde teil, bei dem auch der erste Geliebte meiner Frau anwesend sein sollte."

Ehefrau: "Ich war nie in meinen Mann so verliebt, fühlte mich nie körperlich so angezogen, wie es bei meinem ersten Geliebten und dem verheirateten Freund war. Ob es das Gefühl des Unerreichbaren ist, was diese Männer so begehrenswert machte?"

Patient: "Wenige Tage danach stieß mich meine Frau von sich, als ich sie umarmen wollte, und sagte, sie fühle sich bedrängt. Im Bett wandte sie sich von mir ab. Sie sagte — und berief sich dabei auf eine Bekannte —, wenn eine Frau sich um ihre schwerkranke Mutter kümmern müsse, wie sie, und dazu ein behindertes Kind habe, müsse der Mann eben zurückstehen."

Ehefrau: "Die großen Kinder gingen aus dem Haus, ich blieb zurück mit dem Ehemann, bei dem ich mich nicht wohlfühle, dem Jüngsten, der behindert ist und viel Kraft kostet(e), einer sehr kranken Mutter, die ich pflegte und die in dem Jahr einen Schlaganfall hatte und endgültig bettlägerig wurde. Die Parkinson-Krankheit, die die Mutter, seit 1970 erkrankt, hat, ist für Angehörige auch schlimm, ich war oft ganz entkräftet."

Patient: "Ich begann wieder zu onanieren. 1986 Herzinfarkt. Im November 1987 ging meine Frau zur Kur — sie hatte bereits 1986 mit einer Psychotherapie begonnen — und verlangte, als sie zurückkam, die Trennung. Den Auszug meiner Frau empfand ich als äußerst niederschmetternd und endgültige Bestätigung meiner Minderwertigkeit."

Ehefrau: "Kur in Oberbayern, die mir sehr guttat. Im November 1987 gaben wir K. in eine antroposophische Lebensgemeinschaft, so konnte ich in Ruhe in die Kur. Ich lachte viel. Am Ende der Kur war ich entschlossen, mich von meinem Mann zu trennen. Ich sagte es, zu Hause angekommen."

Patient: "Suche den Sinn des Lebens in einer glücklichen Partnerschaft mit guten Beziehungen zu den Kindern und Einsatz für deren Wohl. Tod als Abschluß eines erfüllten Lebens. Ich glaube, daß ich in meinen Kindern weiterlebe."

Die Probleme der Partner bezogen sich inhaltlich auf verschiedene Aktualfähigkeiten:

Treueverhalten: Für den Patienten war Treue die Grundlage des partnerschaftlichen Vertrauens und das wesentliche Element seiner Ehe. Entsprechend seiner Persönlichkeitsstruktur vertrat er das Konzept "Treue bis zum Tod". Die Ablösungswünsche erlebte er als Kränkung. Die Frau entwickelte das Konzept: "Da für meinen Mann eine Scheidung nicht in Frage kommt, kann ich mir vieles ohne großes Risiko erlauben."

Leistungskonzept: Der Haushalt füllte die Frau nicht aus. Das berufliche Engagement des Ehemannes wurde als Ungerechtigkeit ihr und den Kindern gegenüber erlebt. Es entwickelte sich ein Teufelskreis: je mehr die Frau sich zurückzog, umso mehr arbeitete ihr Mann.

Kontaktbereich: Der Bekanntenkreis der Frau konzentrierte sich auf Frauen, die erhebliche Probleme in ihrer Partnerschaft hatten. Die Solidarisierung der Frauen führte dazu, daß sie miteinander, aber nicht mit ihren Partnern über ihre Probleme sprachen, was die Kommunikation weiter belastete.

Religiöser, weltanschaulicher Bereich: Durch ihre Enttäuschungen hatten sich beide Partner von ihrer Kirche abgelöst und übertrugen dies auch auf Religion allgemein. Dies führte zu einer Negierung von Sinnfragen. Durch 3 Todesfälle 1983/84 (Eltern und Schwiegervater des Patienten) entwickelte sich eine abnorme Trauerreaktion, die sich auf die Ehesituation übertrug und unverarbeitet blieb.

Für die Entwicklung der Symptomatik spielten also eine Reihe von kumulativ wirkenden Faktoren eine Rolle. Als Schlüsselfunktion sind die partnerschaftlichen Schwierigkeiten anzusehen. Bis jetzt sind 12 psychotherapeutische Sitzungen durchgeführt worden. Die Geschichte von der milchspendenden und -verschwendenden Kuh begleitete beide Partner über mehrere Sitzungen. Jeder versuchte, den anderen als Spielverderber hinzustellen. Nachdem der Patient dem Ablösungswunsch seiner Frau entgegengekommen war, öffnete sie sich der Überlegung, ob eine Scheidung in der gegebenen Situation sinnvoll sei. Der Blutdruck des Patienten hat sich normalisiert.

Für den Umgang mit den Ereignissen und Problemen spielte die Ungeduld eine zentrale Rolle. Daher wurde die Aktualfähigkeit *Geduld* mit einbezogen, um mit den Frustrationen und versteckten Aggressionen besser fertig zu werden.

Die Aktualfähigkeit "Geduld"

Definition und Entwicklung: Die Fähigkeit, sich selbst, einen Menschen, eine Situation so zu nehmen, wie er (sie) ist. Geduld ist gleichbedeutend mit der Fähigkeit zu warten, die eigenen Wege des Partners trotz der bestehenden Zweifel und Erwartungen zu dulden, Teilbefriedigungen aufzuschieben und den anderen Zeit zu lassen. Die Entwicklung der Geduld hängt von den jeweiligen Wertschätzungen der beteiligten Aktualfähigkeiten ab. Einen prinzipiell Ungeduldigen gibt es kaum. Er ist vielleicht ungeduldig in Bezug auf Pünktlichkeit, Ordnung, Sparsamkeit, Treue oder Fleiß/Leistung etc.

Wie fragt man danach: Wer von Ihnen ist geduldiger bzw. wer regt sich leichter auf? In welchen Situationen und wem gegenüber werden Sie und Ihr Partner ungeduldig? Was empfinden Sie dabei, wenn Ihr Partner ungeduldig wird? Können Sie warten? Verlieren Sie schnell Ihre Beherrschung? Wer von Ihren Eltern brachte mehr Geduld auf? Wie reagierten Ihre Eltern, wenn Sie einmal ungeduldig wurden?

Synonyme und Störungen: Auf den Tisch schlagen, mir platzt der Kragen, überkochen, sauer reagieren, aus der Haut fahren, sich abfinden, in Kauf nehmen, aushalten, dulden, beherrschen, ertragen, etwas hinnehmen, ruhig Blut bewahren, sich in der Hand behalten, gelassen bleiben. – Ungeduld, Geduld aus Angst, Inkonsequenz, Überempfindlichkeit, überhöhte Erwartungen, Ehrgeiz, nicht zuhören können, Rücksichtslosigkeit, Arroganz, Kopfschmerzen, Schlafstörungen, innere Unruhe.

Verhaltensregulative: Ungeduld braucht man nicht in sich hineinzufressen. Man kann darüber sprechen: Aufschreiben, was Sie in Ungeduld versetzt, und womit Sie Ihren Partner ungeduldig gemacht haben; mit dem Partner zu einer geeigneten Zeit darüber sprechen. Wenn Sie mit Ihrem Partner ein Problem besprochen haben, lassen Sie ihm die Zeit, die er braucht, um sich mit Ihren Konzepten auseinanderzusetzen und die eigenen Konzepte zu revidieren. Geben Sie sich nicht mit der Behauptung zufrieden, daß Sie ein ungeduldiger Mensch sind. Achten Sie einmal darauf, in welchen Situationen, wem gegenüber und in welchem Ausmaß Sie Ihre Geduld verläßt. Wenn man schon ungeduldig geworden ist, ist es manchmal angenehmer, sich zu entschuldigen, als die Schuldgefühle für sein aufbrausendes Verhalten mit sich herumzutragen.

Die Stufe der Zielerweiterung gibt jedem der Partner die Möglichkeit, seine Beziehungen unter die Lupe zu nehmen: Welche Formen der Partnerschaft habe ich bereits erlebt? Welche Formen praktizieren wir zur Zeit? Was haben wir aus unseren Beziehungen bisher positives gelernt? Mit welchen Problemen wurden wir konfrontiert? Wie stellt sich jeder von uns die Fortführung der Partnerschaft oder eine Trennung bzw. Scheidung vor? Jeder Partner hat nun die Möglichkeit, seine Wunschvorstellungen in 5 Punkten zusammenzufassen. Deren Durcharbeitung machte dem Patienten die Problematik von Separation und Individuation zunehmend bewußter. Er formulierte seine Wünsche so:

Nach meinem derzeitigen Seelenzustand habe ich den Therapiewunsch, von den Ängsten vor meiner Frau befreit zu werden und überhaupt meine Abhängigkeit von Bezugspersonen zu verringern (oder aufzuheben). Die 5 Wünsche sehen anders aus als ursprünglich:
1) Stärkung meines Selbstbewußtseins;
2) eine glückliche Partnerschaft – notfalls auch mit einer anderen Frau;
3) auch weiterhin gutes Einvernehmen mit meinen Kindern;
4) bessere finanzielle Verhältnisse;
5) eine Beschäftigung zu finden, an der ich wieder mehr Freude habe.

Anhang: Fragebogen zu *Hypertonie und Hypotonie*

Name: .... Nr.: .... Datum:................................

Körper/Sinne — Beruf/Leistung — Kontakt — Phantasie/Zukunft

1) Wollen Sie alles "100%ig" machen? Können Sie auch einmal "fünf gerade sein lassen"? Fühlen Sie sich "unter Druck gesetzt", "unter Hochspannung"?
2) Fallen Ihnen noch andere Sprichworte zu Ihrer Erkrankung ein? Was sagen Ihnen diese Volksweisheiten?
3) Wer hat Sie wann über Ihre Krankheit informiert?
4) Sorgen Sie durch ausreichende körperliche Bewegung für den Ausgleich von Spannungen? Praktizieren Sie das Intervalltraining?
5) Nehmen Sie regelmäßig die verordneten Medikamente? Wissen Sie, wie die Medikamente wirken, was Sie von ihnen erwarten können und welche Nebenwirkungen möglich sind?
6) Haben Sie den (unterschwelligen) Ehrgeiz, alles 100%ig zu machen? Können Sie delegieren?
7) Fühlen Sie sich ständig verpflichtet, irgend etwas zu "tun"? Stehen Sie dauernd "unter Druck" oder "unter Strom"? Welche "Kleinigkeiten" (Aktualfähigkeiten) setzen Sie "unter Dampf"?
8) Gibt es in Ihrer Partnerschaft "Kleinigkeiten" (Mikrotraumen), die Sie immer wieder "auf die Palme bringen"? Welche? Wie gehen Sie und Ihr Partner damit um (*Ordnung, Sauberkeit, Pünktlichkeit, Sparsamkeit* usw.)?
9) Versuchen Sie, aggressive Regungen zu unterdrücken? Auf welche "Mikrotraumen" beziehen sich die aggressiven Gefühle?
10) Werten Sie Kontakte als anstrengend, zeitraubend oder kostenaufwendig?
11) Gab es in den letzten 5 Jahren Trennungserlebnisse durch Scheidung, Umzug, Tod? Was hat Sie "unter Druck gesetzt"?
12) Akzeptieren Sie Ihre Beschwerden auch als Chance, bisher nicht erlebte Bereiche (Körper/Sinne, Beruf/Leistung, Kontakt, Phantasie/Zukunft) zu entwickeln?

19 Kopfschmerzen und Migräne

Die Fähigkeit, sich Spannungen und Konflikte durch den Kopf gehen zu lassen

Definition

Pschyrembel (1989) unterscheidet zwischen 1. selbständigen Kopfschmerz-formen (Migräne, vasomotorischer Kopfschmerz, Schwielen- oder Knötchen-kopfschmerz), 2. Kopfschmerzen bei Erkrankungen einzelner Organe, 3. Kopfschmerzen bei Allgemeinkrankheiten (Infektionen, Vergiftungen usw.) und 4. psychogenem Kopfschmerz.

Symptomatik

Der Spannungskopfschmerz setzt eher langsam ein, ist meist beidseitig und im Nacken lokalisiert. Er äußert sich meist stechend oder als Druck, wie wenn man einen "Reifen um den Kopf" habe. Der Spannungskopfschmerz kann tagelang anhalten und geht häufig mit unterschiedlichen Begleiterscheinun-gen einher.

Der Migräneanfall setzt fast immer plötzlich ein, erreicht nach einer bis mehreren Stunden seinen Höhepunkt und kann bis zu 12 Stunden andauern. Zu Beginn ist der Kopfschmerz meist halbseitig. Von der Schläfengegend breitet er sich allmählich über eine Schädelhälfte oder den gesamten Schädel aus. Der Schmerz wird als klopfend, pulsierend und bohrend beschrieben. Er kann durch optische und akustische Reize verstärkt werden. In der Zeit zwi-schen den Anfällen ist der Patient beschwerdefrei. Das Leiden wird auf Ge-fäßkrämpfe der großen Kopfarterien zurückgeführt.

Transkultureller Ansatz und Epidemiologie

— Über die Häufigkeit von Kopfschmerzen bei der Gesamtbevölkerung besit-zen wir Zahlen aus den USA. Etwa 8 % der Einwohner sollen dort an klas-sischer oder gewöhnlicher Migräne und/oder Cephalaea vasomotorica leiden.
— Nach Heyck (1964) ist der Cluster-Kopfschmerz, auch Erythoprosopalgie oder Histamin-Kopfschmerz genannt, in den USA viel häufiger als in Europa. Bei türkischen Frauen in Deutschland (ehem. BRD) liegen nach

einer Untersuchung von Günay (1989) Kopfschmerzen an 1. Stelle der Beschwerden; sie sind nicht nur in der Gruppe aller Pflichtversicherten, sondern auch im Vergleich zu allen anderen Ausländerinnen häufiger krank.

— Je nach Denkschule vertreten die Mediziner die Auffassung, daß Migräne vererblich sei oder psychosomatisch bedingt.
— Nach Bräutigam u. Christian (1973) werden Kopfschmerzen als Beschwerden von 20 % der Gesunden genannt, wobei Frauen etwas häufiger betroffen sind. Personen, die in Konfliktsituationen leben, z. B. Ehekonflikten, sind deutlich häufiger betroffen. Es finden sich darunter v. a. die mittleren Altersstufen zwischen 30 und 60 Jahren.

Literaturvergleich

Der typische Kopfschmerzpatient ist — wie die klassischen Arbeiten von Wolff (1948) zeigen — ein pflichtbewußter, gewissenhafter, ordnungsliebender, krampfhaft nach Leistung und Erfolg strebender Mensch, der jedoch an der Höhe seiner selbstgesteckten Anforderungen scheitert. Die intellektuell betonte Konstitution des Kopfschmerzpatienten wird von nahezu allen Autoren gesehen. Sie sprechen von überlegener Intelligenz bei verzögerter emotionaler Entwicklung, Loch (1965) vom "devitalisierten intellektuellen Typ", Luban-Plozza u. Pöldinger (1977) stellen fest, daß man "offensichtlich auf einer relativ hohen Ebene denken können" muß, um "ein an Kopfschmerzen leidender Patient zu werden".

Nach Diener (1989) bietet sich heute "dem Beobachter ein Mosaik an, dessen Bausteine, wie Veränderungen der Hirndurchblutung (Lauritzen u. Olesen 1984), Veränderungen von Neurotransmittern und Rezeptorenempfindlichkeit, Schwankungen der Aktivität zentraler Strukturen, wie Hypothalamus und Locus coeruleus, und Veränderungen an den Thrombozyten noch kein Gesamtbild ergeben (Lance 1985, Moskowitz 1984, Pierce 1984). Dies erklärt auch, warum es die Idealtherapie der Migräne nicht gibt."

Sprachbilder und Volksweisheiten

Sich den Kopf zerbrechen; jemand vor den Kopf stoßen; den Kopf verlieren; jemandem den Kopf verdrehen; kopflos sein; das kann einem Kopfschmerzen machen; einen Reifen um den Kopf haben; sich das Gehirn zermatern; der Kopf platzt; Kopf und Kragen riskieren; sich den Kopf um ungelegte Eier zerbrechen.

Geschichte: "Vergebliche Sorgen um die Schulden"

Ein Mann stellte fest, daß er Schulden hatte. Dieser Gedanke ließ ihn nicht mehr schlafen. Er litt unter Depressionen und wollte aus dem Leben scheiden. Dies

klagte er einem guten Freund. Der hörte sich geduldig die Sorgen an. An-
schließend sprach er jedoch nicht über die Schulden. Das verwunderte den Mann
sehr. Sein Freund sprach statt dessen von dem, was der Mann noch als Eigentum
besaß, vom Geld, das er hatte, und von den Freunden, die bereit waren, ihm zu
helfen. Plötzlich sah dieser seine Situation mit anderen Augen. Indem er seine
Energie nicht mehr zugunsten der vergeblichen Sorgen um die Schulden ver-
brauchte, sondern sie im Verhältnis zu seinem tatsächlichen Vermögen sah, hatte
er genügend Kräfte frei und Wege offen, sein Problem zu lösen.

Selbsthilfeanteil: Entwicklung von Kopfschmerzen und Migräne aus der Sicht der positiven Psychotherapie

Der Spannungskopfschmerz ist zwar zunächst auf körperliche Ursachen zurückzuführen, auf eine übermäßige Anspannung der Muskulatur im Schulter-,
Nacken- und Kopfbereich. Dasselbe gilt für den vasomotorischen Kopfschmerz und die Migräne. Aber warum legt ein Mensch ständig seine "Stirn in
Falten", "hält die Ohren steif", "beißt die Zähne zusammen", "hält den Mund",
ist "halsstarrig", "hartnäckig" etc.? Die Beschwerden entstehen durch Veränderungen im Gefäßapparat des Kopfes. Spastische Verengungen im Gefäßsystem — so nimmt man heute an — korrespondieren mit einem ständig ange-
spannten motorischen Apparat, und beides zusammen steht über das vegetative Nervensystem in enger Beziehung zur seelischen Verfassung. Bei starken
Affekten, lang anhaltenden seelischen Belastungen und Konflikten kommt es
dann besonders leicht zu Kopfschmerzen, wenn ein Mensch aufgrund seiner
Konstitution ein reaktionsfreudiges Gefäßsystem hat.

Welche psychologische Bedeutung kommt nun eigentlich dem Kopfschmerz zu? Der Kopf gilt allgemein als "höchster" Teil des Körpers, der
durch die Lokalisation besonderer Organe (Gehirn und Sinnesorgane) ausgezeichnet ist.

Der Kopfschmerzpatient befindet sich in einem Dilemma. Das, was er auf
der einen Seite anstrebt, nämlich mit seinem Kopf tätig zu sein, wird auf der
anderen Seite gerade aufgrund der Schmerzen verhindert. Unbewußt mag er
es als Möglichkeit nutzen, einem unterdrückten Gefühl symbolisch Ausdruck
zu geben. Steht der Kopf eines Menschen immer unter Druck (Leistungs-
druck), so muß dieser irgendwann zu schmerzen beginnen. Zum anderen entlastet der Kopfschmerz auch. Schlägt sich z. B. Ärger oder Enttäuschung in
Kopfschmerzen nieder, so ist die körperliche Symptomatik meist eher vom
Patienten und seiner Umgebung zu akzeptieren als die psychische Symptomatik.

Häufig stammen Kopfschmerzpatienten aus Familien, in denen sehr großer
Wert auf Verstand und Leistung gelegt wurde. Die Eltern selbst waren oft
Leistungsmenschen, die ihren Kindern weder genügend Wärme, noch Geduld
und Zeit geben konnten, die selbst ihrem Körper und ihren Gefühlen wenig

Beachtung schenkten, die nur eingeschränkte Kontakte – oder im Orient umgekehrt: zu viele Kontakte – zu Mitmenschen hatten und Sinn- und Glaubensfragen verdrängten. Die Kinder machten die Erfahrung, daß sie nicht allein um ihretwillen geliebt wurden, sondern hauptsächlich ihrer rationalen Leistungen wegen. Sie identifizierten sich nach und nach mit dem Leistungskonzept der Eltern und internalisierten den hohen äußeren Druck. Unfähig, sich zu entspannen oder zu genießen, stellen sie nun ständig selbst ihren Kopf unter Druck, indem sie von sich Anstrengungen fordern, die ihre Kräfte übersteigen. Auch der Umgang mit anderen Menschen wurde häufig davon abhängig gemacht, ob er für das beruflich Fortkommen nützlich sein könnte. In der Auseinandersetzung mit Fragen der Weltanschauung, der Religion und der Zukunft stößt man immer wieder auf recht pessimistische Vorstellungen, eine Folge des "intellektuellen Negativismus" (Luban-Plozza u. Pöldinger, 1977).

Charakteristische Konzepte des Kopfschmerzpatienten sind: "Ich habe keine Zeit", "der Beruf geht vor", "ich mache alles allein", "bei mir gibt es keine halben Sachen" und "was man nicht in den Beinen hat, muß man wenigstens im Kopf haben". So dominieren beim Kopfschmerzpatienten die sekundären Aktualfähigkeiten wie *Fleiß/Leistung, Genauigkeit* und *Gewissenhaftigkeit, Ordnung* und *Zuverlässigkeit*. Ausbaufähig sind dagegen *Ehrlichkeit* und *Offenheit, Kontakt, Geduld, Zeit, Glaube, Hoffnung* und *Liebe*.

Praktische Konsequenzen aus diesem Selbsthilfeanteil finden sich im Fragebogen am Ende dieses Kapitels.

Therapeutischer Anteil: das fünfstufige Vorgehen der positiven Psychotherapie bei Kopfschmerzen und Migräne

Fallbeispiel: "Ich weiß nicht mehr, wo mir der Kopf steht."

Auf die Minute pünktlich klingelte die 53jährige Patientin an der Praxistür. Sie wirkte beim Erstinterview sehr niedergeschlagen und weinte öfters:

Ich kann seit Februar 1988 nicht mehr ohne Schlaftabletten schlafen. Seit 3 Jahren leide ich Tag und Nacht unter starken Kopfschmerzen. Hinzu kommen Angst, totale Erschöpfung, seelische Nöte und Sexualstörungen. Meine innere Unruhe erdrückt mich fast, ich bin nervös und hektisch und kann die Anforderungen, die an mich gestellt werden, nicht mehr erfüllen. Meine Konzentrationsstörungen nehmen immer mehr zu ... Vor 3 Jahren haben wir gemeinsam mit meiner Tochter und meinem Schwiegersohn ein Mietwohnhaus mit 20 Wohnungen gebaut. Mein Schwiegersohn hat, unterstützt von meiner Tochter, Unterschlagungen begangen – ca. eine halbe Million Mark –, die mein Mann und ich mit unserem Privatvermögen abdecken mußten. Wir müssen jetzt nochmals eine große Summe zahlen, wir dürfen nicht krank werden! Seit diesen Vorkommnissen ist der Kontakt zu meiner Tochter und dem Enkelkind abgebrochen, wir sehen sie nicht mehr. Ich versuche, mich damit abzufinden, aber ich schaffe es nicht. Mein Inneres erdrückt mich und ich habe dann immer starkes Herzklopfen. Im Juni 1988 ist nun mein Mann zusammengebrochen und kam in die Klinik. Das war ganz schlimm, und ich weiß nicht mehr, wo mir der Kopf steht

Die aktuelle Konfliktsituation, die mit dem Zusammenbruch des Ehemannes und des damit verbundenen Klinikaufenthaltes einen Höhepunkt erfuhr, führte zu einer permanenten emotionalen Überforderung, die von der Patientin schon die letzten 3 Jahre an der Grenze ihrer Möglichkeiten kontrolliert wurde. Durch die Krankheit des Ehemannes wurde der ganze Konsolidierungsplan der Schuldenbewältigung plötzlich in Frage gestellt. Seit 3 Jahren steht die Patientin "zwischen den Fronten" (Ehemann − Tochter) und kann für keinen von beiden Partei ergreifen. Sie versucht, ein familiäres Gleichgewicht aufrechtzuerhalten und sich nicht die Möglichkeiten des Kontaktes zur Tochter zu verbauen.

Die Patientin hatte immer nur für die Familie und das Geschäft gelebt und in ihrer Geschäftigkeit versäumt, für ausreichende Kontakte zu sorgen, so daß ihre jetzige soziale Isolation zu einer hoffnungslosen Zukunftshaltung geführt hatte. Nachdem die Tochter sich mit ihrem Mann solidarisiert hatte, mit ihm weggezogen war und sich 2 Jahre lang nicht mehr bei den Eltern gemeldet hatte, tauchte sie plötzlich auf mit dem Wunsch, wieder in die Familie aufgenommen zu werden. Während die Patientin ihrer Tochter entgegenkommen wollte, waren ihre 3 anderen Kinder und der Ehemann strikt dagegen. "Was soll ich tun, was soll ich sagen? Nach innen könnte ich heulen, nach außen muß ich lachen. Ich kann einfach nicht mehr."

Auf meine positive Deutung, sie sei durch die Ereignisse in den letzten Jahren wie vor den Kopf gestoßen, und dies bereite ihr Kopfzerbrechen, meinte die Patientin: "Das kann man wohl sagen beim dem Chaos, das mein Schwiegersohn verursacht hat!" Die Patientin war in ihrer Ursprungsfamilie stark durch die Sozialisationsnormen Höflichkeit/Ehrlichkeit, Ordnung, Fleiß, Zuverlässigkeit und Sparsamkeit geprägt worden. Das unehrliche und verschwenderische Verhalten des Schwiegersohnes rief ein "Chaos" in Beruf, Familie, Zukunftsperspektiven hervor. Im Rahmen des Schlüsselkonfliktes Höflichkeit/Ehrlichkeit war die Patientin bereit, sich für die Familie zu opfern, um eine "Katastrophe" abzuwenden. Sie war sich jedoch der Tatsache nicht bewußt, daß ihre eigenen Bedürfnisse sich zwangsläufig über die Symptomsprache zu Wort melden mußten. Für die Entwicklung der Beschwerden war zu einem wesentlichen Teil der Einfluß psychosozialer Faktoren von Bedeutung. Diese zentrierten sich um eine emotionale Überforderung und Angst zu versagen, Angst, nicht alles bewältigen und organisieren zu können. In diesem Zusammenhang wurde auch die Aktualfähigkeit Vorbild (vgl. II./Kap. 37) besprochen. Als Abwehrmechanismen spielten die psychosozialen Normen *Sparsamkeit* (vgl. II./Kap. 25) und *Ordnung*, die sich mikrotraumatisch auswirkten, eine wichtige Rolle:

Ordnung wird bei meinem Mann klein geschrieben wie bei seiner Mutter und einem Teil seiner Geschwister, die wenig von Ordnung halten, im Gegensatz zu mir. Ich bin, soweit ich das von mir sagen kann, sehr ordentlich, beinahe pedantisch und genau, was bei uns Konflikte auslöst. Wir sind 2 verschiedene Menschen, um nicht zu sagen konträr oder gegensätzlich."

Die Aktualfähigkeit "Ordnung"

Definition und Entwicklung: Die Fähigkeit, seine Wahrnehmungen und seine Umgebung zu organisieren und zu gliedern. Sie orientiert sich an verschiedenen Bezugssystemen: verstandesgemäße, sachliche Ordnung, traditionelle Ordnung, intuitive, phantasievolle, romantische Ordnung, äußere und innere Ordnung. Auch das unordentliche Kind hat seine Ordnung und seinen Ordnungssinn. Die Ordnung wird über das Vorbild der Eltern, der näheren Umgebung und über Belohnung und Bestrafung gelernt. Die scheinbare Unordnung eines Kindes ist eine Stufe in seinem Versuch, seine Welt zu organisieren. Grundfunktion der Ordnung ist das Differenzieren. Man gewinnt über sie eine bestimmte Beziehung und Vertrauen zu den Dingen.

Wie fragt man danach: Wer von Ihnen legt mehr Wert auf Ordnung? Haben oder hatten Sie Schwierigkeiten wegen Unordnung (mit wem)? Achten Sie darauf, daß Ihre Wohnung (Schlafzimmer, Wohnzimmer, Garage, Garten), Ihr Arbeitsplatz immer tipptopp aufgeräumt sind? Fühlen Sie sich in einer unordentlichen Umgebung unbehaglich, oder finden Sie, daß ein bißchen Unordnung dazugehört (Situationen)? Wer von Ihren Eltern achtete mehr auf Ordnung? Was geschah, wenn Sie als Kind nicht aufgeräumt hatten?

Synonyme und Störungen: Aufräumen, kreuz und quer, chaotisch, verschlampen, unübersichtlich. – Pedanterie, Kontrollzwänge, innere Unruhe, Verwahrlosung, Aggressionen, Generationskonflikte, berufliche Störungen, Herz-, Magen- und Darmbeschwerden.

Verhaltensregulative: Grobe Einteilungen (Makroordnung) schaffen oft erst den notwendigen Überblick. Eine Kiste für die Dinge, die man zur Zeit nicht braucht, verhindert das Chaos im Zimmer. Alles an seinen Platz. Man findet die Dinge dort, wo man sie hingelegt hat (Mikroordnung). Das Kind braucht seine eigene Ordnung, v. a. im Spiel. Wenn Sie Ihrem Partner etwas wegnehmen, sagen Sie es ihm. Sie sparen sich und ihm Zeit und Ärger. Haben Sie schon einmal daran gedacht, ein paar Tage Urlaub zu nehmen, um liegengebliebene Sachen in Ordnung zu bringen?

Ziel der Therapie war, nicht erlebte Bereiche (Erweiterung im Hinblick auf das Körper-Ich, zwischenmenschliche Kontakte und die Aktivitäten der Phantasie) neu zu erarbeiten. Hand in Hand damit ging die lebensgeschichtliche Analyse der überbetonten Bereiche, deren Hintergründe die Patientin transparent wurden. Sie lernte, daß finanzielle Sicherheit allein zur Gestaltung der Zukunft nicht ausreicht. Die Geschichte "Vergebliche Sorgen um die Schulden" besaß für sie eine Spiegelfunktion. Sie konnte auf andere Menschen rechnen, die bereit waren, ihr zu helfen. Der Ehemann, die Tochter und die übrigen Kinder wurden je nach Fragestellung in die Therapie einbezogen. Während sie früher alles auf sich nahm und allein entscheiden zu müssen glaubte, konnte sie jetzt ihre Probleme mit ihrem Partner und ihrer ganzen Familie besprechen. Die Kopfschmerzen haben auf diese Weise erheblich nachgelassen. Die Patientin ist in der Lage, den Sinn dieser Beschwerden zu verstehen und mit Überraschungen umzugehen. Bisher wurden 18 Sitzungen durchgeführt.

Anhang: Fragebogen zu *Kopfschmerzen und Migräne*

Name: .... Nr.: .... Datum:.............................

Körper/Sinne − Beruf/Leistung − Kontakt − Phantasie/Zukunft

1) Haben Sie sich schon einmal überlegt, worüber Sie sich "den Kopf zerbre-chen" oder "das Gehirn zermartern"? Fallen Ihnen noch andere Sprich-worte zu Ihrer Erkrankung ein? Was sagen Ihnen diese Volksweisheiten?
2) Wer hat Sie wann über Ihre Krankheit informiert?
3) Wie sind Sie bisher behandelt worden? Welche Erklärungen wurden Ihnen für Ihre Beschwerden gegeben?
4) Praktizieren Sie das autogene Training, progressive Muskelentspannung nach Jacobson oder ähnliche Übungen? Halten Sie Diät?
5) Nehmen Sie regelmäßig die verordneten Medikamente? Wissen Sie, wie die Medikamente wirken, was Sie von ihnen erwarten können und welche Nebenwirkungen möglich sind?
6) Warum verkrampfen sich die Blutgefäße im Kopf? Hat sich jemand "über Ihren Kopf hinweggesetzt"? Meinen Sie, für eine Sache "den Kopf hinhal-ten zu müssen"? Haben Sie sich "Hals über Kopf in etwas hineingestürzt"?
7) Halten Sie sich für einen "klugen Kopf", für einen "Dummkopf"? Zeigen Sie sich oft "kopflos", wenn Ihnen die rationale Kontrolle fehlt?
8) Können Sie Ihren Gefühlen offen Ausdruck geben?
9) Sind Kontakte mit Freunden, Bekannten, Gästen für Sie entlastend und entspannend, oder erzeugen sie schon im Vorfeld als Mikrotraumen Druck ("Ob die wohl zufrieden sein werden? ... Die anderen haben mehr geboten ...! Gäste kosten Geld, machen Unordnung ...! Dann muß ich wieder alles putzen!")?
10) Denken Sie über die Zukunft eher pessimistisch? Was empfinden Sie bei dem Ausdruck "intellektueller Pessimismus"? Ist Ihre Einstellung durch ständiges Sich-Sorgen-Machen gekennzeichnet?
11) Was ist für Sie der Sinn des Lebens (Antrieb, Ziele, Motivation, Lebens-plan, Sinn von Krankheit und Tod, Leben nach dem Tod)?
12) Akzeptieren Sie Ihre Beschwerden auch als Chance, bisher nicht erlebte Bereiche (Körper/Sinne, Beruf/Leistung, Kontakt, Phantasie/Zukunft) zu entwickeln?

20 Krebs

Die Fähigkeit, sich selbst verzehren zu lassen; die Fähigkeit, zu kämpfen oder aufzugeben

Definition

Als Krebs bezeichnet man das rasche, infiltrative Wachstum von Gewebezellen. Die Krebszellen nehmen den gesunden Zellen den Sauerstoff und die Nährstoffe weg, so daß diese geschädigt werden oder ganz zugrunde gehen. Über die Blut- oder die Lymphbahnen können Ableger der Geschwülste auch in entferntere Organe geschwemmt werden, wo es zur Bildung sog. Tochtergeschwulste (Metastasen) kommt. Gelingt es nicht, diesen bösartigen Prozeß aufzuhalten, werden sowohl die befallenen als auch die benachbarten Gewebe zerstört.

Symptomatik

Krebs ist nicht eine einzige einheitliche Krankheit. Bisher sind 100 verschiedene Krebsformen bekannt. Manche Krebsarten wachsen sehr langsam und haben gute Heilungsaussichten, andere können innerhalb kürzester Zeit den Organismus zerstören. Kranheitserscheinungen treten oft erst auf, wenn die Krankheit schon im fortgeschrittenen Stadium ist, weshalb man sie auch als heimtückisch bezeichnet. Nach der genauen Erkrankungsursache wird noch gesucht. Allgemein wird angenommen, daß sich durch chronische oder besonders intensive Einwirkung bestimmter Reizstoffe Krebs entwickeln kann.

Transkultureller Ansatz und Epidemiologie

Eine durch die Kommission der Europäischen Gemeinschaften (1989) beauftragte Forschungsgruppe stellte folgende Daten zusammen:
– Todesfälle durch *Lungenkrebs bei Männern*: Die heute am stärksten betroffenen Gebiete (Großbritannien, Beneluxländer, Deutschland – ehem. BRD –, Norditalien) sind die Gebiete mit besonders hohem Tabakkonsum vor 15 oder 20 Jahren; dies ist erfahrungsgemäß der Zeitraum zwischen dem Beginn des Rauchens und dem Auftreten von Lungenkrebs.

- Todesfälle durch *Speiseröhrenkrebs bei Männern*: Starker Alkoholkonsum, verschlimmert durch Tabakkonsum, erklärt die außerordentlich hohe Sterbeziffer in Westfrankreich.
- Todesfälle durch *bösartige Melanome bei Männern*: Dieser Hautkrebs fordert die meisten Opfer in Nordeuropa (Dänemark, Deutschland, Großbritannien). Für Personen mit heller Haut besteht der Hauptrisikofaktor in gelegentlicher, aber übermäßiger Sonnenbestrahlung.
- Todesfälle durch *Brustkrebs bei Frauen*: Die Sterbeziffer ist besonders hoch in Nordeuropa: Dänemark, Großbritannien, Irland, Niederlande. Zu den angegebenen Risikofaktoren gehören Übergewicht sowie eine an tierischen Fetten zu reiche Ernährung. Diese Vermutungen bedürfen noch der Bestätigung.
- Todesfälle durch *Magenkrebs bei Frauen*: Die Sterbeziffer ist im mittleren Norditalien und in Portugal besonders hoch. Eine an frischem Obst und Gemüse zu arme Ernährung ist wahrscheinlich ein Risikofaktor.

Literaturvergleich

Bisher vorliegende Resultate der psychosomatischen Krebsforschung scheinen einen Zusammenhang zwischen Emotionen, Zentralnervensystem und Immunsystem zu bestätigen. Bartrop et al. (1979) konnten bei verwitweten Eheleuten 5 Wochen nach dem Tod des Partners ein eindeutig geschwächtes Immunsystem (Lymphozytentoxizität) nachweisen. Kissen (1967) fand bei Lungenkrebspatienten häufig eine gehemmte Ausdrucksfähigkeit, die mit erhöhter Steroidproduktion und Verminderung der Immunabwehr einherging. Greene (1966) stelle Auswirkungen traumatischer Lebensereignisse und mangelnder Konfliktbewältigung auf das Immunsystem fest. Grossarth-Maticek (1980) geht davon aus, daß alle Kanzerogene in einem synergetischen Zusammenhang mit psychosozialen Faktoren stehen. In einer prospektiven Studie über Lungenkrebs und Rauchen konnte er nachweisen, daß der physische Risikofaktor Rauchen erst dann kanzerogen wirkt, wenn er mit einem psychosozialen Risikofaktor (z. B. langanhaltende Hoffnungslosigkeit) zusammentrifft.

Die Wirkung bestimmter Einstellungen auf für Krebserkrankungen prädisponierte Menschen haben Leshan u. Worthington (1956), Schmale u. Iker (1966), Bahnson (1969) und Greene (1966) erforscht: Schon vor Ausbruch der Erkrankung waren bei den untersuchten Patienten Gefühle von Niedergeschlagenheit, Hoffnungslosigkeit und Verzweiflung anzutreffen.

Daß ein Ignorieren und Unterdrücken von Gefühlen und Konflikten das Krebsrisiko erhöhen kann, darauf verweisen Untersuchungsergebnisse von Kissen (1967), Bahnson (1969) und Grossarth-Maticek (1980).

Sprachbilder und Volksweisheiten

Es nagt in ihm; den Kampf aufgeben; sich innerlich vergiften; Geißel der Menschheit; es hat ihn aufgezehrt; der Tod kommt ratenweise; vor seinem Schicksal resignieren; das Kreuz unserer Zeit; dahingerafft werden; fressen oder gefressen werden; schmarotzen; rücksichtslos expandieren; ich oder die anderen; heimtückisch.

Geschichte: "Der Zauberer"

Der Mullah, ein Prediger, wollte für seine Frau Nüsse holen, denn sie hatte ihm versprochen, Fesenjan, ein Gericht, das mit Nüssen zubereitet wird, zu kochen. In der Vorfreude auf sein Lieblingsgericht griff der Mullah tief in den Nußkrug und faßte so viele Nüsse, wie er nur mit der Hand erreichen konnte. Als er versuchte, den Arm aus dem Krug herauszuziehen, gelang es ihm nicht. So sehr er auch zog und zerrte, der Krug gab seine Hand nicht frei. Er jammerte, stöhnte und fluchte, wie ein Mullah es eigentlich nicht tun sollte. Aber nichts half. Auch als seine Frau den Krug nahm und mit der Gewalt ihres Gewichts daran zog, nützte dies nichts. Die Hand blieb fest in dem Hals des Kruges stecken. Nach vielem vergeblichem Mühen riefen sie ihre Nachbarn zu Hilfe. Alle verfolgten voller Interesse das

Abb. 1. Der Mullah und der Nußkrug (Aus Peseschkian 1977b, S. 227)

299

Schauspiel, das sich ihnen bot. Einer der Nachbarn schaute sich den Schaden an und fragte den Mullah, wie dieses Mißgeschick geschehen konnte. Mit weinerlicher Stimme und verzweifeltem Stöhnen berichtete der Mullah sein Unglück. Der Nachbar sagte: "Ich helfe dir, wenn du genau das tust, was ich dir sage!" "Mit Handkuß mache ich das, was du mir sagst, wenn du mich nur von diesem Ungeheuer von Krug befreist." "Dann schiebe deinen Arm wieder in den Krug hinein." Dem Mullah kam dies erstaunlich vor, denn warum sollte er mit dem Arm in den Krug hineinfahren, wo er ihn doch heraus haben wollte. Doch er tat wie ihm geheißen. Der Nachbar fuhr fort: "Öffne jetzt deine Hand und lasse die Nüsse fallen, die du festhälst." Dieses Ansinnen erregte den Unwillen des Mullah, wollte er doch gerade die Nüsse für seine Lieblingsspeise herausholen, und jetzt sollte er sie einfach fallen lassen. Widerwillig folgte er den Anweisungen seines Helfers. Der sagte: "Mach deine Hand ganz schmal und ziehe sie langsam aus dem Krug heraus." Der Mullah tat, wie ihm geheißen, und siehe da, ohne Schwierigkeiten zog er seine Hand aus dem Krug. Ganz zufrieden war er aber noch nicht. "Mein Hand ist jetzt frei, wo bleiben aber meine Nüsse?" Da nahm der Nachbar den Krug, kippte ihn um und ließ so viele Nüsse herausrollen, wie der Mullah brauchte. Mit größer werdenden Augen und vor Erstaunen geöffnetem Mund sah der Mullah zu und sagte: "Bist du ein Zauberer?" (aus Peseschkian 1977a, S. 227; Abb. 1).*

Selbsthilfeanteil: Entwicklung von Krebserkrankungen aus der Sicht der positiven Psychotherapie

a) Beschwerden und Physiologie

Zellteilung und Zellvermehrung sind ein dem körperlichen Wachstum und der ständigen Zellerneuerung dienendes gesundes Geschehen, solange nicht mehr Zellen als notwendig gebildet werden. Der Vorgang wird erst dann krankhaft, wenn eine bestimmte Zellgruppe unkontrolliert zu wachsen beginnt, in das benachbarte andersartige Gewebe eindringt und dieses zerstört. Die Krebszellen selbst haben keinerlei eigenständige Funktion. Die Sonderstellung der Krebserkrankung ergibt sich aus der Tatsache, daß nahezu jedes Organ davon betroffen sein kann.

b) Aktualkonflikt: 4 Formen der Konfliktverarbeitung —
   psychosoziale Belastungssituation

Der Patient empfindet die Erkrankung als eine Bedrohung seiner ganzen Existenz. Er fürchtet nicht nur Schmerzen, Siechtum und frühen Tod, sondern auch körperliche Verunstaltungen (etwa durch Amputation eines Körperteils oder Verlust der Haare bei Chemotherapie) und soziale Isolierung durch lange Krankenhausaufenthalte und durch Ängste in der Umgebung, die zur Einschränkung des Kontaktes führen können. Gerade in unserer körper- und leistungsbetonten Gesellschaft wiegt der Verlust der körperlichen Integrität und der beruflichen Leistungsfähigkeit besonders schwer. Krebs ist für die Allgemeinheit keine alltägliche Erkrankung (trotz der weiten Verbreitung), wie etwa der Herzinfarkt oder Diabetes mellitus, die beide nicht minder "gefährlich" sind. Krebs zu haben, bedeutet mehr: Krebs ist etwas Unheilvolles, eine "tödliche Botschaft". So kann man auch mit anderen Menschen nicht unbefangen über diese Krankheit reden. Oft besteht schon eine Scheu davor, das Wort "Krebs" nur auszusprechen, als ob die Erkrankung mit einem Tabu belegt sei. Selbst von Fachleuten wird die Krankheit häufig nicht beim Namen genannt, es wird mit dem Patienten nicht über den möglichen Verlauf gesprochen. Das Ganze wird umschrieben, vage angedeutet; vielleicht wird auch gar nichts gesagt – was aber den Patienten eher weiter verunsichert, anstatt ihm zu helfen. Der Kranke fühlt sich allein gelassen.

Der Krebspatient neigt zur Flucht in die Arbeit. So ist der Bereich Verstand/Leistung bei ihm stark entwickelt. Eine gute Position vermag ihm – so hofft er – Sicherheit und Anerkennung zu geben. Um so härter trifft es ihn, wenn er Fehlschläge erleidet. Verlusterlebnisse im beruflichen Bereich finden sich nicht selten im Vorfeld der Krebserkrankung. Ebenso schlecht verkraftet er den Verlust eines ihm nahestehenden Menschen. Der typisch westliche Krebspatient strebt sehr lange, ausschließliche Beziehungen an, unter Vernachlässigung von Außenkontakten. Er opfert sich gerne für Eltern, Kinder oder Ehepartner auf. Er investiert alles in diese Beziehung und ist bereit, alles zu ertragen, nur um den Partner nicht zu verlieren. Kommt es aus irgendeinem Grund zur Trennung, vermag ihn dieser "Schicksalsschlag" aus dem psychophysischen Gleichgewicht zu bringen.

Im Bereich der Phantasie fällt eine Einschränkung auf. Vorstellungen scheinen nur einseitig in Richtung Ängste, Zweifel und Skrupel entwickelt zu sein. Krebspatienten haben häufig entweder keine bewußten Wunschvorstellungen, und wenn, hatten sie nicht den Mut, das zu verwirklichen, was sie gerne hätten tun wollen, wovon sie träumten. Expansive Strebungen waren bei ihnen meist schon in der Kindheit unterdrückt worden. Oder ihre Zielsetzungen, die mit uneingeschränkter Aufopferung verbunden sind, kennen keine Grenzen. So gesehen ist die Krebserkrankung ein Signal, die 4 Bereiche der Konfliktverarbeitung zu integrieren, um Verselbständigung ("Metastasen") einzelner Lebensbereiche zu reduzieren bzw. zu vermeiden. Eine große Hilfe kann dabei das Erkennen und Differenzieren mikrotraumatisch besetzter Erlebnisse aus den letzten 5–10 Jahren sein.

c) Grundkonflikt: 4 Formen der Vorbilddimensionen –
Bedingungen der Frühgenese

Basierend auf den Ergebnissen zahlreicher Persönlichkeitsuntersuchungen sowohl bei manifest erkrankten Krebspatienten als auch bei allgemein erkrankten Patienten, bei denen zum Zeitpunkt der Untersuchung noch kein Krebs diagnostiziert worden war, und übereinstimmend mit eigenen Ergebnissen in den letzten 26 Jahren bieten die Vorbilddimensionen und ihre Grundkonzepte über die Beziehungen zum Körper-Ich-Gefühl (Gesundheit/Krankheit, Ästhetik, Ernährung), zu Beruf und Leistung, zu zwischenmenschlichen Beziehungen/Partnerschaft, zu Zukunft und Lebensphilosophie ein ausgezeichnetes Instrumentarium, die heutige subjektive Einschätzung des Patienten zu Entwicklung, Verlauf und Prognose der Krankheit kennenzulernen. Familienkonzepte wie "was soll's", oder "es hat doch alles keinen Sinn", "man muß es nehmen, wie es kommt", "Gesundheit ist alles, ein Leben ohne Gesundheit ist nichts" lassen die Zukunft als versperrt und hoffnungslos erscheinen. Häufig leiden diese Menschen noch als Erwachsene unter den erlebten Vorbilddimensionen. Eigene Bedürfnisse nehmen sie nicht wahr oder stellen sie zurück. Gefühle zu äußern fällt ihnen schwer. Probleme im sexuellen Bereich sind nicht selten. Sie haben nicht gelernt, mit emotionalen Problemen angemessen umzugehen und sich vom Ärger des Alltagslebens zu entlasten. Probleme werden in sich "hineingefressen".

d) *Aktual- und Grundkonzepte: innere Konfliktdynamik*

Einen entscheidenden Durchbruch für das psychosomatische Verständnis der Krebserkrankung brachte die Erkenntnis, daß das Immunsystem des Menschen in enger Beziehung zur Krebserkrankung steht, daß es also von der Widerstandskraft der körpereigenen Abwehr abhängt, ob Krebszellen "ruhen" oder anfangen, schrankenlos zu wuchern. Da man weiß, daß die Abwehrkräfte des menschlichen Organismus durch seelische Belastungen geschwächt werden können, folgerte man, daß also auch Emotionen Einfluß auf die Auslösung und der Verlauf der Krebserkrankung haben können. Nach zahlreichen wissenschaftlichen Untersuchungen, die diese Annahme bestätigen, gibt es heute kaum noch Zweifel, daß psychische Faktoren im Krebsgeschehen eine bedeutsame Rolle spielen. Und dies in mehrfacher Hinsicht: Nicht nur bei der Entstehung, der Manifestation und dem Tumorwachstum, sondern auch bei der Tumorverminderung. Letzteres kann uns positiv stimmen; bedeutet es doch, daß wir dieser Erkrankung nicht hilflos ausgeliefert sind, sondern daß wir selbst etwas zur Gesundung beitragen können.

Praktische Konsequenzen aus diesem Selbsthilfeanteil finden sich im Fragebogen am Ende dieses Kapitels.

Therapeutischer Anteil: das fünfstufige Vorgehen der positiven Psychotherapie bei Krebserkrankungen

Fallbeispiel: "Ein Unglück kommt selten allein."

Die 45jährige Patientin lebt seit 1977 in Scheidung; bis dahin kaufmännische Angestellte im Geschäft des Ehemannes, 2 Töchter (17 und 15 Jahre), Eltern leben, 2 Geschwister, evangelisch. Die Patientin kam zur Erstellung eines Gutachtens für das Familiengericht in meine Praxis. Die Fragestellung war, ob eine Scheidung zum jetzigen Zeitpunkt aus psychotherapeutischer Sicht angebracht bzw. möglich sei. Es handelte sich um einen Zustand nach einer Brust- und Unterleibsoperation wegen Karzinom bzw. karzinomatöser Entartung. Sie wirkte sehr depressiv und ratlos. Symptomatisch zeigten sich außerdem Phobien, Schlafstörungen, innere Unruhe und Suizidabsichten. Im Erstinterview zur Erstellung des Fachgutachtens versuchte ich, kumulativ wirkende Faktoren für die Entwicklung und die Prognose der Beschwerden zu eruieren. Wichtige Daten aus der fünfstufigen Vorgehensweise werden hier kurz wiedergegeben:

1) 1977 wurde der Patientin die Gebärmutter entfernt. Anlaß für diesen Eingriff war eine karzinomatöse Entartung. Dieses Ereignis betraf die Patientin in 2facher Weise: die begründete Angst vor einem Wiederaufflammen des Krebses erzeugte eine abnorme Trauerreaktion, die sich in depressiven und melancholischen Wesenszügen äußerte; die Entfernung der Gebärmutter wurde im Sinne einer Organminderwertigkeit erlebt. Obwohl dieses Ereignis nicht unmittelbar mit der Qualität des Sexuallebens zusammenhängen muß, empfand sich die Patientin, z. T. unbewußt, nicht mehr als "vollständige Frau". Dies schaffte eine erhöhte Sensibilität für all das, was einer Kränkung des Ich entsprach. Die Entwicklung der Symptomatik fiel zeitlich mit der mehrfachen Untreue des Ehemannes in den letzten 3 Jahren zusammen. Nach der Unterleibsoperation hatte die Patientin gehofft, ihre Eheprobleme würden sich legen.

2) Im Dezember 1979 wurde wiederum eine Krebserkrankung festgestellt und die linke Brust entfernt. Dieses Ereignis verstärkte die bereits dargestellte Konfliktbereitschaft. War die Organminderwertigkeit bis dahin im wesentlichen ein Problem der Patientin, wurde sie durch die Operation zu einem partnerschaftlichen Problem.

3) Etwa 3 Jahre vor Ausbruch der Erkrankung hatte die Patientin erfahren, daß ihr Mann mit einer anderen Frau ein Verhältnis eingegangen war. Der Mann leugnete dies jedoch immer wieder ab. 10 Wochen vor der Gebärmutteroperation 1977 gab er zu, daß er eine andere Partnerin habe, und eröffnete ihr, daß er sich von ihr trennen wolle. Dieses Erlebnis war für sie eine tiefgreifende Kränkung, welche die bestehenden Depressionen zusätzlich verstärkte. Sie fühlte sich "trotz aller bis dahin aufgetretenen Ehe-

probleme" in einer für sie entscheidenden Phase ihres Lebens im Stich gelassen. Neben der "Untreue", die alte Ängste aus der Kindheit wiederzubeleben schien, spielte das Gefühl eine Rolle, ungerecht behandelt worden zu sein: "Ich habe mit meinem Mann gemeinsam das Geschäft aufgebaut, das Haus gebaut. Ich habe mich Tag und Nacht bemüht, und jetzt werde ich im Stich gelassen. Ein Unglück kommt selten allein."

4) In dieser Atmosphäre wurde die Eheproblematik ausgetragen, bis Juni 1981 der Ehemann tatsächlich aus der gemeinsamen Wohnung auszog. Die Konflikte, die bis dahin in der Schwebe gehalten worden waren, brachen auf und konfrontierten die Patientin mit der Situation eigener Hoffnungslosigkeit. Nicht nur die gemeinsame Zukunftsperspektive mit dem Ehemann war in Frage gestellt, sondern die Zukunftsperspektive überhaupt (Krebsangst). Mit dieser Konfliktsituation mußte sie sich auseinandersetzen, zumal wesentliche Aspekte den innerseelischen Abwehrmechanismen zum Opfer gefallen und verdrängt worden waren.

Diese über mehrere Jahre kumulativ wirkenden Faktoren besaßen für die Patientin traumatisierenden Charakter. Es entwickelte sich, unterstützt durch berufliche Überforderung, soziale Isolierung, Angst vor der Zukunft und Hoffnungslosigkeit, eine abnorme Trauerreaktion mit vegetativer Beteiligung auf der Basis einer depressiven Neurosenstruktur. Eine Scheidung zum gegenwärtigen Zeitpunkt schien für die Patientin eine zu starke Belastung zu sein. Sie begann zwar, sich in ihrer Phantasie mit den Möglichkeiten der Ablösung zu beschäftigen, brauchte aber noch etwas Zeit, um diese in der Wirklichkeit auch ertragen zu können.

Ich hielt aus ärztlicher Sicht einen Aufschub der Scheidung von 6 Monaten für erforderlich. Das bot Gelegenheit, in dieser Zeit eine konfliktzentrierte, stützende Psychotherapie durchzuführen. Wichtige Punkte dabei waren: die 4 Bereiche der Konfliktverarbeitung, 4 Vorbilddimensionen und die Einbeziehung der Aktualfähigkeiten *Treue*, *Vertrauen*, *Kontakt* und *Glaube/Hoffnung*:

Ich bin grundsätzlich pessimistisch. Bei mir ist vieles bereits festgelegt. Ich kann nur dann hoffen, wenn ich etwas Positives oder Erfolg sehe. Bei mir ist z. B. vor jedem Urlaub schon festgelegt, daß es ja doch nichts wird, und daß es bestimmt regnet oder zu große Hitze ist usw. Kommt aber ein Sonnentag, hoffe ich, daß der Urlaub doch noch gut wird. Auch hoffe ich, daß meine Kinder mal Abitur machen. Zeigen sie aber auf irgendeinem Gebiet eine Schwäche (z. B. Konzentrationsmangel), glaube ich nicht mehr daran und denke, die schaffen es nie. Ich hoffe nur dann, wenn ich mich auf andere verlassen kann. Ich hoffe z. B., daß mein gestörtes Verhalten in Ordnung kommt, weil ich mich auf Sie verlasse und denke, Sie werden es schon schaffen. Ich hoffe auch sehr, daß unsere Ehe wieder besser wird und dann nie mehr auseinandergeht. Andererseits quälen mich laufend Gedanken, weil mein Mann mich verlassen hat, und ich muß alleine weiterleben. Viele Dinge erhoffe ich (z. B. Frieden). Ich kann aber nicht so recht daran glauben. Meine Oma und Mutter hofften nie auf etwas Gutes. Sie wünschten sich immer nur den Tod, weil ja doch alles schlecht war und das Leben keinen Sinn hatte. Falls ich als Kind mal eine Hoffnung äußerte, wurde immer nur gesagt: "Du wirst schon sehen, daß nichts daraus wird."

Inhaltlich wurden mit der Patientin die Aktualfähigkeiten *Zweifel/Gewißheit* (vgl. II./Kap. 7), *Hoffnung* (vgl. II./Kap. 14), *Einheit* (vgl. II./Kap. 39) und *Treue* (vgl. II./Kap. 35), die im Sinne eines neurotischen Wiederholungszwangs immer wieder zur Aktualisierung des Grundkonflikts führten, durchgearbeitet. Da die Patientin um jeden Preis an der Partnerschaft festhalten wollte, obwohl sie, wie sie äußerte, selbst wußte, daß dies sinnlos war, erzählte ich ihr die Geschichte "Der Zauberer". Diese Geschichte wirkte als Mediator in den 15 Sitzungen und erleichterte es ihr loszulassen, Verzichte zu leisten und gerade dadurch neue Perspektiven zu gewinnen.

Nach meiner 18jährigen Erfahrung in Zusammenarbeit mit Ärzten aus verschiedenen Fachrichtungen, die mit Krebspatienten arbeiten, bieten die 4 Formen der Konfliktverarbeitung eine gute Möglichkeit für Diagnose, Therapie und Prognose der Erkrankung:

1) Die Hoffnungslosigkeit des Patienten kann durch die Aufarbeitung von Fragen wie "Woher komme ich — wohin gehe ich?" und nach dem Sinn des Lebens, nach dem Sinn der Krankheit aufgehellt werden.

2) Die soziale Isolierung läßt sich am besten reduzieren, wenn wir Partner, Kinder, Familie, Freunde und Bekannte je nach Situation als Kontaktpartner motivieren.

3) Streßsituationen lassen sich dadurch spezifizieren, daß man den beruflichen Bereich auf mikrotraumatisch wirkende Aktualfähigkeiten abklopft.

4) Die Stabilisierung körperlicher Faktoren kann einerseits durch entsprechende chemotherapeutische Maßnahmen, Entspannungsmethoden und Ernährungsumstellung, andererseits durch Ausgeglichenheit in den anderen 3 Bereichen (Beruf, Kontakt, Zukunft) erzielt werden.

Anhang: Fragebogen zu *Krebs*

Name: .... Nr.: .... Datum:....................................

Körper/Sinne — Beruf/Leistung — Kontakt — Phantasie/Zukunft

1) Wer hat Sie wann über Ihre Krankheit informiert?
2) Fürchten Sie um Ihre körperliche Leistungs- und Funktionsfähigkeit?
3) Fühlen Sie sich in Ihrem Aussehen beeinträchtigt?
4) Wie weit sind Sie über die Art Ihrer Erkrankung und den möglichen Verlauf einschließlich der Heilungschancen klar informiert?
5) Nehmen Sie regelmäßig die verordneten Medikamente? Wissen Sie, wie die Medikamente wirken, was Sie von ihnen erwarten können und welche Nebenwirkungen möglich sind? Kennen Sie das Intervalltraining?
6) Auf welche Aktualfähigkeiten (*Ordnung, Pünktlichkeit, Sauberkeit, Höflichkeit, Ehrlichkeit, Fleiß, Sparsamkeit, Gerechtigkeit*) legen Sie bei sich oder bei Ihren Kollegen, Mitarbeitern und Vorgesetzten besonderen Wert?
7) Welche Einstellungen und Verhaltensweisen werden in Ihrem Beruf von Ihnen erwartet?
8) Können Sie mit Ihren Angehörigen unbefangen über Ihre Erkrankung sprechen?
9) Ist das Wort "Krebs" für Sie mit einem Tabu belegt?
10) Fühlen Sie sich allein gelassen?
11) Können Sie Gefühle äußern?
12) Nehmen Sie eigene Bedürfnisse wahr, oder stellen Sie sie zurück? Opfern Sie sich für andere auf?
13) Meinen Sie, es habe doch alles keinen Sinn, man müsse es nehmen, wie es kommt?
14) Erscheint Ihnen die Zukunft als versperrt und hoffnungslos?
15) Ist für Sie Gesundheit alles, ein Leben ohne Gesundheit nichts?
16) Was ist für Sie der Sinn des Lebens (Antrieb, Ziele, Motivation, Lebensplan, Sinn von Krankheit und Tod, Leben nach dem Tod)?
17) Akzeptieren Sie Ihre Erkrankung auch als Chance, bisher nicht erlebte Bereiche (Körper/Sinne, Beruf/Leistung, Kontakt, Phantasie/Zukunft) zu entwickeln?

21 Magen- und Zwölffingerdarmgeschwüre

Die Fähigkeit, vieles herunterzuschlucken

Definition

Aus medizinischer Sicht handelt es sich beim Magengeschwür um eine Störung im Gleichgewicht zwischen schleimhautschützenden und schleimhautangreifenden Faktoren, die zu einer Art Selbstverdauung der Magenwand führt. Beim Ulcus duodeni bilden sich in dem Teil des Dünndarms, der unmittelbar an den Magen anschließt, Schleimhautgeschwüre. Nach Arnold (1982) werden zur Entstehung des Duodenalulkus ein "aggressives Prinzip", das auf einer überhöhten Säure- und Pepsinkonzentration basiert, ein "defensives Prinzip", verstanden als die Gesamtheit aller zytoprospektiven Maßnahmen und ein "zentrales Prinzip" als Einflußfaktor aus dem Zentralnervensystem postuliert.

Symptomatik

Leitsymptom des Magengeschwürs ist ein krampfartiger, bohrender oder drückender Schmerz in der Magengegend, der fast immer in zeitlicher Abhängigkeit von der Nahrungsaufnahme steht. Chronische Ulzera können allerdings auch fast ohne Beschwerden verlaufen und werden erst nach Komplikationen wie Blutungen oder Magendurchbruch entdeckt. Die Symptomatik beim Zwölffingerdarmgeschwür ist ähnlich wie beim Magengeschwür.

Transkultureller Ansatz und Epidemiologie

In westlichen Ländern erkrankt jeder Zehnte an einem Duodenalulkus. Die Prävalenz wird nach McGuigan (1980) auf 2−15 % geschätzt. Bei Flüchtlingen und Auswanderern finden sich gehäuft Ulzera. Männer sind vom Ulkus duodeni 5- bis 8mal so häufig betroffen wie Frauen. Der Häufigkeitsgipfel liegt bei Männdern in der Mitte des 5. Lebensjahrzehnts, bei Frauen kommt es erst nach der Menopause zu einer Häufung der Erkrankung.

Nach meinen Beobachtungen treten Magen- und Zwölffingerdarmgeschwüre bei Emigranten v. a. deshalb auf, weil Sprach- und Integrationsprobleme eine soziale Isolierung mit sich bringen. Außerdem ändern sich Art und Bedeutung der Ernährung.

Literaturvergleich

Bereits 1927 konnte Silbermann bei Hunden durch Scheinfütterung Ulzera am Magen erzeugen. Die Beziehung zwischen Emotion und Magenfunktion beim Menschen wiesen Engel et al. (1956) eindrucksvoll nach. Zander (1981) konnte mit Hilfe eines Röntgeninterviews zeigen, daß der Magen speziell bei Fragen nach Neid-Ärger-Situationen spastisch reagiert. Nach psychoanalytischer Auffassung (Alexander, 1933, 1934) stellt die Ulkussymptomatik eine Reaktion auf die Versagung oralrezeptiver Strebungen dar. Für Battegay (1982) ist das Ulkus das Resultat einer Hungerkrankheit.

Sprachbilder und Volksweisheiten

Etwas liegt einem schwer im Magen; sich ein Loch in den Bauch ärgern; Wut im Bauch haben; sich von seinem Ehrgeiz auffressen lassen; sauer reagieren; etwas nicht verdauen können.

Geschichte: "Die Rache des Ja-Sagers"

Im Garten eines Weisen lebte einst ein prächtiger Pfau. Das Tier war die besondere Freude des Gärtners, der es hegte und pflegte. Voller Neid und Habsucht schaute ein Nachbar immer wieder über den Zaun, konnte er es doch nicht zulassen, daß jemand einen schöneren Pfau hätte als er selbst. In seinem Neid bewarf er das Tier mit Steinen. Dies sah wiederum der Gärtner und war darüber sehr erbost. Doch der Pfau ließ dem Nachbarn keine Ruhe. Nach einiger Zeit begann er, dem Gärtner zu schmeicheln und fragte, ob er nicht ein Pfauenküken bekommen könnte. Kategorisch lehnte der Gärtner ab. Schließlich wandte sich der Nachbar demütig an den weisen Herrn des Hauses, ob er nicht wenigstens ein Ei des Pfauen bekommen könnte. Er wollte es einer Henne unterlegen und es von ihr ausbrüten lassen. Der Weise bat seinen Gärtner, dem Nachbarn ein Ei aus dem Gelege des Pfauen zu schenken. Der Gärtner tat, wie ihm geheißen. Nach einiger Zeit kam der Nachbar und beklagte sich bei dem Weisen: "Mit dem Ei stimmt etwas nicht, meine Hühner saßen Wochen darauf, und doch will kein Pfau ausschlüpfen." Zornig zog er sich zurück. Der Weise rief seinen Gärtner: "Du hast doch unserem Nachbarn ein Ei gegeben. Warum schlüpft aus ihm kein Pfau?" Der Gärtner antwortete: "Ich habe ihm das Ei vorher gekocht." Der Weise schaute erstaunt. Darauf meinte der Gärtner entschuldigend: "Sie haben mir gesagt, ich sollte ihm ein Pfauenei schenken. Davon ob es gekocht oder nicht gekocht sein sollte, haben sie mir nichts gesagt ..." (aus Peseschkian 1979, S. 99).

Selbsthilfeanteil: Entwicklung von Magen- und Zwölffingerdarmgeschwüren aus der Sicht der positiven Psychotherapie

Unbefriedigte oder übermäßig starke Bedürfnisse nach Verbundenheit und Sicherheit werden − wie die Nahrung − mit dem Magen verarbeitet. Der

Magen reagiert, als ob der Mensch hungrig sei. Psychologische Hintergründe klingen in folgenden Fragen an: Warum schädigt sich ein Mensch z. B. durch übermäßigen Genuß von Kaffee, Alkohol und Nikotin? Warum kann er mit seinen Problemen nicht anders umgehen, als seinem Körper Substanzen zuzuführen, die zwar kurzfristig eine Befriedigung verschaffen, auf die Dauer aber nur weitere körperliche, psychische und soziale Probleme bringen?

Bei einem großen Teil der Magenkranken ist das Streben nach beruflichem Erfolg und Geld an die Stelle der vermißten seelischen Nahrung getreten.

Der Kontaktbereich ist oft defizitär. Bei einer Ablösung, einem Verlust von Geborgenheit, kommt es oft zum Ausbruch der Krankheit.

Verbundenheitssehnsüchte, Riesenerwartungen und -ansprüche spielen in der Phantasie und auch in den Träumen eine hervorragende Rolle. Mit den Mitteln der Phantasie möchte man sich in eine bessere Welt versetzen. Im Elternhaus von Patienten mit einem Magengeschwür spielten v. a. Leistung und Sparsamkeit eine Rolle. Gefühle wie Ärger oder Wut wurden nicht geäußert, sondern statt dessen in sich "hineingefressen" oder "runtergeschluckt" (falsch verstandene Höflichkeit). Man trifft aber auch auf Eltern, die ihre Kinder mit Nahrung und Zuwendung überhäuften. Zu anderen Menschen hatte die Familie meist wenig Kontakt ("Gäste kosten nur Zeit und Geld"). Die Phantasie war hauptsächlich mit dem Bereich Leistung beschäftigt. Die Beschäftigung mit religiösen Fragen wurde als zweitrangig angesehen.

In ihrem Innersten sehnen sich diese Patienten immer noch — wie als Kind — danach, gefüttert, geliebt und beschützt zu werden.

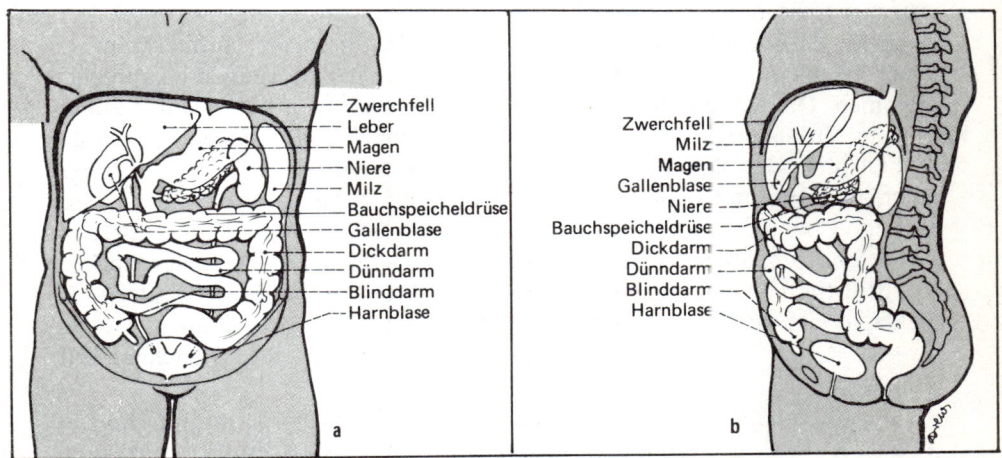

Abb. 1. Anatomie der Bauchorgane (Gorgaß u. Ahnefeld 1989, S. 320, Abb. 195)

Die Tiefenpsychologie verweist auf die besondere Rolle des Magens und des Darms bei der Entwicklung des Menschen. Für das Kind ist Gefüttert- und Gestilltwerden nahezu identisch mit Versorgt- und Geliebtwerden. Es erfährt aber auch, daß die Nahrungsaufnahme etwas mit Nehmen und Geben, mit Besitz, Leistung, Gehorsam, Ärger und Ablehnung zu tun hat. Diese Zusammenhänge kommen auch in Redewendungen zum Ausdruck. Wenn einem etwas "schwer im Magen liegt", oder wenn man etwas "nicht verdauen kann", kann es einem "hochkommen", es ist "zum Kotzen", man "ärgert sich schließlich ein Loch in den Bauch", eine Enttäuschung "frißt" an einem. Jemand wird "sauer" oder reagiert "bissig".

So kann es auch kein Zufall sein, daß wir bei Ulcus-duodeni-Kranken immer wieder auf Äußerungen der Wut, auf Rache- und Vergeltungswünsche stoßen (Abb. 1).

Praktische Konsequenzen aus diesem Selbsthilfeanteil finden sich im Fragebogen am Ende dieses Kapitels.

Therapeutischer Anteil: das fünfstufige Vorgehen der positiven Psychotherapie bei Magen- und Zwölffingerdarmgeschwüren

Fallbeispiel: "Ordnung ist für meine Frau ein Buch mit 7 Siegeln."

Ein 38jähriger Patient, bei dem die Diagnose Ulcus duodeni röntgenologisch und durch Laboruntersuchungen gesichert war, war bereits 2mal in stationärer Behandlung gewesen. Beim Erstgespräch in meiner Praxis wirkte sein Auftreten eher überangepaßt: er sprach höflich und freundlich und äußerte selten eine eigene Meinung. Nach der positiven Deutung des Symptoms in der ersten psychotherapeutischen Sitzung "Sie haben die Fähigkeit, durch körperliche Störungen auf vernachlässigte Lebensbereiche aufmerksam zu machen", konnte er leichter auf die Entwicklung der Störungen zu sprechen kommen. Die aktuelle Konfliktsituation stand im wesentlichen mit 2 Faktoren im Zusammenhang. Kurz vor der Zunahme der Beschwerden war der Arbeitsplatz des Patienten umstrukturiert worden, was in eine Leistungsüberforderung und permanente Frustration einmündete. Die Beziehung zu seinem Chef reaktualisierte das ohnehin konfliktbesetzte Verhältnis zum Vater und zum älteren Bruder. Im familiären Bereich kam es immer häufiger zu Mißstimmungen zwischen ihm, seiner Frau und seinen Kindern. Er beklagte sich nicht nur darüber, daß die Kinder "machen können, was sie wollen", auch die Unordnung seiner Frau brachte ihn manchmal zur Verzweiflung.

Die Aktualfähigkeiten *Fleiß/Leistung* (Leistungsüberforderung), *Gehorsam* (Chef, Kinder) und *Ordnung* (vgl. II./Kap. 19) wirkten mikrotraumatisch. Eine ritualisierte Höflichkeit hinderte den Patienten, Konflikte offen auszutragen, er wendete sie nach innen. Er war in einer Familie aufgewachsen, in der Fleiß und Leistung Kriterien für emotionale Zuwendung waren. Das Motto seines Vaters, eines ehemaligen Offiziers, sei gewesen: "Kannst du was, dann bist du was!" Dem älteren Bruder war er leistungsmäßig seit jeher unterlegen.

In der Stufe 3 wurde dem Patienten bei der hypnotischen Applikation die Geschichte "Die Rache des Ja-Sagers" als eine Art Vorsatzformel erzählt. Ihre bildhafte Darstellung erleichterte ihm die Identifikation mit dem Helden. Er konnte seine Bedürfnisse auf die Geschichte übertragen. Seine Reaktionen wurden ihrerseits zum Gegenstand der therapeutischen Arbeit. Seine Autoritätsproblematik wurde inhaltlich v. a. durch die Aktualfähigkeiten *Fleiß/Leistung* (vgl. II./Kap. 9), *Ordnung* (vgl. II./Kap. 19) und *Gehorsam* mit ihm aufgearbeitet.

Die Aktualfähigkeit "Gehorsam"

Definition und Entwicklung: Die Fähigkeit, Bitten, Anordnungen, Befehle einer äußeren Autorität zu befolgen. Gehorsam wird v. a. bezüglich inhaltlich umschriebener Bereiche wie Ordnung, Pünktlichkeit, Fleiß/Leistung etc. gefordert und geleistet. Gehorsam wird entweder durch Strafe bzw. Strafandrohung oder durch Belohnung ausgeführter Anordnungen sowie durch das Vorbild der Bezugsperson entwickelt.

Wie fragt man danach: Wer von Ihnen legt mehr Wert auf Gehorsam, Disziplin? Wer von Ihnen neigt mehr dazu, Befehle zu geben? Mögen Sie es, wenn Ihnen die anderen (Partner, Kollegen, Vorgesetzte, Eltern) sagen, was Sie zu tun haben? Haben oder hatten Sie Probleme wegen Gehorsam oder Ungehorsam? Wer von Ihren Eltern legte mehr Wert auf Gehorsam? Wie reagierten Ihre Eltern auf Ungehorsam?

Synonyme und Störungen: Befolgen, sich leugnen, kuschen, klein beigeben, aufmucken, rebellieren, trotzen. – Autoritätsgläubigkeit, Befehlsautonomie, Autoritätskrise, Angst, Aggression, Trotz, Nägelkauen, Bettnässen, Anpassungsschwierigkeiten.

Verhaltensregulative: Schreien und Unhöflichkeit garantieren noch lange nicht Gehorsam und eine freundliche Atmosphäre. Motto: Versuchen Sie es mit Höflichkeit. Wenn man weiß, warum man etwas tun soll, tut es sich leichter. Auch der andere kann recht haben.

Im Rahmen einer Gruppentherapie mit Psychodrama wurden nun bisher zu kurz gekommene Bereiche, v. a. das Kontaktverhalten und die Phantasietätigkeit entwickelt. Nach 30 Sitzungen innerhalb von 6 Monaten war der Patient subjektiv beschwerdefrei und zeigte objektiv röntgenologisch nachweisbar keinen krankhaften Befund.

Anhang: Fragebogen zu *Magen- und Zwölffingerdarmgeschwüren*

Name: .... Nr.: .... Datum:.................................

Körper/Sinne – Beruf/Leistung – Kontakt – Phantasie/Zukunft

1) Liegt Ihnen etwas "schwer im Magen"? Können Sie etwas "nicht verdauen"? Fallen Ihnen noch andere Sprichworte zu Ihrer Erkrankung ein? Was sagen Ihnen diese Volksweisheiten?
2) Wer hat Sie wann über Ihre Krankheit informiert
3) Praktizieren Sie das Intervalltraining, autogene Training oder andere Verfahren?
4) Nehmen Sie regelmäßig die verordneten Medikamente? Wissen Sie, wie die Medikamente wirken, was Sie von ihnen erwarten können und welche Nebenwirkungen möglich sind?
5) "Ärgern Sie sich ein Loch in den Bauch" über Kollegen, Vorgesetzte, Mitarbeiter? Was sind die Anlässe?
6) "Frißt" eine berufliche Ent-Täuschung an Ihnen, z. B. eine Zurücksetzung oder eine als ungerecht empfundene Nichtbeförderung?
7) Finden Sie das Betriebsklima "beschissen" oder "zum Kotzen", wagen aber nicht, etwas zu sagen?
8) Können Sie "etwas nicht verdauen", was Ihr Partner oder andere Ihnen nahestehende Menschen Ihnen angetan haben?
9) Nehmen Sie sich Zeit zum Essen und Trinken oder muß es "schnell gehen"?
10) Stellt Essen für Sie auch eine Möglichkeit zu Kontakt und Gespräch dar, oder "schlingen Sie alles alleine hinunter"?
11) Können Sie Gefühle offen äußern? Oder "fressen Sie sie in sich hinein" oder "schlucken Sie sie herunter"?
12) Sehen Sie Ihrer Zukunft mit großer Sorge und Zweifel entgegen?
13) Was ist für Sie der Sinn des Lebens (Antrieb, Ziele, Motivation, Lebensplan, Sinn von Krankheit und Tod, Leben nach dem Tod)?
14) Akzeptieren Sie Ihre Beschwerden auch als Chance, bisher nicht erlebte Bereiche (Körper/Sinne, Beruf/Leistung, Kontakt, Phantasie/Zukunft) zu entwickeln?

22 Multiple Sklerose (MS)

Die Fähigkeit, sich durch eine Krankheit herausfordern zu lassen;
die Fähigkeit, lieber "auf die Knie zu gehen", als Ungerechtigkeiten zu akzeptieren

Definition

Mit multipler Sklerose (von lat. multiplex: vielfach und griech. skleros: hart) bezeichnet man eine schubweise oder chronisch progredient verlaufende entzündliche Erkrankung, die das Zentralnervensystem befällt und zu vielfältigen neurologischen Ausfällen führt. Durch andauernde Entzündungen entstehen im Gehirn und Rückenmark verhärtete Herde bzw. Narben; die Markscheiden zerfallen, wodurch der Erregungsablauf in den Nervenfasern gestört wird und die unterschiedlichsten Symptome auftreten.

Symptomatik

Nicht selten beginnt die Erkrankung mit plötzlichen Sehstörungen (z. B. Doppeltsehen), Drehschwindelanfällen, Unsicherheiten in den Armen und Beinen und Zittern in den Händen. Die Störungen eines ersten Schubs bilden sich i. allg. nach einigen Wochen oder Monaten wieder zurück – bis nach einem symptomfreien Intervall die Krankheit wieder ausbricht, um sich dann immer weniger zurückzubilden. Das voll entwickelte Krankheitsbild zeigt Gehstörungen spastisch-ataktischer Art (unregelmäßiger, schwerfälliger, unsicherer Gang), ausgedehnte Lähmungen der Gliedmaßen, sensible Störungen wie Schmerzen und Anästhesien, Schwindel, Intentionstremor (Zittern bei Ansetzen zu einer Bewegung, nicht in Ruhe), Schreibstörungen, skandierendes Sprechen (langsam und stockend), Augenzucken beim Seitlichblicken und starke Gefühlsschwankungen (Teilnahmslosigkeit, Lachen, Weinen).

Transkultureller Aspekt und Epidemiologie

– Die MS ist nach Bischof u. Herrmann (1986b) vorzugsweise in gemäßigten Klimazonen anzutreffen und zeigt ein Nord-Süd-Gefälle mit höchsten Erkrankungsraten in Nordeuropa, Kanada und den nördlichen USA. Um den Äquatorgürtel ist das Risiko am niedrigsten. Auf der südlichen Halbkugel steigt das Risiko jenseits des 40. Breitengrades wieder an.

- In Deutschland (ehem. BRD) leiden etwa 50.000−100.000 Menschen an multipler Sklerose, das sind zwischen 0,1−0,2 %.
- Die MS tritt meist zum erstenmal bei 20- bis 40jährigen auf. Bei Kindern ist sie ausgesprochen selten. Frauen erkranken etwas häufiger als Männer an MS.
- An MS sterben in Westeuropa von 1 Mio. Einwohner durchschnittlich 33 Menschen pro Jahr; in Deutschland (ehem. BRD) sind es 22, in Finnland und Italien 6, in den USA − bezogen auf den weißen Bevölkerungsanteil − 9, bei den Farbigen 4 und in Japan sogar nur einer.

Literaturvergleich

Daß die Erkrankung an MS das seelische Befinden des Patienten, sein Erleben und Verhalten beeinträchtigt, ist bekannt und findet bei vielen Autoren Erwähnung (Arnold et al. 1976; Lewis u. Lewis 1975). Daß aber auch umgekehrt psychologische Faktoren auf Krankheitsauslösung und -verlauf Einfluß nehmen, halten verschiedene Autoren für gesichert. Allgemein heißt es, daß die Psyche für die Prognose keine geringe Rolle spielt. Paulley (1975) beschäftigt sich intensiv mit der Lebensgeschichte MS-kranker Menschen und fand in ihrer Entwicklung deutliche Hinweise für eine Psychogenese.

Dalos et al. (1983), Oberhoff-Looden (1978) und Seidler (1978) beschreiben die Psychosomatik der Krankheitsverarbeitung und -bewältigung MS-Kranker. Philippopoulus et al. (1958) beobachteten, daß chronische emotionale Belastungen und eine ständige Ängstlichkeit häufiger einer MS vorausgehen als akute emotionale Belastungen. Nach Paulley (1975) verbirgt sich hinter einer Maske von Gefügigkeit ein exzessives Bedürfnis nach Liebe und Zuwendung, das in der Kindheit nicht gestillt wurde. Schultz u. Kütemeyer (1986) beobachteten, "daß mit dem äußeren Harmonisierungsbedürfnis nicht selten eine besondere (Auto-)Aggression korrespondiert". Nach Groen et al. (1967) kann die Anpassungstendenz MS-Kranker anankastische Züge annehmen und sich in einem besonderen Pflichtbewußtsein und übertriebenem Arbeitsverhalten zeigen.

Sprachbilder und Volksweisheiten

Das geht mir auf die Nerven; es nervt einen; man verliert den klaren Blick für etwas; nichts geht mehr; man kriegt keinen Fuß mehr vor den anderen; ich kann mich nicht mehr rühren; er hat kein Standbein mehr; man verliert den Boden unter den Füßen; wenn die Füße gebunden sind, so läuft die Zunge am meisten.

Geschichte: "Der 'Urschrei' des Kalifen"

Eine schwere Krankheit hatte den König von Khorasán, Amir Mansurebue Nuh, befallen. Alle Behandlungsversuche schlugen fehl. Der große und bekannte Arzt Rasi wurde schließlich zu Rate gezogen. Er versuchte zu Beginn alle überlieferten

Behandlungsformen, doch ohne Erfolg. Schließlich bat Rasi den König, ihn die Behandlung so durchführen zu lassen, wie er es für richtig finde. In seiner Hoffnungslosigkeit stimmte der König zu. Rasi bat den König, ihm 2 Pferde zur Verfügung zu stellen. Die schnellsten und besten Tazipferde wurden herbeigeschafft. Am frühen Morgen des folgenden Tages befahl Rasi, den König in das bekannte Bad "Jouze Mulian" in Buchara zu bringen. Da sich der König nicht bewegen konnte, trug man ihn auf einer Sänfte. Im Bad angekommen, hieß Rasi den König sich zu entkleiden, und befahl, daß alle Diener des Königs sich so weit wie möglich vom Bad entfernen sollten. Die Diener zögerten, zogen sich aber zurück, als der König ihnen zu verstehen gab, daß sie so handeln sollten, wie der Hakim ihnen es befahl. Die Pferde ließ Rasi vor dem Eingang des Bades festbinden.

Abb. 1. Der "Urschrei" des Kalifen (aus Peseschkian 1977b, S. 310)

Zusammen mit einem seiner Schüler legte er den König in eine Wanne und übergoß ihn in schneller Folge mit heißem Wasser. Zugleich flößte er ihm heißen Sirup ein, der die Temperatur des Kranken erhöhte. Nachdem dies geschehen war, zogen sich Rasi und sein Schüler an. Rasi stellte sich vor den König und begann plötzlich, diesen auf die übelste Weise zu beschimpfen und zu beleidigen. Der König war schockiert und regte sich in seiner Hilflosigkeit fürchterlich über *diese Unhöflichkeit und ungerechte Beschuldigung auf. In seiner ungeheueren Erregung bewegte sich der König. Als Rasi dies sah, zog er sein Messer, trat nahe an den König heran und drohte, ihn umzubringen. In seiner Angst versuchte sich der König zu retten, bis ihm seine Furcht plötzlich die Kraft gab, aufzustehen und zu fliehen. In diesem Augenblick verließ Rasi schnellsten den Raum und floh zusammen mit seinem Schüler auf dem Rücken der Pferde aus den Mauern der Stadt.*

Der König brach erschöpft zusammen. Als er von seiner Ohnmacht wieder erwachte, fühlte er sich freier und konnte sich bewegen. Noch vom Zorn beladen, schrie er nach seinem Diener, ließ sich ankleiden und ritt zu seinem Palast zurück. Die versammelten Menschen jubelten, als sie ihren König frei von seinen Gebrechen sahen. Acht Tage später erreichte den König ein Brief des Arztes, in dem er seine Vorgehensweise erklärte:

"Ich habe zunächst alles gemacht, was ich als Arzt gelernt hatte. Als dies keine Früchte brachte, erhitzte ich deinen Körper künstlich und gab dir über deinen Zorn die Kraft, deine Glieder zu bewegen. Als ich sah, daß deine Heilung begonnen hatte, verließ ich die Stadt, um deinem strafenden Arm zu entfliehen. Ich bitte dich, mich nicht zu dir zu holen, da ich mir der ungerechten und gemeinen Beleidigungen bewußt bin, die ich dir in deiner Hilflosigkeit zugefügt habe und für die ich mich abgrundtief schäme."

Als der König dies vernahm, erfüllte tiefe Dankbarkeit sein Herz, und er bat den Arzt, zu ihm zu kommen, damit er ihm seine dankbaren Gefühle beweisen konnte" (aus Peseschkian 1977a; s. Abb. 1).

Selbsthilfeanteil: Entwicklung von multipler Sklerose aus der Sicht der positiven Psychotherapie

Zur Symptomatik einer MS kommt es durch unterschiedlichste neurologische Störungen, die auf krankhafte Veränderungen des Nervengewebes zurückgehen. Infolge bisher ungeklärter Ursachen entzünden sich bei der MS die Markscheiden, sie vernarben und gehen zugrunde; das umgebende Nervenstützgewebe beginnt dafür wild zu wachsen. Im Gehirn und im Rückenmark befinden sich schließlich zahlreiche solcher grauer, harter Zerfallsherde. An diesen Stellen ist die Erregungsleitung der betreffenden Nerven unterbrochen. Je nach betroffener Nervenbahn herrscht eine unterschiedliche Symptomatik vor. Meist sind die langen Bahnen, z. B. die Pyramidenbahn, geschädigt, wodurch es zu einer Störung der Willkürmotorik kommt; daher der unsichere, torkelnde Gang.

Die Diagnose MS bedeutet für den Kranken und für seine Familie großes Leid und Ungemach. Der Kranke leidet zunächst einmal nicht nur unter den Symptomen selbst, sondern fast mehr noch unter der Wirkung, die diese auf die Umgebung haben. Er sieht u. U. doppelt, sein Gang ist unsicher, er zittert, es kommt manchmal zu unfreiwilligen Blasenentleerungen — alles

316

Krankheitszeichen, die der Außenstehende mißdeuten kann als Ungeschicklichkeit im günstigeren Fall, im ungünstigsten Fall gar als Trunkenheit, v. a. wegen des torkelnden Ganges. Statt Akzeptanz und Verstehen erfährt der Kranke oft Unverständnis, Bespöttelung, zumal wenn seine Diagnose nicht bekannt ist. Und wem mag er schon die Art seiner Erkrankung mitteilen? Oft dauert es auch für den Patienten Jahre, bis er nach zahllosen Arztbesuchen eine sichere Diagnose erhält.

Automatisch ist da Angst vor der Zukunft: Wird er weiter berufstätig bleiben können und wenn ja, wie lange noch? Ist er finanziell abgesichert? Wie wird die Umgebung auf das Bekanntwerden seines Leidens reagieren? Wird er zum Pflegefall? Sind seine Angehörigen bereit, diese Pflege zu übernehmen? Kann er den entsprechenden Arzt finden? Der Patient schwebt ständig, v. a. zwischen 2 Schüben, zwischen Zweifel und Hoffnung: Kommt der nächste Schub oder nicht? Wenn ja, wann? Welche Folgen wird er haben?

Häufig trifft die MS gerade solche Menschen, die unter Aufbietung aller ihnen zur Verfügung stehenden Kräfte gearbeitet haben, die versucht haben, den Forderungen anderer mehr als gerecht zu werden. Der Bereich Leistung ist bei ihnen sehr stark besetzt. Um so härter trifft sie der langsame und sichtbare Verfall ihrer Kräfte. Häufig versuchen sie, die als Makel empfundene Krankheit zu verheimlichen, was ihnen jedoch nur weitere Schwierigkeiten einbringt.

Die MS tritt familiär gehäuft auf; allerdings ist eine Erblichkeit nicht sicher nachweisbar, da bei eineiigen Zwillingen meist nur einer der Zwillinge an MS erkrankt. So scheint es zusätzliche Faktoren zu geben, die einen Ausbruch der Erkrankung begünstigen. Meiner Auffassung nach sind dies psychische Faktoren.

MS-Kranke waren als Kinder meist brav, eingeschüchtert durch strenge elterliche Erziehungsprinzipien, verbunden mit Drohungen. Ferner hatten sie nicht selten von ihrer Umgebung wegen ihrer z. T. zarten Konstitution und wegen irgendwelcher Schwächen oder Ungeschicklichkeiten Sticheleien und Spott zu ertragen. Es gab für sie in der Kindheit und Jugend mehr Kritik als Lob. Lob wurde nur für Leistung gegeben. Vertrauen brachte man nur entgegen, wenn jemand sich leistungsmäßig etwas zugetraut hatte. Auf dieser Grundlage entwickelte sich eine Überbetonung des Gerechtigkeitssinnes: Alle Alltagssituationen wurden unter diesem Gesichtspunkt überprüft. Ebenso war die häusliche Atmosphäre von starken Spannungen gekennzeichnet. Die Eltern stritten sich oft; sie übertrugen ihre negativen Empfindungen auf das Kind, was in diesem ein Gefühl der Hilfs- und Hoffnungslosigkeit entstehen ließ. In der Beziehung zu anderen Menschen lernte das Kind von seinen Eltern, Aggressionen zu unterdrücken, sich zu fügen, sich sich selbst aufgebend anzupassen. Die Einstellung zu religiösen, politischen oder wissenschaftlichen Fragen war eher negativ ablehnend. "Man kann ja doch nichts machen", hieß es, "Was nützt es schon, wenn ...", "Man zieht ja doch den

kürzeren", "Was soll's", "Gib's auf" etc. Früh erlebten die MS-Patienten, nutz-
und wertlos zu sein.

Da den MS-Patienten keine positiven Möglichkeiten der Expansion in andere Bereiche vorgelebt oder sie in der Suche danach bestärkt wurden, ließen
die erlittenen Mikrotraumen sie in den Bereich flüchten, der ihnen am nächsten liegt und der ihnen außerdem unbewußt die Möglichkeit des symbolischen Ausdrucks ihres Leidens gestattet: der Bereich Körper/Sinne. Heißt es
doch auch umgangssprachlich: "es geht einem etwas auf die Nerven", etwas
"nervt" einen, "man verliert den klaren Blick für etwas", es "geht" nichts mehr,
nichts "läuft" mehr, "man kriegt keinen Fuß mehr vor den anderen" etc. Eine
Chance scheint diese Krankheit zu bieten: Herrscht zu Beginn der Erkrankung bei dem Betroffenen eine große Unsicherheit − er geht von Arzt zu
Arzt −, so gibt ihm die endgültige Diagnose Gewißheit. Jeder Zweifel ist beseitigt. Er kann sich auf seine Krankheit einstellen und von diesem Stand-
punkt aus sein positives Suchen beginnen, sich fragen: Welche Möglichkeiten
gibt es nun eigentlich noch für mich? Kann ich mein Selbsthilfepotential zB.
auch dadurch erweitern, daß ich Kontakt zu einer MS-Selbsthilfegruppe oder
-Organisation aufnehme? Ausbaufähig sind bei MS-Kranken v. a. die
Aktualfähigkeiten *Offenheit/Ehrlichkeit* (vgl. II./Kap. 5) *Gerechtigkeit* (vgl.
II./Kap. 1), *Kontakt* (vgl. II./Kap. 15), *Vertrauen* (vgl. II./Kap. 11) und *Hoffnung*
(vgl. II./Kap. 14). Bereits stark ausgeprägt ist die Leistung, die Beziehung zur
Zeit und die Fähigkeit zu zweifeln. Unter diesem Aspekt ist es wichtig zu
fragen: Wo wurde die Diagnose gestellt? Welche Symptome lagen vor?
Welche diagnostischen Verfahren wurden angewandt (evozierte Potentiale,
Computertomogramm, NMR-Befund, Lumbalpunktion mit Oligoklonaden
usw.)?

Praktische Konsequenzen aus diesem Selbsthilfeanteil finden sich im
Fragebogen am Ende dieses Kapitels.

**Therapeutischer Anteil: das fünfstufige Vorgehen der
positiven Psychotherapie bei multipler Sklerose**

Stufe 1: Beobachtung/Distanzierung

Fallbeispiel: "Warum läßt Gott diese Ungerechtigkeit zu?"

Der 29jährige Kaufmann kam auf Anraten eines niedergelassenen Neurologen zwecks Abklärung psychosomatischer Aspekte seiner Erkrankung in
meine Praxis. Er war bereits in der Deutschen Klinik für Diagnostik (DKD)
gewesen. Dort war die Diagnose "multiple Sklerose" gestellt worden.

In den psychotherapeutischen Sitzungen berücksichtigten wir besonders
die psychosozialen (mikrotraumatischen) Aspekte:

Therapeut: "Welche Beschwerden haben Sie?"

Patient: "Gangbeschwerden, Zucken in der rechten Gesichtshälfte, Kraftlosigkeit, Bewegungsradius stark reduziert; es gibt aber auch manche beschwerdefreie Tage."

Therapeut: "Ich habe den Eindruck, daß Sie in letzter Zeit mit sehr vielen Ereignissen umgehen mußten."

Patient: "Und ob! Ich habe tatsächlich den Boden unter den Füßen verloren."

Der Patient befand sich in einer schweren hilflosen Situation und war in diesem Zustand erhöht selbstmordgefährdet. Nicht um ihm einen Rat zu geben oder ihm einen Ausweg zu zeigen, sondern um ihn etwas von seiner intensiven und ausweglosen Grübelei wegzubringen, erzählte ich ihm die Geschichte "Der Urschrei des Kalifen". Durch die Geschichte und deren Übertragung auf die eigene Situation wurde ihm die Doppeldeutigkeit seiner Haltung klar: einerseits war er interessiert am historischen Hintergrund der Geschichte, die ihm eine Distanzierung von seinen Beschwerden ermöglichte, andererseits konnte er die Affektausbrüche in dieser Geschichte auf sich übertragen. Diese Gedanken und Empfindungen griffen wir im nachfolgenden Gespräch auf. Es schien, als habe sich der Patient auf eine Entdeckungsreise begeben.

Stufe 2: Inventarisierung

Ereignisse in den letzten 5 Jahren:

Therapeut: "Sie haben vorher erwähnt, daß Sie an bestimmten Tagen beschwerdefrei sind. Können Sie mir sagen, an welchen Tagen, und womit das zusammenhängt?"

Patient: "Wenn ich ihn nicht sehe!"

Therapeut: "Wen nicht sehe?"

Patient: "Den Schrankenwärter, der 1983 den Tod meiner Schwiegermutter und meines Schwagers verursachte. Die beiden wurden im Auto vom Zug erfaßt, weil der Schrankenwärter vergessen hatte, die Schranken zu schließen. Das war für mich eine große Erschütterung: Wie geht es weiter? Warum gerade ich? Weshalb (...)?"

Im Gespräch nannte der Patient noch 8 weitere Ereignisse (Einzug des Schwiegervaters, Reibereien am Arbeitsplatz, Fehlgeburt, 2. Fehlgeburt droht, vermehrtes Auftreten der Beschwerden im November 1986, Kündigung, Schrankenwärter zieht in die unmittelbare Umgebung der Familie "auf Sichtweite", 27.1.87 Diagnose "MS"). Die Ansammlung verletzender Erfahrungen, v. a. hinsichtlich der Aktualfähigkeit *Gerechtigkeit*, führte dazu, daß einzelne Persönlichkeitsbereiche für Konflikte sensibilisiert wurden. Durch das fortwährende Ansprechen dieser empfindlichen Zonen

("Warum ich? Wie geht es weiter? Warum zieht er gerade hier hin? Warum hat meine Frau kaum noch Zeit für mich?") kam es zu Spannungszuständen, die sich über das vegetative Nervensystem, das Hormonsystem und das Organsystem verselbständigen konnten. Daher sprach ich mit dem Patienten nicht allgemein von "Streß", sondern schlüsselte ihm die Streßsituationen in ihren Besonderheiten dadurch auf, daß wir gemeinsam herausarbeiteten, welche Aktualfähigkeiten besonders streßempfindlich oder widerstandsfähig gegen Streß sind. Auch sein "Streß" erwies sich als abhängig von den im Verlauf der Lebensgeschichte erlernten psychosozialen Normen, die als Einstellungen, Erwartungen und Verhaltensweisen mit dem emotionalen Leben korrespondierten. Einige Jahre vor dem erwähnten Unfall hatten sich seine Eltern scheiden lassen. Dies wurde von ihm als Ungerechtigkeit und traumatisierend erlebt.

Stufe 3: Situative Ermutigung

Die Aufschlüsselung der Ereignisse in den letzten 5 Jahren und ihrer Bedeutung für die Entwicklung und den Verlauf der Erkrankung ermutigte den Patienten, sich mit diesen Zusammenhängen zu befassen. In dieser Stufe wurden ihm Entspannungsmethoden gezeigt und Antidepressiva verordnet.

Stufe 4: Verbalisierung

Der Patient beschreibt die Beziehung zwischen seinen Beschwerden ("Was") und seiner Gerechtigkeitsproblematik ("Warum") so:

Was: Zuerst durchzuckt Schauer ganzen Körper oder nur eine Stelle unterhalb der Kehle, dann Herzklopfen, schweres Atmen, Atembeklemmung, aufgeregt, Zittern der Hände, Schwitzen der Hände, erregt, heftige Bewegungen, in Deckung gehen, Rücken an die Wand oder so, daß niemand hinter mir ist, Hände schützend erhoben, Zittern der Knie, verschüchtert, verlegen, Überschlagen der Stimme, Wortbrocken statt klarer Sätze, unfähig, freundlichen Mund zu machen, Mund fällt herunter, dadurch werden auch freundlich gewollte Worte unfreundlich, danach Zittern von Armen und Beinen, Gefühl der Schlappheit, Hungergefühl und Verkrampfung im Magen. Laut Aussage meiner Frau auch Blässe bis käseweiß, Angst auch vor plötzlich auftauchendem Messer des anderen oder daß der andere statt mit Worten mit der Faust weiterkämpft und dann stärker ist oder hinterlistig ist, sogar Angst davor, umgebracht zu werden.

Wann: Bei ungerechter Behandlung in Worten, Handlungen oder Tätlichkeiten. Immer dann, wenn ich merke oder glaube, daß man mich reinlegen will, Böses von mir denkt, mich für schlecht hält, mir etwas in die Schuhe schiebt, mich beleidigt, mich anlügt. Und wenn ich jemanden bei meinem Gerechtigkeitsgefühl vor jemandem in Schutz nehmen will. Ich identifiziere mich, glaube ich, in dem Moment mit dem anderen

Angeschuldigten oder Betroffenen. Auch wenn ich glaube, etwas getan zu haben, ob im Unrecht oder Recht, was anderen nicht gefällt, sie ärgert oder wütend macht."

Auf dem Boden seines Grundkonfliktes war die Ausprägung der aktuellen Konfliktsituation zu verstehen.

Negative Selbst- und Objektrepräsentanzen des Patienten bezogen sich inhaltlich auf die mikrotraumatisch besetzten Aktualfähigkeiten *Höflichkeit* (vgl. II./Kap. 26) und *Ehrlichkeit* (vgl. II./Kap. 5); diese wurden zusammen mit *Gerechtigkeit* (vgl. II./Kap. 1) als Schlüsselkonflikt mit dem Patient durchgearbeitet. Weiter wurde das Mißverständnis "Bestimmtes und bedingtes Schicksal" (Was wir ertragen müssen und was wir ändern können) in die Gerechtigkeitsproblematik einbezogen (vgl. Peseschkian 1974, S. 182).

Stufe 5: Zielerweiterung

Die Behandlung dauerte 10 Sitzungen. Die Ehefrau wurde 4mal in das therapeutische Gespräch einbezogen. Der Patient wurde in der Psychotheapeutischen Erfahrungsgruppe Wiesbaden (PEW) 2mal vorgestellt. Diese Gruppe gab ihm multiple Übertragungsmöglichkeiten. Er fühlte sich erheblich erleichtert, da ihm der neuralgische Punkt (überbetonter Gerechtigkeitssinn), der immer wieder zu den beschriebenen Spannungszuständen führte, bewußt geworden war. Somit konnte er mit kritischen Situationen besser umgehen. Der Patient kehrte zum behandelnden Neurologen zurück und setzte dort seine Therapie fort.

Anhang: Fragebogen zu *multipler Sklerose*

Name: .... Nr.: .... Datum:...............................

Körper/Sinne – Beruf/Leistung – Kontakt – Phantasie/Zukunft

1) Haben Sie den Eindruck, daß Sie "kein Bein mehr vor das andere kriegen" oder daß Sie auf jeden Fall "den kürzeren ziehen"? Sind Sie der Meinung, daß Sie "den klaren Blick für etwas" oder "den Boden unter den Füßen" verloren haben? Fallen Ihnen noch andere Sprichworte zu Ihrer Erkrankung ein? Was sagen Ihnen diese Volksweisheiten?

2) Wer hat Sie wann über Ihre Krankheit informiert?

3) Nehmen Sie regelmäßig die verordneten Medikamente? Wissen Sie, wie die Medikamente wirken, was Sie von ihnen erwarten können und welche Nebenwirkungen möglich sind?

4) Gehen Ihnen Kollegen, Mitarbeiter, Chef auf die Nerven? Welche Mikrotraumen ("Kleinigkeiten" wie Unpünktlichkeit, Unordnung usw.) sind Auslöser oder Ursachen?

5) Fühlen Sie sich im Beruf ungerecht behandelt? Haben Sie keine Aufstiegschancen mehr? Werden Ihre Ideen abgewürgt?

6) Haben Sie beruflich "einen festen Stand", ein "Standbein"? "Wackelt" Ihre Position?

7) Wagen Sie es, anderen Menschen die Art Ihrer Erkrankung mitzuteilen? Verheimlichen Sie die Diagnose? Welche Gefühle erzeugt das in Ihnen?

8) Ist Ihr Partner bereit, Ihre Pflege zu übernehmen, falls Sie zum Pflegefall werden?

9) Welche "Kleinigkeiten" (Einstellung zu Ordnung, Sauberkeit, Pünktlichkeit, Sparsamkeit, Gerechtigkeit usw.) nerven Sie in Ihren privaten Beziehungen?

10) Fühlen Sie sich ungerecht behandelt?

11) Wie sehen Sie Ihre Zukunft? Werden Sie weiter berufstätig bleiben? Wenn ja: wie lange (noch)? Sind Sie finanziell abgesichert? Werden Sie zum Pflegefall?

12) Ist Ihre Einstellung zu religiösen, politischen und gesellschaftlichen Fragen eher negativ ablehnend wie z. B. "man kann ja doch nichts machen!"; "man zieht immer den kürzeren!"?

13) Können Sie geistige Interessen neu oder wieder entwickeln?

14) Was ist für Sie der Sinn des Lebens (Antrieb, Ziele, Motivationen, Lebensplan, Sinn von Krankheit und Tod, Leben nach dem Tod)?

15) Akzeptieren Sie Ihre Beschwerden auch als Chance, bisher nicht erlebte Bereiche (Körper/Sinne, Leistung, Kontakt, Phantasie/Zukunft) zu entwickeln?

23 Obstipation

Die Fähigkeit, etwas fest bei sich zu behalten

Definition

Viele Menschen haben weniger als einmal pro Tag Stuhlgang und leiden dennoch nicht unter Verstopfung. In der Medizin spricht man erst dann von Verstopfung, wenn 4 Tage keine spontane Stuhlentleerung stattfand, der Stuhl sehr hart und die Defäkation erschwert ist.

Symptomatik

Die habituelle Obstipation ist eine chronische funktionelle Störung, die nicht durch Entzündungen, Tumoren oder Medikamente bedingt ist. Neben Ernährungsfehlern, mangelnder Bewegung etc. ist sie auch auf psychische Faktoren zurückzuführen. Ferner findet man sie als Nebensymptom bei psychischen und psychosomatischen Krankheiten (z. B. bei endogener Depression, Anorexia nervosa). Objektiv macht die Verstopfung keine unmittelbaren Beschwerden; subjektiv kann sie mit Völlegefühl, Appetitlosigkeit, Mattigkeit, Kopfschmerzen und hypochondrischen Ängsten verbunden sein, Symptome, die eher auf die weit verbreitete, aber irrige Annahme zurückzuführen sind, der Körper werde durch das Verweilen von Schlackensubstanzen langsam vergiftet.

Transkultureller Ansatz und Epidemiologie

- In Deutschland (ehem. BRD) werden pro Jahr etwa 60 Mio. Packungen Abführmittel verkauft.
- Besonders Frauen leiden unter Verstopfung, mehr als doppelt so häufig wie Männer. Etwa 5–10 % der Gesunden haben nicht jeden Tag Stuhlgang.
- Menschen mit schweren Depressionen leiden sehr häufig an Verstopfung, ebenso 25 % der Klinikpatienten mit vegetativer Erschöpfung.
- Im allgemeinen sind Angehörige der oberen Gesellschaftsschichten eher "verstopft" als Angehörige der unteren Schichten, was mit einem unterschiedlichen Reinheitskonzept zusammenhängen mag.

— Nach Jores (1981) finden sich diese "Klassen"unterschiede auch bei den Naturvölkern. Bei Männern in Ghana, bei Frauen in Griechenland und bei Patienten der medizinischen Poliklinik in Gießen waren jeweils die Angehörigen der höheren Schichten mehr von Obstipation betroffen. In Indien haben die Angehörigen der obersten Kaste, der Brahmanen, häufiger Obstipation als die kastenlosen Harijani, deren Aufgabe die Schmutzbeseitigung ist.

Literaturvergleich

An Verstopfung erkrankte Menschen werden bis heute regelmäßig mit der analen Charakterstruktur der Psychoanalyse in Verbindung gebracht. Freud (1956) beschrieb 1908 den analen Charakter, der sich durch Eigensinn (bis Intoleranz), Ordnungsliebe (bis Pedanterie) und Sparsamkeit (bis Geiz) auszeichnet, der auf eine extrem strenge und frühe Sauberkeitserziehung zurückzuführen ist, zur Bildung eines starren und strengen Über-Ich führt und nicht selten mit Obstipation assoziiert ist.

Alexander (1933, 1934), ein Schüler Freuds und Psychosomatiker, fügt der sog. "analen Trias" weitere, für den Obstipierten typische Merkmale hinzu: Pessimismus, Defaitismus, Mißtrauen, Sichungeliebtfühlen. Er sieht bei ihm eine chronische Hemmung hilfesuchender Strebungen, die sich in der Einstellung widerspiegelt: "Ich kann von niemandem etwas erwarten und brauche daher auch niemandem etwas zu geben. Ich muß mich daran halten, was ich habe."

Aus verhaltenstherapeutischer Sicht resultiert das Symptom aus einer Kombination von Vererbung, Konstitution und früherem Lernen, wobei das Lernen als Erwerb oder Veränderung von Reaktionen unter bestimmten Bedingungen verstanden wird.

Sprachbilder und Volksweisheiten

Sich etwas verkneifen; ein Korinthenkacker sein; etwas nicht hergeben können; alles sammeln; sich verausgaben; an sich halten; nicht zu Potte kommen; zurückhaltend sein; nicht teilen können; sparsam sein; eigene Bedürfnisse zurückstellen; sich beschränken; sich kontrollieren; verstockt sein; Versprochenes einhalten; eingeengt sein; etwas freien Lauf lassen; verschlossen sein; verklemmt sein; nicht mehr vor und zurück können; in einer Sackgasse stecken; behalten, was man hat.

Geschichte: "Das vollkommene Kamel"

Vier Gelehrte zogen vor Jahren mit einer Karawane durch die Wüste Kawir. Am Abend saßen sie an einem großen Feuer zusammen und sprachen über ihre Erlebnisse. Voller Lob waren sie alle über die Kamele, deren Genügsamkeit sie erstaunte, deren Kraft sie bewunderten und deren bescheidene Geduld für sie fast unverständlich war. "Wir alle sind Meister der Feder", sprach der eine. "Laßt uns

zum Lobe und zu Ehren des Kamels etwas über dieses Tier schreiben oder zeich-
nen!" Mit diesen Worten nahm er eine Pergamentrolle und begab sich in ein durch
Öllampen erleuchtetes Zelt. Nach wenigen Minuten kam er heraus und zeigte sein
Werk seinen drei Freunden. Er hatte ein Kamel gezeichnet, wie es sich gerade aus
seiner Ruhelage erhob. Das Kamel war so gut getroffen, daß man fast denken
konnte, es lebe. Der nächste ging in das Zelt und kam bald wieder heraus. Er
brachte eine kurze sachliche Darstellung über den Nutzen, den Kamele für eine
Karawane brächten. Der dritte schrieb ein bezauberndes Gedicht, in dem er die
Langmut des Kamels mit der eines Weibes verglich. Da begab sich schließlich der
vierte in das Zelt und verbot den anderen, ihn zu stören. Nach einigen Stunden —
das Feuer war längst verlöscht — hörte man immer noch das Kratzen der Feder
und monotonen Gesang aus dem schwach erleuchteten Zelt. Am nächsten Tag
warteten die drei genauso vergeblich wie am 2. und 3. Tag auf ihren Gefährten.
Wie die Felswand sich hinter Aladin geschlossen hatte, so verbarg das Zelt den
vierten Gelehrten. Endlich, am 5. Tag, lüftete sich der Zelteingang und der
Fleißigste aller Fleißigen trat heraus: übernächtigt, mit tiefen, schwarz geränder-
ten Augen und eingefallenen Wangen. Das Kinn war von Bartstoppeln umrahmt.
Mit müden Schritten und einem Gesichtsausdruck, als hätte er grüne Zitronen ge-
gessen, kam er auf die anderen zu. Überdrüssig warf er ihnen ein Bündel Perga-
mentrollen auf den Teppich. Auf der Außenseite der ersten Rolle stand groß und
breit geschrieben: "Das vollkommene Kamel — oder: Wie ein Kamel sein sollte!"
(Aus Peseschkian 1977a, S. 32).

**Selbsthilfeanteil: Entwicklung der Obstipation aus der Sicht der
positiven Psychotherapie**

a) Beschwerden und Physiologie

Darmbewegungen werden autonom gesteuert von Nervengeflechten in der
Dickdarmwand. Aber auch Gehirn und Psyche beeinflussen über das vegetative Nervensystem die Darmmotorik. Wie sonst wäre es möglich, sich die
Darmentleerung zu "verkneifen"? Sympathikus und Parasympathikus, die beiden Teilsysteme des vegetativen Nervensystems, bewirken je nach Vorherr-
schen des einen oder des anderen eine Verstärkung (Parasympathikus) oder
eine Hemmung (Sympathikus) der Darmtätigkeit.

b) Aktualkonflikt: 4 Formen der Konfliktverarbeitung —
psychosoziale Belastungssituation

Daß gerade Frauen über Verstopfung klagen, mag viel mit der Erziehung zu
tun haben, wodurch sowohl Genitales als auch Anales (beides hat bei der
Frau eine enge anatomische Verbindung) als unanständig und unästhetisch
abgelehnt und "verdrängt" (lat. stipare: stopfen; obstipare: verdrängen) wird

und wodurch Frauen "zurückhaltend" werden und dann auch zuständig sind für Reinlichkeit und Ästhetik.

Im Tagesablauf eines Berufstätigen ist für die Darmentleerung oft keine Zeit und kein angemessener Raum vorhanden. Wen wundert es, daß es viele Menschen gibt, die durch jahrelanges "Training" gelernt haben, körperliche Bedürfnisse zu unterdrücken, wodurch sich unter Umständen im Darm Deformationen − ein sog. Kotreservoire zum Sammeln von Kot − ausgebildet haben, und die dann, "wenn sie möchten, gar nicht mehr können".

Wir finden unter den Obstipierten viele, die ganz "zurückgezogen" leben, Geselligkeiten meiden, die der Kontakt zu anderen Menschen kaum aus der Reserve lockt. Damit sind diese Menschen aber auch nicht glücklich. Sie leiden gleichzeitig unter ihren Hemmungen und sehnen sich insgeheim doch nach der Öffnung nach außen, nach dem Zusammensein mit anderen. In orientalischen Kulturen ist bei Obstipierten eine Überbetonung der Kontakte bei mangelnden Diätmaßnahmen und Entspannung zu beobachten.

Um die beängstigende, dynamische Kraft der Phantasie zu bändigen, benutzen diese Menschen überwiegend ihren Verstand. Sie legen sich ein von sekundären Aktualfähigkeiten dominiertes Verhalten zu, vergleichbar mit einem Korsett, das ihnen hilft, bedrohliche Phantasien im Zaum zu halten und sich vor unkontrollierten Gefühls- und Körperausbrüchen zu schützen. Das starre Festhalten an übernommenen Konzepten, basierend auf der Loyalität gegenüber Familientraditionen und anderen Systemen, bedeutet auf der einen Seite Sicherheit, kann auf der anderen Seite aber auch in eine Sackgasse führen, so, wie es beim Obstipierten mit dem Darminhalt geht.

c) Grundkonflikt: 4 Formen der Vorbilddimensionen − Bedingungen der Frühgenese

Die Symptomwahl des Obstipierten wird im Rückblick auf die im Elternhaus vorgelebten Konzepte verständlich, wurde ihm doch schon früh durch Konventionen ein "eingeengtes" Leben vermittelt. Schon als Kleinkind lernte er, seinen Darm und die Ausscheidung zu kontrollieren und sich dabei gesellschaftlichen Normen anzupassen. Er machte aber auch die Erfahrung, daß die Stuhlzurückhaltung eine Möglichkeit war, Widerstand und Trotz zu zeigen und Macht auszuüben. Der Vorgang der Ausscheidung erhielt psychologische Bedeutung, er wurde affektiv besetzt.

Der Obstipierte wurde in der Kindheit sehr häufig mit großen Anforderungen elterlicherseits konfrontiert: er sollte hergeben, teilen, sparen. Das Kind erlebte schon früh, daß eigene Bedürfnisse hinter denen anderer "zurückzustehen" hatten, daß es sich insgesamt "zurückzuhalten" habe (Höflichkeit). Ein Recht auf Eigenes, auf unteilbaren Besitz, wurde ihm nicht zugestanden. Es lernte einzuteilen, zu rechnen; es erfuhr nicht Fülle und Großzügigkeit, sondern Begrenztheit, Enge, ja Kleinlichkeit. Dahinter standen Konzepte wie:

"In der Beschränkung zeigt sich der Meister!"; "Vertrauen ist gut, Kontrolle ist besser!"; "Halte dich zurück!" Was die Erziehung zur Sauberkeit anging, so wurde diese meist sehr früh und streng gehandhabt. Da insbesondere die Mutter auf die Einhaltung der Regeln achtete, empfand das Kind die Beziehung zur Mutter nicht selten als gespannt, als einen Machtkampf. Es fühlte sich — dem Darm vergleichbar — "herausgefordert", überfordert, und reagierte darauf nicht selten "verstockt". Denn damit konnte es die auf Reinlichkeit, Ordnung, Pünktlichkeit und Höflichkeit bedachte Mutter besonders treffen.

Zeit und Geduld, sowohl im Umgang mit dem Kind als auch untereinander, hatten die Eltern in der Regel nicht. Dennoch wurden sie von dem Kind durchaus als Vorbild wahrgenommen und akzeptiert, was zur Übernahme sehr strenger, starrer, "verhärteter" Konzepte führte. Trennungen der Eltern bzw. der Familie waren eher selten, lebten doch auch hier die Eltern nach der Devise, daß es besser sei, sich bei Problemen "zusammenzureißen" und "zusammenzuhalten", als "auseinanderzugehen" und "den Dingen ihren Lauf zu lassen".

d) Aktual- und Grundkonzepte: Innere Konfliktdynamik

Ebenso einengend, wie der Betroffene es in seiner Kindheit gelernt hat, geht er nun mit seinem Körper um, mit dem, was er selbst produziert hat, dem er aber nicht seinen natürlichen Lauf lassen kann, sondern das er angstvoll und mißtrauisch kontrolliert und zurückhält, für sich behält. Er macht "von innen zu", kapselt sich ab; er ist "verschlossen", "verstockt", "verklemmt"; es gibt "kein vor und kein zurück" mehr.

Praktische Konsequenzen, die sich aus diesem Selbsthilfeanteil ergeben, finden sich im Fragebogen am Ende dieses Kapitels.

Therapeutischer Anteil: das fünfstufige Vorgehen der positiven Psychotherapie bei Obstipation

Stufe 1: Beobachtung/Distanzierung

Patienten, die sich wegen chronischer Verstopfung einer Operation unterziehen, leiden häufiger an Angst und Depressionen als andere chirurgische Patienten.

Fallbeispiel: "Was hat Ausscheidung mit Entscheidung zu tun?"

Ein Ehepaar, das in meiner Praxis psychotherapeutisch behandelt wurde, bat um einen Termin für die Schwester der Ehefrau, die seit Jahren wegen verschiedener körperlicher Beschwerden keinen Sinn in ihrem Leben mehr sah. Die 34jährige abgekämpfte, aber mitteilungsbedürftige Schwester erwähnte im Erstinterview unter anderem:

Ich leide seit Jahren an chronischer Verstopfung. Das bedrückt mich sehr, auch daß ich dagegen ständig Medikamente nehmen muß. Meine Ärzte sagten mir immer wieder, organisch sei alles in Ordnung. 1987 hat sich die Verstopfung insofern verschlimmert, als die Medikamente nicht mehr zuverlässig halfen. Dies löste schwere Depressionen aus. Dazu habe ich häufig Bauchweh, Blähungen, Krämpfe, manchmal Herzrasen und Hitzewallungen. Ich bin sehr weinerlich, leicht erregbar, jede Kleinigkeit, die schiefgeht, bringt mich aus der Fassung. Ich habe depressive Tendenzen und neige zu schnellen Stimmungsschwankungen, Resignation, Hoffnungslosigkeit und unter dem Gefühl, den Anforderungen nicht gerecht zu werden, nichts gut genug zu machen. Ich habe oft keine Lebensfreude, Angst zu versagen, Angst verlassen zu werden, Komplexe wegen der Haut; seit einiger Zeit habe ich Hautallergien ...

Therapeut: "Ich habe den Eindruck, daß Sie sehr gewissenhaft sind und gerne den Anforderungen des Alltagslebens gerecht werden möchten. Kennen Sie den Spruch 'Es kommt nicht immer darauf an, alles richtig zu machen, sondern daß man mehr richtig macht als falsch!'?"

Patientin: "Ja, ja, ich bin auch sehr gewissenhaft. Ich habe bis jetzt immer gedacht, ich muß alles hundertprozentig perfekt machen. Wenn etwas nicht so klappt wie ich es mir vorgestellt habe, dann krampft sich in mir alles zusammen, bis ich alles in Ordnung gebracht habe. Wenn ich Ihren Spruch ernstnehme, brauche ich gar nicht mehr so perfektionistisch zu sein."

Therapeut: "Ihre Gewissenhaftigkeit bietet Ihnen einerseits die Gewähr, Ihr Alltagsleben gut zu organisieren und unter Kontrolle zu halten. Hier kann man von einer aktiven Dimension sprechen. Andererseits können Sie zusätzlich die Fähigkeit entwickeln, wenn trotz aller Organisation etwas nicht so klappt wie Sie es sich vorgestellt haben, dies zu ertragen (passive Dimension) und neue Perspektiven zu finden."

Diese zweigleisige Vorgehensweise (positive Deutung verbunden mit einem Spruch) ermutigte die Patientin, die Relativität ihres Konzeptes wahrzunehmen mit dem Ziel, durch Steigerung ihres Selbstwertgefühls eine angemessene Erlebnisverarbeitung zu erreichen. So konnte sie eine Aufdeckung ihrer unbewußten Motivationen und Reaktionen eher zulassen. Sie wurde mit den 4 Formen der Konfliktverarbeitung vertraut gemacht.

Stufe 2: Inventarisierung

Ereignisse der letzten 10 Jahre:

Therapeut: "Sie sagten, daß Sie seit Jahren unter Verstopfung leiden. Nun können wir gemeinsam einmal fragen, was in den letzten 5–10 Jahren alles auf Sie zugekommen ist und wie Sie das verarbeitet haben."

Die Patientin zählte 11 Punkte auf.

Therapeut: "Ihre ausgeprägte Gewissenhaftigkeit macht sich bezahlt. Sie haben es sehr gut verstanden, detailliert und anschaulich Ihre Erlebnisse in den letzten 10 Jahren zu schildern. Was bedeutet es für Sie, daß Sie mit so vielen Lebenssituationen konfrontiert worden sind? Sehen Sie Zusammenhänge zwischen der Verarbeitung dieser Ereignisse und Ihrer Verstopfung und den Depressionen?"

Patientin: "Ich habe gar nicht gedacht, daß ich so viel zusammenkriege. Mir war gar nicht mehr bewußt, wieviel ich in der letzten Zeit durchgemacht habe. Kein Wunder, daß ich kaum mehr lachen kann und keinen Sinn mehr im Leben sehe."

Schlüsselsituationen für die Entwicklung der bestehenden Symptomatik waren die Bereiche Partnerschaft und Beruf, die die Patientin vergeblich durch ihre Übergenauigkeit zu kompensieren versuchte. Infolge der Beschwerden war die Patientin emotional stark überfordert. Der multiplen Adaptionsleistung war sie nicht gewachsen. Sie entwickelte auf der Basis einer religiösen Einstellung eine innere Konfliktsituation, die als emotionale Dauerbelastung die psychische und psychosomatische Symptomatik bedingte. Die Patientin wurde bisher nur medikamentös behandelt. Eine Psychotherapie kam nicht zur Anwendung.

Die Verankerung der aktuellen Probleme im Grundkonflikt bedingte, daß die Patientin sie nicht aus eigener Kraft verarbeiten konnte. In ihrer Entwicklung wurden kindliche Phantasien wenig geduldet. Dies führte dazu, daß sie ihre Phantasien (Fragen von Sexualität und Lust, Krankheit, Zukunft und Tod) verdrängte. Im Zusammenhang mit partnerschaftlichen und beruflichen Entscheidungen gewann die Phantasie an Bedeutung. Sie beschrieb mehrere Erinnerungen aus Ihrer Kindheit.

Sie berichtete u. a. auch, wie sich ihre Einstellung zu Trennung, Verlust und Tod entwickelte, und wie sie den Tod ihres Vaters erlebte:

Als ich 9 oder 10 Jahre alt war, schrieb mir eine Klassenkameradin aus der Grundschule in mein Poesie-Album: "Ehre das Mutterherz,/solange es noch schlägt./Wenn es nicht mehr schlägt,/dann ist es zu spät." Mir fiel damals äußerlich sofort der schlechte Reim auf, aber was mich im Innersten traf, war die Tatsache, daß meine Mutter nicht unsterblich ist. Natürlich wußte ich, daß jeder Mensch sterben muß, aber ich beließ es bei dieser abstrakten Aussage. Der konkrete Bezug auf meine Mutter, wie es dieser Reim im Poesie-Album ausdrückte, war der erste Anstoß für mich, mir Gedanken über den Tod zu machen. Ich empfinde das heute noch als den ersten Tag meines "verlorenen Paradieses". Mein Urvertrauen, soweit ich es je hatte, war dahin. Ich fühlte mich aus der Bahn geworfen.

Ich war gerade 21, als mein Vater am Magen operiert werden mußte. Er überstand die Operation gut, aber ich hatte meinen Vater noch nie so blaß, eingefallen und schlecht aussehend erlebt wie in dieser Zeit. Das erste Mal kam mir konkret der Gedanke, daß mein Vater wohl nicht mehr lange leben wird. Als er ein halbes Jahr später starb, hatte ich das große Glück, die letzten Tage zu Hause sein zu können, und ich war auch dabei, als er starb. Für mich blieb die Zeit stehen. Ich dachte, in diesem Moment müßte Gott die Rotation der Erde aufhalten; es mußte jetzt immer Donnerstag vormittag, der 19.08.1972, bleiben. Als ich zum Telefon ging und die Firma anrief um mitzuteilen, daß mein Vater tot sei und ich heute nicht kommen könnte, war mir unbegreiflich, wie ich in der Hektik meines Berufes überhaupt mich habe wohlfühlen können. Und als es Mittag wurde, begriff ich, daß die Zeit unerbittlich weitergeht. Die Aktivitäten zur Vorbereitung der Beerdigung ließen uns nicht zur Ruhe kommen. Und egal, was zu tun war, ich wich meiner Mutter nicht von der Seite. Wie ein kleines Kind fühlte ich mich, aber anders als damals verhielt ich mich souverän und erwachsen; ich ging nur überall mit hin. Schon lange hätte ich meiner Mutter schon keine wahren Empfindungen mehr mitgeteilt, nur auf das Risiko hin, mich zu blamieren oder mich unverstanden zu fühlen, da meine Mutter kein sehr differenzierter Mensch ist.

Im Bewußtsein hat sich längst der Gedanke eingenistet, daß auch meine Mutter eines Tages von uns gehen wird. Was aber meine Auseinandersetzung mit dem Tod bewirkt, sind ganz andere Dinge. Es ist nicht der Gedanke, daß ich eines Tages nicht mehr leben werde, sondern es ist der Gedanke des Endgültigen, des Endes schlechthin, und der bezieht sich auf ganz andere Dinge; z. B. setzte ich mich seit einiger Zeit mit dem Gedanken des Endes unserer Partnerschaft auseinander. Dieses Gefühl, es ist etwas endgültig zu Ende, für immer vorbei, das ist das, was mich am meisten beschäftigt. Ich muß mich viel zu sehr mit dem Sterben von einzelnen Hoffnungen und Wünschen abgeben, als daß ich im Moment Zeit hätte, in Ruhe das Problem des Todes anzugehen.

Die Patientin ist in einer Familie aufgewachsen, in der sie sich weithin selbst überlassen war. Sie projizierte ihre eigenen Geborgenheitswünsche immer wieder auf ihre partnerschaftlichen Beziehungen. So wurde die grundkonflikthaft thematische Geborgenheitsthematik aktualisiert. Inhaltlich bezogen sich die resultierenden Konflikte auf Verhaltensbereiche wie Kontakt, Treue, Ehrlichkeit, Gewissenhaftigkeit, Sexualität und Tod. Der Zusammenhang zwischen diesen kumulativ wirkenden Faktoren mit ihren jetzigen Beschwerden war der Patientin nicht bewußt, obwohl die viel zur Dynamik des Konflikts beigetragen hatten. Die Erkenntnis dieser Zusammenhänge gab ihr die Möglichkeit, sich mit den nicht erlebten Bereichen zu befassen.

Diagnostisch handelt es sich um eine vegetativ-funktionelle Störung mit vorwiegend psychischer und psychosomatischer Ätiologie auf der Basis einer emotionalen Überforderung mit erheblichem Leidensdruck. Die chronische Obstipation kann als Ausdruck einer Entscheidungsproblematik und eines hartnäckigen "Sichzusammennehmens" aufgrund einer Überbetonung sekundärer Fähigkeiten (*Genauigkeit, Ordnung, Gerechtigkeit*) interpretiert werden. Ziel der Therapie war, die Signale von Depression und Verstopfung zu verstehen und die Entwicklung primärer Fähigkeiten und nicht erlebter Bereiche zu ermöglichen.

Stufe 3: Situative Ermutigung

Die Patientin konnte sich während des Entspannungstrainings in der Geschichte "Das vollkommene Kamel" wiederfinden. Die Helden der Geschichte gaben ihr die Möglichkeit, darüber nachzudenken, wie sie je nach Situation und Bedarf angemessen handeln konnte. Es stellte sich heraus, daß im Repertoire der Patientin durchaus auch Wünsche nach solchen alternativen Möglichkeiten waren. Sie fühlte sich bestätigt, diese Wünsche und Phantasien probeweise "durchzuspielen". Diese Anteile wurden bei der Patientin durch weitere Lebensweisheiten und Geschichten ermutigt. Einerseits wurden Geborgenheitswünsche, die sich inhaltlich als Überbetonung von *Pünktlichkeit*, *Sparsamkeit*, *Sauberkeit*, *Höflichkeit* und *Gerechtigkeit* zeigten, angesprochen; andererseits wurden diese Normen unter dem Gesichtspunkt ihrer partnerschaftlichen und beruflichen Probleme gesehen und eine Erweiterung des Repertoires angeregt. Zusätzlich wurde sie mit leichten antidepressiven Mitteln behandelt.

Stufe 4: Verbalisierung

In der Stufe 4 wurde der Partner mit einbezogen. Beziehungserhaltend wurde auf bestehende Konflikte eingegangen. Die Patientin war in der Lage, ihre Sorgen inhaltlich darzustellen. Ihr neurotischer Wiederholungszwang bezog sich v. a. auf die Aktualfähigkeiten *Zuverlässigkeit*, *Genauigkeit* und *Gewissenhaftigkeit*. Diese Vorgehensweise erlebte der Partner nach anfänglichen Frustrationen im Sinne des Spruches "Enttäuschung ist besser als Täuschung!" als eine Möglichkeit, in Zukunft die anstehenden Probleme anzusprechen und in den Griff zu bekommen. Dies wurde in Form einer Partnergruppe (vgl. S. 73) eingeübt. In dieser wurden beide mit den 5 Stufen der Konfliktverarbeitung vertraut gemacht. Unter anderem konnten sie im Rollentausch ihre Wünsche und Probleme artikulieren und gemeinsam Lösungsmöglichkeiten suchen.

Die Aktualfähigkeit "Zuverlässigkeit, Genauigkeit, Gewissenhaftigkeit"

Definition und Entwicklung: Von Zuverlässigkeit sprechen wir, wenn wir uns auf einen Menschen verlassen können. Er wird auch in unserer Abwesenheit eine Aufgabe in der vereinbarten Art erfüllen und unsere Erwartungen nicht enttäuschen. Genauigkeit bedeutet, daß eine Aufgabe wie vorgeschrieben erledigt wird. Je größer die Genauigkeit, um so geringer die Wahrscheinlichkeit von Fehlern. Gewissenhaftigkeit setzt einen inneren Maßstab für Genauigkeit, Sorgfalt und Korrektheit voraus. Man spricht von Gewissenhaftigkeit, wenn eine Leistung diesem inneren Maßstab entspricht, also mit dem Gewissen vereinbar ist.

Wie fragt man danach: Wer von Ihnen legt mehr Wert auf Zuverlässigkeit? Neigen Sie oder Ihr Partner dazu, alles fehlerlos und perfekt machen zu müssen? Haben oder hatten Sie Probleme im Zusammenhang mit Zuverlässigkeit, Genauigkeit und Gewissenhaftigkeit? Führen Sie Ihre Arbeiten genauso gut aus, wenn Ihr Chef nicht da ist, wie wenn er anwesend ist? Wie fühlen Sie sich, wenn Ihr Partner Ihnen gegenüber unzuverlässig war? Können Sie Beispiele nennen? Wer von Ihren Eltern legte mehr Wert auf Zuverlässigkeit und Genauigkeit? Wie reagierten Ihre Eltern, wenn Sie einmal eine Arbeit nicht so genau ausführten?

Synonyme und Störungen: Akkuratesse, Pedanterie, Exaktheit, sich auf ihn verlassen, heißt verlassen sein, Gründlichkeit, Perfektionismus. – Umständlichkeit, mangelnde Flexibilität, Oberflächlichkeit, Vertrauensbruch, Angst vor dem Versagen, soziale und berufliche Konflikte, Zwangsvorstellungen, Zwangshandlungen, Enttäuschungen, Überforderung, Depressionen, Schuldgefühle, Schlaflosigkeit, Grübelei.

Verhaltensregulative: Zuverlässigkeit und selbständige Arbeit wurden nicht in ausreichendem Maße gelernt (Minussymptomatik); große Aufgaben stellen eine Überforderung dar, deshalb kleine Aufgaben geben, häufigere Kontrollschritte. Man hat es gelernt, bestimmte Tätigkeiten zu perfektionieren, andere Bereiche werden dabei vernachlässigt (Plussymptomatik): Langsam neue Bereiche, vor allem aus den primären Fähigkeiten erschließen. Zuverlässigkeit und Genauigkeit treten nur vorübergehend auf (inkonsequente Haltung); Kontaktbestrebungen werden mit einem Absolutheitsanspruch vertreten, um bald wieder aufgegeben zu werden; z.B.: Ein Patient ruft an, möchte sofort einen Termin haben, kommt dann aber trotzdem nicht oder unpünktlich. Das Termindiktat nicht übernehmen, sondern einen eigenen Termin geben.

Stufe 5: Zielerweiterung

Auf dieser Stufe fühlte sich die Patientin nach 20 Sitzungen subjektiv und objektiv erheblich gebessert. Sie war in der Lage, ihre Verstopfung und ihre anderen Beschwerden in einem größeren Zusammenhang zu sehen. Diese Erweiterung ihrer Sichtweise führte dazu, daß sie ihren Wünschen und Phantasien für die nächsten 3–5 Jahre Gestalt geben konnte:

- Heiraten, Kinder kriegen, Familienleben;
- einen großen, eigenen Garten wünsche ich mir seit 13 Jahren sehnlichst;
- berufliche Aufgaben, die mir Erfüllung geben und existentielle Sicherheit unabhängig von der Familie, die anderen Menschen und der Umwelt nützen;
- Verbesserung der Umweltsituation, Frieden in den Krisengebieten, Hinwendungen der Menschen zu mehr Menschlichkeit, Mitgefühl, Religiosität (freiheitliche).

— Ich sehne mich danach, meinen Glauben, meine Liebe zu Gott so zu entwickeln, daß ich unabhängig von sonstigen Ereignissen und Umständen daraus meine Kraft, Frieden und Lebensfreude schöpfen kann.
— Ich möchte endlich reine Haut haben, weil Hauterkrankungen meine Spontaneität, Unternehmungen und Kontakte behindern.

Ein wesentlicher Aspekt der Realisierung ihrer Zukunftsziele war die Auseinandersetzung mit Themen wie Trennung, Verlust und Tod. Die Patientin schrieb unter anderem:

Das Gedicht "Todeserfahrung" von Rainer Maria Rilke trifft mich am stärksten von allen Aussagen, die ich je über den Tod gelesen oder gehört habe. "Wir wissen nichts", beginnt Rilke. Und das ist bereits das erste Problem. Die Lebensbewältigung in unserer Zeit bedarf des Tempos, der klaren logischen Denkweise und nicht der Ruhe und Versenkung, die es allein erst möglich machen würde, ein reifes Verhältnis zum Tod zu entwickeln. Der Tod ist nun mal ein "Hingehn, das nicht mit uns teilt".

Unter diesem Aspekt wird das, was wir hier tun, zum "Theater". Wir spielen unsere Rollen, und auch der Tod spielt mit. Und die Sorge, ob wir auch gefallen, scheint die Hauptrolle eines jeden Menschen zu sein. Und dieser "Streifen Wirklichkeit", der in den Menschen einbricht bei der Erfahrung des Todes, ist nicht zu denken und nicht festzuhalten, nicht in Lehrsätze zu kleiden und nicht als These weiterzugeben, diese Erfahrung macht jeder selbst. Diese Wirklichkeit, bar jeden Scheins und jeder Verstellung, ist die einzige Wirklichkeit, sonst nichts. Dann "überkommt" es uns "wie ein Wissen", und nur das ist wirkliches Wissen, nicht das, was an den Universitäten als solches angeboten wird. Ich glaube, es gibt keinen schöneren Ausdruck der reifen Bewältigung des Todesproblems, als wenn "wir eine Weile hingerissen das Leben spielen, nicht an Beifall denkend".

Nun ist jeder Mensch mehr oder weniger nah daran, ein reifes Verhältnis zu seinem Rollenspiel im Leben und zum Tode zu gewinnen. Ich selbst sehe mich um so weiter davon entfernt, als ich eigentlich von Kind auf nichts tun kann, ohne an "Beifall zu denken", ohne um Anerkennung zu ringen.

Anhang: Fragebogen zu *Obstipation*

Name: .... Nr.: .... Datum:...............................

Körper/Sinne — Beruf/Leistung — Kontakt — Phantasie/Zukunft

1) Haben Sie manchmal das Gefühl, nicht "zu Potte zu kommen", "nicht mehr vor oder zurück zu können", "in einer Sackgasse zu stecken", zwischen "Tür und Angel" zur Toilette zu gehen?
2) Fallen Ihnen noch andere Sprichwörter zu Ihrer Erkrankung ein?
3) Haben Sie die Gewohnheit, nur zu ganz bestimmten Zeiten den Darm zu entleeren und sonst einzuhalten? Rauchen Sie auf der Toilette?
4) Achten Sie sehr auf Sauberkeit und Hygiene? Ist es Ihnen zuwider, fremde Toiletten zu benutzen?
5) Haben Sie öfters keine Zeit, zur Toilette zu gehen? Unterdrücken Sie dann das Bedürfnis?
6) Nehmen Sie regelmäßig die verordneten Medikamente?
7) Praktizieren Sie das Intervalltraining?
8) Äußern Sie an Ihrem Arbeitsplatz offen Ihre Meinung oder "halten Sie mit ihr hinter dem Berg zurück"?
9) "Verkneifen" Sie sich oft Bemerkungen, die Sie gerne machen würden? Aus welchem Grund (Höflichkeit/Ehrlichkeit, Kontakt)?
10) Tendieren Sie dazu, "an sich zu halten", statt sich zu "verausgaben"?
11) Haben Sie wie ein "Korinthenkacker" an allem was zu "meckern"?
12) Neigen Sie dazu, eigene Bedürfnisse hinter die anderer zurückzustellen, sich zurückzuhalten (Höflichkeit), einzuteilen, zu "rechnen"?
13) Sind Sie finanziell großzügig oder drehen Sie jeden Pfennig um, obwohl es nicht notwendig wäre? Laden Sie öfter Gäste ein? Sind Sie dabei großzügig?
14) Gelten in Ihrer Familie strenge, starre, "verhärtete" Regeln? Um welche Punkte (Aktualfähigkeiten) geht es? Wer achtet besonders auf die "Einhaltung" dieser Konzepte?
15) Fühlen Sie sich als Pessimist, mißtrauisch, ungeliebt?
16) Was ist der Sinn des Lebens (Antrieb, Ziele, Motivation, Lebensplan, Sinn von Krankheit und Tod, Leben nach dem Tode) für Sie?
17) Akzeptieren Sie Ihre Beschwerden auch als Chance, bisher nicht erlebte Bereiche (Körper/Sinne, Beruf/Leistung, Kontakt, Phantasie/Zukunft) zu entwickeln?

334

24 Pädiatrische Probleme

Die Fähigkeit eines Kindes und Jugendlichen auf bestimmte Situationen und Konflikte zu reagieren und die symptomatischen Verhaltensauffälligkeiten als Signale für eine Störung zu entwickeln

Definition

Nach Kruse (1989) ist die Ursache für funktionelle und psychosomatische Erkrankungen im Kindesalter häufig im sozialen Umfeld des Kindes zu suchen.

Symptomatik

Symptome entstehen aus der einseitigen Ausprägung von Grund- und Aktualfähigkeiten. Der Wunsch nach Geborgenheit und Zuwendung drückt sich in vielen Erscheinungsformen aus, z. B. im Bettnässen ("die Fähigkeit, nach unten zu weinen"), als Magersucht ("die Fähigkeit, mit wenig Mitteln auszukommen"), als Asthma ("die Fähigkeit, auf bestimmte Aktualfähigkeiten spontan motorisch zu reagieren"), als Schulversagen ("die Fähigkeit, Leistungsanforderungen aus dem Wege zu gehen"), als Hemmungen ("die Fähigkeit, sich zurückzuhalten und das Aufgenommene in sich wirken zu lassen"), als Aggressivität ("die Fähigkeit, auf etwas spontan, emotional und hemmungslos zu reagieren); als Kleptomanie ("die Fähigkeit, etwas zu finden, bevor ein anderer es verloren hat"), als Phobie ("die Fähigkeit, als bedrohlich erlebten Situationen und Objekten auszuweichen"), als Geschwisterrivalität ("die Fähigkeit, sich durch Vergleiche zu bestätigen und weiterzuentwickeln"), als Trotz ("die Fähigkeit, nein zu sagen"), als Verwahrlosung ("die Fähigkeit, verbindliche Normen zu ignorieren oder ihnen zuwiderzuhandeln") usw.

Transkultureller Ansatz und Epidemiologie

Von den 3 Interaktionsstadien liegt im Orient der Schwerpunkt mehr auf Verbundenheit. Es besteht die Neigung, primäre Fähigkeiten zu betonen, wobei verschiedene sekundäre Fähigkeiten offenbar vernachlässigt werden. Im Okzident liegt der Akzent eher auf der Ablösung und der Betonung der sekundär bestimmten Leistungsfähigkeit, zuungunsten primärer Beziehungsqualitäten.

Literaturvergleich

Die Bedeutung der Familientherapie nimmt immer mehr zu. So ist auch die Individualtherapie gezwungen, die familiären Beziehungen stärker zu berücksichtigen. Aus psychoanalytischer Sicht sind besonders Wirsching u. Stierlin (1982), Richter (1972, 1976) und Biermann u. Biermann (1988) sowie Biermann (1990) zu nennen. Die Familie als System steht bei Watzlawik et al. (1969), Selvini-Palazzoli et al. (1977), Bateson (1969) und Minuchin et al. (1981) im Vordergrund. Eine Übersicht über die Entwicklung der Familientherapie bietet Peseschkian (1980). Einen Überblick über familientherapeutische Ansätze, imaginative Methoden und Fragen der stationären Psychiatrie neben Grundsatzfragen der kinder- und jugendpsychiatrischen Psychotherapie gibt Remschmidt (1984).

Sprachbilder und Volksweisheiten

Ein Kind ist ein Buch, aus dem wir lesen und in das wir schreiben sollen; Kinder und Narren reden die Wahrheit; der Apfel fällt nicht weit vom Stamm.

Bei den Hausaufgaben des Sohnes fragt die Mutter: "Schämst du dich denn gar nicht, mein Junge? Der Heinz, der gleichzeitig mit dir in die Schule gekommen ist, ist schon eine Klasse höher als du! Woran liegt das nur?" "Weißt du, Mutter", erwidert der Sohn treuherzig. "Ich glaube, der Heinz hat einfach begabtere Eltern."

Geschichte: "Wie ein Krieg entsteht"

"Pedar Joun, lieber Vati, erkläre mir bitte, wie ein Krieg zustande kommt", fragte ein kleiner persischer Junge seinen Vater. "Das will ich dir gern erklären", sagte der Vater. Stelle dir einmal vor, Persien schickt seine Truppen nach China." In diesem Augenblick mischte sich die Mutter ein: "Wie kannst du denn dem Kind einen solchen Unsinn erzählen. Wann hat jemals Persien gegen China Krieg geführt?" "Liebe Frau", versuchte der Vater zu erklären, "ich wollte nur an einem Beispiel erläutern, wie ein Krieg entsteht." "Durch deine Beispiele, die nie stimmen, bringst du bloß das Kind durcheinander. Außerdem ist es eine Lüge, daß Persien gegen China Krieg geführt hat." "Was, du bezeichnest mich als Lügner!" fuhr der Vater auf. "Ich nehme mir die Zeit und versuche dem Kind etwas zu erklären, und du meckerst daran herum. Wenn du meinst, du könntest es besser erklären, dann mach du es doch. Du weißt doch immer alles besser." "Das ist aber unerhört, wie du mit mir sprichst. Ich werde nie mehr etwas sagen, daß du es nur weißt." In diesem Augenblick unterbrach der Sohn das Streitgespräch seiner Eltern und sagte: "Liebe Eltern, ihr braucht mir nicht mehr zu erklären, wie ein Krieg entsteht. Ich kann es mir gut vorstellen" (aus Peseschkian 1983, S. 188).

Selbsthilfeanteil: Entwicklung von pädiatrischen Problemen aus der Sicht der positiven Psychotherapie

Ein Mensch benötigt nicht nur Informationen (Entwicklung der sekundären Fähigkeiten) im Sinne der Ausbildung. Er benötigt auch eine emotionale Basis, um diese Ausbildung bewältigen zu können. In diesem Sinne ist zu unterscheiden zwischen Ausbildung und Bildung, die im Erziehungskonzept von Eltern und pädagogischen Institutionen häufig verwechselt werden. Bewußte Erziehung heißt nicht nur, die Erziehungsinhalte zu kennen, sondern auch, sich des Erziehungszieles bewußt zu sein: Warum, wozu und wofür erziehe ich mein Kind? Für mich? Für sich? Für die Menschheit? Jeder Mensch benötigt Zeit für seine Entwicklung. Er braucht sie für seine körperliche Reifung, seine seelische Differenzierung und Entfaltung im sozialen Zusammenleben. Umgekehrt fordert man von ihm, daß er selbst den anderen Zeit gewährt. Eine Vielzahl von Störungen in Erziehung und Partnerschaft können auf unzeitgemäße Rollenübernahme und Rollenerwartung zurückgeführt werden. Überforderung, Unterforderung und Inkonsequenz sind die zentralen Ursachen. Praktische Anregungen zur Selbsthilfe finden sich in Peseschkian (1974, S. 106−198: Mißverständnisse in Erziehung und Partnerschaft).

Therapeutischer Anteil: das fünfstufige Vorgehen der positiven Psychotherapie bei pädiatrischen Problemen

Fallbeispiel: "Die Mutter als Therapeutin"

Situation: Ein 6jähriger Junge, dessen Eltern 2 Jahre zuvor geschieden worden waren und der bei seiner berufstätigen Mutter lebte, begann, nachdem er schon sauber war, nachts einzunässen und einzukoten. Seine Mutter: "Wenn seine Hose wieder ganz schmierig braun ist, könnte ich den Kerl erschlagen."

Ist-Wert

Bisher war eine Psychotherapie durchgeführt worden, in der der Therapeut versucht hatte, die Liebe und das Verständnis dem Kind zu geben, die es von seiner Mutter nicht bekommen hatte.

Folge: Es entwickelte sich eine starke Beziehung zwischen dem Kind und dem Therapeuten; die Mutter hatte noch weniger Zugang zu dem Kind als bisher; sie entwickelte Aggressionen, sowohl gegen das "undankbare Kind", als auch gegen den "Störenfried", den Psychotherapeuten, und nahm das Kind aus der Therapie.

Verhaltenstherapeutisch war ein Enuresis-Gerät eingesetzt worden. Es ergab sich zunächst eine deutliche Besserung. Bald darauf erfolgte jedoch wieder ein Rückfall.

Folge: Nach dem Rückfall verzichtete die Mutter darauf, das Gerät wieder anzuwenden: "Mir kam das vor wie eine Dressur. Ich bekam richtige Schuldgefühle."

Soll-Wert (positive Familientherapie):

1) Zunächst wurden mit der Mutter die Konfliktbereiche ermittelt, die im Zusammenhang mit dem Einnässen und den anderen Erziehungsproblemen standen, und mit Hilfe des differenzierungsanalytischen Inventars (DAI; Peseschkian 1977a, S. 70) durchgearbeitet.

2) Die Mutter wird zur Therapeutin: Im Zusammenhang mit den beschriebenen 5 Stufen der Behandlung wurde eine therapeutische Dreierbeziehung (Kind – Mutter – Therapeut) eingerichtet. Dabei wurde die Mutter als Therapeutin eingesetzt und konnte selber die Erziehungskorrektur durchführen, die in der therapeutischen Situation erarbeitet worden war. Damit wurde das zugrunde liegende Konfliktfeld in Angriff genommen. In der Stufe der situativen Ermutigung wurde das Enuresis-Gerät erneut angewandt, durch das das Kind lernte, sein Sauberkeitsverhalten zu kontrollieren. Die Erfolge wurden "belohnt".

3) Das Kind wurde während der gesamten Behandlungszeit in einer psychotherapeutischen Kindergruppe behandelt, in der an Hand von geeigneten darstellenden Verfahren wie Rollenspiele, Malen und Musik thematisch orientiert auf die bestehenden Konflikte eingegangen wurde.

4) Therapieverlauf: Die Behandlung erstreckte sich über 6 Monate. Es wurden 8 Sitzungen mit der Mutter, 6 mit Mutter und Kind und 20 Kindergruppensitzungen durchgeführt. Inhaltlich waren einmal die "life-events" der Mutter (Scheidung, soziale Isolierung, Angst vor der Zukunft, Zeitmangel und Schuldgefühle) Gegenstand der Behandlung. Zum anderen ging es in der Beziehung zwischen Mutter und Kind um Aktualfähigkeiten wie *Sauberkeit, Ordnung* (vgl. II./Kap. 19), Zärtlichkeit (Körperkontakt) und *Zeit* (vgl. II./Kap. 33), die sich immer wieder als neuralgische Punkte zeigten. In der Kindertherapie öffneten die Geschichten das Tor zur Phantasie, die in Rollenspielen, Malen und Musik zum Ausdruck kommen konnte. Erst die Kombination dieser Möglichkeiten (Mutter, Mutter – Kind, Kindergruppe) mit ihren multiplen und multidimensionalen Übertragungen verbesserte die Beziehung zwischen Mutter und Kind. Die Mutter lernte auch, bestimmte Verhaltensweisen ihres Kindes wie Einnässen (Sauberkeit), alles liegen lassen (Ordnung) und aggressives Verhalten (Offenheit/Ehrlichkeit und Gehorsam) als nonverbalen Ausdruck der Probleme zu sehen und so positiv als "die Fähigkeit, nach unten zu weinen", zu deuten. Der Therapeut wurde von der Mutter nicht als Rivale empfunden und das Enuresis-Gerät nicht als Dressur, die notwendigerweise zu einem Rückfall oder einer Symptomverschiebung führen mußte. Die therapeutischen Bemühungen zielten darauf ab, als

"Nacherziehung" Mutter und Kind die Möglichkeit zu geben, alternative Konzepte zu finden, die eine angemessene Lösung der Probleme nahelegten. In diesem Zusammenhang wurde neben der schwerpunktmäßig angesprochenen Aktualfähigkeit *Sauberkeit* auch auf die Fähigkeiten *Geduld* (vgl. II./Kap. 18) und *Vorbild* (vgl. II./Kap. 37) eingegangen.

Die Aktualfähigkeit "Sauberkeit"

Definition und Entwicklung: Die Fähigkeit einer auf den Körper, die Kleidung, die Gegenstände des täglichen Gebrauchs, die Räumlichkeit und die Umwelt sowie im übertragenen Sinn auf den Charakter bezogenen Reinlichkeit. Es ist anzunehmen, daß die frühkindliche Reinlichkeitsdressur Einfluß auf die spätere Persönlichkeitsentwicklung, zumindest auf die Einstellung zur Sauberkeit, nimmt.

Wie fragt man danach: Wer von Ihnen legt mehr Wert auf Sauberkeit? Haben oder hatten Sie Schwierigkeiten wegen Sauberkeit (mit wem)? Wie fühlen Sie sich, wenn Sie in einer unsauberen Umgebung sind? Achten Sie auf Körperpflege, Sauberkeit der Kleidung, der Wohnung, der Umwelt? Wer von Ihren Eltern legte mehr Wert auf Sauberkeit und Reinlichkeit?

Synonyme und Störungen: Putzen, waschen, reinigen, Schweinerei, Schlamperei, Dreck, bleib sauber. - Ritualisierte Sauberkeit, Waschzwang, Unsauberkeit, Kontaktstörungen, Sexualstörungen, Einnässen, Einkoten, Ekzeme, Allergien.

Verhaltensregulative: Gemeinsam mit dem Kind vor dem Essen die Hände waschen, spart viele Worte. Wenn man weiß, warum man sich die Hände waschen soll, fällt es leichter.

12 Aspekte für eine positive Familientherapie

1) Wer ist gesund?: Wir alle sind von Konflikten, Problemen und Schwierigkeiten im Verhältnis zu uns selbst, zu unserem Partner, unseren Mitmenschen und schließlich zu unseren Lebenszielen betroffen. Gesund ist daher nicht derjenige, der keine Probleme hat, sondern derjenige, der in der Lage ist, mit ihnen angemessen umzugehen.

2) Aktualfähigkeiten: Die Muster des Erziehungsverhaltens spiegeln in der Regel die gleichen Themen wieder. Die Eltern vermitteln als primäre Bezugspersonen bestimmte psychosoziale Normen, die Aktualfähigkeiten. Einzelne Aktualfähigkeiten stehen im Vordergrund der Erziehungsbemühungen, andere werden vernachlässigt und geraten in den Schatten (das Kind wird auf *Höflichkeit* erzogen, lernt aber nicht, seine Meinung zu sagen, *Ehrlichkeit* — oder umgekehrt). Sowohl die überbetonten als auch die unterentwickelten Fähigkeiten werden zu Konfliktquellen, die zu einem wesentlichen Teil die

Familiensituation widerspiegeln. Diese psychosozialen Normen lassen sich durch das differenzierungsanalytische Inventar (DAI; Peseschkian 1977a, S. 70) beschreiben. Mit Hilfe dieses Inventars lassen sich familienspezifische Einstellungs- und Verhaltensmuster abgreifen und Konfliktursachen erkennbar machen.

3) 3 Stadien: Die Erziehung erfolgt in einem wechselseitigen Prozeß, in dem die Erwartungen und Verhaltensweisen der Eltern mit denen des Kindes zusammenstoßen. So sehr diese Erwartungen von den situativen Bedingungen abhängen, läßt sich doch die Interaktion durch 3 Stadien charakterisieren, die teils nebeneinander hergehen und gewisse Akzente setzen. Diese Stadien sind:
a) Stadium der Verbundenheit
b) Stadium der Unterscheidung/Information
c) Stadium der Ablösung
Diese Stadien geben einerseits die Entwicklungsgeschichte des Kindes wieder, zum anderen kennzeichnen sie die Erwartungen in der Eltern-Kind-Beziehung. Das 4jährige Mädchen möchte mit dem Vater zusammen spielen, auf seinem Schoß sitzen und sich streicheln lassen. Der Vater zieht sich zurück mit der Begründung, er habe keine Zeit und das Kind dürfe nicht verwöhnt werden (auf der Seite des Kindes Verbundenheit, auf der Seite des Vaters Ablösung).
Alle Erziehungsprobleme lassen sich in ihren Grundzügen im Sinne dieser 3 Stadien der Interaktion beschreiben. Eine dauerhafte Einschränkung in einzelnen dieser Bereiche kann zu Störungen führen.

4) Familie: Verhaltensstörungen bei Kindern sind nur verständlich innerhalb der Bezugsgruppe Familie. Das Kind spielt hier häufig die Rolle des Symptomträgers, des schwarzen Schafes und Sündenbocks, als Ausdruck der Kommunikationsstörung innerhalb der Familie.

5) Therapie: Die Psychotherapie des Kindes bezieht sich primär auf die Eltern − v. a. auf die Mutter −, die selber als Therapeuten ihrer Kinder eingesetzt werden. Der Einstieg des Psychotherapeuten in die Therapie des Kindes erfolgt somit durch eine Therapie der Eltern. Sein unmittelbarer Einfluß auf das Kind sollte sich im wesentlichen auf eine differenzierende Kommunikation beziehen, in der, vermittelt durch Mythologien, Geschichten und Spruchweisheiten, das Kind zu einer Zusammenarbeit mit seinen Eltern motiviert und gezielt seine Intuition und Phantasie (als Inbegriff der Alternativmöglichkeiten) angesprochen werden. In geeigneten Fällen unterstützt der Therapeut die Behandlung durch Medikamente.

6) Psychotherapie der Eltern: Die Behandlung der Eltern hat 2 Ziele:
a) die Therapie der Konflikte, die die Eltern selber haben (z. B. ihre Eheschwierigkeiten, berufliche Konflikte, Hemmungen, soziale Konflikte und
Sexualstörungen).
b) die Therapie der Störungen, die im Verhältnis zum Kind bestehen.
Beide Therapieziele laufen ineinander und werden im Rahmen der 5 Stufen
durchgearbeitet.

7) Familiengruppe: Die Familientherapie zentriert sich um die Einrichtung einer Familiengruppe, in der die auftretenden Probleme durchgearbeitet werden können. Parallel dazu kann eine Elterngruppe eingerichtet werden. In
dieser Stufe übernimmt der Therapeut eine beratende Rolle.

8) Einbeziehung der Umwelt: Die Um-Erziehung (Psychotherapie) als Erziehungskorrektur vollzieht sich nicht nur im Verhältnis zwischen Eltern — Kind
und Therapeut, sondern zu einem wesentlichen Teil außerhalb der familiären
oder therapeutischen Situation. Dazu gehören einmal die formellen sozialen
Kontakte, bei denen jeder Mensch eine Art erzieherischer Funktion übernehmen kann (Verwandte, Freunde, Nachbarn etc.). Die Erziehung ist zu
einem wesentlichen Teil institutionalisiert. Kindergärtnerin oder Lehrer
werden in gewisser Hinsicht zum Elternersatz und unterstützen aufgrund der
bestehenden gesellschaftlichen Leistungsforderungen die Entwicklung einzelner Aktualfähigkeiten.

9) Konfliktverarbeitung als Chance: Die Auseinandersetzung mit Kindern, die
Konfrontation mit den Kinderkonzepten gibt den Bezugspersonen eine
doppelte Chance. Einerseits können sie durch ihre Kinder ihre eigenen Konzepte erweitern. Andererseits können sie über ihre Kinder wieder Kontakt
mit der eigenen Kindheit aufnehmen und somit Beziehung zu den Bereichen,
die im erwachsenen Ich verschüttet waren (Wiederherstellung der Phantasie
etc.).

10) Mikrotraumen: Nur ein relativ geringer Teil der Verhaltensauffälligkeiten
entsteht aus groben Vernachlässigungen (Deprivation) und großen, seelisch
verletzenden Ereignissen (Traumata). Ursachen sind eher die sich anhäufen-
den "Kleinigkeiten" (Mikrotraumen), die schließlich eine unverhältnismäßige
charakterformende Wirkung haben. Die großen Ereignisse werden von jedem
gesehen und berücksichtigt. Gegenüber den auf das Kind eintrommelnden
einseitigen Normen und Wertvorstellungen jedoch sind Erzieher meist
unempfindlich oder halten sie unbewußt für den notwendigen unverzicht-
baren Inhalt der Erziehung. Damit geben sie meist das weiter, was ihnen
selber in ihrer Kindheit widerfuhr (vgl. das differenzierungsanalytische Inventar DAI zur Selbst- und Partnerschaftskontrolle; Peseschkian 1977a, S. 70).

11) Mißverständnisse und Mythologien: Bei Verhaltensauffälligkeiten sind vorwiegend folgende Mißverständnisse von Bedeutung: Erziehungsstil und Erzie-

hungsinhalt, Entwicklung, Einzigartigkeit, angeboren — erworben, Mann — Frau, Gerechtigkeit — Liebe, die Dimension der Zeit. Mythologien: "Wie entsteht ein Krieg?", "nicht alles auf einmal", "dicke Bohnen", "Schatten auf der Sonnenuhr", "Der Prophet und die langen Löffel" (vgl. Peseschkian 1974, S. 106; 1979, S. 15 ff.)

12) Transkulturelle Aspekte: Im Gegensatz zum Orient, wo die primären Fähigkeiten im Vordergrund der Erziehung stehen (*Kontakt, Geduld, Vertrauen*), ist die mitteleuropäische Erziehung mehr an den sekundären Fähigkeiten (*Fleiß/Leistung, Ordnung, Pünktlichkeit* etc.) orientiert. Das Erziehungsmilieu beschränkt sich hier auf die Kleinfamilie, in die allenfalls noch Großeltern oder vorschulische Erziehungseinrichtungen eingreifen. Im Orient dagegen erfolgt der Erziehungsprozeß innerhalb der Großfamilie, wobei der soziale Kontakt in dieser Gruppe zu einem eigenen, wesentlichen Erziehungsstil wird. Hieraus resultieren kulturspezifische Einstellungen gegenüber sozialem Kontakt, Geselligkeit auf der einen Seite, individuelles Leistungsstreben auf der anderen. Das Stadium der Verbundenheit bleibt im Orient in der Regel bis zum Lebensende erhalten, wobei die Verbundenheitserwartungen von den Eltern auf die Großfamilie übertragen werden. Im europäischen Kulturkreis fällt immer wieder ein typischer Wechsel auf zwischen einem ausgeprägten Stadium der Verbundenheit bis etwa zur Pubertät und einer abrupten Ablösung "Du bist alt genug, du mußt wissen, was du tust".

Anhang: Fragebogen zu *pädiatrischen Problemen*

Siehe den allgemeinen Fragebogen auf S. 59.

25 Parkinson-Erkrankung

*Die Fähigkeit, das Leben und die Bewegung langsam ablaufen zu lassen
und wahrzunehmen*

Definition

Der Parkinson Erkrankung liegt ein Zelluntergang in der Substantia nigra
zugrunde (Schultz u. Kütemeyer 1986).

Zusätzlich zu Rigor, Akinese und Tremor zeigen sich psychische und vegetative Störungen. Als Rigor wird eine Muskeltonuserhöhung bezeichnet, die
durch einen "wächsernen Widerstand" gekennzeichnet ist und der bei passiver
Bewegung zu spüren ist. Unter Akinese oder Bradykinese versteht man eine
allgemeine Verlangsamung und Einschränkung der Bewegungsabläufe einschließlich einer verminderten Mimik und Veränderungen der Sprache.

Symptomatik

Die Krankheit beginnt oft mit Schmerzen in den Extremitäten, die anfangs
irrtümlich mit Abnutzungsvorgängen an der Wirbelsäule in Zusammenhang

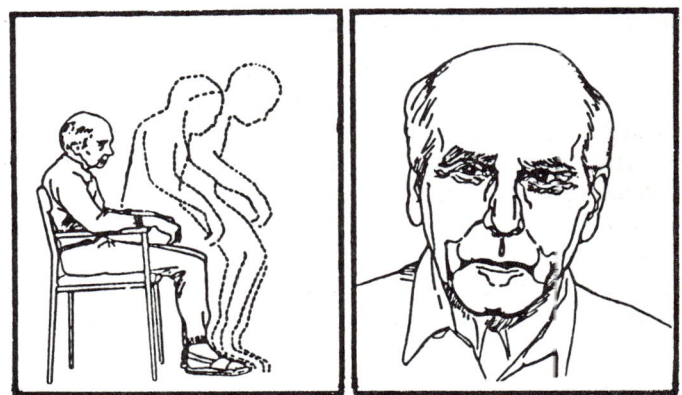

Abb. 1. Gestörte Initialbewegung und Hypomimie (aus Deutsche Parkinson-Vereinigung 1988)

gebracht werden. Häufig zeigen sich depressive Verstimmungen (Booth 1948; Fischer 1981). Das Syndrom entwickelt sich langsam fortschreitend. Typische klinische Merkmale sind: Verlust motorischer Spontanaktivität, Mangel an Reaktiv- und Mitbewegungen, Versiegen der Ausdrucksmotorik, Unfähigkeit, Initialbewegungen zu starten und zu bremsen (Abb. 1 und 2). Ein Tremor gehört nicht unbedingt zum Erkrankungsbild. Vegetativ zeigen sich: Seborrhö (Talghyperproduktion), Speichelfluß, Schweißausbrüche, Hitzestau. Psychische Veränderungen: Bradyphrenie, Demenz, psychotische Episoden, depressive Syndrome.

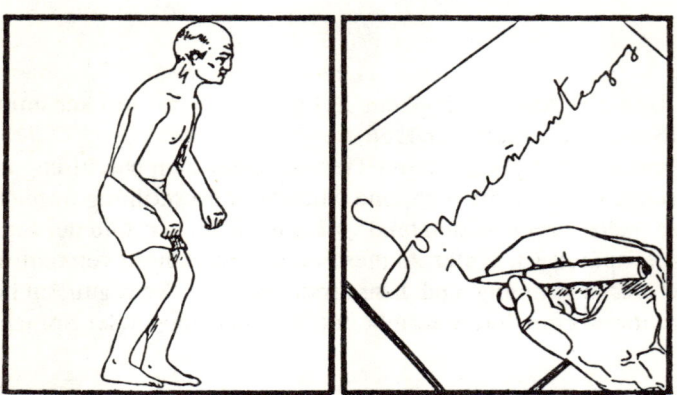

Abb. 2. Gebeugte Haltung und Schriftsprache (aus Deutsche Parkinson-Vereinigung 1988)

Transkultureller Ansatz und Epidemiologie

Man schätzt, daß heute 250.000 Personen (0,4 %) in Deutschland (ehem. BRD) an Morbus Parkinson leiden; jährlich erkranken etwa 20 von 100.000 Personen an dieser Krankheit (Poeck 1982). In den USA wurden bei einer Gesamtbevölkerung von 180 Mio. 1,2 Mio. Kranke (0,7 %) und 34.000 jährliche Neuerkrankungen registriert.

25 % der Parkinson-Patienten werden innerhalb von 5 Jahren arbeitsunfähig. Der Prozentsatz erhöht sich auf 80, wenn die Kranheitsdauer 5−9 Jahre beträgt. Nur bei 30 % der Kinder von Parkinson-Kranken wird die Erbanlage manifest (Schultz u. Kütemeyer 1986).

Literaturvergleich

Hinweise auf die ursächliche Bedeutung psychischer und psychosozialer Faktoren und den Stellenwert von Psychotherapie neben der medikamentösen Behandlung finden sich bei Booth (1948), Mitscherlich (1960) und Kraus (1974). Möller (1989) weist darauf hin, daß zusätzliche krankengymnastische Übungsbehandlung wesentlich zum Therapieerfolg beiträgt.

Sprachbilder und Volksweisheiten

Es schüttelt mich; da kann ich nur mit dem Kopf schütteln; die Muskeln spielen lassen; vor Angst zittern; Pollendreh; Münzzählphänomen.

Geschichte: "50 Jahre Höflichkeit"

Ein älteres Ehepaar feierte nach langen Ehejahren das Fest der goldenen Hochzeit. Beim gemeinsamen Frühstück dachte die Frau: "Seit 50 Jahren habe ich immer auf meinen Mann Rücksicht genommen und ihm immer das knusprige Oberteil des Brötchens gegeben. Heute will ich mir endlich diese Delikatesse gönnen." Sie schmierte sich das Oberteil des Brötchens und gab das andere Teil ihrem Mann. Entgegen ihrer Erwartung war dieser hocherfreut, küßte ihre Hand und sagte: "Mein Liebling, du bereitest mir die größte Freude des Tages. Über 50 Jahre habe ich das Brötchenunterteil nicht mehr gegessen, das ich vom Brötchen am allerliebsten mag. Ich dachte mir immer, du solltest es haben, weil es dir so gut schmeckt" (aus Peseschkian 1979, S. 89).

Selbsthilfeanteil: Entwicklung der Parkinson-Erkrankung aus der Sicht der positiven Psychotherapie

Die positive Psychosomatik kennt 4 Ansätze der Behandlung der Parkinson-Krankheit:
1) psychotherapeutische Behandlung,
2) physikalische Behandlung (Übungsbehandlung),
3) medikamentöse Behandlung,
4) Diätmaßnahmen.

Für Patienten, deren starker Tremor durch diese Möglichkeiten nicht ausreichend behandelt werden kann, gibt es noch die sog. stereotaktische Operation. Dadurch kommt das Zittern zum Stillstand, ohne daß gesunde Gehirnfunktionen beeinträchtigt werden.

Psychotherapeutische Behandlung

Der Patient steht vielfach unter dem dominierenden Eindruck von Erlebnissen der Hilflosigkeit und des Versagens, die sein Selbstvertrauen und seinen Lebensmut unterhöhlen: er ist zeitweise nicht mehr Herr seines eigenen Körpers, empfindet sich im Umgang mit anderen beschämend behindert, erlebt

Schwankungen und Verschlechterungen seines Zustands oft im lähmenden Bewußtsein, "unheilbar" krank zu sein; seine zudem erhöhte Anfälligkeit für depressive Verstimmungen treibt ihn häufig in Passivität, Abkapselung und Resignation. Für die Familienangehörigen kommt es v. a. darauf an, die Möglichkeiten des Kranken beurteilen zu lernen. Was kann er uneingeschränkt selbst tun? Wozu ist er ohne größere Schwierigkeiten in Beruf und Alltag fähig? Wozu sollte er ermutigt werden? Was sollte er ständig üben, um seine Fähigkeiten zu verbessern? Übertriebenes Mitleid der Angehörigen oder ihr Versuch, in falsch verstandener Fürsorge dem Patienten jede noch so kleine Arbeit abzunehmen, kann für ihn sehr nachteilig sein. Der Neigung des Patienten, sich wegen vermeintlicher oder tatsächlicher Reaktionen seiner Umgebung selbst zu isolieren, können Familienangehörige gegensteuern.

Kernstück der Patientenführung durch den Arzt ist es, dem Patienten immer wieder klarzumachen, daß er nicht hilfloses Opfer seiner Krankheit ist, sondern selbst eine Schlüsselstellung im Kampf gegen ihre Folgen hat. Eine besondere Hilfestellung bietet dabei die positive Deutung der Symptome, z. B.: "Sie waren früher sehr aktiv und lebenstüchtig. Die Aktivität im Alltagsleben stand im Vordergrund (Lebensquantität). Jetzt haben Sie die Möglichkeit, sich mit dem, was Sie zustandegebracht haben, auseinanderzusetzen (Lebensqualität) und Ihre Erfahrungen 'Schritt für Schritt' weiterzugeben."

Durch positive Deutungen kann das oft bedrohte Selbstwertgefühl des Patienten gestärkt werden. Er spürt dann, daß man ihn nach wie vor für vollwertig nimmt, verschiedene Aspekte des Lebens zu erkennen und zu realisieren und daß man ihm zutraut, mit seinen Problemen fertig zu werden.

Die Aktualfähigkeiten *Geduld*, *Zeit*, *Kontakt*, *Vertrauen*, *Zutrauen* und *Hoffnung* spielen im Umgang mit dem Kranken, v. a. auch in der Arzt-Patient-Beziehung eine entscheidende Rolle. Der Patient neigt oft dazu, sich von seiner Umwelt abzukapseln und Kontakte zu anderen zu scheuen: "Was denken die Leute?" Gerade diese Situation bietet dem Arzt die Möglichkeit, die inhaltlichen Aspekte seiner Kontaktprobleme wie *Höflichkeit/Ehrlichkeit*, *Gerechtigkeit*, *Pünktlichkeit* und *Sparsamkeit* anzusprechen.

Gerade der betreuende Arzt kann viel dazu beitragen, daß die Menschen seiner Umgebung — ob in Familie oder Arbeitswelt — Lage und Probleme des Parkinson-Kranken besser verstehen. Ein bildhafter Vergleich: der Parkinson-Kranke ist durch seinen Dopaminmangel nur in dem Sinne "hilflos" wie ein Chef, dessen vertraute Sekretärin plötzlich ausfällt. Dies kann klarmachen, warum der Kranke jetzt zu allem "länger braucht" oder Kontaktprobleme hat, ohne deshalb aber abgebaut zu haben oder gar übertriebene Betreuung zu benötigen. Selbst für die Angehörigen oft schockierende Dyskinesien werden verständlich, wenn man sie als "Fehler einer Aushilfe" erklärt, die im Übereifer des Guten zu viel tut!

Solche Aufklärung anderer durch den Arzt kann viel dazu beitragen, das Verhältnis des Parkinson-Kranken zu seiner Umgebung zu normalisieren; nur darf der Patient nie das beunruhigende Gefühl haben, der Arzt bespreche mit anderen hinter seinem Rücken etwa negative Entwicklungen, die er ihm selbst verschweigt! In der Therapie können auch andere Fachleute aus dem psychotherapeutischen Bereich, wie Psychologen und Sozialarbeiter, mitwirken. Der Arzt kann den Patienten und seine Familie auf örtliche Selbsthilfegruppen hinweisen, deren Adresse er durch die Deutsche Parkinson-Vereinigung e. V., Hüttenstraße 7, 4040 Neuß, Telefon 02101/47 04 41 erfahren kann.

Physikalische Behandlung

Sie umfaßt 5 Punkte:
1) krankengymnastische Übungsbehandlung;
2) Beschäftigungstherapie;
3) Sprechübungen und Atemübungen (logopädische Behandlung);
4) Massagen;
5) medizinische Bäder, Packungen, Inhalationen.

Ziel der Bewegungstherapie ist es, die Bewegungsfähigkeit zu erhalten bzw. verlorengegangene Bewegungsabläufe durch systematische Übungen wieder zurückzugewinnen.

Die medikamentöse Behandlung

Die Parkinson-Krankheit mit allen ihren Aspekten ist ein chronisches Leiden, wie z. B. auch die Zuckerkrankheit. Daher muß der Patient dauernd behandelt und ärztlich betreut werden. Man sollte also nicht den Soforterfolg im Auge haben. Das Ziel der Behandlung ist es, im Rahmen des langen Krankheitsverlaufs für den Patienten möglichst viel an Lebensqualität zu erhalten.

3 Gesichtspunkte der medikamentösen Therapie:
1) Behandlung der Parkinson-Krankheit durch L-Dopa-Medikation;
2) Behandlung der Depressionszustände mit entsprechenden Antidepressiva;
3) Behandlung von Begleitsymptomen (z. B. chronische Verstopfung, Schlafstörungen, Sehstörungen, Zuckerkrankheit).

Der Patient ist auf pünktliche und regelmässige Einnahme seiner Medikamente angewiesen. Vergißt er, die Tbl. einzunehmen oder unterbricht er die medikamentöse Behandlung aus irgendwelchen Gründen, treten die Symptome nach kurzer Zeit wieder auf. Es empfiehlt sich daher, daß sich der Patient angewöhnt, seine Medikamente zu ganz bestimmten fixen Zeitpunkten im Tagesablauf einzunehmen. Sehr hilfreich ist es, die Einnahme der Medikamente mit anderen regelmäßigen Tätigkeiten, v. a. mit den Mahlzeiten, zu koppeln, zumal manche Parkinson-Mittel dadurch besser vertragen werden.

Hier können Aktualfähigkeiten wie *Pünktlichkeit, Zuverlässigkeit* und *Genauigkeit* mit dem Patienten und seiner Familie angesprochen und schrittweise durchgearbeitet werden. Parkinson-Patienten sind meist sehr ordentlich, pünktlich und zuverlässig. Diese Eigenschaften spielen in der Arzt-Patient-Beziehung eine wichtige Rolle. Manchmal arten sie jedoch auch in Pedanterie, Ängstlichkeit und Hilflosigkeit aus.

Diätmaßnahmen

Tagsüber soll eine eiweißarme Kost eingehalten werden, durch die der Körper mehr L-Dopa aufnimmt. Abends kann dann ein ganz normales Essen eingenommen werden. Alle Nahrungsmittel, die viel Eiweiß enthalten, also in der Hauptsache Nahrungsmittel tierischen Ursprungs, sind für diese Diät nicht geeignet. Bevorzugt sollte man eiweißarmes Brot (z. B. Damin), eiweißarme Nudeln und eiweißarmes Gebäck, Gemüse, Salate, Obst, Kompotte, Butter, Margarine, Öl und Reis essen.

Praktische Konsequenzen aus diesem Selbsthilfeanteil finden sich im Fragebogen am Ende dieses Kapitels.

Therapeutischer Anteil: das fünfstufige Vorgehen der positiven Psychotherapie bei Parkinson-Erkrankung

Fallbeispiel: "Wenn ich meine Mutter sehe, wende ich mich ab."

Stufe 1: Beobachtung/Distanzierung

Die 58jährige Patientin kam mit den klinischen Zeichen eines Morbus Parkinson (Akinese, Rigor und Tremor) und zusätzlichen Beschwerden (Depression, innere Unruhe, Schulter-Arm-Beschwerden und Angstzustände) in die Behandlung. Der Hausarzt (Internist), der sich in einer psychotherapeutischen Weiterbildung befand, ermutigte sie zu diesem Schritt als Begleittherapie zu den bisherigen Maßnahmen. Die kleine, körperlich zierliche Frau, die sehr bedrückt wirkte, berichtete:

Schon seit vielen Jahren spüre ich Beschwerden zwischen Halsansatz und Schulter. Dann fing mein Kopf an zu wackeln und wandte sich nach rechts. Ich merke, ich werde immer nervöser und habe keine richtige Kontrolle mehr über mein Nervenkorsett. Dann fange ich an zu zittern ...

In letzter Zeit werde ich von vielen Leuten beobachtet. Der Bürgermeister hat einen Wachtposten auf unserer Straße aufgestellt, um zu kontrollieren, was ich mache. Sie haben ganz recht, wenn Sie sagen, daß das so nicht weitergehen kann...

Auf die positive Deutung dieser Beschwerden, sie wolle sich permanent von etwas abwenden, wegschauen und der Umwelt mitteilen, daß es so nicht weitergehen könne, reagierte die Patientin spontan: "Das stimmt, das Kopfwackeln tritt auf, wenn ich meine Mutter sehe, höre und mit ihr spreche. Die Situation mit meiner Mutter ist für mich eine Überforderung, der ich ausweichen möchte." Diese Deutung und die Geschichte "50 Jahre Höflichkeit" bewirkten, daß die Patientin neugierig wurde.

Stufe 2: Inventarisierung

In der Anamnese sowie in der aktuellen Zustandsschilderung finden sich deutliche Anzeichen einer psychischen Überlastung mit der Verstärkung psychischer und somatischer Faktoren. Es ist daher anzunehmen, daß sich so die bestehende Symptomatik entwickeln konnte. Hierbei spielten folgende Faktoren eine zentrale Rolle:

Ausbruch der Symptomatik: September 1984

1) Juli 1984 starb der Vater der Patientin im Alter von 82 Jahren. Der Tod des Vaters hatte für sie einen traumatisierenden Charakter, da eine gute Vater-Tochter-Beziehung bestand.

2) Die Patientin mußte ab August 1984 die 80jährige Mutter in den eigenen Haushalt aufnehmen: "Meine Mutter hängt sich an mich. Ich weiß nicht, wie mein Mann das alles aushalten soll!"

3) Im November 1984 mußte die Patientin, bedingt durch die emotionale Überforderung, ihre berufliche Tätigkeit als Yogalehrerin aufgeben. Diese Situation besaß als Wunsch- und Angstkonflikt in der aktuellen Konfliktsituation eine zentrale Bedeutung.

4) Im März 1985 mußte die Patientin krankheitsbedingt das Tennisspielen und ihr Engagement im Club aufgeben. Dieser Verlust wurde überkompensatorisch durch Flucht in die Hausarbeit narzißtisch besetzt.

5) Juni 1986: Der älteste Sohn hat sich nach 10jähriger Beziehung von seiner Freundin getrennt. Der Patientin fiel es schwer, die bestehenden Konflikte zu akzeptieren und die neue Situation angemessen zu verarbeiten, da für sie Treue in der Partnerschaft einen besonderen Stellenwert besitzt.

6) Ende 1986 erkrankte der Ehemann an Asthma bronchiale. Die Patientin reagierte mit Zukunftsangst.

7) Im Januar 1988 starb eine gute Bekannte, mit der jedoch in den letzten Jahren ungelöste Probleme bestanden ("Wir hatten keine Gelegenheit mehr, uns auszusöhnen."). Dieser Verlust zusammen mit einem kontinuierlich fortschreitenden Verlust des vertrauten Bekanntenkreises führte zu einer Verschlechterung des Allgemeinzustandes.

8) Februar/März 1988: Zunahme der Beschwerden, aus dem überhöhten Anspruchsniveau entwickelte sich eine Angst, nichts falsch machen zu dürfen und eine Diskrepanz
zwischen Wollen und Können. Dies hatte eine permanente emotionale Überforderung
zur Folge.

Diese kumulativ wirkenden Faktoren hatten für die Patientin einen traumatisierenden Charakter. Es entwickelte sich, unterstützt durch den Krankheitsverlauf, soziale Isolierung und Angst vor der Zukunft eine abnorme Trauerreaktion mit erheblichem Leidensdruck. Die Ansammlung verletzender Ereignisse ("steter Tropfen höhlt den Stein") führte dazu, daß einzelne Persönlichkeitsbereiche für Konflikte sensibilisiert wurden. Das fortwährende Ansprechen dieser empfindlichen Zonen (Sparsamkeit, Gewissenhaftigkeit, Zuverlässigkeit, Höflichkeit und Ordnung) führte zu Spannungszuständen und
innerer Erregbarkeit, die sich über das vegetative Nervensystem, das Hormonsystem und das Organsystem verselbständigten (Abb. 3).

Interpretation des WIPPF (s. Abb. 3):

1. Sekundäre Fähigkeiten (Skala 1–11)
Bis auf eine Ausnahme (Skala 5: Offenheit/Ehrlichkeit der Meinungsäußerung) liegen
alle Werte im oberen Extrembereich. Besonderen Wert legt die Patientin auf Ordnung
(Skala 1), Höflichkeit (Skala 4), Fleiß/Leistung (Skala 6), Gerechtigkeit (Skala 10) und
Treue (Skala 11).

2. Primäre Fähigkeiten (Skala 12–19):
Die Patientin neigt einerseits zu Ungeduld (Skala 12) und Hoffnungslosigkeit (Skala 16),
andererseits fühlt sie sich zeitlich unterfordert (Skala 13), legt sehr viel Wert auf Kontakte (Skala 14, dieser jedoch in konventioneller Form: Skala 4), zeigt sich abhängig von
Zärtlichkeitsbezeugungen (Skala 17) und den Bereich Glaube/Religion/Sinn intolerant
verabsolutierend (Skala 19).

3 Konfliktreaktionen (Skala 20–23):
Bei Problemen neigt die Patientin zur "Flucht in die Leistung" (Skala 21), zieht sich in
die Einsamkeit zurück (Skala 22) und baut "Luftschlösser" (Skala 23).

4. Vorbild-Dimensionen:
Ihren Vater hat die Patientin, als sie Kind war, als sehr zugewandt/akzeptierend erlebt
(Skala 24 B). Aus ihrer heutigen Sicht war die Beziehung zwischen den Eltern sehr eng
(Skala 25). Gegen die Umwelt kapselten sie sich nach dem Motto "My home is my
castle" eher ab (Skala 26).

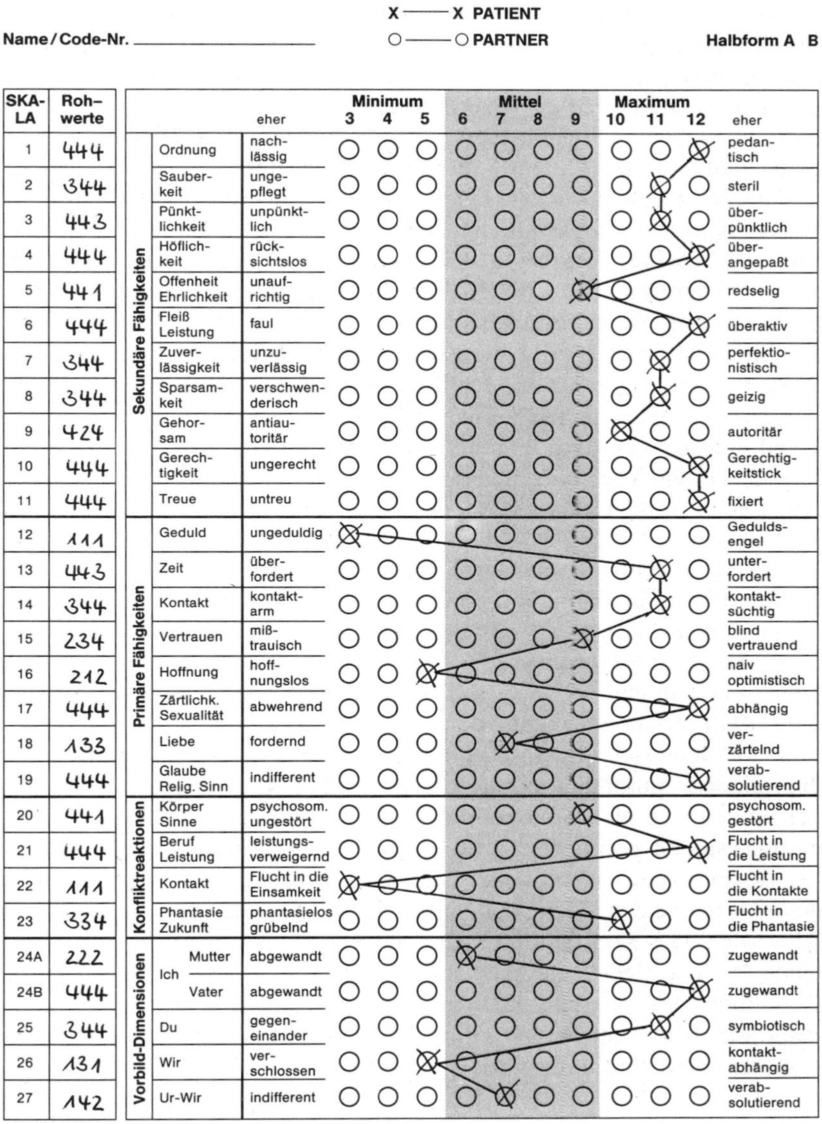

Name / Code-Nr. _____

X ——— X PATIENT
O ——— O PARTNER

Halbform A B

SKA-LA	Roh-werte			eher	Minimum 3 4 5	Mittel 6 7 8 9	Maximum 10 11 12	eher
1	444		Ordnung	nachlässig				pedantisch
2	344		Sauberkeit	ungepflegt				steril
3	443		Pünktlichkeit	unpünktlich				überpünktlich
4	444	Sekundäre Fähigkeiten	Höflichkeit	rücksichtslos				überangepaßt
5	441		Offenheit Ehrlichkeit	unaufrichtig				redselig
6	444		Fleiß Leistung	faul				überaktiv
7	344		Zuverlässigkeit	unzuverlässig				perfektionistisch
8	344		Sparsamkeit	verschwenderisch				geizig
9	424		Gehorsam	antiautoritär				autoritär
10	444		Gerechtigkeit	ungerecht				Gerechtigkeitstick
11	444		Treue	untreu				fixiert
12	111		Geduld	ungeduldig				Geduldsengel
13	443		Zeit	überfordert				unterfordert
14	344	Primäre Fähigkeiten	Kontakt	kontaktarm				kontaktsüchtig
15	234		Vertrauen	mißtrauisch				blind vertrauend
16	212		Hoffnung	hoffnungslos				naiv optimistisch
17	444		Zärtlichk. Sexualität	abwehrend				abhängig
18	133		Liebe	fordernd				verzärtelnd
19	444		Glaube Relig. Sinn	indifferent				verabsolutierend
20	441		Körper Sinne	psychosom. ungestört				psychosom. gestört
21	444	Konfliktreaktionen	Beruf Leistung	leistungsverweigernd				Flucht in die Leistung
22	111		Kontakt	Flucht in die Einsamkeit				Flucht in die Kontakte
23	334		Phantasie Zukunft	phantasielos grübelnd				Flucht in die Phantasie
24A	222	Ich	Mutter	abgewandt				zugewandt
24B	444	Ich	Vater	abgewandt				zugewandt
25	344	Vorbild-Dimensionen	Du	gegeneinander				symbiotisch
26	131		Wir	verschlossen				kontaktabhängig
27	142		Ur-Wir	indifferent				verabsolutierend

Abb. 3. WIPPF (Peseschkian u. Deidenbach 1988)

351

Grundkonflikt: Die aktuelle Konfliktsituation und deren konzeptuelle Bewertung ist abhängig von der Lebensgeschichte der Patientin. Als Einzelkind (die Schwester war im Kleinkindalter verstorben) entwickelte sie ein starkes Verantwortungsgefühl. In der Familiensituation waren Sparsamkeit, Gewissenhaftigkeit, Zuverlässigkeit, Höflichkeit und Ordnung zentrale Sozialisationsnormen, die von der Patientin internalisiert wurden.

Außerdem entwickelte sie einen überbetonten Gerechtigkeitssinn. Im Umgang mit der Mutter zeigte sie einen aggressionsgehemmten Verhaltensstil und überbetonte Höflichkeit. Latente Aggressionen wurden schuldhaft besetzt und verdrängt. Auf dieser Grundlage kam es zu permanenten Überforderungen, weil sie nicht in der Lage war, an sie herangetragene Aufgaben abzulehnen. Im Erleben der Patientin ist eine derartige Ablehnung gleichbedeutend mit einer aggressiven Handlung und wird schuldhaft unterdrückt. Der narzißtische Wunsch nach unangreifbarer Vollkommenheit ging Hand in Hand mit der Angst vor dem Versagen. Minusvarianten im Repertoire ihrer Möglichkeiten, Konflikte zu verarbeiten, sind die Bereiche Leistung, Kontakt und Phantasie (vgl. Abb. 3). Diese waren, obwohl sie viel zur Dynamik des Konfliktes beigetragen hatten, der Patientin nicht bewußt. Sie erkannte über diese Zusammenhänge die Dynamik ihres Krankheitsprozesses. Durch Momente des sekundären Krankheitsgewinnes wurden die bestehenden Beschwerden chronifiziert. Sie bildeten — auf der Basis der Überbetonung von Sparsamkeit und Gerechtigkeit — zeitweise ein System, das alle therapeutischen Maßnahmen erschwerte. Dabei bestand ein hoher Leidensdruck, der die Entfaltungsmöglichkeiten der Patientin außerordentlich einschränkte.

Es handelte sich um ein Parkinson-Syndrom, das durch eine chronifizierte depressive Symptomatik bei psychasthenischer Konstitution auf der Basis einer depressiven Neurosenstruktur aufrechterhalten und verstärkt wurde. Inhaltlich spielte pointierte Höflichkeit im Sinne einer Aggressionshemmung bei ausgeprägtem Gerechtigkeitssinn eine zentrale Rolle. Durch den Verlust des Vaters und den Zuzug der Mutter kam es zu einer Aktualisierung der Beschwerden. Das Kopfschütteln kann als emotional erschwerte "Be-Hauptung" eines "hartnäckigen" Gesichtwahrens verstanden werden. Die paranoiden Beziehungsideen können als Wunsch nach Kontakt, der durch Trauer, Verzweiflung, Mutlosigkeit und kompensierend aufrechterhaltene Zwanghaftigkeit verhindert wird, interpretiert werden.

Stufe 3: Situative Ermutigung

Aufgrund der geleisteten Inventarisierung wurden der Patientin ihre Entwicklungsmöglichkeiten bewußt. Die Krankheit hatte ihr die Möglichkeit gegeben, das traditionelle Konzept zu überdenken und zu erweitern. In diesem Zusammenhang lernte sie die Entspannungsübungen nach Jacobson (1938). Zusätzlich zur bisherigen medikamentösen Therapie wurden Antidepressiva

(Saroten retard 25 mg, 1mal abends) verabreicht. In Entspannung wurde die Geschichte "50 Jahre Höflichkeit" visualisiert. Dies befähigte die Patientin zunehmend, die ambivalente Beziehung zur Mutter und deren Relevanz für ihre Symptomatik zu verstehen, so daß durch eine bessere Realitätseinsicht eine Abnahme der Ängste und der Somatisierung des Konfliktes erzielt werden konnte.

Stufe 4: Verbalisierung

Die Patientin lernte schrittweise, ihren Schlüsselkonflikt *Höflichkeit/Ehrlichkeit* zu bearbeiten. Durch Einbeziehung des Partners lernte sie, nach dem Motto "geteiltes Leid ist halbes Leid", mehr zu delegieren. Die einzelnen Mikrotraumen wurden mit den Partnern durchgearbeitet (Verlust des Vaters, Probleme des Sohnes etc.) und neue Lösungen erarbeitet (z. B. eigenes Telefon für die Mutter, die dadurch selbst bessere Kontaktmöglichkeiten hatte und die Tochter "loslassen" konnte).

Inhaltlich bezogen sich die Mikrotraumen auf die Aktualfähigkeiten *Höflichkeit* als charakteristisch geprägte Aggressionshemmung (vgl. II./Kap. 26), *Gerechtigkeit* (vgl. II./Kap. 1) und *Fleiß/Leistung* (vgl. II./Kap. 9). Vor allem die Aktualfähigkeit *Sparsamkeit* war mikrotraumatisch besetzt:

Früher ging es uns finanziell nicht gerade rosig, was ich auch meine, daß darauf unsere Sparsamkeit beruht. Wenn ich noch mehr Geld hätte, würde ich es dafür ausgeben, um mir das Leben so angenehm wie möglich zu machen. Vielleicht für Bildungsreisen und aber auch zur Verschönerung meines Heimes. Taschengeld, das Wort kenne ich erst, seit ich meinen Mann kenne. Er bekam von seinen Eltern Taschengeld. Ich bekam nichts von meinen Eltern. Wenn ich schon mal Geburtstagsgeld bekam, so wurde es auf die Sparkasse getragen und auf mein Sparbuch eingezahlt.

Die narzißtischen Tendenzen der Patientin wurden schwerpunktmäßig anhand der Aktualfähigkeit *Sparsamkeit* durchgearbeitet; der Ehemann wurde einbezogen.

Die Aktualfähigkeit "Sparsamkeit"

Definition und Entwicklung: Die Fähigkeit, ökonomisch mit Geld, Sachwerten, Fähigkeiten und Energien umzugehen. Ihre Extreme sind Verschwendung und Geiz. Im engeren Sinn sprechen wir von Sparsamkeit erst ab dem Zeitpunkt, ab dem ein Kind mit Spielsachen und mit Geld umgehen kann. Das Kind lernt den Wert des Geldes über seinen Gegenwert, zum anderen über den notwendigen Aufwand an Fleiß und Leistung kennen.

Wie fragt man danach: Wer von Ihnen legt mehr Wert auf Sparsamkeit? Haben oder hatten Sie finanzielle Probleme? Was würden Sie machen, wenn

Sie mehr Geld hätten? Wofür geben Sie eher Geld aus, wofür würden Sie kaum Geld ausgeben? Wer von Ihren Eltern war sparsamer? Bekamen Sie als Kind oder als Jugendlicher Taschengeld?

Synonyme und Störungen: Sich einschränken, haushalten, auf den Preis achten, vergeuden, verschwenden, auf großem Fuß leben, Großzügigkeit. – Geiz, Geld als Machtmittel, Verschwendung, Geltungssucht, Glücksspieler, Hochstapelei, passive Erwartungshaltung, naiver Optimismus, Verantwortungslosigkeit, Lebensangst, Depressionen, Selbstwertprobleme, innere Unruhe, Schlaflosigkeit, Selbstmordabsichten.

Verhaltensregulative: Geld nur auf ein Projekt zu setzen heißt va banque spielen. Geld ausgeben kann verschiedene Ziele haben: für sich Geld ausgeben, für die Familie, für die Mitmenschen, für soziale Einrichtungen und für die Zukunft. Erst dann Geld ausgeben, wenn man die Einnahmen kennt; die Pläne mit der Familie besprechen. Jedem Familienmitglied Taschengeld gewähren. Man lernt: Ausgeben und Sparen.

Stufe 5: Zielerweiterung

Die Stufe 5 bereitete die Ablösung aus der Psychotherapie vor. Gleichzeitig ermutigte sie die Patientin, ihre Zukunft so zu planen, daß sie Gesundheit, Haushalt, sozialen Kontakt und Fragen nach dem Sinn des Lebens integrieren kann. Die von der Patientin akzeptierte positive Deutung, die daran anknüpfende Bearbeitung der Mikrotraumen und die Einbeziehung des Partners brachte eine subjektive und objektive Besserung der Beschwerden. So kam es zu Veränderungen in der Feinmotorik, d. h. zu einer Verbesserung der Handschrift. Die Klagen über Ungeschicklichkeiten im Haushalt haben nachgelassen. Die Patientin berichtete, daß es ihr leichter falle, einmal begonnene Bewegungen wieder abzubremsen. Das Kopfwackeln hat sehr stark nachgelassen, die Mimik wirkt entspannter. Auch die Sprache wurde lockerer. Die Patientin ist zunehmend imstande, über ihre Krankheit hinaus wieder aktiv am Leben teilzunehmen, sie hat wieder angefangen, Tennis zu spielen. Die Behandlung wurde nach 48 Sitzungen abgeschlossen; die Patientin wurde an ihren Hausarzt rücküberwiesen.

Anhang: Fragebogen zu *Parkinson-Erkrankung*

Name: .... Nr.: .... Datum: ....

Körper/Sinne — Beruf/Leistung — Kontakt — Phantasie/Zukunft

1) Haben Sie manchmal das Gefühl "sich schütteln", oder über etwas "den Kopf schütteln" zu müssen, oder daß Sie kein "Stehvermögen" haben"? Kommen Sie sich "gebremst", "wie eingefroren" oder "zur Salzsäule erstarrt" vor? Fallen Ihnen noch andere Sprichworte zu Ihrer Erkrankung ein? Was sagen Ihnen diese Volksweisheiten?

2) Wer hat Sie wann über Ihre Krankheit informiert?

3) *Rigor*: Zeigen sich Anzeichen, wenn Sie nicht unter Medikamenten stehen? Trotz medikamentöser Therapie? *Haltung*: Wie weit ist Ihr Kopf nach vorn gebeugt? *Gang*: Können Sie sich mühelos umdrehen? Sind Ihre Schritte verkürzt, schlurfen Sie? Absolvieren Sie regelmäßig Ihr gymnastisches Übungsprogramm? *Tremor*: Bewahren Sie eine gewisse Kontrolle über Ihre Hände? Kommen Sie im Wachzustand vom Tremor frei? *Bradykinese*: Gibt es eine angedeutete, mäßige oder schwere Verlangsamung beim Arbeiten mit Werkzeugen oder beim Schreiben?

4) Mimik: Lebhaft? Anzeichen von Angst? Speichelfluß? "Gefroren"?

5) Sprache klar, laut, mit Resonanz? Verminderung von Modulation und Resonanz? Dysphonie? Stottern? Machen Sie regelmäßig Ihre Sprach- und Stimmübungen?

6) Nehmen Sie regelmäßig die verordneten Medikamente? Wissen Sie, wie die Medikamente wirken, was Sie von ihnen erwarten können und welche Nebenwirkungen möglich sind?

7) Ist es für Sie wichtig, was die Leute über Ihre Krankheit sagen?

8) Bemühen Sie sich, anderen Ihre Erfahrungen zu vermitteln?

9) Legen Sie Wert auf einen offenen Meinungsaustausch?

10) Wer von Ihnen möchte mehr Gäste haben?

11) Haben Sie eine Beziehung zum musischen Bereich (Kunst, Malerei, Musik, Literatur)? Wollen Sie sie aufbauen oder erweitern?

12) Können Sie trotz oder wegen Ihrer Erkrankung einen Beitrag zur Entwicklung anderer Menschen oder zur gesellschaftlichen Entwicklung (Umwelt, Frieden usw.) leisten?

13) Was ist für Sie der Sinn des Lebens (Antrieb, Ziele, Motivation, Lebensplan, Sinn von Krankheit und Tod, Leben nach dem Tod)?

14) Akzeptieren Sie Ihre Erkrankung auch als Chance, bisher nicht erlebte Bereiche (Körper/Sinne, Beruf/Leistung, Kontakt, Phantasie/Zukunft) zu entwickeln?

26 Rheumatoide Arthritis und Weichteilrheumatismus

Die Fähigkeit, Spannungen und Konflikte motorisch (über Körper und Sinne) zu verarbeiten, um so die Persönlichkeitsökonomie zu erhalten

Definition

Zum rheumatischen Formenkreis rechnet man subjektiv mit Schmerzen und Bewegungseinschränkungen einhergehende Erkrankungen von Muskulatur, Sehnen, Bändern und Gelenken. Im großen und ganzen kann man unterscheiden zwischen einerseits rheumatischen Erkrankungen mit Gelenkbeteiligung, wobei entzündliche und degenerative Formen vorliegen können, und andererseits nichtartikulären Rheumatismusformen, v. a. dem Weichteilrheumatismus, auch funktioneller Rheumatismus genannt.

Die *rheumatoide Arthritis* ist eine chronische Systemerkrankung, die sich klinisch im Skelettsystem bzw. den Gelenken manifestiert und bei der sich charakteristische, aber unspezifische Veränderungen an den Gelenken finden. Beim *Weichteilrheumatismus* fehlen objektive Entzündungszeichen.

Symptomatik

Bei *rheumatischer Arthritis* ist der Krankheitsbeginn im allgemeinen schleichend mit morgendlicher Steifheit ("stiffness in the morning") und Schmerzhaftigkeit bestimmter Gelenke und der Muskulatur. Gewöhnlich sind die Gelenke symmetrisch befallen, wobei Schwellungen und Druckschmerzempfindlichkeit v. a. an den Fingergelenken, der Hand, den Knien und den Fußgelenken zu beobachten sind. Die Gelenk- und Muskelbeschwerden treten am stärksten nach Ruheperioden auf und bessern sich, wenn der Patient sein Gelenk bewegt. Später kommt es zu einem Schwund der Muskulatur aufgrund der Inaktivität und zu einer spindelförmigen Auftreibung der befallenen Gelenke. Auffallend ist, daß die Patienten gewöhnlich ihre eigenen Beschwerden und Einschränkungen nicht hoch anschlagen und trotz erheblicher Einschränkung ihre Tätigkeit und Aktivität beibehalten.

Formen des *Weichteilrheumatismus* tauchen in den verschiedenen speziellen Bezeichnungen auf: Myalgie, Schulter-Arm-Beschwerden, Hexenschuß. Im Unterschied zu organischen muskelrheumatischen Erkrankungen liegt gewöhnlich eine wechselnde Lokalisation und eine wechselnde Symptomatik vor. Die Lenden- und die Schulter-Nacken-Gegend sind der Ort der häufigsten Symptomatologie.

Transkultureller Ansatz und Epidemiologie

– Die Häufigkeit der rheumatischen Arthritis in der Bevölkerung liegt bei 0,3–3 % nach den Ergebnissen verschiedener Erhebungen in unterschiedlichen Ländern. Die Verbreitung nimmt mit dem Alter zu; bevorzugt sind die mittleren und höheren Lebensjahrzehnte und eindeutig bei allen Untersuchungen stets die Frauen (Abb. 1).
– Die rheumatische Arthritis scheint bei allen Rassen und in allen Ländern vorzukommen, bei Japanern und Eskimos etwas seltener, bei farbigen Bewohnern der USA etwas häufiger als normalerweise.
– Die Krankheit befällt öfter die städtische Bevölkerung als die ländliche. Menschen, die in einer Veränderung des sozialen Status nach unten oder oben begriffen sind, zeigen einen stärkeren Befall mit rheumatoider Arthritis. Im ganzen kommt sie in den niederen Einkommens- und Bildungsklassen etwas häufiger vor.

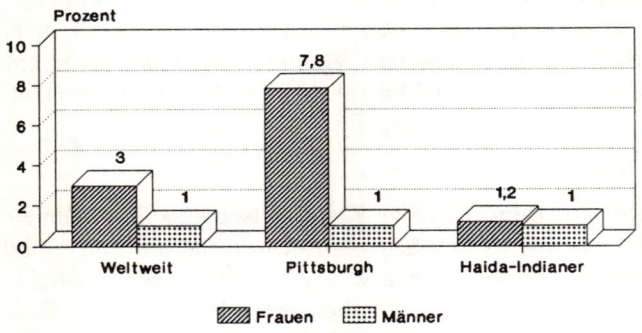

Abb. 1. Rheumatoide Arthritis – Transkulturell – Geschlechtsverteilung

Literaturvergleich

Unter dem Einfluß von Affekten treten sowohl gerichtete Bewegungen als auch Tonusveränderungen der Muskulatur auf. Letztere gehen vom extrapyramidalen System aus, das psychisch beeinflußbar ist. Die Diskussion der psychosozialen Implikationen und Folgen einer chronischen Polyarthritis führte zur Entwicklung von Instrumenten, mit denen sich der Gesundheitszustand (Meenan et al. 1980), die Lasten ("impact") des Arthritikers und die Verlaufs- und Therapieergebnisse beurteilen lassen (Mason et al.

1983; Fries 1983). Nach Feinstein (1983) lassen sich subjektive Angaben der Patienten in objektive Meßwerte überführen. Eraker et al. (1984) erfassen bewußtseinsnahe Anteile krankheits- und behandlungsbezogener Vorstellungen, die für das Krankheitsverhalten von Bedeutung sind. Nach Mathies (1989) bestärkt eine sich in die Länge ziehende somatische Diagnostik den Patienten in seiner Überzeugung, schwer krank zu sein. Weintraub (1977) betont den Bedeutungsinhalt der durch Weichteilrheumatismus bedingten Schmerzzustände. Nach Schüssler (1989) gibt es zwar im Einzelfall klare Zusammenhänge zwischen Lebensgeschichte, psychosozialen Konflikten und Erkrankungsbeginn bzw. -verlauf, jedoch keine schlüssigen empirischen Ergebnisse. Nach Hadden (1989) ist der Trend zu immunsuppresiven Therapieformen, den die Rheumatologen heute verfolgen, ein sehr gefährlicher Weg, der nur äußerst vorsichtig beschritten werden darf. Die Immunsuppression könnte ein Bumerang werden.

Sprachbilder und Volksweisheiten

Hartnäckigkeit; Halsstarrigkeit; Haltung bewahren; lendenlahm; nicht mit beiden Beinen auf der Erde stehen; nicht Fuß fassen; kniefällig werden; nicht auf die Beine kommen; nicht mehr auf die Beine bringen; sich zusammennehmen; stillhalten.

Geschichte: "Der Traum und sein Sinn"

Ein orientalischer König hatte einen beängstigenden Traum. Er träumte, daß ihm alle Zähne, einer nach dem anderen, ausfielen. Beunruhigt rief er seinen Traumdeuter herbei. Dieser hörte sich den Traum sorgenvoll an und eröffnete dem König: "Ich muß dir eine traurige Mitteilung machen. Du wirst genau wie die Zähne alle Angehörigen, einen nach dem anderen, verlieren." Die Deutung erregte den Zorn des Königs. Er ließ den Traumdeuter in den Kerker werfen. Dann ließ er einen anderen Traumdeuter kommen. Der hörte sich den Traum an und sagte: "Ich bin glücklich, dir eine freudige Mitteilung machen zu können: Du wirst älter werden als alle deine Angehörigen, du wirst sie alle überleben." Der König war erfreut und belohnte ihn reich. Die Höflinge wunderten sich sehr darüber: "Du hast doch eigentlich nichts anderes gesagt als dein armer Vorgänger. Aber wieso traf ihn die Strafe, während du belohnt wurdest?" fragten sie. Der Traumdeuter antwortete: "Wir haben beide den Traum gleich gedeutet. Aber es kommt nicht nur darauf an, was man sagt, sondern auch wie man es sagt" (aus Peseschkian 1983, S. 9).

Selbsthilfeanteil: Entwicklung von rheumatoider Arthritis und Weichteilrheumatismus aus der Sicht der positiven Psychotherapie

Experimentelle Untersuchungen haben gezeigt, daß emotionale Faktoren einen Einfluß auf die Motorik haben. Patienten wurden in einem konfliktzentrierten Interview, in psychoanalytischen Sitzungen oder bei Leistungstests psychischen Reizen ausgesetzt, die aggressive Gefühle erzeugten. Bei den an rheumatoider Arthritis Erkrankten zeigte sich im Bereich um die erkrankten Gelenke ein deutlich höherer Muskeltonus als bei gesunden Muskeln. Diese Muskelspannung überdauerte gewöhnlich beträchtlich den emotional belastenden Reiz. Vor allen Dingen ging es um psychische Belastungen wie Krisen in zwischenmenschlichen Beziehungen, Tod und Verlust (Trennung, Scheidung, Umzug) wichtiger Bezugspersonen, Autoritäts- und Eheprobleme usw.

Die aktuelle Konfliktsituation geht nach unseren Erfahrungen bei rheumatischen Beschwerden auf Konflikte und Belastungen in den verschiedenen Lebensbereichen zurück.

Körper: Befunde über den Grundkonflikt entsprechen weitgehend den auf die Motorik bezogenen Geboten "Bleib stehen", "Halt still", "Nimm Dich zusammen", "Halt Ruhe", "Was sagen die Leute", von denen Bräutigam u. Christian (1973) berichten. Dies mag ein Hinweis auf die Organwahl der psychosomatischen Krankheit Rheumatismus sein.

Beruf/Leistung: Der Ausbruch der rheumatischen Erkrankung steht im Zusammenhang mit beruflicher Unsicherheit, Konkurrenz, Überforderung, Entlassung, Leiden unter einem Vorgesetzten, Geschäfts- oder Berufsaufgabe.

Kontakt: Hier sind v. a. Erziehungsprobleme relevant. In zeitlicher Korrelation mit dem Ausbruch der Symptomatik finden sich schulische Mißerfolge des Kindes, Erziehungsprobleme, Krankheit eines Kindes oder Ablösung aus der familiären Gemeinschaft (z. B. Auszug oder Heirat eines Kindes). Permanente Konflikte zwischen den Ehepartnern, Verlust oder Krankheit einer Bezugsperson, Ehescheidung, Ehebruch mit anschließenden Schuldgefühlen, Entscheidungsschwäche sowie sexuelle Mißerfolgserlebnisse, die Beziehung zu Mitmenschen, Umzug und Wechsel der sozialen Berufsgruppe, Konflikte mit Nachbarn und Kollegen und unbewältigte Flüchtlingssituationen spielen eine zentrale Rolle.

Phantasie/Zukunft: Auf alle genannten Bereiche der äußeren Konfliktsituation haben die eigenen Zukunftsperspektiven einen besonderen Einfluß. Die Rheumatiker unserer Stichprobe zeigen ein nur geringes Vertrauen in die eigenen Fähigkeiten, jedoch ein großes Vertrauen gegenüber einzelnen Bezugspersonen und dem Arzt. In der Beziehung zu sich selbst herrschen Zweifel und Unsicherheit vor.

Bei eigenen Beobachtungen mit Hilfe des differenzierungsanalytischen Inventars (DAI; Peseschkian 1977a, S. 70) und eines Fragebogens, der von 48 deutschen und 18 iranischen Patienten ausgefüllt wurde, konnten wir v. a. bei Patienten mit Weichteilrheumatismus (Schulter-Arm-Syndrom, Hexenschuß und Myalgien) typische Konstellationen eines Grundkonflikts feststellen. In der Kindheit herrschte Doppelbindungserziehung vor: emotionale Überprotektion wechselte ab mit Leistungsanforderungen, die Kriterien der emotionalen Zuwendung bildeten. Merkmale der Familienkonstellation waren Unsicherheit über den Erziehungsstil, Fehlen eines Elternteils, Uneinigkeit in der Erziehung durch Einmischen der Großeltern etc. Inhaltlich bezog sich der Grundkonflikt bei den untersuchten Rheumatikern auf folgende psychosoziale Normen:

Höflichkeit − Ehrlichkeit: Höflichkeit war hier Aggressionshemmung und Unterdrückung der eigenen Wünsche zugunsten der Wünsche anderer. Sie wurde zum sozialen Instrument, um sich die Zuwendung und Anerkennung der anderen zu erhalten und "nicht die freundlichen Blicke zu verlieren". In der Familiensituation fiel v. a. die Höflichkeit gegenüber den Eltern auf, die in ihrer Stilisierung als Hinweis auf eine emotionale Abhängigkeit gewertet werden kann: "Was denken die Leute?"

Gehorsam: In allen beobachteten Fällen ließ sich eine starke Betonung des Gehorsams feststellen. Dieser erscheint jedoch weniger als absolute Unterordnung, sondern bezieht sich eher auf die Einhaltung charakteristischer psychosozialer Normen wie Ordnung, Sparsamkeit, Fleiß, Kontakt, Sexualität, Leistung und − im Zusammenhang mit der Geschwisterrivalität − auf Gerechtigkeit. Das Mittel, diesen Gehorsam zu erzwingen, war nach Darstellung der untersuchten Patienten in seltenen Fällen Schläge, sondern häufiger Liebesentzug sowie Androhung von Liebesentzug und Bestrafungen, die zumeist zur Folge hatten, daß Aktivitäten und Initiativen eingeschränkt wurden.

Rheumatische Beschwerden nach Auseinandersetzungen im Beruf, als Folge von Erziehungsproblemen und im Zusammenhang mit hartnäckigen Eheproblemen finden sich, wie der Praktiker bestätigen kann, in auffälliger Häufigkeit. Im allgemeinen Sprachgebrauch faßt man diese Bedingungen unter dem Begriff "psychosozialer Streß" zusammen. Unsere Hypothese lautet: Es gibt neben den generellen, unspezifischen Stressoren spezifische belastende Reizkonstellationen. Diese sind abhängig von den im Verlauf der Lebensgeschichte erlernten psychosozialen Normen, die als Einstellungen, Erwartungen und Verhaltensstile eng mit dem emotionellen Leben korrespondieren. Derartige spezifische Stressoren sind als wesentliche Ursachen von rheumatischen Beschwerden zu sehen.

Praktische Konsequenzen aus diesem Selbsthilfeanteil finden sich im Fragebogen am Ende dieses Kapitels.

**Therapeutischer Anteil: das fünfstufige Vorgehen der
positiven Psychotherapie bei rheumatoider Arthritis
und Weichteilrheumatismus**

Stufe 1: Beobachtung/Distanzierung

Fallbeispiel: "Schimpfen ist der Stuhlgang der Seele"

Eine 48jährige Patientin, verheiratet, 1 Tochter (20 Jahre), suchte auf Anraten ihres Hausarztes die Psychotherapie wegen Depression und rheumatischer Beschwerden auf. Sie wirkte angsterfüllt und konnte nur leise und unzu-
sammenhängend erzählen. Hinsichtlich der rheumatischen Beschwerden war
die Patientin bereits genügend aktenkundig. Symptomatisch bestanden:
Schmerzen im Zervikalbereich, in den Kiefergelenken und schmerzhafte
Schwellungen in den Hand- und Schultergelenken. Diagnostiziert wurde eine
chronische Polyarthritis, die u. a. durch die Blutsenkung und den Nachweis
des Rheumafaktors genügend abgesichert war. Als Basistherapie wurde D-
Penicillamin eingesetzt und später die Goldinjektionsbehandlung durchgeführt, allerdings mit nur geringem Erfolg. Der zweite Teil der Beschwerden,
die Depression, war nach Aussagen der Patientin noch nicht berücksichtigt
worden, obwohl sie bereits ein Vierteljahr vor Beginn der rheumatischen
Beschwerden eingesetzt hatte. Der Weichteilrheumatismus war in diesem
Sinne mehr als nur eine äußerst unangenehme körperliche Beschwerde. Er
zeigte sich vielmehr darüber hinaus in der Fähigkeit, Spannungen und Konflikte motorisch zu verarbeiten und unter den gegebenen Umständen die Persönlichkeitsökonomie zu erhalten. Ausbaufähig waren: die Unterscheidung
zwischen *Höflichkeit* (als Unterdrückung bestehender aggressiver Impulse)
und *Ehrlichkeit/Offenheit* (als adäquatem Ausdruck von Gefühlen). Die Frage
war: Welche Bereiche führten zu den bestehenden Spannungen (z. B.
Ordnung, Sauberkeit, Treue, Verstrickung mit dem Partner, Ablösung von
Kindern etc.)?

Die positive Interpretation, sie habe die Fähigkeit, Spannungen und
Konflikte über ihren Körper zu verarbeiten, erleichterte der Patientin einen
Standortwechsel bezüglich ihrer Mikrotraumen. Sie eröffnete ihr eine alternative Sichtweise und damit die Möglichkeit, ihre Beschwerden in einem größeren Zusammenhang zu sehen. Sie wurde befähigt, mit größerem Verständnis
auf ihre Beschwerden zu reagieren.

Stufe 2: Inventarisierung

Wir fragten hier besonders nach Lebensereignissen in den vergangenen 5 Jahren. Unter anderem ergab sich folgendes:

1) Einige Monate vor Beginn der depressiven Symptomatik war die Patientin in eine andere Stadt umgezogen. Dies bedingte eine weitgehende soziale Isolierung, welche sie aus eigenen Kräften nicht überwinden konnte.

2) Verstärkt wurde dies dadurch, daß der Ehemann der Patientin noch in dem damaligen Wohnort arbeitete und nur am Wochenende nach Hause kam.

3) Etwa zur gleichen Zeit verließ die Tochter das Elternhaus, um zu studieren. Da die Patientin eine sehr starke emotionale Beziehung zu ihrer Tochter hatte und einen wesentlichen Teil ihrer Rollenbestätigung aus ihrem überbeschützenden Verhalten ihr gegenüber bezog, führte der Auszug der Tochter zu einer erheblichen Belastung.

4) Ein chronifizierter Konflikt, unter dem die Patientin über Jahre hinweg litt, bezog sich auf die Höflichkeit. Während sie auf Benehmen großen Wert legte und Kraftausdrücke verabscheute, hatte sich ihr Ehemann den "Götz von Berlichingen" als Methode der Selbsthilfe zu eigen gemacht. Die Patientin berichtete: "Immer wenn er anfing zu fluchen, hat es sich in mir zusammengezogen. Es ist mir dabei eiskalt den Rücken heruntergelaufen." Weitere Konfliktbereiche stellten die psychosozialen Normen Ordnung und Sauberkeit dar, welche die Patientin subjektiv hoch bewertete. Die Erfüllung der Sauberkeits- und Ordnungsnormen versetzten sie in eine permanente emotionale Spannung. Unterstützt wurde dies durch die rigide Haltung des Ehemannes, der erst in dem Augenblick begann, auf seine Frau Rücksicht zu nehmen, als sie die rheumatische Symptomatik entwickelte. Für seine "Unhöflichkeiten" entschuldigte er sich damit: "Schimpfen ist der Stuhlgang der Seele." Im Laufe der Behandlung äußerte sich die Ehefrau, nachdem sie ihre Hemmungen gegenüber derartigen Reizworten überwunden hatte: "Jedes Mal, wenn mein Mann so etwas sagte, fühlte ich mich beschissen".

Stufe 3: Situative Ermutigung

Die Behandlung wurde als konfliktzentrierte Psychotherapie durchgeführt, wobei die progressive Entspannung nach Jacobson (1938) eingesetzt wurde. Die konfliktbesetzten psychosozialen Normen Ordnung und Sauberkeit wurden in Entspannung anhand von Geschichten und Spruchweisheiten durchgearbeitet. Außerdem wurden leichte Antidepressiva verordnet.

Stufe 4: Verbalisierung

Hier wurde der Ehemann in die Therapie einbezogen. Anhand der Geschichte "Der Traum und sein Sinn" versuchte er, seine Meinung in einer Form zu sagen, die seine Frau nicht verletzte, während sie ihr Verharren in ihrem Bravheitsideal (aggressionsgehemmtes Höflichkeitsverhalten) und in einer kindlichen Naivität zugunsten größerer *Offenheit* (vgl. II./Kap. 5) reduzierte.

Inhaltlich wurde die Aktualfähigkeit *Höflichkeit* und ihr Bezug zu *Offenheit/Ehrlichkeit* in Form von Rollenspielen in die Familientherapie miteinbezogen. Weiter wurde mit den Ehepartnern die Fähigkeit trainiert, die zwischenmenschlichen Beziehungen zu gestalten.

Die Aktualfähigkeit "Höflichkeit"

Definition und Entwicklung: Die Fähigkeit, die zwischenmenschlichen Beziehungen zu gestalten. Ihre Erscheinungsformen sind Benehmen, in dem gesellschaftliche Verhaltensregeln anerkannt werden, Rücksicht, Achtung vor dem Partner und sich selber sowie Bescheidenheit. Höflichkeit als Hintanstellung der eigenen Interessen und Bedürfnisse ist eine sozial begründete Aggressionshemmung. Für den Erwerb von Höflichkeit spielen das Lernen am Modell (zumeist am Modell der Eltern) und das Lernen am Erfolg (der eigenen Verhaltensweisen) eine Rolle. Die Reaktion der Eltern auf scheinbar unhöfliches Verhalten der Kinder wiegt schwer. Die Art der zu erlernenden Höflichkeit wird zu einem wesentlichen Teil von der Kultur und den Normen der sozialen Schicht bestimmt.

Wie fragt man danach: Wer von Ihnen legt mehr Wert auf Höflichkeit (Rücksicht, gutes Benehmen)? Was empfinden Sie, wenn Ihr Partner nicht die erwartete Höflichkeit (Rücksichtnahme) zeigt (Situation)? Sind Sie mehr höflich oder ehrlich? Achten Sie sehr darauf, was die anderen über sie sagen? Schlucken Sie lieber den Ärger in sich hinein, als gute Beziehungen aufs Spiel zu setzen? Wer von Ihren Eltern legte mehr Wert auf gutes Benehmen?

Synonyme und Störungen: sich anständig benehmen; wissen, was sich schickt; auf Manieren und Umgangsformen achten; die gute Kinderstube. – Heuchelei; ritualisierte Höflichkeit; Unfähigkeit, nein zu sagen; Egoismus; soziale Unsicherheit; Angst; mangelndes Durchsetzungsvermögen.

Verhaltensregulative: Höflichkeit formt nicht selten die Möglichkeit des Kontakts. Statt "Los, gib her!" besser "Würdest du bitte ...?" Was würden Sie sagen, wenn Ihr Partner Sie in gleicher Weise behandeln würde, wie Sie es mit ihm tun? In bezug auf welche Bereiche (Sparsamkeit, Treue, Sexualität, Ordnung) und wem gegenüber sind Sie besonders höflich? Es lohnt sich, sich auf seine Höflichkeitslücken hin zu kontrollieren.

Stufe 5: Zielerweiterung

Auslöser der Beschwerden waren die zuvor genannten "life-events" gewesen. Entsprechend lernte die Patientin v. a., Kontakte zu anderen Menschen anzuknüpfen. Das Wochenende ermöglichte beiden Partnern gemeinsame Unternehmungen. Durch die beiden Trennungserlebnisse (Umzug und Wegzug der Tochter) war das Erlebnis des 15 Jahre zurückliegenden Todes ihrer Mutter aktualisiert worden. Während der Therapie berichtete die Patientin unter anderem:

Da man den Tod ja immer nur als Hinterbliebener erlebt, bedeutet er für mich größtenteils Verlust eines Mitmenschen. In meinem Elternhaus wurde nach einem Tod möglichst sofort das alltägliche, normale Leben wiederhergestellt. Gedanken dazu wurden mir gegenüber nie geäußert. Tod ist bei mir gleichbedeutend mit aus und vorbei. In den letzten Jahren habe ich mir darüber keine Gedanken gemacht. Eigentlich kann ich mir nach dem Tod nichts mehr vorstellen. Ich habe 2 Urnenbegräbnisse miterlebt. Es fällt schwer, sich vor einem Häufchen Asche vorzustellen, daß da noch etwas ist. In dem Zusammenhang fällt oft der Begriff Seele, aber was ist das? Sind das die Gedanken, die man hat? Mit dem Tod stirbt auch das menschliche Gehirn, was bleibt dann noch? Ich frage mich eben, ob es darüber hinaus noch etwas geben kann. Die Wissenschaften geben darauf keine Antwort. Zwar schwören die Religionen auf verschiedene Arten auf das Weiterexistieren, sei es im Himmel oder in der Hölle, als Reinkarnation oder sonst etwas, aber ich glaube, vom Fortschrittszeitalter geprägt zu sein: es gibt dafür keine Beweise und somit existiert es nicht oder ist einfach für mich nicht vorstellbar. Marx sagte: Religion ist Opium für das Volk. Für mich ist das hier und jetzt wichtig. Hoffnungen beziehen sich auf mein Leben [hier und jetzt], eigentlich nie auf das danach. Es wäre sehr schön, wenn ich daran glauben könnte. Dann wäre der Tod nicht das "Aus" für alles, und man könnte über das Leben hinaus noch Hoffnungen haben. Auch wäre der Tod eines geliebten Menschen leichter zu nehmen, wenn ich wüßte, für denjenigen ist nicht alles vorbei, sondern er hat es nach dem Tod gut. Ich kann mich kaum den kindlich anmutenden Vorstellungen vom Himmel mit Gott als Opa mit langem Bart hingeben. Wünschenswert fände ich, wenn wir das, was wir im Leben gemacht haben, irgendwie fortsetzen könnten und einen absoluten Glückszustand erreichen würden. Darunter stelle ich mir den vollkommenen Einklang mit sich selbst und seiner Umgebung vor. Schön wäre es, wenn ich in irgendeiner Form mit den geliebten Menschen weiterexistieren könnte und alles von weltlichen Problemen losgelöst wäre. Damit wären viele Dinge, die im Leben eine so große Rolle spielen, ohne die es gar nicht geht, weil es eben so ist, einfach nicht mehr relevant, und andere Sachen/Eigenschaften sind das einzig Wahre und Tatsächliche.

Für die Patientin bekam ihr Gefühl der Niedergeschlagenheit und Hoffnungslosigkeit im Laufe der Therapie eine neue Dimension. Ihre Zukunftsperspektive erweiterte sich dadurch, daß sie ihre naiv-religiösen Vorstellungen differenzieren konnte. Dabei wurden folgende Mißverständnisse mit ihr aufgearbeitet: sie konnte unterscheiden zwischen Glaube, Religion und Kirche und zwischen bestimmtem und bedingtem Schicksal. Sie lernte auch, ihr einseitiges Verständnis von Wissenschaft durch die Aussagen bekannter Nobelpreisträgern wie Albert Einstein, Max Planck, Wernher von Braun und Heisenberg zu erweitern (vgl. Peseschkian 1983, S. 74 f.).

Es konnte schon nach relativ kurzer Zeit eine deutliche Besserung der Beschwerden erzielt werden. Diese Besserung bezog sich sowohl auf die reaktive depressive Symptomatik als auch auf den der rheumatischen Erkrankung zugeschriebenen Leidensdruck. Die Behandlung wurde nach 14 Sitzungen erfolgreich abgeschlossen.

Anhang: Fragebogen zu *rheumatoider Arthritis und Weichteilrheumatismus*

Siehe II./Kap. 6, S. 190.

27 Schilddrüsenerkrankungen

*Die Fähigkeit, alle Lebensvorgänge zu steigern und so beschleunigt zu wachsen
und vorzeitig zu reifen (Hyperthyreose);
die Fähigkeit, Lebensvorgänge zu verlangsamen und dadurch Belastungen
aus dem Wege zu gehen (Hypothyreose)*

Definition

Man unterscheidet zwischen Athyreose (angebliches Fehlen der Schilddrüse),
Hyperthyreose (Überfunktion) und Hypothyreose (Unterfunktion). Die
Hyperthyreose besteht in einer gesteigerten Produktion und Sekretion der
Schilddrüsenhormone und führt zu krankhaften Auswirkungen auf den
gesamten Organismus. Mit Hypothyreose ist eine unzureichende Versorgung
der Körperzellen mit Schilddrüsenhormonen gemeint.

Symptomatik

Typisch für die *Hyper*thyreose ist, daß alle Lebensvorgänge gesteigert sind.
Wachstum und Verbrennung gehen rascher vor sich, das Körpergewicht sinkt
trotz vermehrten Essens, Durchfälle sind häufig, der Kranke schwitzt, sein
Herz klopft, er zittert, er ist nervös, gereizt, schreckhaft, er neigt zum Weinen
und schläft schlecht. Meist sind die Kranken bereits äußerlich an ihren her-
vorgetretenen, weit geöffneten und feucht glänzenden Augen zu erkennen,
ebenso an dem weichen Kropf (Struma) und der motorischen Unruhe. Die
Hyperthyreose kann jedoch auch ohne die krankhafte Augenveränderung und
ohne Struma auftreten. Leitsymptome der *Hypo*thyreose sind Verlangsamung
und Veränderungen von Stimmungen und Affekten.

Transkultureller Ansatz und Epidemiologie

Die Hyperthyreose ist eine der häufigsten endokrinen Erkrankungen. Bei
Frauen tritt sie 4- bis 7mal so häufig auf wie bei Männern; bei Kindern ist sie
sehr selten.

Die Schilddrüsenüberfunktion tritt bevorzugt im Alter von 30−40 Jahren
auf. In Küstengebieten ist sie häufiger anzutreffen als im Binnenland, was auf
den hohen Jodgehalt im Wasser zurückgeführt wird.

Literaturvergleich

Die klassische psychosomatische Auffassung, von Alexander (1971) vertreten, sieht die Bedrohung der Sicherheit in frühester Kindheit als psychodynamischen Kern bei Schilddrüsenerkrankungen an, wobei die Sicherheit sowohl durch den Tod als auch durch elterliche Ablehnung und/oder gestörte Familienverhältnisse bedroht sein kann. Die versagten Abhängigkeitswünsche veranlassen den Kranken, sich mit dem Objekt der Abhängigkeitsstrebungen zu identifizieren. Diese frühe Identifizierung führt jedoch zu einer physiologischen und psychologischen Überforderung und endet in einem ständigen Kampf, Unsicherheit und Angst durch ein unechtes Selbstbewußtsein zu meistern. Aufgrund neuerer pathophysiologischer Erkenntnisse warnen Bräutigam u. Christian (1973) vor der zu starken Gewichtung eines ursächlich wirkenden psychosomatischen Faktors und halten einen 2seitigen Ansatz für angebrachter: Durch das Zusammentreffen von Anlagefaktoren mit Umwelteinflüssen in der frühen Kindheit kann eine Disposition zur Hyperthyreose erworben werden.

Sprachbilder und Volksweisheiten

Einen dicken Hals haben; den Hals nicht voll bekommen; die Sache hängt mir zum Halse heraus; das Wasser steht mir bis zum Hals; etwas auf dem Halse haben; sich jemandem an den Hals werfen; Hals über Kopf; lieber geheilt als geschmückt – der Kropf.

Geschichte: "Der Wanderer"

In der persischen Mysthik wird von einem Wanderer erzählt, der mühselig auf einer scheinbar endlos langen Straße entlangzog. Er war über und über mit Lasten behangen. Ächzend und stöhnend bewegte er sich Schritt für Schritt vorwärts, beklagte sein hartes Schicksal und die Müdigkeit, die ihn quälte. Auf seinem Weg begegnete ihm in der glühenden Mittagshitze ein Bauer. Der fragte ihn: "Oh, müder Wanderer, warum belastest du dich mit diesen Felsbrocken?" – "Zu dumm", antwortete der Wanderer, "aber ich hatte sie bisher noch nicht bemerkt." Darauf warf er die Brocken weit weg und fühlte sich viel leichter. Wiederum kam ihm nach einer langen Wegstrecke ein Bauer entgegen, der sich erkundigte: "Sag', müder Wanderer, warum plagst du dich mit einem halbfaulen Kürbis auf dem Kopf und schleppst an den Ketten so schwere Eisengewichte hinter dir her?" Es antwortete der Wanderer: "Ich bin sehr froh, daß du mich darauf aufmerksam machst; ich habe nicht gewußt, was ich mir damit antue." Er schüttelte die Ketten ab und zerschmetterte den Kürbis im Straßengraben. Wieder fühlte er sich leichter. Doch je weiter er ging, um so mehr begann er wieder zu leiden. Ein Bauer, der vom Feld kam, betrachtete den Wanderer erstaunt: "Oh, guter Mann, du trägst Sand in deinem Rucksack, doch was du in weiter Ferne siehst, ist mehr Sand, als du jemals tragen könntest. Und wie groß ist dein Wasserschlauch – als wolltest du die Wüste Kawir durchwandern. Dabei fließt neben dir ein klarer Fluß, der deinen Weg noch weit begleiten wird!" — "Dank dir, Bauer, jetzt merke ich, was ich mit mir herumgeschleppt habe." Mit diesen Worten riß der Wanderer den Wasserschlauch auf, dessen brackiges Wasser auf dem Weg versickerte, und füllte mit dem Sand aus dem Rucksack ein Schlagloch. Er blickte an sich herab, sah den schweren Mühlstein an seinem Hals und merkte plötzlich, daß der Stein es war, der ihn noch so gebückt gehen ließ. Er band ihn los und warf ihn, so weit er konnte, in den Fluß hinab. Frei von seinen Lasten wanderte er durch die Abendkühle, eine Herberge zu finden" (aus Peseschkian 1974, S. 244).

Selbsthilfeanteil: Entwicklung von Schilddrüsenerkrankungen aus der Sicht der positiven Psychotherapie

Daß die Schilddrüse eine wichtige Funktion bei der Steuerung und Bewältigung psychophysischer Extremsituationen spielt, zeigt sich u. a. auch in der Tatsache, daß während der Schwangerschaft und bei lang anhaltendem Streß die Schilddrüse vergrößert ist und verstärkt arbeitet.

Bestimmte, bei Hyperthyreosepatienten immer wieder anzutreffende familiäre Erfahrungen spielten eine große Rolle für die Entwicklung der Persönlichkeit und die Entstehung der aktuellen Konfliktsituation.

Da die ständige Lebensangst nicht durch Anlehnung an Bezugspersonen gemindert werden konnte, wurde sie mit großer Regelmäßigkeit dadurch bekämpft, daß der spätere Hyperthyreotiker vorzeitig die Kompetenz der Eltern und damit Unabhängigkeit von ihnen anstrebte und im Übermaß Verantwortungsbewußtsein und Leistungsbereitschaft entwickelte. Der Hyperthyreotiker neigt dazu, sich extrem für andere einzusetzen, sich aufzuopfern. Dabei entstehende feindselige Regungen gegenüber diesen "Glücklichen" werden verdrängt und mit verstärktem Einsatz überkompensiert. So ist der Bereich Leistung beim Schilddrüsenkranken besonders stark besetzt. Die beiden anderen Bereiche — Körper und Kontakt — werden ganz vom Leistungsstreben bestimmt.

Die "Spielregeln", die das Kind vom Elternhaus für das Leben mitbekam, lassen sich etwa folgendermaßen zusammenfassen: "Sieh zu, wie du allein fertig wirst. Wir können uns nicht um dich kümmern. Wir haben andere Sorgen." Die Redensart "einen dicken Hals haben" verweist auf einen Zusammenhang zwischen verdrängter Wut und Enttäuschung und der spezifischen psychosomatischen Reaktion. Dementsprechend sind Aktualfähigkeiten wie *Fleiß/ Leistung* (vgl. II./Kap. 9), *Gehorsam* (vgl. II./Kap. 21), *Sparsamkeit* (vgl. II./ Kap. 25) und *Zuverlässigkeit* (vgl. II./Kap. 23) besonders ausgebildet.

Therapeutischer Anteil: das fünfstufige Vorgehen der positiven Psychotherapie bei Schilddrüsenerkrankungen

Fallbeispiel: "Der Körper als Hilferuf"

Eine 30jährige Patientin – sie kam 30 min. zu früh, wirkte bescheiden, ja gefügig – äußerte im Erstinterview nach der Schilderung ihrer Symptome und mehrerer sie belastender Ereignisse aus den letzten Jahren gleichsam die Quintessenz:

Nur durch mein Leiden, meine körperliche Schwäche und dadurch, daß es mir schlecht geht, kann ich den anderen signalisieren, daß ich Hilfe brauche. Ich kann es nicht sagen; ich muß es zeigen.

Der Patientin, die unter einem Struma (Kropf als Folge einer Hyperthyreose) litt, diente ihr Körper als Kontaktadresse. Die appellative Funktion des Symptoms erwies sich für sie, die als soziales Wesen grundlegend auf andere Menschen angewiesen ist, als fundamental. Erst das Signal machte Hilfe in Form therapeutischer Intervention und damit letztlich die Bewältigung des Leidens möglich. Die Schattenseite dieses Hilferufs war, daß die Patientin undifferenziert Wärme und Zuneigung suchte, statt zu fragen, wem gegenüber, wann, wo und in welcher Form sie dies tun konnte. Sie wurde auf dem Weg über die positive Deutung, ihr Körper habe die Fähigkeit entwickelt, auf belastende Ereignisse und seelische Verletzungen mit der Steigerung aller Lebensvorgänge zu reagieren, auf die Konfliktinhalte hingewiesen. Nun gehe es darum, ähnlich wie in der Geschichte "Der Wanderer" zu entdecken, welche Lasten sie abwerfen könne und wolle. Die Problematik der Separation/Individuation wurde in 18 Sitzungen inhaltlich an den Aktualfähigkeiten *Höflichkeit/Ehrlichkeit* (vgl. II./Kap. 5 und II./Kap. 26) und *Kontakt* (vgl. II./Kap. 8) in 5 Stufen durchgearbeitet. In Verbindung mit medikamentöser Behandlung kam es zu einer Heilung.

Anhang: Fragebogen zu *Schilddrüsenerkrankungen*

Vgl. den allgemeinen Fragebogen, S. 59.

Eine Information über **FLUCTIN**®

FLUCTIN® –
ein überzeugend wirksames und gut verträgliches Antidepressivum

Fluctin® ist:

- depressionslösend und stimmungsaufhellend und verursacht normalerweise keine Tagesmüdigkeit

- nahezu frei von anticholinergen Nebenwirkungen, führt im allgemeinen zu keiner Gewichtszunahme

- praktisch ohne Herz-Kreislauf-Belastung

- anwendbar auch bei Patienten mit Engwinkelglaukom und/oder Prostatahypertrophie

WIRKMECHANISMUS VON FLUCTIN®

Fluoxetin, der Wirkstoff von Fluctin®, weist keine chemische Verwandtschaft auf zu trizyklischen, tetrazyklischen oder anderen verfügbaren Antidepressiva. Seine chemische Struktur und seine spezifische Wirkung auf die Wiederaufnahme von Serotonin begründet sein spezifisches Wirk- und Verträglichkeitsprofil.

ANWENDUNG UND DOSIERUNG VON FLUCTIN®

Fluctin® ist zur Behandlung depressiver Erkrankungen unterschiedlicher Genese geeignet.

Die empfohlene Tagesdosis von Fluctin® -20 mg als Einmalgabe*-sorgt für ein günstiges Verhältnis von antidepressiver Wirksamkeit zur Inzidenz unerwünschter Begleiterscheinungen.

* Bei Patienten mit Untergewicht, Einschränkung der Leber- oder Nierenfunktion (GFR zwischen 10 und 50 ml/min) ist die Dosis zu reduzieren bzw. ist Fluctin® jeden zweiten Tag als Einzelgabe zu verordnen.

ERFAHRUNGEN BEI DER THERAPEUTISCHEN ANWENDUNG VON FLUCTIN®

Die Wirksamkeit und Verträglichkeit von Fluctin® wurde in zahlreichen klinischen Studien unter Einbeziehung von mehr als 7 000 Patienten geprüft. Die erreichten Behandlungsergebnisse erbrachten überzeugende Belege dafür, daß Fluoxetin depressive Symptome wie Energielosigkeit, depressive Verstimmung, Desinteresse an normalen Aktivitäten, Schlafstörungen und Angst zu bessern vermag.

Der antidepressive Effekt von Fluoxetin erwies sich als vergleichbar mit dem von Imipramin (STARK u. HARDISON, 1985) und Amitriptylin (LAAKMANN et al., 1988). Bei der Behandlung von Depressionen und der Begleitsymptome von Depression wie z.B. Angst zeigte sich Fluoxetin als ebenso wirksam wie Doxepin (LADER, 1988). Auch beim therapeutischen Vergleich mit Clomipramin (MANNA et al., 1989; ROPERT et al.; 1989) und Maprotilin (POELDINGER u. HABER, 1989) wurde die depressionslösende und stimmungsaufhellende Wirksamkeit von Fluoxetin unter Beweis gestellt.

Die Inzidenz häufiger anticholinerger Nebenwirkungen wie Mundtrockenheit, Schwitzen, Schwindel, Obstipation und Akkomodationsstörungen ist unter Fluoxetin deutlich seltener als bei Gabe trizyklischer Antidepressiva.

Während einer sechswöchigen Doppelblindstudie – Fluoxetin versus Imipramin – beobachteten STARK u. HARDISON, 1985, bei den mit Fluoxetin behandelten Patienten signifikant seltener derartige unerwünschten Begleitreaktionen als in der mit Imipramin behandelten Gruppe (vgl. Abb. 1).

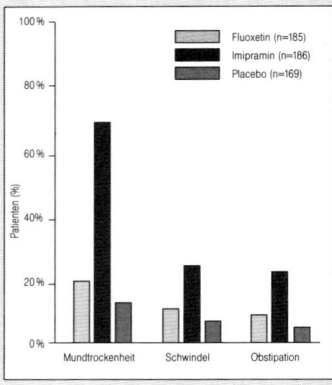

Abb. 1: Inzidenz anticholinerger Nebenwirkungen bei einem Therapievergleich Fluoxetin versus Imipramin. Nach STARK u. HARDISON, 1985.

Noch besser zugunsten von Fluoxetin fiel der von FEIGHNER, 1985, vorgenommene Vergleich mit Amitriptylin aus (vgl. Abb. 2).

Insgesamt ist festzustellen, daß bei Anwendung der empfohlenen Tagesdosis von 20 mg das Auftreten anticholinerger Effekte wie Mundtrockenheit und Schwindel nicht signifikant häufiger erfolgt als bei Gabe von Plazebo (WERNICKE, 1987; COOPER, 1988).

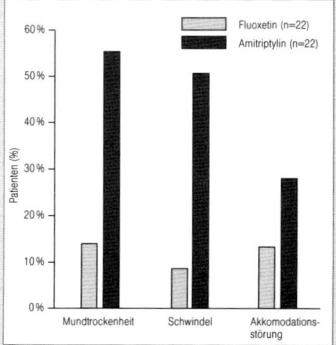

Abb. 2.: Anitcholinerge Nebenwirkungen bei dem Therapievergleich Fluoxetin versus Amitriptylin. Nach FEIGNER, 1985.

Substanzeigene Nebenwirkungen wie Übelkeit, Schlafstörungen und Nervosität sind meist mild und klingen im allgemeinen in den ersten Therapiewochen wieder ab. Selten führen solche Nebenwirkungen zum Absetzen der Medikation.

Bei Auftreten von Hautausschlag oder grippeähnlichen Beschwerden (Fieber, Hals- und Gliederschmerzen) sollte Fluoxetin sofort abgesetzt werden.

Zusammenfassend kann man sagen, daß Fluctin® sich im Nebenwirkungsprofil von den herkömmlichen Antidepressiva unterscheidet. In der Tat sind Nausea, Nervosität und Schlafstörungen häufiger anzutreffen, demgegenüber treten weit weniger anticholinerge Nebenwirkungen auf. Außerdem macht Fluctin® in der Regel nicht müde, erhält die Leistungsfähigkeit und führt im allgemeinen zu keiner Gewichtszunahme. Gerade dieses unterschiedliche Verträglichkeitsprofil, neben der guten Wirksamkeit, macht Fluctin® so wichtig als bedeutsame Alternative für herkömmliche Therapien.

ZUR PHARMAKOKINETIK VON FLUOXETIN®

Die Eliminationshalbwertszeit bei multiplen Dosen beträgt für Fluoxetin 4 Tage, für den ebenfalls serotoninspezifisch aktiven Metaboliten Norfluoxetin 7 Tage. Diese relativ langen Eliminationshalbwertszeiten ermöglichen die Verabreichung der Tagesdosis von Fluctin® als Einmalgabe.

Fluctin® zeigt eine hohe Sicherheitsspanne bei Überdosierung. Die klinischen Erfahrungen mit Fluctin® bestätigen auch, daß Fluctin® keine Kardiotoxizität aufweist (Cooper, 1988).

Bei den klinischen Studien ergaben sich keine Hinweise auf bedeutsame

Interaktionen zwischen Fluoxetin und gleichzeitig aufgenommenen anderen Therapeutika wie:

Antacida Antibiotika Antihistaminika H$_2$-Blocker oralen Kontrazeptiva
Analgetika Betablockern Laxantien
Chloralhydrat Schilddrüsenhormonen

Interaktionen können zwischen Fluoxetin und anderen ZNS-wirksamen Substanzen (Antidepressiva, Lithium, Tryptophan) oder bei Medikamenten mit hoher Eiweißbindung auftreten.

Fluoxetin darf nicht zusammen mit MAO-Hemmern eingesetzt werden.

Zwischen dem Absetzen eines MAO-Hemmers und der Einleitung der Fluoxetin-Behandlung sollte mindestens ein Zeitraum von 14 Tagen liegen. Aufgrund der langen Plasmahalbwertszeit von Fluoxetin und seines aktiven Metaboliten sollten zwischen dem Ende einer Behandlung mit Fluoxetin und dem Beginn einer Behandlung mit einem MAO-Hemmer mindestens 5 Wochen liegen.

Eine Toleranzentwicklung wurde bei Fluctin®-Anwendung bisher nicht beobachtet, ebensowenig sind Entzugserscheinungen nach Therapieabbruch bekannt geworden. Dieses pharmakokinetische Profil im Verein mit der sehr guten Verträglichkeit ermöglichen eine zuverlässige Therapie mit Fluctin® bei depressiven Patienten.

LITERATUR:

Cooper, G.L.: Br. J. Psychiatry 153 (Suppl. 3). 77-86 (1988)

Feighner, J.P.: J. Clin. Psychiatry 46. 369-372 (1985)

Laakmann, G., Blaschke, D., Engel. R., Schwarz, A.: Br. J. Psychiatry 153 (Suppl. 3) 64-68 (1988)

Lader, M. H.: Br. J. Psychiatry 153 (Suppl. 3). 51-58 (1988)

Manna, V., Martucci, N., Agnoli, A.: Int. Clin. Psychopharmacology 4 (Suppl. 1) 81-88 (1989)

Poeldinger, W., Haber, H.: Int. Clin. Psychopharmacology 4 (Suppl. 1) 47-50 (1989)

Richelson, E.: McLean Hospital Jounal 13, 67-88 (1988)

Ropert, R., Bouchard, J. M., Caroli, F., Cottin, M., Danic, C., Barbier, J. E., Talgorn, L, Leroy, J. P., Rigal, J., Binoux, F., Delpech, J., Delcourt, T.: Int. Clin. Psychopharmacology 4 (Suppl. 1), 89-96 (1989)

Stark, P., Hardison, C.: J. Clin. Psychiatry 46 (3, Sec. 2) 53-58 (1985)

Wernicke, J. F., Dunlop, S. R., Dornseif, B. E., Zerbe, R. L.: Psychopharmcol. Bull. 23. 164-168 (1987)

DEPRESSION
ERKENNEN UND BEHANDELN

DEPRESSION ERKENNEN UND BEHANDELN

Depressive Erkrankungen sind nicht leicht zu diagnostizieren. Unsere neue Broschüre „Depression erkennen und behandeln" soll Ihnen hierbei eine Hilfe sein. Sie können sie anfordern bei Lilly Deutschland GmbH, Postfach 14 41, 6380 Bad Homburg.

FLUCTIN® –
ein überzeugend wirksames und gut verträgliches Antidepressivum

BASISINFORMATION

Zusammensetzung: 1 Kps. enthält 22,4 mg Fluoxetinhydrochlorid, entspr. 20 mg Fluoxetin. **Anwendungsgebiete:** Depressive Erkrankungen unterschiedlicher Ursache. **Wirkungsweise:** Hemmung der Serotoninwiederaufnahme an den synaptischen Nervenenden. **Gegenanzeigen:** Überempfindlichkeit gegen Fluoxetin. Gleichzeitige Einnahme von MAO-Hemmern. Nach MAO-Hemmer-Behandlung 2wöchige Auswaschphase einhalten (siehe Wechselwirkungen). Gleichzeitige Einnahme von tryptophanhaltigen Arzneimitteln. Schwere Nierenfunktionsstörung (GFR < 10 ml/min). Kinder und Jugendliche unter 18 Jahren. Schwangerschaft und Stillzeit: Einnahme während der Schwangerschaft nur nach sorgfältiger Abwägung. Nicht in der Stillzeit. **Vorsichtsmaßnahmen bei Risikopatienten:** Bei Leberfunktionsstörung oder leichter und mittelgradiger Nierenfunktionseinschränkung Dosisanpassung (siehe Dosierungsanleitung). FLUCTIN® wirkt nicht allgemein dämpfend. Bis zum Einsetzen der depressionslösenden Wirkung Patienten ausreichend beobachten. Bei Selbstmordgefährdung können nen Dauerbeobachtung u./o. dämpfende Zusatztherapie erforderlich sein. Vorsicht bei Erregungszuständen oder ausgeprägten Schlafstörungen. Besonderer Hinweis: Patienten mit Epilepsie, anderen Formen von Krampfanfällen (z. B. organische Hirnschädigung) medikamentös ausreichend einstellen und sorgfältig überwachen. Bei Krampfanfällen FLUCTIN® absetzen! Vorsicht bei Patienten, die in den letzten acht Wochen mit Elektroschock behandelt wurden (s. Nebenwirkungen). Vorsicht bei Patienten unter Lithium-Behandlung, bei Diabetikern, bei Patienten mit eingeschränkter Herz- und Atmungsfunktion, akuten Vergiftungen mit sedierenden Substanzen (s. Wechselwirkungen). **Nebenwirkungen:** Magen-Darm-Beschwerden wie Übelkeit, Mundtrockenheit, Appetitlosigkeit, Durchfall, Verstopfung, Erbrechen, Bauchschmerzen, Blähungen, Geschmacksveränderungen. Zentralnervöse Beschwerden, wie Kopfschmerzen, Schlaflosigkeit, Nervosität, Müdigkeit, Angstgefühle, Zittern, Benommenheit,

Schwindelgefühl, Impotenz und Libidoverminderung, Parästhesien, Denkstörungen, Alpträume, Verwirrtheit, Unruhe, Schwächegefühl, Schwitzen, Sehstörungen, Juckreiz, Herzklopfen, Brustschmerzen u. Brustschwellung, Hitzewellen, Gliederschmerzen, Gewichtsabnahme. Nach Absetzen hormonelle Störungen. Bei bipolarer Depression hypomanischer bzw. manischer Umschlag. Gelegentlich Hautausschläge, gelegentlich von Leukozytose, Fieber, Gelenk- u. Muskelschmerzen. Atemnot oder Schwellungen begleitete. Genannte Allgemeinerscheinungen auch ohne gleichzeitige Hautreaktionen möglich. Bronchospasmus, Schwellungen von Haut oder Schleimhäuten u. Nesselsucht. Vereinzelt Hautausschlag mit schweren Allgemeinreaktionen unter Beteiligung von Lunge, Niere oder Leber, möglicherweise in Zusammenhang mit Vaskulitis. Selten entzündliche oder bindegewebige Veränderungen der Lunge. Seltene, reversible Leukopenie u. Anstieg von Leberenzymwerten. Besonderer Hinweis: Bei Hautausschlag oder grippeähnlichen Beschwerden (Fieber, Halsschmerzen, Gliederschmerzen) FLUCTIN® absetzen, Laboruntersuchungen durchführen. Wenn bei Hautausschlag die Behandlung nicht abgebrochen wird, können lebensbedrohliche Konsequenzen auftreten! Selten Hyponatriämie, meist bei älteren Patienten, bei gleichzeitiger Einnahme von Diuretika oder Volumenmangel. Vereinzelt Krampfanfälle und verlängerte Krampfdauer bei Patienten mit gleichzeitiger Elektroschock-Therapie. Thrombozytopenie, Störungen der Thrombozytenfunktion. Bei einigen Patienten Blutungen. Vereinzelt Dyskinesie, malignes neuroleptisches Syndrom, Schlaganfall, Pankreatitis, Suizidgedanken, aggressive Verhaltensweisen, wobei unklar ist, ob FLUCTIN® dabei die Ursache war. Selten, insbesondere bei gleichzeitiger Einnahme von Tryptophan, erhöhte Plasma-Prolaktin-Spiegel. Auch bei bestimmungsgemäßem Gebrauch Veränderung des Reaktionsvermögens mit Beeinträchtigung der Fähigkeit zur aktiven Teilnahme am Straßenverkehr oder zum Bedienen von Maschinen, insbesondere im Zusammenwirken mit Alkohol. **Wechselwirkungen:** Besonderer

Hinweis: Keine gleichzeitige Einnahme mit MAO-Hemmern. Nach MAO-Hemmer-Behandlung 2wöchige Auswaschphase, bei Umstellung von FLUCTIN® auf MAO-Hemmer 5wöchige Auswaschphase (s. Gegenanzeigen). Obwohl ein Kausalzusammenhang nicht nachgewiesen, sind lebensbedrohliche Reaktionen möglich, wenn MAO-Hemmer kurz nach Absetzen von FLUCTIN® eingenommen werden! Bei gleichzeitiger Einnahme von Tryptophan Erregung, Unruhe, Magen-Darm-Beschwerden möglich. Bei gleichzeitiger Einnahme anderer Antidepressiva kam es zur Erhöhung vorher stabiler Plasmakonzentrationen dieser Antidepressiva. Daher Dosisverminderung der Antidepressiva notwendig. Da Ausscheidung von Diazepam durch Fluoxetin verzögert wird, verstärkte Wirkung möglich. Bei Einnahme anderer Arzneimittel mit hoher Eiweißbindung (z. B. Digitoxin o. Warfarin) Wechselwirkungen nicht auszuschließen. Vorsicht bei gleichzeitiger Einnahme anderer ZNS-aktiver Arzneimittel. Aufgrund der langen Halbwertszeit von Fluoxetin und Norfluoxetin auch nach Ende der Behandlung Wechselwirkungen möglich. Alkohol meiden. Arzt über andere Medikamenteneinnahme u. Arzneimittelempfindlichkeit informieren. Bei Diabetes Erniedrigung der Blutzuckerwerte, nach Absetzen von FLUCTIN® Erhöhung der Blutzuckerwerte möglich. Wegen der Dosierung von Antidiabetika evtl. erforderlich. Bei gleichzeitiger Behandlung mit Lithium Lithiumspiegel überwachen. **Dosierungsanleitung:** Tagesdosis 1 Kapsel FLUCTIN® (= 20 mg Fluoxetin). Dosiserhöhung im allgemeinen nicht erforderlich. Bei älteren Patienten, Patienten mit geringem Körpergewicht sowie Patienten mit eingeschränkter Leber- oder Nierenfunktion kann die Dosis jeden zweiten Tag als Einzelgabe eingenommen werden. **Packungsgrößen/Preise:** 20 Kps. (N1)/DM 86,21, 50 Kps. (N2)/DM 199,18, Anstaltspackung 150 Kps. Weitere Einzelheiten enthalten die Gebrauchsinformation und die Fachinformation, deren aufmerksame Durchsicht wir empfehlen. Lilly Deutschland GmbH, 6300 Gießen, Hoechst AG, Frankfurt am Main.

Stand 10/91

Hoechst ⬢

28 Schizophrenie und endogene Depression

Die Fähigkeit, verbindliche Normen in Frage zu stellen und am Rande
der Wirklichkeit zu leben

Definition

Als endogene Psychosen werden folgende Krankheiten bezeichnet:
1) manisch-depressive Psychosen, die man auch Gemütskrankheiten nennt;
2) Schizophrenien, die Geisteskrankheiten im engeren Sinn.

Während die manisch-depressive Psychose ein relativ homogenes Krankheitsbild darstellt, mit manisch-depressiver oder alternierend manisch-depressiver
Symptomatik, lassen sich folgende Unterformen der Schizophrenie unterscheiden:
1) Katatonie (motorische Erregung oder katatone Steifheit);
2) Hebephrenie (unberechenbares läppisches Verhalten herrscht vor);
3) paranoide Schizophrenie (mit Halluzinationen und Wahnideen);
4) Schizophrenia simplex (schleichender Verlauf; Knick in der Lebenslinie).
Was heißt endogen? Der Begriff der Endogenität enthält keine klare Aussage
über Symptom oder Ätiologie. Interpretationen sind dementsprechend unterschiedlich. Die einen meinen, endogen bedeute idiopathisch, also eine aus
sich heraus entstandene Krankheit. Andere setzen endogen mit erblich gleich.
Eine weitere Meinung ist: Diesen Krankheiten muß eine bisher noch uner-
kannte somatische Ursache zugrundeliegen. Und schließlich wird endogen
auch wie kryptogen verstanden, also im Sinne einer unbekannten Ätiologie.
Das Wort endogen ist somit lediglich ein Hilfsmittel.
  Die Vertreter der Schizophrenieforschung wie Bleuler (1972), Janzarik
(1959) und Süllwold (1975, unveröffentlichtes Manuskript) haben sich auf folgende Formel geeinigt: 3 Kategorien sind für die Entstehung und Symptomatik der Psychosen zu berücksichtigen: 1) Anlagefaktoren; 2) somatische
Faktoren; 3) psychoreaktive Faktoren. Der Streit geht wohl z. Z. eher darum,
welche Gewichtung die einzelnen Faktoren erfahren sollen. Diese Frage
besitzt nicht nur wissenschaftliche Relevanz. Von ihrer Beantwortung hängt
ab, wie ein Patient behandelt wird. Dabei stehen 3 extreme Behandlungsformen zur Auswahl:

1) die Verwahrung des Kranken;
2) medikamentöse Behandlung;
3) Psycho- und Sozialtherapie.

Symptomatik

Manisch-depressive Psychosen: Die manisch-depressiven Psychosen, auch zirkuläre oder affektive Psychosen, stellen ein relativ einheitliches Krankheitsbild dar: Bei der Depression herrscht eine schwermütig gedrückte Grundstimmung, allgemeine Hemmung und Antriebsverarmung, Denkhemmung. Dabei sind weiche Nebensymptome feststellbar: Tagesschwankungen, Gewichtsabnahme mit Appetitlosigkeit, Obstipation, Schlaflosigkeit, Amenorrhö, Nachlaß der Libido, Versündigungsideen und Depersonalisation kommen vor. Hochgradige Suizidgefahr besteht v. a. bei Besserung der Depression, wenn die Hemmungen nachlassen.

Bei der Manie besteht eine gehobene Grundstimmung, allgemeine Enthemmung und Antriebsvermehrung, Ideenflut und Rededrang.

Schließlich finden sich Mischzustände, bei denen depressive und manische Elemente teils zusammen, teils in zeitlicher Verschiebung auftreten. Als typisches Kennzeichen für das Vorliegen einer manisch-depressiven Psychose gilt, daß jede einzelne Phase ohne Defekt heilt.

Schizophrenie: Mit Schizophrenie wird eine Gruppe äußerst verschiedener Krankheitsbilder bezeichnet. Kraepelin (1883) sah das Kennzeichen der Schizophrenie in der frühzeitigen Verblödung. Der Begriff der Schizophrenie, d. h. Spaltungsirresein, stammt von Bleuler (1983). Schizophrenie gilt als eine typische Persönlichkeitsstörung. Die Werkzeuge des Gedächtnisses, der Intelligenz sowie das Bewußtsein sind nie primär gestört. Die Psychose führt nach der gängigen psychiatrischen Beschreibung zum Kontaktverlust mit der bisher vertrauten normalen Welt (Kontakt) und zum Einbruch einer fremdartigen psychotischen Welt. Es zeigen sich folgende *Primärsymptome*: Störung der Affektivität, Denkstörung und Störung der Person. Als Sekundärsymptome gelten katatone Erscheinungen (motorische Störungen), Halluzinationen (Sinnestäuschungen) und Wahnideen.

Transkultureller Ansatz und Epidemiologie

Die sog. endogenen Psychosen gehören zu dem Bereich, in dem die Geister der Psychiatrie sich scheiden. Die Psychiatrie hat sich in 2 Lager gespalten. Die eine Richtung nennt sich *biologische Psychiatrie*, die andere *Sozialpsychiatrie*. Beide beschäftigen sich zwar mit dem Psychosenproblem, jeder geht es aber um einen gänzlich anderen Aspekt. Unterstützt wird diese Parteienbildung allein dadurch, daß die Psychosen in ihren

372

Entstehungsbedingungen etwa genauso wenig aufgeklärt sind wie Krebs oder Rheuma.

Soweit die Seite der Wissenschaft. Die Seite der Patienten schaut insgesamt gesehen noch viel ungünstiger aus. Der Geistes- oder Gemütskranke fiel aufgrund seines abnormen Verhaltens schon immer auf. Jedoch die Art, wie man auf die Auffälligkeiten reagierte, unterschied sich je nach historischer und ethnologischer Situation (Völkerkunde). Der Geistes- oder Gemütskranke wurde in unterschiedlicher Weise in diesen Gesellschaftsgruppen gesehen. Es lassen sich zusammenfassend verschiedene Modelle der Einstellung zu den Psychosen unterscheiden: das Vergötterungsmodell, das Dämonenmodell, das Sündenmodell, das genetische Modell, das Umweltmodell. Einmal wird demzufolge eine Einwirkung von Dämonen, Geistern, dem Teufel angenommen, ein anderes Mal wird der Kranke als der eigentlich Auserwählte und Begnadete aufgefaßt. Wieder ein anderes Mal hat der Kranke für seine eigenen Sünden oder die seiner Vorväter zu büßen. Wieder ein anderes mal ist der Kranke durch sein genetisches, sprich vererbtes Programm zur Krankheit verurteilt, und schließlich ist nach dem letzten Modell die Umwelt an allem schuld. Mit der Auffassung vom Wesen der Geistes- und Gemütskrankheiten änderte sich auch das Verhältnis der sozialen Umgebung zu dem Erkrankten. Um ein Beispiel zu geben: Während im Zusammenhang mit dem Vergötterungsmodell die Erkrankten toleriert wurden, setzte man im Zusammenhang mit dem Dämonenmodell alles daran, die Dämonen aus dem Kranken herauszutreiben: durch Einläufe, Prügel, schlechte Gerüche, wehtönende Musik, Foltern, Qualen. Von jedem dieser Modelle scheint sich etwas bis hin in die jüngste Geschichte gerettet zu haben. Die oft rabiaten Methoden in den frühen psychiatrischen Krankenhäusern legen ein Zeugnis davon ab. Die Kranken wurden über Stunden hinweg heiß oder kalt gebadet, in Zentrifugen über längere Zeit geschleudert. Vielleicht ist auch die häufige Anwendung der Schockmethoden, angefangen vom Insulin- über den Cardiazol- bis hin zum Elektroschock, unter diesem Aspekt zu betrachten.

Hilflosigkeit verleitet zur Gewalttätigkeit, nicht nur in der Erziehung, auch in der Psychiatrie. Gegenüber diesen Zeiten hat sich die Situation der Patienten heute erheblich gebessert. Einen wesentlichen Beitrag dazu hat zweifelsohne die Entwicklung geeigneter Medikamente geleistet. Mit einem Problem haben jedoch gerade die psychiatrischen Patienten zu kämpfen: Ihre Krankheit steht am untersten Ende der Prestigeskala und teilt sich ihren Rang mit den Geschlechtskrankheiten. Dementsprechend ist auch die öffentliche Meinung gegenüber psychiatrischen Patienten äußerst negativ ausgeprägt. "Geisteskrankheit", "Schizophrenie" oder "Irrenhaus", ja sogar "psychiatrisch" wird als Schimpfwort gebraucht. Die Toleranzschwelle gegenüber Geistes- und Gemütskranken, die sich eben anders verhalten, ist erschütternd niedrig.

In orientalischen Ländern stellt sich diese Problematik demgegenüber etwas verschieden dar. Hier werden die Patienten, die innerhalb des festen Verbandes der Großfamilie leben, so lange wie möglich in der Familie belassen. Diese wehrt sich sogar häufig gegen eine Ausgliederung des kranken Familienmitgliedes. Die Umwelt zeigt sich sehr besorgt, bietet Hilfestellungen an durch Besuche, Geschenke und dergleichen. Doch gerade von dieser Seite her droht Gefahr, nämlich dadurch, daß die volkspsychotherapeutischen Hilfeleistungen wenig sachlich, dafür emotional bedrängend, einengend und für den Patienten beängstigend wirken; nicht, weil der Kontakt pathogen wirkt, sondern weil die volkspsychotherapeutischen Maßnahmen zu wenig differenziert sind und nicht ausreichend auf die Bedürfnisse des Kranken eingehen.

Pfeifer (1967) beobachtete anhand transkultureller Studien, daß sich Geisteskranke in unterschiedlichen Kulturkreisen ähnlicher sind als gesunde Individuen der betreffenden Gebiete. Transkulturelle psychiatrische Untersuchungen können nach Hinterhuber (1987) das Wesentliche und Universelle von Randphänomenen und Unwichtigem unterscheiden.

Literaturvergleich

Gerade den schizophrenen Kranken hat man in früheren Zeiten und gelegentlich auch heute noch besondere Fähigkeiten zugeschrieben. So bewunderte man das Pathos, die gehobene Sprache und den Tiefsinn der Kranken. Jaspers (1948) schrieb ihnen ein sublimes Verstehen und Geistesoffenbarungen zu.

Die Frage der Schizophreniegefährdung und der auf diese Erkrankung hinweisenden Vorsymptome und Signale wird von Süllwold (1975) untersucht. Auffallend ist nach dieser Untersuchung die Übereinstimmung der Klagen bezüglich der Blockierungen und Störungen der Sprachauffassung des Sprechers. Ebenso auffällig sind die Klagen über Motorik und Automatismenverlust. Dieser zeigt sich in der mühsamen und angestrengten Konzentration bei täglichen Routinearbeiten: Die Kranken versagen bei den kleinen Tagesanforderungen, werden mit Haushalt und persönlicher Pflege nicht mehr fertig usw. Der Tagesablauf wird ungeordnet, weil die Gewohnheiten verloren gegangen sind und alles neu überlegt werden muß. Dies tritt zeitweilig zu Beginn der Erkrankung auf. Ammon (1987) diskutiert Phänomenologie, Genese und Therapie der schizophrenen Erkrankung auf dem Hintergrund des Persönlichkeitsmodells der dynamischen Psychiatrie, das den Menschen ganzheitlich in seinen gruppendynamischen, sozialenergetischen und humanstrukturellen Aspekten betrachtet.

Sprachbilder und Volksweisheiten

Doppelte Buchführung; Irren ist menschlich; wie im Irrenhaus; du hast nicht alle Tassen im Schrank; das macht mich verrückt; du bist verrückt, mein Kind, du mußt nach Berlin, wo die Verrückten sind, da gehörst du hin (Operette von Strauß); viele verlieren den Verstand nicht, weil sie keinen haben

(Schopenhauer); sobald man spricht, beginnt man schon zu irren (Goethe); die Irrtümer des Menschen machen ihn eigentlich liebenswürdig (Goethe).

Geschichte: "Der geheilte Wahn"

Vgl. II./Kap. 1, S. 119.

Selbsthilfeteil: Entstehung von Schizophrenie aus der Sicht der positiven Psychotherapie

Wenn wir vorhin die Symptome der verschiedenen Psychoseformen darge- stellt haben, mußte dies den Eindruck erwecken, man habe es hier mit einer ähnlich klaren Nosologie zu tun wie in der inneren Medizin oder Chirurgie: Schmerzen im rechten Unterbauch, Übelkeit und Brettspannung weisen hier ziemlich deutlich auf eine Appendizitis hin. Die Psychosen sind hingegen we- niger eindeutig zu diagnostizieren. Die Hamburger Psychiatrische Klinik un- ter Bürger-Prinz diagnostizierte in der Mehrzahl der Fälle manisch-depressive Psychosen, während im Burghölzli (bei Zürich), dem Geburtsort des Schizo- phreniebegriffs und der Residenz Bleulers, in der Mehrzahl der Fälle Schizo- phrenien diagnostiziert wurden.

Selbst die Faustregel, nach der ein defektionärer Verlauf auf Schizophrenie hindeutet, ein defektfreier Verlauf auf eine manisch-depressive Krankheit, sticht heute bei den Psychosefachleuten nicht mehr; auch der Verlauf der Schizophrenie hat sich, wie Bleuler (1983) feststellte, als beeinflußbar erwie- sen. Somit erscheint der Schluß vom Endzustand auf die Diagnose als unzu- lässig.

Nach unseren bisherigen Erfahrungen spricht sehr viel für ein Sonderfakto- renmodell der Entstehung von Schizophrenien und sog. endogenen Depres- sionen. Das bedeutet, daß wir sowohl Faktoren der Vererbung als auch der somatischen Bedingungen und der psychosozialen Umgebung als mögliche Krankheitsursachen einbeziehen müssen. Allerdings wird der letztere Aspekt in der psychiatrischen Praxis am ehesten vernachlässigt. Dies gibt uns die Veranlassung, daß wir auf den psychotherapeutischen Aspekt besonderen Wert legen.

Vor allem Krankheitsbilder, die mit gewissen Verwahrlosungserscheinun- gen hergehen, werden diagnostisch in Hebephrenien oder Schizophrenia sim- plex verwandelt. Auslösende Situationen wie berufliche Überforderung, Familienkonflikte oder Zukunftsprobleme werden dabei großzügig übergan- gen. Derartige Einbrüche werden nur als Auslöser gewertet, durch die die an- sonsten eigengesetzlich ablaufende Krankheit der prädisponierten Persön- lichkeit in Gang gebracht wurde.

Heinrich (1984) hat darauf hingewiesen, daß für die Schwere der schizo- phrenen Erkrankung und damit für die Notwendigkeit einer stationären

Aufnahme u. a. der Bildungsstand des Patienten, sein sozialer Status und sein Schulabschluß bedeutsam sind. Schüttler et al. (1979) stellten fest, daß die Patienten, die allein lebten, gegenüber den Patienten, die einen Ehepartner hatten, am schlechtesten remittierten. Bei einem Großteil der untersuchten schizophrenen Patienten lagen einer oder mehrere der folgenden Faktoren vor: uneheliche Geburt, Verlust eines oder beider Elternteile, Zerrüttung und Scheidung der Elternehe, elternlose Erziehung in Heimen, übermäßige Strenge und Härte, Alkoholismus und Kriminalität der Eltern. Alle diese Ergebnisse deuten auf den Einfluß sozialer Faktoren auf Entwicklung und Schweregrad der Erkrankung.

Damit haben wir auch den Ansatzpunkt in der Psychotherapie. Dabei ist tatsächlich den besonderen Bedingungen der Psychose Rechnung zu tragen. Um es in den Begriffen der positiven Psychotherapie zu erläutern: Die Neurose betrifft einzelne oder mehrere Aktualfähigkeiten; bei der Psychose scheinen die Grundfähigkeiten gestört zu sein.

Die Vorgehensweise der Psychotherapie bei Psychosen orientiert sich an den dargestellten Ergebnissen. Das heißt: Nicht nur der Kranke allein ist Gegenstand der Psychotherapie, sondern auch seine familiäre, manchmal auch berufliche Umgebung.

Die Strategie greift somit an 3 Wurzeln an:

1) Der unmittelbare Leidensdruck wird evtl. durch Medikamente gedämpft.
2) Die Bezugsgruppe des Patienten wird auf ihre besondere Rolle hin vorbereitet.
3) Der Patient wird im Sinne der positiven Psychotherapie behandelt.

Die sog. Depersonalisation beispielsweise äußert sich darin, daß der Patient seine persönlichen Belange vernachlässigt: Er wäscht sich nicht (Sauberkeit); zieht sich zurück (Kontakt); beläßt seine Umgebung in totaler Unordnung (andere Schizophrene neigen zu extremer Ordnung); die Umgangsformen werden eigenwillig und bizarr (Höflichkeit); seine Verpflichtungen nimmt er nicht mehr wahr (Leistung/Pünktlichkeit). Diese Symptome fallen sozial am ehesten ins Gewicht und werden auch zu den Kriterien dafür, ob eine Bezugsgruppe einen Patienten akzeptieren kann oder ihn aufgrund dieser Eigenarten zurückweist.

Die positive Psychotherapie eignet sich besonders zur Behandlung von Schizophrenien, weil sie sich auf die typischen Schizophreniesymptome beziehen kann und fokal eine Resozialisierung des Patienten anstrebt. Sie berücksichtigt neben den lebensgeschichtlichen und situativen Daten v. a. solche Aussagen, welche die Einstellungen des Patienten und seiner Bezugspersonen zu den Aktualfähigkeiten und Medien wiedergeben. Damit werden nicht nur reine Fakten und Daten gesammelt, sondern die Einstellungen als Hinweise auf die Konzepte des Patienten und seiner Bezugs- bzw. Pflegepersonen untersucht. So können sowohl Faktoren erfaßt werden, die für die

Entstehung der Symptomatik wirksam waren, als auch solche, die gewissermaßen belastende Milieubedingungen darstellen. Während das psychiatrische Vorgehen nach den Schizophreniemodellen systematisch auf die schizophrenen Symptombilder eingeht, gehen wir systematisch auf die Aktualfähigkeiten und die Medien der Liebes- und Erkenntnisfähigkeiten ein. Dadurch erreichen wir ein Verständnis der Schizophrenen, das in mancher Hinsicht von dem psychiatrischen abweicht und andere Therapiemöglichkeiten nahelegt. In diesem Sinne ist es ein Unterschied, ob ich von läppischem Verhalten spreche oder statt dessen differenziere, welches Verhalten läppisch ist und welche Konzepte des Patienten dieses Verhalten begründen.

Medikamente lassen sich entsprechend den Krankheitsbildern applizieren. Bei Depressionen haben sich v. a. Antidepressiva, also Thymoleptika, bewährt. Die Anwendung von Sedativa oder Tranquilizern erscheint dagegen als problematisch, da Ängste entschärft werden und damit die Suizidgefahr zunimmt. Daher sollten bei Unsicherheit immer Antidepressiva angewendet werden. Vor allem ist zu achten auf den Zeitpunkt, an dem die Medikamente reduziert werden. Bei vorzeitiger Reduktion kann es zu erheblichen Komplikationen kommen. Der Patient ist stark suizidgefährdet.

Bei Schizophrenien sind v. a. Neuroleptika zu verabreichen. Die Anwendung der medikamentösen Therapie kann den Leidensdruck der Patienten herabmindern. Was die Medikamente nicht leisten können, ist eine Änderung der inneren Konfliktbedingungen und der äußeren, zwischenmenschlichen Konfliktherde.

In meinen transkulturellen Untersuchungen fand ich bei Schizophrenen eine feinere Sensibilität gegenüber Konflikten, während ihre Familienmitglieder diesbezüglich oft indolent erschienen. Bei der paranoischen Form: Betonung von Phantasie und Tradition (z. B. als Gerechtigkeitswahn, religiöser Wahn, Treuewahn, Höflichkeitswahn etc.). Bei hebephrenen Formen: die Fähigkeit, sich aus dem Feld der Leistungsanforderungen (Aktualfähigkeiten) zurückzuziehen und sie in Frage zu stellen. Bei Katatonen: die Neigung, sich motorisch zurückzuziehen bzw. umgekehrt Erregung durch unkoordinierte Bewegungen auszutragen. Die Beobachtungen sind noch ausbaufähig: Auf welche Inhalte bezieht sich der Wahn? Welche Aktualfähigkeiten sind noch relativ stabil (differenzierungsanalytisches Inventar – DAI; Peseschkian 1977a, S. 70)? Auf welche Medien bezieht sich die Symptomatik? Bevor man das Urteil "angeboren" oder "endogen" fällt, sollte man sich fragen, was bisher mit dem Kranken gemacht wurde. Man sollte die Familie und das soziale Milieu als Therapeuten einsetzen.

Therapeutischer Anteil: Das fünfstufige Vorgehen der positiven Psychotherapie bei Schizophrenie und endogener Depression

Fallbeispiel: "Affektpsychose"?

Ich habe starke Depressionen und Angstzustände. Seit 3 Jahren werde ich medikamentös behandelt. Ich war 6 Wochen in der psychiatrischen Klinik. Meine Konzentration leidet sehr. Mit meinem Freund verstehe ich mich nicht gut. Er macht Sachen, die mich verrückt machen; er macht Sachen, die stehen in keinem Roman ... (Frage des Therapeuten: "Was meinen Sie damit?") Können Sie sich vorstellen, statt von unten auf die Zahnpastatube zu drücken, drückt er in der Mitte ..., seinen Rasierpinsel läßt er so stehen, wie er ihn gebraucht hat, und ich muß ihn saubermachen. Wenn er auf der Toilette war, sind regelmäßig Urintropfen auf der Klobrille. Wenn er einen Durchfall hat, und alles kann nicht runter gespült werden, läßt er den Rest einfach liegen. Die Toilettenbürste gebraucht er nie. Ich ekle mich davor, mich macht das fertig. Ich muß daran denken, wenn ich ihn bloß sehe. Was total irrsinnig ist: Ob das Klo sauber ist, darum kümmert er sich nicht. Aber es genügt ihm nicht, wenn das Waschbecken bloß ausgewaschen ist, nein, er muß es sogar trocken und blank reiben. Ich habe mir manchmal gedacht, warum soll ich das machen, mach's doch selbst. Aber wenn ich immer wieder diesen verdreckten Rasierpinsel oder die verschmutzte Toilette sehe, werde ich ganz unruhig, ich muß es dann schließlich saubermachen" (32jährige Krankenschwester, eine Tochter aus 1. Ehe, klinische Diagnose: Affektpsychose).

Alle diese Aussagen weisen auf sensible Bereiche hin und lassen erkennen, daß ein oder mehrere soziale Partner diese Bereiche fortwährend im Sinne von Mikrotraumen reizen. Für viele der Betroffenen sind im Gegensatz zu ihren Partnern die Konfliktauslöser bereits keine Kleinigkeiten mehr.

Aktualfähigkeiten können zu Inhalten der Phantasie werden. So kann die Vorstellung von *Glaube,* von *Sexualität* oder die von *Fleiß/Erfolg* das intuitive Denken eines Menschen weitgehend ausfüllen. Dies findet sich bis hin zu bizarren Verzerrungen in Wahnbildern, in denen phantastische Zusammenhänge erlebt und konstruiert werden, die sich in der Regel auf spezielle Bewertungen der Aktualfähigkeiten und auch auf andere Medien beziehen. Unter diesem Aspekt lassen sich klassische psychiatrische Wahnbilder verstehen:

Eifersuchtswahn: Phantasie im Zusammenhang mit Sexualität, Treue, Vertrauen und Mitteln der Sinne.

Größenwahn: Phantasie im Zusammenhang mit Religion, Leistung/Erfolg, Prestige, Sparsamkeit, Kontakt und Mitteln des Verstandes.

Verfolgungswahn: Phantasie, Gerechtigkeit, Gehorsam (Auflehnung und Unterwerfung gegenüber als allmächtig gedachten Autoritäten) und Mitteln des Verstandes.

Die Eigenwilligkeit der wahnhaften Vorstellungsinhalte macht es uns allerdings schwer, den Wahnkranken und das, was er meint, zu verstehen. Als

Folge davon verstärkt sich die Isolierung des Kranken und seiner Gedankenwelt. Um so wichtiger ist für das therapeutische Vorgehen eine Identifikation mit der fremden Erlebnis- und Gedankenwelt des Patienten. Sofern eine allgemeine Identifikation Schwierigkeiten bereitet und auch für den Therapeuten etwas Bedrohliches darstellt, erweist sich eine partielle Identifikation mit den jeweils beteiligten Inhalten als günstig (vgl. Peseschkian 1977a).

Die Patientin reagierte auf die Geschichte "Der geheilte Wahn" sehr intensiv. Es fiel ihr gar nicht schwer, ihre Identifikation plastisch darzustellen:

Diese Geschichte spricht mich an, jedoch weiß ich nicht genau warum. Ich will nun versuchen, es herauszufinden: Ist es die Kuh, die sich für alle opfern will, um die Leute zu speisen? Oder ist es die Todessehnsucht? Oder beides zusammen? – Wenn ich daran zurückdenke, wie ich diese Geschichte zum ersten Mal gelesen habe, so waren es wohl die Klugheit und der Mut von Avicena und die ungewöhnliche Art und Weise, wie er das Problem gelöst hat. Ja, das hat mich sehr beeindruckt.

Übertragen auf mich, drängt sich mir wieder der Gedanke an die Märchen auf, die ich als Kind am liebsten hatte, z. B. "Das Mädchen, das den Prinz erlöst". Nun frage ich mich, möchte ich der Erlöser oder die Erlöste sein? Dazu fällt mir mein Traum ein, den ich vor ca. 1 Jahr hatte und der mir noch heute ganz deutlich ist: Ich hatte alles überwunden ohne Anstrengung – ein Grab, das geschlossen wurde – meine Tochter Ulla, die vergnügt lächelnd in einem Liegestuhl lag, umgeben von Spielsachen – eine Figur aus Pappe, von der mir eine Stimme sagte, daß dies meine Selbstmordgedanken darstelle – ich mußte in kaltes Wasser gehen, doch als ich drin war, stellte ich fest, es ist angenehm warm. Durch dieses Wasser watend (es ging mir bis zu den Knien) ging ich auf ein großes Tor zu, von dem ich wußte, daß dahinter ein schöneres Leben war. Das Tor öffnete sich nach innen – gegen den Wasserdruck, was mich sehr verwundert hat. Nun sah ich, daß hinter dem Tor grüne Wiesen, Bäume, blauer Himmel und Sonne war. Doch vor diesem Tor steht ein Mann. Er steht ganz ruhig und still und streckt mir seine Arme entgegen. Da sehe ich, daß ihm die recht Hand und der Unterarm fehlen. Ich merke, daß er mir mit dieser Geste etwas sagen will und kann darum nicht weitergehen, um durch das Tor zu kommen. Ich grüble darüber nach, warum die Hand fehlt und welche Bedeutung das haben könnte. Darüber werde ich wach.

Nun las ich bei Perls in seinem Buch Gestalt-Therapie in Aktion auf S. 267: "Die rechte Hand ist gewöhnlich der männliche Teil eines Menschen und die linke Hand ist der weibliche Teil. Die rechte Seite ist der aggressive, aktive und hinausgehende Teil und die linke Seite ist der empfindsame, empfängliche, offene Teil."

Demnach fehlt mir also der Mut zum Hinausgehen! Bewundere ich deshalb den Mut und die Klugheit von Avicena, weil ich so sein möchte wie er, oder möchte ich, daß ein Avicena kommt, um mir zu helfen und mich zu heilen, wie in der Geschichte vom geheilten Wahn?

Ich möchte meine rechte Hand und Unterarm haben, um weitergehen zu können. Aber wie läßt man sich so etwas wachsen? Hier stehe ich völlig im Dunkeln!

Inhaltlich wurden die Aktualfähigkeiten *Sauberkeit* (vgl. II./Kap. 24), *Kontakt* (vgl. II./Kap. 15) sowie *Einheit* (vgl. II./Kap. 39) thematisiert und im Rahmen einer Partnertherapie nach 15 Sitzungen abgeschlossen.

Das DAI ermöglicht auch in anderen Fällen die Erfassung einer sehr differenzierten Selbstdarstellung, die man von den Wahnschilderungen her für unmöglich gehalten hätte. Ein gutes Beispiel findet sich in Peseschkian (1979), S. 122 ff.: Es handelte sich um eine 51jährige Patientin, deren Krankheit von Fachkollegen einmal als Defektzustand einer paranoid-halluzinatorischen Psychose, dann wieder als chronische Wahnkrankheit diagnostiziert wurde. Bei ihr war Gerechtigkeit das Leitthema, um das herum eine Anzahl von erlebten Gerechtigkeits-Ungerechtigkeits-Situationen gruppiert waren. Es schien, als laufe bei ihr ein "Gerechtigkeitsprogramm" ab, das sich zeitweise der Realitätskontrolle entzog.

Therapeutisch ergeben sich im vorliegenden Fall der 32jährigen Krankenschwester, wie in den meisten Fällen schizophrener Erkrankungen, 3 Möglichkeiten, die wie die Glieder einer Kette ineinandergreifen:

1) Auf positive Fähigkeiten achten: Die konflikthaften Aktualfähigkeiten und die mit ihnen korrespondierenden stabilen Fähigkeiten werden in einen Therapieplan einbezogen. Es geht dabei darum, daß der Patient einerseits auf der Grundlage der Fähigkeiten, über die er verfügt, eine gewisse Stabilität erreicht, zum anderen darum, daß die Minussymptomatik der anderen Aktualfähigkeiten durch Training behandelt wird. Bei der Patientin mit Affektpsychose haben wir im Sinne der positiven Psychotherapie erst einmal die Sauberkeit thematisiert und dort, wo sie realitätsgerechte Verhaltensweisen zeigte, mit Lob und Anerkennung nicht gespart. Ziel war es, die verlorengegangene Selbstsicherheit wiederherzustellen und eine Tragfähigkeit zu erreichen, die zumindest das nachfolgende Verhaltenstraining aushalten könnte. In diesem Sinne wurden auch die anderen Aktualfähigkeiten angesprochen.

2) Den Patienten schonen: Gerade schizophrene Patienten, deren Erlebniswelt als labil und bedrohlich erscheint, sprechen gut auf therapeutische Vorgehensweisen an, die nicht direkt und frontal, sondern über ein Medium vorgehen und ihn damit schonen. Diese Mediatoren sind in der positiven Psychotherapie Konzepte und Gegenkonzepte, Mythologien und Geschichten. Dabei wird eine Fähigkeit angesprochen, die bei schizophrenen Patienten meist stark ausgeprägt ist, nämlich die Phantasie. Der Patient, der ohnehin schon in seiner Realitätskontrolle eingeschränkt ist, wird damit nicht vorzeitig mit der Forderung nach Realitätskontrolle überfordert, sondern kann innerhalb des Mediums seine Konflikte zu lösen versuchen.

3) Familie als Therapeut: Für die Entstehung der Schizophrenie und ihren Verlauf spielt die Reaktion der Umwelt auf den Patienten eine erhebliche

Rolle. Aber auch die Aussichten auf eine Heilung oder Besserung oder Rehabilitation stehen in enger Beziehung zu der Reaktion der Umwelt auf den Kranken und dessen Symptomatik. Schüttler et al. (1979) stellten fest, daß die geringste Besserungsquote bei der Gruppe von schizophrenen Patienten zu finden war, deren Bezugspersonen hilfsbereit, doch unsachlich auf die Krankheit reagierten. In dieser Gruppe befinden sich v. a. Eltern und Ehepartner, die mit übertriebener Fürsorge reagierten. Das günstigste Ergebnis fand sich in der Gruppe mit hilfsbereit-sachlicher Haltung der Bezugspersonen. Erstaunlich ist, daß die Ablehnung der Kranken allem Anschein nach weniger ungünstig wirkte als die hilfsbereit-unsachliche Beziehung.

Die positive Psychotherapie sieht die Bezugspersonen als einen wesentlichen Träger der Therapie. Gerade dort, wo zunächst nicht unmittelbar therapeutisch auf den Patienten eingewirkt werden kann, kann dessen Bezugsperson auf ihre Aufgabe im Verhältnis zum Kranken vorbereitet werden. Diese Methode ist allein deshalb notwendig, weil der schizophrene Patient eine dauerhaft sachliche Zuwendung benötigt. Beim Therapeuten ist er allenfalls 1- bis 2mal in der Woche; seine Bezugsperson hingegen ist täglich 8−24 Stunden mit ihm zusammen. Sie kann allein aufgrund ihrer großen zeitlichen Möglichkeiten und des häufigeren Kontakts viel intensiver therapeutisch oder auch pathogen einwirken. Gerade die therapeutische Kapazität gilt es bei der Behandlung von schizophrenen Patienten zu nutzen. Mit den Bezugspersonen werden in dem fünfstufigen Behandlungsplan:
− die Distanzierung von konflikthaften Verhaltensformen im Umgang mit den Patienten gelernt;
− Mißverständnisse (v. a. Relativität der Werte und Einzigartigkeit) durchgearbeitet;
− die selektive Ermutigung hinsichtlich einzelner stabiler Aktualfähigkeiten praktiziert und Verhaltensprogramme hinsichtlich einzelner Aktualfähigkeiten durchgeführt;
− der verbale Umgang mit dem Patienten trainiert sowie der Versuch, in der Familie mit dem Patienten durch Gespräche Konfliktlösungen herbeizuführen und im Rahmen der Zielerweiterung die Selbstverwirklichung des Patienten zu erleichtern, zumindest aber ihr nicht im Wege zu stehen.

Vor allem kommt es meiner Erfahrung nach darauf an, daß die Bezugspersonen auf die Mißverständnisse hin sensibilisiert werden, die im Zusammenhang mit den Interaktionsstadien Verbundenheit, Unterscheidung und Ablösung in ihrem Verhältnis zum Kranken aufgetreten sind. Besonders häufig finden wir Bilder, bei denen die Ablösung des Patienten durch eine betonte Verbundenheit seitens der Bezugsperson erschwert wird oder bei denen der Patient, der zuvor eine betonte Geborgenheit und Verbundenheit erfahren konnte, plötzlich ausgestoßen wird oder sich so fühlt. Ebenso lassen sich mangelnde Unterscheidungen fast regelmäßig aus der Lebensgeschichte dieser Patienten nachweisen. Damit überhaupt eine angemessene Interaktion stattfinden kann, bei der sowohl die Verbundenheit als auch die Unterscheidung und Ablösung weitgehend frei von Schuldgefühlen bleiben, ist es sinnvoll, die Bezugspersonen auf die zugrundeliegenden Mißverständnisse hinzuweisen.

Im Laufe meiner psychiatrischen und psychotherapeutischen Tätigkeit konnte ich feststellen, daß die Einweisung in psychiatrische Kliniken zumeist nur einen vorübergehenden Erfolg hatte, wobei allerdings die Patienten nach der Entlassung weniger der Psychotherapie zugänglich waren als vorher. Es scheint, als entstehe durch die Einweisung ein Vertrauensbruch, da die vorhandenen Maßnahmen zumeist leider nur auf medikamentöse Behandlung und ansonsten auf die Verwahrung des Kranken hinauslaufen. Dabei setzt direkt nachprüfbar ein Hospitalisierungseffekt ein. Die vielleicht noch vorhandenen stabileren Bereiche versanden und werden durch ein negatives Krankheitsbewußtsein ersetzt, das häufig durch eine erschütternde Hoffnungslosigkeit charakterisiert ist. Wenn von wenig erfreulichen und entmutigenden Ergebnissen gesprochen wird, müßte konsequenterweise gefragt werden: Was geschieht in der Zwischenzeit mit dem Patienten? Dabei ist das Dilemma weniger ein Problem des bösen Willens oder der offenkundigen Nachlässigkeit. In vielen Gesprächen mit Fachkollegen konnte ich immer wieder eine große Unzufriedenheit gegenüber den psychiatrischen Behandlungsmethoden der Schizophrenie feststellen, die bis hin zur Resignation reicht. Das Problem scheint vielmehr eine Frage des an den Kranken angelegten Krankheitsmodells und des Menschenbildes zu sein, wobei auch hier hinein die gesellschaftliche Norm Sparsamkeit reicht, die allem Anschein nach lieber Ausgaben für ständig rückfällige Patienten in Kauf nimmt, als wenigstens in Modellversuchen durch intensives, mehrdimensionales Vorgehen eine vollständige oder weitgehende Rehabilitation der Kranken zu erproben.

Das Konzept der positiven Psychotherapie legt folgende Umstrukturierung nahe: Die z. T. nur als Bewahranstalten fungierenden psychiatrischen Krankenhäuser sollten in Beratungsstellen, Therapiezentren und Tageskliniken umgewandelt werden, in denen die Angehörigen der Patienten auf ihre therapeutische Funktion und die Patienten selber auf ihre Mitarbeit vorbereitet werden.

Anhang: Fragebogen zu *Schizophrenie und endogener Depression*

Vgl. den allgemeinen Fragebogen, S. 59.

29 Schlafstörungen

Die Fähigkeit, wach zu bleiben; "Wer seine Träume verwirklichen will, muß immer wach sein."

Definition

Störungen des Schlafes liegen dann vor, wenn die Erholung, die im Schlaf erfolgen soll, durch eine Reduzierung der Schlafdauer oder eine Abnahme der Schlafqualität ausbleibt. Gebräuchlich ist die Unterscheidung in Einschlafstörungen und Durchschlafstörungen. Bei einer *Schlafapnoe* handelt es sich um episodisch auftretende Atemstillstandsphasen von mehr als 10 s Dauer während des Non-REM-Schlafes, vorwiegend bei starken Schnarchern. Die dabei auftretende Hypoxämie kann als ein Risikofaktor betrachtet werden. Die Diagnostik kann im Schlaflabor erfolgen.

Symptomatik

— Einschlafstörungen können bei Erkrankungen des Schlafzentrums primär sein — oder sekundär, wenn sie indirekt durch äußere Faktoren wie Lichteinfall, Lärm etc. und/oder durch innere Faktoren wie Schmerzen, Sorgen, Angst etc. verursacht werden. Durchschlafstörungen sind durch häufige Unterbrechungen des Schlafs und/oder vorzeitiges Erwachen gekennzeichnet;
— funktionelle Schlafstörungen sind am häufigsten und gehen auf exogene, d. h. von außen kommende, und auf psychische Faktoren zurück;
— organisch bedingte Schlafstörungen;
— Schlafstörungen bei endogenen Psychosen;
— Schlafapnoe und Schnarchen;
— Borbley (1989) unterscheidet 4 Schlafstadien.

Transkultureller Ansatz und Epidemiologie

— Fast 50 % der deutschen Bundesbürger sind mit ihrem Schlaf nicht zufrieden. Die Diagnose "Schlafstörung" wird von den Ärzten in Deutschland (ehem. BRD) etwa 5,5 Mio. mal pro Jahr gestellt, in 75 % der Fälle bei Frauen.

- Lawrence (1982) zitiert eine Untersuchung in 1.000 repräsentativen Haushalten in Los Angeles, in der sich eine Prävalenz von 42,5 % Schlafstörungen ergab. Thoresen et al. (1980) fanden in Florida 45 % Einschlafstörungen (31 % gelegentlich, 40 % häufig).
- Es sind v. a. Großstadtbewohner, die über Schlafstörungen klagen: 20–30 % von ihnen nehmen häufig oder sogar dauernd Schlaf- oder Beruhigungsmittel ein.
- Bei Frauen ist es offensichtlich von Bedeutung, ob sie alleinstehend sind oder nicht. Leben sie in einem Haushalt mit mehreren Personen, schlafen sie zu 53 % leicht ein, leben sie allein, nur zu 29 %.
- Bei Männern besteht ein Zusammenhang zwischen Schlaf und Beruf.

Literaturvergleich

Für Rattner (1977) ist der schlafgestörte Mensch ein Hingabegestörter. Er kann sich nicht fallenlassen, weder im Schlaf noch in anderen Beziehungen. Bei schlafgestörten Kindern fand Dührssen (1981) einen "Dauerstrom unterschwelliger Erregung", oft hervorgerufen durch "dunkel gespürte Weglauftendenzen" bei der Mutter. Die Bedeutung von Fehlgewohnheiten stellt Langen (1968) heraus. Gewöhnung und bedingte Reaktionen im Sinne Pawlows spielen seiner Auffassung nach eine entscheidende Rolle. So sollte in der Therapie der Schlaf als aktive Leistung des Organismus eingeübt werden, z. B. mit Entspannungstraining. Nach Klein (1989) müssen schlafgestörte Patienten beispielsweise lernen, "daß Schlaf altersabhängig und individuell unterschiedlich ist, welche Rolle die Chronobiologie, Einschlafrituale, Schlafhygiene wie Bettqualität oder Raumtemperatur, Eß- und Trinkgewohnheiten spielen." Entspannungsmethoden wie autogenes Training, Yoga, Biofeedback sind nach Klein (1989) gute Hilfen.

Sprachbilder und Volksweisheiten

Wie man sich bettet, so liegt man; ein gutes Gewissen ist ein sanftes Ruhekissen; Träume sind Schäume; der Schlaf ist der kleine Bruder des Todes; mit jedem Einschlafen üben wir das Sterben; Schwelle zwischen hüben und drüben; erwachen ist eine kleine Geburt; der Traum ist der Hüter des Schlafes; nach getaner Arbeit ist gut ruhen.

Geschichte: "Die geteilten Sorgen"

"Schlaf doch bitte, morgen ist auch ein Tag Gottes", stöhnte eine Frau, nachdem sich ihr Mann hundertmal im Bett sorgenvoll von einer Seite auf die andere geworfen hatte, "wenn du so unruhig bist, kann ich auch nicht schlafen." "Ach Frau", jammerte der Ehemann, "wenn du meine Sorgen hättest. Vor Monaten habe ich einen Wechsel unterschrieben, und morgen ist dieser Wechsel fällig. Ich Ärmster! Du weißt, daß ich keinen Tuman Geld im Hause habe, und du weißt

auch, daß unser Nachbar, dem ich das Geld schulde, giftiger sein kann als ein Skorpion, wenn es um sein Geld geht, ich Ärmster, wie könnte ich denn schlafen." Daraufhin warf er sich wieder zehnmal von einer Seite auf die andere. Alle Versuche seiner Frau, ihn zu beruhigen und ihm den Sand des Schlafes in die Augen zu streuen, schlugen fehl. Sie versuchte, ihn zu trösten: "Warte bis morgen, dann werden die Dinge ganz anders aussehen, und vielleicht finden wir doch einen Weg, das Geld zu bezahlen." "Nichts, aber auch gar nichts nützt", stöhnte der Mann, "alles ist verloren." Da verlor die Frau schließlich die Geduld. Sie ging auf den Dachgarten und schrie zu dem Nachbarn hinüber: "Ihr wißt, mein Mann schuldet euch einen Wechsel, der morgen fällig ist. Ich will euch etwas sagen, was ihr noch nicht wißt. Mein Mann kann morgen den Wechsel nicht bezahlen." Ohne eine Antwort abzuwarten, rannte die Frau ins Schlafgemach und sagte: "Wenn ich nicht schlafen kann, soll mein Nachbar auch nicht schlafen." Trotzig legte sie sich ins Bett, während der Mann das Leinentuch bis hoch über die Ohren gezogen hatte und ängstlich mit den Zähnen klapperte. Bald darauf war Ruhe eingetreten und nichts mehr war zu hören als der gleichmäßige Atem der beiden Eheleute (aus Peseschkian 1979).

Selbsthilfeanteil: Entwicklung von Schlafstörungen aus der Sicht der positiven Psychotherapie

"Kopfkissensyndrom"

Nach dem 2. Weltkrieg beobachteten Psychologen, daß Kinder in einem Lager nicht durchschlafen konnten, obwohl sie genug gegessen hatten. Erst als man ihnen ein Stück Brot unter das Kopfkissen legte und sie damit sicher waren, daß sie auch morgen etwas zu essen haben würden, gab es keine Schlafprobleme mehr.

Etwa 33 % unseres Lebens "verschlafen" wir. Jahrzehnte unseres Lebens gehen uns dadurch scheinbar "verloren", und dennoch begrüßt keiner das Ausbleiben des Schlafs. Denn der Schlaf ist ein ständig wiederkehrender aktiver Erholungsprozeß für Körper und Seele. Müdigkeit, Schlaf und Wachsein werden von Nervenzellen im Hirnstamm gesteuert, Zwischenhirn und Hirnanhangdrüse bestimmen dabei den Rhythmus.

Wer nicht in den natürlichen Schlafrhythmus findet, ist tagsüber nervös, reizbar, unkonzentriert und fühlt sich übermüdet und zerschlagen. So kann z. B. jemand nach nur 5–6 Stunden Schlaf ausgeruht sein, während ein anderer nach einem 9- bis 10stündigen Schlaf wie gerädert aufsteht.

Betrachtet man die aktuelle Lebenssituation der Schlafgestörten, so fällt auf, daß die Ursache für das Nichtschlafenkönnen immer in äußeren Faktoren gesucht wird. Aber warum schlafen trotz allem die meisten Menschen auch in der Großstadt? Es sind die eigenen, die inneren Feinde, die den Schlaf rauben.

Verstand und Leistung sind bei Schlafgestörten häufig stark betont. Pflichten werden überbewertet, unerledigte Handlungen und ungelöste Probleme führen zu gedanklichen Auseinandersetzungen, die im Bett fortgesetzt und intensiviert werden. Und schließlich wird der Schlaf selbst zur Leistung, dessen Dauer und Tiefe kontrolliert und ängstlich an irgendwelchen Normen gemessen wird.

Die Hinwendung zur Außenwelt ist häufig reduziert. Mißtrauen und Empfindlichkeit belasten die zwischenmenschlichen Beziehungen. Nicht selten finden wir Probleme im partnerschaftlichen und beruflichen Bereich durch die Summierung vieler "Kleinigkeiten". Fast alle Schlafgestörten haben Angst vor unerledigten Aufgaben, vor dem Verlust von Angehörigen und insbesondere vor dem Verlassenwerden.

Bei funktionellen, psychoreaktiven Schlafstörungen gehen die Wurzeln oftmals bis in die Kindheit zurück. In der Erziehung vermittelte Konzepte, v. a. zum pünktlichen Insbettgehen, prägen nachhaltig die Einstellung des jungen Menschen zum Schlafen. Wird das Kind ermahnt: "Wenn du jetzt nicht sofort einschläfst, bist du morgen nicht ausgeschlafen", "Du brauchst 8 Stunden Schlaf, sonst schaffst du morgen die Klassenarbeit nicht" oder "Der Schlaf vor Mitternacht ist der wichtigste", so verliert es seine Unbefangenheit dem Schlaf gegenüber; es lernt nachzurechnen, ob es auch genügend geschlafen hat, und es entwickelt Vorurteile und u. U. Ängste, wenn das vermeintliche Schlafsoll nicht erreicht wurde. Die Eltern bewerten häufig den Schlaf für das Kind zu hoch, anstatt sich für das Kind Zeit zu nehmen, ihm eine Geschichte zu erzählen oder mit ihm zu spielen.

Therapeutischer Anteil: das fünfstufige Vorgehen der positiven Psychotherapie bei Schlafstörungen

Fallbeispiel: "Vor 6 Jahren geriet ich in eine Pechsträhne."

Einige Passagen aus den Aussagen des 39jährigen, recht intelligenten, körperlich schmächtigen Patienten mit schweren Schlafstörungen, Magen- und Kreislaufbeschwerden, die er während der fünfstufigen Therapie machte:

Ich werde vorzeitig wach (nach ca. 2 Stunden Schlaf), fühle mich müde und zerschlagen und döse dann noch für 1,5 – 2 Stunden vor mich hin, wobei ich manchmal für kurze Zeit einschlafe und wieder wach werde. Zum Aufstehen habe ich keine Lust, zum Arbeiten ebensowenig. Die Antriebsschwäche dauert Stunden an. Erst eine Tasse Kaffee bringt mich etwas in Schwung. Auch fällt es mir schwer, mich zu konzentrieren. Die Erledigung wichtiger Korrespondenz wirft Probleme auf. Ich habe das Gefühl, daß mein Gehirn nicht ausreichend durchblutet ist, das Denken macht mir Schwierigkeiten. Hinzu kommt neuerdings Vergeßlichkeit. Nach dem Essen fühle ich mich oft noch müder. Schwer verdauliche Speisen steigern die Müdigkeit. Dazu kommt ein Völlegefühl, oft muß ich aufstoßen. Meine Verdauung, die immer viel zu träge gearbeitet hat, arbeitet jetzt manchmal zu schnell.

Um vom Symptom zum Konflikt zu kommen, zeigte ich dem Patienten "Szenen einer Ehe" (Abb. 1). Er begann laut zu lachen. Es fiel ihm leicht, seine "Szenen" zu schildern.

Abb. 1. Szenen einer Ehe von Erik Liebermann

"Life-events":

Vor ca. 6 Jahren geriet ich in eine Pechsträhne. An der Börse verlor ich einen Teil meines Vermögens, meine Frau entzog sich meinen Aggressionen und betrog mich, meine Freunde verlor ich durch Mißverständnisse. Die Magenbeschwerden traten nach einer einmonatigen Berufsreise auf. Ich hatte Fotoaufnahmen zu machen und konnte nach der Rückkehr wochenlang nicht schlafen. Heute entwickle ich oft Aggressionen und habe eine Vorliebe für die Wiedergabe maroder Umgebungen ...

Bei dem 39jährigen Patienten lag diagnostisch eine psychoreaktive seelische Störung und eine Überlastungsreaktion von aktuellem Krankheitswert vor. Symptomatisch lagen Schlafstörungen, Depressionen, innere Unruhe, Magen- und Kreislaufbeschwerden vor. Organisch bedingte Störungen waren nicht nachzuweisen, so daß es sich bei den geschilderten Störungen am ehesten um eine neurotische Entwicklung handelte. Leider fand zu geeigneter Zeit keine psychotherapeutische Behandlung statt, so daß die tendenziell depressive Neurosenstruktur zu einer Chronifizierung in Form von Schlafstörungen und Depressionen wurde. Die Erkenntnis des Zusammenhanges zwischen "life-events" und Symptomatik führte den Patienten zu grundlegender Krankheitseinsicht. Die Zunahme der Beschwerden steht in engem Zusammenhang mit zeitlich gehäuft auftretenden beruflichen und familiären Problemen. Es war daher anzunehmen, daß ein bestehendes Mikrotrauma durch psychische Konflikte überlagert und derart verstärkt wurde, daß sich das bestehende Symptombild entwickelte. In der Stufe 3 wurden die positiven Aspekte der Schlafstörungen anhand des Mottos "Wer seine Träume verwirklichen will, muß immer wach sein!" und der Geschichte "Die geteilten Sorgen" in tiefer Entspannung bewußt. Zusätzlich wurden leichte Antidepressiva verabreicht.

In der Stufe 4 stand die Aufarbeitung der Aktualfähigkeiten *Fleiß/Leistung* (vgl. II./Kap. 9), *Zeit* (vgl. II./Kap. 33), *Glaube* (vgl. II./Kap. 36), *Sparsamkeit* (vgl. II./Kap. 25), *Pünktlichkeit* (vgl. II./Kap. 16) und *Geduld* (vgl. II./Kap. 18), die in ihrer Kumulation zu einer Wiederholung des Grundkonfliktes führten ("neurotischer Wiederholungszwang"), im Mittelpunkt.

In der Stufe 5 war der Patient in der Lage, seine Energien auf verschiedene Lebensbereiche zu verteilen und äußerte sich hinsichtlich der 4 Formen der Konfliktverarbeitung so:

Körper/Sinne: Mein Bedürfnis zu rauchen hat sich fast völlig gelegt und beschäftigt mich nicht mehr oder kaum. Habe im Sommer viel körperlich gearbeitet und war viel mit dem Rad unterwegs. Schlafe genügend, im Gegensatz zu früher.

Leistung: Durch bessere Zeitplanung komme ich gar nicht mehr in Hektik, kann Probleme viel besser überblicken, bin in der Lage, außer meinem Fachbereich auch andere Literatur zu lesen.

Kontakt, Partnerschaft und Gemeinschaft: Ich empfinde Konfliktsituationen bewußter und schneller als früher, zumindest gestehe ich sie mir eher ein. Oft habe ich das Gefühl, mich in der Gemeinschaft schlecht, vorlaut oder unhöflich zu verhalten. Nun traue ich mir zu, um Feedback zu bitten. Die Kontakte zu Kollegen sind insgesamt gut und sie sind herzlicher geworden. Mit meiner Frau kann ich besser Gespräche führen.

Phantasie/Zukunft und Intuition: Es ist mir nicht schwer gefallen, meiner Nachbarin, die mit 80 Jahren gestorben ist, in ihren letzten Wochen und Tagen etwas beizustehen. Mein Bedürfnis nach Musik und Klavierspielen ist stärker geworden. Ich habe ein stärkeres bewußtes Empfinden von Stimmungslagen als früher. Besonders durch die Konfrontation mit den Sorgen mancher Mitmenschen erlebe ich immer wieder, wie glücklich ich sein kann, daß ich die Lebensfragen aus dieser Sicht beleuchten kann. Regelmäßiges Lesen religiöser Schriften, wenngleich nicht viel, und Beten klappt gut. Einige Fragen beschäftigen mich dabei: Ist es gut für mich, an meinem bisherigen beruflichen und sonstigen Zeitplänen auf jeden Fall festzuhalten? Meine Frau und ich, wir haben beide sehr viele Termine. Unsere Gespräche kommen zu kurz. Ist das prinzipiell ein Nachteil? Wie kann ich das Beste daraus machen? Ist es für mich gut, möglichst behutsam und bewußt voranzuschreiten, oder ist Behutsamkeit (d. h. sich Zeit lassen) in diesem Fall ein Nachteil?

Die Therapie wurde in 4 Monaten unter Einbeziehung der Ehefrau in 18 Sitzungen erfolgreich abgeschlossen. Eine gute Hilfe war auch der Fragebogen.

Anhang: Fragebogen zu *Schlafstörungen*

Name: .... Nr.: .... Datum:...............................

Körper/Sinne – Beruf/Leistung – Kontakt – Phantasie/Zukunft

1) Haben Sie abends das Gefühl "Nach getaner Arbeit ist gut ruhn!"? Was halten Sie von dem Spruch "Ein gutes Gewissen ist ein sanftes Ruhekissen"? Fallen Ihnen noch andere Sprichworte zu Ihren Beschwerden ein? Was sagen Ihnen diese Volksweisheiten?

2) Mußten Sie als Kind immer zu einer ganz bestimmten Zeit im Bett liegen, auch wenn Sie noch nicht müde waren? Wurden Sie zur Strafe ins Bett geschickt? Mußten Sie selbst bei kleinen Unpäßlichkeiten "strikte Bettruhe" einhalten?

3) Nehmen Sie Aufputsch- oder Beruhigungsmittel als "Sonnenbrillen der Seele", Drogen, Alkohol, Nikotin?

4) Geben Sie Ihrem persönlichen Schlafrhythmus (wenn möglich) nach?

5) Sind Ihre Schlafstörungen vorwiegend situativ, d. h. durch berufliche Überlastung oder zwischenmenschliche Konflikte bedingt?

6) Haben Sie am Tag mikrotraumatische Erfahrungen im Umgang mit Vorgesetzten, Kollegen, Mitarbeitern gemacht, die gefühlsmäßig noch nicht "erledigt" sind (Tagesreste)?

7) Grübeln Sie nachts darüber nach, was Sie falsch machen, aus Angst, nicht perfekt zu sein?

8) Können Sie Ihre Kontakte erweitern, Gäste einladen, sich mit Freunden beraten, statt Ihre Probleme allein zu "bebrüten"?

9) Gab es in den letzten 5 Jahren Trennungserlebnisse durch Scheidung, Umzug, Tod?

10) Welchen Sinn, welche positiven Aspekte sehen Sie in Ihren Schlafstörungen?

11) Was ist für Sie der Sinn des Lebens (Antrieb, Ziele, Motivation, Lebensplan, Sinn von Krankheit und Tod, Leben nach dem Tod)?

12) Akzeptieren Sie Ihre Beschwerden auch als Chance, bisher nicht erlebte Bereiche (Körper/Sinne, Beruf/Leistung, Kontakt, Phantasie/Zukunft) zu entwickeln?

30 Schlaganfall und Arterienverkalkung

Die Fähigkeit, Körperfunktionen, insbesondere motorisch-sensorischer Art,
einzustellen und so der Umwelt mitzuteilen, daß "es so nicht weitergeht"

Definition

— Bei Apoplexie, auch Schlaganfall, Gehirnschlag, apoplektischer Insult genannt, handelt es sich entweder um eine Massenblutung im Gehirn bei
Hyertonus oder um einen Hirninfarkt (ischämische Nekrose), der zu etwa
70—80 % die Ursache der Apoplexie ist. Etwa 15 % aller Todesfälle lassen
sich auf Apoplexie zurückführen.
— Mit Arterienverkalkung und Arteriosklerose bezeichnet man die krankhafte Verhärtung und Verengung der Arterien infolge abnormer Ablage-
rungen von Fetten, Eiweißen, Mineralstoffen (und darunter Kalksalzen) in
den Arterienwänden.

Symptomatik

— Bei jedem Schlaganfall handelt es sich um eine mit O_2-Mangel einhergehende Kreislaufstörung im Bereich einer umschriebenen Hirnregion. Begleitsymptome sind Bewußtseinsstörungen bis zum Koma, häufige spastische Hemiplegie und verschiedene zentrale motorische, sensible und senso-
rische Ausfallerscheinungen, fokale oder generalisierte Krampfanfälle.
— Als Vorboten eines Hirninfarktes sind passager auftretende neurologische
Ausfallsymptome ohne Ausbildung von Gewebsschäden zu beobachten.
— Durch länger anhaltende arteriosklerotische Gefäßverengungen kommt es
zu Gewebeschädigungen. Je nachdem, in welchem Körpergebiet sich diese
Schädigungen ereignen, treten unterschiedliche Krankheitserscheinungen
auf: bei den Arterien des Gehirns, die von der Arteriosklerose besonders
betroffen sind, kommt es zu den sog. Verkalkungserscheinungen (wie
Überspitzung bestehender Charakterzüge, Gedächtnisstörungen, Affekt-
labilität, Einengung des Interessenkreises und Kritikschwäche) und bei
Blutung zum Gehirnschlag.
— Die Arteriosklerose der Herzkranzgefäße (Koronarsklerose) kann zu
Angina pectoris und zum Herzinfarkt führen, die Sklerose der Nieren zu
Nierenfunktionsstörungen, die Sklerose der Beinarterien zu Schmerzen

und Krämpfen beim Gehen, und die Sklerose in den Netzhautgefäßen des Auges zu Sehstörungen bis zur völligen Erblindung. Eine Heilung der Arteriosklerose im Sinne einer Rückbildung ist nicht möglich. Der Krankheitsprozeß läßt sich jedoch u. U. verlangsamen oder vorübergehend sogar zum Stillstand bringen.

Transkultureller Ansatz und Epidemiologie

- Der Schlaganfall liegt nach den Herzerkrankungen und Krebs an 3. Stelle der Todesursachenstatistik.
- In Deutschland (ehem. BRD) erleiden pro Jahr etwa 90.000 Menschen Einen Schlaganfall. 25 % der Patienten sterben in der Akutphase. Bei den übrigen tritt bei ca. 50 % ein tödliches Rezidiv innerhalb von 5 Jahren auf.
- Das durchschnittliche Alter der Patienten liegt zwischen 65 und 70 Jahren.
- Auch bei jüngeren Menschen kann ein Schlaganfall auftreten, dann nämlich, wenn bei zu hohem Blutdruck ein Gefäß platzt.
- Bereits 33 % der 20−30 Jahre alten Männer in den westlichen Industrienationen weisen sklerotische Veränderungen auf. Bei den 70jährigen sind es 70−80 %.
- Raucher unter den Schlaganfallpatienten haben ein höheres Risiko für eine Hirnischämie. Das haben Untersuchungen australischer Mediziner ergeben (Doman 1989).

Literaturvergleich

Eaker u. Feinleib (1983) wiesen eine Beziehung zwischen der Zehnjahresinzidenz des Schlaganfalls und verschiedenen psychosozialen Faktoren bei Männern und Frauen im Alter von 45−64 Jahren nach. Kunze (1988) ist der Meinung, daß die Entwicklung der Arteriosklerose über viele Jahre und Jahrzehnte hinweg asymptomatisch bleibt, ihren Beginn zweifelsohne jedoch schon in der Kindheit hat.

Sprachbilder und Volksweisheiten

Vom Schlag getroffen werden; es haut einen um; es verschlägt einem die Sprache; man fühlt sich wie gelähmt; bei mir geht "jetzt nichts mehr durch"; er ist total "zu"; Haltung bewahren; auf die Form achten; Verkalkung; es geht nicht weiter; vom Blitz aus heiterem Himmel getroffen werden; durchschlagender Erfolg; schlagender Beweis; der Kalk rieselt.

Geschichte: "Noch ein langes Programm"

Ein Kaufmann hatte 150 Kamele, die seine Stoffe trugen, und 40 Knechte und Diener, die ihm gehorchten. An einem Abend lud er einen Freund (Saadi) zu sich.

Die ganze Nacht fand er keine Ruhe und sprach fortwährend über seine Sorgen, Nöte und die Hetze seines Berufes. Er erzählte von seinem Reichtum in Turkestan, sprach von seinen Gütern in Indien, zeigte die Grundbriefe seiner Ländereien und seine Juwelen. "O Saadi", seufzte der Kaufmann: "Ich habe nur noch eine Reise vor. Nach dieser Reise will ich mich endlich zu meiner wohlverdienten Ruhe setzen, die ich so ersehne wie nichts anderes auf der Welt. Ich will persischen Schwefel nach China bringen, da ich gehört habe, daß er dort sehr wertvoll sei. Von dort will ich chinesische Vasen nach Rom bringen. Mein Schiff trägt dann römische Stoffe nach Indien, von wo ich indischen Stahl nach Halab bringen will. Von dort will ich Spiegel und Glaswaren in den Yemen exportieren und von dort Samt nach Persien einführen." Mit einem träumerischen Gesichtsausdruck verkündete er dem ungläubig lauschenden Saadi: "Und danach gehört mein Leben der Ruhe, Besinnung und Meditation, dem höchsten Ziel meiner Gedanken" (Nach Saadi).

Selbsthilfeanteil: Entwicklung von Schlaganfall und Arterienverkalkung aus der Sicht der positiven Psychotherapie

Die Arterien sind mit Nerven versehen, die eine Weiter- und Engerstellung ermöglichen und für die Anpassung des Organismus an wechselnde Bedingungen (wie Ruhe und körperliche Anstrengung, Temperaturwechsel usw.) unabdingbar sind.

Die Reaktion des Arteriosklerotikers auf Belastungen geht in Richtung Schutz und Abschirmung, aber damit auch auf Einschränkung und Einengung aller Lebensbereiche. Die Konfliktreaktion des Apoplektikers spielt sich im Bereich Körper/Sinne ab, und hier meist sehr dramatisch. Denn häufig tritt nicht nur irgendeine funktionelle Störung auf, sondern ein totaler Ausfall einer Funktion.

Im Bereich Verstand/Leistung erfolgt nach anfänglicher Flucht in diesen häufig ein langsamer Rückzug von allen Leistungsanforderungen. Zum Rückzug, zur Isolierung kommt es auch im Kontaktbereich. Schließlich wird auch die Phantasie demontiert. Wie die Gefäße engt sich der geistige Horizont mehr und mehr ein. Im Volksmund bezeichnet man diesen Zustand als "Verkalkung".

In der Erziehungssituation von Menschen, die einen Schlaganfall erlitten haben, wurde der Entwicklung der Erkenntnisfähigkeit der Vorrang vor der Entwicklung der Liebesfähigkeit gegeben. Sekundäre Aktualfähigkeiten wie Ordnung, Pünktlichkeit, Gehorsam, Sparsamkeit und Gerechtigkeit wurden gefördert, die primären Fähigkeiten dagegen wenig verstärkt, sondern wohl eher stillschweigend als vorhanden und nicht ausbaupflichtig vorausgesetzt. Dadurch, daß letztere auch nicht in der Beziehung der Eltern zueinander vorgelebt wurden, konnte das Kind sie auch nicht nachahmend übernehmen. Kontakte zu anderen Menschen, außer denen des engsten Verwandtenkreises, waren eingeschränkt. Andere Menschen kennenzulernen und damit auch andere Lebensformen und Einstellungen, war nicht erwünscht. Man legte großen Wert auf die Einhaltung familiärer Gepflogenheiten. Die Beschäftigung mit Glaubensfragen hatte im Elternhaus nur untergeordnete Bedeutung. Man legte aber trotzdem – dem Konzept "Tradition ist alles" entsprechend – Wert auf den regelmäßigen Kirchgang (insbesondere der Kinder) oder andere sichtbare Zeugnisse eines geordneten Lebens. Machte die Phantasie einmal zu große Sprünge, so hieß es: "Das hat doch keinen Sinn", "Das geht nicht" etc.

In orientalischen Kulturen sieht das Bild etwas anders aus. Familie und gesellschaftliche Verpflichtungen und die Verantwortung für Großfamilie, Freunde und Bekannte können zu emotionaler Überforderung und übertriebenem Höflichkeitsverhalten ("es allen recht machen!") und damit zu Organstörungen führen. Nach meinen Beobachtungen ist das Alltagsleben von Patienten mit Schlaganfall im Westen eher durch Hektik (unter Zeitdruck), aggressives Verhalten, hartes und offenes Vorgehen ("Ich lasse mir nichts gefallen!") charakterisiert, während im Orient sanfte, nachgebende Verhaltensweisen und ausgeprägte Hilfsbereitschaft ("Sie können sich jederzeit an mich wenden!") dominieren.

Insgesamt scheinen makrotraumatische Ereignisse in der Kindheit (wie früher Verlust eines Elternteils, Flucht u. ä.) beim Apoplektiker eine geringere ursächliche Bedeutung gehabt zu haben.

Die psychosomatischen Zusammenhänge beim Schlaganfall kommen in zahlreichen Redewendungen zum Ausdruck. Bei plötzlichen unangenehmen Überraschungen wird man "vom Schlag getroffen", "es haut einen um", "es verschlägt einem die Sprache". Man fühlt sich durch seelische Belastungen wie "paralysiert" oder "gelähmt".

Therapeutischer Anteil: das fünfstufige Vorgehen der positiven Psychotherapie bei Schlaganfall und Arterienverkalkung

Fallbeispiel: "Ich habe große Zweifel an Gott-Vater wegen dem großen Leidensweg."

Der Patient, ein erfolgreicher 50jähriger Geschäftsmann, körperlich schmächtig, wurde von seinem Hausarzt nach einem Hirnschlag und einem Herzinfarkt mit multiplen Beschwerden zur Psychotherapie überwiesen. Diese wurde in Form einer Krisenintervention in 10 Sitzungen durchgeführt. Die zuständige Krankenkasse hatte einen Antrag an die BfA zwecks Feststellung von Erwerbsunfähigkeit veranlaßt. Es galt, den sehr zurückhaltend, unnahbar und kühl wirkenden Patienten zu motivieren. Meine Deutung "Ich habe den Eindruck, daß Sie in den letzten Jahren viel durchgemacht haben. Ihr Körper hat Ihnen jetzt mitgeteilt, daß es so nicht weitergeht!" brachte ihn dazu, seinen "Leidensweg" zu schildern. In der Stufe 3 erzählte ich ihm die

Geschichte "Noch ein langes Programm". Der Patient meinte, er könne sich sehr gut mit diesem Kaufmann identifizieren; Besinnung sei für ihn jetzt wirklich am Platze. Hier werden einige Auszüge aus seinen Beschreibungen während der fünfstufigen Therapie wiedergegeben:

Meine Krankheit, der Grund aller meiner Leiden und Operationen, ist bis zum heutigen Tage: meine Pedanterie, Hektik und Aggressivität. Laut Aussagen der mich behandelnden Professoren und Ärzte sind meine Leiden durch übergroßen Streß entstanden. In den letzten 7 Jahren häuften sich die gesundheitlichen Beschwerden: vom Herzhinterwandinfarkt über einen Hirnschlag und eine Stoffwechselstörung mit zu hohen Blutfetten (600 Cholesterin, 1045 Triglyceride) – bis hin zur Wible-Operation: 1/2 Bauchspeicheldrüse, Gallenblase, Zwölffingerdarm, 2/3 des Magens und noch weitere Därme. Unter Herz- und Kreislaufbeschwerden habe ich von meiner Scheidung an und nach der Trennung von meinem über alles geliebten Kind gelitten, bis zu meinen Arterienverschlüssen. Das letzte Jahr bis zu meiner für mich schuldlosen Scheidung litt ich unter sehr starken Depressionen – Kampf um den Erhalt meiner Ehe. Jetzt möchte ich mit meiner jetzigen Frau die mir noch verbleibenden Monate/Jahre, ich weiß nicht wie lange, in Ruhe verleben und mich aber trotzdem um unsere Fabrik kümmern: Vertriebsleitung, Kalkulation, Marketing, Prospektentwürfe bleiben trotz 2 sehr fähigen Vertriebsleuten, wobei Herr X. später Prokura erhalten soll, voll in meiner Hand, weil die anderen das noch nicht übernehmen können (Zeitproblem).
Meine Ehe ist mehr als glücklich und harmonisch. Ohne meine Frau würde ich nicht weiterleben. Meine Religion ist evangelisch und ich gehöre mit meiner Frau der weltlichen Kirche an. Meine spezielle Einstellung und Glaube existiert an Gott-Vater (oder Schicksal). Unmittelbar nach meiner großen Operation bekam ich eine unwahrscheinlich enge Bindung zu Gott-Vater. Ich habe sehr, sehr viel geweint und weine auch heute noch sehr viel, z. T. aus Liebe und Dankbarkeit zu meiner Frau. Ich habe Angst vor dem weiteren Leben und große Zweifel an Gott-Vater wegen dem großen Leidensweg. Ich glaube an einen Fortbestand der Seelen aller Lebewesen. Die Trennung zwischen Himmel und Hölle sehe ich in einem glücklichen ruhigen Einschlafen oder mit übergroßen Leiden und Schmerzen bis zum Tod. Nach dem Tod sind alle gleich.

Die Abwehrmechanismen des Patienten wie Rationalisierung und Verleugnung, die sich inhaltlich auf sein Verhältnis zu *Ordnung* (vgl. II./Kap. 19), *Leistung* (vgl. II./Kap. 9), *Zeit* (vgl. II./Kap. 33), *Gerechtigkeit* (vgl. II./Kap. 1) und *Glaube/Religion* (vgl. II./Kap. 36) bezogen, versuchte der Patient im Verlauf der fünfstufigen Therapie zu differenzieren und so diese permanenten Konfliktbereitschaften durchzuarbeiten.
Für ihn wie für mich war erstaunlich, daß Probleme, die wie ein Teufelskreis anmuteten, in dem Augenblick ihre Macht verloren, als die oben beschriebenen Inhalte einbezogen wurden. Die Behandlung wurde mit 15 Sitzungen abgeschlossen.

Anhang: Fragebogen zu *Schlaganfall und Arterienverkalkung*

Name: .... Nr.: .... Datum:................................

Körper/Sinne – Beruf/Leistung – Kontakt – Phantasie/Zukunft

1) Glauben Sie, daß Sie "verkalkt" oder "verknöchert" sind? Was hat Sie "umgehauen"? Fallen Ihnen noch andere Sprichworte zu Ihrer Erkrankung ein? Was sagen Ihnen diese Volksweisheiten?

2) Wer hat Sie wann über Ihre Krankheit informiert?

3) Praktizieren Sie das Intervalltraining, autogene Training oder andere Entspannungsmethoden?

4) Nehmen Sie regelmäßig die verordneten Medikamente? Wissen Sie, wie die Medikamente wirken, was Sie von ihnen erwarten können und welche Nebenwirkungen möglich sind?

5) Welchen Einfluß hat Ihr Beruf/Ihre Arbeit auf Ihre Erkrankung und umgekehrt?

6) Sind Sie mit Ihrem Beruf zufrieden?

7) Haben Sie in den letzten 5 Jahren größere berufliche Veränderungen erlebt?

8) Welche sekundären Fähigkeiten können Sie ausbauen, um den Rückzug aus Leistungsanforderungen zu bremsen?

9) Welche Bedeutung haben soziale Kontakte für Sie und Ihren Partner, für Freunde, Gäste, Verwandte, Nachbarn, Kollegen? Welche Gemeinsamkeiten oder Unterschiede beobachten Sie?

10) Wie gehen Ihrer Meinung nach Angehörige anderer Kulturen mit Kontakten um?

11) Haben Sie eher eine gute Beziehung zur Vergangenheit, zur Gegenwart oder zur Zukunft?

12) Haben Sie Lust, von kreativen Fähigkeiten (Musizieren, Malen, Töpfern, Schriftstellern usw.) Gebrauch zu machen?

13) Was ist für Sie der Sinn des Lebens (Antrieb, Ziele, Motivation, Lebensplan, Sinn von Krankheit und Tod, Leben nach dem Tod)?

14) Akzeptieren Sie Ihre Erkrankung auch als Chance, bisher nicht erlebte Bereiche (Körper/Sinne, Beruf/Leistung, Kontakt, Phantasie/Zukunft) zu entwickeln?

31 Schluckstörungen und Husten

Die Fähigkeit, Konflikten durch "runterschlucken" aus dem Weg zu gehen oder jemandem "etwas zu husten", ohne ihn dabei mit Worten oder Taten zu verletzen

Definition

Beim Globussyndrom handelt es sich um ein Fremdgefühl im Hals, das durch eine Verkrampfung der oberen Speiseröhre (Ösophagus) zustandekommt. Mit Aerophagie bezeichnet man gewohnheitsmäßiges Luftschlucken. Der Kardiospasmus oder die Achalasie stellt eine krampfhafte Verengung des unteren Teils der Speiseröhre dar. Bei Schluckstörungen mit Erbrechen wird der Inhalt des Magens aufgrund von Giften, mechanischen, hormonellen oder psychischen Reizen (Ekel, Konflikte) durch die Aktivität des Zwerchfells und der Muskeln der vorderen Bauchwand hinausbefördert. Beim Husten handelt es sich um krampfhafte Ausatmungsstöße, die durch Reize auf die Luftwege ausgelöst werden.

Symptomatik

Die Patienten mit Globussyndrom klagen — unabhängig vom Essen — über das Gefühl, einen Kloß oder eine aufsteigende Kugel im Hals zu haben, wodurch sie sich fortwährend zum Würgen oder Schlucken gezwungen fühlen. Infolge des Luftschluckens kommt es zu einer Aufblähung des Magens mit Völle- und Beklemmungsgefühl, Aufstoßen und u. U. Herzschmerzen. Bei Kardiospasmus wird Essen und Schlucken durch die Schwierigkeit, die in der Speiseröhre angesammelte Nahrung in den Magen zu entleeren, schließlich mit Angst besetzt. Achalasiekranke sind fast immer abgemagert. Man unterscheidet den mit Auswurf verbundenen vom trockenen Husten.

Transkultureller Ansatz und Epidemiologie

Bei Menschen verschiedener Kulturen, bei denen eine starke soziale Abhängigkeit, z. B. von Eltern, Schwiegereltern und anderen Menschen besteht, ist das Globussyndrom ausgeprägt. Ähnlich nimmt man sich in Kulturen, in denen Höflichkeit und Rücksichtnahme groß geschrieben werden, bei einem

Hustenreflex zusammen. Dadurch entlastet man andere und belastet sich selbst.

In einer Untersuchung fand Winter (1958/59), daß Frauen 3mal häufiger von Globusgefühlen betroffen waren als Männer. Nach Bräutigam u. Christian (1973) leiden etwa 10 % aller depressiven Patienten unter Schluckstörungen.

Literaturvergleich

Nach Loch (1971) und Huber (1981) stellt das Globusgefühl eine unbewußte Weigerung dar, etwas zu schlucken (im weitesten Sinn). Nach psychoanalytischer Auffassung ist die Globussymptomatik meist konversionsbedingt, d. h. verdrängte Triebansprüche werden in körperliche Symptome umgewandelt, sie haben eine symbolische Bedeutung und zielen auf Krankheitsgewinn (Meyer 1973; Alexander 1971). Die Mikrozirkulation der Schleimhäute unterliegt nach Thaler (1980) der adrenergen Einwirkung auf emotionale Belastung in besonderem Maße. Auch die Immunabwehr, nach Schnieder (1986) die wichtigste Aufgabe der Schleimhäute, wird durch anhaltenden emotionalen Streß negativ beeinflußt. Nach Luban-Plozza u. Pöldinger (1977) kann Husten auch den Versuch darstellen, innere Strebungen, die als fremd und gefährlich empfunden werden, loszuwerden ("auszustoßen").

Sprachbilder und Volksweisheiten

Einen Kloß im Hals haben; an etwas zu schlucken haben; es drückt einem die Kehle zu; das kann ich nicht schlucken; es ist zum Kotzen.

Metapher: "Der goldene Ball"

Was auch an Liebe mir vom Vater ward,
ich hab's ihm nicht vergolten, denn ich habe
als Kind noch nicht gekannt den Wert der Gabe
und ward als Mann dem Manne gleich und hart.

Nun wächst ein Sohn mir auf, so heiß geliebt
wie keiner dran ein Vaterherz gehangen,
und ich vergelte, was ich einst empfangen,
an dem, der mir's nicht gab — noch wiedergibt.

Denn wenn er Mann ist und wie Männer denkt,
wird er, wie ich, die eignen Wege gehen,
sehnsüchtig werde ich, doch neidlos sehen,
wenn er, was mir gebürt, dem Enkel schenkt. —

Weithin im Saal der Zeiten sieht mein Blick
dem Spiegel des Lebens zu, gefaßt und heiter,
den goldnen Ball wirft jeder lächelnd weiter,
— und keiner gab den goldnen Ball zurück!

(Borries von Münchhausen)

Selbsthilfeanteil: Entwicklung von Schluckstörungen und Husten aus der Sicht der positiven Psychotherapie

Die Motilität der Speiseröhre wird auch auf nervösem Weg gesteuert. Bei normalem Speichelfluß geht einem etwas "glatt runter". Unter sympathikotoner Reaktionslage kommt es zu einer Verminderung des Speichelflusses mit Mundtrockenheit ("Da bleibt einem die Spucke weg!"). Bei Reizung des Parasympathikus kann es zu krampfartigen Kontraktionen der Speiseröhre kommen, was zu einem Fremdkörpergefühl oder Würgen führt oder zu der Empfindung, als ob einem etwas die "Kehle zudrückt". Bei Schluckstörungen besteht eine innere Abwehr gegen eine Einverleibung. Es wird trotzdem geschluckt, aber auf unterschiedlichen Stufen abgewehrt und mit Hilfe der Symptomatik protestiert. Die ritualisierte Höflichkeit hindert den Patienten, Konflikte offen auszutragen. Er lernte schon in der frühen Kindheit zu "schlucken" ("Wenn Erwachsene reden, haben Kinder den Mund zu halten!"). In der Anamnese von Patienten mit chronischem Husten stößt man immer wieder auf das Zurückstellen eigener Bedürfnisse, das Vermeiden von Auseinandersetzungen und die Unterdrückung aggressiver Tendenzen ("Der Klügere gibt nach!", "Nur keinen Streit!", "Kinder haben zu gehorchen!"). Im Husten kann sich ein erster vorsichtiger, ambivalent besetzter Protest gegen Konzepte der Familie und der Umwelt ankündigen. Die psychologische Bedeutung des Schluckens und des Hustens ist evident. Der Patient mit Globusgefühl weigert sich unbewußt, etwas Unerwünschtes in sich hineinzulassen ("Das will mir nicht runtergehen!", "Es kommt mir hoch!"). Ein Mensch, der hustet, kann sicher sein, daß andere sich ihm reflexartig zuwenden. Mit Husten kann man stören, ärgern, provozieren und verletzen. "Ich huste dir etwas" besagt: "Ich bin nicht bereit, deine Wünsche zu erfüllen, aber ich kann auch nicht 'nein' sagen, weil ich den Eindruck habe, du fühlst dich sonst verletzt" (Beziehungsfalle).

Praktische Konsequenzen aus diesem Selbsthilfeanteil finden sich im Fragebogen am Ende dieses Kapitels.

Therapeutischer Anteil: das fünfstufige Vorgehen der positiven Psychotherapie bei Schluckstörungen und Husten

Fallbeispiel: "Ich weiß nicht mehr weiter!"

Schon seit 1985 leide ich unter verschiedenen Beschwerden, die in letzter Zeit immer häufiger auftreten. Morgens kriege ich nichts herunter und es tritt Übelkeit und Erbrechen auf. Hinzu kommen Erschöpfungszustände, Schlafstörungen und verstärkte Transpiration. Ab Mitte 1987 setzte auch mein Husten wieder ein. Meine vielen Krankschreibungen führten 1988 zur Kündigung. Ich bin wieder völlig mut- und lustlos geworden. Meine Beschwerden machen mir soviel zu schaffen, daß ich nicht mehr weiter weiß.

Die aktuelle Konfliktsituation der Patientin besteht einerseits in einer Gerechtigkeitsproblematik im Berufsbereich und in der Beziehung zum Ehemann, andererseits in einer Ablösungsproblematik in bezug auf die Eltern. Hierbei wird folgender Grundkonflikt aktualisiert: Bis zum Alter von 5 Jahren wird die Patientin ausschließlich von Mutter und Großmutter erzogen, die das Mädchen sehr verwöhnen. Es entsteht eine starke Mutter-Tochter-Bindung und Abhängigkeit der Patientin von der Mutter. Der spät heimgekehrte Vater tritt plötzlich mit großen Leistungsanforderungen an die Patientin heran. Als Kriterien der emotionalen Zuwendung dienen v. a. Leistungsbeweise in den Bereichen *Fleiß/Leistung, Ordnung, Höflichkeit* und *Treue*. Obwohl diese plötzlichen Forderungen von der Patientin als große Ungerechtigkeit empfunden werden, identifiziert sie sich mit den Sozialisationsnormen des eher strengen Vaters. Die Untreue des Ehemannes bedeutet für sie eine tiefgehende Kränkung, auf die sie sehr heftig mit dem Wunsch nach sofortiger Scheidung reagiert. In der gleichen Zeit treten Probleme mit dem Chef auf, auf den sie ihre ambivalente Haltung zum Vater überträgt. Seine hohen Leistungsanforderungen werden von der Patientin als große Ungerechtigkeit erlebt und aktualisieren den Grundkonflikt. Die dabei auftauchenden aggressiven Impulse kann sie nun nur durch Wendung gegen das eigene Körper-Ich verarbeiten.

Bei meiner Deutung, sie habe die Fähigkeit entwickelt, jemandem, der ihr Unrecht tue, etwas zu husten, schmunzelte die Patientin: "Das kann man wohl sagen, aber wenn ich die Folgen betrachte!"

Die Behandlung erfolgte im Rahmen der fünfstufigen Therapie in 8 Monaten und 28 Sitzungen unter zeitweiliger Einbeziehung des Partners. Im Mittelpunkt standen die Aktualfähigkeiten *Gerechtigkeit* (vgl. II./Kap. 1), *Treue* (vgl. II./Kap. 35) und *Glaube* (vgl. II./Kap. 36). Die Metapher "Der goldene Ball" wurde in die Therapie mit einbezogen, um der Patientin die Ablösung von der Vergangenheit zu erleichtern. So konnte sie die Erfahrung ihrer Vergangenheit in einem neuen Licht sehen.

Anhang: Fragebogen zu *Schluckstörungen und Husten*

Name: .... Nr.: .... Datum: ....

Körper/Sinne — Beruf/Leistung — Kontakt — Phantasie/Zukunft

1) Bleibt Ihnen manchmal "die Spucke weg", oder möchten Sie jemand "etwas husten"? Was sagen Ihnen diese Volksweisheiten?
2) Ekeln Sie sich vor bestimmten Speisen?
3) Praktizieren Sie das Intervalltraining, das autogene Training oder andere Entspannungsmethoden?
4) Nehmen Sie regelmäßig die verordneten Medikamente? Wissen Sie, wie die Medikamente wirken, was Sie von ihnen erwarten können und welche Nebenwirkungen möglich sind?
5) Schlucken Sie Konflikte "runter", um Schwierigkeiten aus dem Weg zu gehen? Welchen?
6) Bleibt Ihnen das Wort "im Halse stecken", wenn Sie mit Vorgesetzten, Mitarbeitern, Kollegen unangenehme Dinge (welche?) besprechen müssen oder solche zu hören bekommen?
7) Müssen Sie manchmal "in den sauren Apfel beißen", etwas zu tun, was Ihnen zuwider ist und Ihnen "die Kehle zuschnürt"?
8) Können Sie sich "Luft verschaffen", indem Sie offen Ihre Meinung sagen?
9) Möchten Sie Kollegen, Mitarbeiter, Vorgesetzte am liebsten "wie Luft behandeln"?
10) Können Sie Ihre Gefühle offen ausdrücken, oder haben Sie "einen Kloß im Hals" (Höflichkeit)?
11) Schlucken Sie lieber "eine bittere Pille", statt sich mit Ihrem Partner (Familie, Eltern, Kinder) offen auseinanderzusetzen (Ehrlichkeit)?
12) "Kommt es Ihnen hoch" oder "läuft es Ihnen über", wenn Sie mit bestimmten Menschen (welchen?) zusammen sind oder an sie denken?
13) Haben Sie das Gefühl, daß Sie "ein armer Schlucker" sind?
14) Haben Sie ein Bedürfnis nach "frischer Luft", nach Freiheit und Entfaltungsmöglichkeit? Stellen Sie Ihre eigenen Bedürfnisse zurück? Zu wessen Gunsten?
15) Was ist für Sie der Sinn des Lebens (Antrieb, Ziele, Motivation, Lebensplan, Sinn von Krankheit und Tod, Leben nach dem Tod)?
16) Akzeptieren Sie Ihre Beschwerden auch als Chance, bisher nicht erlebte Bereiche (Körper/Sinne, Beruf/Leistung, Kontakt, Phantasie/Zukunft) zu entwickeln?

32 Seh- und Hörstörungen

*Die Fähigkeit, nicht alles wahrnehmen zu müssen; es ist leichter, etwas nicht zu
sehen und zu hören, als das Gesehene und Gehörte zu verarbeiten*

Definition

Bei der *Bindehautentzündung* ist die schleimhautähnliche Haut, die die Vorderseite des Augapfels überzieht und die Innenfläche des Augenlids auskleidet, entzündet. Der *Grüne Star* ist durch eine abnorme Steigerung des Augeninnendrucks gekennzeichnet. Beim *Grauen Star* (Katarakt) kommt es zu einer Trübung der Augenlinse, die hinter der Regenbogenhaut und der Pupille liegt. *Schwerhörigkeit* ist ein Symptom, das entweder auf eine Erkrankung des Mittelohrs, das den Schall leitet, zurückgeht oder auf eine Erkrankung der schallempfindlichen Teile des Ohrs (Innenohr, Hörnerv und Zentralnervensystem). Beim *Hörsturz* verliert der Betroffene ohne jede Vorwarnung schockartig sein Hörvermögen. *Ohrgeräusche:* Geräusche im Ohr wie Rauschen, Brummen, Knattern, Pfeifen und sogar Melodienhören sind sowohl als Begleiterscheinung bei Erkrankungen des Ohrs anzutreffen als auch als selbständige Erkrankungen.

Symptomatik

Bindehautentzündung: Symptomatisch sind gerötete, juckende und brennende Augen mit Tränenfluß oder mit eitriger Absonderung bei der infektuösen Form. Bei der akuten Form des *Grünen Stars* erhöht sich der Druck innerhalb kurzer Zeit bis zum 5fachen; es kommt zu starken Augenschmerzen mit Rötung des Auges und Sehstörungen wie Nebelsehen. *Grauer Star:* Durch die Trübung wird der Lichteinfall ins Auge behindert, wodurch das Sehvermögen abnimmt. Zur *Mittelohrschwerhörigkeit* können Mittelohrvereiterungen und -entzündungen führen, zur *Innenohrschwerhörigkeit* Hirnhautentzündungen, Syphilis, Vergiftungen, Verletzungen und neuerdings v. a. Schallschäden. Manche Autoren weisen darauf hin, daß andauernder Lärm bei den Innenohrsinneszellen Entartungs- und Rückbildungsvorgänge auslösen kann.

Transkultureller Ansatz und Epidemiologie

Die Krankheit *Grüner Star* (Glaukom) ist die häufigste Erblindungsursache in Europa. Etwa 1 % aller Personen über 40 Jahre leidet an einem Glaukom, einer Erhöhung des Augeninnendruckes. Unter den verschiedenen Formen des *Schielens* leiden in Deutschland (ehem. BRD) etwa 3−5 % aller Kinder. Etwa 12.000 Bundesbürger erblinden pro Jahr durch Unfall oder Krankheit, 85 % der davon Betroffenen sind 45 Jahre und älter. Von einem *Hörsturz* werden jährlich etwa 12.000 Menschen betroffen, meist Männer im Alter zwischen 45 und 55 Jahren. In einer groß angelegten Gesundheitsstudie in Wien wurde festgestellt, daß bei den 60jährigen (Männern und Frauen) etwa 7,15 % ein chronisches *Ohrenleiden* haben.

Literaturvergleich

Psychogene Seh- und Hörstörungen sind von psychoanalytischer Seite her eingehend beschrieben worden. Das Auge hat nach Schultz-Zehden (1981) nicht nur die Funktion der Wahrnehmung, sondern auch die der Verdrängung. Das Übersehen dessen, was man nicht sehen will, ermöglicht ein Auswählen der Seheindrücke und schützt vor einem nicht zu bewältigenden Informationschaos. Der plötzliche Verlust des Gehörs − der sog. Hörsturz − ist meist auf psychische Belastungen zurückzuführen. Kropp u. von Rad (1988) formulieren eine pathogenetische Hypothese: Auf der Basis einer Vorschädigung der Innenohrgefäße können psychische Belastungen über akute Veränderungen von Blutdruck und/oder rheologischen Parametern zur Hypoxie des Innenohrs und damit zum Hörsturz führen.

Sprachbilder und Volksweisheiten

Es vergeht einem Hören und Sehen; schwarzsehen, das kann ins Auge gehen; jemanden blenden; da gehen einem die Augen über; einen blinden Fleck haben; aus den Augen, aus dem Sinn. Jemandem in den Ohren liegen; etwas nicht mehr hören können; zuviel um die Ohren haben; die Ohren auf Durchzug stellen; etwas überhören; für etwas taub sein.

Geschichte: "Die rettende Dunkelheit"

Siehe II./Kap 3, S. 142.

Selbsthilfeanteil: Entwicklung von Seh- und Hörstörungen aus der Sicht der positiven Psychotherapie

Überspitzt formuliert könnte man sagen, daß letztlich erst das Gehirn entscheidet, was gesehen wird und wie es gesehen wird. Aus der Psychiatrie ist uns u. a. das Phänomen der Halluzination bekannt. Es wird etwas wahrgenommen, ohne daß ein realer äußerer Sinnesreiz gegeben ist. Daß Wut uns Tränen in die Augen treiben kann, daß Kummer und Trauer uns weinen lassen, ist allen bekannt, aber weniger, daß auch die intraokularen Druckverhältnisse durch psychische Faktoren beeinflußt werden können, daß durch Gefäßverkrampfungen der Abfluß des Kammerwassers beeinträchtigt werden kann, wie das beim Glaukom der Fall ist.

Geräusche, die durchaus im hörbaren Bereich liegen, können bewußt oder unbewußt durch das Gehirn ausgeschaltet werden, so daß sie nicht als Wahrnehmung auftreten. Wenn dies willentlich herbeigeführt wird, betrachten wir es als eine Konzentrationsleistung. Oft geschieht es jedoch ohne willentliche Absicht.

Psychosomatisch gesehen können sich anhäufende Mikrotraumen, die nicht wahr- und ernstgenommen werden, alles "grau in grau" und trüb erscheinen lassen. Menschen, die nicht mehr richtig sehen können, entwickeln oft "blühende" Phantasien, die bis zu optischen Halluzinationen gehen können, während Menschen mit Hörschwierigkeiten aufgrund der Kontakteinschränkung eher zu Beziehungsideen mit paranoiden Zügen ("Wer weiß, was der wieder über mich gesagt hat!") neigen.

Bei Konflikten reagieren die mit diesen Konzepten großgewordenen Menschen vorwiegend in dem sensibilisierten Bereich Körper/Sinne ("Es vergeht einem Hören und Sehen"). Es besteht die Tendenz, durch spezifischen Einsatz des Gesichts- oder Gehörsinns seelische Belastungen und Konflikte anzugehen oder zu verdrängen. "Aus den Augen — aus dem Sinn". Mit Groddeck (1961) können wir sagen: "Es ist bequemer, nicht zu sehen, als das Gesehene zu verarbeiten." Die anderen Bereiche und Fähigkeiten geraten jedoch dabei in eine defizitäre Situation. Glaube und Vertrauen basieren bei diesen Menschen auf der eigenen Wahrnehmung: "Ich glaube etwas erst, wenn ich es mit eigenen Augen/Ohren wahrgenommen habe", hieß es bei ihnen zu Hause oft.

Bei Menschen, die bevorzugt im Bereich Sehen reagieren, wurde meist schon in früher Kindheit großer Wert auf Äußeres, auf Sichtbares gelegt: "Mach die Augen/Ohren auf", "Sieh dir erst mal alles genau an", "Hör dich erst mal um". Die emotionale Zuwendung der Eltern zu den Kindern zeichnete sich häufig durch eine gewisse räumliche und emotionale Distanz aus. Bei Menschen mit Hörstörungen legte man großen Wert auf Gehorsam. "Gehorsam" und "gehorchen" kommen von "hören". "Wer nicht hören will, muß fühlen", hieß es zu Hause. Im Kontakt zu anderen Menschen spielten optische und akustische Sinneseindrücke eine große Rolle. Konzepte wie "Sehen — und gesehen werden" und "Hast du schon gehört, daß ..." standen im Vordergrund.

Therapeutischer Anteil: das fünfstufige Vorgehen der positiven Psychotherapie bei Seh- und Hörstörungen

Fallbeispiel: "Die Situation klingt mir noch immer im Ohr."

Die 52jährige Patientin kam auf Anraten ihres Hals-Nasen-Ohren-Arztes, der an der Bad Nauheimer Psychotherapiewoche teilgenommen hatte. Sie war vorher von ihrem Hausarzt zu einem Psychiater überwiesen worden, der sie 3mal wegen "paranoider Züge" behandelt hatte. Sie sagte im Erstinterview:

Seit 2 Jahren höre ich im rechten Ohr einen hohen, lauten Pfeifton bzw. Pfeiftöne. Diese Töne wechseln unterschiedlich häufig auch auf andere Kopfbereiche über, manchmal dröhnt mein ganzer Hinterkopf so, daß ich glaube, er platzt im nächsten Moment. Ich habe dann Angst und werde immer unruhiger. Nachts kann ich oft nicht schlafen, wenn es im Ohr pfeift und mein Kopf dröhnt ...

Therapeut: "Sie haben eben erzählt, daß Ihre Beschwerden vor etwa 2 Jahren begonnen haben. Können Sie etwas genauer beschreiben, wann das Ohrenpfeifen begann, wo das war und in welchem Zusammenhang?"

Patientin: "Es war an einem Sonntag abend, am 14. Februar 1986, nachdem mich ein Mann angerufen hatte, der mir erzählte, daß mein Mann ein Verhältnis mit einer anderen Frau hat. Das war ein Schock für mich, ich habe mich sehr aufgeregt ... Als ich meinen Mann danach fragte, sagte er immer, daß Schluß ist. Da er aber schon mehrere Bekanntschaften gehabt hatte, bin ich da sehr unsicher ..."

Therapeut: "Haben Sie mit jemand anderem über die Situation gesprochen?"

Patientin: "Nein. Wir sind im Ort sehr bekannt und können es uns nicht leisten, daß jemand davon erfährt. Auch mit meinem Mann kann ich kaum darüber sprechen, weil wir beruflich sehr engagiert sind und er alles abwimmelt."

Therapeut: "Ich habe den Eindruck, daß Sie versuchen, mit sich selbst die Probleme auszumachen. Seit dieser Zeit klingen sie Ihnen im ursprünglichen Sinne des Wortes immer wieder im Ohr."

Patientin: "Wenn ich daran denke, höre ich heute noch die Stimme des Mannes aus dem Telefon ..."

An diesem Punkt erzählte ich der Patientin die Geschichte "Die rettende Dunkelheit". Sie bemerkte spontan: "Genauso verhält sich mein Mann. Er steckt den Kopf in den Sand, ähnlich wie der Mann die Datteln im Dunkeln aß. Er will einfach nicht wahrhaben, was sein Verhalten für mich bedeutet. Es bleibt mir gar nichts anderes übrig, als die ganze Sache mit mir selbst auszumachen. Können Sie sich vorstellen, was immer wieder in meinem Kopf vorgeht?"

406

Therapeut: "Es sind sicher noch viele andere Dinge in den letzten Jahren auf Sie zuge-kommen; so ist es für Sie wohl leichter, etwas nicht zu hören, als das Gehörte zu ver-arbeiten."

Diese Sätze waren für die Patientin der Anstoß, eine Reihe von Konflikten im Beruf und in der Familie, v. a. mit ihrer Mutter und ihren Kindern, zu beschreiben. Die aktuelle Konfliktsituation wurde noch dadurch dramatisiert, daß die Patientin zusammen mit ihrem Ehemann im Familienbetrieb tätig ist, wodurch der sonst recht konfliktfreie Bereich des Berufslebens mit einbezogen wurde. Die Patientin war emotional überfordert. Grundkonflikt war die analoge Situation in ihrer Kindheit: die Untreue des Vaters. Die Mutter verdammte das Verhalten des Vaters, da für sie Treue eine der wesentlichen Grundlagen des Ehelebens war. Die Patientin ergriff damals die Partei der Mutter, solidarisierte sich mit ihr, obwohl sie sonst der Mutter gegenüber vorwurfsvoll eingestellt war (diese war so im Beruf engagiert, daß die Patientin ihre Zuwendung sehr vermißte), um sich durch diese Haltung die Zuwendung zu sichern. Durch diese Identifikation mit den Konzepten der Mutter gab die Patientin die Problematik, unter der sie als Kind gelitten hatte, an ihre eigenen Kinder weiter und auch an den Ehemann. Als sie erfuhr, daß der Ehemann außereheliche Verhältnisse pflegte, wurde dies als narzißtische Kränkung erlebt, die die alte Zuwendungsproblematik aus der Kindheit wieder aktualisierte. Die Patientin konnte diese Belastung emotional nicht auffangen, sie reagierte psychosomatisch.

Wir konnten gemeinsam konfliktarme Anteile bei ihr und ihrem Mann herausarbeiten. Die manchmal auftretenden depressiven Erlebnisweisen konnten der therapeutischen Arbeit nutzbar gemacht werden. Die Patientin zeigte Krankheitseinsicht. Sie war bereit und fähig, die Patientenrolle in einem psychotherapeutischen Prozeß anzunehmen. Aufgrund ihres starken Leidensdruckes zeigte sie immer mehr Interesse an den psychologischen Zu-sammenhängen ihrer Situation. In dieser Entwicklungsstufe wurde der Ehe-mann in die Therapie einbezogen. Er war gut in der Lage, sich ebenfalls als Patient einzubringen. Die narzißtische Kränkung der Patientin, die die alte Zuwendungsproblematik aus der Kindheit wieder aktualisierte, bezog sich auf die Aktualfähigkeiten *Fleiß/Leistung* (vgl. II./Kap. 9), *Zeit* (vgl. II./Kap. 33), *Kontakt* (vgl. II./Kap. 15), *Geduld* (vgl. II./Kap. 18) und *Treue* (vgl. II./Kap. 35). Angesichts der deutlichen Eingrenzbarkeit der Problematik wurde eine kon-fliktzentrierte Psychotherapie durchgeführt. Ziel war es, die Treueproblema-tik aufzuarbeiten unter Berücksichtigung der Tatsache, daß im Hintergrund Kontaktprobleme bestanden. Beide Partner wurden in die Lage versetzt, über ihre beruflichen Beziehungen hinaus die Bereiche Körper, Kontakt und Phan-tasie/Zukunft mehr in ihr Lebensrepertoire einzubeziehen. Die Behandlung erstreckte sich über 30 Sitzungen im Zeitraum von 1 Jahr. Beide waren bei Abschluß der Therapie symptomfrei.

Anhang: Fragebogen zu *Seh- und Hörstörungen*

Name: .... Nr.: .... Datum:.................................

Körper/Sinne — Beruf/Leistung — Kontakt — Phantasie/Zukunft

1) Sehen Sie privat oder beruflich "schwarz"? Lassen Sie sich durch Erfahrungen "den Blick für etwas trüben"? Sind Sie "blind und taub" für etwas? Fallen Ihnen noch andere Sprichworte zu Ihrer Erkrankung ein? Was sagen Ihnen diese Volksweisheiten?
2) Nehmen Sie regelmäßig die verordneten Medikamente? Wissen Sie, wie die Medikamente wirken, was Sie von ihnen erwarten können und welche Nebenwirkungen möglich sind?
3) Praktizieren Sie das Intervalltraining, autogenes Training oder andere Entspannungsmethoden?
4) Haben Sie Angst, beruflichen Anforderungen nicht gewachsen zu sein? Fühlen Sie sich gestreßt?
5) Müssen Sie Mitarbeitern, Kollegen, dem Chef "in den Ohren liegen", um sich "Gehör zu verschaffen"?
6) Sind Sie besonders "hellhörig", wenn es um Fehler anderer geht?
7) Wie stehen Sie zu Konzepten wie "Mach die Augen und Ohren auf!", "Sieh dir alles erst mal genau an!", "Wer nicht hören will, muß fühlen!"?
8) Gibt es Ereignisse in Ihrem Alltag, die bei Ihnen oder Ihrem Partner (Ehepartner, Eltern, Kindern, Freunden, Bekannten) "ins Auge gehen"? Welche Aktualfähigkeiten sind beteiligt?
9) Glauben Sie nur das, was Sie "mit eigenen Augen gesehen" haben?
10) Welche Ereignisse sind in den letzten 5 Jahren auf Sie zugekommen, daß Ihnen "Hören und Sehen vergangen ist"? Nennen Sie mindestens 10 Erlebnisse. Übersehen/überhören Sie das, was Sie nicht (mehr) sehen/hören wollen?
11) Was ist für Sie der Sinn des Lebens (Antrieb, Ziele, Motivation, Lebensplan, Sinn von Krankheit und Tod, Leben nach dem Tod)?
12) Akzeptieren Sie Ihre Beschwerden auch als Chance, bisher nicht erlebte Bereiche (Körper/Sinne, Beruf/Leistung, Kontakt, Phantasie/Zukunft) zu entwickeln?

33 Sexuelle Funktionsstörungen

Die Fähigkeit, durch den Körper "nein" zu sagen (Frigidität); die Fähigkeit, sich aus dem Konfliktfeld der Sexualität zurückzuziehen (Erektionsstörungen) oder schnell zum Ziel zu kommen (vorzeitige Ejakulation)

Definition

Mit *Frigidität* bezeichnet man allgemein die fehlende sexuelle Ansprechbarkeit der Frau. Davon sind die verschiedenen Abschnitte des sexuellen Reaktionszyklus betroffen: Es fehlt das Bedürfnis zu sexueller Aktivität, physiologische Reaktionen wie die Produktion der vaginalen Gleitsubstanz bleiben aus, jegliche sexuelle Empfindungsfähigkeit fehlt.

Unter der *Impotentia erigendi* oder *Impotentia coeundi* versteht man das Unvermögen des Mannes, den Geschlechtsakt zu vollziehen.

Ejaculatio praecox oder *vorzeitiger Samenerguß*: Es handelt sich hierbei um eine Störung des organisch gesunden Mannes. Nach Eintritt der Erektion kommt es sehr schnell zur Ejakulation.

Symptomatik

Man unterscheidet die primäre *Frigidität*, bei der Libido, sexuelle Erregungs- und sexuelle Empfindungsfähigkeit schon von Kindheit an gefehlt haben, von der sekundären Frigidität, bei der die sexuelle Ansprechbarkeit bereits da war und erst später aus irgendeinem Grund verlorenging. Die passive Fähigkeit zum Beischlaf und die Empfängnisfähigkeit sind jedoch trotz der Frigidität gegeben.

Die *Impotenz* kann verschiedene Phasen des sexuellen Zyklus betreffen; z. B. wenn das Verlangen nach sexueller Aktivität (Libido) nicht besteht, wenn es nicht zur Erektion kommt oder die Erektion so schnell wieder nachläßt, daß eine Einführung des Penis nicht möglich ist. Die Impotenz ist nur sehr selten organisch oder hormonell bedingt.

Transkultureller Ansatz und Epidemiologie

- Allgemein wird angenommen, daß etwa 80–95 % aller sexuellen Funktionsstörungen psychisch bedingt sind. Frigidität ist die häufigste Störung bei der Frau, Vaginismus eine sehr seltene Störung.
- Geht man von den Untersuchungsergebnissen von Kinsey (1965) und Schnabl (1980) aus, so haben von Frauen, die unter 40 Jahre alt sind und regelmäßig Verkehr haben, 5–10 % nie und ca. 50 % fast immer einen Orgasmus beim Koitus.
- Nach Studien von Schnabl (1980) treten gelegentliche Erektionsstörungen bei ca. 30 %, nach Kaplan u. Langer (1979) sogar bei 50 % der Männer auf.

Literaturvergleich

Insbesondere bei der Frau hängt die Qualität des sexuellen Erlebens nach Benedek (1964) mehr von psychologischen und soziologischen Faktoren ab als vom Endokrinum.

Der fehlenden sexuellen Ansprechbarkeit der Frau liegen nach psychoanalytischer Auffassung tiefgreifende neurotische Störungen aus der prägenitalen Entwicklungsphase zugrunde.

Nach kommunikationstheoretischer Ansicht ist die Frigidität Ausdruck und Folge gestörter zwischenmenschlicher Beziehungen.

Aus psychoanalytischer Sicht ist die Impotenz als Abwehrmaßnahme des Ich gegen die mit der Sexualität verknüpften Ängste zu verstehen. Die ödipale Situation mit Zuwendung der Mutter und Rivalitätsgefühlen dem Vater gegenüber wurde nicht adäquat gelöst. Es kommt zu einer Fixierung dieses Konflikts mit Fortbestehen der Ängste bis in das Erwachsenenalter. Sigusch (1975) weist darauf hin, daß die zur Angstabwehr eingesetzte Funktionsstörung eine Ich-stabilisierende Schutzfunktion hat. Nach lerntheoretischer Auffassung wird die sexuelle Betätigung dann vermieden, wenn sie mit Angst verknüpft ist. Nach Thomas (1989) hat kirchliche Verkündigung Jahrhunderte hindurch den Begriff der Sünde mit dem der Sexualität unzutreffend verbunden. Er sieht "außerordentlich enge Verbindungen zwischen psychischen Hemmungen im sexuellen Bereich und ihren körperlichen Auswirkungen wie z. B. erektilen Dysfunktionen."

Wenn wir uns fragen, welche Faktoren sexuelles Verhalten inhaltlich modellieren, berühren wir das Spektrum der Aktual- und Grundfähigkeiten. Nach meinen bisherigen Erfahrungen spielen bei primären Sexualstörungen die Grundfähigkeiten (Liebesfähigkeit, 4 Vorbilddimensionen), bei sekundären Sexualstörungen die sekundären Fähigkeiten (z. B. *Ordnung, Sauberkeit, Pünktlichkeit, Treue* etc.) eine zentrale Rolle.

Sprachbilder und Volksweisheiten

Sich jemanden vom Leib halten; zugeknöpft sein; sich nicht mitteilen; sich nicht öffnen; "Rühr mich ja nicht an!"; in Streik getreten; kühl bleiben; ein Schlappschwanz sein; am Ziel vorbeischießen; nur eine halbe Portion sein;

ein kleiner Gernegroß; "Wenn du eine Frau hast, ist die Mark nur noch 50 Pfennig wert."

Zwei Freundinnen sehen sich nach langer Zeit wieder. Die eine ist verheiratet, die andere ledig. "Sag mal, Helga, hast du denn noch immer nicht den Richtigen gefunden? Es ist doch nicht schön, immer allein zu sein." "Das ist gar nicht so schlimm", erwiderte sie. "Während ich auf den Richtigen warte, amüsiere ich mich mit den Falschen!"

Geschichte: "Die Frau als Therapeutin"

Eine kluge Frau, deren Mann zu wenig Zeit für sie hatte und dessen Augen blind schienen für ihre Schönheit, wußte sich zu helfen. An einem Abend begab sie sich zu ihrem Mann, der über seinen Büchern brütete. Sie begann: "Sind meine Haare nicht wie Gold?" Der Mann schaute nicht einmal von seinen Büchern auf und sagte: "Ja, du hast recht." Die Frau fuhr fort: "Sind meine Zähne nicht wie die Perlen einer Kette?" "Oh, ja", war die Antwort. "Sind meine Hände nicht zart wie der Duft des Morgens?" "Doch, doch." "Sind meine Füße nicht zierlich wie eine Schnitzerei aus Elfenbein?" "Gewiß, gewiß!" "Ist mein Leib nicht weiß wie Marmor?" "Oh, ja! Du sagst die Wahrheit", antwortete der Mann, der sich nicht mehr so recht auf seine Arbeit konzentrieren konnte und immer öfters zu seiner Frau hinschaute. Diese fuhr fort: "Bin ich nicht gewachsen wie eine Zeder?" "Doch, in der Tat, du bist es." Die Frau drehte sich leicht und sagte: "Gleichen nicht die Formen meines Pos denen einer chinesischen Vase?" "Oh, ja." "Ist nicht mein Busen so fest, so groß, so frisch und zart wie herrliche Pfirsiche?" "Er ist es", sagte der Ehemann. Seine Frau fiel ihm um den Hals: "Was bist du für ein wunderbarer Mann! Welch schöne Worte sagst du zu mir!"

Selbsthilfeanteil: Entwicklung von Sexualstörungen aus der Sicht der positiven Psychotherapie

Vom Zwischenhirn, dem Zentrum zentralnervöser Erregungen, werden sowohl körperliche und psychische Signale über das Rückenmark zu den Genitalien weitergeleitet, als auch umgekehrt genitale Impulse vom Zwischenhirn entgegengenommen und verarbeitet. So ist ein lustvoller und befriedigender Ablauf des Geschlechtsverkehrs nur möglich, wenn keine negativen emotionalen Zustände diese Reiz- oder Nachrichtenvermittlung stören.

Bei Menschen mit sexuellen Problemen erweist sich regelmäßig der Bereich Körper/Sinne und der Bereich Kontakt als konflikthaft besetzt. Störungen im körperlichen Bereich begannen oft mit einer tabuisierten Sexualerziehung. Körperlichen, mit der Sexualität in Zusammenhang stehenden Vorgängen und damit verbundenen Empfindungen und Einstellungen gegenüber entstand ein tiefes Mißtrauen.

Der Bereich Beruf/Leistung ist mit großer Regelmäßigkeit positiv besetzt. Hier wurde schon das Kind erheblich gefördert. Fleiß und schulischer Erfolg wurden mit Liebe und Anerkennung belohnt. Alles, was außerhalb dieses Bereiches lag, wurde dagegen — nach dem Motto: "Gebrauche lieber deinen Verstand; tu was Vernünftiges!" — als unwichtig und Zeitvergeudung gewertet.

Der Kontaktbereich ist konfliktbeladen. Die Fähigkeit, sich mitzuteilen, mit dem Partner sowohl über Negatives als auch über Positives offen und konstruktiv zu sprechen, ist defizitär.

Versagensängste, Trennungsängste und Schuldgefühle, die v. a. erziehungsbedingt sind, blockieren die Frau. Diskriminierende Diagnosen wie "frigide", "geschlechtskalt" oder "gefühlskalt" verstärken diese Ängste noch. Die sexuelle Störung wird als Organminderwertigkeit aufgefaßt, was wiederum zur Verschlimmerung der Symptomatik führen kann.

Bei Menschen mit funktioneller sexueller Symptomatik ist die Beziehung der Eltern zueinander häufig kühl und neutral gewesen. Zärtlichkeiten wurden, zumindest vor dem Kind, nicht gezeigt. Emotionale Äußerungen wurden als "Gefühlsduselei" abgelehnt. Auch zu den sonstigen Mitmenschen gaben sich die Eltern meist reserviert. Der Kontakt beschränkte sich auf das familiär und gesellschaftlich Notwendige; auf Höflichkeit wurde großer Wert gelegt, aber auch auf Distanz ("drei Schritt vom Leib"). In der Phantasie der Eltern schienen sich die fehlenden oder unterdrückten emotionalen Beziehungen als Mißtrauen, Aggressionen und v. a. als Ängste zu äußern. Eine positive Einstellung zum Partner und ein positives Erleben der eigenen Körperlichkeit wurden durch die vorgelebten elterlichen Konzepte sehr schwer gemacht.

Oft bestehen enge Beziehungen zwischen dem sexuellen Erleben und der religiösen Erziehung und Einstellung. Einseitig verstandene Religiosität kann zu "ekklesiogenen" Neurosen führen, die wiederum sexuelle Funktionsstörungen mitbedingen.

Sekundäre und primäre Fähigkeiten besitzen die Funktion einer Waffe, eines Schutzes oder aber eines Vorwandes. Aufgrund der sehr komplexen, von einer großen Zahl unterschiedlicher Faktoren beeinflußten sexuellen Entwicklung der Frau ist die Möglichkeit einer Störung eher gegeben als beim Mann. Das sexuelle Verhalten hängt nämlich nicht allein von den biologischen Voraussetzungen, dem Hormonspiegel oder der genitalen Stimulierung ab. Es hängt vielmehr auch — und das mehr als beim Mann — von psychologischen und soziokulturellen Faktoren ab.

Insbesondere wenn die verbale Kommunikation zwischen den Partnern gestört ist, wenn keine Verständigung auf verbaler Ebene möglich scheint, kommt dieses "Sich-nicht-mitteilen-Können" im körperlichen Bereich zum Ausdruck. Eine Frau, die sich nicht angenommen fühlt, läßt sich nicht "nehmen". Eine Frau, die sich nicht verstanden, nicht geliebt fühlt, macht im wahrsten Sinne des Wortes "von innen zu". Sie "öffnet" sich nicht, sie gibt sich "zugeknöpft". Mit Hilfe der Symptomatik teilt sie sich dafür nonverbal mit. Mit dem Scheidenkrampf kann sie sich den Mann "vom Leib halten", sie kann sein Glied schmerzhaft einschließen oder sie kann es aus sich herausstoßen. Das Verhalten der sog. frigiden Frau dagegen ist weniger aktiv abwehrend, sondern eher als ein Rückzug anzusehen, als ein Versuch, Konflikten aus dem Weg zu gehen. Hier stellt sie, meist nach länger dauernden ungeklärten partnerschaftlichen und sexuellen Problemen, auch die Kommunikation auf der körperlichen Ebene ein.

Praktische Konsequenzen aus diesem Selbsthilfeanteil finden sich im Fragebogen am Ende dieses Kapitels.

Therapeutischer Anteil: das fünfstufige Vorgehen der positiven Psychotherapie bei sexuellen Funktionsstörungen

Stufe 1: Beobachtung/Distanzierung

Fallbeispiel: "Wer ist frigide?"

Eine 32jährige Patientin war von ihrem Frauenarzt zur Psychotherapie überwiesen worden. Überweisungsgrund war "Frigidität". Nach einem orientierenden Gespräch mit dem behandelnden Arzt lud ich die Patientin und ihren Ehemann zu einem Erstinterview ein. Auf die Frage, worunter sie leide, antwortete an ihrer Stelle der Ehemann: "Meine Frau hat sexuelle Schwierigkeiten. Sie lehnt mich geschlechtlich ab. Sie ist frigid." Dies sagte er mit einer Überzeugungskraft, die mich stutzig werden ließ. Er benutzte das Wort Frigidität wie eine feststehende Diagnose.

Therapeut: "Woher wissen sie das?"

Herr F.: "Von meinem Hausarzt."

Therapeut: "Nur von ihrem Hausarzt?"

Herr F. (sichtlich verlegen): "Ich hatte schon manchmal das Gefühl, daß mich meine Frau geschlechtlich ablehnt. Aber daß das Frigidität ist, weiß ich erst, seitdem meine Frau beim Frauenarzt war und unser Hausarzt uns beiden den Befund vorlas."

Er übernahm die Diagnose, die vom Fachmann bereits gestellt worden war. Dabei scheint interessant, daß diese Diagnose die Qualität der Vita sexualis beschreibt und die Partei des Mannes ergreift, der seine Frau als abweisend bzw. kalt erlebt und für den dieses Erlebnis einer tiefgreifenden narzißtischen Kränkung gleichkam. Die Patientin war durch diese aggressiv vorgebrachte Klage betroffen. Sie begann im Gegensatz zu ihrem Mann die Schilderung ihres Leidens damit, daß sie sich depressiv und niedergeschlagen fühle und das Gefühl habe, daß ihre Beziehung zu ihrem Mann gestört sei. Wegen Fluor vaginalis sei sie zum Frauenarzt gegangen und habe ihm erzählt, daß sie außer Abwehr und Ekel nichts mehr empfinde.

Die Patientin hatte, so schien es mir, in ihrer partnerschaftlichen Beziehung die "Schuld" für die auftretenden Störungen auf sich genommen. Ihr Mann gab sich ja alle Mühe, nur sie selbst konnte trotz aller Anstrengungen nicht mithalten. Die verstärkte Bemühung um ein zufriedenstellendes sexuelles Leben bewirkte sogar das Gegenteil, nämlich tiefe Versagenserlebnisse. Die Frigidität wurde in diesem Sinne als Organminderwertigkeit realisiert und führte bei dem Versuch, sie abzubauen, in eine therapeutische Sackgasse.

Eine andere Deutung der Frigidität ist möglich. Wenn wir davon ausgehen, daß die Frigidität in diesem Fall eine reaktive Sexualabwehr bedeutet und den Versuch darstellt, durch Rückzug sexuellen und partnerschaftlichen Konfrontationen aus dem Weg zu gehen, ist sie mehr als nur Geschlechtskälte, nämlich: die *Fähigkeit, durch den Körper nein zu sagen.*

Als ich dieses Gegenkonzept dem Ehepaar vorschlug, schwiegen beide betroffen. Ich meinte schon, sie könnten mit diesem Umdeutungsversuch nichts anfangen, als die Frau begann, aus dieser Sicht das Problem zu besprechen: sie hätte es längst aufgegeben, bei ihrem Ehemann nein zu sagen. Er habe doch nie Zeit für sie, sei mit seinem Beruf verheiratet, käme nach Hause, wann er wolle, und das schon seit 8 Jahren. Sie hätte das Empfinden, ihre Gefühle hätten sich immer mehr verflüchtigt, und bei dem Gedanken, die sexuelle Aktivität ihres Mannes ertragen zu müssen, krampfe sich alles in ihr zusammen. Ihren letzten befriedigenden Geschlechtsverkehr habe sie vor 7 oder 8 Jahren gehabt (vgl. Peseschkian 1977a, S. 187 ff).

Stufe 2: Inventarisierung

Die positive Umdeutung der Frigidität bewirkte, daß das Problem auf einer anderen Ebene erschien und andere Aspekte ins Blickfeld kamen:
— die berufliche Aktivität des Ehemannes (*Fleiß/Leistung*),
— sein Mangel an Zeit,
— seine Unzuverlässigkeit und Unpünktlichkeit,
— das Gerechtigkeitskonzept der Frau, die dies nicht länger ertragen wollte und
— die Schwierigkeiten der Patientin, ihr Unbehagen zum Ausdruck zu bringen und sich gegen ihren Mann durchzusetzen (*Höflichkeit/Ehrlichkeit*).

Die Frigidität ist somit nicht nur ein Defekt der Frau, sondern erscheint als Ausdruck der gestörten Emotionalität und Kommunikation in der Partnerschaft. Dadurch, daß wir das traditionelle Krankheitskonzept nicht wiederholten, bekamen wir neue Möglichkeiten an die Hand, das Problem familientherapeutisch anzugehen.

Stufe 3: Situative Ermutigung

Zunächst galt es, die konfliktarmen Anteile in dieser Partnerschaft bewußt zu machen. Die Patientin lehnte, wie ich ihren Äußerungen entnehmen konnte, ihren Mann nicht grundsätzlich ab. In diesem Fall hätte sie es leicht gehabt, sich von ihrem Partner zu trennen und sich einen neuen Partner zu suchen. Sie wandte sich gegen ihn, weil er ihr nicht genügend Zeit, Zuwendung und Rücksicht zukommen ließ. Als ich die Patientin darauf hinwies, daß sie ihren Schilderungen zufolge gern mit ihrem Mann zusammen sein wollte und auch gern Kontakt zu anderen Menschen hätte, nahm sie diese Umdeutung sofort an: sie brauchte jetzt nicht mehr nach Gründen zu suchen, weshalb sie ihren Mann hassen müsse, zumal ihre Ambivalenz ihm gegenüber eine Lösung des Problems unmöglich machte. Beide Partner waren jetzt frei, aufgrund genauer Beobachtungen sich gegenseitig konkret mitzuteilen, was sie aneinander schätzten. Dies wurde im Rollenspiel eingeübt und bei der Patientin in Entspannung vertieft.

Stufe 4: Verbalisierung

Anhand der Geschichte "Die Frau als Therapeutin" stellten sich die Probleme der Partnerschaft in einem anderen Licht dar. Bei der ödipalen Problematik der Patientin spielten inhaltlich die *Pünktlichkeit* (vgl. II./Kap. 6) und die mangelnde *Zeit* ihres Mannes sowie die Aktualfähigkeit *Sexualität* eine wichtige Rolle. Mit beiden arbeiteten wir die Konfliktbereiche *Zeit* und *Sexualität* durch.

Die Aktualfähigkeit "Zeit"

Definition und Entwicklung: Die Fähigkeit, den Zeitablauf zu gestalten und Beziehung zu Vergangenheit, Gegenwart und Zukunft aufzunehmen. Dies kann passiv geschehen, indem Zeiteinteilungen und Zeitgestaltungen übernommen werden, und aktiv durch die Gliederung der Zeit nach einem persönlichen Konzept. Bereits von der frühen Kindheit an lernt das Kind, ob es selber etwas mit der Zeit anfangen, wie es sie gestalten kann, oder ob es passiv allem Geschehen ausgesetzt ist.

Wie fragt man danach: Wer von Ihnen hat für sich und für den Partner mehr Zeit? Wie fühlen Sie sich, wenn Ihr Partner für Sie wenig Zeit hat (Situationen)? Kommen Sie mit Ihrer Zeit aus, oder empfinden Sie Langeweile oder Hetze? Haben Sie genug Zeit für sich selbst, und können Sie mit dieser Zeit etwas anfangen? Was würden Sie tun, wenn Sie eine Woche lang freie Zeit zu Ihrer Verfügung hätten? Haben Sie (Ihr Partner) eine geregelte Arbeitszeit? Welche Zukunftspläne haben Sie? Denken Sie oft darüber nach, was Sie in der Vergangenheit richtig oder falsch gemacht haben? Wer von Ihren Eltern hatte mehr Zeit für Sie?

Synonyme und Störungen: Langeweile, dauerhaft, beständig, vergänglich, utopistisch, Hetze, Freizeit, die guten alten Zeiten, Zeit verschwenden, Zeit ist Geld, kommt Zeit kommt Rat, nütze die Zeit, denn sie eilt. – Überforderung, Unterforderung, Vernachlässigung, Angst, Grübelei, Eigenbrötlerei, Streßerscheinungen, Fixierung an die Vergangenheit, einseitige Realitätsbezogenheit, Utopismus, Magenbeschwerden, Herzbeschwerden, Sexualstörungen.

Verhaltensregulative: Sich vorher überlegen, was man mit der Zeit anfangen möchte; mit dem Partner oder der Familie darüber sprechen. Durch Planung können sie Störungen vermindern. Mit den Überraschungen, die trotzdem auftreten, müssen wir fertig werden. Feststellen, was dringlich und weniger dringlich ist; nacheinander aufarbeiten. Wofür Zeit nehmen: für sich, für den Partner, die Familie, sozialen Kontakt, Beruf, Weltanschauung/Religion.

Die Aktualfähigkeit "Sexualität"

Definition und Entwicklung: Die Fähigkeit, zu sich oder zu einem Partner (Du) eine geschlechtliche oder geschlechtlich motivierte Beziehung aufzunehmen. Wir unterscheiden zwischen Sex, Sexualität und Liebe. Sex bezieht sich auf körperliche Eigenschaften und Funktionen. Sexualität betrifft die Eigenschaften und Eigenarten, die zu Kriterien der Zu- oder Abneigung werden. Liebe bezieht den Träger dieser Eigenschaften, den man liebt, mit ein. Nicht, was er hat, sondern er selber wird geliebt. In die Entwicklung der Sexualität fließt das unmittelbare Vorbild der Eltern ein, wie sie den Zärtlichkeitsbedürfnissen des Kindes entgegenkamen und in welcher Weise die Sexualität auf andere Aktualfähigkeiten wie *Sauberkeit*, *Höflichkeit*, *Ehrlichkeit*, *Treue* und *Pünktlichkeit* bezogen ist.

Wie fragt man danach: Wer von Ihnen ist sexuell aktiver? Haben Sie im Bereich der Sexualität Probleme? Gefällt Ihnen Ihr Partner körperlich? Welche Eigenschaften Ihres Partners mögen Sie, welche nicht? Hatten Sie bereits mit einem anderen Partner sexuelle Beziehungen, vermissen Sie ihn? Wann hatten Sie erstmals sexuelle Beziehungen? Wann haben Sie damit begonnen, sich selbst zu befriedigen? Was halten Sie davon? Welche Formen der Sexualität bevorzugen Sie? Wer hat Sie aufgeklärt? Wie war das Verhältnis Ihrer Eltern zur Sexualität?

Synonyme und Störungen: Verliebt, beliebt, vernarrt, zärtlich, zugetan, erotisch, leidenschaftlich, hinreißend, reizend, locken, verführen, Anziehungskraft, Zuneigung, Hingabe, Lust, Leidenschaft. – Sex als Lebensziel, Hypersexualität, Selbstbefriedigung als Sucht, sexuelle Verwahrlosung, Perversionen, Sadismus, Masochismus, sexueller Leistungszwang, Sexualangst, Enttäuschung, Selbstwertprobleme, Eheschwierigkeiten, Sexualabwehr, Anklammerungstendenzen.

Verhaltensregulative: Lerne zu unterscheiden zwischen Sex, Sexualität und Liebe. Worüber aufklären? Über die sexuellen Funktionen, die zwischenmenschlichen Beziehungen, Ursachen und Folgen für eine Partnerschaft? Entwicklungsgemäß aufklären. Auch über sexuelle Probleme und Wünsche sprechen.

Stufe 5: Zielerweiterung

Hier ging es v. a. darum, den Kontaktbereich (Zeit für einander haben, gemeinsame Unternehmungen, Gäste und Freunde einladen und besuchen) neu zu beleben.

Im Rahmen einer fünfstufigen Familientherapie innerhalb von 15 Sitzungen, die sich auf einen Zeitraum von 10 Monaten verteilten, konnte eine wesentliche Besserung des Gesundheitszustandes der Frau sowie eine merkbare Änderung der Kommunikationsstruktur der Familie erzielt werden. Voraussetzung dafür war allerdings, die ausgetretenen Pfade der konventionellen Diagnose zu verlassen und zusammen mit den Patienten den "Standort zu wechseln" mit dem Ziel, die bestehende Problematik in einem neuen Licht zu sehen. Eine wichtige Hilfe dabei war die Technik des Rollentausches. Die starre Rollenverteilung verstellte den Partnern die Einsicht in die Dynamik der Familienstruktur mit ihren Inhalten und deren Auswirkungen auf die Partnerbeziehungen. Ein Familienmitglied übernahm für eine begrenzte Zeit (1-2 Tage) Aufgaben und Rollenmerkmale, die bis dahin einem anderen zugekommen waren. So betätigte sich der Vater als Hausmann, die Mutter übernahm Planungsaufgaben, die beiden Kinder übernahmen ihrerseits Aufgaben und Funktionen, die im Zuständigkeitsbereich der Eltern lagen.

Name: .... Nr.: .... Datum:................................

Körper/Sinne — Beruf/Leistung — Kontakt — Phantasie/Zukunft

1) Haben Sie das Gefühl, "nicht zum Ziel zu kommen", "am Ziel vorbeizu-schießen", ein "Schlappschwanz" zu sein, "zugeknöpft" zu sein? Fallen Ihnen noch andere Sprichworte zu Ihren Beschwerden ein? Was sagen sie Ihnen?
2) Durch wen oder was sind Sie "aufgeklärt" worden? Wie haben Sie das empfunden?
3) Haben bei Ihnen sexuelle Erregungs- und Empfindungsfähigkeit schon von klein auf gefehlt oder waren sie schwach, oder ging Ihre sexuelle An-sprechbarkeit erst später verloren? Seit wann? Aus welchem Grund?
4) Machen Sie einen Unterschied zwischen Sex, Sexualität und Liebe?
5) Sehen Sie die Beziehung zu Ihrem Partner vorwiegend unter dem Ge-sichtspunkt körperlicher Funktionen und Merkmale (Körperbau, Größe, Hautfarbe, Geruch, Größe des Busens, des Gliedes, Häufigkeit des Orgasmus usw.)? Wie empfinden Sie es, wenn körperliche Funktionen und Merkmale Ihres Partners sich ändern (z. B. altersbedingt)?
6) Ist Ihr Partner für Sie "austauschbar", oder sind Sie für Ihren Partner "aus-tauschbar"?
7) Können Sie mit Ihrem Partner auch ohne sexuellen Kontakt zärtlich sein?
8) Praktizieren Sie das Intervalltraining, autogenes Training oder andere Entspannungsmethoden?
9) Nehmen Sie regelmäßig die verordneten Medikamente? Wissen Sie, wie die Medikamente wirken, was Sie von ihnen erwarten können und welche Nebenwirkungen möglich sind?
10) Welchen Einfluß hat Ihr Beruf/Ihre Arbeit auf Ihre sexuellen Probleme?
11) Gehen Sie beruflichen Konflikten nach Möglichkeit aus dem Wege? Wel-che Aktualfähigkeiten sind mikrotraumatisch Anlaß oder Ursache der Konflikte? Kennen Sie das differenzierungsanalytische Inventar (DAI)?
12) Sehen Sie sexuelle Erregung und Empfindung als "Leistung" an, die Sie nach Ihrem eigenen Selbstverständnis oder nach dem Ihres Partners erbringen müssen (z. B. eine bestimmte Zahl von Orgasmen)?
13) Geht Ihr Partner genügend auf Ihre Bedürfnisse ein (Vorspiel, Zärtlich-keit, Stellungen, Eindringen des Gliedes usw.)?
14) Kann Ihr Partner seine Probleme und Wünsche für Sie angemessen zum Ausdruck bringen? Argumentiert er, brüllt er, stellt er Fragen, hört er zu, zieht er sich zurück? Fühlen Sie sich von ihm angenommen?

15) Haben Sie die Fähigkeit entwickelt, "Nein" zu sagen, wenn Sie etwas nicht möchten?
16) Spielen Eigenschaften und Fähigkeiten (Aktualfähigkeiten) Ihres Partners in Ihrer Beziehung eine wichtige Rolle?
17) Wie stehen Sie zu folgenden Aussagen?
   - Die Religion (Weltanschauung), der ich angehöre, legt großen Wert auf die Einhaltung sexueller Treue.
   - Ich akzeptiere die Einzigartigkeit meines Partners, die sich in seinen Eigenarten und Fähigkeiten ausdrückt.
   - Ich habe Angst, mich fallen zu lassen, mich zu verlieren, außer Kontrolle zu geraten.
   - Meine sexuellen Probleme lösen Minderwertigkeitsgefühle in mir aus.
18) Was ist für Sie der Sinn des Lebens (Antrieb, Ziele, Motivation, Lebensplan, Sinn von Krankheit und Tod, Leben nach dem Tod)?
19) Akzeptieren Sie Ihre Problematik auch als Chance, bisher nicht erlebte Bereiche (Körper/Sinne, Beruf/Leistung, Kontakt, Phantasie/Zukunft) zu entwickeln?

34 Das Phänomen Streß in der positiven Psychotherapie

Steter Tropfen höhlt den Stein!
(Lebensweisheit)

Geschichte: "Der Sinn einer bitteren Melone"

Ein Herr hatte einen Diener, der ihm sehr ergeben war. Eines Tages gab er dem Diener eine Melone, die sehr reif und köstlich ausschaute, nachdem sie aufgeschnitten war. Der Diener aß ein Stück, dann noch eines und noch eines, bis fast die ganze Melone aufgegessen war, mit großem Genuß, denn der Tag war sehr heiß. Sein Herr wunderte sich sehr darüber, daß sein Diener fast die ganze Melone aufgegessen und ihm nichts davon angeboten hatte. So nahm er dann das letzte Stück, probierte es und fand die Melone übermäßig bitter und ungenießbar. "Sie ist ja ganz bitter! Fandest du es nicht so?", fragte der Herr seinen Diener. "Ja, mein Herr", antwortete der Diener, "sie war bitter und unangenehm, aber ich habe so viel Süßes von deinen Händen gekostet, daß die bittere Melone nicht erwähnenswert war."

Die Fähigkeit, die Folgen einer Handlung in die Überlegung einzubeziehen, auch wenn dies auf Kosten der Spontaneität geht, erweist sich gar nicht selten als sehr nützlich. Welche Folgen hat es für mich neben dem Genuß, wenn ich Alkohol trinke? Welche Folgen hat es, wenn ich mich für ein politisches oder religiöses Konzept entscheide? Mit welchen Folgen muß ich rechnen, wenn ich mir neben meiner Frau noch eine Freundin nehme? Auch in meinem Beruf muß ich stets die Folgen einer Handlung oder Entscheidung in die Überlegungen einbeziehen, um nicht nachher in eine Situation permanenter Überlastung und unliebsamer Überraschungen zu geraten.

In der Psychotherapie findet man hinter Klagen, Ängsten, Depressionen, Aggressionen und psychosomatischen Störungen Motive, die sich auf bestimmte soziale Normen beziehen. So können Kopfschmerzen, Schlafstörungen, innere Unruhe oder Aggressivität nach Auseinandersetzungen im Beruf, als Folge von Erziehungsschwierigkeiten mit den Kindern und im Zusammenhang mit partnerschaftlichen Problemen auftreten. Mit der Aussage, daß hinter diesen Störungen Belastungen stehen, ist noch nicht gesagt, welcher Art die Belastungen sind. Zumeist möchte man in ihnen berufliche Überlastungen sehen. Tatsächlich existiert jedoch ein ganzes Spektrum von Verhaltensweisen und Einstellungen, die zu Konfliktpotentialen werden können und in den entsprechenden Situationen als Konflikte zutagetreten. Als Beispiel hierzu die Schilderung einer Situation, die ich selbst erlebt habe:

Fallbeispiel: "Hätten Sie doch nicht angerufen!"

Herr X. ruft in der Praxis an und möchte mich sprechen. Beim 1. Anruf ist es nicht möglich, beim 2. Anruf kann er mich erreichen. Er beginnt das Gespräch: "Ich habe Sie bei einem Vortrag in München kennengelernt und möchte Sie gerne für einen Vortrag in K. gewinnen." "Vielen Dank für das Vertrauen, das Sie mir entgegenbringen, wenn Sie mich für einen Vortrag im Ausland gewinnen möchten. Informieren Sie mich doch bitte kurz über Ort und Zeit des Vortrages, für welchen Teilnehmerkreis er gedacht ist, ob Sie schon Vorstellungen hinsichtlich eines Themas haben und wie die allgemeinen Bedingungen sind." Herr X. gibt kurz die notwendigen Informationen und ich fahre dann fort: "Vielen Dank, ich werde in meinem Terminkalender nachsehen und darüber nachdenken, ob ich die Aufgabe übernehmen kann." "Aber es nimmt doch gar nicht viel Zeit in Anspruch, der Vortrag soll doch nur gut 1 Stunde dauern!", versucht Herr X. mich zu überzeugen. Wir vereinbaren einen Rückruf für den nächsten Tag nach 16.00 Uhr.

Dieser Anruf klingt routinemäßig, doch was setzt er in Bewegung? Bis zu dem vereinbarten Rückruftermin muß ich mich bereits intensiv damit befassen. Da der Vortrag im Ausland stattfinden soll, würde er mit An- und Abreise 4 Tage in Anspruch nehmen. Zunächst einmal muß ich für mich selbst Antwort auf die folgenden Fragen finden:
1) Wie ist meine körperliche Lage, kann ich mir die Reise zumuten?
2) Ist der vorgesehene Termin noch frei? Bleibt noch genügend Zeit für die Vorbereitungen (Vorabmanuskript, ausführliches Manuskript etc.)? Wie kann ich die in der Zeit meiner Abwesenheit liegengebliebene Arbeit bewältigen? Wer könnte meine Vertretung übernehmen?
3) Wer von meiner Familie würde mitfahren und ist zeitlich in der Lage, mich zu begleiten?
4) Wozu mache ich das? Welchen Sinn hat es für mich, diesen Vortrag zu übernehmen?

Körperlich fühle ich mich in der Lage, die Reise zu unternehmen. Der gewünschte Termin ist noch frei, auch die Vorarbeiten können termingerecht erledigt werden. Ich kann durch den Vortrag meine Erfahrungen an andere Menschen weitergeben, und die Übernahme der Aufgabe bringt keine finanziellen Nachteile.

Meine Frau hat Zeit, mich auf dieser Reise zu begleiten. Auch habe ich die Möglichkeit, neue Menschen kennenzulernen und neue Kontakte zu knüpfen.

Vielleicht bringt diese Aufgabe neue Erfahrungen für mich, die ich in der Zukunft einsetzen kann.

Am nächsten Tag ruft Herr X. nochmals an, und ich sage zu, diesen Vortrag zu übernehmen. Es werden noch einige Detailfragen geklärt. Ein Exposé von 3 Seiten ist schnellstmöglich anzufertigen, 3 Wochen vor dem Termin muß ein ausführliches Manuskript von 15 Textseiten vorliegen. Der Vortragstermin ist in 3 Monaten. Sollten sich in der Zwischenzeit noch weitere Fragen ergeben, werde ich mich telefonisch oder schriftlich mit Herrn X. in Verbindung setzen.

a) Die Vorbereitungszeit

Noch ehe die eigentlichen Vorarbeiten beginnen, muß ich den Zeitbedarf für den Vortrag selbst und die schriftlich abzugebenden Vorarbeiten in meinem Terminkalender eintragen. Bei weiteren Vortragswünschen muß ich diese berücksichtigen und kann keine weiteren Termine annehmen, die diesen Zeitplan tangieren. Außerdem muß ich mir sofort überlegen, welches Begleitmaterial ich benötige (Fotos, Dias, Folien etc.) und ob am Vortragsort die entsprechenden Apparate vorhanden sind.

In der Zwischenzeit habe ich versucht, die Transportmöglichkeiten zu erkunden und die zeitlich günstigste Möglichkeit zu finden.

Es gilt jetzt abzuwägen zwischen Flug, Bahn und Auto. In welchem Zustand ist mein Auto? Wie sind die Verkehrsbedingungen in dem Land, Linienverkehr? Gibt es bleifreies Benzin? Wie sind die Anschlußmöglichkeiten bei einer Bahnverbindung? Mit welcher Fluggesellschaft kann ich fliegen? Bleibt das Auto hier am Flughafen stehen? Kostenvergleich Parkgebühren und Taxi. Wieviel Zeit brauche ich insgesamt, wenn ich Verspätungsmöglichkeiten, Verkehrsstau etc. einrechne? Habe ich mich für eine der Möglichkeiten entschieden, muß ich die Reservierung vornehmen. Zugleich muß ich die Reservierung für das Hotel am Vortragsort vornehmen und mir die Frage notieren, ob ich vom Veranstalter am Flughafen/Bahnhof abgeholt werde oder mich selbst um Bus oder Taxi kümmern muß.

Wie sind die Hotelpreise in dem Land? Welche Hotelkategorie muß ich wählen, damit Sauberkeit im Hotel und Restaurant einen Minimalstandard gewährleistet? Wie ist die Lage des Hotels? Ruhig oder an einer Hauptverkehrsstraße? Wie sind die Möglichkeiten einer Telefonverbindung mit dem Ausland? Verlangt das Hotel Vorauszahlung? Gibt es Nichtraucherzimmer in diesem Hotel? Ist die Buchung dann erfolgt, gilt es die Bestätigung zu prüfen, ob alle Daten richtig übermittelt wurden.

Sodann ist die Frage zu klären, welche Kleidung ich brauche. Welches Klima herrscht zur Zeit des Vortrages in dem Land? Wieviel Kleidung brauche ich? Kann ich in dem Hotel etwas waschen/reinigen lassen? Wieviel Geld benötige ich, welche Währung gilt in dem Land, kann ich schon hier Geld eintauschen? Benötige ich ein Visum für die Einreise? Ist mein Paß noch ausreichend lange gültig? Sind Impfungen vorgeschrieben oder empfehlenswert? Reicht die Zeit dafür noch aus? Gilt meine Krankenversicherung für dieses Land? Wie ist die ärztliche Versorgung an Ort und Stelle, falls ich krank werden sollte?

Neben Kleidung und persönlichen Dingen, wie Brille, Lesestoff, Badezeug, Fotoapparat — darf in dem Land fotografiert werden? — Medikamente, muß ich alle Unterlagen, Materialien für den Vortrag einpacken, auch Prospektmaterial zum Auslegen, Papier für Notizen und Schreibzeug. Benötige ich Gastgeschenke?

Als nächstes gilt es, sich über Land und Leute ein wenig zu informieren, damit ich weiß, was mich erwartet. Wie groß ist der Zeit- und Klimaunterschied? Welche Sprache wird in dem Land gesprochen? Komme ich mit meinen Fremdsprachenkenntnissen zurecht, so daß ich z. B. in dem Hotel mit den Angestellten sprechen bzw. eine Bestellung beim Ober aufgeben kann? Wie ist die kulturelle Umgang mit den Bediensteten? Wie wird in dem Gastland die Frage des Trinkgeldes gehandhabt? Wie sind die Eßsitten? Wie sind die Zollbestimmungen? Wie ist die allgemeine wirtschaftliche, soziale, politische und religiöse Lage in dem Land? Gibt es Auswirkungen für die persönliche Sicherheit? Kann man in Vortragspausen oder abends durch die Straßen laufen, oder ist so etwas unmöglich? Welche anderen Freizeitmöglichkeiten gibt es? Wie sind die Beziehungen zwischen Mann und Frau? Kann meine Frau bei dem Vortrag anwesend sein? Besondere Empfehlungen für die Kleidung der Frau? Wie sind die Bewohner des Landes Ausländern gegenüber eingestellt? Gibt es Rassenprobleme in dem Gastland?

Sind alle diese Fragen beantwortet, sind die Reisevorbereitungen immer noch nicht abgeschlossen. Es ist noch zu klären, wer sich um Haus, Pflanzen, Post kümmert, auch muß ich meine Mitarbeiter und Familienangehörigen über die Zeit meiner Abwesenheit informieren. Wie ist die Arbeitsbelastung in der Zeit vor meiner Abreise? Besteht die Gefahr, daß ich todmüde und in letzter Sekunde an den Vortragsort komme? Wie kann ich das noch steuern?

Und last not least muß ich rechtzeitig das Haus verlassen und auch einen Verkehrsstau auf dem Weg zum Flughafen einrechnen. Dann ist eigentlich nur noch zu überlegen, ob mein Köfferchen als Handgepäck mitgeht, oder ob ich das Gepäck aufgeben muß. Wenn ich dann im Flugzeug sitze, kann ich die Vorbereitungen als abgeschlossen betrachten.

b) Am Vortragsort

Während eines hoffentlich entspannenden Fluges versuche ich, mich auf den 2. Teil der Reise einzustellen. Was kommt an dem Vortragsort alles auf mich zu und auf was muß ich mich an Ort und Stelle einstellen?

Der erste Eindruck entsteht während der Paß- und Zollkontrollen. Wie lange dauert es und wie ist der Umgang mit den Beamten? Meine Koffer werden gründlich durchsucht. Erst nachdem ich eine Einladung der Veranstaltung gezeigt habe, die mich als einen der Referenten ausweist, kann ich das zunächst beanstandete bedruckte Papier – Informationen, Buchhinweise und das Vortragsmanuskript – mitnehmen.

Sodann habe ich einen Taxifahrer, der raucht. Ich kann Rauch während des Autofahrens nicht vertragen und kann dem Taxifahrer auch nicht sagen, daß mich sein Rauchen stört. Wie gehe ich damit um? Noch bevor ich das Hotel betreten habe, bekomme ich Angebote, Geld schwarz zu tauschen. Wie verhalte ich mich bei der Absage, ohne den Betreffenden zu kränken? Im Hotel werde ich freundlich empfangen. Bei meiner ersten Mahlzeit serviert man mir die Suppe aber erst als Abschluß der Mahlzeit. Ist das ein Versehen des Kellners gewesen, hat er die Suppe vergessen? Sodann muß ich mich auf den nächsten Tag einstellen. Von wann bis wann gibt es Frühstück? Wie komme ich an den Ort, wo der Vortrag stattfindet? Wie habe ich bisher auf den Zeit- und Klimaunterschied reagiert? Wie sind mir die anderen Speisen bekommen? Was geschieht, wenn ich tatsächlich krank werde? Gibt es einen Arzt, mit dem ich mich verständigen kann, wie sind die Möglichkeiten eines Rücktransportes nach Deutschland? Was wird dann aus dem Vortrag? Zu welchen Zeiten bin ich im Programm eingeteilt? Was kann ich zur körperlichen Betätigung und Entspannung tun? Welche anderen Freizeitmöglichkeiten habe ich? Wie war die Vorbereitungsphase vor dieser Reise? Fühle ich mich nun so erschöpft, daß ich gar keine Lust habe, etwas von Land und Leuten zu sehen oder gar Einladungen anzunehmen? Ist ein organisiertes Besuchsprogramm für alle Teilnehmer dieser Veranstaltung vorgesehen? Wie verhält man sich in einer solchen transkulturellen Gruppe? Waren die Vorbereitungen zu Hause so ausreichend, daß ich nun auch etwas Bescheid weiß über Geschichte und Kultur des Landes? Welche besonderen Höflichkeitsregeln gibt es in diesem Gastland? Was muß ich beachten, wenn ich zu einer Familie eingeladen werde? Ist es üblich, bei Betreten eines Hauses die Schuhe auszuziehen? Nehme ich eine solche Einladung aus Pflicht oder aus Höflichkeit an? Wie reagiere ich, wenn ich in ein teures Hotel eingeladen werde und nachher meine Rechnung selbst bezahlen muß? Bei einem Rundgang überlege ich mir, was ich meiner Familie von dieser Reise mitbringen möchte. Darf ich beim Einkaufen die Waren anfassen oder nicht? Ist Handeln möglich oder gar erwünscht? Wie ist die Musik im Gastland, und ist sie öffentlich auf Plätzen und in Geschäften zu hören? Wie ist die religiöse Tradition in dem Gastland? Wird öffentlich gebetet, und wie wirkt das auf mich?

Nun, endlich ist es soweit, die letzten Vorbereitungen für den Vortrag sind noch zu treffen. Der Vortrag soll in Englisch gehalten werden, für mich eine Fremdsprache. Welche Sprache sprechen die anderen Teilnehmer? Gibt es die Möglichkeit einer Simultanübersetzung oder muß jeder versuchen, so gut wie möglich das zu verstehen, was ich vortrage? Ergeben sich Kommunikationsprobleme aus dieser Situation?

Ich stehe im Vortragssaal und muß mit höchster Konzentration meinen Vortrag halten, dabei versuchen, Kontakt mit dem Auditorium aufzubauen und nebenher noch beim entsprechenden Stichwort die richtigen Folien in den Overheadprojektor zu legen. Im Anschluß an den Vortrag ist eine Diskussion vorgesehen, ich muß mich nun schnellstmöglich auf die hier gestellten Fragen einstellen. Wie geht man am besten in einer fremden Sprache auf die in der Diskussion gestellten Fragen ein? Wie kann ich auf kritische Äußerungen reagieren? Wie reagiere ich auf Unhöflichkeiten oder wenn jemand während des Vortrages trotz Rauchverbot im Saal raucht? Wie ist allgemein die Reaktion der Teilnehmer? Haben sie meinen Vortrag soweit verstanden? Wie reagiere ich, wenn einige Teilnehmer gleich anschließend ihre Lebensgeschichte erzählen und Beratung von mir wünschen? Wie reagieren die Teilnehmer untereinander auf die unterschiedliche Kleidung der Gäste (z. B. Landestrachten) und auf die in der Diskussion gestellten Fragen?

Trotz der allerbesten Vorbereitung gibt es aber immer noch Fragen, die offen bleiben, und Überraschungen, mit denen man rechnen muß:

– Ich weiß vorher nicht, wieviele Teilnehmer an der Veranstaltung teilnehmen.
– Ich weiß nicht, welche Fragen in der Diskussion gestellt werden.
– Was passiert, wenn eine Anschlußverbindung ausfällt, ein Flug gestrichen wird etc. und ich nicht termingerecht an meinem Vortragsort sein kann?

Am Abend findet ein geselliger Abend für die Vortragsteilnehmer statt. Die Unterhaltung ist lebhaft, ein Teilnehmer des Gastlandes berichtet über politische und religiöse Zustände seines Landes und will Meinungen der anderen dazu hören. Ich werde z. B. gefragt, wie ich über das Asylantenproblem in Deutschland denke und was man zur Lösung der damit zusammenhängenden Fragen tun kann. Weitere transkulturelle Fragen des Gastlandes und der verschiedenen Heimatländer werden angesprochen, Vorurteile auf beiden Seiten erhitzen die Gesprächsteilnehmer. Als Gast einer solchen Runde wird man, ob man will oder nicht, mit diesen Fragen und Problemen konfrontiert. Wie geht man damit um? Beschäftigt man sich hinterher noch damit und versucht, in einem weiteren Gespräch Verständnis für die unterschiedlichen Positionen zu wecken, oder streift man diese Eindrücke am Ende des Abends von sich ab wie das verschwitzte Hemd?

c) Wieder zu Hause

Nach 4 Tagen sind meine Frau und ich voll neuer Eindrücke, aber auch von der Anstrengung etwas ermüdet, wieder zu Hause. Was haben die übrigen Familienmitglieder in der Zwischenzeit gemacht? Bei der gegenseitigen Begrüßung ist die Freude über ein gesundes Wiedersehen groß.

Was ist nun hier in der Zwischenzeit an Arbeit angefallen? Ein kurzer Überblick informiert mich. Eilige Anfragen werden noch gleich mit einem Rückruf erledigt, alles andere kann bis morgen warten.

Zusätzlich muß ich daran denken, alle Belege für die Reisekostenabrechnung zu sammeln und zu sortieren. Kann ich die Reisekostenabrechnung selbst machen oder brauche ich dazu eine Hilfskraft? Wer kann das vertrauensvoll und sorgfältig für mich erledigen?

Es ist vereinbart, daß ich dem Veranstalter eine Rechnung für den Vortrag schreibe. Gibt es Rückfragen oder Unstimmigkeiten, muß die Rechnung ggf. neu geschrieben werden. Es ist sinnvoll, das restliche Geld zurückzutauschen, wenn nicht in absehbarer Zeit wieder eine Reise in dieses Land auf meinem Programm steht.

In einer ruhigen Stunde versuche ich dann, ein Resümee zu ziehen.

Was hat dieser Vortrag gebracht? Wie habe ich mich während und nach der Reise gefühlt? Wie habe ich auf Streßsituationen reagiert? Warum konnte ich dort nicht einschlafen? Kam das nur durch den Zeitunterschied? Wie war das bei mir zu Hause, mußte ich immer zu einer bestimmten Zeit ins Bett, damit ich am nächsten Tag wieder leistungsfähig war? Brauche ich eigentlich viel oder wenig Schlaf? Warum hatte ich Herzbeschwerden und Schmerzen im Arm gehabt? Kam das nur vom Koffertragen und von dem langen Flug? Welche körperlichen Beschwerden hatte ich sonst noch, und welche Organe waren davon betroffen? Auf welches Organ schlägt sich denn bei mir der Ärger? Wie war das früher, wenn ich krank war, wie hat meine Familie darauf reagiert? Wie reagiert meine Frau heute? Wie reagiere ich, wenn meine Frau krank ist? Welchen Einfluß haben Krankheiten auf mein Lebensgefühl und meine Beziehung zur Zukunft? Fahre ich nie wieder in dieses Land, nur weil ich einmal eine Magen-Darm-Infektion hatte? Wie ist meine psychosomatische Situation jetzt? Eine ehrliche Antwort auf diese Fragen hilft mir, das Erlebte zu verarbeiten und in dem Beziehungsrahmen meiner eigenen Lebensgeschichte zu sehen.

Welchen Eindruck hatte ich von dem Vortrag selbst? Konnten die Zuhörer davon profitieren? Mache ich das eigentlich gerne, und bin ich mit meinem Beruf zufrieden? Welche Teilbereiche meiner Arbeit bereiten mir am meisten Schwierigkeiten? Ist es für mich wichtig, in meinen Leistungen immer gut abzuschneiden? Wo liegen meine Interessenschwerpunkte? Wurde ich früher für gute Leistungen belohnt, und von wem? Fühle ich mich auch wohl, wenn ich einmal nichts zu tun habe? Ich lerne aus all meinen Erfahrungen, wie ich eine solche Reise zeitlich und organisatorisch vorbereiten muß und wie ich auf Belastungen dieser Art reagiere. Entweder muß ich meine Arbeit noch besser beherrschen, oder ich komme zu dem Schluß, daß ich nicht alles allein machen kann, also delegieren muß. Wer könnte den Vortrag an meiner Stelle halten? Es könnte aber auch sein, daß es für mich besser ist, meine Energie und Kapazität anders einzuteilen, also das Angebot für einen Vortrag abzulehnen, neinsagen zu können.

Die Auswertung der Erfahrungen, die ich auf dieser Reise machen konnte, ist ein wichtiger Bestandteil der Nachbereitung. Wie ist die Reaktion der Familienmitglieder — mitfahrende, daheimgebliebene? Waren die Beschäftigungsmöglichkeiten im Gastland ausreichend, oder war es kaum möglich, das Hotel zu verlassen? Waren die Daheimgebliebenen mit den ihnen übertragenen Aufgaben überfordert? Woher kann ich noch genauere Informationen über das Gastland bekommen, um alle damit zusammenhängenden Fragen besser vorzubereiten? Bin ich eigentlich kontaktfreudig? Bin ich zeitlich überhaupt in der Lage, die neugeknüpften Kontakte zu halten? Kann ich es entsprechend organisieren, versprochenes Informationsmaterial an Interessenten zu schicken? Wie fühle ich mich, wenn ich in einer Gesellschaft mit vielen Menschen bin? Bei welchen Menschen fällt es mir schwer, Kontakt aufzunehmen? Fällt es mir sehr schwer, liebgewonnene Gewohnheiten aufzugeben? Warum habe ich so reagiert, als durch einen Pilotenstreik ein Anschlußflug so viel Verspätung hatte? Warum hat es mich so gestört, daß der Ober, der unser Essen servierte, eine dreckige Schürze umgebunden hatte? Warum hat es mir gar nicht gefallen, als ein Diskussionsteilnehmer mir dauernd ins Wort fiel?

Wer von meinen Eltern hat eigentlich mehr Wert auf gutes Benehmen und Höflichkeit gelegt? An wen konnte ich mich wenden, wenn ich Probleme hatte? Was war an dieser Reise enttäuschend, und wie gehe ich damit um? Kann ich die Enttäuschungen im Zuge dieser Nachbereitung auffangen, oder komme ich ganz generalisierend zu dem Schluß: Ich übernehme nie wieder einen Vortrag?

Welche gesellschaftlichen Veränderungen würden in der Zukunft einen solchen Gedankenaustausch vereinfachen, intensiver machen? Befasse ich mich gerne mit solchen Zukunftsfragen? Wenn ich eine Woche mit jemandem den Platz tauschen könnte, mit wem würde ich tauschen und warum? Wenn ich einen Tag unsichtbar sein könnte, wie würde ich die Zeit nutzen? Wer von meinen Angehörigen hatte eigentlich Verständnis für Phantasien und Träumereien? Kann ich mit meiner Arbeit in der jetzigen Form dazu beitragen, gesellschaftliche Veränderungen in Gang zu bringen? Wie kann man andere Menschen dazu motivieren, sich für eine internationale Zusammenarbeit zum Wohle der ganzen Menschheit über die Grenzen enger wissenschaftlicher Forschungsgebiete hinweg einzusetzen? Könnte nicht die Verständigung einfacher werden, wenn es eine Weltsprache gäbe, die von jedem neben seiner Muttersprache gesprochen würde?

Die internationale Zusammenarbeit könnte viel intensiver sein, wenn es gelänge, Vorurteile abzubauen. Es könnten auch viel mehr Menschen von den Ergebnissen solch internationaler Veranstaltungen profitieren, wenn es möglich wäre, die Armut zu überwinden und allen Menschen eine Chance der Erziehung zu geben. Es wäre auch sehr wichtig, daß Religion und Wissenschaft künftig mehr zusammenarbeiten, denn Vorentscheidungen einer Wissenschaft, ihr Themengebiet, ihre Fragestellungen und Methoden hängen von geschichtlichen, gesellschaftlichen, weltanschaulichen und religiösen Voraussetzungen ab. Die Menschheit ist nicht nur durch geographische Verbindung eine funktionelle Einheit geworden, vielmehr hängen die Elemente ihrer Zivilisationsstruktur wechselseitig voneinander ab. So sind Bereiche wie Politik, Handel, Erziehung, Wissenschaft, Philosophie, Psychologie und Religion durch ein ganzes Netz von Beziehungen miteinander verknüpft, und Politik ist nicht mehr ausschließlich eine Sache der Politiker, Wirtschaft nicht nur eine Sache der Wirtschaftler und Erziehung nicht nur Sache der Eltern. Alle Bereiche treten in irgendeiner Weise miteinander in Beziehung. In diesem Spannungsfeld kulturspezifischer, weltanschaulich-religiöser und wissenschaftlicher Sinnangebote steht der einzelne Mensch. Er kann zwischen den Mühlsteinen miteinander konkurrierender Systeme zermahlen werden, wenn keines der Angebote für ihn eine hinreichende Möglichkeit bietet, sich mit ihm zu identifizieren. Der einzelne Mensch besitzt — obwohl er sich gewissen Ordnungen und Regelhaftigkeiten beugen muß — die Fähigkeit der Unterscheidung und damit der Verantwortung, was sich daraus ergibt, daß er nicht passiv der Natur untergeordnet ist, sondern aktiv innerhalb einer Bandbreite von gegebenen Möglichkeiten sein Schicksal selbst bestimmt.

Fazit: Erst wenn ich in dieser umfassenden Art zu einem Ergebnis und zu einer Bewertung meiner Reise gekommen bin, ist die Sache abgeschlossen, und ich kann meine zukünftigen Entscheidungen daran orientieren. Verhalte ich mich nicht so, sondern übernehme Vorträge vielleicht nur, weil sie eine schöne Abwechslung im täglichen Einerlei sind und mich vielleicht an schöne Orte der Welt bringen, dann besteht die Gefahr, daß diese einseitige Betrachtungsweise eine Anhäufung von Belastungsfaktoren mit sich bringt, die meine sonstige Arbeit und meine Gesundheit beeinträchtigen oder mich zu falschen Schlußfolgerungen verführen. Ich bin dann wie der Herr in der Geschichte "Die bittere Melone" nicht mehr imstande, auch bei "bitteren Sachen" (Streßsituationen) den positiven Aspekt zu sehen.

Hätten Sie geglaubt, Herr X., daß Ihr Anruf eine solche Kette von Fragen und Überlegungen auslöst? Vielleicht denken Sie jetzt: "Hätte ich ihn doch nicht angerufen" oder: "Hätte ich ihn doch noch früher angerufen!"

35 Suchtkrankheiten am Beispiel von Alkoholismus und Nikotinmißbrauch

Die Fähigkeit, mit Hilfe des Alkohols Konflikte vorübergehend erträglich
zu machen;
die Fähigkeit, über das Gefühl innerer Wärme die Illusion der Geborgenheit
zu erzeugen und durch die Lockerung von Hemmungen und Ängsten
das Akzeptieren der eigenen Persönlichkeit zu erleichtern

Definition

Ein Alkoholiker ist ein Mensch, der ständig oder sporadisch exzessiv trinken muß, da er von der Droge Alkohol psychisch und physisch abhängig ist und nach Trinkbeginn die Kontrolle über die Trinkmenge verliert.

Symptomatik

Bei den Alkoholkranken unterscheidet man nach Jellinek (1960) a) "den Problem- oder Konflikttrinker. Alkoholische Getränke haben bei ihm die Funktion von Psychopharmaka. Er ist nur psychisch, nicht physisch vom Alkohol abhängig; b) den Gesellschaftstrinker und den berufsbedingten Trinker. Hier entsteht zwar keine Abhängigkeit, somatische Schädigungen durch den ständigen Alkoholkonsum sind jedoch häufig; c) den rauscharmen Gewohnheitstrinker mit psychophysischem Abhängigkeitssyndrom und Vergiftungsschäden; d) den psychiatrischen Trinksuchtalkoholismus, der psychopathologisch bedingt ist und absolute Abhängigkeit und Kontrollverlust beinhaltet."

Die körperliche Abhängigkeit zeigt sich bei kurzfristiger Abstinenz: es kommt zu Schweißausbrüchen, Händezittern, depressiven Verstimmungen etc. Trinkt der Betroffene wieder, verschwinden diese Entzugssymptome. Die Folge: er sorgt dafür, daß immer Alkohol griffbereit ist. Mit der Zeit sind immer höhere Dosen nötig, um die gleiche Wirkung zu erzielen.

Nach einer Untersuchung von Phillips (1989) verändert sich die DNS bei Rauchern signifikant gegenüber einer DNS von Nichtrauchern. Rauchen erhöht den Cholesterinspiegel mit verstärktem Risiko für einen Schlaganfall. Beim Lungenkrebs scheint das Alter, in dem der junge Mensch zu rauchen begann, ausschlaggebender als die Anzahl der Zigaretten zu sein.

Transkultureller Ansatz und Epidemiologie

Deutschland (ehem. BRD) gehört zu den Nationen mit dem höchsten Alkoholkonsum pro Kopf. Etwa 1,5−2 Mio. Deutsche sind alkoholkrank, darunter 20−30 % Frauen (im Steigen begriffen) und etwa 10 % Jugendliche (ebenfalls steigend). Der Altersschwerpunkt liegt zwischen 31 und 50 Jahren. Das Einstiegsalter hat sich erniedrigt. Die Region oder das Land ist für die Höhe des Alkoholkonsums und für die Art des Trinkverhaltens von Bedeutung. In Ländern mit hoher Alkoholverbrauchsquote gibt es eher den rauscharmen Gewohnheitsalkoholismus mit seinen vorwiegend somatischen Krankheitserscheinungen. Der Gebrauch von Alkohol ist auch von der Religionszugehörigkeit abhängig. 1990 starben 1.400 Menschen in Deutschland (ehem. BRD) an Drogenmißbrauch − 50 % mehr als im Vorjahr.

Literaturvergleich

Nach psychoanalytischer Neurosenlehre ist die Alkoholsucht als eine Regression auf die orale Entwicklungsstufe aufzufassen. Battegay (1979) sieht die Ursache der Alkoholabhängigkeit in einer Störung des Selbstwerterlebens. Der Alkoholkranke versucht sein "narzißtisches Loch", entstanden durch die Erfahrung einer sich entziehenden Welt, aufzufüllen, indem er sich Objekte (Alkohol) im Übermaß einverleibt und sich damit ihrer total zu bemächtigen glaubt. Subjektive Nutzen- und Schadenmotive des Rauchens beschreibt Troschke (1989).

Sprachbilder und Volksweisheiten

Schütt' die Sorgen in ein Gläschen Wein; der schönste Platz ist immer an der Theke; bist du krank, daß du nichts trinkst?; Spielverderber; im Wein ist Wahrheit.

"Sagen Sie mal, die ganze Woche sitzen Sie in der Kneipe, warum eigentlich nicht auch am Sonntag?" "Der Sonntag gehört meiner Familie, da sitze ich vor dem Fernseher."

Ein Mann sitzt an der Theke einer Bar und trinkt einen Whisky nach dem anderen. Er spricht zu sich: "Man lebt in einer komischen Welt. Man sitzt hier und trinkt, um die Sorgen mit seiner Frau zu vergessen. Kommt man nach Hause, sieht man sie sogar doppelt."

Geschichte: "Ich bin genau so kräftig wie vor 40 Jahren."

Drei befreundete alte Männer saßen zusammen und sprachen von den Freuden der Jugend und der Last des Alters. "Ach", stöhnte der eine, "meine Glieder wollen nicht mehr, wie ich will. Was bin ich doch früher gelaufen wie ein Windhund, und jetzt lassen mich meine Beine so im Stich, daß ich kaum mehr einen Fuß vor den anderen setzen kann." "Du hast recht", pflichtete ihm der zweite bei. "Ich habe das

Gefühl, meine jugendlichen Kräfte sind versickert wie das Wasser in der Wüste. Die Zeiten haben sich geändert, und zwischen den Mühlsteinen der Zeit haben wir uns geändert." Der dritte, ein Mullah, ein Laienprediger, kaum weniger klapprig als seine Gefährten, schüttelte den Kopf: "Ich verstehe euch nicht, liebe Freunde. Ich kenne das alles von mir nicht, worüber ihr klagt. Ich bin genauso kräftig wie vor 40 Jahren." Das wollten ihm die anderen nicht glauben. "Doch, doch", ereiferte sich der Mullah, "den Beweis dafür habe ich erst gestern erbracht. Bei mir im Schlafgemach steht schon seit Menschengedenken ein schwerer eichener Schrank. Vor 40 Jahren hatte ich versucht, diesen Schrank zu heben, aber was glaubt ihr, Freunde, was geschah? Ich konnte den Schrank nicht heben. Gestern kam mir die Idee, ich solle einmal den Schrank anheben. Ich versuchte es mit allen Kräften, aber wieder schaffte ich es nicht. Damit ist doch eines klar bewiesen: Ich bin genauso kräftig wie vor 40 Jahren" (aus Peseschkian 1979, S. 120).

Selbsthilfeanteil: Entwicklung von Suchtkrankheiten aus der Sicht der positiven Psychotherapie

Unmittelbar wirkt der Alkohol zunächst nur auf das Gehirn ein, und da auf die Formatio reticularis, die die motorischen Teilfunktionen koordiniert und die Großhirnrinde alarmiert, durch die der Grad der Bewußtseinshelligkeit bestimmt wird. Ferner wirkt der Alkohol auf die Blutgefäße und Nerven ein. Bei Zufuhr von Alkohol erweitern sich die Blutkapillaren. Nach zahlreichen Untersuchungen wird ein erbgenetischer Faktor beim Alkoholismus nur als mitdeterminierend angesehen, als einer unter zahlreichen anderen Faktoren, der auch nur im Zusammenspiel mit Umwelteinflüssen seine Wirkung ausüben kann. Im körperlichen Bereich erfährt der Alkoholkranke einerseits ein Nachlassen der allgemeinen Vitalität und körperliche Beschwerden, andererseits erlebt er das wachsende Verlangen des Körpers nach Alkohol. Im Bereich Verstand/Leistung kommt es zu Einbußen. Schwierigkeiten im beruflichen Bereich ergeben sich zwangsläufig. Zu seinen Mitmenschen geht er aus Angst und Minderwertigkeitsgefühlen auf Abstand. Was er gelernt hat, ist die Flucht in die Phantasie. Alkohol ist eine Droge, die das Gefühl von Wärme, Geborgenheit und Sicherheit vermittelt und damit Funktionen übernimmt, die der intakten Familie zukommen. Das Hauptgewicht liegt offensichtlich auf den Lernerfahrungen, die der Patient in seiner Kindheit und Jugend machte und die seine Einstellung zum Leben, seine Art, wie er mit Problemen umgeht, und sein Trinkverhalten formten. Untersuchungen weisen auf schwerste soziale Störungen in der frühen Kindheit der späteren Alkoholkranken hin. Das Trinken bekam die Bedeutung einer Existenzbewältigungsstrategie. Wer in unserer Gesellschaft das Trinken von Alkohol ablehnt, riskiert es, als "Spielverderber", als "Sonderling", als "Gesundheitsapostel" oder gar als krank betrachtet zu werden. Wer dagegen Alkohol trinkt, gilt als erwachsen und stark; wer besonders viel verträgt, genießt hohes Ansehen.

Praktische Konsequenzen aus diesem Selbsthilfeanteil finden sich im Fragebogen am Ende dieses Kapitels.

Therapeutischer Anteil: das fünfstufige Vorgehen der positiven Psychotherapie bei Suchtkrankheiten

Fallbeispiel: "Das Leben erschien von Tag zu Tag sinnloser."

Eine 31jährige Frau, die eine Kur hinter sich hatte, äußerte, zu einer Psychotherapie entschlossen zu sein, obwohl sie bezweifelte, daß für sie die Möglichkeit einer Veränderung bestehe. Im Erstinterview sagte sie unter anderem:

Nachdem ich vor ca. 1 Jahr herausbekommen habe, daß mich mein Mann betrogen hat, habe ich zur Flasche gegriffen. Ich bin Alkoholikerin. Obwohl ich in den nächsten Tagen verzweifelt versucht habe, mit dem Trinken aufzuhören, gelang es mir nicht. Meine Depressionen wurden schlimmer, meine Minderwertigkeitsgefühle wuchsen, und das Leben erschien mir von Tag zu Tag sinnloser. Ich habe mich in klaren Momenten immer häufiger mit dem Gedanken getragen, Selbstmord zu begehen. Mein Mann versuchte dann, mich in das psychiatrische Krankenhaus einzuliefern, aber ohne Erfolg. In derselben Nacht habe ich dann versucht, mich mit Hilfe von Schlaftabletten umzubringen.

Durch die positive Deutung "Sie versuchen, mit Hilfe des Alkohols viele Konflikte vorübergehend erträglicher zu machen" kam das Erstgespräch sehr rasch vom Symptom zum Konflikt. Die Geschichte "Ich bin genauso kräftig wie vor 40 Jahren" stand symbolisch für die Neigung der Alkoholpatientin, an ihrer Wirklichkeit vorbeizuleben und unrealistische Bestätigungen heranzuziehen. Die Patientin konnte sich mit dem Helden dieser Geschichte spontan identifizieren. Dessen Art erinnerte sie sehr an ihr eigenes Verhalten. Es war plötzlich möglich, zu der bisher abweisenden Patientin einen günstigen Zugang zu finden. Ein scheinbar nebensächlicher, aber doch sehr symptomatischer Effekt ergab sich: Die Patientin benutzte nicht mehr das fixierte stereotype "Mir geht es unverändert", sondern versuchte, differenziert ihr tatsächliches Befinden zu beschreiben. Die aktuelle Konfliktsituation der Patientin war einerseits durch eine Berufsproblematik, andererseits durch einen Ehekonflikt und Probleme mit der Tochter gekennzeichnet. Die Mutter der Patientin war die bestimmende Instanz in der Familienbeziehung. Die 3 Interaktionsstadien "Verbundenheit – Unterscheidung – Ablösung" wurden in der Beziehung zur Mutter trainiert. Die Patientin lernte beispielsweise, das Verhalten ihrer Mutter positiv zu deuten, zu ermutigen und so zu modifizieren. Die regressiven Tendenzen bezogen sich inhaltlich auf die Konfliktbereiche *Fleiß/Leistung* (vgl. II./Kap. 9), *Ordnung* (vgl. II./Kap. 19), *Sauberkeit* (vgl. II./Kap. 24), *Vertrauen* (vgl. II./Kap. 36) und v. a. *Treue*, die in der Stufe 4 im Rahmen einer Familien- bzw. Partnertherapie durch- und aufgearbeitet wurden. Durch die Stabilisierung der Beziehungen wurde einerseits der Leidensdruck, der zum Suchtverhalten geführt hatte, geringer, andererseits stellte sich die Eheproblematik als eine Chance heraus, neue Beziehungen zu verschiedenen Lebensbereichen zu entwickeln. Die Patientin lernte die Beziehung zwischen "innerer Kontrollinstanz" und der Frage nach dem "Sinn" zu sehen, der sich für sie auf das "Treueverhalten" ihres Ehemannes reduziert hatte.

Die Aktualfähigkeit "Treue"

Definition und Entwicklung: Die Fähigkeit, eine feste Beziehung einzugehen und über längere Zeit hinweg aufrechtzuerhalten, sich vertrauenswürdig zu verhalten. Treue im engeren Sinn bezieht sich in unserem Kulturkreis besonders auf Sexualität. Die konventionelle Ehe basiert auf Treue. Treue findet sich aber auch gegenüber Institutionen, Leitbildern oder Prinzipien, z. B. Verfassungstreue und Treue gegenüber sich selber. Ein labiles Verhältnis zur Treue hat ebenso lebensgeschichtliche Hintergründe wie eine bedingungslose, naive Fixierung an einen Partner.

Wie fragt man danach: Haben Sie in der Partnerschaft Probleme mit der Treue (Situation)? Was verstehen Sie unter Untreue? Haben Sie oder hatten Sie Schwierigkeiten, weil Sie Ihrem Partner untreu waren? Wie würden Sie reagieren, wenn Ihr Partner "fremd"gehen würde (bzw.: Wie haben Sie in einer solchen Situation reagiert?)? Spielen Sie mit dem Gedanken, einen anderen Partner zu haben? Halten Sie es für möglich, daß Ihr Partner in Ihrer Abwesenheit untreu würde? Halten Sie ein bißchen Untreue für ganz reizvoll? Waren Ihre Eltern einander treu?

Synonyme und Störungen: Trauen, Vertrauen, loyal, anhänglich, konservativ, sich binden, versprechen, Mißtrauen, Untreue, treulose Tomate, auf Treu und Glauben, Nibelungentreue. – Fixierte Treue, Eifersucht, Eifersuchtswahn, Treulosigkeit, Vertrauensbruch, Verrat, Hoffnungslosigkeit, Angst, Aggression, Depression, Sexualstörungen.

Verhaltensregulative: Treue beginnt nicht mit der Eheschließung. Bereits die Partnerwahl hat mit Treue oder Untreue zu tun. Motto: Wählen Sie Ihren Partner so, daß Sie ihm treu sein wollen (Sex – Sexualität – Liebe). Sich für einen Partner entscheiden bringt meist weniger Probleme, als unentschieden zwischen 2 Partnern hin und her zu schwanken, denen man beiden nicht weh tun möchte. Wenn Sie feststellen, daß Ihr Partner nicht zu Ihnen paßt, trennen Sie sich erst, bevor Sie einen neuen Partner suchen. Dies ist ehrlicher dem Partner und Ihnen selbst gegenüber.

Name: .... Nr.: .... Datum:.............................

Körper/Sinne – Beruf/Leistung – Kontakt – Phantasie/Zukunft

1) Fürchten Sie, als "Spielverderber" oder "Sonderling" angesehen zu werden, wenn Sie nicht trinken oder rauchen? Fallen Ihnen noch andere Sprichworte zu Alkohol oder Nikotingebrauch ein? Was sagen Ihnen diese Volksweisheiten?

2) Kennen Sie das Programm der Bundeszentrale für gesundheitliche Aufklärung, wie Sie schrittweise das Nichtrauchen lernen können?

3) Nehmen Sie regelmäßig die verordneten Medikamente? Wissen Sie, wie die Medikamente wirken, was Sie von ihnen erwarten können und welche Nebenwirkungen möglich sind?

4) Trinken oder rauchen Sie aus berufsbedingten Gründen?

5) Befürchten Sie, Ihren Arbeitsplatz zu verlieren und sozial abzusteigen?

6) Fliehen Sie vor beruflichen Problemen in den "blauen Dunst" oder in den Alkohol? Um welche mikrotraumatisch besetzten Aktualfähigkeiten wie *Ordnung/Unordnung*, *Pünktlichkeit/Unpünktlichkeit*, *Gerechtigkeit/Ungerechtigkeit* usw. handelt es sich?

7) Trinken Sie, um Sorgen, Angst oder Hemmungen zu vermindern, um sich in eine bessere Stimmung zu versetzen? Was ist der Grund für Ihre Verstimmung? Trinken Sie aus gesellschaftlichen Gründen? Meinen Sie, mehr Ansehen zu genießen, wenn Sie viel trinken? Trinken Sie, um für Stimmung zu sorgen oder Langeweile zu beheben?

8) Kommen Sie sich als "erwachsen" oder "stark" vor, wenn Sie viel trinken? Stärkt das Ihr Selbstbewußtsein?

9) Sehen Sie Ihr Leben als sinnvoll an? In welchen Bereichen? Verspricht Ihnen der Alkohol ein Eintauchen in eine glücklichere Welt, in Wärme, Geborgenheit und Sicherheit?

10) Was ist für Sie der Sinn des Lebens (Antrieb, Ziele, Motivation, Lebensplan, Sinn von Krankheit und Tod, Leben nach dem Tod)?

11) Akzeptieren Sie Ihre Erkrankung auch als Chance, bisher nicht erlebte Bereiche (Körper/Sinne, Beruf/Leistung, Kontakt, Phantasie/Zukunft) zu entwickeln?

36 Suizidversuch

Die Fähigkeit, sein Leben in Frage zu stellen und den Standort zu wechseln

Definition

Beim Suizidversuch steht weniger der intendierte Tod als der Appell an die Umwelt im Vordergrund. Natürlich ist es auch möglich, daß der Versuch tödlich endet oder ein ernstgemeinter Suizidversuch scheitert.

Symptomatik

Wir sehen mit Ringel (1978) den Suizidversuch als "Abschluß einer krankhaften Entwicklung" an. Als typisch für die Phase vor dem Suizid(-versuch) wird das "präsuizidale Syndrom" beschrieben.

Transkultureller Ansatz und Epidemiologie

Die höchste Suizidrate der Erde hat 1988 Ungarn mit 46 pro 100.000 Einwohner (1969 erst 35 pro 100.000); auf Platz 2 liegt Finnland mit 25 Selbsttötungen (1969 waren es noch 28) auf 100.000 Einwohner; in Frankreich nahmen sich 17 von 100.000 Menschen das Leben. Rund 30.000 Menschen begehen jährlich in den USA Suizid, das sind 12 Fälle auf 100.000 Einwohner; in der Schweiz ist die Suizidrate doppelt so hoch: 23,7 im Jahr 1986 auf 100.000, das sind 1.500 Suizidtote jährlich (Michel 1989a). Eine traditionell hohe Selbsttötungsrate hat auch Japan; die niedrigste hat Griechenland mit nur 3 auf 100.000 Einwohner, ebenso Saudiarabien.

Unbekannt ist die Selbsttötung bei den australischen Ureinwohnern und den Bewohnern Feuerlands. In Indien existiert der Suizid in Form eines Selbstopfers an heiligen Stätten und soll zur Erlösung führen. Bei den Eskimos ist die Selbstaussetzung im Alter und bei chronischen Krankheiten nicht ungewöhnlich.

Literaturvergleich

Bemerkenswert ist, daß bei Angehörigen helfender Berufe die Suizidalität am höchsten ist. Nach Schüffel (1986) lag in einem bestimmten Zeitabschnitt die Suizidrate bei kalifornischen Ärzten 1,5- bis 2,5mal so hoch wie bei der Gesamtbevölkerung; Ärztinnen hatten überhaupt die höchste Suizidrate von allen Frauengruppen. Innerhalb der Ärzteschaft haben Psychiater das höchste Suizidrisiko.

Für Amery (1979) ist der Akt der Selbsttötung ein Zeugnis menschlicher Freiheit, durch das sich der Mensch unter anderem vom Tier unterscheidet. Nach Battegay (1981c) dagegen kann bei der Selbsttötung von einem freien Entschluß keine Rede sein.

Sprachbilder und Volksweisheiten

Wer gelernt hat zu sterben, hört auf, Knecht zu sein (Seneca); der Feige stirbt schon vielmals, ehe er stirbt, die Tapferen kosten einmal nur den Tod (Shakespeare).

Geschichte: "Über das ewige Leben"

König Anoschirwan, den das Volk auch den Gerechten nannte, wandelte einst zur Zeit, als der Prophet Mohammed geboren wurde, durch sein Reich. Auf einem sonnenbeschienenen Hang sah er einen ehrwürdigen alten Mann mit gekrümmtem Rücken arbeiten. Gefolgt von seinem Hofstaat trat der König näher und sah, daß der Alte kleine, gerade ein Jahr alte Stecklinge pflanzte. "Was machst du da",

Abb. 1. Auf der Suche nach Sinn (Aus: Peseschkian 1983)

fragte der König. "Ich pflanze Nußbäume", antwortete der Greis. Der König wun-
derte sich: "Du bist schon so alt. Wozu pflanzt du dann Steckl̈nge, deren Laub du
nicht sehen, in deren Schatten du nicht ruhen und deren Früchte du nicht essen
wirst?" Der Alte schaute auf und sagte: "Die vor uns kamen, haben gepflanzt, und
wir konnten ernten. Wir pflanzen nun, damit die, die nach uns kommen, ernten
können" (nach 'Abdu'l-Bahá; aus Peseschkian 1979, S. 134).

Selbsthilfeanteil: Entwicklung des Suizidversuchs aus der Sicht der positiven Psychotherapie

Bestimmung nennen wir ein unausweichliches Schicksal: jeder Mensch wird
geboren und stirbt, kein Weg führt an diesen Ereignissen vorbei. Bedingtes
Schicksal dagegen ist das Schicksal, das seine eigene Geschichte hat, vermeid-
bar gewesen wäre, einer Änderung zugänglich war oder ist.

Das bedingte Schicksal gibt einen Weg vor, den man wählen kann, aber
nicht wählen muß. Ereignisse aus der Vergangenheit sind geschehen und
nicht mehr rückgängig zu machen. Wichtiger ist die Frage: Was kann ich aus
der Vergangenheit lernen, wie kann ich auf die Erfordernisse der Gegenwart
eingehen? Es gibt alternative Wege, die jederzeit zur Wahl freistehen. Dies
besagt nichts anderes, als daß das Schicksal eines jeden Menschen zu einem
wesentlichen Teil in seiner Hand liegt, in der Kindheit in der Hand seiner
Eltern und Erzieher, später auch in der Hand seiner Familie, seiner Freunde
und Therapeuten.

Überlegt man sich einmal, was es wörtlich heißt, "sich das Leben zu nehmen", so entdeckt man darin bereits eine positive Aussage. Wenn man sich
das Leben "nimmt", dann ergreift man das Leben, man ergreift von ihm Besitz,
man eignet es sich an. Damit wird ein neuer Anfang möglich. "Sich-das-
Leben-Nehmen" ist die Fähigkeit, sein Leben in Frage zu stellen und einen
Standortwechsel vorzunehmen.

Praktische Konsequenzen aus diesem Selbsthilfeanteil finden sich im
Fragebogen am Ende dieses Kapitels.

Therapeutischer Anteil: das fünfstufige Vorgehen der positiven Psychotherapie bei Suizidversuch

Fallbeispiel: "Verlust der Lebensaufgabe"

Eine 52jährige Hausfrau, blaß und depressiv wirkend, mit resigniertem
Gesicht, litt unter starken Depressionen, Angstzuständen und wußte, wie sie
immer wieder betonte, mit ihrem Leben nichts mehr anzufangen: "Ich habe
das Gefühl, daß alles sinnlos und leer ist. Ich bin vollkommen ausgebrannt."
Im Gespräch ergab sich, daß die Patientin bisher 2mal versucht hatte, sich das
Leben zu nehmen. Meine Deutung, sie habe die Fähigkeit gezeigt, ihr Leben

in Frage zu stellen, meinte sie: "Das stimmt. Schlimmer kanns nicht mehr werden, höchstens besser." Als ich weiter fragte, stellte sich folgendes heraus:

Die Frau hatte 3 Kinder, die sie nach dem Tode ihres Mannes vor 20 Jahren allein aufgezogen hatte. Wie sie mir erklärte, hatte sie den Kindern zuliebe darauf verzichtet, wieder zu heiraten. Im Laufe der Zeit waren alle 3 aus dem Elternhaus herausgewachsen und hatten an anderen Orten eine eigene Familie gegründet. Nun hatte die Patientin ihre Lebensaufgabe, die Kinder, "verloren" und konnte keinen geeigneten Ersatz finden. In dieser Situation empfand sich die Patientin als überflüssig, ihr Leben als sinnlos und die Welt als ungerecht. Hauptbeziehung der Patientin war die Beziehung zum "Du" der Kinder und zum "Wir" der eigenen Familie. Nur über diese beiden Instanzen erfuhr sie eine Bestätigung des Ich, das sie ebenso hintansetzte wie soziale Aktivitäten und weiterreichende Interessen.

Dieses charakteristische Muster der Liebesfähigkeit wurde unter den besonderen äußeren Bedingungen – die Kinder verließen die Mutter – zu einem offenen Konflikt. In der Behandlung stand die Bearbeitung dieses Konflikts und die Arbeit an der Nachreifung ihres Ichs ständig gleichwetig nebeneinander. Inhaltlich bezog sie sich auf die Durcharbeitung der 4 Medien der Liebesfähigkeit Ich – Du – Wir – Ur-Wir und auf die Aktualfähigkeiten *Kontakt* (vgl. II./Kap. 15), *Vertrauen* (vgl. II./Kap. 11), Einheit (vgl. II./Kap. 39) und *Glaube/Religion*.

Die Aktualfähigkeit "Glaube/Religion"

Definition und Entwicklung: Die Fähigkeit, eine Beziehung zum Unbekannten und Unerkennbaren aufzunehmen und sich ihm schrittweise zu nähern, bis ein Teil dieses Unbekannten bekannt wird. Der Glaube kann sich auf die eigenen Fähigkeiten und die der Mitmenschen richten, auf das noch Unbekannte und Erforschbare der Wissenschaften und das Unerkennbare der Religionen. Das Kind verfügt zunächst über einen absoluten Glauben. Später differenzieren sich die Glaubensinhalte; das Kind glaubt an die Zuwendung oder die Gerechtigkeit der Eltern. Über das Vorbild der Eltern lernt es eine Beziehung zum Unbekannten und Unerkennbaren aufzubauen und übernimmt die geschichtlich geprägten Formen des religiösen oder weltanschaulichen Glaubens.

Wie fragt man danach: Gibt es in Ihrer Partnerschaft Probleme wegen der Religion oder Weltanschauung? Wer von Ihnen ist religiöser? Glauben Sie an ein höheres Wesen? Glauben Sie an ein Leben nach dem Tod? Was halten Sie von den Religionen? Welcher religiösen Gemeinschaft gehören Sie an? Wie stehen Sie zur Kirche? Wer von Ihren Eltern war religiöser? Wie wurde die Religion zu Hause praktiziert (Gebet, Meditation, Riten)? Glauben Sie, daß Sie (Ihr Partner) sich noch weiter entwickeln und noch weitere Reserven erschließen können (kann)? Haben Sie für Ihre beruflichen und privaten Tätigkeiten feste Ziele?

Synonyme und Störungen: Annehmen, erachten, meinen, vermuten, voraussetzen, sich verlassen auf, vertrauen, Weltanschauung, Ideologie, Theologie, Hypothese. – Aberglaube, Bigotterie, Glaubenskrise, Unglauben, Angst, Aggressionen, Nachahmungen, Resignation, Überforderung, Unsicherheit, Stimmungsschwankungen, Lebensangst, kollektiver Haß, Vorurteile, Fanatismus, religiöser Wahn etc.

Verhaltensregulative: Jeder Mensch, ohne Ausnahme, hat die Fähigkeit zu glauben. Lerne zu unterscheiden zwischen Glaube, Religion und Kirche. An sich selber glauben, an seine Fähigkeiten, einen Partner, eine Gruppe, ein Idol, eine Idee, eine Theorie, eine Weltanschauung, einen Gott.

Die Aussagen von Wissenschaftlern und Nobelpreisträgern (vgl. I./Kap. 5, S. 93 ff.) wirkten als Mediatoren für die Fragen nach dem Sinn des Lebens, des Todes und für die Frage des Lebens nach dem Tod.
Die Behandlung wurde in 25 Sitzungen abgeschlossen.

Anhang: Fragebogen zu *Suizidversuch*

Name: .... Nr.: .... Datum:....................................

Körper/Sinne — Beruf/Leistung — Kontakt — Phantasie/Zukunft

1) "Ich halte es nicht länger aus"; "Das Leben ist eine Illusion"; "Alles ist ein Hirngespinst, ein Wolkenkuckucksheim, eine Traumwelt"; "Wer gelernt hat zu sterben, hört auf, Knecht zu sein"; "Der Tod ist das Tor zum Leben"; "Alles ist sinnlos".
   Kennen Sie noch weitere Zitate und Sprüche, die auf Ihre Problematik zutreffen? Wie stehen Sie dazu?
2) Welches Mittel haben Sie versucht, um Ihr Leben zu beenden?
3) Beziehen/bezogen Sie Ihr Selbstwertgefühl vorwiegend aus Ihrem Beruf?
4) Wurden Sie beruflich enttäuscht, zurückgesetzt, ungerecht behandelt?
5) War Ihr Suizidversuch ein Appell an Ihre Umwelt? Mit welchem Ziel?
6) Haben Sie Ihren Suizid angekündigt? Wie haben Ihr Partner und andere für Sie wichtige Personen reagiert?
7) Welche Enttäuschungen (durch wen) gingen Ihrem Suizidversuch voraus? Stand der Wunsch nach Liebe, Nähe und Geborgenheit dahinter?
8) Kreisen Ihre Gedanken um die Hoffnungslosigkeit und Sinnlosigkeit des Lebens? Welche Erfahrungen und/oder Konzepte haben Sie zu diesem Denken und Empfinden geführt?
9) Wissen Sie, wie und mit welchen Einstellungen Menschen aus anderen Kulturen Ihr Leben bewußt beenden (z. B. als Harakiri in Japan, in Form eines Selbstopfers in Indien)?
10) Wollten Sie Ihre unerträgliche Situation beenden (welche?) oder das Leben selbst?
11) Machen Sie sich Gedanken um die globale Zukunft der Menschheit (Krieg — Frieden, ökologische Krise, Hunger in der Welt)?
12) Was ist für Sie der Sinn des Lebens (Antrieb, Ziele, Motivation, Lebensplan, Sinn von Krankheit und Tod, Leben nach dem Tod)?
13) Welche Ziele und Pläne haben Sie im gesundheitlichen, beruflichen, partnerschaftlichen, familiären und gesellschaftlichen Bereich für die nächsten 5 Jahre? Welche Möglichkeiten zur Verwirklichung sehen Sie?

37 Unfälle

Die Fähigkeit, etwas zu riskieren

Definition

Unter einem Unfall versteht man ein plötzliches, von außen einwirkendes Ereignis, das − neben der Beschädigung von Sachen − die Gesundheit von Menschen beeinträchtigen oder gar ihr Leben gefährden kann.

Symptomatik

Gut 33 % der Kranken entwickeln nach Studt (1986) im Anschluß an den Unfall Symptome einer Angstneurose oder neurotischen Depression. Die körperlichen Verletzungen selbst können, wenn sie als Behinderungen bestehen bleiben (Verstümmelungen, Entstellungen etc.), zu weiteren psychischen Problemen führen.

Transkultureller Ansatz und Epidemiologie

In der westlichen Welt liegen die Unfälle nach den Herz- und Kreislauferkrankungen, Krebs, Schlaganfall und Arteriosklerose an 4. Stelle. In den westlichen Ländern der Bundesrepublik Deutschland sind 16 % aller Krankheiten die unmittelbare Folge von Unfällen. Nach Studt (1986) gehen 80−90 % der selbstverschuldeten Unfälle auf das Konto einer kleinen Gruppe von Menschen (4−8 %), die ein besonders hohes Unfallrisiko haben. Eine Statistik des Allgemeinen Deutschen Automobilclubs (1984) zeigte, daß es an Freitagen, die auf den 13. eines Monats fielen, etwa 30 % mehr Unfälle und fast 50 % mehr Tote gab als an anderen Freitagen. Das Risiko, im Straßenverkehr zu verunglücken, wird für Bewohner der Bundesrepublik Deutschland doppelt so hoch veranschlagt wie für Dänen, Schweden, Niederländer oder Italiener.

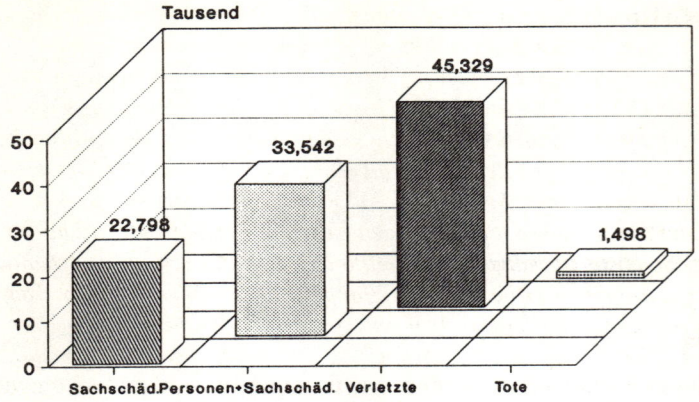

Abb. 1. Alkoholbedingte Unfälle und ihre Folgen in der Bundesrepublik 1988 (Statistisches Bundesamt)

Literaturvergleich

Nach klassischer psychoanalytischer Auffassung können Unfälle als unbewußte Form der Selbstbestrafung verstanden werden (Alexander 1971). Dunbar (1948) erstellte ein typisches Persönlichkeitsprofil für Unfallkranke. Für Rattner (1977) stellt die "Unfallsucht" eine dramatische Form der "Flucht vor Bindung und Verantwortung" dar.

Sprachbilder und Volksweisheiten

Kopf und Kragen riskieren; ein Katastrophentyp sein; sich überfahren lassen; unter die Räder kommen; andere über den Haufen fahren; sich überrollen lassen.

Geschichte: "Der Prophet und die langen Löffel"

Ein Rechtgläubiger kam zum Propheten Elias. Ihn bewegte die Frage nach Hölle und Himmel, wollte er doch seinen Lebensweg danach gestalten. "Wo ist die Hölle — wo ist der Himmel?" Mit diesen Worten näherte er sich dem Propheten, doch Elias antwortete nicht. Er nahm den Fragesteller bei der Hand und führte ihn durch dunkle Gassen in einen Palast. Durch ein Eisenportal betraten sie einen großen Saal. Dort drängten sich viele Menschen, arme und reiche, in Lumpen gehüllte, mit Edelsteinen geschmückte. In der Mitte des Saales stand auf offenem Feuer ein großer Topf voll brodelnder Suppe, die im Orient Asch heißt. Der Eintopf verbreitete einen angenehmen Duft im Raum. Um den Topf herum drängten sich hohlwangige und tiefäugige Menschen, von denen jeder versuchte, sich seinen Teil Suppe zu sichern. Der Begleiter des Propheten Elias staunte, denn die Löffel, von denen jeder dieser Menschen einen trug, waren so groß wie sie selbst. Nur ganz hinten hatte der Stiel des Löffels einen hölzernen Griff. Der übrige Löffel, dessen Inhalt einen Menschen hätte sättigen können, war aus Eisen und durch die Suppe glühend heiß. Gierig stocherten die Hungrigen im Eintopf herum. Jeder wollte seinen Teil, doch keiner bekam ihn. Mit Mühe hoben sie ihren schweren Löffel aus der Suppe, da dieser aber zu lang war, bekam ihn auch der Stärkste nicht in den Mund. Gar zu Vorwitzige verbrannten sich Arme und Gesicht oder schütteten in ihrem gierigen Eifer die Suppe ihren Nachbarn über die Schultern. Schimpfend gingen sie aufeinander los und schlugen sich mit denselben Löffeln, mit deren Hilfe sie ihren Hunger hätten stillen können. Der Prophet Elias faßte seinen Begleiter am Arm und sagte: "Das ist die Hölle!"

Sie verließen den Saal und hörten das höllische Geschrei bald nicht mehr. Nach langer Wanderung durch finstere Gänge traten sie in einen weiteren Saal

Abb. 2. Der Prophet und die langen Löffel (Aus Peseschkian 1977b, S. 198)

ein. Auch hier saßen viele Menschen. In der Mitte des Raumes brodelte wieder ein Kessel mit Suppe. Jeder der Anwesenden hatte einen jener riesigen Löffel in der Hand, die Elias und sein Begleiter schon in der Hölle gesehen hatten. Aber die Menschen waren hier wohlgenährt, und man hörte in dem Saal nur ein leises, zufriedenes Summen und das Geräusch der eintauchenden Löffel. Jeweils zwei Menschen hatten sich zusammengetan. Einer tauchte den Löffel ein und fütterte den anderen. Wurde einem der Löffel zu schwer, halfen zwei andere mit ihrem Eßwerkzeug, so daß jeder doch in Ruhe essen konnte. War der eine gesättigt, kam der nächste an die Reihe. Der Prophet Elias sagte zu seinem Begleiter: "Das ist der Himmel!" (aus Peseschkian 1977a, S. 203 f.).

Selbsthilfeanteil: Das Problem "Unfall" aus der Sicht der positiven Psychotherapie

Nach Frey (1986) liefern psychologische Variablen bessere Vorhersagen (Verweildauer im Krankenhaus, Wiederaufnahme der Berufstätigkeit) als die Schwere der Verletzung. "Unfäller" erfreuen sich meist einer guten Gesundheit, neigen zu spontanem und intensivem Handeln, finden meist leicht soziale Kontakte. Tradition, Konventionen und Fragen nach dem Lebenssinn bedeuten ihnen weniger. Als Kinder haben sie häufig gelernt, daß sie von den Eltern erst dann beachtet wurden, wenn sie durch riskante Aktionen oder Übertretungen von Regeln auf sich aufmerksam machten. Auf den Zusammenhang zwischen Unfällen und psychischen Faktoren weisen zahlreiche Redewendungen hin. Unserem Verständnis nach hat der "Unfäller" die Fähigkeit, körperlich und zwischenmenschlich etwas zu riskieren, um eigenen und fremden Konzepten (z. B. pünktliches Erscheinen) zu entsprechen.

Praktische Konsequenzen aus diesem Selbsthilfeanteil finden sich im Fragebogen am Ende dieses Kapitels.

Therapeutischer Anteil: das fünfstufige Vorgehen der positiven Psychotherapie bei Unfällen

Fallbeispiel: "Ich bin total unter die Räder gekommen."

Als ich merkte, daß es zu spät geworden ist, habe ich mich ins Auto gesetzt und das Gaspedal voll durchgetreten. Da mußte doch gerade so ein blöder Radarwagen auf der Lauer liegen und ein paar Erinnerungsfotos von mir schießen. Was hatte ich für einen Zorn auf die Bullen. Das habe ich denen auch gesagt, als sie mich angehalten haben. Mein Rechtsanwalt meint jetzt, ich hätte das nicht tun sollen. Er meinte wohl, es mangelte mir an Pünktlichkeit, Zeitsinn, Gehorsam, Höflichkeit, Sparsamkeit.

Der Patient, ein, athletischer Typ, hatte schon mehrere Unfälle mit seinem Pkw verursacht. Aus Angst, ein bestimmtes Ziel nicht pünktlich erreichen zu können, entwickelte er häufig rücksichtsloses Verhalten, das in Aggressionen einmündete. Auf meine Bemerkung, er habe die Fähigkeit, etwas zu riskieren, meinte er, er bemerke meist gar nicht, in welch gefährliche Situationen er sich begebe. Die Bewußtmachung und Aufarbeitung narzißtischer Tendenzen bezog sich inhaltlich auf die Aktualfähigkeiten *Pünktlichkeit* (vgl. II./Kap. 16), *Gerechtigkeit* (vgl. II./Kap. 1), *Fleiß/Leistung* (vgl. II./Kap. 9), *Sparsamkeit* (vgl. II./Kap. 25) und *Zeit* (vgl. II./Kap. 33). In Verbindung mit dem Sinn des Handelns, Fragen nach Weltanschauung und Philosophie (*Glaube/Religion*; vgl. II./Kap. 36) sowie Lernen am Modell (*Vorbild*) konnte er innerhalb der fünfstufigen Therapie ein anderes Verhalten beim Autofahren entwickeln.

Die Geschichte "Der Prophet und die langen Löffel" hatte für den Patienten eine Depotwirkung. Er lernte, daß Rücksichtnahme beim Autofahren ihm auch zum eigenen Vorteil gereicht.

Die Aktualfähigkeit "Vorbild"

Definition und Entwicklung: Die Fähigkeit, andere nachzuahmen bzw. selber das Modell für Nachahmungen zu bieten. Nachgeahmt werden nicht nur Verhaltensweisen, die vom Vorbild zur Nachahmung freigegeben sind, sondern auch Haltungen, Einstellungen und Gefühlsqualitäten, die vom Vorbild als Privatsache betrachtet werden. Nachahmung ist eine der wesentlichen Lernfunktionen. Das Kind ahmt seine Eltern nach, weil es die Nachahmung als solche als belohnend empfindet oder weil sie belohnt wird; sie erfolgt oder unterbleibt, weil das Vorbild belohnt oder bestraft wurde.

Wie fragt man danach: Wer von Ihnen ist mehr das Vorbild? Welche Person, Figur, welcher Autor, welches Motto ist Ihr Leitbild? Möchten Sie gerne wie die anderen sein? Wer von Ihren Eltern war Ihr Vorbild? Finden Sie bei sich (Ihrem Partner) Eigenschaften und Verhaltensweisen, die Sie an eine frühere Bezugsperson erinnern?

Synonyme und Störungen: Abgucken, imitieren, kopieren, nachahmen, nachäffen, nacheifern, sich nach jemandem richten, in die Fußstapfen eines anderen treten, sich mit fremden Federn schmücken. - Nachahmungstendenzen, Einschränkung der eigenen Urteilsfähigkeit, affektive Ablehnung des Vorbildes, Schwanken, zwischen Liebe und Haß, Hemmungen, Idealisierung, überhöhte Erwartungen, Enttäuschungen, Selbstwertprobleme, finanzielle Schwierigkeiten.

Verhaltensregulative: Jede unserer Handlungen und auch Gedanken kann ein Vorbild für andere sein: Verhalten Sie sich in dem Bewußtsein, daß Sie Vorbild sind. Auch das, was wir vom besten Vorbild übernommen haben, bedarf der Nachprüfung: Mit eigenen Augen sehen, mit eigenen Ohren hören, mit der eigenen Vernunft urteilen.

Anhang: Fragebogen zu *Unfällen*

Name: .... Nr.: .... Datum:.................................

Körper/Sinne — Beruf/Leistung — Kontakt — Phantasie/Zukunft

1) Rennen Sie sich schon mal "den Kopf ein", "riskieren Kopf und Kragen"? Halten Sie sich für einen "Katastrophentyp" oder eher für jemanden, der "immer wieder auf die Füße fällt"? Fallen Ihnen noch andere Sprichworte zu Ihrem Unfall ein? Was sagen Ihnen diese Volksweisheiten?

2) Gehen Sie bewußt oder "unbewußt" über Ihre körperliche Leistungsgrenze hinaus, um ein bestimmtes Ziel zu erreichen?

3) Reagieren Sie Ihre im Beruf aufgestauten Aggressionen z. B. durch aggressive Fahrweise ab? Lassen Sie sich öfters "überfahren"?

4) Befinden Sie sich in einer Zwickmühle (Entscheidungsproblem in Partnerschaft, Beruf und Zukunftszielen)?

5) Legen Sie großen Wert auf Pünktlichkeit und riskieren daher Unfälle?

6) Lassen Sie am Arbeitsplatz aus Gründen der Kostenersparnis (*Sparsamkeit*) oder der Leistungsnorm (*Fleiß/Leistung*) Sicherheitsvorkehrungen außer acht? Handeln Sie unüberlegt und impulsiv, ohne ausreichend nachgedacht zu haben?

7) Sind Sie mit Ihrem Beruf zufrieden?

8) Was sagt Ihr Partner zu Ihrer Fahrweise?

9) Wie oft fluchen Sie beim Autofahren? Welche Schimpfworte gebrauchen Sie?

10) Glauben Sie, bei anderen durch riskante Aktionen oder Übertretungen Ihr Image aufpolieren zu können?

11) Was würden Sie machen, wenn Sie eines Tages nicht mehr Autofahren könnten?

12) Was ist für Sie der Sinn des Lebens (Antrieb, Ziele, Motivation, Lebensplan, Sinn von Krankheit und Tod, Leben nach dem Tod)?

13) Akzeptieren Sie Ihren Unfall auch als Chance, bisher nicht erlebte Bereiche (Körper/Sinne, Beruf/Leistung, Kontakt, Phantasie/Zukunft) zu entwickeln?

38 Urologische Erkrankungen

Die Fähigkeit, sich Probleme an die Nieren gehen zu lassen und
auf "unhaltbare" Zustände hinzuweisen; die Fähigkeit, nach unten zu weinen

Definition

Bettnässen oder *Enuresis nocturna* liegt vor, wenn bei einem Kind über 3 Jahren nachts unwillkürlich Urin abgeht. Bei der *Reizblase* handelt es sich um den Drang zu häufiger Harnentleerung bei relativ geringer Blasenfüllung. *Harnröhrenentzündung* (Urethritis) macht sich durch häufiges, mit Brennen verbundenes Wasserlassen bemerkbar. Bei *Harnblasenentzündung* (Zystitis) ist die Blasenschleimhaut, evtl. auch die Blasenwand, entzündet. Mit *Prostatitis* bezeichnet man eine Entzündung der Prostata mit erschwertem Harnlassen, Harndrang und Schmerzen in der Leisten-, Damm- und Genitalgegend, die sich meist auch störend auf die Sexualfunktion auswirkt. Bei der *Phenacetinnephritis* handelt es sich um eine chronische Nierenerkrankung nach übermäßiger Einnahme von phenacetinhaltigen Medikamenten. Unter *Hämodialyse* versteht man eine apparative Methode, durch die das Blut des Nierenkranken von Stoffwechselschlacken und giftigen chemischen Substanzen gereinigt wird.

Symptomatik

Mit dem Harndrang, der bei einer *Reizblase* meist nur tagsüber besteht, gehen in der Regel brennende Mißempfindungen beim Urinieren einher. Bei *Harnröhrenentzündung* ist schleimig-eitriger Ausfluß aus der Harnröhre nicht selten. Die *Harnblasenentzündung* kann mit plötzlich auftretendem Schüttelfrost und Fieber einhergehen. Typische Symptome der *Phenacetinnephritis* sind Blutarmut mit Eiweiß- und Blutvorkommen im Urin, Graufärbung der Haut, besonders der Lippen, und Verstopfung. Bei Dialysepatienten kommt es allmählich zu verminderter körperlicher und geistiger Leistungsfähigkeit.

Transkultureller Ansatz und Epidemiologie

Nach den beiden Weltkriegen wurden sog. Steinwellen beobachtet. Die Zahl der Nierensteinkranken ist heute etwa so groß wie die der Diabetiker. In hochzivilisierten Ländern leidet ein erheblich höherer Prozentsatz der Bevölkerung an Nierensteinen. In der neueren medizinischen Literatur wird der Anteil der organisch bedingten Enuresisfälle nur noch auf 10 % geschätzt. Die durchschnittliche Lebenserwartung von Heimdialytikern liegt nach Petzold u. Reindell (1980) in nur 70 % der Fälle über 5 Jahre; unter psychosomatischem Aspekt sieht die Sache jedoch ganz anders aus. Die Harnsteinerkrankungen sind nach Hamm (1986) in den Balkanländern, der Türkei, Indien und China besonders häufig.

Literaturvergleich

Mit der psychologischen Bedeutung der urethralen Entwicklung hat sich besonders Schultz-Hencke (1951) befaßt. Er betrachtet das urethrale Erleben v. a. unter dem Aspekt der "Willkür" und der "Hemmung". Der Vorgang der Harnausscheidung hat eine sehr enge Beziehung zum Geben, zum Verschenken. Der urethral Gehemmte kann dies nicht. Er ist unfrei. Er hat seine Unbekümmertheit verloren.

Hämodialyse: Fast alle Autoren wie Kaplan de-Nour (1984), Drees (1976), Freyberger (1981) und Vollrath et al. (1976), die sich mit der Psychosomatik der Dialysepatienten befassen, stellen bei diesen Kranken Verdrängung und Verleugnung als vorherrschende Abwehrmechanismen fest und konzedieren, daß der Dauerstreß der Hämodialyse wohl anders auch kaum zu ertragen wäre. Typisch für Dialysepatienten scheint die Unfähigkeit zu sein, Ängste und Konflikte zu verbalisieren.

Sprachbilder und Volksweisheiten

Das geht einem an die Nieren; alles laufen lassen; sich vor Angst in die Hose machen; unter Druck geraten; eine Sextanerblase haben; sich verpissen; etwas im Urin haben

Geschichte: "Was geschehen ist, kann man nicht ungeschehen machen."

Ein Gelehrter, dessen ganze Freude die Beschäftigung mit der Wissenschaft und das Studium der Bücher war, wurde von seinen Kollegen, die ihm die sichtbare Freude an der Arbeit neideten, verachtet und verleumdet. Der Gelehrte war darüber sehr betrübt, konnte und wollte er doch nicht in Unfrieden mit seinen Mitmenschen und erst recht nicht mit seinen Kollegen leben. Eines Tages erkrankte er vor lauter Kummer und fühlte, daß seine letzte Stunde gekommen war. Die Kollegen, aufgeschreckt durch diese Nachricht, erkannten, daß sie den Mann der Weisheit ungerecht behandelt und gekränkt hatten. Sie beschlossen gemeinsam, ihn aufzusuchen, um ihn um Vergebung zu bitten. So erschienen sie am Krankenlager des Gelehrten, der matt und bleich, von vielen Kissen gestützt, in seinem Bett lag. "Oh Meister des Wortes und Meister der Feder", sprach einer der Kollegen, "wir sind gekommen, um unsere Schuld zu bekennen. Wir bitten Dich um

Vergebung und daß Du das, was geschehen ist, ungeschehen machst." "Ich sehe, ihr seid alle gekommen", hauchte der Gelehrte, "groß ist meine Freude. Ich will Euch gerne vergeben, doch das, was geschehen ist, kann ich nicht ungeschehen machen." Die Gelehrten schauten sich betroffen an. Warum gab der Meister ihnen nicht die Gelegenheit, ihr Gewissen zu erleichtern? "Oh Meister", ergriff ein anderer Gelehrter das Wort, "sag, was können wir tun, um Dich versöhnlich zu stimmen. Wir sind bereit, jeden Deiner Wünsche zu erfüllen." Der Kranke zog mühselig eines der zahlreichen Kissen unter seinem Kopf hervor und reichte es dem am nächsten Stehenden: "Hier, nehmt dieses meiner Kissen, steigt damit auf den Turm der Stadtbefestigung, öffnet das Kissen und schüttet alle Federn aus. Dann gehet hin und sammelt die Federn wieder ein und führet diese Arbeit mit großer Sorgfalt aus, damit am Ende keine davon fehle." Erschöpft schwieg der Kranke und die anderen schauten sich an. Einer der Kollegen sprach aus, was alle dachten und was auf ihren Gesichtern abzulesen war: "Oh Meister, wie sollen wir das vollbringen? Der laue Abendwind wird die Federn davontragen, in Ecken und Ritzen wehen, so daß wir unmöglich alle wiederfinden können." Seht Ihr", sprach da der Sterbende, "was geschehen ist, kann man nicht ungeschehen machen".

Selbsthilfeanteil: Entwicklung von urologischen Erkrankungen aus der Sicht der positiven Psychotherapie

Die Erkenntnis, daß sich psychische Vorgänge auch auf die Funktionen des Harnapparates auswirken können, ist im Volk schon lange bekannt ("Es geht einem etwas an die Nieren", "Das hab' ich im Urin"). Unter nervöser Anspannung verändert sich unter anderem der Tonus der Gefäße, was eine schlechtere Durchblutung der Nieren zur Folge hat und sich schließlich über eine veränderte Zusammensetzung des Blutes und des Urins auf den gesamten Organismus auswirkt. Ein erhöhter Tonus bedeutet auch eine gesteigerte Erregbarkeit der Sensoren in der Blasenwand und damit eine herabgesetzte Reizschwelle.

Das Recht, körperliche Bedürfnisse zu haben und diese auch zu beanspruchen, nehmen Menschen mit gestörter Nieren- und Blasenfunktion häufig nicht wahr. Man hat keine Zeit, auf die Toilette zu gehen, die Arbeit geht vor. Das Trinken wird bewußt eingeschränkt, um nicht so häufig "verschwinden" zu müssen (*Leistung*). Folge: unzureichende Durchspülung der Nieren kann ihre Funktionsfähigkeit beeinträchtigen. Aus Scheu vor fremden Toiletten (*Sauberkeit*) wird der Urin krampfhaft einbehalten: außerdem möchte man nicht bei anderen den Eindruck erwecken, eine schwache Blase zu haben (mangelnde *Offenheit/Ehrlichkeit*), oder sie durch das Rausgehen stören (*Höflichkeit*). Im beruflichen Bereich engagieren sich diese Menschen meist sehr stark; sie wollen etwas leisten und Erfolg haben. Im Kontaktbereich dagegen sind sie eher reserviert, in Gegenwart anderer Menschen gehemmt und unsicher. Ihre Phantasien kreisen oft um hohe Ziele, an deren Realisierung sie selbst nicht glauben. Der Sinn des Lebens wird bezweifelt. Eine labile, vorwiegend ängstliche Stimmung überwiegt, mit Versagensgefühlen und Neigung zu Depressionen. Meist wurde im Elternhaus der Patienten auf Sauberkeit und Leistung großer Wert gelegt. Das Kind lernte sehr bald, seine körperlichen Bedürfnisse (nämlich unbekümmert zu sein, es "laufen zu lassen") zu kontrollieren und sie dem Leistungsprinzip zu unterstellen. Kompliziert wurde der unbeschwerte Vorgang der Urinausscheidung dadurch, daß die Ausscheidungsfunktion an die Geschlechtsorgane gekoppelt ist und damit, infolge einer strengen, körperfeindlichen und moralisierenden Erziehung, das Urinieren unbewußt mit etwas Verbotenem verknüpft und damit zwiespältig erlebt wird. Wie sehr Emotionen, insbesondere Angst, mit der Entleerung der Blase verknüpft sind, dafür sprechen Redensarten wie: "Sich vor Angst in die Hose machen" oder "sich verpissen". Jemand, der eine schwache Blase oder eine "Sextanerblase" hat, gilt nicht selten auch sonst als ein schwacher oder unreifer Mensch. Bedeutet doch, seine Ausscheidung nicht im Griff zu haben, mit das Peinlichste, was einem Menschen passieren kann.

Therapeutischer Anteil: das fünfstufige Vorgehen der positiven Psychotherapie bei urologischen Erkrankungen

Fallbeispiel: "In unserer Klinik herrschen unhaltbare Zustände."

Eine 38jährige Patientin erzählte im Erstinterview:

Durch Zufall wurde schon 1979 entdeckt, daß ich an zu hohem Blutdruck und stark schwankendem Blutdruck leide. Ich habe dabei beobachtet, daß er aber am Wochenende und im Urlaub relativ normal ist. Im Sommer 1984 bekam ich plötzlich heftige Schmerzen im rechten Nierenlager mit krampfartigem Zustand. Ich hatte panische Angst vor Krankheit und ärztlichen Untersuchungen. Aber es half alles nichts, und es stellte sich heraus, daß die Nierenfunktion beiderseits stark eingeschränkt war, was ich seit 1979 geahnt hatte, aber nicht wahrhaben wollte. Weihnachten 1984 hatte ich eine entsetzliche Auseinandersetzung mit meiner Vorgesetzten, deren psychoterrorähnliche Methoden ich als große Ungerechtigkeit erlebte (...).

Die Patientin bemühte sich, während des Gesprächs keine Pausen entstehen zu lassen. Auf den Hinweis, sie habe die Fähigkeit, sich belastende Ereignisse an die Nieren gehen zu lassen, meinte sie:

Das kann man wohl sagen! Ich bin seit Jahren unter Druck geraten. Seit 1977 habe ich viele berufliche Probleme, die v. a. durch Konkurrenzkampf gekennzeichnet sind. Ich bin stellvertretende Pflegedienstleiterin an einer Universitätsklinik. Mehrarbeit bleibt immer an mir hängen. Das geht so weit, daß ich mir bei einer Chefvisite nicht einmal eine Unterbrechung für den Gang zur Toilette gestatte. Auf der einen Seite schätzt meine Vorgesetzte meinen Arbeitseinsatz und meine zeitliche Flexibilität (60–70 Stunden pro Woche), auf der anderen Seite bin ich an jeder kleinen Panne schuld. Alle konstruktiven Änderungsversuche werden teilweise oder ganz abgeblockt. Die Arbeit ist dadurch für mich unbefriedigend und ich fühle mich ungerecht behandelt. Auseinandersetzungen mit der Gewerkschaft. Ich habe schon mehrmals beschlossen, meine Tätigkeit deswegen zu ändern, schaffe es aber nicht. Partnerschaftliche Probleme. Mein Partner will sich seit Jahren nicht festlegen. Ich suche aber die Gewißheit einer bleibenden Verbundenheit ...

Als Aktualkonflikt der Patientin imponierte ihre berufliche Situation, die durch viele Probleme und den Konkurrenzkampf gekennzeichnet ist. Die sich immer wiederholenden und kumulierenden Konflikte besaßen für sie eine traumatisierende Wirkung im Sinne von "steter Tropfen höhlt den Stein". Die aggressiven Triebimpulse wurden im Sinne der *Höflichkeit* verdrängt und als Aggressionshemmung gegen das eigene Ich gerichtet. Als Grundkonflikt stand eine ambivalente Mutter-Tochter-Beziehung im Mittelpunkt. Sie fühlte sich früh für die Mutter verantwortlich, da der Vater jegliche emotionale Schwäche ängstlich bis aggressiv ablehnte und die Mutter sie bewußt für ihre Bedürfnisse einsetzte (Gang zur Apotheke, Verpflegung).

In tiefer Entspannung erzählte ich der Patientin die Geschichte "Was geschehen ist, kann man nicht ungeschehen machen". Sie lernte einerseits, wie sie selbst sagte, zu unterscheiden, worauf sie selbst täglich Einfluß nehmen konnte: die Signale ihres Körpers (Entleerung der Blase und des Darmes) zu beachten, die bisher mikrotraumatisch besetzten Aktualfähigkeiten (z. B. *Gerechtigkeit*) zu erkennen, ihre Bedürfnisse und außerberuflichen Kontakte zu akzeptieren und ihre musischen Fähigkeiten wieder zum Zuge kommen zu lassen. Andererseits lernte sie, das zu akzeptieren, was sie nicht mehr ändern konnte. Der Grundkonflikt wurde nicht als Konflikt ihrer Gesamtpersönlichkeit betrachtet, sondern als Konflikt der Patientin im Umfeld der oben genannten kritischen Aktualfähigkeiten oder eines Mediums der Grundfähigkeiten (4 Formen der Konfliktverarbeitung). Ihre Aggressionshemmung war inhaltlich im Schlüsselkonflikt *Höflichkeit* (vgl. II./Kap. 26) und *Offenheit/ Ehrlichkeit* (vgl. II./Kap. 5) angesiedelt. Auch die Aktualfähigkeiten *Fleiß/Leistung* (vgl. II./Kap. 9) und *Gerechtigkeit* (vgl. II./Kap. 1) wurden in der Stufe 4 durchgearbeitet. Nach 35 Sitzungen, am Ende der Behandlung, äußerte die Patientin unter anderem:

Wichtig ist letztlich, daß die leider öfter auftretenden mißlichen Auseinandersetzungen mit meiner Vorgesetzten von mir nicht mehr als so unerträglich und aufregend empfunden werden. Auf der Suche nach dem Sinn des Lebens und des Todes bin ich weiter gekommen. Die ersten Tage nach dem letzten Gespräch diesbezüglich waren gedankenintensiv, und ich konnte hierüber mit meinem Partner sprechen.

Anhang: Fragebogen zu *urologischen Erkrankungen*

Name: .... Nr.: .... Datum:.............................

Körper/Sinne − Beruf/Leistung − Kontakt − Phantasie/Zukunft

1) Was geht Ihnen an die Nieren? Können Sie auch mal "etwas laufen lassen"? Fallen Ihnen noch andere Sprichworte zu Ihrer Erkrankung ein? Was sagen Ihnen diese Volksweisheiten?

2) Geht Ihnen beruflich etwas "auf die Nerven"? Um welche Probleme handelt es sich? Wie gehen Sie damit um?

3) Schränken Sie das Trinken bewußt ein, um nicht so oft "verschwinden" zu müssen?

4) Nehmen Sie regelmäßig die verordneten Medikamente? Wissen Sie, wie die Medikamente wirken, was Sie von ihnen erwarten können und welche Nebenwirkungen möglich sind?

5) Ist es Ihnen wichtig, sich im Umgang mit Kollegen und Mitarbeitern zu kontrollieren und zurückzuhalten?

6) Bekommen Sie durch Ihre Erkrankung Zuwendung von Ihrer Umgebung, die Sie sonst nicht bekommen würden?

7) Können Sie sich durch Ihre Erkrankung Ihren Partner "vom Leibe halten"?

8) Nehmen Sie das Recht, körperliche Bedürfnisse zu haben und auch zu beanspruchen, wahr?

9) Können Sie anderen Menschen spontan etwas geben oder schenken, was für Sie von Wert ist?

10) Ist das Urinieren bei Ihnen wegen der Nähe von Ausscheidungs- und Geschlechtsorganen mit etwas Verbotenem verknüpft und wird daher zwiespältig erlebt?

11) Was ist für Sie der Sinn des Lebens (Antrieb, Ziele, Motivation, Lebensplan, Sinn von Krankheit und Tod, Leben nach dem Tod)?

12) Akzeptieren Sie Ihren Unfall auch als Chance, bisher nicht erlebte Bereiche (Körper/Sinne, Beruf/Leistung, Kontakt, Phantasie/Zukunft) zu entwickeln?

39 Zahn- und Kiefergelenkerkrankungen

Die Fähigkeit, den Mund mit Hilfe Dritter (Zahnarzt) endlich aufzumachen

Definition

Unter *Karies* versteht man einen Fäulnisprozeß, bei dem zunächst die Hartsubstanz des Zahns und dann auch das Innere zerstört wird.

Mit *Parondontose* bezeichnet man einen krankhaften Zahnbettschwund, der zur Lockerung der Zähne führt.

Zu den *Gebißanomalien* zählt man Fehlstellungen der Zähne und Formveränderungen der beiden Kiefer.

Symptomatik

Im fortgeschrittenen Stadium macht sich Karies durch heftige Zahnschmerzen bemerkbar. Bei der entzündlichen Parodontitis ist das Zahnfleisch schmerzhaft geschwollen und blutet leicht. Eiter bildet sich in den Zahntaschen. Das Zahnfleisch geht immer mehr zurück. Zähne lockern sich und fallen aus. Gebißanomalien können zu Schmerzen und aufgrund der hohen ästhetischen Bewertung eines makellosen Gebisses schließlich zu seelischen Störungen führen.

Transkultureller Ansatz und Epidemiologie

Bereits 86 % der Erstkläßler in den westlichen Ländern der Bundesrepublik Deutschland haben Karies. Pro Jahr werden in der BRD etwa 90 Mio. kariöse Zähne gefüllt, 60 Mio. Zähne müssen gezogen werden, etwa 40 Mio. Menschen leiden an Zahnfleischbluten, 20 Mio. an Paradontose und 2,3 Mio. bekommen jedes Jahr eine Prothese.

In den südeuropäischen Ländern haben nahezu alle Erwachsenen kariöse Zähne. In den letzten 10 Jahren ging die Karies in der Schweiz, in Dänemark, Norwegen, Belgien, den Niederlanden, Schweden und Großbritannien durch Vorbeugemaßnahmen um durchschnittlich 50 % zurück. "Schlußlichter" sind nach wie vor Frankreich, Italien, Griechenland, Spanien und die BRD.

Literaturvergleich

Nach Demmel (1989) gilt auch in der Zahnheilkunde das Komplementaritätsprinzip: Jede Erkrankung hat einen somatischen und einen psychischen Anteil. Das biopsychosoziale Konzept von Adler u. Hemmler (1986) bietet psychotherapeutische Möglichkeiten für die Praxis des Zahnarztes. Raetzke (1985) beschreibt morphologische Veränderungen der oralen Gewebe unter Streß. Bei Zahn- und Kieferfehlstellungen muß nach Demmel u. Lamprecht (1986), die auf Sergl (1968) und Fuchs (1983) verweisen, mehr als bisher bedacht werden, daß sie auch psychisch bedingt oder verstärkt sein können.

Sprachbilder und Volksweisheiten

Den Mund nicht aufkriegen; die Zähne zusammenbeißen; auf dem Zahnfleisch kriechen; jemandem die Zähne zeigen; jemandem auf den Zahn fühlen; sich durchbeißen.

Geschichte: "Der Wanderer"

Siehe II./Kap. 27, S. 368.

Selbsthilfeanteil: Entwicklung von Zahn- und Kiefergelenkerkrankungen aus der Sicht der positiven Psychotherapie

Durch Streß wird die Speichelbildung nicht nur gehemmt, es verändert sich auch die Zusammensetzung. Abwehrstoffe und Spurenelemente treten im Speichel streßgeplagter Menschen in geringerer Konzentration auf, wodurch die Schutzwirkung vor Karies herabgesetzt wird. Auch Depressionen, Ängste, verschiedene Krankheiten und Medikamente verändern die Speichelproduktion. Konflikte versucht der Patient mit gewaltsamer Beherrschung und unter Einsatz aller Kräfte im Bereich Verstand/Leistung zu bearbeiten, wobei die Entwicklung der Fähigkeiten in den Bereichen Körper/Sinne, Kontakt und Phantasie zu kurz kommt. Die Aufmerksamkeit, die man dem eigenen Körper, seinem Wohlbefinden und seiner Pflege schenkte, war bei den Eltern des Patienten wie bei ihm als Kind oft minimal. Statt eines angemessenen Umgangs mit Aggressionen gestattete man sich in der Beziehung zu anderen keine Blöße, sondern biß lieber "zähneknirschend" die Zähne zusammen und machte den Mund nicht auf.

Neben der funktionellen Bedeutung hat ein makelloses Gebiß eine erhebliche Bedeutung für das Selbstbewußtsein. Ferner haben Zähne eine Bedeutung als Waffe (bissig sein, jemandem die Zähne zeigen, ihn zermalmen, die Zähne fletschen).

Praktische Konsequenzen aus diesem Selbsthilfeanteil finden sich im Fragebogen am Ende dieses Kapitels.

Therapeutischer Anteil: das fünfstufige Vorgehen der positiven Psychotherapie bei Zahn- und Kiefergelenkerkrankungen

Fallbeispiel: "Was haben Zahnschmerzen mit Abtreibung zu tun?"

Eine 44jährige Postbeamtin wurde von der Universitätsklinik Mainz wegen eines vermuteten psychogenen Hintergrunds in meine psychotherapeutische Praxis überwiesen. Es stellte sich heraus, daß sie bei verschiedenen Zahnärzten in Wiesbaden und Mainz zwecks Anfertigung einer Zahnprothese in Behandlung gewesen war. Nach jeder Anfertigung bekam die Patientin Schmerzen. Die Schmerzen waren so stark, daß die Zahnärzte mehrmals Korrekturen an der Prothese vornahmen. Nach Auseinandersetzungen mit mehreren Zahnärzten strengte die Patientin einen Prozeß an. In der Universitätsklinik traten die gleichen Schwierigkeiten auf. Im Erstinterview versuchte ich, der Patientin den Sinn ihrer Schmerzen nahezubringen: es müsse in den letzten Jahren sehr viel auf sie zugekommen sein, was sich nach dem Motto "Steter Tropfen höhlt den Stein!" summiert und aufgestaut habe. Sie habe aus bestimmten Gründen diese Dinge nicht preisgeben können. Die jetzigen Schmerzen seien in diesem Sinne als Signale für tiefersitzende Schmerzen zu betrachten. Die Patientin reagierte rasch auf diese Intervention. Sie berichtete, daß sie seit 8 Jahren einen verheirateten Mann als Partner habe und vor 3 Jahren von ihm schwanger wurde. Auf sein Drängen und Bitten ließ sie das Kind abtreiben, obwohl sie innerlich dagegen war. Sie wagte aber aus Angst, den Partner zu verlieren, nicht, "den Mund aufzumachen". Sie versuchte, die Zähne zusammenzubeißen und die inneren Spannungen auszuhalten. Durch diese Probleme konnte sie sich im Beruf nicht mehr konzentrieren und verhielt sich nicht mehr kommunikativ. Es kam häufig zu Auseinandersetzungen mit Mitarbeitern und Nachbarn. Sie war sozial isoliert und wußte nicht mehr, was sie – v. a. hinsichtlich der Partnerschaft – machen sollte. Es wurde eine Rente auf Zeit beantragt.

Die Konflikte der Patientin wurden im Rahmen der fünfstufigen Therapie angesprochen und ihre inhaltlichen Hintergründe – Partnerschaft um jeden Preis in Verbindung mit *Gerechtigkeit*sproblemen (vgl. II./Kap. 1), *Höflichkeit* (vgl. II./Kap. 26), *Ehrlichkeit* (vgl. II./Kap. 5), Schuldgefühle und religiöse Gewissensbisse wegen der Abtreibung, Projektionen und Generalisierungen – in 30 Sitzungen während 6 Monaten aufgearbeitet. Sie konnte ihre Prothesenanfertigungsprobleme im Zusammenhang mit ihren Anpassungsproblemen sehen. Es war ihr gelungen, im Rahmen einer Psychotherapie "den Mund endlich aufzumachen" und ihre Beschwerden nicht isoliert auf den Zahn fixiert zu sehen, sondern im großen Zusammenhang (*Einheit*).

Die Aktualfähigkeit "Einheit"

Definition und Entwicklung: Die Fähigkeit, die Ausprägungen der Aktualfähigkeiten, die Grundfähigkeiten, die Wertsysteme und Erlebnisse zu integrieren. Dieser psychischen Einheit ist die Einheit der Persönlichkeit zur Seite zu stellen, welche die Fähigkeit meint, die Funktionen, Eigenschaften und Bedürfnisse des Körpers, der Umwelt und der Zeit als Einheit zu integrieren. Übergeordnet ist dem die "universelle Einheit", die die Fähigkeit meint, mit anderen Menschen, Gruppen, Lebewesen, Dingen und Kräften Beziehungen aufzunehmen und bestehende Zusammenhänge zu begreifen. Die Einheit der Persönlichkeit, die auch die Selbstwahrnehmung umfaßt, hängt von der Entwicklung der Aktual- und Grundfähigkeiten und den Erlebnissen mit ihnen ab.

Wie fragt man danach: Sind Sie mit Ihrem körperlichen Aussehen, Ihrem Gesundheitszustand, Ihrer körperlichen Leistungsfähigkeit zufrieden? Sind Sie mit sich, mit Ihren Eigenschaften und Fähigkeiten zufrieden? Worauf beziehen Sie den Sinn Ihres Lebens: auf das eigene Wohlergehen, auf die Familie, auf besondere z. B. nationale Gruppen, auf die gesamte Menschheit, auf eine bessere Zukunft? Haben Sie das Gefühl, mit sich selbst eins zu sein? Haben Sie das Gefühl, mit Ihrer Umwelt eine Einheit zu bilden oder ihr gegenüberzustehen? Hatten Sie das Gefühl, von Ihren Eltern in allen Persönlichkeitsbereichen akzeptiert zu werden? Wenn nicht, welche Bereiche und Inhalte wurden betont oder vernachlässigt?

Synonyme und Störungen: Zusammenarbeit, Integration, Identität, einheitlich, Einigkeit, Zusammenhänge, System, universal, Einförmigkeit, Totalität, Synthese, Struktur, Polarität. — Einheitsverlust, Desintegration, Ichstörung, Depersonalisation, Einseitigkeiten, hypochondrische Beobachtung des Körpers, Beruf als Lebensziel, Flucht in die Phantasie, in die Zukunft, Vorurteile, Identitätskrisen, Totalitarismus, Götzendienerei (Idolatrie)

Verhaltensregulative: Alles, was wir tun, hängt mit allem anderen zusammen, was um uns herum ist, auch wenn wir dies nicht wahrnehmen wollen. Es besteht eine Vielzahl von Bezugsgrößen, die uns in einer Situation als Einheit gelten können. Therapie ist nicht nur Beseitigung der Störung, sondern Wiederherstellung der Einheit. Eine Krankheit, ein Leid, eine Krise ist keine universelle Störung, sondern eine Störung einzelner Bereiche. Lerne zu unterscheiden zwischen Störungen und Fähigkeiten.

Anhang: Fragebogen zu *Zahn- und Kiefergelenkerkrankungen*

Name: .... Nr.: .... Datum:.................................

Körper/Sinne – Beruf/Leistung – Kontakt – Phantasie/Zukunft

1) "Zeigen Sie manchmal jemand die Zähne", "beißen Sie sich durch", müssen sie "vor Wut mit den Zähnen knirschen"? Fallen Ihnen noch andere Sprichworte zu Ihrer Erkrankung ein? Was sagen Ihnen diese Volksweisheiten?

2) Wenden Sie Methoden der Beruhigung und Entspannung im Zahnarztstuhl an? Motiviert Sie der Zahnarzt dazu, gibt er Ihnen Tips?

3) Müssen Sie sich im Beruf "durchbeißen"? Zeigen Sie Durchsetzungsfähigkeit, oder bekommen Sie "den Mund nicht auf"?

4) Welche täglichen "Kleinigkeiten" (Mikrotraumen) im Beruf sind es, die Ihnen zu schaffen machen: Unpünktlichkeit, Unordnung, Unsauberkeit, Verschwendung, Unhöflichkeit, Unehrlichkeit, Perfektionismus Unzuverlässigkeit, Ungeduld, Mißtrauen, Kritik, mangelnde Anerkennung usw. von Mitarbeitern, Kollegen, Chef?

5) Haben Sie Angst um Ihren Arbeitsplatz? Müssen Sie deshalb still bleiben und "die Zähne zusammenbeißen"? Können Sie offen reden?

6) Macht Ihre Arbeit Ihnen Spaß, ist sie Ihnen gleichgültig, hassen Sie sie?

7) Fühlen Sie sich in Ihrem Beruf/bei Ihrer Arbeit akzeptiert, überfordert, unterfordert? Wie reagieren Sie bei Streß?

8) Nehmen Sie berufliche Probleme mit in Ihre Familie/Partnerschaft? Wie reagiert Ihr/e Partner/in, Ihre Familie? Nehmen Sie unverarbeitete private Probleme mit an Ihren Arbeitsplatz? Wie wirkt sich das aus?

9) Was geht Ihnen/Ihrem Partner "auf den Nerv"?: kleine "Nadelstiche", die sich im Lauf der Zeit summieren und dann "das Faß zum Überlaufen bringen", oder größere seelische Verletzungen? Weichen Sie aus, "beißen Sie die Zähne zusammen", "ziehen Sie dem anderen den Zahn", haben Sie "Haare auf den Zähnen"?

10) Haben Sie Schuldgefühle, wenn Sie aggressive Gefühle verspüren? "Knirschen Sie mit den Zähnen" als Ausdruck ohnmächtiger Wut?

11) Was ist für Sie der Sinn des Lebens? Wie stehen Sie zu Krankheit, Tod, Leben nach dem Tod? Was bedeuten für Sie Politik, Weltanschauung, "Lebensphilosophie", Religion?

12) Welche Perspektiven oder Pläne haben Sie gesundheitlich, beruflich, familiär, gesellschaftlich für die nächsten 5 Tage, Wochen, Monate, Jahre? Was tun Sie, wenn Sie Ihre jetzigen Probleme nicht mehr haben?

III. Anhang

Eine Fabel auf den Weg

"Der Mensch, der Ochse, der Hund und der Affe"

Als Gott die Welt erschaffen hatte, kam er Mensch zu ihm und sagte: "Du hast mich als Mensch erschaffen; sage mir auch, wie lange ich leben, wie ich leben, wovon ich mich nähren und was ich arbeiten soll." Gott sprach zu ihm: "30 Jahre sollst Du leben. Nähren sollst Du Dich von allem, was Deine Gesundheit nicht zerstört, und Deine Arbeit wird es sein, alles zu beherrschen, was es auf der Erde gibt." Der Mensch sagte: "Gott, ich danke Dir für das gute Leben, das Du mir schenkst, aber die Jahre sind mir zu wenig." Gott sprach: "Geh' und setze Dich dort in die Ecke."

Da kam der Ochse und fragte Gott: "Gott, Du hast mich als Ochsen auf der Welt erschaffen. Sage mir auch, wie lange ich leben, wie ich leben, was ich arbeiten und wovon ich mich ernähren soll." Gott sprach zu ihm: "Siehst Du den Menschen, der dort in der Ecke sitzt? Er wird Dein Herr sein. Deine Arbeit wird es sein, den Acker zu pflügen und die Fuhren zu ziehen. Nahrung sollen Dir Gras und Stroh sein, und 30 Jahre sollst Du leben!" Der Ochse sagte zu ihm: "Oh Gott, welch ein Ochsenleben! Nimm ein wenig von meinen Jahren." Als der Mensch in der Ecke das hörte, gab er Gott ein Zeichen und flüsterte: "Nimm von seinen Jahren und gib sie mir!" Da lachte Gott und sprach: "Nimm Dir 20 von dem Ochsen!" Er gab ihm 20 Jahre Ochsenleben.

Da kam der Hund und sagte: "Gott, Du hast mich als Hund geschaffen. Sag mir, wie lange ich leben, was ich arbeiten und wovon ich leben soll." Gott sprach zu ihm: "Siehst Du den Menschen in der Ecke? Er wird Dein Herr sein. Du wirst ihm sein Haus, seine Schafe und allen Besitz bewachen. Nähren sollst Du Dich von den Brotrinden und Knochen, die an seinem Tische übrigbleiben, und 30 Jahre leben." Der Hund sagte: "Ach Gott, welch ein Hundeleben! Nimm ein wenig von den Jahren!" Als der Mensch in der Ecke das hörte, gab er Gott ein Zeichen und flüsterte: "Nimm von den seinen und gib sie mir!" Gott lachte wieder und sprach: "Nimm Dir 20 von dem Hund." Und so wurden dem Menschen 70 Jahre zuteil und dem Hund 10.

Zu allerletzt kam zu Gott der Affe und sagte: "Gott, Du hast mich auf der Welt als Affen geschaffen. Sage mir, wie lange ich leben, wovon ich leben und was ich arbeiten soll." Gott sprach zu ihm: "Siehst Du den Menschen, der in der Ecke sitzt? Er wird Dein Herr sein. Nähren sollst Du Dich vor Nüssen und anderen Früchten. Mit Deinen Späßen und Spielereien sollst Du ihn und seine Kinder erheitern. 30 Jahre sollst Du leben." Der Affe sagte: "Ach Gott, welch ein Affen-

leben! Nimm ein wenig von den Jahren." Als der Mensch, der in der Ecke saß, das hörte, machte er Gott ein Zeichen und flüsterte: "Nimm von seinen Jahren und gib sie mir!" Gott lachte und sprach: "Nimm auch von ihm die 20 Jahre." Da nahm der Mensch noch 20 Jahre und es wurden 90.

Und so lebt der Mensch 30 Jahre ein freies Menschenleben. Vom 30. bis zum 50. lebt er ein Ochsenleben. Er legt den Ochsenriemen um den Hals, plagt sich, um Frau und Kinder zu ernähren und Geld zu sparen. Mit 50 wird er alles, was er bis dahin erworben hat, wie ein Hund bewachen und bis zum 70. Jahr ein Hundeleben führen. Er wird den ganzen Tag mit allen schelten, über jede Kleinigkeit fluchen, schimpfen und keifen. Und schließlich vom 70. bis zum 90. Jahr lebt er ein Affenleben, wo alle über ihn spotten und lachen, ihn für ein kleinen Kind oder einen Affen halten. (Aus: Zeitschrift für Positive Psychotherapie 1980, S. 42 f.)

A Intervalltraining

nach Dr. med. N. Peseschkian

Die Übung erfordert wenig Zeit und keine Geräte; sie kann jederzeit und an jedem Ort durchgeführt werden, nach Möglichkeit im Freien oder bei geöffnetem Fenster. Sie dauert ca. 8-10 min. Nach ca. 8 Wochen ersetzt sie einen Spaziergang von ca. 8 km.
Ruhige Musik einschalten.

Führen Sie die Übungen zum Takt der Musik aus.

1. Übung:
Atemübung: tief einatmen, dabei Schultern und Arme seitlich hochheben; ausatmen, dabei Schultern und Arme fallen lassen: 20mal
   Diese Übung können Sie bei Bedarf nach jeder der folgenden Übungen 3- bis 5mal einfügen.

2. Übung:
1. Lassen Sie die Arme nach vorne kreisen.
2: Lassen Sie danach die Arme nach hinten kreisen - dabei jeweils stehen bleiben: 20 mal

3. Übung:
Nehmen Sie die Boxerstellung ein. Die Knie bleiben durchgedrückt, drehen Sie aus der Hüfte, dabei boxen Sie abwechselnd links und rechts nach hinten. Schwungvoll bleiben: 20mal.

4. Übung:
Rumpfbeuge: Bei einer breitbeinigen Standhaltung beugen Sie sich bei durchgedrückten Knien nach vorne und berühren abwechseln mit der rechten/ linken Hand jeweils die Fußspitze. Dabei gebeugt bleiben: 20mal.

5. Übung:
Wieder Rumpfbeuge: Wie 4. Übung, jedoch nach jeder Berührung einer Fußspitze sich aufrichten und kräftig strecken: 20 mal.

6. Übung:
Kniebeuge: Die Arme gerade nach vorne strecken und dabei zählen: 1. in die Hocke gehen, 2. aufstehen, 3. Arme zur Seite strecken, 4. Arme wieder an den Körper legen: 20mal.

7. Übung:
Sie sind nun gut vorbereitet. Jetzt beginnt das eigentliche Intervalltraining. Laufen Sie in gestreckter Haltung auf der Stelle, indem Sie Beine und Füße leicht vor und zurückbewegen. Die Arme bewegen sich dabei abwechselnd nach vorne oben und wieder nach unten, wobei Sie mit der Handfläche den Oberschenkel berühren. Benutzen Sie zu dieser Übung Musik mit schnelleren Rhythmen.

Erläuterung:
Beginnen Sie 2mal täglich, morgens und abends, mit 80 Schritten. Steigern Sie die Schrittzahl jeden Tag um 10, bis Sie morgens 500 und abends 250 Laufschritte erreicht haben. Wenn es Ihnen notwendig erscheint, können Sie morgens nach 250 Laufschritten 1 min. Pause einlegen, dabei nach Ihren Bedürfnissen ein- und ausatmen und dann weiterlaufen.

8. Übung:
Pause: Nach diesem Training erfolgt eine aktive Erholung: Gehen Sie, die Arme leicht hin- und herschlenkernd, 2−3 min. herum. Atmen Sie dabei durch die Nase ein und blasen Sie die Luft durch den Mund hörbar aus. Dabei spielt weiter ruhige Musik.

1. Übung:

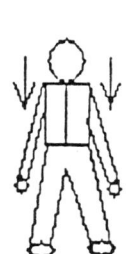

2. Übung:

3. Übung:

4. Übung:

5. Übung:

6. Übung:

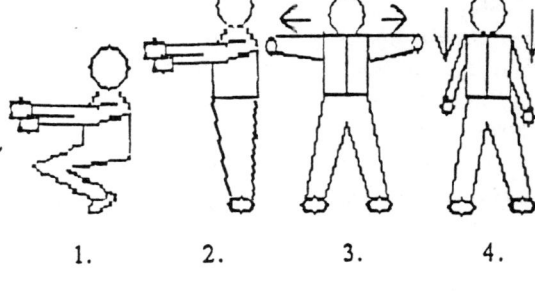

1.   2.   3.   4.

7. Übung:

467

B Entspannungstrainig

(aus: Peseschkian 1977a, S. 307 f.)

Für die Differenzierungsanalyse hat sich eine modifizierte Form des auto-suggestiven Entspannungstrainings bewährt, bei der die ursprünglich getrennten Stufen Ruhe – Schwere – Wärme des autogenen Trainings zusammengefaßt sind.

"Sie liegen jetzt ganz bequem auf einer Couch. Ihre Arme liegen ganz ruhig und leicht angewinkelt neben Ihnen. Ihre Füße sind entspannt, und die Zehen liegen nach außen. In diesem entspannten Zustand konzentrieren Sie sich auf das, was ich zu Ihnen spreche. Das Wort hat die Macht und die Kraft, sich zu verwirklichen. Ihre Arme und Beine werden ganz ruhig und schwer (6mal). Das Gefühl der Schwere wird immer intensiver und geht auf den ganzen Körper über. Ihr ganzer Körper wird ständig vom Kopf bis zu den Füßen, bis in die feinsten Zellen der Haut immer besser durchblutet und mit Nährstoffen versorgt. Durch die bessere Durchblutung erholt sich Ihr ganzer Körper. Die Verkrampfungen im Körper lösen sich immer mehr. Ihr Körper ist jetzt ruhig, schwer und angenehm warm, eine Wärme, die Ihr ganzes Wesen durchflutet und von jeder Zelle Ihres Körpers Besitzt ergreift. Ruhe – Schwere – Wärme. Aller Druck und alle Spannungen verschwinden langsam und langsam. Sie sind ruhig und entspannt. Achten Sie auf das Gefühl der Entspannung, und versuchen Sie zu erreichen, daß das Gefühl der Entspannung sich auf den ganzen Körper überträgt. In diesem entspannten Zustand lenken Sie Ihre Aufmerksamkeit auf den Satz: *Lerne zu unterscheiden zwischen Höflichkeit und Ehrlichkeit.* Sie denken an Ihre Höflichkeit und Ihre Ehrlichkeit. (Der Patient bleibt etwa 10 min. in diesem entspannten Zustand.)

Sie hören jetzt wieder, was ich zu Ihnen spreche. Wir wollen das Training zurücknehmen. Wenn ich bis 6 zähle, sind Sie dann ganz frisch und wach: bei 1 Kraft in die Beine, bitte leicht bewegen. Bei 2 Kraft in die Arme, bitte leicht bewegen. Bei 3 Kraft in die Arme und Beine. Bei 4 Ihren rechten Arm hoch, Ihren linken Arm hoch. Bei 5 tief einatmen, ausatmen. Bei 6 die Augen auf, frisch und wach ..."

Bei Patienten, die sich nicht so gut entspannen können, empfiehlt es sich jedoch, im Sinne des autogenen Trainings nach Schultz (1970) mit der Ruhe-Übung, bezogen auf Arme und Beine, zu beginnen.

Das Entspannungstraining kann durch atemtherapeutische Maßnahmen vorbereitet werden (z. B. 6mal einatmen, Luft anhalten, ausatmen). Zur Unterstützung der suggestiven Wirkung können einzelne Sätze wiederholt werden (langsam und betont). Das Psychoserum wird nicht nur in der Psychotherapie angewandt – in der der Patient allerdings zunächst einmal das Jacobson-Training oder das autogene Training sowie die Anwendung des Psychoserums lernt –, sondern der Patient bedient sich seiner auch in der Zeit zwischen den therapeutischen Sitzungen.

Sehr gute Erfahrungen habe ich damit gemacht, daß ich für Patienten das Entspannungstraining auf ein Tonband gesprochen habe, das der Patient bei sich zu Hause abspielen konnte. Die Untermalung durch Hintergrundmusik kann bei manchen Patienten die Entspannung fördern. Die Anwendung des Psychoserums sollte zeitlich beschränkt sein, um seinerseits Übertreibungen, zum anderen aber einer vorzeitigen Sättigung vorzubeugen.

C Progressive Muskelentspannung

(nach Jacobson 1938)

(Den Text können Sie sich von einer anderen Person auf eine Kassette sprechen lassen. Das Sprechtempo können Sie selbst ausprobieren, indem Sie gleichzeitig die entsprechenden Übungen ausführen. Spannen Sie so stark an, daß Sie die Spannung der Muskulatur deutlich spüren, jedoch keine Schmerzen verursachen.)

Bitte setzen Sie sich bequem hin; Ihre Hände liegen im Schoß oder auf den Oberschenkeln. Wenn sie liegen, ruhen die Arme neben ihrem Körper....<Sie hören meine Stimme>.... Die Nebengeräusche werden zunehmend mehr gleichgültig. Sie atmen ruhig und gleichmäßig und entspannen sich schon einmal, so gut Sie das können....

Und nun konzentrieren Sie sich auf Ihre Füße und Ihre Beine... Wenn Sie sitzen, heben Sie beide Beine, bis die Knie durchgedrückt sind (im Liegen nur die Knie durchdrücken), und jetzt ziehen Sie die Fußspitzen an Richtung Gesicht... ganz fest anziehen, bewußt die Spannung wahrnehmen,... und jetzt ENT-spannen Sie Füße und Beine (sie wie "einen nassen Sack plumpsen" lassen!) und nehmen jetzt das ganz andere Gefühl in Füßen und Beinen wahr, das ENT-spannungsgefühl... (etwa eine halbe Minute Pause)...

Bitte wiederholen Sie die Übung: heben Sie wieder beide Beine und beide Füße (usw)...

Die 2. Übungsgruppe beginnt wie die erste: heben Sie wieder beide Beine, bis die Knie durchgedrückt sind; diesmal drücken Sie die Fußspitzen jedoch vom Gesicht weg, Richtung Boden... Spüren Sie die andersartige Spannung in Füßen und Beinen... und ENT-spannen Sie sich... Lassen Sie wieder ganz locker, und genießen Sie das Gefühl der Entspannung...

Bitte wiederholen Sie die Übung: Heben sie wieder beide Beine...(usw.)

Nun konzentrieren Sie sich auf Ihre Gesäßmuskeln. Spannen Sie sie fest an und halten Sie die Spannung... Und ENT-spannen Sie, lassen Sie die Muskeln ganz locker... (etwa eine halbe Minute Pause)... Bitte wiederholen Sie die Übung.... (jede Übung wird einmal wiederholt; dies wird im Text jetzt nicht mehr erwähnt.)

Die Bauchmuskeln spannen Sie dadurch an, daß Sie zunächst die Bauchdecke vorwölben, sodaß sie ganz hart wird... jetzt die Bauchdecke nach innen einziehen und auf diese Weise anspannen, die Spannung halten..., und noch einmal die Bauchdecke vorwölben... Und jetzt: ENT-spannen, ganz ENT-spannen... und das Entspannungsgefühl deutlich wahrnehmen... Vielleicht haben Sie jetzt ein Gefühl wie nach einer schönen, sanften Massage...

Nun konzentrieren Sie sich auf Ihre Rückenmuskulatur (Vorsicht bei Bandscheibenschäden und anderen orthopädischen Problemen; fragen Sie Ihren Arzt!)... Machen Sie langsam ein Hohlkreuz, spüren Sie die Spannung im gesamten Rücken...., und ENT-spannen Sie... Wenn Sie wollen, können Sie das Entspannungsgefühl nicht nur wahrnehmen, sondern auch ein wenig genießen...

Jetzt geht es um die Anspannung der Brustkorbmuskulatur. Ausnahmsweise dürfen Sie jetzt einmal nach Herzenslust "falsch" (nämlich nur in den Brustkorb) einatmen (durch die Nase)... Halten Sie jetzt den Atem an und spüren Sie die Spannung... Und nun ENT-spannen Sie sich wieder: Sie lassen den Atem ausfließen, der Atem fließt nun wieder ruhig und gleichmäßig, ohne daß Sie darauf achten...

Sie konzentrieren sich jetzt auf Ihre Schultern. Spannen Sie sie dadurch an, daß Sie sie ganz hochziehen, bis der Kopf fast zwischen den Schultern liegt... Jetzt biegen Sie die Schultern nach vorn... und jetzt nach hinten; machen Sie sich das Spannungsgefühl ganz bewußt... und ENT-spannen Sie wieder... Sie haben die Muskeln ganz losgelassen und können wieder das wohltuende Gefühl von Entspannung genießen....

Jetzt geht es um die Hals- und Nackenmuskulatur. (Die folgende Übung machen Sie bitte nur im Zeitlupentempo; Achtung bei orthopädischen Problemen, siehe oben!) Bitte legen Sie Ihren Kopf langsam nach hinten in den Nacken..., drehen sie ihn nun langsam kreisrund nach rechts ab, sodaß das rechte Ohr fast auf die rechte Schulter zu liegen kommt...; und nun weiter nach vorn, bis das Kinn auf die Brust gepreßt ist..., und weiter über das linke Ohr..., und weiter kreisrund nach hinten, bis Sie am Ausgangspunkt angekommen sind... Und nun in der Gegenrichtung kreisrund langsam zurück über das linke Ohr... und über das Kinn... und über das rechte Ohr... bis zum Ausgangspunkt... Und jetzt: ENT-spannen, ganz ENT-spannen und locker lassen. Im Sitzen ist der Kopf wieder in eine bequeme und entspannte Lage eingependelt, im Liegen ruht er locker auf der Unterlage...

Nun spannen Sie jeden Gesichtsmuskeln an, so gut Sie das können: beißen Sie die Zähne fest aufeinander, kneifen Sie die Augen zusammen und spannen Sie die Kopfhaut an... Und ENT-spannen Sie, lassen Sie die Kopfhaut wieder locker werden, auch die kleinen Muskeln um den Mund und um die Augen. Die Zunge liegt ganz locker im Mund, der Kiefer ist ganz entspannt...

Konzentrieren Sie sich jetzt auf Ihre Arme. Strecken Sie sie weit nach vorne vor, als ob Sie vorne etwas berühren wollten – Sie spüren die Spannung bis in die Schultern hinein –, spreizen Sie die Finger und biegen Sie die Handrücken voneinander weg...; strecken, spreizen, biegen... Und ENT-spannen; lassen Sie die Arme ganz locker fallen, einfach fallen lassen...; spüren Sie das Entspannungsgefühl...

Auch die letze Übungsgruppe bezieht sich auf die Arme. Ballen Sie bitte beide Hände zu Fäusten, winkeln sie die Arme langsam im Ellbogengelenk, an, pressen Sie die geballten Fäuste fest gegen den oberen Brustkorb, spüren Sie die Spannung bis in die Schultern hinein... und ENT-spannen Sie, lassen Sie die Arme los...; die Arme liegen jetzt wieder ganz locker da, achten Sie auf das Entspannungsgefühl.... (auch diese letzte Übung wie alle vorhergehenden wiederholen).

Und jetzt, nach dieser letzen körperlichen Übung, können Sie für eine Weile im Zustand der körperlichen Entspannung bleiben und ihn genießen... (An dieser Stelle können sie auch Ihr vorher ausgewähltes "Psychoserum" – vgl. Peseschkian 1977, S. 305–309) oder Ihre Vorsatzformel – wie im autogenen Training – sprechen und "visualisieren".)

Wir beenden jetzt allmählich die Übung. Lassen Sie Ihre Augen noch geschlossen, bis ich von 1 bis 5 gezählt habe. Bei jeder Zahl atmen Sie tief ein und wieder aus, bei 5 öffnen Sie die Augen , recken und dehnen sich und sind dann wieder frisch, munter und hellwach, voll in Ihr Tagesbewußtsein zurückgekehrt...

Ich beginne jetzt zu zählen: 1... 2... 3... 4... 5... Augen auf! Sie sind frisch, munter und hellwach, voll in Ihr Tagesbewußtsein zurückgekehrt, voll aktiv. Rudern Sie bitte jetzt ein paar Mal fest mit den Armen... (und wenn Sie gelegen haben: richten Sie langsam den Oberkörper auf und setzen Sie die Beine auf den Boden); nun noch einmal fest mit den Armen rudern..., dann langsam aufstehen und im Zimmer hin und her gehen. Bewegen Sie sich kräftig.... die Übung ist beendet.

D Liste der Aktualfähigkeiten

E Liste der Fallbeispiele

F Liste der Fragebögen

G Liste der Geschichten

H Die 3 Interaktionsstadien der positiven Psychotherapie

Das positive Vorgehen

Der positive Ansatz:

Jeder Mensch verfügt über seine Anzahl von Fähigkeiten; jede Störung und Krankheit erfüllt für den Betroffenen und seine soziale Umgebung bestimmte Funktionen, d. h. sie besitzen positive Züge. Vom Symptom kommen wir zum Konflikt: Jedes Verhalten hat mehrere Bedeutungen.

Der transkulturelle Ansatz:

Wir berücksichtigen ihn deshalb gesondert, weil der transkulturelle Gesichtspunkt auch Material zum Verständnis individueller Konflikte bietet: Selbst- und Fremdwahrnehmung.

Das sprachliche Bild

Ein Medium, die Ressourcen der Patienten zu mobilisieren, statt beharrlich altbekannte Probleme zu wälzen, sind Geschichten und Spruchweisheiten, die von Therapeuten als Gegenkonzept eingebracht werden können: Geschichten – Märchen – Mythen – Gleichnisse – Sprichwörter – Zitate – Etymologie – Organsprache.

Das inhaltliche Vorgehen

Die 4 Formen der Konfliktverarbeitung:

sie bieten einen Einstieg in das bisher vertretene Krankheitskonzept. Wenn wir einseitige Formen der Konfliktverarbeitung als eingeschränkten Realitätsbezug sehen, ermöglicht dieses Modell, den Realitätsbezug zu kontrollieren und zu erweitern.

Die Aktualfähigkeiten:

sie sind die psychosozialen Normen, als deren Vermittler die Familie auftritt und die den Familienmitgliedern Spielregeln ihres Zusammenlebens geben. In der familientherapeutischen Praxis werden sie mit Hilfe des differenzierungsanalytischen Inventars (DAI) erfaßt. Dieses gibt die inhaltlichen Bedingungen individueller, familiärer und sozialer Konflikte wieder.

Die 4 Vorbilddimensionen:

sie beziehen sich auf die Lebensgeschichte der Patientenfamilie und dienen als Leitlinie bei der Reise in die Vergangenheit.

Das fünfstufige Vorgehen

Alternativtherapie

Die 5 Stufen der positiven Psychotherapie:

Stufe 1 der Beobachtung/Distanzierung

Stufe 2 der Inventarisierung

Stufe 3 der situativen Ermutigung

Stufe 4 der Verbalisierung

Stufe 5 der Zielerweiterung

Die 5 Stufen sind ein Rahmenmodell dafür, wie auch verschiedene psychotherapeutische Richtungen miteinander arbeiten können. Hier kann eine ganze Skala von Möglichkeiten eingesetzt werden:

– Elemente der psychoanalytischen Prozedur (Freud)

– verhaltenstherapeutische Techniken (Wolpe, Innerhofer, Eysenck)

– Methoden der Gesprächstherapie (Rogers, Tausch)

– Individualpsychologie (Adler, Dreikurs)

– Gestalttherapie (Perls)

– Transaktionsanalyse (Berne, Harris)

– Analytische Psychologie (Jung)

– Logotherapie (Frankl)

Literaturverzeichnis

Adler R, Hemmler W (1986) Praxis und Theorie der Anamnese. Fischer, Stuttgart

Akerblom HK (1989) Zit in: Ärzte Zeitung Nr. 228. Verlagsgesellschaft, Neu-Isenburg

Alexander F (1933) Functional disturbances. JAMA 100: 469−473. Zit. in: Schüffel u. Uexküll: Funktionelle Syndrome im gastrointestinalen Bereich. In: Uexküll T von (1986): 523−534

Alexander F (1934) The influence of psychological factors upon gastrointestinal disturbances: a symposion. General principles, objectives and preliminary results. Psa Qu 3: 501−539. Zit. in: Schüffel u. Uexküll: Funktionelle Syndrome im gastrointestinalen Bereich. In: Uexküll T von (1986): 523−534

Alexander F (1971) Psychosomatische Medizin. De Gruyter, Berlin

Allgemeiner Deutscher Automobilclub (1984) ADAC-Studie. Zit. in: Wochenpost, 5. Juni 1986

Amery J (1979) Hand an sich legen. Klett-Cotta, Stuttgart

Ammon A (1987) Schizophrenie − ein ganzheitliches Geschehen. Dyn Psychiatrie 20/1 und 2

Angermeier WF, Peters M (1973) Bedingte Reaktionen. Springer, Berlin Heidelberg New York

Arnold OH, Eysenck J, Meili R (1976) Lexikon der Psychologie, 3 Bde. Herder, Freiburg Basel Wien

Arnold R (1982) Pathogenese des Ulcus duodeni. In: Blum AL, Siewert JR (Hrsg) Ulcus-Therapie. Springer, Berlin Heidelberg New York

Ärzte Zeitung (1989) Nr. 224. Verlagsgesellschaft, Neu-Isenburg

Auerswald EH (1973) Interdisziplinärer oder ökologischer Ansatz. In: Sager CJ, Kaplan HS (Hrsg) (1973), Bd 2: 375−388

Bahá'í: Der Nationale Geistige Rat der Bahá'í in Deutschland (Hrsg) (1985) Bahá'í-Erklärung zum Frieden. In: Die Verheißung des Weltfriedens. Bahá'í-Verlag, Hofheim

Bahnson C (1969) Psychological complementary in malignancies: past work and future vistas. Ann New York Acad Sci 164: 319−334

Balint M (1970) Der Arzt, sein Patient und die Krankheit. S. Fischer, Frankfurt am Main

Bartrop RW et al. (1979) The influence of the psyche and the brain on immunity and disease susceptiblity: a critical review. Psychosomatic Medicine 41: 147−164

Basler HD, Schwoon D (1977) Verhaltenstherapie bei Adipösen. In: Freyberger H (Hrsg) Psychosomatik des Kindesalters und des Erwachsenen. Klinik der Gegenwart, Bd XI Urban & Schwarzenberg, München

Bateson G (1969) Schizophrenie und Familie. Suhrkamp, Frankfurt am Main

Battegay R (1970) Die psychosomatische Krankheit als Phänomen der Gruppe. Vortrag: Jahresversammlung der Schweizerischen Gesellschaft für Psychosomatische Medizin 22.–24.5.1970

Battegay R (1979) Narzißmus in seiner physiologischen und psychopathologischen Dimension. In: Zeitschrift für Positive Psychotherapie, Wiesbaden 1: 7–24

Battegay R (1981a) Angst als Ausdruck des gesunden und gestörten Seelenlebens. In: Der informierte Arzt, Jhg. 9, Nr. 5: 12

Battegay R (1981b) Sucht und Depression – Wege und Irrwege des Problemlösungs-verhaltens. Psychosomatic Medicine 10: 69–80

Battegay R (1981c) Grenzsituationen. Huber, Bern Stuttgart Wien

Battegay R (1982) Die Hungerkrankheiten. Unersättlichkeit als krankhaftes Phänomen. Huber, Bern

Battegay R (1986) Psychoanalytische Neurosenlehre. S. Fischer, Frankfurt am Main

Battegay R, Benedetti G, Rauchfleisch U (1977) Grundlagen und Methoden der Sozial-psychiatrie. Vandenhoeck & Ruprecht, Göttingen

Battegay R, Glatzel J, Pöldinger W, Rauchfleisch U (1984) Handwörterbuch der Psychiatrie. S 340–344. Enke, Stuttgart

Bayerisches Staatsministerium für Arbeit und Sozialordnung (1989) Arbeit und Streß. Nach: Müller-Limmroth W 1) (1978) Arbeitsphysiologische Aspekte des Streß und Disstreß an modernen Arbeitsplätzen. ILO-Symp., Istanbul; 2) (1979) Die Beeinträchtigung der Leistung durch Stressoren am Arbeitsplatz. In: Therapiewoche 29, 32: 4948–4952; 3) (1981) Streß, Streßreaktionen, Stressoren, Disstreß. In: Schmidtke H (Hrsg) Lehrbuch der Ergonomie. C. Hanser, München Wien; 4) (1974) Streß und Strain am Arbeitsplatz. In: Arbeitsmed - Sozialmed - Präventivmed. 9 (10): 209 bearbeitet von Schug R

Beck D (1970) Das Gallensteinleiden unter psychosomatischem Aspekt. Vandenhoeck & Ruprecht, Göttingen

Benedek T (1964) Über Orgasmus und Frigidität. Jb Psychoanal 3: 11–29

Benedetti G (1983a) zit in: Peseschkian N (1983)

Benedetti G (1983b) Einführung in die Psychodynamik der Depression. In: Benedetti G, Corsi T, D'Alfonso L, Elia C, Medri G, Saviotti M (1983) Psychosentherapie. Psycho-analytische und existentielle Grundlagen. Hippokrates, Stuttgart

Benedetti G (1984) Die umweltbedingten Depressionen. Zeitschrift für Positive Psycho-therapie, Wiesbaden 6: 18–35

Berger W, Gries FA, Koschinsky T, Toeller M (1984) In: Siegenthaler W, Kaufmann W, Hornbostel H, Waller HD (Hrsg) Lehrbuch der inneren Medizin. Thieme, Stuttgart

Bibring E (1953) The mechanism of depression. In: Greenacre P (ed) (1953) Affective disorders. Int Univ Press, New York: 13–48

Biermann R (1990) Handbuch der Kinderpsychotherapie, Bd V. Ernst-Reinhardt, München

Biermann R, Biermann G (1988) Die Angst unserer Kinder im Atomzeitalter. S. Fischer, Frankfurt am Main

Bischof F, Herrmann JM (1986a) Adipositas. MMW 128: 22

Bischof F, Hermann JM (1986b) Multiple Sklerose. MMW 128: Nr. 24

Bleuler E (1983) Lehrbuch der Psychiatrie. 15. Aufl. neubearbeitet von Bleuler M. Springer, Berlin Heidelberg New York

Bleuler M (1954) Endokrinologische Psychiatrie. Thieme, Stuttgart

Booth G (1948) Psychodynamics in parkinsonism. Psychosomatic Medicine 10: 1–14

Borbley A (1989) Das Geheimnis des Schlafes. Therapiewoche 39, 21: 1478

Borelli S (1967) Psyche und Haut. In: Borelli S (Hrsg) Handbuch der Haut- und Geschlechtskrankheiten. Springer, Berlin Heidelberg New York

Bosse K (1986) Psychosomatische Gesichtspunkte in der Dermatologie. In: Uexküll T von (Hrsg) (1986): 1016–1037

Bräutigam W (1954) Über die psychosomatische Spezifität des Asthma bronchiale. Psyche 8: 481–524

Bräutigam W (1968) Reaktionen – Neurosen – Psychopathien. Thieme, Stuttgart

Bräutigam W, Christian P (1973) Psychosomatische Medizin. Thieme, Stuttgart

Bräutigam W, Knauss W, Wolff HH (Hrsg) (1983) Erste Schritte in der Psychotherapie. Springer, Berlin Heidelberg New York Tokyo

Brogesn CH, Lenmark A (1982) Islet Cell Antibodies in Diabetes. In: Johnston DC, Alberti KGMM (eds) Clinics in Endocrinology and Metabolism 11: 409–430

Brownell KB, Kelman JH, Stunkard AJ (1983) Treatment of obese children with and about their mothers: changes in weight and blood pressure. Pediatrics 71: 515–523

Bundesvereinigung für Gesundheitserziehung (Hrsg) (1989) Gesundheit im Gespräch. Bonn

Cahn T (1975) Eine standardisierte Bewertung von psychischen Funktionen bei Alterspatienten. Dissertation, Basel

Cannon WB (1953) Bodily changes in pain, hunger, fear and rage. An account of the recent researches into the function of emotional exitement. Branford, Boston

Christian P (1959) Atmung. In: Frankl VE, Gebsattel VE von, Schultz JH (Hrsg): Handbuch der Neurosenlehre und Psychotherapie, Bd II. Urban & Schwarzenberg, München Berlin: 517–530

Cobb S (1974) Physiologic Changes in Men where Jobs were abolished. J Psychosom. Res 18: 245

Cocherane R (1971) High blood pressure as a psychosomatic disorder: A selective review. Brit J Soc Clin Psychol 10: 61

Cooper D (1972) Der Tod der Familie. Rowohlt, Reinbek

Cremerius J (1955) Rheumatische Muskel- und Gelenkerkrankungen als funktionelles Geschehen. Psychosomatic Medicine 1: 173–181

Croen JJ, De Loos WS (1973) Psychosomatische aspechten von diabetes mellitus. De Erven Bohn BV, Amsterdam

Dalos NP, Rabins PV, Brooks BR, O'Donnell P (1983) Disease activity and emotional state in multiple sclerosis. Ann Neurol 13: 573−577

Danesh HB (1985) Die gewaltlose Gesellschaft: ein Geschenk für unsere Kinder. In: Dustar F (Hrsg) (1985) Das Modell des Friedens − Ausweg aus der Krise: S 177−243. Horizonte in Poseidon Press, Wien

Deidenbach H (1978) Verhaltensanalytische Arbeit mit Familien. E. B. Kurier, Sonderheft 1. Eigenverlag, Frankfurt am Main

Deidenbach H (1990) Zur Psychologie der Bergpredigt. S. Fischer, Frankfurt am Main

Demmel HJ (1989) Psychotherapeutische Möglichkeiten in der zahnärztlichen Praxis. Prax Psychother Psychosom 34: 214−219

Demmel HJ, Lamprecht F (1986) Psychosomatische Zahnheilkunde. In: Uexküll T von (1986): 1072−1078

Dennig H (1954) Lehrbuch der inneren Medizin. Thieme, Leipzig

Dethlefsen T, Dahlke R (1983) Krankheit als Weg. Bertelsmann, München

Deutsche Parkinson-Vereinigung (DPV) (1988) PK Merz

Diener HC (1989) Migränetherapie. Neurologie, Psychiatrie 3: 335−348

Doman G (1989) The Lancet 8664: 643−645

Drees A (1976) Konfliktbearbeitung, Beratung und Psychotherapie in Dialyse-Einrichtungen. Gr Ther Gr Dy 11: 150−157

DSM-III-R (1989) Diagnostische Kriterien und Differentialdiagnosen des Diagnostischen und Statistischen Manuals Psychischer Störungen. Beltz, Weinheim Basel

Dührssen A (1981) Psychogene Erkrankungen bei Kindern und Jugendlichen. Vandenhoeck & Ruprecht, Göttingen

Dunbar F (1948) Mind and body: psychosomatic medicine. Random House, New York. Zit in: Bräutigam W, Christian P (1973): 102

Dunbar F, Wolfe TP, Rioch JK (1936) Psychiatric aspects of medical problems: The psychic component of the desease process (incl. Convalescence) in Cardiac, Diabetic and Fracture Patients. Am J Psychiatry 93: 649−679

Eaker ED, Feinleib M (1983) Psychological factors and the ten-year incidence of cerebrovascular accident in the Framingham Heart Study. Psychosomatic Medicine 45: 84

Ehrström MC (1951) Medical investigation in north Grönland. Acta Med Scand 140: 239. In: Jores A (Hrsg) (1981): 128

Engel GH, Reichmann F, Segal HL (1956) A study of an infant with gastritic fistula: I. Behaviour and the rate of total HCI secretion. Psychosomatic Medicine 18: 374

Engel GL (1958) Studies of ulcerative colitis: V. Psychological aspects and their implications for treatment. Amer J dir Dis 3: 315

Eraker SA, Kirscht JP, Becker MH (1984) Understanding and improving patient compliance. Annals Internal Medicine 100: 217−268

Erikson EH (1971) Kindheit und Gesellschaft. KLett, Stuttgart

Fain M (1951) Le facteur conflituel dans l'étiologie des ulcères gastro-duodénaux. Rev franc Psychoanal 15: 344

Farmer R, Michener W, Mortiner E (1980) Studies of family history among patients with inflammatory bowel disease. Clin Gastroenterol 9: 271–278

Feinstein AR (1983) An additional basic science for clinimetrics. Anuals Internal Medicine 99: 43–848

Ferber A, Ranz J (1973) Wie man bei der Familientherapie Erfolg hat: Setze erreichbare Ziele, stelle lösbare Aufgaben. In: Sager CJ, Kaplan HS (Hrsg) (1973): 418–456

Fichter MM, Weyerer S, Sourdi L, Sourdi Z (1983) The epidemiology of anorexia nervosa: a comparison of greek adolescents living in Germany and greek adolescents living in Greece. In: Darby PL, Garfinkel PE, Garner DM, Coscina DV (eds) Anorexia Nervosa. Recent Developments in Research: 95–105. AR Liss, New York

Fichter M, Keeser W (1980) Das Anorexia-nervosa Inventar zur Selbstbeurteilung (ANIS). Arch Psychiatr Nervenkr 228: 67–89

Fischer G (1983) Aspekte der Krankheitsbewertung bei älteren Menschen. Eine Untersuchung aus der Allgemeinpraxis. Z Allg Med 59: 1275–1280

Fischer PA (1981) Parkinson-Syndrom. Diagnose, Verlauf, Therapie. Wander, Nürnberg

Frankenberger E (1985) Gott-Bekenntnisse großer Naturforscher. Johannes, Leutesdorf

Frankenhaeuser M, Lundberg LL, Forsmann L (1978) Note on arousing type-1 persons by depriving them to work. Reports from the department of psychology. University of Stockholm No. 529

Freud A (1965) Wege und Irrwege der Kinderentwicklung. Zit in: Peseschkian N (1977a) Positive Psychotherapie: 95. S Fischer, Frankfurt am Main

Freud S (1942) Gesammelte Werke, Bd V, S 20 ff, London. In: Kemper J (1989): 58

Freud S (1956) Abriß der Psychoanalyse. S. Fischer, Frankfurt am Main

Frey D (1986) Schuld wichtiger als Verletzung. Zit. in: Winger K (1986) Wiesbadener Kurier März 1986

Freyberger H (1981) Die Psychosomatik bei Erkrankungen der Niere und der ableitenden Harnwege. In: Jores A (Hrsg) (1981): 176–186

Fries JF (1983) The assessment of disability from first to future principles. Brit J Rheumatiology 22 (Suppl.): 48–58

Fuchs M (1983) Funktionelle Entspannung bei kieferorthopädischen Problempatienten. Fortschr Kieferorthop 44: 48

Gerlinghoff M, Backmund H (1989) Magersucht. Anstöße für eine Krankheitsbewältigung. TRIAS Thieme Hippokrates Enke, Stuttgart

Gieler U, Stangier U, Ernst B (1987) Psychosomatische Behandlung im Rahmen der klinischen Therapie von Hautkranken. In: Boss KA, Gieler U (Hrsg) (1987) Seelische Faktoren bei Hautkrankheiten. Huber, Bern Stuttgart Wien

Gorgaß B, Ahnefeld FW (21989) Rettungsassistent und Rettungssanitäter. Springer, Berlin Heidelberg New York Tokyo

Gosch A (1990) Wirksame AIDS-Prophylaxe – Welche Maßnahmen, welche Zielgruppen? Report Psychologie, April 1990: 20–23

Grace WJ, Graham DT (1952) Relationship of specific attitudes and emotions to certain bodily diseases. Psychosomatic Medicine 14: 243

Gräfen U, Schmidt-Jansen I (1988) Angst. Eine Serie. In: Ärzte Zeitung ab Nr. 211 (7.12.88). Verlagsgesellschaft, Neu-Isenburg

Graham DT, Wolf S (1950) Pathogenesis of urticaria. Experimental study of life situations, emotions and cutaneous vascular reactions. J Amer med Ass 143: 396

Greene WA (1966) The psychological setting of the development of leukemia and lymphoma. Annuals of the New York Academy of Science, vol 125, January

Groddeck G (1961) Psychoanalytische Schriften zur Psychosomatik. Limes, Wiesbaden

Groen JJ, Prick JJG, Bastiaans J (1967) Psychosomatic aspects of multiple sclerosis. Acta Med Psychosom 67: 3−6

Groen JJ, Van Der Valk JM, Ben-Ishay D (1971) Psychological factors in the pathogenesis of essential hypertension. Psychother Psychosom 19: 1

Grossarth-Maticek R (1980) Krebsforschung: Mit halber Kraft voraus! Psychologie heute 2: 72−75. Beltz, Weinheim

Günay E (1989) Bericht auf der 31. Arbeitstagung des Deutschen Kolloquiums für psychosomatische Medizin in Gießen. Zit. in: Die Neue Ärztliche 221

Habermas J (1963) Eine psychoanalytische Konstruktion des Fortschritts. Merkur XV 22: 1105 ff

Hadden JW (1989) 3rd Interscience world conference on inflammation, antirheumatics, analgesis, immunomodulators. Monte Carlo. In: Therapiewoche, International 39: 6−7

Haley H (1973) Familientherapie. In: Sager CJ, Kaplan HS (Hrsg) (1973), Bd 3: 318−328.

Hamm H (Hrsg) (1986) Allgemeinmedizin, Familienmedizin. Thieme, Stuttgart New York

Harburg E, Erfurt JC, Hauenstein L, Chape C, Schull W, Schork MA (1973) Socioecological stress, suppressed hostility, skincolor and black-white male blood pressure. Psychosomatic Medicine 35: 4

Hartmann H (1972) Ich-Psychologie. Klett, Stuttgart

Hauss K, Dentler P, Neidenbach N, Stefemann H, Völkel H (1981) Medizinische Psychologie im Grundriß. Hogrefe, Göttingen Toronto Zürich

Heigl F (1978) Indikation und Prognose in Psychoanalyse und Psychotherapie. Göttingen. In: Kemper J (1989): 58

Heim E (1989) Krankheit als Krise und Chance. mgv, München Landsberg am Lech: 28 f.

Heinrich K (1984) Öffentlichkeit und "reine Lehre" in der Psychiatriegeschichte. In: Jahres- und Tagungsbericht der Görresgesellschaft 1984

Herrmann JM (1986) Asthma bronchiale. MMW 128: 17

Herrmann JM, Rassek M, Schäfer N, Schmidt TH, Uexküll T von (1986) Essentielle Hypertonie. In: Uexküell T von (1986): 715−742

Herrmann JM, Heymann F von (1986) Infektionskrankheiten. In: Uexküll T von (1986): 879−888

Hess WR (1948) Die funktionelle Organisation des vegetativen Nervensystems. Schwabe, Basel

Heyck H (1964) Der Kopfschmerz. Differentialdiagnose und Therapie für die Praxis. Thieme, Stuttgart

Hinkle EE, Wolf S (1952) Importance of life stress in course and management of diabetes mellitus. JAMA 148: 513–520

Hinterhuber H (1987) Transkulturelle Psychiatrie. ZFA (Zeitschrift für Allgemeinmedizin) 63/35 und 36: 1047

Hislop JG (1980) The effort of very brief psychotherapy on the irritable bowel syndrome. Med J Aust 2: 620–622

Hodapp V, Weyer G (1982) Zur Streß-Hypothese der essentiellen Hypertonie. In: Vaitl D (Hrsg) Essentielle Hypertonie. Springer, Berlin Heidelberg New York

Hoff H, Ringel E (1964) Aktuelle Probleme der psychosomatischen Medizin. Jolis, München

Holmes TH, Rahe RH (1967) The social read-justment rating scale. Journal of Psychosomatic Research 11, Nr. 2: 213–218

Holmes TH, Wolff HG (1952) Life situations, emotions and backache. Psychosomatic Medicine 14: 18–33

Holub W, Holub C (1988) AIDS ... careful scientific scrutiny provides a totally different view. American clinical Laboratory 5/1988

Huber G (1981) Psychiatrie. Schattauer, Stuttgart

Innerhofer P (1978) Intersktionsanalyse. Eine Methode zur Diagnostik von Paarbeziehungen. Max Planck-Insitut für Psychiatrie, Psychol Abt, München

Jacobson E (1938) Progressive relaxation. Chicago Univ Press, Chicago

Jankovic D (1989) Kummer schwächt das Immunsystem. Zit in: Medical Tribune 3: 35

Janzarik W (1959) Dynamische Grundkonstellation in endogenen Psychosen. Springer, Berlin Göttingen Heidelberg (Monographien "Gesamtgebiet Psychiatrie")

Jaspers K (1948) Allgemeine Psychopathologie. Springer, Berlin Göttingen Heidelberg

Jellinek EM (1960) The disease concept of alcoholism. Hillhouse, New York

Johannsen A (1984) Persönlichkeit und Körperschema von Patienten mit Störungen im gastrointestinalen und kardiovaskulären Bereich. Diagnose-Instrumentarium und Kurzzeittherapie. Dissertation, Hamburg

Jores A (Hrsg) (1981) Praktische Psychosomatik. Huber, Bern Stuttgart Wien

Jork K (1988) Der ältere Patient in der Praxis. Klinikum der Johann-Wolfgang-von-Goehte-Universität, Insitut für Allgemeinmedizin. Refer. Geriatr Arbeitskreis

Junker H (1972) Ehepaargruppentherapie mit Patienten aus der oberen Unterschicht. Psyche 26: 541–556

Kaplan de-Nour A (1984) Persönlichkeitsfaktoren und Adaptation. In: Balck FB, Koch U, Speidel H (Hrsg) Psychonephrologie. Springer, Berlin Heidelberg New York Tokyo

Kaplan HS, Langer D (1979) Sexualtherapie, ein neuer Weg für die Praxis. Enke, Stuttgart

Karasu TB (1979) Psychotherapy of medically ill. Am J Psych 136: 1–11

Kemper J (1989) Was heißt altern? Psychotherapie in der zweiten Lebenshälfte. Pfeiffer, München

Keys A (1970) Coronary heart disease in seven countries. Circulation (Suppl. 1) 41: 138−144

Kinsey AC (1965) Das sexuelle Verhalten des Mannes. Kinsey Report. Fischer, Berlin Frankfurt am Main

Kinzl J (1989) Akt Ernähr 14: 22

Kissen DM (1967) Psychological factors, personality and lung cancer in med aged 55−64. Brit J Med Psychol 40: 29

Klein HE (1989) Vortrag auf dem 29. Internationalen Neuropsychiatrischen Gerald-Grinschgl-Symposium, Pula/Jugoslawien. Current Congress Summaries, Köln

Kleinsorge H, Klumbies G (1959) Psychotherapie in Klinik und Praxis. Urban & Schwarzenberg, München Berlin Wien

Klußmann R (1986) Psychosomatische Medizin. Springer, Berlin Heidelberg New York Tokyo

Köhle K, Simons A (1986) Anorexia nervosa. In: Uexküll T von (1986): 600−640

Kommission der Europäischen Gemeinschaften (1989) Europa gegen den Krebs. Amt für amtliche Veröffentlichungen der Europäischen Gemeinschaften, Luxembourg

Kornitzer MF, Kittel F, Dramaix M, DeBacker G (1982) Job stress and coronary heart disease. Adv Cardiol 29: 56−61

Kraepelin E (1904) Lehrbuch der Psychiatrie. Barth, Leipzig

Kraus A (1974) Störungen der Wahrnehmung und des Leiberlebens beim Parkinsonismus. Nervenarzt 45: 639−646

Kropp U, Rad M von (1988) Psychosomatische Aspekte des Hörsturzes. Psychother med Psychol 38: 404−412

Kruse W (1989) Wie sind psychosomatische Störungen bei Kindern zu erkennen? Therapiewoche 39: 1956−1963

Kuiper PC (1968) Die seelischen Krankheiten des Menschen. Huber, Bern Stuttgart. Zit in: Uexküll T von (1986): 243

Kunze D (1988) Arteriosklerose − eine Kinderkrankheit? Hexagon Roche (Hrsg) 16: 5

Labhardt F (1983) Psychische Störungen der Atmungsfunktion. In: Luban-Plozza B, Mattern HJ, Wesiack W (Hrsg) (1983) Der Zugang zum psychosomatischen Denken. Springer, Berlin Heidelberg New York Tokyo: 141−144

Lance JW (1985) The pathophysiology of migraine. Ann Acad Med 14: 4−11

Langen D (1968) Der Weg des autogenen Trainings. Steinkopf, Darmstadt

Lauritzen M, Olesen J (1984) Regional cerebral blood flow during migraine attacks by Xenon-133 inhalation and emission tomography. Brain 107: 447−461

Lawrence PS (1982) Behavioral assessment of sleep disorders. In: Keefe FJ, Blumenthal JA (eds): Assessment strategies in behavioral medicine. Grune and Stratton, New York 1982. Zit in: Uexküll T von (1986): 285

Leavitt F (1982) Comparison of three measures for detecting psychological disturbances in patients with low back pain. Pain 13: 299−305

Leshan LL, Worthington RE (1956) Personality as a factor in pathogenesis of cancer. Brit J Med Psychol 29: 49−56

Lewis H, Lewis M (1975) Heilerfolge der psychosomatischen Medizin. Kindler, München

Libermann RP (1973) Behavioristische Ansätze für die Familien- und Ehepaartherapie. In: Sager CJ, Kaplan HS (Hrsg) (1973), Bd 2: 398−417

Loch W (1965) Voraussetzungen, Mechanismen und Grenzen des psychoanalytischen Prozesses. Huber, Stuttgart

Loch W (1971) Die Krankheitslehre in der Psychoanalyse. Hirzel, Stuttgart

Luban-Plozza B, Mattern HJ, Wesiack W (Hrsg) (1983) Der Zugang zum psychosomatischen Denken. Springer, Berlin Heidelberg New York Tokyo

Luban-Plozza B, Pöldinger W (1977) Der psychosomatisch Kranke in der Praxis. Springer, Berlin Heidelberg New York

Markgraf J (1989) Panische Angst: Überfälle aus dem Nichts. Psychologie Heute, Nov. 1989: 20−27. Beltz, Weinheim

Marty P (1974) Die "allergische Objektbeziehung". In: Brede K (Hrsg) Einführung in die psychosomatische Medizin. Athenäum Fischer, Frankfurt am Main

Marty P, De M'uzan M, David C (1963) L'investigation psychosomatique. Presses Universitaires de France, Paris

Mason JH, Weener JL, Gertmann PM, Meenan RF (1983) Health status in chronic disease: a comparative study of rheumatoid arthritis. J Rheumatology 10: 763−768

Mathies H (1989) Die Begutachtung psychosomatischer Leiden in der Rheumatologie. Versicherungsmedizin 4: 139−140

McGuigan JE (1980) Peptic ulcer. In: Harrison's principles of internal medicine, 9th edn: 1371−1385. Mc Graw-Hill International Book Company

Medical Tribune (1990) Nr. 40/5.10.90: 64

Meenan RF, Gertmann PM, Mason JH (1980) Measuring health status in arthritis. Arthritis Rheumatism 23: 146−152

Meermann R, Vandereyecken W (1987) Therapie der Magersucht und Bulimia nervosa. De Gruyter, Berlin

Mehlmann RD, Griesemer R (1975) Alopecia areata in the very young. Am J Psychiatry 125 (5): 605

Meyer AE (1973) Das Globusgefühl. In: Jores A (Hrsg) (1981): 150

Michel K (1989a) Suizid: Eine Herausforderung an den Arzt. Schweizerische Ärztezeitung/Bulletin des médecins suisses, Band 70, Heft 7: 258; vgl. Michel K (1989b) Psychiatrie für Krankenpflegeberufe. Enke, Stuttgart

Miller JG (1965) Living systems: basis concepts. Behav Sci 10: 193

Minuchin S, Baker L, Rosman BL, Liebman R, Milman L, Todd ThC (1975) A conceptual model of psychosomatic illness in children: family organisation and family therapy. Archives of General Psychiatry 32: 1031−1038

Minuchin S (1977) Familie und Familientherapie. Theorie und Praxis struktureller Familientherapie. Lambertus, Freiburg

Minuchin S, Rosman BL, Baker L (1981) Psychosomatische Krankheiten in der Familie. Klett-Cotta, Stuttgart

Mitscherlich A (1960) The psychic state of patients suffering from parkinsonism. Adv Psychosomatic Medicine 1: 317–324

Möller WD (1989) Die Behandlung des Morbus Parkinson. Neurologie Psychiatrie 3: 318–319

Morgan C (1986) Zitate und Sprichwörter von A bis Z. Vehling, Menden Wien Luzern

Moskowitz MA (1984) The neurobiology of vascular head pain. Ann Neurol 6: 157–168

Münzing-Ruef I (1987) So stärken Sie Ihr Immunsystem. Heyne, München

Nutzinger DO (1987) Klassifikation und Verlauf der Herzphobie. In: Nutzinger DO et al. (Hrsg) (1987) Herzphobie. Enke, Stuttgart

Oberhoff-Looden J (1978) Psychopathologie der Multiplen Sklerose. Müller, Salzburg

Panse F (1952) Angst und Schreck. Thieme, Stuttgart

Paul L (1950) Psychosomatic aspects of low back pain. A review of recent articles. Psychosomatic Medicine 12: 116–124

Paulley JW (1975) Cultural influence on the incidence and pattern of disease. Psychother Psychosom 26: 2–11

Peccei A (1981) Die Zukunft in unserer Hand. Molden, Wien

Peseschkian H (1987) Psychosoziale Aspekte beim lumbalen Bandscheibenvorfall. Dissertation, Mainz

Peseschkian, Nawid (1990) Psychosoziale Aspekte bei Neurodermitis Constitutionalis. Inaugural-Dissertation, Wiesbaden

Peseschkian N (1974) Psychotherapie des Alltagslebens. S. Fischer, Frankfurt am Main

Peseschkian N (1977a) Positive Psychotherapie. S. Fischer, Frankfurt am Main

Peseschkian N (1977b) Positive psychotherapy. Springer, Berlin Heidelberg New York

Peseschkian N (1979) Der Kaufmann und der Papagei. S. Fischer, Frankfurt am Main

Peseschkian N (1980) Positive Familientherapie. S. Fischer, Frankfurt am Main

Peseschkian N (1983) Auf der Suche nach Sinn. S. Fischer, Frankfurt am Main

Peseschkian N (1985) Religion und Wissenschaft. In: Dustar F (Hrsg) (1985) Das Modell des Friedens – Ausweg aus der Krise. Horizonte in Poseidon Press, Wien: 113–132

Peseschkian N (1987) Die Bedeutung sozialer Normen in der positiven Psychotherapie unter dem transkulturellen Gesichtspunkt. Habilitationsschrift, Frankfurt am Main

Peseschkian N (1988a) 33 und eine Form der Partnerschaft. S. Fischer, Frankfurt am Main

Peseschkian N (1988b) Kein Patient ist besser als sein Lebensplan. In: Therapie der Gegenwart. Sonderdruck. Urban & Vogel, München 127/1: 13–21

Peseschkian N (1989) Der Umgang mit älteren Menschen. Transkulturelle Aspekte. Allgemeinmedizin 18: 79–86

Peseschkian N (o. J.) AIDS-Phobie. Psychotherapeutische Aspekte. Sonderdruck aus Sexualmedizin, Medical Tribune, Wiesbaden

Peseschkian N, Deidenbach H (1988) Wiesbadener Inventar zur positiven Psychotherapie und Familientherapie (WIPPF). Springer, Berlin Heidelberg New York Tokyo

Petzold E, Reindell A (1980) Klinische Psychosomatik. Schattauer, Stuttgart; Quelle & Meyer, Heidelberg

Pfeifer WM (1967) Psychiatrische Besonderheiten in Indonesien. Karger, Basel New York: Beiträge zur vergleichenden Psychiatrie. Bibliotheca psychiatrica et neurologica 132)

Philippopoulus GS, Wittkower ED, Cousineau A (1958) The etiologic significance of emotional factors in onset and exacerbations of multiple sclerosis. Psychosomatic Medicine 20: 458–474

Phillips DH (1989) Brit J Med. Zit in: Die Neue Ärztliche 97

Pierce JMS (1984) Migraine: a cerebral disorder. Lancet ii: 86–89

Poeck K (1982) Neurologie. Springer, Berlin Heidelberg New York

Pongratz J (1980) Leitsymptom: Wirbelsäulenschmerzen – eine psychosomatische Studie. Psychosomatic Medicine 26: 12–39

Pschyrembel W (1989) Klinisches Wörterbuch. De Gruyter, Berlin New York

Puchalski Z, Szlendak L (1983) Angst als Zustand und Angst als Persönlichkeitseigenschaft bei Patienten mit Alopecia areata, Rosacea und Lichen ruber planus. Z Hautkr 58: 1038–1048

Radvila A (1984) Psychologische und psychosomatische Krankheitsbilder. Therapeut Umschau 41, 11: 770–778

Raetzke P (1985) Einfluß von Streß auf die oralen Strukturen. In: Schneller T, Fleischer-Peters A (Hrsg) Anwendung psychologischer Methoden in der Zahnmedizin. Fachbuchhandlung Psychologie, Verl.-Abtlg., Frankfurt am Main

Rahe RH (1969) Multi-cultural correlations of life change scaling: America, Japan, Denmark and Sweden. Journal of Psychosomatic Research 19: 191–195

Rattner J (1977) Psychosomatische Medizin heute. S. Fischer, Frankfurt am Main

Rechenberger I (1976) In: Bosse K, Hünecke P (1976) Psychodynamik und Soziodynamik bei Hautkranken. Vandenhoeck & Ruprecht, Göttingen

Reindell H, Klepzig H, Roskamp H (1971) Krankheiten des Herzens und des Kreislaufs. In: Kühn A (Hrsg) Innere Medizin, Bd 1. Springer, Berlin Heidelberg New York

Remschmidt H (1984) (Hrsg) Psychotherapie mit Kindern, Jugendlichen und Familien. Bd 1: Allgemeine Aspekte, Familientherapie, Imaginative Methoden, Stationäre Psychotherapie. Reihe: Klinische Psychologie und Psychopathologie. Enke, Stuttgart

Richter HE (1972) Patient Familie. Rowohlt, Reinbek

Richter HE (1976) Vorbeugung von psychogenen Störungen in der Familie. In: Richter HE, Strotzka H, Willi J (1976) Familie und seelische Krankheit. Rowohlt, Reinbek

Richter HE, Beckmann D (1973) Herzneurose. Thieme, Stuttgart

Ring J (1989) In: Ärzte Zeitung Nr. 148. Verlagsgesellschaft, Neu-Isenburg

Ringel E (1978) Das Leben wegwerfen. Herder, Wien

Romkopf G (1989) Psychotherapie bei AIDS unabdingbar. Report Psychologie 3: 3–4

Rosenman RH, Friedman M (1968) What links behavior and coronary heart disease prone: Aggressive 'Impatient'. J Amer med Ass 203/7: 28–29

Rosman BL, Minuchin S, Liebman R (1976) Der "Familien-Lunch". Eine Möglichkeit zur Einleitung einer Familientherapie bei Magersucht. Familiendynamik 4: 334–347

Roth WF, Luton FH (1943) The mental health program in Tennessee. Am J Psyciat 99: 662

Sabshin M (1990) Wendepunkt in der amerikanischen Psychiatrie des 20. Jahrhunderts. Fortschr Neurol Psychiat 58: 323–331

Sager CJ, Kaplan HS (Hrsg) (1973) Handbuch der Ehe-, Familien und Gruppentherapie, 3 Bde. Kindler, München

Saul J (1941) A clinical note on a mechanismn of psychogenic back pain. Psychosomatic Medicine 3: 190–191

Schellack D (1955) Neurosen-psychologische Faktoren in Ätiologie und Pathogenese funktioneller Störungen der Muskulatur und "vertebraler Erkrankungen". Psychosomatic Medicine 3: 181–192

Schmale AH, Iker HP (1966) The psychological setting of uterine cervical cancer. Ann New York Acad Sci 125/3: 807–813

Schnabl S (1980) Correlations and determinants of functional sexual disturbances. In: Forleo R, Pasini W (eds) Medical sexology, pp 153–161, PSG Publ Comp, Littleton/MA

Schnieder EA (1986) Funktionelle Syndrome in der HNO-Heilkunde. In: Uexküll T von (1986): 1054–1071

Schüffel W (1986) Die Ausbildung zum Arzt. In: Uexküll T von (1986): 1253–1271

Schulte W, Tölle R (1975) Psychiatrie. Springer, Berlin Heidelberg New York

Schultz JH (1970) Das autogene Training, 13. Aufl. Thieme, Stuttgart

Schultz U, Kütemeyer M (1986) Neurologie. In: Uexküll T von (1986): 946–974

Schultz-Hencke H (1951) Lehrbuch der analytischen Psychotherapie. Thieme, Stuttgart

Schultz-Zehden W (1981) Psychosomatik in der Augenheilkunde. In: Jores A (Hrsg) (1981): 371–395

Schüssler G (1989) Rheumatoide Arthritis. Psychosomatische Faktoren in Entstehung, Verlauf und Therapie. MMW 13, Nr. 23: 452

Schüttler R, Groß G, Huber G (1979) Schizophrenie. Verlaufs- und sozialpsychiatrische Langzeituntersuchungen an den 1945 bis 1959 in Bonn hospitalisierten schizophrenen Kranken. Springer, Berlin Heidelberg New York (Monographie "Gesamtgebiet Psychiatrie", Psychiatry Series 21)

Schwidder W (1968) Psychoanalyse und psychosomatische Medizin. Neue Ergebnisse und heutiger Stand der Forschung. In: Fortschritte der Psychoanalyse, vol 3. Hogrefe, Göttingen

Seidler GH (1978) Die psychosoziale Verarbeitung chronischer Krankheit bei Multiple-Sklerose-Kranken und Querschnittsgelähmten. Inaugural-Dissertation, Göttingen

Seligman MEP (1975) Helplessness. On depression, development and death. WH Freeman, San Francisco

Selvini-Palazzoli M, Bascolo L, Cecching G, Prata G (1977) Paradoxon und Gegenparadoxon. Klett, Stuttgart

Selye H (1974) Streß – Bewältigung und Lebensgewinn. Piper, München Zürich

Sergl HG (1968) Zusammenhang zwischen psychischen Schwierigkeiten und dem Auftreten von Kieferanomalien. Fortschr Kieferorthop 28: 57

Shorter RG, Huizenga KA, Spencer RJ, Guy SK (1972) Inflammatory bowel diseases: the role of lymphotoxin in the cytotoxin of lymphocytes for colon epithel cells. Am J Dig Db 17: 689−696

Siebeck R (1949) Medizin in Bewegung. Thieme, Stuttgart

Sigusch V (1975) Therapie sexueller Störungen. Thieme, Stuttgart

Silbermann IS (1927) Experimentelle Duodenalulcuserzeugung durch Scheinfüttern nach Pawlow. Zbl Chir 54: 2385

Singer HC, Anderson JGD, Frischer H, Kirsner JB (1971) Familial aspect of inflammatory bowel disease. Gastroenterology 61: 423−430

Sintschenko W (1989) Man wird nicht als Perönlichkeit geboren. Wissenschaft in der UdSSR 5 (September − Oktober 1989). Nauka, Moskau

Speck RV, Attneave CL (1973) Die Intervention in größere Sozialsysteme. In: Sager CJ, Kaplan HS (Hrsg) (1973), Bd 2: 510−544

Sperling M (1967) Transference neurosis in patients with psychosomatic disorders. Psychoanal Quart 46: 342

Spitz R (1957) Die Entstehung der ersten Objektbeziehungen. Klett, Stuttgart

Studt HH (Hrsg) (1986) Psychosomatik in der inneren Medizin, 2 Bde. Springer, Berlin Heidelberg New York Tokyo

Stunkard AJ, Craighead LW, O'Brian R (1980) The treatment of obesity: a controlled trial of behavior therapy. Pharmacotherapy and their combination. The Laacet 1: 1045−1047

Süllwold L (1975) Basisstörungen und Schizophrenie. Mit Unterstützung der Deutschen Forschungsgemeinschaft; Frankfurt am Main

Svedlund J (1983) Psychotherapy in irritable bowel syndrome. Acta Psychiatrica Scandinavica (Suppl 306) vol 67

Tausch R (1974) Gesprächspsychotherapie. Hogrefe, Göttingen

Thaler M (1980) Charakter und Krankheit. Maudrich, Wien

Thayer WR, Spiro HM (1963) Persistence of serum complement in sera of patients with ulcerative colitis. J Lab clin Med 62: 24−30

Thomä H (1972) Anorexia nervosa: treatment. In: Reichsmann F (ed) Advances in Psychosomatic Medicine, vol 7: 300−315. Karger, Basel

Thomas K (1989) Sexualstörungen infolge "ekklesiogener" Neurosen. Sexualmedizin 8: 382−387

Thoresen CE, Coates CJ, Zarcone VP, Kirmil-Gray K, Rosekind MR (1980) Treating the complaint of insomnia: self-management perspectives. In: Ferguson JM, Taylor CB (eds): The comprehensive handbook of behavioral medicine, vol 1. MTP Press, Lancaster. Zit. in: Uexküll T von (1986): 285

Troschke J von (1989) Motivierung im Gespräch. In: Bundesvereinigung für Gesundheitserziehung (Hrsg): Gesundheit im Gespräch: 119−124. Zum Weltgesundheitthema 1989. Gesund leben − und darüber reden. Bonn

Udelmann D (1982) Stress and immunity. Psychother Psychosom 37: 176−184

Uexküll T von (1986) Psychosomatische Medizin, 3. Aufl. Urban & Schwarzenberg, München Wien Baltimore

Uexküll T von, Wick E (1962) Die Situationshypertonie. Arch f Kreislaufforsch 39: 236–271

Vogel M, Legler G (1989) Die psychologische Betreuung von AIDS-Patienten in der Klinik. Report Psychologie 3: 26–31

Vollrath P, Ferner H, Vetter P (1976) Sexualverhalten hämodialysierter Patienten. Inn Med 3: 349 ff

Wallnöfer H (1989) Auf der Suche nach dem Ich. Psychotherapie – Meditation – seelische Gesundheit. Albert Müller, Rüschlikon-Zürich Stuttgart Wien: 234–238

Watzlawik P, Beavin JH, Jackson DD (1969) Menschliche Kommunikation. Huber, Bern Stuttgart Wien

Watzlawik P, Weakland JH, Fisch R (1974) Lösungen. Zur Theorie und Praxis menschlichen Wandels. Huber, Bern Stuttgart Wien

Weiner H, Thaler M, Reiser E, Mirsky A (1957) Etiology of duodenal ulcer. Psychosomatic Medicine 19: 1

Weintraub A (1977) Psychosomatischer Beitrag zur Diagnose und Therapie des Kreuzschmerzes. Psychosomatic Medicine 7: 109–118

Weintraub A (1981) Rheuma und Psyche. In: Eichler J (1981) Rheuma – Heute. Praktische Orthopädie Bd 10. Storck, Bruchsal

Weizsäcker V von (1947) Körpergeschehen und Neurose. Enke, Stuttgart

Weizsäcker V von (1949a) Psychosomatische Medizin. Psyche 3: 331–341

Weizsäcker V von (1949b) Arzt und Kranker. Köhler, Stuttgart

Wesiack W (1984) Grundzüge der psychosomatischen Medizin. Springer, Berlin Heidelberg New York Tokyo

Whitlock FA (1980) Psychophysiologische Aspekte bei Hautkranken. Boss K, Hünecke P (Hrsg Übs) Perimed, Erlangen

WHO (1988) In: Ärzte Zeitung (1989) Nr. 98. Verlagsgesellschaft, Neu-Isenburg

Winter E (1958/59) Über die Häufigkeit neurotischer Symptome bei Gesunden. Zschr psychosom Med 5: 153

Wirsching M (1984) Familientherapeutische Aspekte bei Colitis ulcerosa und Morbus Crohn. Zschr psychosom Med 30: 238–246

Wirsching M, Stierlin H (1982) Krankheit und Familie. Konzepte – Forschungsergebnisse – Therapie. Klett-Cotta, Stuttgart

Wise TN, Cooper JN, Ahmeds S (1982) The efficacy of group therapy for patients with irritable bowel syndrome. Psychosomatics 23: 465–469

Wittkower ED (1978) Über den Einfluß der Affekte auf den Gallenfluß. Klin Wochenschrift 7: 2193

Wittkower ED, Lester EP (1963) Hautkrankheiten in psychosomatischer Sicht. Documenta Geigy, Acta psychosom 6: 1–39, Basel

Wolff HG (1948) Headache and other head pain. Oxford Univ Press, New York London

Wulff M (1932) Über einen interessanten oralen Symptomenkomplex und seine Beziehung zur Sucht. Internat Zschr Psychoanal 18: 281

Zander W (1981) Psychosomatische Forschungsergebnisse beim Ulcus duodeni. Vandenhoeck & Ruprecht, Göttingen

Zeitschrift für Positive Psychotherapie (1980) 2, 2: 42−43

Namenverzeichnis

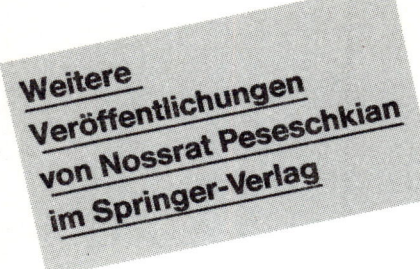
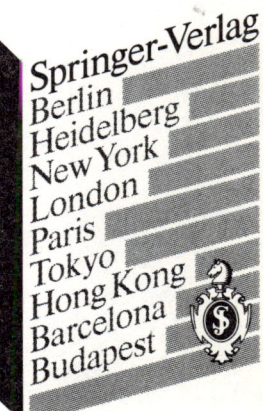